Dirk Brons, Sabrina Dettmer, Dr. Rupert Eilsberger, Elisabeth Erves, Knut Foraita,
Jens Goldmann, Dr. Thomas Hausmann, Hartmut Nunn, Walter Prophete,
Dr. Ingo Riederer, Uwe Schewe

Herausgeber: Sabrina Dettmer, Dr. Thomas Hausmann

Prüfungsvorbereitung für Verwaltungsfachangestellte

3. Auflage

Bestellnummer 41100

Bildungsverlag EINS

Haben Sie Anregungen oder Kritikpunkte zu diesem Produkt?
Dann senden Sie eine E-Mail an 41100_003@bv-1.de
Autoren und Verlag freuen sich auf Ihre Rückmeldung.

Bildquellenverzeichnis:

Umschlagfoto:
mauritius images GmbH, Mittenwald-Sammy

Innenteil:
dpa-infografik GmbH, Hamburg, S. 130, 131
Erich-Schmidt Verlag GmbH & Co., Berlin, S. 132

www.bildungsverlag1.de

Bildungsverlag EINS GmbH
Sieglarer Straße 2, 53842 Troisdorf

ISBN 978-3-427-**41100**-0

Vorwort

Das vorliegende Prüfungsbuch richtet sich an **Auszubildende mit dem Berufsabschluss Verwaltungsfachangestellte/-er.** Davon unbenommen kann das Buch auch Lernenden in anderen Bildungsgängen sowie Praktikern hilfreich sein.

Nach der Verordnung über die Berufsausbildung zum Verwaltungsfachangestellten/zur Verwaltungsfachangestellten vom 19. Mai 1999 umfasst die Abschlussprüfung schriftliche Arbeiten in folgenden Bereichen:

Verwaltungsbetriebswirtschaft, höchstens 135 Minuten,
Personalwesen, höchstens 120 Minuten,
Verwaltungsrecht und Verwaltungsverfahren, höchstens 120 Minuten,
Wirtschafts- und Sozialkunde (mit den Gebieten staats- und verfassungsrechtliche Zusammenhänge, Vertragsrecht sowie Wirtschaftskreislauf und Wirtschaftspolitik), höchstens 90 Minuten

Im anschließenden Prüfungsbereich **Fallbezogene Rechtsanwendung** ist eine im Berufsleben von Verwaltungsfachangestellten der jeweiligen Fachrichtung (z. B. Landes- und Kommunalverwaltung) vorkommende Aufgabe zu bearbeiten, die den Ausgangspunkt für ein sich anschließendes Prüfungsgespräch bildet. In dem Gespräch mit einem Besucher/einer Besucherin soll der Prüfling zeigen, „dass er Arbeitsergebnisse bürgerorientiert darstellen sowie in berufstypischen Situationen kommunizieren und kooperieren kann". Die Lösung der Aufgabe und das anschließende **Rollenspiel** sollen 45 Minuten nicht überschreiten.

Die Autoren haben für das vorliegende Buch zu jedem Prüfungsbereich **zahlreiche Aufgaben** mit dem in der Verordnung geforderten **Praxisbezug** erstellt, deren **Lösungen** im zweiten Teil des Buches enthalten sind. Dabei haben sie sich das Ziel gesetzt, dazu beizutragen, die Benutzer des Buches zielgerichtet auf die Abschlussprüfung vorzubereiten. Dies soll maßgeblich dazu führen, dass die Kandidaten der Prüfung ohne (oder zumindest mit viel weniger) „Prüfungsangst" entgegensehen.

Die Aufgaben orientieren sich in der Regel an der vorgesehenen **Bearbeitungszeit.** Für grundlegende Übungsarbeiten sind Aufgaben eingestreut, deren Lösung eine abweichende Bearbeitungszeit erfordert.

Die Aufgaben sind teilweise unter Hinzuziehung inhaltlich weitgehend übereinstimmender landesrechtlicher Vorschriften zu lösen. In diesen Fällen ist in der Lösung angegeben, welche Landesvorschriften als Muster für die Lernenden benutzt worden sind.

Die Herausgeber möchten es nicht versäumen, dem Verlag und den Co-Autoren für ihr außergewöhnliches Engagement zu danken, das oben genannte Ziel mit diesem Prüfungsbuch zu erreichen. Besonders wertvoll war dabei die langjährige Erfahrung von Herrn Walter Prophete in Berufsbildungs- und Prüfungsausschüssen, die durch seine unermüdliche Initiative in dieses Prüfungsbuch einfließen konnten; für diese Leistung danken wir ihm.

Autoren und Herausgeber sind für zukunftsweisende Anregungen und konstruktive Kritik stets aufgeschlossen.

Die Herausgeber

Prüfungsbereich A: Verwaltungsbetriebswirtschaft

Prüfungsbereich B: Personalwesen

Prüfungsbereich C: Verwaltungsrecht und Verwaltungsverfahren

Prüfungsbereich D: Wirtschafts- und Sozialkunde

Exkurs: Die fachpraktische Prüfung für Verwaltungsfachangestellte

PRÜFUNGSBEREICH A

VERWALTUNGSBETRIEBSWIRTSCHAFT

1 Zweifel und Fragen bei der Aufstellung des Entwurfs des Haushaltsplans einer Stadt

HILFSMITTEL Texte der Gemeindeordnung und der Gemeindehaushaltsverordnung (Gemeindehaushalts- und -kassenverordnung)

Bei der Aufstellung des Entwurfs des Haushaltsplans der Stadt B. für das kommende Haushaltsjahr ergeben sich Fragen und Zweifel.

Nehmen Sie zu den Zweifeln und Fragen Stellung und geben Sie dabei an, auf welche Vorschriften Sie Ihre Ansichten und Vorschläge stützen.

AUFGABEN

1 Können die vom Ordnungsamt auferlegten Bußgelder und die in Verwaltungsverfahren festgesetzten Zwangsgelder in einer Haushaltsstelle veranschlagt werden?

2 Für Hilfeleistungen der Feuerwehr sind bisher 4 800,00 EUR Einnahmen veranschlagt worden. Kann vorgesehen werden, etwaige Mehreinnahmen zur Bestreitung der Betriebskosten für die Fahrzeuge der Feuerwehr zu verwenden?

3 Welche Unterlagen müssen vorliegen, um die Mittel für die Erweiterung des Kindergartens in der Tulpenstraße in den Entwurf aufnehmen zu können?

4 Kann auf die Veranschlagung der Verpflegungsentgelte der Mitarbeiter im Friedrich-Ebert-Haus, einem Altenheim, verzichtet und können entsprechend geringere Mittel für Personalausgaben angesetzt werden?

5 Die Stadtkasse nimmt die Kassengeschäfte auch für die kostenrechnenden Einrichtungen wahr. Müssen ihr deshalb ein Teil der Personal- und Sachausgaben erstattet und entsprechende Beträge veranschlagt werden?

6 Für den Bildschirmarbeitsplatz in der Steuerabteilung, der an die zentrale EDV-Anlage der Stadt angeschlossen ist, soll ein Netzwerk-Laserdrucker beschafft werden. Der Kaufpreis beträgt 390,00 EUR (inkl. MwSt.). Zur Aufstellung des Geräts soll bei dem gleichen Lieferanten der dazu empfohlene Unterstelltisch bestellt werden, dessen Preis laut Preisliste 110,00 EUR (inkl. MwSt.) beträgt. Nach den Lieferungs- und Zahlungsbedingungen des Unternehmens werden außerdem 30,00 EUR (inkl. MwSt.) Transportkosten von der Stadt zu tragen sein. Was ist bei der Veranschlagung zu beachten?

7 Die städtische Musikschule möchte ein nur noch eingeschränkt gebrauchsfähiges Klavier aussondern und an einen Interessenten zum Preis von 350,00 EUR veräußern. Welchem Teilhaushalt ist die Einnahme zuzuordnen?

8 Es hat sich herausgestellt, dass die Stadt einen Teil der ihr im zu Ende gehenden Jahr im Rahmen des Finanzausgleichs gewährten Zuweisung dem Land zurückzahlen muss. In welcher Weise ist die Rückzahlung zu bewirken?

9 Müssen die Zins- und Tilgungszahlungen für die Kredite in einem Sammelnachweis zusammengefasst werden und sind dabei auch die Zinsen für Kassenkredite und innere Darlehen einzubeziehen?

10 Der Kleingartenverein „Roseneck" hat in einer Eingabe gebeten, die Pachtzahlungen seiner Mitglieder an die Stadt für die Reparatur des Maschendrahtzaunes zum Schutz gegen Hasen und Kaninchen zu verwenden und im Haushaltsplan die Verwendung der Pachteinnahmen für diesen Zweck vorzusehen. Kann der Eingabe Rechnung getragen werden?

11 Anlässlich des Baus einer Turnhalle für die Realschule soll ein Kredit von 800 000,00 EUR aufgenommen werden; der Auszahlungskurs beträgt 96 %. In welcher Weise erfolgt die Veranschlagung?

12 Müssen die Kosten für die Instandsetzung des Gehwegs in der Nelkengasse und für den Ausbau der Rosenstraße im Verwaltungshaushalt oder im Vermögenshaushalt veranschlagt werden?

13 Müssen die Beiträge, die beim Ausbau des Gehwegs in der Lilienstraße erhoben werden sollen, im Haushaltsplan veranschlagt werden oder können sie bei den Verwahrgeldern vereinnahmt und sogleich zur Bezahlung von Unternehmerrechnungen verwendet werden?

14 Im kommenden Haushaltsjahr soll die Kindertagesstätte am Brockenblick erweitert werden. Die Maßnahme ist im Finanzplan für das nächste und das übernächste Jahr vorgesehen.
Wie kann ermöglicht werden, im kommenden Haushaltsjahr über den Haushaltsansatz hinausgehende Verpflichtungen einzugehen, um die Arbeiten sogleich in vollem Umfange vergeben zu können?

15 Können die Haushaltsstellen „Einbau eines Aufzugs im Dienstgebäude des Sozialamts" und „Bauliche Unterhaltung des Dienstgebäudes" gegenseitig deckungsfähig erklärt werden?

16 Im laufenden Haushaltsjahr ist die Ergänzungsinvestition im Klärwerk fertiggestellt worden. Die Herstellungskosten betrugen 8,7 Millionen EUR. 1,2 Millionen EUR wurden aus Mitteln des Landes zugeschossen, 1,5 Millionen EUR wurden der allgemeinen Rücklage entnommen und der Rest aus Kreditmitteln bestritten. Sie sind mit 5,8 % p.a. zu verzinsen. Die Nutzungsdauer dieses technischen Bauwerks wird 30 Jahre betragen. Welche kalkulatorischen Kosten sind zu veranschlagen?

[LÖSUNGEN Seite 135]

2 Nicht genehmigtes Feuerwehrauto sorgt für Wirbel – Zustandekommen und Genehmigung der Haushaltssatzung

HILFSMITTEL Text der Kommunalverfassung (Gemeindeordnung)

Nicht genehmigtes Feuerwehrauto sorgt für Wirbel

Fichtenstadt. Erheblichen Staub aufgewirbelt hat der Verdacht, dass an der Stadtvertretung vorbei mit Tricks der Versuch unternommen worden ist, ein nicht genehmigtes Fahrzeug für die Feuerwehr anzuschaffen. Aufgefallen ist der Sachverhalt während der Etat-Beratungen für das kommende Jahr. Dabei fiel eine Mietkaufrate für ein Tanklöschfahrzeug auf. Es stellte sich heraus, dass es sich um ein im Vorjahr genehmigtes Fahrzeug im Wert von damals 140 000,00 EUR handelte, dessen Anschaffung verschoben worden war, um ein teures Fahrzeug mit Sonderausstattung zu beschaffen.

In den Entwurf der Haushaltssatzung für das kommende Haushaltsjahr sind folgende Beträge aufgenommen worden:

Verwaltungshaushalt:	Einnahmen:	48 702 500 EUR
	Ausgaben:	48 702 500 EUR
Vermögenshaushalt:	Einnahmen:	17 620 000 EUR
	Ausgaben:	17 620 000 EUR
Kredite		8 500 000 EUR
Verpflichtungsermächtigungen		6 000 000 EUR
Kassenkredite		9 000 000 EUR

AUFGABEN

1 Erklären Sie den Grund des Wirbels in der Sitzung der Stadtvertretung und schildern Sie die Zuständigkeiten auf dem Gebiet der Haushaltswirtschaft.

2 Welche Gründe könnten die Verwaltung zu ihrem Verhalten bewogen haben?

3 Stellen Sie fest, ob die Angaben zum Entwurf der Haushaltssatzung vollständig sind und inwieweit die dem Entwurf entsprechende Haushaltssatzung genehmigungspflichtig wird.

4 Schildern Sie das Zustandekommen des Haushaltsplans.

[LÖSUNGEN Seite 140]

3 Ablehnung des Erlasses einer Forderung mit Hinweis auf Stundung

HILFSMITTEL Text der Gemeindehaushaltsverordnung (Gemeindehaushalts- und -kassenverordnung)

BEARBEITUNGSHINWEIS
Nach einer Dienstanweisung der Stadt Rosenberg sind die Amtsleiter ermächtigt, über Anträge auf Stundung bis zum Betrag von 3 000,00 EUR zu entscheiden. Über Erlassanträge entscheidet der Amtsleiter der Kämmerei bis zu einem Betrag von 1 000,00 EUR.

Beim Kämmereiamt der Stadt Rosenberg geht folgendes Schreiben ein:

Sozialamt
-50.22-

Rosenberg, 07.08.20..

An das
Kämmereiamt

Erlass einer Forderung von 724,40 EUR gegen Frau Maria Funke

Herr Funke ist aufgrund seiner körperlichen Behinderung und Krankheit seit 3. Oktober v. J. im Alten- und Pflegeheim untergebracht. Mit unserem Leistungsbescheid vom 08. 01. d.J. wurde Frau Funke aufgefordert, zu den entstehenden Kosten monatlich 180,60 EUR beizutragen. Frau Funke hat daraufhin ihrer Bank einen Dauerauftrag erteilt; die Beträge für den Monat Februar und die folgenden Monate sind pünktlich eingegangen. Die Beträge für die vorhergehenden Monate Oktober bis Januar in Höhe von insgesamt 722,40 EUR kann Frau Funke nach ihrer Mitteilung nicht aufbringen, weil sie vor der Aufnahme ihres Ehemanns in das Alten- und Pflegeheim erhebliche Aufwendungen hatte. Frau Funke hat als Sekretärin bei der Firma Schlehdorn GmbH ein monatliches Netto-Einkommen von 1428,40 EUR. Ihre monatliche Miete beträgt 324,00 EUR; außerdem müssen Vorauszahlungen auf die Nebenkosten in Höhe von monatlich 130,00 EUR gezahlt werden. Unter Berücksichtigung der Tatsache, dass die Zahlungen jetzt laufend eingehen, hat Frau Funke mit Schreiben vom 02.08.20.. beantragt, die Forderung von 724,40 EUR zu erlassen.

Böthel, Abteilungsleiter

AUFGABEN

1 Prüfen Sie den Vorschlag des Sozialamts auf haushaltsrechtliche Zulässigkeit und legen Sie das Ergebnis in einem Vermerk nieder.

2 Entwerfen Sie das Antwortschreiben an das Sozialamt.

[LÖSUNGEN Seite 143]

4 Mittelbewirtschaftung bei der Feuerwehr – den Haushaltsansatz überschreitende Ausgaben

HILFSMITTEL Texte der Gemeindeordnung und der Gemeindehaushaltsverordnung (im NKR: Gemeindehaushalts- und -kassenverordnung)

Mit dem Haushaltsplan der Stadt Lärchenhausen für das laufende Haushaltsjahr sind bei der Haushaltsstelle 130.553 (im NKR: 126.4251 bzw. .7251) „Unterhaltung der Fahrzeuge der Feuerwehr" 42 400,00 EUR bewilligt worden. Der Ansatz darf in Höhe der Mehreinnahmen bei der Haushaltsstelle 130.118 (im NKR: 127.3321 bzw. .6321; beide Produkte sind demselben Teilhaushalt zugeordnet) „Entgelte für Krankentransporte" verstärkt werden. Ein entsprechender Vermerk ist im Haushaltsplan ausgewiesen.

Bis Ende November mussten 46 Auszahlungsanordnungen über insgesamt 39 896,47 EUR und ein Auftrag zur Reparatur des Fahrzeugs LHA 23 über 800,00 EUR erteilt werden. Im Dezember ergeben sich folgende Bewegungen:

48.	03. 12.	Auszahlungsanordnung Tankstelle Oelmann	168,40 EUR
49.	08. 12.	Auszahlungsanordnung Werkstatt Schnell, Reparatur des Fahrzeugs LHA 23	783,68 EUR
50.	12. 12.	Auszahlungsanordnung Tankstelle Oelmann	163,20 EUR
51.	15. 12.	Auftrag Firma Reifen-Max	680,00 EUR

Bei einem Einsatz am 17. Dezember ist eine Motorspritze beschädigt worden. Um die Einsatzbereitschaft der Feuerwehr zu gewährleisten, muss die Instandsetzung, die 2 100,00 EUR kosten wird, unverzüglich veranlasst werden. Nachdem der Sachbearbeiter festgestellt hat, dass die noch verfügbaren Mittel nicht ausreichen und bei der Haushaltsstelle 130.118 (127.3321 bzw. .6321) keine Mehreinnahmen erzielt worden sind, erwägt er

a) die durch einen Preisnachlass bei der Haushaltsstelle 130.936 (126.7831) „Beschaffung von Fahrzeugen" eingesparten 540,00 EUR mit zu verwenden, nachdem die beiden Haushaltsstellen zuvor gegenseitig deckungsfähig erklärt worden sind;

b) die Haushaltsstelle 130.661 (im NKR: 126.4429 bzw. .7429) „Vermischte Ausgaben" (Vermischte Aufwendungen/Auszahlungen), bei der noch 258,73 EUR verfügbar sind, mit in Anspruch zu nehmen;

c) die Kosten der Instandsetzung zunächst bei den Vorschüssen verrechnen zu lassen und sie nach Beginn des folgenden Haushaltsjahres umzubuchen.

AUFGABEN

1 Richten Sie für die Haushaltsstelle 130.553 (126.4251 bzw. .7251) die Haushaltsüberwachungsliste ein und nehmen Sie die sich aus dem Sachverhalt ergebenden Eintragungen vor.

2 Erläutern Sie die Beziehungen zwischen den Haushaltsstellen 130.118 (127.3321 bzw. .6321) und 130.553 (126.4251 bzw. .7251).

3 Beurteilen Sie die Erwägungen des Sachbearbeiters zu a) bis c) und begründen Sie Ihre Ansichten.

4 Stellen Sie fest, in welcher Weise eine haushaltsrechtliche Ermächtigung zur Leistung der entsprechenden Ausgabe erlangt werden kann und auf welche Weise die Mittel für die Instandsetzung der Motorspritze erschlossen werden können, und entwerfen Sie den erforderlichen Antrag.

[LÖSUNGEN Seite 145]

5 Fehler im Entwurf eines Unterabschnitts – Budgetierung – Kostenfeststellung

HILFSMITTEL Texte der Gemeindehaushaltsverordnung (GemHKVO) und der Gliederungs- und Gruppierungsvorschriften.

Für das Theodor-Heuss-Wohnheim der Stadt Pappelhain ist für das kommende Haushaltsjahr der nachstehende Unterabschnitt aufgestellt worden. (Die Ansätze für das laufende Jahr und die Rechnungsergebnisse des vergangenen Jahres sollen nachgetragen werden).

	namentliche Bezeichnung der Haushaltsstelle	Ansatz EUR	Erläuterungen	NKR Konto-Nr.
UA	431 Theodor-Heuss-Wohnheim		Das Heim hat 38 Wohnungen.	
Grz	Einnahmen			Ertr./Einz.
.111	Entgelte für Mittagstisch	41 000		.3321
.130	Erlös aus dem Verkauf eines Geländestreifens	6 800		.3421
.142	Mieten	84 000	Zweckgebunden zugunsten von 431.500.	.3411
.150	Vermischte Einnahmen	300		.3591
Grz	Ausgaben			Aufw./ Ausz.
.4..	Personalausgaben SN 1	20 400		.40..

Grz	namentliche Bezeichnung der Haushaltsstelle	Ansatz EUR	Erläuterungen	NKR Konto-Nr.
.500	Unterhaltung des Grundstücks	8 200	Die Hst. 431.500 und 508 sind gegenseitig deckungsfähig.	.421100
.508	Einbau eines Aufzugs	60 000		.421110
.513	Unterhaltung der Grünanlagen einschl. der Kosten des Besuchs der Bundesgartenschau = 300 EUR	2 100		.4212
.520	Unterhaltung der Ausstattungsgegenstände und geringwertige Beschaffungen	3 200		.422100
.528	Ersatzbeschaffung von Geschirr und Bestecken	800		.422110
.540	Steuern und Abgaben für das Grundstück	3 100		.424100
.545	Grundstücksbewirtschaftungskosten	24 300		.424110
.570	Lebensmittel	38 000		.4271
.640	Grundstücks-Versicherungen	1 700		.4341
.652	Post- und Fernsprechgebühren – nach Abzug von 400 EUR für Privatgespräche	900		.4431
.679	Erstattung von Verwaltungskosten	7 200		.481100
.680	Abschreibungen (auf Gebäude)	18 700		.47113
.685	Verzinsung des Anlagekapitals	6 450		.9000 (KLR)
.935	Ersatzbeschaffung eines Herdes	350		.7831

AUFGABEN

1 Prüfen Sie den Entwurf. Die Beanstandungen sind unter Angabe der Nummer der Haushaltsstelle darzulegen und zu begründen.

2 Stellen Sie fest, mit welchen Summen unter Berücksichtigung der erforderlichen Änderungen der Unterabschnitt abschließt.

3 Klären Sie, welche Auswirkungen die Zusammenfassung der Einnahmen und Ausgaben des Unterabschnitts zu einem Budget auf die Bewirtschaftung der Ausgabemittel des Unterabschnitts haben würde.

4 Erläutern Sie prinzipiell den Unterschied zwischen der Haushaltsrechnung und der Kosten- und Leistungsrechnung. Stellen Sie dar, mit welchen Abweichungen die Isteinnahmen und -ausgaben in die Kostenrechnung einfließen.

[LÖSUNGEN Seite 149]

6 Bewirtschaftung von Bauunterhaltungsmitteln – den Haushaltsansatz überschreitende Ausgaben

HILFSMITTEL **Texte der Gemeindeordnung, der Gemeindehaushaltsverordnung (GemHKVO) und der Vorschriften über die Gliederung und Gruppierung der Haushaltspläne der Gemeinden und Gemeindeverbände.**

BEARBEITUNGSHINWEIS
Nach der Hauptsatzung der Stadt Birkenhain gelten über- und außerplanmäßige Ausgaben bis zu 5 000,00 EUR als unerheblich im Sinne von § 89 (1) Satz 2 NGO.

a) Im Haushaltsplan der Stadt Birkenhein für das laufende Haushaltsjahr sind für die bauliche Unterhaltung der Gebäude des allgemeinen Grundvermögens – Haushaltsstelle 880.500 (Kto. 111.4211) – 35 000 EUR bewilligt. Bis Ende September wurden in die Haushaltsüberwachungsliste 26 Bewegungen eingetragen und 14 Auszahlungsanordnungen über insgesamt 20 127,68 EUR erteilt. Außerdem sind folgende Beträge vorgemerkt:

27. G. Schiefer, Dachreparatur Roonstr. 6/7 4 400,00 EUR
28. W. Klecksig, Malerarbeiten Roonstr. 6/7 5 000,00 EUR

Am 2. Oktober geht die Rechnung des Malermeisters Klecksig ein.

Die sachliche Feststellung obliegt dem Stadtbauamtmann Sorgsam, die rechnerische Feststellung der Verwaltungsfachangestellten Genau. Anordnungsbefugt ist Stadtamtsrat Zimmermann.

b) Am 5. Oktober stellt sich bei einer erneuten Prüfung der Heizanlage im städtischen Wohngebäude Moltkestraße 14 heraus, dass der Heizkessel – entgegen der früheren Feststellung – noch vor Einbruch des Winters ersetzt werden muss. Die Kosten für einen neuen Heizkessel und dessen Einbau betragen 10 800,00 EUR.

Der Ansatz der Haushaltsstelle 880.500 (Kto. 111.4211) kann zulasten der deckungspflichtigen Haushaltsstelle 880.510 (Kto. 111.4212) um 2 200,00 EUR verstärkt werden. Nachdem die Mieten dem allgemeinen Preisgefüge angepasst worden sind, werden die Mieteinnahmen – Haushaltsstelle 880.140 (Kto. 111.3411) – den Haushaltsansatz um voraussichtlich 2 700,00 EUR überschreiten.

AUFGABEN

1 Richten Sie die Haushaltsüberwachungsliste für die Haushaltsstelle 880.500 ein und nehmen Sie die sich aus dem Sachverhalt ergebenden Eintragungen vor.

2 Weisen Sie die Rechnung des Malermeisters Klecksig zur Zahlung an und ergänzen Sie die Haushaltsüberwachungsliste.

3 Stellen Sie die Buchungsstelle für die Kosten des Heizkessels fest und begründen Sie Ihre Ansicht.

4 Zeigen Sie auf, wie die Beschaffung des Heizkessels finanziert werden kann.

5 Entwerfen Sie den Antrag des Liegenschaftsamts, der überplanmäßigen Ausgabe zuzustimmen.
Im NKR sind nur Buchungen im Ergebnishaushalt darzustellen.

[LÖSUNGEN Seite 154]

7 Beschränkte Ausschreibung einer Leistung

HILFSMITTEL Text der Gemeindehaushaltsverordnung (GemHKVO)

BEARBEITUNGSHINWEIS
Nach der Landkreisordnung sind auf die Wirtschaftsführung der Landkreise die Vorschriften über die Gemeindewirtschaft entsprechend anzuwenden.

Das Museum des Landkreises Bodetal ist durch ein schmiedeeisernes Portal zugänglich, das 1912 errichtet worden ist. Zu seinem Schmuck ist es mit sechs Rosetten versehen, die einen Durchmesser von 24,5 cm haben. Drei Rosetten sind schadhaft; der Kulturausschuss des Kreistags hat angeregt, sie zu ersetzen.

Nach Auskunft der Handwerkskammer werden Arbeiten dieser Art im Kammerbezirk nur noch von zwei Kunstschmieden ausgeführt:

Ernst Eisenbrecht in Eibenstadt und
Wilhelm Härte in Lärchenhausen.

Im benachbarten Kammerbezirk gibt es noch einen weiteren Meister, der für die Ausführung solcher Arbeiten in Betracht kommt.

Für die bauliche Unterhaltung des Museums sind im Haushaltsplan für des laufende Haushaltsjahr bei der Haushaltsstelle 310.500 4 800,00 EUR bewilligt worden, von denen bisher 1 268,49 EUR beansprucht worden sind.

Es ist vorgesehen, die Herstellung der Ersatzstücke beschränkt auszuschreiben.

AUFGABEN

1 Prüfen Sie, ob die vorgesehene Ausschreibung zulässig und zweckmäßig ist.

2 Entwerfen Sie das Schreiben, mit dem die Unternehmen zur Abgabe eines Angebots aufgefordert werden.

[LÖSUNGEN Seite 159]

8 Beschränkte Ausschreibung einer Materiallieferung für einen Bauhof

HILFSMITTEL Texte der Gemeindehaushaltsverordnung (GemHKVO) und der Verdingungsordnung für Leistungen – ausgenommen Bauleistungen –

Die Stadt Tannengrund unterhält einen Bauhof, dessen Einnahmen und Ausgaben im Unterabschnitt 771 des Haushaltsplans veranschlagt sind. Wegen des Umfangs der Instandhaltung der Sanitäranlagen in den Schulen und Dienstgebäuden befinden sich auch Fliesen im Lagerbestand. Im vorletzten Jahr waren erstmalig 280 qm Bodenfliesen 20 × 20 cm zum Netto-Preis von 9,43 EUR/qm gekauft worden, von denen 210 Stück als Anfangsbestand in das Vorjahr übernommen worden sind. Im letzten Jahr wurden

320 qm der gleichen Fliesen zum Preis von 9,72 EUR/qm beschafft. Am Ende des Jahres verblieb ein Bestand von 290 Stück.

Zur Ergänzung des Lagerbestandes sollen 300 qm Bodenfliesen beschafft werden, die der bisherigen Qualität und Farbe entsprechen. Ausreichende Haushaltsmittel stehen zur Verfügung.

AUFGABEN

1. Stellen Sie für das vergangene Jahr fest
   - den durchschnittlichen Lagerbestand,
   - die Häufigkeit des Lagerumschlags,
   - die durchschnittliche Lagerdauer.
2. Schlagen Sie für die jetzt vorgesehene Beschaffung ein geeignetes Verfahren vor, begründen Sie Ihre Auswahl und beschreiben Sie den Ablauf des Verfahrens.
3. Entwerfen Sie eine Anzeige mit der Aufforderung, sich um Teilnahme an der beschränkten Ausschreibung zu bewerben.
4. Erläutern Sie die Regelungen, die der Kaufvertrag aus wirtschaftlichen Gründen enthalten sollte.
5. Schildern Sie, in welcher Weise die vom Bauhof an andere Organisationseinheiten abgegebenen Materialien „bezahlt" werden.

[LÖSUNGEN Seite 161]

9 Verspätete Haushaltssatzung – vorläufige Haushaltsführung

HILFSMITTEL **Texte der Gemeindeordnung und der Gemeindehaushaltsverordnung (GemHKVO)**

Der Bürgermeister der Gemeinde Escherich (7 300 Einwohner) hat den Entwurf der Haushaltssatzung einschließlich des Haushaltsplans und dessen Anlagen am 3. Februar dem Vorsitzenden der Gemeindevertretung mit der Bitte zugeleitet, die Haushaltssatzung in der Sitzung der Gemeindevertretung am 12. Februar zu beraten und zu beschließen. Der Bürgermeister beabsichtigt, die von der Gemeindevertretung beschlossene Haushaltssatzung mit dem Haushaltsplan und seinen Anlagen der Aufsichtsbehörde anschließend zügig zuzuleiten, um die Genehmigung der Haushaltssatzung zu erwirken.
Im Entwurf der Haushaltssatzung sind vorgesehen:

Einnahmen und Ausgaben im Verwaltungshaushalt*	8 420 000 EUR
Einnahmen und Ausgaben im Vermögenshaushalt**	1 360 000 (8 600 000)** EUR
Gesamtbetrag der Kredite	400 000 EUR
Gesamtbetrag der Verpflichtungsermächtigungen	640 000 EUR
Kassenkredite***	800 000 EUR

Die Steuersätze sind unverändert geblieben.

* Im NKR: ordentliche Erträge und Aufwendungen im Ergebnishaushalt
** Im NKR: Ein- und Auszahlungen im Finanzhaushalt
*** Im NKR: Liquiditätskredite

Die Verpflichtungsermächtigungen werden in den beiden folgenden Haushaltsjahren, in denen nach dem Finanzplan die Aufnahme von Krediten in Höhe von 800 000,00 EUR und 1 200 000,00 EUR erforderlich wird, zu Ausgaben führen.

Die Genehmigung der Haushaltssatzung geht am 18. März beim Bürgermeister ein.
In den Monaten Januar, Februar und März ergeben sich Zweifel, ob folgende Ausgaben, die im Haushaltsplan veranschlagt wurden, zulässig sind:

a) Beschaffung eines Computers für die Einwohnermelde-Abteilung	6 500 EUR
b) Fortführung der im Vorjahr begonnenen baulichen Erweiterung des Verwaltungsgebäudes	700 000 EUR
c) Zuschuss an den Sportverein zur Renovierung des Vereinsheims	8 000 EUR

Zweifelhaft ist außerdem, ob

d) am 15. Februar die Teilbeträge der Grund- und Gewerbesteuern erhoben werden können;

e) der Mietvertrag zur anderweiten Unterbringung der bisher im Gebäude der Realschule untergebrachten Volksbücherei vereinbart werden darf, indem eine Miete von monatlich 300,00 EUR und eine Mietdauer von zunächst sechs Jahren vereinbart werden soll;

f) der Vertrag über die Reinigung der Diensträume, der Ende des vergangenen Jahres ausgelaufen ist, fortgesetzt werden kann und die Räume für die Volksbücherei einbezogen werden dürfen.

AUFGABEN

1 Beurteilen Sie den Zeitpunkt der Beratung und des Beschlusses der Haushaltssatzung und schildern Sie das weitere Verfahren bis zu ihrer Rechtswirksamkeit.

2. Stellen Sie fest, ob und gegebenenfalls welche Festsetzungen in der Haushaltssatzung der aufsichtsbehördlichen Genehmigung bedürfen.

3. Beurteilen Sie die erwogenen Ausgaben und die bestehenden Zweifel.

[LÖSUNGEN Seite 163]

10 Veranschlagung kalkulatorischer Kosten

HILFSMITTEL Texte der Gemeindehaushaltsverordnung (GemHKVO) und der Vorschriften über die Gliederung und Gruppierung der Haushaltspläne der Gemeinden und Gemeindeverbände

Im Haushaltsplan der Gemeinde G. für das vergangene Haushaltsjahr waren im Unterabschnitt 720, Abfallbeseitigung, u.a. veranschlagt:

Abschreibungen	101 400 EUR
Verzinsung des Anlagekapitals	84 600 EUR

Ende des Jahres wurden zwei Neuanschaffungen vorgenommen, die im Vermögenshaushalt veranschlagt waren und die jetzt in Benutzung genommen werden:

Müllfahrzeug 80 000,00 EUR
Zerkleinerungsgerät 52 800,00 EUR

In G. werden die kalkulatorischen Kosten nach den Anschaffungskosten ermittelt, die Abschreibungen linear. Die Nutzungsdauer des Müllfahrzeugs beträgt acht Jahre, die des Zerkleinerungsgeräts fünf Jahre. Das Anlagekapital wird mit 6 % einheitlich verzinst.

AUFGABE

Schildern Sie die Auswirkungen der Anschaffungen auf die Veranschlagung der kalkulatorischen Kosten.

[LÖSUNG Seite 167]

11 Mittelbewirtschaftung beim Senioren-Pflegeheim

HILFSMITTEL Texte der Gemeindeordnung und der Gemeindehaushaltsverordnung (GemHKVO), Taschenrechner

Im Haushaltsplan der Stadt Ulmenau für das laufende Haushaltsjahr sind im Unterabschnitt 432, Senioren-Pflegeheim, folgende Haushaltsstellen der Hauptgruppe 5 vorgesehen und Ende Oktober die Mittel in der angegebenen Höhe beansprucht:

Nr.	Bezeichnung	Ansatz EUR	beansprucht EUR
432.500	Bauliche Unterhaltung	9600	7428,17
432.506	Unterhaltung der unbeweglichen technischen Anlagen	11200	10986,18
432.509	Unterhaltung der Grünanlagen	2100	2086,40
432.520	Einrichtungsgegenstände	5000	3104,87
432.540	Grundstücksabgaben	3200	2314,60
432.544	Grundstücksbewirtschaftungskosten	77000	66827,60
432.546	Versicherungsprämien für das Grundstück Die Haushaltsstellen 432.540, 432.544 und 432.546 sind gegenseitig deckungsfähig.	3600	3197,20
432.570	Lebensmittel	104000	83260,70
432.576	Medizinische Verbrauchsmittel Die Haushaltsstellen 432.570 und 432.576 sind gegenseitig deckungsfähig.	4800	4624,90

In den ersten Novembertagen werden folgende Aufträge erteilt:

01. 11.	Gemüsemarkt Stängel:	EUR
	8 kg Bananen	1,03/kg
	12 kg Sauerkraut	1,34/kg
	Fleischermeister Ziegenbein:	
	15 kg Eisbein	3,68/kg
	6,3 kg Mortadella	0,78/100g
	Ulmenauer Käsezentrale:	
	10 kg Butter	0,85/250g
	5 kg Schnittkäse	5,28/kg
02. 11.	Fleischermeister Ziegenbein:	
	60 Portionen Schinkensülze	1,22/Portion
	6,3 kg Rotwurst	4,20/kg
	Bäckerei Frühauf:	
	60 Brötchen	0,38/Stück
	10 Brote zu 1500 g	1,88/kg
	Gemüsemarkt Stängel:	
	15 Gurken	1,19/Stück
	12 kg Äpfel	1,35/kg
03. 11.	Fischhalle Ostsee:	
	12 kg Heringe	2,98/kg
	10 Gläser Bismarck-Heringe	2,69/Glas
	Bäckerei Frühauf:	
	60 Brötchen	0,38/Stück
	12 Brote zu 1500 g	1,88/kg
	8 Quarkstollen	2,70/Stück

Am gleichen Tage geht die nachstehende Rechnung vom Gemüsemarkt Stängel ein.
Die Heimleiterin teilt mit, dass für medizinische Verbrauchsmittel in den Monaten November und Dezember voraussichtlich noch 700,00 EUR benötigt werden.

Gemüsemarkt Stängel

Gemüsemarkt Stängel · Bohnenkamp 38 · Ulmenau

Senioren-Pflegeheim Ulmenau
Im stillen Winkel 66
Ulmenau

Anschrift: Bohnenkamp 38
Ulmenau

Bank: Volksbank Ulmenau
BLZ 927 400 17 Konto 3467
USt-IDNr. DE 543219876
USt-Nr. 47/203/35503

Rechnung Nr. 1234/20..

Ulmenau, 3. November 20..

für das Senioren-Pflegeheim Ulmenau, Im stillen Winkel 66

01.11	8 kg	Bananen	0,96 EUR	7,68 EUR
	12 kg	Sauerkraut	1,25 EUR	15,00 EUR
02.11	15	Gurken	1,11 EUR	16,65 EUR
	12	kg Äpfel	1,26 EUR	15,12 EUR
			Summe netto	55,45 EUR
			zzgl. 7% USt	3,88 EUR
			Summe brutto	59,33 EUR

Bei Zahlung innerhalb 10 Tagen 2 % Skonto!

AUFGABEN

1 Schildern Sie, welche Überlegungen den Auftragsvergaben vorausgehen müssen.

2 Errechnen Sie die jeweiligen Auftragssummen und tragen Sie diese in die anliegende Haushaltsüberwachungsliste ein, die bisher 558 Eintragungen enthält.

3 Erläutern Sie den Inhalt der Bescheinigungen „Sachlich richtig" und „Rechnerisch richtig".

4 Prüfen Sie die Rechnung des Gemüsemarkts Stängel; erteilen Sie die Auszahlungsanordnung und ergänzen Sie die Haushaltsüberwachungsliste.

5 Schlagen Sie eine Lösung zur Beschaffung der medizinischen Verbrauchsmittel vor.

[LÖSUNGEN Seite 169]

12 Zeitliche Übertragbarkeit – Veranschlagung von Einnahmen und Ausgaben im Haushaltsplan

HILFSMITTEL Texte der Gemeindeordnung, der Gemeindehaushaltsverordnung (GemHKVO) und der Vorschriften über die Gliederung und Gruppierung der Haushaltspläne der Gemeinden und Landkreise

Im Verwaltungshaushalt der aufstrebenden Tourismusgemeinde Erlenbusch im Schwarzwald sind im Unterabschnitt 675 „Straßenreinigung“ u.a. folgende Haushaltsstellen vorgesehen:

Nr.	Haushaltsstelle Bezeichnung	Haushaltsansatz für das lfd. Haushaltsjahr EUR	Haushaltsansatz Für das vergangene Haushaltsjahr EUR	Ergebnis der Jahresrechnung des dem vergangenen Hj. vorausgegangenen Hj. EUR	Erläuterungen
675.510	Winterdienst Die Mittel sind zeitlich übertragbar.	18 000	17 000	16 758,00	
675.511	Reinigung der Fuß- und Kurgastwege	4 000	4 000	3 970,00	
675.520	Ersatzbeschaffungen für Kraftfahrzeugzubehör	1 400	1 200	1 137,54	
675.590	Streumittel	2 000	1 800	1 612,00	

Bei der Haushaltsstelle 675.510 ist im Vorjahr ein Haushaltsausgaberest von 2 850,00 EUR verblieben und in das laufende Haushaltsjahr vorgetragen worden.

Aufgrund des früh einsetzenden und schneereichen Winters war beim Winterdienst ein Kostenanstieg zu erwarten. Die Gemeinde hat deshalb das Angebot des leistungsfähigen Fuhrunternehmers Specht angenommen, die Schneeräumung auf der Hauptstraße und den Kurgastwegen zum Festpreis von 10 000,00 EUR, der am 1. Februar fällig wird, zu übernehmen. Für die Schneeräumung im übrigen Gemeindegebiet waren am 15. Januar 2 400,00 EUR an die Firma Amsel & Co. zu zahlen. Für die Schneeräumung durch dieselbe Firma waren in der Folgezeit 7 000,00 EUR auftragsmäßig festzulegen.

Für ein Kehrfahrzeug sind im laufenden Jahr bereits Reparaturkosten von 958,60 EUR entstanden. Jetzt ist das Schneepflugblatt zerbrochen. Die Reparaturwerkstatt veranschlagt die Kosten für die Instandsetzung auf 600,00 EUR.

Der Vorsitzende des Tourismusvereins hat in der Sitzung des Kurausschusses des Gemeinderats, dem er als sachverständiger Einwohner angehört, am 26. März auf Mängel in der Schneeräumung hingewiesen und die Beschaffung eines modernen Schneeräumfahrzeugs angeregt. Der Tourismusverein sei bereit, sich mit 5 000,00 EUR an den Beschaffungskosten von voraussichtlich 35 000,00 EUR zu beteiligen. Darüber hinaus werde er sich verpflichten, während der auf zehn Jahre veranschlagten Nutzungsdauer des Gerätes der Gemeinde einen jährlichen Zuschuss in Höhe der Hälfte der jährlichen Abschreibungen und von 5 % Zinsen für das Anlagekapital zu gewähren.

Zur Beratung in der nächsten Sitzung des Kurausschusses möchte der Bürgermeister erfahren, bei welchen Haushaltsstellen und in welcher Höhe Beträge im Haushaltsplan für das kommende Jahr zu veranschlagen sind, falls der Anregung in vollem Umfang gefolgt wird.

AUFGABEN

1 Erklären Sie, unter welchen rechtlichen und betraglichen Voraussetzungen im Vorjahr bei der Haushaltsstelle 675.510 ein Haushaltsausgaberest entstanden ist.

2 Prüfen Sie, ob und auf welche Weise von den bei der Haushaltsstelle 675.511 nicht benötigten Mitteln in Höhe von 800,00 EUR ein Teil zur Bezahlung der Kosten für die Instandsetzung des Schneepflugblattes zur Deckung herangezogen werden kann.

3 Stellen Sie fest, mit welchen Belastungen der Tourismusverein aufgrund der Erklärungen seines Vorsitzenden im kommenden Jahr rechnen muss, falls das Schneeräumfahrzeug beschafft wird. Beantworten Sie sodann die Frage des Bürgermeisters.

[LÖSUNGEN Seite 174]

13 Niederschlagung einer Forderung

HILFSMITTEL **Texte der Gemeindehaushaltsverordnung und der Gemeindekassenverordnung (GemHKVO)**

Dem Kämmerer der Stadt Ahornstedt wird am 22. August d. J. von der Stadtkasse das Pfändungsprotokoll des Gerichtsvollziehers Fahlbusch nebst Vollstreckungsbescheid über die fruchtlose Pfändung bei dem Schuldner Dieter Flott zugeleitet. Flott schuldet 458,98 EUR anteilige Heizkosten für das vergangene Jahr. Aufgrund der ihr zugegangenen Annahmeanordnung hat die Stadtkasse den Betrag im Sachbuch für den Haushalt zum Soll gestellt (§ 28 (3) GemKVO) und, nachdem Flott trotz Mahnbescheid nicht zahlte, die zwangsweise Einziehung veranlasst (§ 16 (2) GemKVO).

Flott bewohnte bis 31. Dezember letzten Jahres eine Wohnung im städtischen Wohnblock Nelkengasse 7–9 und ist zu Beginn des Jahres in eine andere Mietwohnung umgezogen. Er lebt von Arbeitslosengeld II und ist 38 Jahre alt.

Die Stadtkasse regt an, nach der fruchtlos verlaufenen Pfändung die Forderung niederzuschlagen.

AUFGABEN

1 Prüfen Sie, ob dem Vorschlag der Stadtkasse gefolgt werden kann.

2 Entwerfen Sie die Verfügung des Stadtkämmerers und äußern Sie sich zu deren Ausführung.

[LÖSUNGEN Seite 177]

14 Mittelbewirtschaftung beim Personalamt

HILFSMITTEL Texte der Gemeindeordnung und der Gemeindehaushaltsverordnung (GemHKVO)

Im Unterabschnitt 022 (Personalamt) des Haushaltsplanes der Stadt Buchenhagen für das laufende Haushaltsjahr sind u.a. folgende Haushaltsstellen mit den angegebenen Ansätzen vorgesehen:

022.450	Beihilfen	640 000 EUR
022.455	Unterstützungen	4 500 EUR
022.462	Zuschüsse zu Gemeinschaftsveranstaltungen	4 000 EUR
022.465	Prämien im Vorschlagswesen	5 000 EUR
022.470	Deckungsreserve für Personalausgaben	200 000 EUR
022.562	Aus- und Fortbildung der Bediensteten	63 000 EUR
022.653	Stellenausschreibungen	32 000 EUR
022.658	Eignungsprüfungen	12 300 EUR

Die Haushaltsstellen 022.653 und 022.658 sind gegenseitig deckungsfähig.

Außerdem ist u.a. folgende Einnahme-Haushaltsstelle enthalten:

022.153	Schadenersatzansprüche gegen Dritte	6 000 EUR

Ende Juli muss aufgrund des Standes der Ausgaben befürchtet werden, dass die Mittel für Eignungsprüfungen wegen der vermehrten Ausbildungsplätze um höchstenfalls 5 000,00 EUR überschritten werden müssen. Die Ausgaben für Stellenausschreibungen werden hingegen um mindestens 6 000,00 EUR hinter dem bei der Aufstellung des Haushaltsplans erwarteten Umfang zurückbleiben.

Die Gemeinschaftsveranstaltungen führten bisher die Mitarbeiter einzelner Dezernate oder auch großer Ämter zusammen. Der Personalrat regt an, auch zur Förderung des gegenseitigen Verständnisses und der Zusammenarbeit aller Dienstangehöriger, in diesem Jahr eine alle Mitarbeiter umfassende Veranstaltung durchzuführen. Nach seiner Kalkulation wird sie allerdings 6 800,00 EUR Ausgaben erfordern. Auf den Hinweis des Amtsleiters, dass nur 4 000,00 EUR von der Stadtvertretung bewilligt worden sind, entgegnet der Personalratsvorsitzende, dass

a) die fehlenden 2 800,00 EUR bei den Kosten für die Aus- und Fortbildung eingespart werden können oder

b) die Deckungsreserve in Anspruch genommen werden könne.

Schließlich werde

c) auch der Bürgermeister sicher bereit sein, den Fehlbetrag aus seinen Verfügungsmitteln zuzuschießen.

Die Verwaltungsfachangestellte Renate Bosse hat gemäß § 22 TVöD aufgrund ihrer Arbeitsunfähigkeit für die Zeit vom 3. bis 13. Januar Krankenbezüge in Höhe von insgesamt 683,28 EUR erhalten. Die Arbeitsunfähigkeit war auf einen Unfall zurückzuführen, den der Handelsvertreter Norbert Vorbeck, hier, Ritterstraße 5 wohnhaft, schuldhaft dadurch verursachte, dass er als Radfahrer Frau Bosse auf einem Fußweg angefahren hat. Der Schadenersatzanspruch der Angestellten ist nach § 6 Entgeltfortzahlungsgesetz auf die Stadt übergegangen. Die Stadt hat Vorbeck am 25. Januar aufgefordert, die der Angestellten gezahlten Krankenbezüge bis 15. März zu erstatten. Vorbeck hat mit Schreiben vom 11. März mitgeteilt, dass er wegen seines geringen Einkommens als Handelsvertreter von monatlich 1 100,00 EUR bitten müsse, ihm die Schuld zu erlassen oder, wenn dies nicht möglich sei, ihm zu gestatten, den Betrag in monatlichen Raten von 50,00 EUR zu begleichen. Seine Lebensgefährtin habe trotz der Betreuung ihres erst zweijährigen Kindes jetzt eine Heimarbeit angenommen, von der sie Einkünfte von monatlich 400,00 EUR erhoffe. Die monatliche Miete betrage 365,00 EUR.

AUFGABEN

1 Schlagen Sie einen Ausweg bezüglich der bei der Haushaltsstelle 022.658 zu erwartenden Mehrausgabe vor.

2 Beurteilen Sie die Vorschläge des Personalratsvorsitzenden zur Deckung der Mehrausgaben für die Gemeinschaftsveranstaltung.

3 Erteilen Sie die Annahmeanordnung über die von Vorbeck zu erstattenden Krankenbezüge.

4 Prüfen Sie Vorbecks Antrag auf Erlass oder ratenweise Tilgung seiner Schuld.

5 Entwerfen Sie das Antwortschreiben an Vorbeck.

[LÖSUNGEN Seite 179]

15 Veränderung gemeindlicher Ansprüche

HILFSMITTEL Text der Gemeindehaushaltsverordnung (GemHKVO)

a) Nachdem die Gemeindekasse Eibendorf aufgrund einer Annahmeanordnung der Liegenschaftsabteilung den Landwirt Fritz Gerstenberg aufgefordert hat, die am 1. Oktober fällig gewordene Pacht für ein gemeindeeigenes, von Gerstenberg landwirtschaftlich genutztes Grundstück in Höhe von 420,00 EUR zu zahlen, geht bei der Gemeindekasse folgendes Schreiben ein: „Sehr geehrte Damen und Herren, aufgrund des überaus trockenen Sommers sind die diesjährigen Erträge erheblich unter dem Durchschnitt geblieben. Dadurch und durch die im vergangenen Jahr stark aufgetretenen Pflanzenkrankheiten, die Ertragseinbußen bis zu 75 % zur Folge hatten, bin ich in eine sehr missliche wirtschaftliche Lage gekommen. Sie macht es mir unmöglich, die Pacht zu bezahlen. Ich bitte deshalb, die diesjährige Pacht ganz, mindestens aber zur Hälfte zu erlassen. Vielen Dank für Ihr Verständnis für meine Lage. Hochachtungsvoll
Fritz Gerstenberg“

Die Gemeindekasse leitet das Schreiben an die Finanzabteilung weiter. Dort sind außerdem folgende Fälle zu bearbeiten:

b) Aufgrund der Annahmeanordnung vom 15. August d. J. sollten von dem Rentner Anton Wenig 480,00 EUR Pflegekosten eingezogen und bei der Haushaltsstelle 432.251 gebucht werden. Herr Wenig hat das Heim jedoch bereits am 10. August verlassen. Sein Sohn Felix, wohnhaft in Karlsruhe, Finkenweg 23, wollte ihn aufnehmen. Eine von der Gemeindekasse dorthin gesandte Zahlungsaufforderung ist mit dem Vermerk „Empfänger unbekannt verzogen“ zurückgekommen. Die Rückfrage bei der Stadt Karlsruhe – Abteilung für Bürgerangelegenheiten – hat ergeben, dass Anton und Felix Wenig eine mehrmonatige Reise angetreten haben und ihre Anschrift nicht ermittelt werden kann.

c) Nach der Annahmeanordnung vom 10. September d. J. hat der Gemüsehändler Kohlrausch für die von ihm erworbenen, in der Gemeindekasse entbehrlich gewordenen Möbelstücke (Tresen und drei Tische) 240,00 EUR zu zahlen, die bei der Haushaltsstelle 031.345 gebucht werden sollen. Kohlrausch bittet, den Betrag ein halbes Jahr zu stunden. Infolge einer dreiwöchigen stationären Behandlung im Krankenhaus der Kreisstadt habe er sein Geschäft vorübergehend schließen müssen. Er hoffe, die Einkommensausfälle im Laufe der nächsten Monate ausgleichen und die Schuld dann begleichen zu können. Kohlrausch ist Eigentümer des Grundstücks, auf dem er sein Geschäft betreibt.

d) Der Bauarbeiter Edgar Mutig schuldet der Gemeinde 1 343,70 EUR für die Reparatur eines gemeindeeigenen Fahrzeugs, das er mutwillig beschädigt hat. Die Feststellungen haben ergeben, dass Mutig vor 14 Tagen stark betrunken auf dem Heimweg vom Ausflugslokal „Zur roten Laterne“ mit seinem Pkw so schwer verunglückte, dass er dauernd arbeitsunfähig bleiben wird und in einem Pflegeheim untergebracht werden muss. Die von der Landesversicherungsanstalt zu erwartende Rente wird die Pflegekosten nicht decken; sie werden teilweise mit Sozialhilfe-Mitteln bestritten werden müssen.

e) Einige nicht mehr einsatzfähige Gebrauchsgegenstände der Feuerwehr wurden dem Altwarenhändler Eisenfuß überlassen. Er sollte dafür 4,00 EUR bei der Gemeindekasse einzahlen. Dieser Aufforderung ist er trotz wiederholter Erinnerung nicht nachgekommen.

f) Die Firma Eugen Bagger und Sohn benutzt aufgrund eines Vertrages ein gemeindeeigenes Grundstück zur Lagerung von Baustoffen. Die Nutzungsentschädigung beträgt jährlich 1 600,00 EUR. Sie ist in Höhe von 400,00 EUR am 15. Februar, 15. Mai, 15. August und 15. November jeden Jahres fällig. Bisher wurden die Teilbeträge pünktlich überwiesen. Mit ihrem Schreiben vom 20. August d. J. beantragt die Firma unter Hinweis auf die ungünstige Auftrags- und Ertragslage in der Baubranche den am 15. August fälligen Teilbetrag zu erlassen. Falls dies nicht möglich sei, erbitte sie einen Zahlungsaufschub.

AUFGABEN

1 Schildern Sie die Einziehung der Einnahmen und erläutern Sie die Vorschriften zur Veränderung gemeindlicher Ansprüche.

2 Beurteilen Sie die Fälle a) bis f).

3 Entwerfen Sie das Antwortschreiben an den Landwirt Gerstenberg.

[LÖSUNGEN Seite 183]

16 Beschaffung nach beschränkter Ausschreibung

HILFSMITTEL Texte der Gemeindehaushaltsverordnung (GemHKVO) und der Verdingungsordnung für Leistungen, Taschenrechner

In der Gemeindeverwaltung Eichenau sollen acht Arbeitsplätze mit Personalcomputern ausgestattet werden. Im Haushaltsplan für das laufende Haushaltsjahr sind vom Gemeinderat dafür 20 000,00 EUR bewilligt worden.

Aufgrund der in zwei Nachbargemeinden gesammelten Erfahrungen sollen

- 8 PC inkl. 17-Zoll-Flachbildschirm, Tastatur und Maus sowie
- 8 Tintenstrahldrucker

beschafft werden. Wegen der fehlenden Erfahrungen in der Bedienung derartiger Geräte sollen sie von einer Fachfirma am Ort oder in der nahe gelegenen Kreisstadt Kiefernstadt bezogen werden. Aus diesem Grunde ist eine beschränkte Ausschreibung vorgesehen. Von einer Erkundung des Marktes, insbesondere einer öffentlichen Aufforderung, sich an der beschränkten Ausschreibung zu beteiligen, kann abgesehen werden, weil die für die Lieferung in Betracht kommenden vier Firmen namentlich bekannt sind:

- Copier-Markt GmbH, Eichenau
- Büromaschinenmarkt Evergreen, Kiefernstadt
- PC-Power GmbH, Kiefernstadt
- Chips-Total, Kiefernstadt

Da die Leistungen in der Aufforderung zur Angebotsabgabe beschrieben werden können, wird von ihrer gesonderten Beschreibung abgesehen.

Die von den Firmen mit Schreiben vom 8. April erbetenen Angebote gehen fristgerecht ein. Das Angebot der Firma PC-Power wird in der Posteingangsstelle vom Angestellten Lässig versehentlich geöffnet und, nachdem er das Versehen erkannt hat, sofort wieder verschlossen. Bei der späteren Öffnung der Angebote ergeben sich folgende Konditionen:

	Copiermarkt EUR	PC-Power EUR	Chips-Total EUR
Computer	1 990,00	2 020,00	2 150,00
Tintenstrahldrucker	320,00	295,00	310,00
+ Mehrwertsteuer	19 %	19 %	19 %
– Rabatt	10 %	5 %	10 %
– Skonto	2 %	2 %	3 %

Der Büromaschinenmarkt Evergreen bietet die Geräte zum Festpreis einschließlich Mehrwertsteuer von 19 300,00 EUR an.

AUFGABEN

1 Prüfen Sie, ob die beschränkte Ausschreibung zulässig ist.

2 Entwerfen Sie das Schreiben, mit dem die Firmen zur Abgabe eines Angebots aufgefordert werden.

3 Schildern Sie die bürotechnische Behandlung der eingehenden Angebote.

4 Fertigen Sie die Niederschrift über die Öffnung der Angebote durch den Verwaltungsangestellten Fleißig in Anwesenheit des Gemeindeoberinspektors Ehrlich.

5 Vergleichen Sie in einem Vermerk die Angebote; stellen Sie das preisgünstigste Angebot fest und begründen Sie Ihre Auswahl für den Zuschlag.

6 Entwerfen Sie das Auftragsschreiben.

[LÖSUNGEN Seite 187]

17 Einführung in die kaufmännische Buchführung

HILFSMITTEL **GemHKVO Nds. sowie die hierzu erlassenen verbindlichen Produkt- und Kontenrahmen**

Die nachfolgenden Aufgaben widmen sich gezielt den neuen Herausforderungen des Neuen Kommunalen Rechnungswesens (NKR).

AUFGABEN

1 Bitte ordnen Sie die nachfolgenden Haushaltsanmeldungen mit den entsprechenden Beträgen dem Ergebnis- und/oder dem Finanzhaushalt 20.. zu und ermitteln Sie die zutreffenden Konten und Produktgruppen. Verwenden Sie hierzu den nachfolgenden Kontenplan. (Eine Einteilung in mögliche Teilhaushaltspläne oder eine Sortierung der Produkte bzw. Kontonummern in aufsteigender numerischer Reihenfolge ist nicht erforderlich.)

a) Personalaufwand für Tarifbeschäftigte im Kindergarten — 500 000 EUR

b) Unterhaltung von Grundstücken und baulichen Anlagen, hier Rathaus — 100 000 EUR

c) Erwerb eines Laserdruckers für die Abwasserbeseitigung inkl. MwSt. zum 15.07. des Jahres, Nutzungsdauer 4 Jahre — 420 EUR

d) Miete für die Büroräume, in dem das Standesamt untergebracht ist; die Miete wird im Voraus für den Zeitraum vom 01.07. bis zum 30.06. des Folgejahres gezahlt — 12 000 EUR

e) Erwerb eines Tanklöschfahrzeugs TLF 16 voraussichtlich zum 30.04. des Jahres, Nutzungsdauer 10 Jahre — 280 000 EUR

f) Zuwendung des Landkreises für die Anschaffung dieses TLF 16, voraussichtlich zum 30.11. des Jahres — 100 000 EUR

g) Grundsteuer A — 220 000 EUR

2 Bitte erläutern Sie kurz den Begriff Investition und beschreiben Sie kurz die wesentlichen Aspekte für das Rechnungswesen.

3 Bitte prüfen und begründen Sie unter Angabe des jeweils betroffenen Planungs- bzw. Veranschlagungsgrundsatzes, mit welchen Ansätzen die nachstehenden Haushaltsvorgänge in den Ergebnis- und/oder in den Finanzhaushalt aufzunehmen sind. Eine Ermittlung der jeweiligen Produkte und Konten ist dabei nicht erforderlich.

a) Erwerb eines Müllfahrzeugs zum Preis von 300 000,00 EUR. Das alte Müllfahrzeug wird hierbei voraussichtlich für 50 000,00 EUR in Zahlung genommen. Das Amt für Abfallbeseitigung schlägt daher vor, 250 000,00 EUR zu veranschlagen.

b) Die Pachtzahlungen des Kleingartenvereins Rote Rübe e. V. für die von der Stadt gepachteten Kleingartenflächen betragen jährlich 12 000,00 EUR. Die Pacht ist jeweils in einer Summe für den Zeitraum vom 01.07. bis zum 30.06. des Folgejahres zu entrichten. Der Sachbearbeiter Neubert schlägt vor, im Ergebnis- und im Finanzhaushalt jeweils 12 000,00 EUR einzustellen.

c) Für die Abwasserbeseitigung sind in den letzten Jahren jährlich 3 000 000,00 EUR Abwassergebühren angefallen; als Erhebungsmaß für die angefallene Menge

Abwasser wird zulässigerweise die jeweils abgenommene Frischwassermenge angewendet. Der neue Sachbearbeiter Klug vertritt jedoch die Auffassung, dass nach einer alten Bauernregel auf einen schlechten Winter auch ein feuchter Sommer folge und daher im kommenden Haushaltsjahr von den Privathaushalten weniger Frischwasser verbraucht werde; er regt dementsprechend an, für kommendes Jahr lediglich 2 800 000,00 EUR zu veranschlagen.

d) Die Stadt beabsichtigt, im nächsten Jahr mit dem Bau der Grundschule Süd zu beginnen. Dafür können anschließend die Grundschulen in der Klagesstraße und im Ortsteil Wendfesten geschlossen und die Grundstücke und Gebäude durch Verkauf verwertet werden. Die Gesamtkosten für den Neubau belaufen sich auf 2 400 000,00 EUR. Im kommenden Jahr fallen zunächst der Grunderwerb in Höhe von 400 000,00 EUR sowie die Hälfte der Baukosten an. Der restliche Betrag wird erst im übernächsten Jahr zahlungswirksam; gleichwohl werden für sämtliche Gewerke im nächsten Jahr Aufträge erteilt werden müssen, damit die Grundschule rechtzeitig im Sommer übernächsten Jahres fertiggestellt wird.

e) Der neue Personalsachbearbeiter Wendig schlägt vor, im nächsten Haushalt folgende Positionen in einer Summe zu veranschlagen: Personalaufwendungen 750 000,00 EUR, Lohnsteuer 120 000,00 EUR, Arbeitgeberanteil zur Sozialversicherung 50 000,00 EUR = gesamt 920 000,00 EUR.

[LÖSUNGEN Seite 191]

18 Einführung in das Rechnungswesen und die Kosten- und Leistungsrechnung

HILFSMITTEL **Abgabenordnung, Einkommensteuergesetz, Umsatzsteuergesetz, Handelsgesetzbuch, Eigenbetriebsverordnung, Gemeindehaushalts- und Kassenverordnung, Taschenrechner**

Sie arbeiten als neuer Mitarbeiter bei den Stadtwerken ihrer Stadt in der Rechnungswesenabteilung. Die Stadtwerke sind ein Eigenbetrieb der Stadt mit kaufmännischer Buchführung. Leider ist Ihr Arbeitsvorgänger vor seinem Renteneintritt längere Zeit krank gewesen und konnte seine Aufgaben nicht mehr ordnungsgemäß erfüllen.

Ihre erste Aufgabe als neuer Sachbearbeiter besteht darin, einen ordnungsgemäßen Jahresabschluss für die Stadtwerke aus der unübersichtlichen Buchführung herzustellen.

AUFGABEN

1 Klären Sie die rechtliche und wirtschaftliche Selbstständigkeit eines Eigenbetriebes.

2 Rechnungswesen ist der Oberbegriff für vier verschiedene Teilbereiche. Zu den Teilbereichen gehören
a) die Buchführung,
b) die Kosten- und Leistungsrechnung,
c) die Statistik,
d) die Planungsrechnung.
Grenzen Sie diese vier Teilbereiche voneinander ab.

3 In Ihren Unterlagen können Sie die unten aufgeführten Werte ermitteln.

Kreuzen Sie an, ob die aufgeführten Werte
- zum Aktiva (Anlagevermögen) einer Bilanz,
- zum Aktiva (Umlaufvermögen) einer Bilanz,
- zum Passiva einer Bilanz,
- oder gar nicht in der Bilanz erfasst werden.

Konto	Wert (EUR)	Aktiva (Anlage-verm.)	Aktiva (Umlauf-verm.)	Passiva	keine Bilanz-position
Fuhrpark	200 000				
Darlehen	100 000				
Forderungen a. LuL	190 000				
Kasse	20 000				
Personalkosten	480 000				
Eigenkapital	?				
Bank(guthaben)	370 000				
bebaute Grundstücke	2 500 000				
Büromaterial	48 000				
Rohstoffverbrauch	1 200 000				
Betriebsstoffe	20 000				
Maschinen	600 000				
Betriebs- und Geschäftsausstattung	140 000				
Abschreibungen auf Sachanlagen	420 000				
Verbindlichkeiten a. LuL	520 000				
Hypotheken	380 000				
Versicherungen	9 000				
Rohstoffe	960 000				

4 Erstellen Sie aus den obigen Daten eine ordnungsgemäße Bilanz.

5 Errechnen Sie aus der erstellten Bilanz die Liquiditäten I und II.

6 Warum ist der betriebswirtschaftliche Aussagewert der Liquiditäten I und II mit Vorsicht zu behandeln?

[LÖSUNGEN Seite 193]

19 Feststellung von Buchungssätzen

HILFSMITTEL **Abgabenordnung, Einkommensteuergesetz, Umsatzsteuergesetz, Handelsgesetzbuch, Eigenbetriebsverordnung, Gemeindehaushalts- und Kassenverordnung, Taschenrechner**

Sie sind als Sachbearbeiter der Rechnungswesenabteilung der Stadtwerke u.a. dafür verantwortlich, dass alle Geschäftsfälle ordnungsgemäß verbucht werden.

Die Stadtwerke haben folgenden Kontenplan:

- Bebaute Grundstücke
- Maschinen
- Fuhrpark
- Betriebs- und Geschäftsausstattung
- Rohstoffe
- Betriebsstoffe
- Forderungen a. LuL
- Kasse
- Bank
- Eigenkapital
- Darlehen
- Verbindlichkeiten a. LuL
- Reinigungskosten
- Zinsaufwendungen
- Mietaufwendungen
- Rohstoffverbrauch
- Betriebsstoffverbrauch
- Büromaterial
- Personalkosten
- Versicherungen
- Gewerbesteuer
- Fuhrparkkosten
- Spendenaufwendungen
- Reparaturen
- Mieterträge
- Zinserträge
- Umsatzerlöse Gas
- Umsatzerlöse Strom
- Vorsteuer
- Umsatzsteuer
- Gewinn- und Verlustkonto
- Schlussbilanzkonto

AUFGABEN

1 Bilden Sie die Buchungssätze für die aufgeführten Geschäftsfälle im Grundbuch.

1) Dem Rohstofflager werden für die Stromproduktion Kohlen im Wert von 24 000,00 EUR entnommen.

2) Die Stadtwerke versenden an ihre Kunden die Stromrechnungen im Gesamtwert von 43 792,00 EUR brutto.

3) Kauf eines Aktenschrankes auf Ziel.

netto	1 200,00 EUR
+ 19 % USt	228,00 EUR
Summe	1 428,00 EUR

4) Barkauf eines Besens für die Putzfrau für 7,14 EUR (einschließlich 19 % USt).

5) Die Zahllast des Vormonats wird durch die Bank an das Finanzamt überwiesen 1 347,00 EUR.

6) Der Transporter der Stadtwerke wird gegen Barzahlung für 83,30 EUR (einschließlich 19 % USt) vollgetankt.

7) Die fälligen Zinsen für das Darlehen werden vom Bankkonto abgebucht 500,00 EUR.

8) An eine internationale Hilfsorganisation werden 1 000,00 EUR durch die Bank überwiesen.

9) Für eine vermietete Halle gehen durch Dauerauftrag auf dem Bankkonto 700,00 EUR ein.

10) Beim Jahresabschluss wird ein Gewinn von 100 000,00 EUR ermittelt. Dieser muss auf das zuständige Abschlusskonto umgebucht werden.

2 Im Grundbuch des Vorjahres finden Sie die folgenden Geschäftsfälle (alle Angaben in EUR). Geben Sie an, welche betriebswirtschaftlichen Vorgänge diesen Buchungen zugrunde liegen konnten.

Nr.	Buchungssatz	Soll	Haben	Geschäftsfall
1	Büromaterial Vorsteuer an Kasse	50,00 9,50	 59,50	
2	Forderungen a. LuL an Umsatzerlöse Strom an Umsatzsteuer	17 850,00	 15 000,00 2 850,00	
3	Darlehen an Bank	50 000,00	 50 000,00	
4	Bank an Zinserträge	1 600,00	 1 600,00	
5	Betriebs- und Geschäftausst. Vorsteuer an Verbindlichkeiten a. LuL	2 000,00 380,00	 2 380,00	

3 Nach Feierabend kehren Sie bei einem langjährig befreundeten italienischen Gastwirt ein. Der Gastwirt erwartet demnächst eine Betriebsprüfung durch das Finanzamt und möchte daher dem Finanzamt eine ordnungsgemäße Buchführung präsentieren.
Er bittet Sie, doch einmal einen kurzen Blick in seine Buchführungsunterlagen zu werden, ob er alles richtig gemacht hat.
Bei einem Blick in die Buchführung des Gastwirtes stellen Sie die folgenden Auffälligkeiten fest. Überprüfen Sie, ob der Gastwirt gegen die Grundsätze ordnungsgemäßer Buchführung verstoßen hat oder nicht.

Der italienische Gastwirt …	Die Buchführung ist in Ordnung, weil …	Die Buchführung ist nicht in Ordnung, weil …
1. … hat alle Buchungen in italienischer Sprache vorgenommen.	1. …	
2. … hat die Buchführung mit einem Bleistift erstellt.	2. …	
3 … hat die Buchungen in der Regel erst 1–2 Wochen nach dem Geschäftsfall vorgenommen.	3. …	
4. … hat zwar nicht für alle Buchungen einen Beleg, kann sich aber noch an alle Geschäftsfälle erinnern.	4. …	
5. … kann die kompletten Kontoauszüge nur für die letzten 5 Jahre vorweisen.	5. …	
6. … hat zwar alle Bewerbungsschreiben für einen Arbeitsplatz im Lokal zurückgeschickt, aber für den Eingang der Bewerbungsschreiben keine Buchungen vorgenommen.	6. …	

[LÖSUNGEN Seite 196]

20 Umsatzsteuer

HILFSMITTEL **Abgabenordnung, Einkommensteuergesetz, Umsatzsteuergesetz, Handelsgesetzbuch, Eigenbetriebsverordnung, Gemeindehaushalts- und Kassenverordnung, Taschenrechner**

Bei Ihrer Tätigkeit in der Rechnungswesenabteilung der Stadtwerke fällt Ihnen auf, dass die Auszubildenden in Ihrer Abteilung Schwierigkeiten beim Thema Umsatzsteuer haben. Für die Auszubildenden ist es aber wichtig zu erkennen, mit welchem Umsatzsteuersatz die aufgeführten Sachgüter/Leistungen belastet sind. Als Hilfe erstellen Sie den Auszubildenden eine Übersichtstabelle mit Umsatzsteuersätzen.

AUFGABEN

1 Vervollständigen Sie durch Ankreuzen die folgende Tabelle:

Sachgut/Leistung	19 % Umsatzsteuer	7 % Umsatzsteuer	0 % Umsatzsteuer
1) Strom			
2) Gas			
3) Fachbücher			
4) Lebensmittel			
5) Versicherungen			
6) Postwertzeichen der Dt. Post AG			
7) Rechtsanwaltstätigkeiten			
8) Zeitschriften			
9) Zinsaufwendungen			
10) Busfahrkarte Stadtbus			

2 Bei den Buchungen zum Jahresabschluss Ihrer Stadtwerke müssen Sie als Buchhalter u. a. auch die Konten Vorsteuer und Umsatzsteuer abschließen. Ihr Vorgesetzter gibt Ihnen die Anweisung, die Zahllast zu passivieren.
Aus der Buchführung entdecken Sie auf den Konten Vorsteuer und Umsatzsteuer folgende Buchungen (alle Angaben in EUR):

Soll — Vorsteuer — Haben

Soll		Haben	
Verbindlichkeiten	2 000		
Kasse	19		
Bank	1 081		

Soll — Umsatzsteuer — Haben

Soll		Haben	
		Forderungen	2 900
		Bank	285
		Forderungen	3 120

Welche beiden Buchungssätze müssen Sie bilden, um den Anweisungen Ihres Vorgesetzten zu folgen?

[LÖSUNGEN Seite 197]

21 Abschreibungen

HILFSMITTEL Abgabenordnung, Einkommensteuergesetz, Umsatzsteuergesetz, Handelsgesetzbuch, Eigenbetriebsverordnung, Gemeindehaushalts- und Kassenverordnung, Taschenrechner

Die Stadtwerke haben sich einen Service-Pkw angeschafft. Die Buchung für den Kauf wurde ordnungsgemäß vorgenommen, zum Jahresabschluss sollen Sie den Wertverlust des Pkw in der Buchführung erfassen.

AUFGABEN

1 Nennen und erklären Sie verschiedene Gründe, die zu einer Wertminderung von Anlagevermögen führen.

2 Die wichtigste Abschreibungsmöglichkeit ist die lineare Abschreibungsmethode. Erklären Sie diese Art der Abschreibung.

3 Der Pkw wurde im Januar dieses Jahres zu einem Anschaffungswert von 28 560,00 EUR (einschließlich 19 % USt) gekauft.
Die betriebsgewöhnliche Nutzungsdauer des Pkw beträgt laut Finanzamt sechs Jahre. Erstellen Sie eine Abschreibungstabelle für die ersten drei Jahre der Nutzung.

	linear
Anschaffungswert	
./. Abschreibungen 1. Jahr	
Restwert/Buchwert 1. Jahr	
./. Abschreibungen 2. Jahr	
Restwert/Buchwert 2. Jahr	
./. Abschreibungen 3. Jahr	
Restwert/Buchwert 3. Jahr	

4 Der Pkw hält länger als die prognostizierten sechs Jahre betriebsgewöhnlicher Nutzungsdauer vom Finanzamt.

a) Wie wird dieser Vorgang buchhalterisch festgehalten?

b) Dieser Vorgang führt zur Bildung von stillen Reserven. Was ist darunter zu verstehen?

5 Der Wertverlust des Pkw soll in der Preisberechnung als kalkulatorische Abschreibungen unter dem Begriff Anderskosten erfasst werden.
Welche betriebswirtschaftlichen Gründe gibt es für die unterschiedliche Betrachtung in der kaufmännischen Buchführung und in der Kalkulation für den Wertverlust des Pkw?

[LÖSUNGEN Seite 198]

22 Sammelposten

HILFSMITTEL **Abgabenordnung, Einkommensteuergesetz, Umsatzsteuergesetz, Handelsgesetzbuch, Eigenbetriebsverordnung, Gemeindehaushalts- und Kassenverordnung, Taschenrechner**

In der Rechnungswesenabteilung der Stadtwerke wird in der Frühstückspause zwischen den Angestellten darüber diskutiert, ob es betriebswirtschaftliche Wege gibt, die Steuerlast an das Finanzamt rechtmäßig zu senken. Nach Ihrer Meinung bieten die geringwertigen Wirtschaftsgüter (GWG) und die Sammelposten gesetzlich erlaubte Wege, die fälligen unternehmerischen Steuern an das Finanzamt geringfügig zu senken. Ihre Kollegen bitten Sie um eine Erklärung für diese Aussage.

AUFGABEN

1 Der Gesetzgeber hat aufgrund des Anschaffungswertes eine Dreiteilung für die buchhalterische Erfassung von beweglichen Vermögenswerten vorgenommen. Füllen Sie die untere Tabelle mit Wertangaben ordnungsgemäß aus.

	Wert (in EUR netto)
Betriebsaufwand	
Sammelposten	
Anlagevermögen	

2 Wie werden Sammelposten immer abgeschrieben?

3 In der Diskussion mit den Kollegen meint ein Mitarbeiter, dass das Konto Sammelposten zu einer Aushöhlung des Gläubigerschutzes führen kann. Nach seiner Meinung kann in der Bilanz Anlagevermögen ausgewiesen werden, das gar nicht mehr vorhanden ist.
Prüfen Sie, ob der Mitarbeiter mit seinem Vorwurf Recht hat.

[LÖSUNGEN Seite 199]

23 Der Betriebsabrechnungsbogen

HILFSMITTEL Abgabenordnung, Einkommensteuergesetz, Umsatzsteuergesetz, Handelsgesetzbuch, Eigenbetriebsverordnung, Gemeindehaushalts- und Kassenverordnung, Taschenrechner

In der Unternehmensleitung der Stadtwerke herrscht Unruhe. Die Bezugspreise von Rohstoffen (z. B. Kohlen, Erdöl) sind in den letzten Monaten kräftig gestiegen. Die Unternehmensleitung hält daher eine Überarbeitung der bisherigen Stromverkaufspreise für unabwendbar. Sie werden daher damit beauftragt, die Kalkulation der Stadtwerke auf den neuesten Stand zu bringen.

AUFGABEN

1 In Ihrem Unternehmen werden die Gemeinkosten durch einen Betriebsabrechnungsbogen auf die einzelnen Kostenstellen verteilt.

a) Erklären Sie den Unterschied zwischen Gemeinkosten und Einzelkosten.

b) Füllen Sie den unteren (noch teilweise unvollständigen) Betriebsabrechnungsbogen BAB für die Stromproduktion der Stadtwerke aus.

(Alle Angaben in EUR)

Gemeinkosten	Verteilungsschlüssel	Material	Fertigung	Verwaltung	Vertrieb
Hilfsstoffe 75 000	Materialentnahmescheine	10 000	65 000	–	–
Versicherungen (Diebstahl, Brand) 9 000					
Heizungskosten 144 000					
Abschreibungen 420 000	nach Anlagendatei	60 000	240 000	75 000	45 000
Gewerbesteuer 46 000	3 : 4 : 1 : 2				
Hilfslöhne 42 000	nach Lohnlisten	16 000	24 000	–	2 000
betriebsinterner Unfallschutz 13 000	nach Personenzahl	1 000	8 000	3 000	1 000
Summe Gemeinkosten					

Für die vier verschiedenen Kostenstellen werden folgende Flächen ausgewiesen:

Material	600 qm
Fertigung	4 200 qm
Verwaltung	700 qm
Vertrieb	500 qm

Für die vier verschiedenen Kostenstellen werden als Anlagewert (Maschinen, Büroeinrichtung usw.) ausgewiesen:

Material	300 000,00 EUR
Fertigung	2 000 000,00 EUR
Verwaltung	500 000,00 EUR
Vertrieb	200 000,00 EUR

2 Die Materialeinzelkosten betragen insgesamt 645 000,00 EUR. Die Fertigungseinzelkosten betragen insgesamt 369 760,00 EUR.

Errechnen Sie für die Stromproduktion der Stadtwerke
a) den Materialgemeinkostenzuschlag,
b) den Fertigungsgemeinkostenzuschlag,
c) die Herstellkosten,
d) den Verwaltungsgemeinkostenzuschlag,
e) den Vertriebsgemeinkostenzuschlag (Bestandsveränderungen liegen nicht vor).

3 Wie hoch sind die Selbstkosten je kWh, wenn die Stadtwerke insgesamt 12 500 000 kWh Strom produzieren?

[LÖSUNGEN Seite 200]

24 Die städtische Tischlerei

HILFSMITTEL **Abgabenordnung, Einkommensteuergesetz, Umsatzsteuergesetz, Handelsgesetzbuch, Eigenbetriebsverordnung, Gemeindehaushalts- und Kassenverordnung, Taschenrechner**

Neben den Stadtwerken betreibt die Stadt u. a. noch eine städtische Tischlerei als Eigenbetrieb. Aufgabe der Tischlerei ist vor allem die Fertigung von Holzarbeiten für die Stadtverwaltung. Sollten aber die Kapazitäten nicht ausgelastet sein, darf die städtische Tischlerei auch als Anbieter auf dem Markt auftreten.
Bei der städtischen Tischlerei ist ein technisches Problem aufgetreten. Ein Virus hat das betriebseigene Computersystem erheblich geschädigt und lähmt jetzt den gesamten Betriebsablauf.
Sie werden als Mitarbeiter der Stadtwerke aufgrund Ihrer EDV-Kenntnisse gebeten, das Computersystem der städtischen Tischlerei wieder zum Laufen zu erwecken. Bei dieser Aufgabe hilft Ihnen die Kalkulation des folgenden Produktes, die Sie noch teilweise wiederherstellen können.

AUFGABEN

1 Das Produkt der städtischen Tischlerei wurde kalkuliert mit:

Selbstkosten in Höhe von 492 700,00 EUR
Herstellkosten in Höhe von 379 000,00 EUR
Verwaltungsgemeinkosten 45 480,00 EUR (Verwaltungsgemeinkostenzuschlag = 12 %)
Fertigungseinzelkosten 120 000,00 EUR
Fertigungsgemeinkosten 144 000,00 EUR (Fertigungsgemeinkostenzuschlag = 120 %)
Materialeinzelkosten 92 000,00 EUR

a) Wie hoch war in dieser Kalkulation der Materialgemeinkostenzuschlag in Prozent?
b) Wie hoch war in dieser Kalkulation der Vertriebsgemeinkostenzuschlag in Prozent? (Es gibt keine Bestandsänderungen.)

2 Nachdem Sie die Kalkulationsdaten wieder in das Computersystem eingearbeitet haben, bittet Sie der Betriebsleiter der städtischen Tischlerei, die ordnungsgemäße Handhabung anhand des folgenden Auftrages zu überprüfen:
Die städtische Tischlerei hat eine Anfrage des Oberbürgermeisters erhalten. Dieser möchte die 45 Stühle der Ratsmitglieder im Stadtratssaal erneuern lassen. Der Oberbürgermeister möchte wissen, welche Summe er dafür im neuen Haushaltsplan veranschlagen muss.
Nach Berechnungen der städtischen Tischlerei liegen die Kosten pro Stuhl
- für das Material bei 60,00 EUR,
- für die Fertigungslöhne bei 40,00 EUR.

Welchen Betrag wird der Oberbürgermeister für die Stühle im Haushaltsplan veranschlagen?

3 Während Ihrer Abordnung in die städtische Tischlerei möchten Sie vom Betriebsleiter noch wissen, ob er seine Kalkulation in Zukunft nicht von der Vollkostenrechnung auf die Teilkostenrechnung, insbesondere die Deckungsbeitragsrechnung, umstellen will. Mit dieser Fragestellung kann der Betriebsleiter jedoch nichts anfangen.
Erklären Sie dem Betriebsleiter die Unterschiede zwischen der Vollkosten- und der Teilkostenrechnung. Nennen und erklären Sie dabei die Stärken und Schwächen des jeweiligen Systems und beschreiben Sie dabei die Denkweise bei der Deckungsbeitragsrechnung.

[LÖSUNGEN Seite 202]

25 Betriebliche Kennziffern

HILFSMITTEL **Abgabenordnung, Einkommensteuergesetz, Umsatzsteuergesetz, Handelsgesetzbuch, Eigenbetriebsverordnung, Gemeindehaushalts- und Kassenverordnung, Taschenrechner**

Während Ihrer Abwesenheit bei der städtischen Tischlerei haben die Stadtwerke den Bau eines Windkraftwerkes weiter vorangetrieben. Für die Finanzierung dieses Vorhabens muss jedoch ein Kredit bei einer örtlichen Bank aufgenommen werden. Die Bank verlangt als Kreditsicherheit u. a. die Vorlage der letzten Bilanz und der letzten GuV-Rechnung.

Die Rechnungswesenabteilung hat aus der Bilanz und der GuV-Rechnung betriebliche Kennziffern und wichtige Daten ermittelt und will diese dem Kreditantrag beilegen. Bei einer Kontrolle der Kreditunterlagen stellen Sie fest, dass sich die Stadtwerke bei der Bank mit den betrieblichen Daten sehr blamiert hätten.

AUFGABEN

1 Ein Mitarbeiter hat folgende Kennziffern und wichtige Daten ermittelt:

Liquidität I	23 %
Liquidität II	92 %
Liquidität III	194 %
Eigenkapitalfinanzierung	80 %
Fremdkapitalfinanzierung	20 %
Anlagevermögen	69 %
Umlaufvermögen	41 %
Umsatzerlöse Strom	2 000 000,00 EUR
Gewinn (GuV)	100 000,00 EUR
Umsatzrentabilität	5 %
Eigenkapitalrentabilität	2,5 %
Zweckerträge	1 800 000,00 EUR
neutrale Aufwendungen	25 000,00 EUR

Welche zwei sachlichen Fehler müssen sich in das Zahlenwerk eingeschlichen haben? Begründen Sie Ihre Meinung.

2 Bei der Überprüfung der Aufstellung erweisen sich alle anderen Angaben als richtig, jedoch hätten Sie aus Gründen der Vollständigkeit auch noch die Höhe des Eigenkapitals und die Höhe der (kurz- und langfristigen) Schulden in EUR in der Aufstellung angegeben. Ergänzen Sie die Aufstellung um diese beiden Angaben.

[LÖSUNGEN Seite 203]

PRÜFUNGSBEREICH B

PERSONALWESEN

1 Beschäftigung Schwerbehinderter – Eingruppierung nach TVöD – Vergütung

HILFSMITTEL **Bundesangestelltentarifvetrag (BAT), Tarifvertrag für den öffentlichen Dienst (TVöD), Tarifvertrag zur Überleitung der Beschäftigten der kommunalen Arbeitgeber in den TVöD und zur Regelung des Übergangsrechts (TVÜ-VKA), Entgelttabelle TVöD/VKA**

BEARBEITUNGSHINWEISE

Im neunten Buch des Sozialgesetzbuches sind die Rehabilitation und die Teilhabe behinderter Menschen geregelt. Ein Ziel des Gesetzes ist, unabhängig von der Ursache der Behinderung, die Teilhabe der Behinderten am Arbeitsleben entsprechend den Neigungen und Fertigkeiten dauerhaft zu sichern. Schwerbehinderte haben Anspruch auf eine Beschäftigung, bei der sie ihre Fertigkeiten und Kenntnisse möglichst voll verwenden und weiterentwickeln können. Die Zusammenarbeit der Agenturen für Arbeit, der Integrationsämter und der Arbeitgeber dient diesem Ziel.

Arbeitgeber mit mindestens 20 Arbeitsplätzen haben auf mindestens 5 % der Arbeitsplätze Schwerbehinderte zu beschäftigen. Frei werdende Pflichtarbeitsplätze sind der Agentur für Arbeit zu melden. Arbeitgeber, die ihre Beschäftigungspflicht nicht oder nicht ausreichend erfüllen, werden zu einer Ausgleichsabgabe herangezogen.

Werden mindestens fünf Schwerbehinderte beschäftigt, ist eine Vertrauensperson zu wählen. Sie wacht darüber, dass die Regelungen zugunsten Schwerbehinderter beachtet werden, und fördert die Eingliederung Schwerbehinderter.

Die Stadtverwaltung B. hatte der Agentur für Arbeit mitgeteilt, dass Ende November 2008 ein Schwerbehinderter ausscheiden wird und dessen bisheriger Pflichtarbeitsplatz anderweitig zu besetzen ist. Auf Empfehlung der Agentur für Arbeit ist am 1. 12. 2008 der Schwerbehinderte Pascal Licht, geboren am 14. Februar 1975, als Mitarbeiter für die EDV-Abteilung eingestellt. Der Arbeitsplatz seines Vorgängers wurde 2004 mit Vergütungsgruppe Vb BAT bewertet, wobei aus der Akte hervorgeht, dass ein Bewährungsaufstieg und ein Tätigkeitsaufstieg ausgeschlossen sind. Die Personalvertretung und der Schwerbehinderten-Beauftragte haben der Einstellung zugestimmt.

Aus Lichts tabellarischem Lebenslauf ergeben sich folgende Daten:

1990	Abitur
1990 - 1992	Ausbildung zum Groß- und Einzelhandelskaufmann
10. Juni 1992	Abschlussprüfung
1992- 1998	Studium an der Technischen Universität, Fachbereich Wirtschaftsinformatik (ohne Abschluss)
15.08.1998 - 10.11.1999	stationäre Behandlung nach Verkehrsunfall, Rehabilitationsklinik
1.12.1990 - 30.11.2000	befristetes Beschäftigungsverhältnis als Mitarbeiter in der IT-Abteilung eines kommunalen Rechenzentrums
1.12.2000 - 30.11.2002	EDV-Mitarbeiter im Projekt „EDV-gestützte Dienstplanung" im städtischen Altersheim der Stadt M., befristetes Beschäftigungsverhältnis
1.02.2003 - 31.12.2005	EDV-Mitarbeiter bei der Firma INFO-Technik (Konkurs)
1.03.2006 - 30.06.2008	verschiedene Aushilfsjobs im Einzelhandel

Herr Licht ist verheiratet und hat ein Kind.

AUFGABEN

1 Geben Sie an, welche Gesichtspunkte die Agentur für Arbeit veranlasst haben, der Stadtverwaltung B. die Einstellung des Schwerbehinderten Licht zu empfehlen.
2 Stellen Sie fest, in welcher Höhe dem Beschäftigten bei dessen Einstellung Vergütung zustand.
3 Teilen Sie der Lohn- und Gehaltabteilung mit, wann Herr Licht in die nächste Stufe aufrücken wird.

[LÖSUNGEN Seite 205]

Tabellenentgelt nach § 15 TVöD (Angaben in EUR)

Tabelle TVöD/VKA
Tarifgebiet West

Gültig ab 1. Januar 2008

Entgeltgruppe	Grundentgelt		Entwicklungsstufen			
	Stufe 1	Stufe 2 nach 1 Jahr	Stufe 3 nach 3 Jahren	Stufe 4 nach 6 Jahren	Stufe 5 nach 10 Jahren	Stufe 6 nach 15 Jahren
15Ü		4 515,78	5 005,51	5 469,46	5 778,76	5 850,93
15	3 540,45	3 928,11	4 072,45	4 587,95	4 979,73	5 237,48
14	3 206,41	3 556,95	3 763,15	4 072,45	4 546,71	4 804,46
13	2 955,88	3 278,58	3 453,85	3 794,08	4 268,34	4 464,23
12	2 649,67	2 938,35	3 350,75	3 711,60	4 175,55	4 381,75
11	2 556,88	2 835,25	3 041,45	3 350,75	3 799,24	4 005,44
10	2 464,09	2 732,15	2 938,35	3 144,55	3 536,33	3 629,12
9	2 176,44	2 412,54	2 536,26	2 866,18	3 123,93	3 330,13
8	2 037,26	2 257,89	2 360,99	2 453,78	2 556,88	2 621,83
7	1 907,35	2 113,55	2 247,58	2 350,68	2 428,01	2 500,18
6	1 870,23	2 072,31	2 175,41	2 273,36	2 340,37	2 407,39
5	1 791,88	1 984,68	2 082,62	2 180,57	2 252,74	2 304,29
4	1 703,21	1 886,73	2 010,45	2 082,62	2 154,79	2 197,06
3	1 675,38	1 855,80	1 907,35	1 989,83	2 051,69	2 108,40
2Ü	1 601,14	1 773,32	1 835,18	1 917,66	1 974,37	2 016,64
2	1 545,47	1 711,46	1 763,01	1 814,56	1 927,97	2 046,54
1		1 377,42	1 402,16	1 433,09	1 461,96	1 536,19

Tabelle TVöD/VKA Tarifgebiet West **Gültig ab 1. Januar 2009**						
Entgelt-gruppe	Grundentgelt		Entwicklungsstufen			
	Stufe 1	Stufe 2 nach 1 Jahr	Stufe 3 nach 3 Jahren	Stufe 4 nach 6 Jahren	Stufe 5 nach 10 Jahren	Stufe 6 nach 15 Jahren
15Ü		4 642,22	5 145,66	5 622,60	5 940,57	6 014,76
15	3 639,58	4 038,10	4 186,48	4 716,41	5 119,16	5 384,13
14	3 296,19	3 656,54	3 868,52	4 186,48	4 674,02	4 938,98
13	3 038,64	3 370,38	3 550,56	3 900,31	4 387,85	4 589,23
12	2 723,86	3 020,62	3 444,57	3 815,52	4 292,47	4 504,44
11	2 628,47	2 914,64	3 126,61	3 444,57	3 905,62	4 117,59
10	2 533,08	2 808,65	3 020,62	3 232,60	3 635,35	3 730,74
9	2 237,38	2 480,09	2 607,28	2 946,43	3 211,40	3 423,37
8	2 094,30	2 321,11	2 427,10	2 522,49	2 628,47	2 695,24
7	1 960,76	2 172,73	2 310,51	2 416,50	2 495,99	2 570,19
6	1 922,60	2 130,33	2 236,32	2 337,01	2 405,90	2 474,80
5	1 842,05	2 040,25	2 140,93	2 241,63	2 315,82	2 368,81
4	1 750,90	1 939,56	2 066,74	2 140,93	2 215,12	2 258,58
3	1 722,29	1 907,76	1 960,76	2 045,55	2 109,14	2 167,44
2Ü	1 645,97	1 822,97	1 886,57	1 971,35	2 029,65	2 073,11
2	1 588,74	1 759,38	1 812,37	1 865,37	1 981,95	2 103,84
1		1 415,99	1 441,42	1 473,22	1 502,89	1 579,20

2 Geltung des TVöD – Arbeitsvertrag – Probezeit – vorläufige Zuordnung der Vergütungsgruppen zu den Entgeltgruppen – Vergütung

HILFSMITTEL **Tarifvertrag für den öffentlichen Dienst (TVöD), Tarifvertrag zur Überleitung der Beschäftigten der kommunalen Arbeitgeber in den TVöD und zur Regelung des Übergangsrechts (TVÜ-VKA), Entgelttabelle TVöD/VKA**

BEARBEITUNGSHINWEISE
Nach der Hauptsatzung der Stadt N. entscheidet über die Einstellung, Höhergruppierung und Entlassung von Angestellten der Vergütungsgruppen X bis III der Oberbürgermeister.
Im Stellenplan der Stadt N. für das laufende Haushaltsjahr ist eine Stelle nach Vergütungsgruppe VII ausgewiesen, die zurzeit frei ist.

In der niedersächsischen Stadt N. wird erwogen, nach vorausgegangener Ausschreibung der Stelle den ledigen Bewerber Klaus Weber, geboren am 21. September 1982, am 1. Februar 2009 im Fachbereich Soziales und Gesundheit einzustellen. Die Stelle ist mit Vergütungsgruppe VII BAT bewertet. Medizinaldirektor Dr. Schneider, seit 1. Januar 2008 Leiter des Fachbereichs, möchte Herrn Weber zu einer persönlichen Vorstellung einladen. Zur Vorbereitung des Gesprächs bittet er das Personalamt, den Arbeitsvertrag zu entwerfen und die dem Bewerber zustehende Vergütung zu errechnen. Außerdem bittet Herr Dr. Schneider vorsorglich um Auskunft, ob das Arbeitsverhältnis gelöst werden kann, wenn sich wider Erwarten herausstellen sollte, dass der Bewerber für die mit der Stelle verbundenen Tätigkeiten nicht geeignet ist.

AUFGABEN

1 Beschreiben Sie die Anwendung des TVöD und den Inhalt des Arbeitsvertrages.

2 Berechnen Sie die Weber ab 1. Februar 2009 zustehende Vergütung.

3 Erläutern Sie die Beendigung von Arbeitsverhältnissen während der Probezeit.

[LÖSUNGEN Seite 206]

3 Beamten- und Beschäftigtenverhältnis im Vergleich

HILFSMITTEL **Beamtenstatusgesetz, Landesbeamtengesetz, Laufbahnverordnung des Landes, Tarifvertrag für den öffentlichen Dienst**

Jutta Weiß ist Beamtin in der Bußgeldstelle eines niedersächsischen Landkreises und führt die Dienstbezeichnung „Kreisobersekretärin“. Sie teilt sich ein Büro mit ihrem Kollegen Jonas Kempf, der eine Ausbildung zum Verwaltungsfachangestellten absolviert hat. Jonas

Kempf hat einen Arbeitsvertrag, der sich nach dem TVöD richtet und wird in der Personalstelle als Beschäftigter nach Entgeltgruppe E 5 geführt. Im Zuge von Tarifverhandlungen zwischen den kommunalen Arbeitgebern und den Gewerkschaften kommt es zu Streikhandlungen. Jonas Kempf ist Mitglied der Gewerkschaft und schließt sich dem zwei Tage dauernden Streik an. An seinem nächsten Arbeitstag beschwert sich Jutta Weiß bei ihm und klagt: „Ihr habt es gut. Ich als Beamtin darf nicht streiken, obwohl ich auch zu wenig verdiene. Außerdem muss ich noch jede Woche eine Stunde mehr arbeiten als die Beschäftigten. Es wird höchste Zeit für ein einheitliches Dienstrecht."

AUFGABEN

1 Erläutern Sie die Unterschiede zwischen einem Beamten- und einem Beschäftigtenverhältnis.

2 Jutta Weiß möchte aus familiären Gründen ihren Dienstherrn wechseln und bewirbt sich bei Kommunal- und Landesbehörden in Niedersachsen und Sachsen-Anhalt. Welche rechtlichen Möglichkeiten hat Frau Weiß, den Wechsel des Dienstherrn zu vollziehen. Was müssen Frau Weiß und die beiden Dienstherren beachten?

3 Auch Jonas Kempf möchte nach einer Beschäftigungszeit von sieben Jahren den Landkreis verlassen und in die Verwaltung seiner Heimatstadt wechseln. Wie kann er sein Beschäftigungsverhältnis zum Landkreis beenden?

[LÖSUNGEN Seite 208]

4 Beendigung von Arbeitsverhältnissen

HILFSMITTEL **BGB, Bundesangestelltentarifvertrag mit Anlage 3, Tarifvertrag für den öffentlichen Dienst (TVöD), Tarifvertrag zur Überleitung der Beschäftigten der kommunalen Arbeitgeber in den TVöD und zur Regelung des Übergangsrechts (TVÜ-VKA)**

Die Stadt Tannenhausen sucht zur vertretungsweisen befristeten Beschäftigung eine(-n) Verwaltungsangestellte(-n), die/der im Steueramt die mit der Festsetzung der Benutzungsgebühren und -entgelte verbundenen Aufgaben wahrnehmen und in die Entgeltgruppe 6 eingruppiert werden soll. Es meldet sich der kürzlich zugezogene Dieter Franz, geboren am 8. Juli 1989. Im Gespräch mit dem Personalamtsleiter und in dem anschließend ausgefüllten Personalfragebogen gibt Franz an, als Verwaltungsfachangestellter ausgebildet zu sein, die Abschlussprüfung im Juli 2008 bestanden zu haben und anschließend einschlägig tätig gewesen zu sein. Entsprechende Nachweise würden nach dem Eintreffen des Umzugsguts seiner Eltern nachgereicht. Daraufhin wird nach der Zustimmung der Personalvertretung mit Franz ein Arbeitsvertrag vereinbart, in dem eine zeitlich auf sechs Monate befristete Beschäftigung ab 1. November 2009 und seine Eingruppierung in die Entgeltgruppe 6 vereinbart werden.

Bereits zwei Wochen nach der Einstellung teilt der Leiter des Steueramts mit, dass Franz für die vorgesehene Tätigkeit offensichtlich nicht geeignet sei; selbst einfache Fälle könne er nicht abschließend bearbeiten. Er bittet, das Arbeitsverhältnis zum frühestmöglichen Zeitpunkt zu beenden. Der Personalamtsleiter kann sich den Widerspruch zwischen den Angaben des Angestellten und der Beurteilung des Leiters des Steueramts nicht erklären und bittet Franz zu einem Gespräch. In diesem Gespräch räumt Franz schließlich ein, dass er die behauptete Ausbildung nach einem Jahr abgebrochen und die Abschlussprüfung nicht bestanden habe. Er sei aber an seinem früheren Wohnort als Marktaufseher beschäftigt worden und habe geglaubt, die Anforderungen erfüllen zu können.

AUFGABEN

1 Nehmen Sie zur Beendigung des Arbeitsverhältnisses unter Berücksichtigung der verschiedenen Möglichkeiten Stellung.

2 Geben Sie an, welche Tatbestände zur Beendigung von Arbeitsverhältnissen im öffentlichen Dienst führen und welche „Arbeitspapiere" dem Arbeitnehmer bei Beendigung des Arbeitsverhältnisses auszuhändigen sind.

[LÖSUNGEN Seite 209]

5 Personalauswahl – Beschäftigungszeit – Vergütung – außerordentliche Kündigung – Mutterschutz

HILFSMITTEL **BGB, Bundesangestelltentarifvertrag, Tarifvertrag für den öffentlichen Dienst (TVöD), Tarifvertrag zur Überleitung der Beschäftigten der kommunalen Arbeitgeber in den TVöD und zur Regelung des Übergangsrechts (TVÜ-VKA), Mutterschutzgesetz**

Bei der Stadt M. ist eine im Stellenplan für das Stadttheater vorgesehene Stelle für eine(-n) Verwaltungsangestellte(-n) nach Entgeltgruppe 5 durch das Ausscheiden der Stelleninhaberin frei geworden. Auf die Ausschreibung der Stelle haben sich vier Bewerberinnen gemeldet, darunter Frau Heike Kellner. Da Frau Kellner als Verwaltungsfachangestellte ausgebildet ist, vom 1. August 1999 bis 30. Juni 2001 bereits bei der Stadt beschäftigt war und deshalb für die Tätigkeit besonders geeignet erscheint, wurde sie ausgewählt. Der Personalrat hat ihrer Einstellung zugestimmt. Mit Frau Kellner wurde ein Arbeitsvertrag vereinbart, nach dem

- auf das Arbeitsverhältnis der TVöD und diesen ändernde, ergänzende und ersetzende Tarifverträge angewendet werden,
- sie ab 1. April 2009 als Verwaltungsangestellte von der Stadt M. beschäftigt wird,
- sie in die Entgeltgruppe 5 eingruppiert ist.

Frau Kellner ist am 3. Januar 1979 geboren und geschieden. Sie hat keine Kinder und gehört keiner Religionsgemeinschaft an. Nach dem Realschulabschluss 1996 hatte sie folgenden beruflichen Werdegang:

01.08.1996 – 31.07.1999	Ausbildung zur Verwaltungsfachangestellten, die mit der Abschlussprüfung endete
01.08.1999 – 30.06.2001	Verwaltungsangestellte bei der Stadt M.; das Arbeitsverhältnis endete durch Auflösungsvertrag auf Wunsch der Angestellten
01.04.2002 – 31.12.2008	Büroangestellte bei der Großhandlung Kupfer & Co. KG in O.
01.04.2009	Einstellung als vollbeschäftigte Verwaltungsangestellte nach Entgeltgruppe 5

Am 8. Dezember 2009 teilt der Verwaltungsleiter des Stadttheaters dem Personalamt mit, dass Frau Kellner am Vortage zwei 50-EUR-Scheine aus der in der Garderobe abgelegten Handtasche ihrer Arbeitskollegin Goldmann entwendet, den Diebstahl zugegeben und versprochen habe, den entwendeten Betrag nach der Vergütungszahlung am 31. d. M. sofort zurückzugeben. Nach den Gründen ihres Verhaltens befragt, habe Frau Kellner erklärt, dass sie den entwendeten Betrag dringend benötigt habe, um ihrem Freund zu helfen. Der Verwaltungsleiter äußert Bedenken, der Beschäftigten, wie bisher, an drei Wochentagen die Betreuung der Abendkasse zu überlassen, obwohl eine andere Diensteinteilung, jedenfalls auf Dauer, nicht möglich sei. Die früher befriedigenden Leistungen hätten in den letzten Monaten sehr nachgelassen. Außerdem sei ihm kürzlich bekannt geworden, dass die Beschäftigte vor zwei Jahren wegen eines Verkehrsdelikts zu einer Bewährungsstrafe verurteilt worden sei. Der Verwaltungsleiter bezweifelt, ob nach der Störung des Vertrauensverhältnisses Frau Kellner weiter beschäftigt werden kann.
Im Benehmen mit dem Personalrat wird das Arbeitsverhältnis der Mitarbeiterin Kellner am 11. Dezember d. J. fristlos gekündigt.

Die Beschäftigte erklärt in ihrem Schreiben vom 15. Dezember d. J., dass sie die Kündigung „nicht annimmt" und fügt dem Schreiben eine ärztliche Bescheinigung bei, dass sie im dritten Monat schwanger ist.

AUFGABEN

1 Erläutern Sie die Grundsätze, nach denen das Personal auszuwählen ist und nennen Sie die zu beachtenden Rechtsvorschriften.

2 Berechnen Sie die Beschäftigungszeit der Mitarbeiterin Kellner.

3 Prüfen Sie, ob die außerordentliche Kündigung der Stadt M. am 11. Dezember d. J. gerechtfertigt war.

4 Beurteilen Sie den Einwand der Beschäftigten gegen die Kündigung.

[LÖSUNGEN Seite 211]

6 Beschäftigung einer schwerbehinderten Angestellten – Vergütung – Mehrarbeit

HILFSMITTEL **Neuntes Buch des Sozialgesetzbuches, Bundesangestelltentarifvertrag, Tarifvertrag für den öffentlichen Dienst (TVöD), Tarifvertrag zur Überleitung der Beschäftigten der kommunalen Arbeitgeber in den TVöD und zur Regelung des Übergangsrechts (TVÜ-VKA), Taschenrechner**

Im Hauptamt der kreisangehörigen Gemeinde Rosenhagen (3 400 Einwohner) wird – auch zur Erfüllung der Pflichtquote und wegen des gesetzlichen Gebots, schwerbehinderte Frauen besonders zu berücksichtigen – am 1. September 2009 die schwerbehinderte Frau Hannelore Kunze eingestellt. Sie ist am 23. Juli 1967 geboren, ledig, nach dem Besuch der Realschule im Lebensmittelmarkt Gesundbrunnen GmbH zur Einzelhandelskauffrau ausgebildet worden und bis zu ihrem durch überhöhte Geschwindigkeit verursachten Motorradunfall im Vorjahr dort beschäftigt gewesen. Das Arbeitsverhältnis wurde im gegenseitigen Einvernehmen am 30. September des Vorjahres beendet. Frau Kunze, die Mitglied der Gewerkschaft Verdi ist, soll wöchentlich 25 Stunden als Angestellte mit einfacheren Arbeiten (Formularverwaltung, Postabfertigung, häufig wiederkehrender Schriftwechsel nach Vordrucken) beschäftigt werden. Im Dezember ergeben sich im Hauptamt umfangreiche Mehrarbeiten. Sie erfordern Überstunden, an denen der Amtsleiter alle Mitarbeiter beteiligen will.

AUFGABEN

1 Schildern Sie, welche zusätzlichen Überlegungen der Amtsleiter bei der Arbeitsaufnahme von Schwerbehinderten haben wird.

2 Berechnen Sie den Urlaubsanspruch, der Frau Kunze nach ihrer Einstellung zusteht.

3 Prüfen Sie, ob Frau Kunze zur Leistung von Mehrarbeit verpflichtet werden kann.

[LÖSUNGEN Seite 213]

7 Beurlaubung und Teilzeitbeschäftigung

HILFSMITTEL **Pflegezeitgesetz, Bundeselterngeld- und Elternzeitgesetz, Teilzeit- und Befristungsgesetz, Bürgerliches Gesetzbuch, Tarifvertrag für den öffentlichen Dienst**

Personalsachbearbeiterin Helena Obst ist bei der Stadt Metz (217 Bedienstete) für die Betreuung der Beschäftigten im Ordnungsamt, im Bauamt und in der Kämmerei zuständig. Derzeit hat sie ungewöhnlich viele Anträge auf ihrem Schreibtisch, die auf unterschiedliche Art auf ein befristetes Fernbleiben von der Arbeit oder eine reduzierte Arbeitsleistung abzielen.

Corinna Hebich aus dem Ordnungsamt hat erfahren, dass ihre 84-jährige Mutter nach Behandlung eines Schlaganfalls in drei Tagen aus dem Krankenhaus entlassen wird und dann einer dauerhaften Pflege bedarf. Weil Frau Hebich keine weiteren Angehörigen hat, die sich um ihre Mutter kümmern könnten, muss sie die Pflege zunächst selbst übernehmen, bis sie einen Pflegeheimplatz gefunden hat. Um die Pflege leisten und parallel nach einem Heimplatz suchen zu können, kann Frau Hebich ihre Vollzeittätigkeit bei der Stadt Metz nicht weiter ausüben.

Werner Heber ist Bauingenieur und vor vier Monaten Vater einer Tochter geworden. Seine Frau und er möchten gemeinsam die Erziehung des Kindes übernehmen. Er teilt Helena Obst daher mit, in drei Monaten für die Dauer von zwei Monaten beurlaubt werden zu wollen.

Ariane Henkel, seit 1991 bei der Stadt Metz beschäftigt, teilt Helena Obst in einem Personalgespräch am 5. Oktober 2009 mit, dass ihr Sohn nach dem Wechsel auf das Gymnasium schulische Probleme habe. Sie müsse sich daher stärker als bisher um ihn kümmern und wolle ihre Arbeitszeit ab dem 1. November 2009 auf 50 % der tarifvertraglich vereinbarten Wochenarbeitszeit verringern.

AUFGABEN

1 Die Wünsche ihrer wie die Stadt Metz tarifgebundenen Kolleginnen und ihres Kollegen findet Helena Obst zwar verständlich. Für die Stadtverwaltung stellt der jeweilige Personalausfall aber ein Problem dar. Prüfen Sie daher, ob Frau Obst den Anträgen stattgeben muss oder ob sie Ablehnungsmöglichkeiten hat. Welche Folgen hat die Antragstellung bzw. Freistellung für das jeweilige Arbeitsverhältnis, insbesondere hinsichtlich Entgeltfortzahlung und Kündigung.

2 Welche Möglichkeiten sehen Sie, angesichts eines aufgrund der demografischen Entwicklung drohenden Personalmangels die Vereinbarkeit von Beruf und Familie durch den Arbeitgeber zu fördern?

[LÖSUNGEN Seite 214]

8 Anzeige- und Nachweispflichten bei Arbeitsunfähigkeit – ordentliche Kündigung

HILFSMITTEL Tarifvertrag für den öffentlichen Dienst (TVöD), Entgeltfortzahlungsgesetz, Kündigungsschutzgesetz

BEARBEITUNGSHINWEISE

Die Stadt K. mit ihren 20 Beschäftigten ist Mitglied des Kommunalen Arbeitgeberverbands Bayern e. V. und vereinbart in den Arbeitsverträgen mit Angestellten die Anwendung des TVöD und dessen Änderungen.
Der berufsmäßige Erste Bürgermeister ist vom Rat ermächtigt worden, Beschäftigte bis zur Entgeltgruppe E 8 einzustellen oder zu entlassen.

Frau Barbara Schlimme, geboren am 18. April 1977, war nach ihrer Ausbildung zur Verwaltungsfachangestellten bei der bayerischen Gemeinde K. (4 800 Einwohner) vom 1. August 1996 bis 30. September 1998 als Gemeindeangestellte beschäftigt und in die

Vergütungsgruppe VII BAT eingruppiert. Das Arbeitsverhältnis wurde wegen eines durch ihre Eheschließung bedingten Ortswechsels von der Angestellten fristgerecht gekündigt.

Nachdem ihre Ehe geschieden worden war, kehrte Frau Schlimme, die zwischenzeitlich als Büroangestellte bei einer Großhandelsfirma tätig war, Anfang 2008 nach K. zurück. Am 1. April 2008 wurde Frau Schlimme erneut als Gemeindeangestellte eingestellt. Sie ist für das Meldewesen zuständig, hat dem Sachbearbeiter für soziale Angelegenheiten zu helfen und ist am 1. Oktober 2008 in die Entgeltgruppe 5, Stufe 2, übergeleitet worden.

Seit Mitte des Jahres 2008 ist Frau Schlimme häufig krankheitsbedingt ausgefallen. Der Erste Bürgermeister hat sie wiederholt darauf hingewiesen, wie schwierig die Vertretung erkrankter Mitarbeiter ist, und Frau Schlimme an ihre Pflicht erinnert, eine Arbeitsunfähigkeit und deren veraussichtliche Dauer unverzüglich anzuzeigen und bei einer drei Tage übersteigenden Arbeitsunfähigkeit eine ärztliche Bescheinigung beizubringen. Dennoch erklärte Frau Schlimme auch weiterhin erst bei der Wiederaufnahme der Arbeit, dass sie krank gewesen sei und nicht arbeiten konnte. Bescheinigungen des Arztes brachte sie erst nach einer Aufforderung bei.

Nachdem sie erneut zwei Tage gefehlt hatte, ohne ihre Arbeitsunfähigkeit und deren voraussichtliche Dauer anzuzeigen, hielt ihr der Erste Bürgermeister in Anwesenheit des Personalsachbearbeiters am 16. Januar 2009 ihr pflichtwidriges Verhalten vor und ordnete an, dass künftig auch bei drei Tage nicht übersteigenden Ausfällen eine ärztliche Bescheinigung von ihr beizubringen sei. Er beendete das Gespräch mit der Erklärung: „Wenn Sie Ihr Verhalten nicht ändern, sollten Sie sich nach einer anderen Beschäftigung umsehen."

Frau Schlimme meinte, dass sei doch „alles nicht so schlimm" und die Forderung des Ersten Bürgermeisters, ärztliche Bescheinigungen auch bei kurzfristigen Arbeitsausfällen vorzulegen, „überzogen" und nicht gerechtfertigt. Verärgert beantragte sie nun den ihr noch zustehenden Erholungsurlaub, der ihr für die Zeit vom 17. Januar bis 6. Februar 2009 gewährt wurde und den sie zu einem Ski-Urlaub in den Alpen nutzte. Dort verunglückte sie am 21. Januar 2009 und bedurfte ärztlicher Behandlung. Am 9. Februar 2009 erscheint die Angestellte wieder zum Dienst. Die Arbeitsunfähigkeitsbescheinigung bringt sie am 13. Februar bei und bittet, die Tage vom 21. Januar bis 6. Februar, an denen sie arbeitsunfähig war, als Urlaubstage „gutzuschreiben". Der Erste Bürgermeister erwidert, dass Frau Schlimme ihn von ihrem Unfall nicht unterrichtet habe und ihr Anliegen erst geprüft werden müsse. Aufgebracht über diese Entscheidung geht Frau Schlimme zu ihrem Arzt, der sie wegen der Unfallfolgen drei Tage arbeitsunfähig erklärt. Die Gemeinde wird von Frau Schlimme nicht verständigt.

AUFGABEN

1 Stellen Sie fest, ob die Reaktionen des Ersten Bürgermeisters auf das Verhalten der Beschäftigten rechtskonform waren.

2 Prüfen Sie, ob nach dem Kündigungsschutzgesetz die ordentliche Kündigung des Arbeitsverhältnisses zum 31. März 2009 gerechtfertigt ist.

[LÖSUNGEN Seite 217]

9 Kündigungsfrist – Zeugnisanspruch

HILFSMITTEL BGB, Tarifvertrag für den öffentlichen Dienst (TVöD)

Frau Manuela Lange, geboren am 16. Oktober 1973, ist seit 1. April 1996 bei der Stadt Blankenhausen (24 700 Einwohner) beschäftigt.

Sie war zunächst im Haupt- und Personalamt im Schreibdienst eingesetzt und in die Vergütungsgruppe VIII BAT eingruppiert. Ab 1. April 1997 war sie in der Rechnungsstelle des Sozialamtes beschäftigt und in die Vergütungsgruppe VII eingruppiert. Dort hatte sie Auszahlungs-Anordnungen vorzubereiten, Haushaltsüberwachungslisten zu führen und die Abrechnungen mit Kostenträgern und Ersatzpflichtigen zu erstellen.

Nachdem Frau Lange an einem nebendienstlichen Lehrgang des Märkischen Studieninstituts zur Vorbereitung auf die Angestelltenprüfung I teilgenommen und die Prüfung mit dem Prädikat „gut" bestanden hatte, kehrte sie ab 1. Juli 2002 in das Haupt- und Personalamt zurück und wurde in die Vergütungsgruppe VIb eingruppiert. Hier hat sie die Anträge auf Beihilfen in Krankheits-, Geburts- und Todesfällen zu bearbeiten und die rechnerische Richtigkeit der Berechnungen zu bescheinigen. Außerdem hat sie auf Stellenausschreibungen eingehende Bewerbungen zu sichten, fehlende Unterlagen einzufordern und die Bewerber/-innen in Nachweisungen zu erfassen. Mit Wirkung ab 1. August 2004 wurde ihr auch die Bearbeitung der Anträge auf Beihilfen zu den Kosten für Leistungen von Heilpraktikern und von Hilfen zur notwendigen Weiterführung des Haushalts übertragen. Damit war Frau Langes Höhergruppierung in die Vergütungsgruppe Vc verbunden. Aus dieser Vergütungsgruppe wurde sie am 1. Oktober 2005 in die Entgeltgruppe 8 übergeleitet.

Frau Langes Ehemann, der bisher als Lehrer in Blankenhausen tätig war, ist am 1. August vorigen Jahres zum Rektor der Grund- und Hauptschule in dem 41 km entfernten Fichtenstadt ernannt worden. Nachdem er an seinem neuen Dienstort jetzt eine zusagende Wohnung gefunden hat, möchte Frau Lange aus dem Dienst der Stadt Blankenhausen ausscheiden. Bei Überreichung ihres Kündigungsschreibens am 25. September 2009 bittet sie den Amtsleiter, ihr Arbeitsverhältnis möglichst vor Ablauf der Kündigungsfrist zu beenden, zeigt aber auch Verständnis für dessen Einwand, dass das Entgegenkommen der Stadt von der Lösung ihrer Nachfolge abhängt. Nachdem die Nachfolgefrage gelöst werden konnte, kommen die Vertragsparteien am 26. Oktober 2009 überein, dass Frau Langes Arbeitsverhältnis am 31. Dezember 2009 endet.

Frau Lange erbittet ein qualifiziertes Zeugnis. Sie legt Wert darauf, dass im Zeugnis auf ihr Verhalten gegenüber Vorgesetzten und Kollegen eingegangen und der Grund ihres Ausscheidens erwähnt wird.

AUFGABEN

1 Stellen Sie fest, an welchem Tage Frau Langes Arbeitsverhältnis aufgrund ihrer Kündigung enden würde.

2 Erläutern Sie den Anspruch der Beschäftigten im öffentlichen Dienst auf Zwischen-, vorläufige und endgültige Zeugnisse.

3 Beschreiben Sie die Inhalte eines vorläufigen Zeugnisses und eines Endzeugnisses.

4 Entwerfen Sie das Frau Lange zu erteilende Zeugnis. Die Formulierung der Angaben zur Führung und Leistung sind Ihnen überlassen.

[LÖSUNGEN Seite 218]

10 Befristeter Arbeitsvertrag – Teilzeit – Kündigung während der Probezeit

HILFSMITTEL **BGB, Teilzeit- und Befristungsgesetz, Tarifvertrag für den öffentlichen Dienst (TVöD), Kündigungsschutzgesetz**

BEARBEITUNGSHINWEISE
Die kreisfreie Stadt Brunswald ist Mitglied des Kommunalen Arbeitgeberverbandes.
Nach dem Landespersonalvertretungsgesetz unterliegt die außerordentliche Kündigung der Mitwirkung, die ordentliche Kündigung der Mitbestimmung der Personalvertretung.

Die Stadt Brunswald hat eine Stelle befristet für die Dauer der Elternzeit der Verwaltungsangestellten Anni Klein vom 6. Mai 2008 bis 5. Mai 2009 in der örtlichen Tageszeitung ausgeschrieben. Es handelt sich hierbei um die Tätigkeit eines Sachbearbeiters im Sozialamt mit 70 v. H. der regelmäßigen wöchentlichen Arbeitszeit.

Es gingen 91 Bewerbungen ein. Beworben hatte sich auch Herr Anton Weber, geboren am 14. August 1972, arbeitslos, wohnhaft in Brunswald, Frankfurter Str. 18, Mitglied der Gewerkschaft Verdi.

Herr Weber hat eine Ausbildung als Verwaltungsfachangestellter bei der Stadt Hanau erfolgreich abgeschlossen. Danach erfolgte eine befristete Einstellung für zwei Jahre bei der Stadt Hanau. Der Einsatz erfolgte in der Meldestelle.

Danach war Herr Weber ein Jahr arbeitslos.
Er wurde dann bei der Stadt Hanau befristet für drei Jahre für die Abdeckung der Elternzeit (damals noch Erziehungsurlaub) der Verwaltungsangestellten Manuela Müller, Sachbearbeiterin in der Stadtkasse, eingestellt.

Nach der Geburt seines zweiten Kindes übernahm Herr Weber die Tätigkeit als „Hausmann“, da seine Ehefrau unbefristet als Abteilungsleiterin Einkauf bei einem großen Automobilkonzern beschäftigt ist.

Im Vorstellungsgespräch erklärt Herr Weber, dass er lieber in Vollzeit tätig werden möchte, jedoch auch bereit sei, einen Arbeitsvertrag mit geringerer Arbeitszeit abzuschließen. Herrn Weber und den übrigen Bewerbern wird mitgeteilt, dass der TVöD gelten soll.

Herr Weber nimmt seine Tätigkeit bei der Stadt Brunswald am 6. Mai 2008 auf.
Schon nach kurzer Zeit treten Probleme auf. Die Kollegen beschweren sich, dass Herr Weber oft morgens anrufe, er könne nicht kommen, da eines seiner Kinder unpässlich sei. Bürger beschweren sich, dass Herr Weber nicht mit ihren speziellen Problemen umgehen könne. Eine fundierte Beratung erfolge nicht. Herr Weber könne auch keine Aus-

kunft zu gesetzlichen Leitungen nach dem Sozialgesetzbuch, Zwölftes Buch – Sozialhilfe – geben.

Daraufhin erfolgt ein Gespräch zwischen dem Leiter des Personalamtes und der Leiterin des Sozialamtes. In diesem Gespräch wird auch offenkundig, dass Herr Weber bereits dreimal zu spät gekommen ist und einmal den Arbeitsplatz während der Kernzeit ohne Abmeldung verlassen hat.

Eine hierauf gestützte Abmahnung bleibt erfolglos. Ebenfalls gibt es weiterhin massive Beschwerden von Kollegen und Bürgern.
Das Arbeitsverhältnis mit Herrn Weber soll deshalb beendet werden.

AUFGABEN

1 Entwerfen Sie den Text des befristeten Arbeitsvertrages nach dem Gesetz über Teilzeit und befristete Arbeitsverträge und zur Änderung und Aufhebung arbeitsrechtlicher Bestimmungen (TzBfG).
2 Kann Herrn Weber gekündigt werden? Gehen Sie insbesondere auf das Kündigungsrecht bei befristeten Arbeitsverhältnissen ein.
3 Formulieren Sie den Antrag auf Kündigung beim Personalrat.

[LÖSUNGEN Seite 221]

11 Aufhebungsvertrag – Abfindung

HILFSMITTEL **Kündigungsschutzgesetz (KSchG), Tarifvertrag für den öffentlichen Dienst (TVöD), Bundesurlaubsgesetz, Tarifvertrag zur sozialen Absicherung**

BEARBEITUNGSHINWEISE
Die Tarifbindung ist nicht zu prüfen.

Herr Kurt Baumann, geboren am 1. Mai 1969, ist seit dem 1. Juli 1990 bei der kreisfreien Stadt Brunswald beschäftigt und erhält Vergütung nach der Entgeltgruppe 10. Er ist Diplom-Ingenieur (FH) und war zuletzt als bauleitender Architekt eingesetzt.

Von 2000 bis 2003 war er Bauleiter im Hochbauamt der Stadt Brunswald. Er war zuständig für die Durchführung von Bauunterhaltungsarbeiten. Dabei musste er Masse- und Kostenermittlungen durchführen, Leistungsverzeichnisse erstellen, Angebote prüfen und auswerten, die Vergabevorschläge erarbeiten und die Rechnungen prüfen.

Aufgrund seiner mehrjährigen Berufserfahrung und seiner Leistungen wurde er seit 2003 für besondere Projekte als bauleitender Architekt benannt.

Dem Personalamtsleiter war in einem vertraulichen Gespräch mitgeteilt worden, dass Herr Baumann, dem zurzeit die Bauleitung der Stadthalle obliegt, mehrfach von der eingesetzten Firma Hoch- und Tiefbau Geschenke und Belohnungen erhalten habe, obwohl die allgemeine Dienst- und Geschäftsanweisung der Stadt Brunswald dieses untersagt. Diese Vorschrift war 2003 grundlegend überarbeitet worden und wurde danach allen Beschäftigten mit der Vergütungsabrechnung zugeschickt.

Herr Baumann wurde vom Personalamtsleiter zu einem Anhörungsgespräch eingeladen. Am Tag vorher teilte Herr Baumann seinem Vorgesetzten mit, dass er auf unbestimmte Zeit arbeitsunfähig krank sei. Nach zehn Wochen meldet sich Herr Baumann beim Personalamtsleiter und teilt diesem mit, dass er unter Umständen bereit sei, mit der Stadt Brunswald einen Aufhebungsvertrag zu schließen. Hierzu sei er jedoch nur bereit, wenn er eine Abfindung oder Ähnliches bekommen würde.

Außerdem habe er gehört, dass die Stadt Brunswald nach der Entgeltfortzahlung bei Krankheit einen Krankengeldzuschuss zahlen müsse. Das Personalgespräch sollte am 26. März 2009 stattfinden. Der Anruf von Herrn Baumann erfolgte am 4. Juni 2009.

AUFGABEN

1 Welche Leistungen erbringt der Arbeitgeber bei Krankheit?
2 Prüfen Sie, inwieweit Herrn Baumann eine Abfindung oder Ähnliches gezahlt werden kann.
3 Entwerfen Sie den Auflösungsvertrag gemäß § 33 (1) TVöD.
4 Regeln Sie für die Gehaltsstelle die Urlaubsabgeltung. Gehen Sie davon aus, dass das Arbeitsverhältnis am 30. September 2009 endet und Herr Baumann wieder ab 1. Oktober 2009 arbeitsfähig ist. Für 2009 wurden bereits drei Urlaubstage gewährt.

[LÖSUNGEN Seite 225]

12 Inhalt von Arbeitsverhältnissen

HILFSMITTEL **Tarifvertragsgesetz (TVG), Tarifvertrag für den öffentlichen Dienst (TVöD), Bundesurlaubsgesetz**

BEARBEITUNGSHINWEISE
Die Tarifbindung ist nicht zu prüfen. Die Stadt Brunswald erklärt grundsätzlich im Arbeitsvertrag den TVöD für anwendbar.
§ 30 (1) Satz 2ff. TVöD gilt nur für das Tarifgebiet West.
Bei der Stadt Brunswald gilt die 5-Tage-Woche.

Der Auszubildende Matthias Bräuer, 22 Jahre alt, wird nach einer dreijährigen Ausbildung bei der Stadt Brunswald voraussichtlich im August 2009 die Ausbildung für den Beruf des Verwaltungsfachangestellten erfolgreich beenden. Bisher hat Herr Bräuer überdurchschnittliche Leistungen gebracht.

Die Stadt Brunswald übernimmt die Auszubildenden nach erfolgreicher Ausbildung befristet für ein Jahr gemäß § 14 (1) des Teilzeit- und Befristungsgesetzes und § 30 (3) TVöD.

Im Sozialamt der Stadt Brunswald ist eine Stelle nach der Entgeltgruppe 5 freigeworden. Anlässlich des Gesprächs mit dem Personalamt über das Stellenangebot teilt Herr Bräuer zunächst mit, dass er nicht sicher sei, ein Arbeitsverhältnis einzugehen. Eventuell werde er ein Jurastudium aufnehmen. Schließlich kommt es jedoch zum Abschluss eines Arbeitsvertrages. Die Beschäftigung soll ab 1. September 2009, die Eingruppierung in die Entgeltgruppe 5 erfolgen.

AUFGABEN

1 Herr Bräuer möchte seine Vergütung immer zum Monatsbeginn bekommen. Ist dies rechtlich möglich?
2 Wann erhält Herr Bräuer die Jubiläumszuwendung nach 25-jähriger Beschäftigungszeit?
3 Hat Herr Bräuer einen Anspruch auf vermögenswirksame Leistungen?
4 Kann mit Herrn Bräuer der Arbeitsvertrag mit einem Anspruch von 25 Werktagen Urlaub pro Kalenderjahr abgeschlossen werden?
5 Kann mit Herrn Bräuer vereinbart werden, dass im Jahr 2009 kein Krankengeldzuschuss gezahlt wird?
6 Kann mit Herrn Bräuer eine Probezeit vereinbart werden?

[LÖSUNGEN Seite 227]

13 Tarifautomatik – Stellenplan – Eingruppierung

HILFSMITTEL **Tarifvertrag für den öffentlichen Dienst (TVöD), Tarifvertrag zur Überleitung der Beschäftigten der kommunalen Arbeitgeber in den TVöD und zur Regelung des Übergangsrechts (TVÜ-VKA)**

Frau Meier, 26 Jahre alt, hat eine Ausbildung als Verwaltungsfachangestellte bei der Stadt Cottbus absolviert. Zum 1. September 2002 wurde sie, nach bestandener Abschlussprüfung, von der Stadt Cottbus als Politesse mit Vergütung nach der Vergütungsgruppe VIII BAT-O unbefristet übernommen.

Am 27. Oktober 2003 heiratet sie den bei der Gemeinde Plessa tätigen Gemeindeobersekretär Müller. Seitdem wohnt sie in Plessa. Frau Müller scheidet wegen der ungünstigen Fahrtverbindungen zum 31. März 2004 aus.

In der Zeit vom 1. April 2004 bis 31. Dezember 2004 ist sie arbeitslos. Zum 1. Januar 2005 nimmt sie bei der Stadt Brunswald eine Tätigkeit im Hauptamt auf. Der Arbeitsvertrag ist unbefristet. Während der Probezeit von sechs Monaten soll sie Vergütung nach Vergütungsgruppe VIb BAT bekommen. Bei Bewährung soll sie dann ab 1. Juli 2005 Vergütung nach der Vergütungsgruppe Vc Stufe 2 BAT bekommen. Die Stelle ist nach Bewertung durch die Bewertungskommission im Stellenplan nach der Verg.-Gruppe Vc BAT ausgewiesen.

Frau Müller ist seit Beginn ihrer Ausbildung Mitglied der Gewerkschaft Verdi. Die Stadt Brunswald ist Mitglied des Kommunalen Arbeitgeberverbandes.

Das Personalamt hat beim Personalrat die Zustimmung zur Einstellung nach der Vergütungsgruppe VIb beantragt. Als Begründung wurde angegeben, dass während der Einarbeitungszeit noch nicht alle Tätigkeitsmerkmale erfüllt werden. Dies sei erkennbar durch häufiges Nachfragen bei Vorgesetzten sowie Hilfestellung durch Kollegen.

AUFGABEN

1 Was versteht man unter dem Grundsatz „Tarifautomatik"?

2 Ist die Zahlung der niedrigeren Vergütung während der Probezeit zulässig?

3 Hat die Ausweisung der Stelle im Stellenplan mit Verg.-Gruppe Vc BAT eine rechtliche Wirkung auf das Arbeitsverhältnis?

4 Beschreiben Sie Frau Müllers Überleitung in den TVöD.

[LÖSUNGEN Seite 229]

14 Tarifbindung – TVöD – Tarifvertragsparteien

HILFSMITTEL **BGB, Tarifvertragsgesetz, Tarifvertrag für den öffentlichen Dienst (TVöD).**

Frau Manuela Schulze, geboren am 17. Juni 1978, hat in der Zeit vom 1. September 1993 bis 31. August 1997 eine Ausbildung als Verwaltungsfachangestellte bei der Stadt Braunschweig absolviert. Zum 1. September 1997 wird sie, nach bestandener Abschlussprüfung, von der Stadt Braunschweig in ein unbefristetes Angestelltenverhältnis (Vergütungsgruppe VII BAT) übernommen.

Am 27. Oktober 1996 heiratet sie den bei der Stadt Göttingen tätigen Stadtobersekretär Klaus Schmidt. Am 30. Juni 1998 scheidet sie durch Aufhebungsvertrag aus dem Dienst der Stadt Braunschweig aus. Danach ist sie arbeitslos.

Zum 1. Juli 2009 wird bei der Stadt Brunswald eine Stelle im Ordnungsamt, Entgeltgruppe 6 frei. Frau Schmidt bewirbt sich und soll zum 1. Juli 2009 eingestellt werden.

Im Arbeitsvertrag soll vereinbart werden, dass der TVöD Anwendung findet.

AUFGABEN

1 Erläutern Sie den obligatorischen und den normativen Teil eines Tarifvertrages.

2 Erläutern Sie die Rechtsbeziehungen zwischen Arbeitnehmer und Arbeitgeber.

3 In welcher Form hat die Einstellung als Angestellte zu erfolgen?

4 Ist bei der Einstellung in Göttingen eine Probezeit von acht Monaten zulässig?

[LÖSUNGEN Seite 231]

15 Einstellung eines Beamtenanwärters – Besoldungsdienstalter – Beendigung des Dienstverhältnisses

HILFSMITTEL **Landesbeamtengesetz (LBG) Brandenburg, Bundesbesoldungsgesetz (BBesG), LVO des Landes Brandenburg, Kommunalverfassung des Landes Brandenburg (BbgKVerf), Gesetz zur Regelung des Statusrechts der Beamtinnen und Beamten in den Ländern (Beamtenstatusgesetz – BeamtStG)**

BEARBEITUNGSHINWEISE
Die Lösung erfolgt auf der Grundlage des Kommunal- und Beamtenrechts im Land Brandenburg. Außerhalb von Brandenburg sind die entsprechenden Bestimmungen anwendbar.

Die kreisfreie Stadt Brunswald suchte im Jahre 2004 durch Stellenausschreibung Abiturienten als Anwärter für den gehobenen nicht technischen Verwaltungsdienst. Daraufhin bewarb sich auch Herr Lutz Lehmann. Nach den von ihm eingereichten Unterlagen ergaben sich folgende Daten seines bisherigen Lebenslaufes:

- Geburtsdatum 17. Februar 1979
- Reifeprüfung (Abitur) 23. Mai 2000
- kaufmännische Lehre 1. August 2000–31. Juli 2002
- Grundwehrdienst 1. Oktober 2002–31.Dezember 2003
- kaufmännischer Angestellter 2. Januar 2004–29. Februar 2004
- Angestellter bei der Gemeinde Guben seit dem 15. März 2004

Aufgrund dieser Bewerbung stellte die Stadt Brunswald Herrn Lehmann am 1. Oktober 2004 als Stadtinspektoranwärter zur Ableistung des vorgeschriebenen dreijährigen Vorbereitungsdienstes ein; aus dem Dienst der Gemeinde Guben schied Herr Lehmann am 30. September 2004 aus.

Da Herr Lehmann die Staatsprüfung am 27. September 2007 nicht bestand, wurde der Vorbereitungsdienst um ein Jahr verlängert. Die Wiederholungsprüfung bestand er am 28. September 2008 mit dem Gesamtergebnis ausreichend. Daraufhin wurde er am 1. Oktober 2008 zum Stadtinspektor zur Anstellung ernannt.

Während seiner anschließenden Tätigkeit in verschiedenen Stadtämtern werden Lehmanns Leistungen von den Vorgesetzten übereinstimmend schlecht beurteilt. Bei der Bearbeitung des Vorganges prüft der Personalsachbearbeiter auch noch einmal die Unterlagen, die Lehmann im Jahr 2004 seiner Bewerbung beigefügt hatte. Dabei ergeben sich Zweifel an der Echtheit des Beglaubigungsvermerkes auf der eingereichten Abschrift des Reifezeugnisses. Am 27. Januar 2009 wird Herr Lehmann im Personalamt gehört. Auf entsprechende Vorhaltungen gibt er schließlich zu, dass er sich während seiner Tätigkeit bei der Gemeinde Guben Zugang zu einem Dienstsiegel und dem Namensstempel eines Vorgesetzten verschafft hat und damit den Beglaubigungsvermerk gefälscht hat, um die in der Stellenausschreibung geforderte Reifeprüfung vortäuschen zu können; in Wirklichkeit hat er die Reifeprüfung nicht abgelegt, sondern das Gymnasium wegen seiner schwachen Leistungen schon aus der Unterprima verlassen.

AUFGABEN

1 Entwerfen Sie unter Erläuterung der gesetzlichen Vorschriften die Ernennungsurkunde, die bei der Einstellung des Herrn Lehmann erforderlich war.

2 Erläutern Sie, welche Bedeutung das Besoldungsdienstalter hat und warum es ermittelt werden muss.

3 Errechnen Sie das Besoldungsdienstalter, das für Herrn Lehmann festgesetzt werden musste. Erläutern Sie die Berechnung.

4 Welche beamtenrechtlichen Folgen hätten die schlechten dienstlichen Leistungen des Herrn Lehmann haben können? Wäre eine Auflösung des Dienstverhältnisses aus diesem Grunde gegen den Willen des Herrn Lehmann möglich gewesen?

5 Erläutern Sie die beamtenrechtlichen Folgen der Fälschung der Bewerbungsunterlagen.

[LÖSUNGEN Seite 232]

16 Beamter – Ernennung – Dienstherrenwechsel – Beförderung

HILFSMITTEL **Landesbeamtengesetz (LBG) des Landes Brandenburg, Laufbahnverordnung (LVO) des Landes Brandenburg, Kommunalverfassung des Landes Brandenburg (BbgKVerf), Gesetz zur Regelung des Statusrechts der Beamtinnen und Beamten in den Ländern (Beamtenstatusgesetz – BeamtStG)**

BEARBEITUNGSHINWEISE
Die Lösung erfolgt auf der Grundlage des Kommunal- und Beamtenrechts des Landes Brandenburg. Außerhalb von Brandenburg sind die entsprechenden Bestimmungen anwendbar.

Der bei der Stadt Cottbus beschäftigte Stadtassistent Ron Voss bewirbt sich um eine nach Besoldungsgruppe A 6 BBesO bewertete Stelle bei der kreisfreien Stadt Brunswald.

Herr Voss ist am 14. Mai 1987 geboren. Aus seiner Personalakte, die der Stadt Brunswald mit Einverständnis des Herrn Voss vorliegt, ist zu entnehmen, dass er

- am 1. August 2004 von der Stadt Cottbus als Stadtassistentenanwärter eingestellt worden ist,
- die Laufbahnprüfung für den mittleren nicht technischen Dienst mit „gut" bestanden hat,
- am 1. August 2006 in das Beamtenverhältnis auf Probe übernommen und
- wegen besonderer dienstlicher Bewährung zum frühestmöglichen Zeitpunkt angestellt wurde.

AUFGABEN

1 Wann erfolgt die Anstellung des Herrn Voss? Erläutern Sie die Ernennung und die zu beachtenden Formvorschriften.

2 Die Stadt Brunswald hat sich entschieden, Herrn Voss zum 1. Juni 2009 einzustellen. Erläutern Sie anhand der gesetzlichen Bestimmungen die verschiedenen Möglichkeiten des Dienstherrenwechsels.

3 Sie sind als Sachbearbeiter im Personalamt der Stadt Brunswald tätig. Herr Voss möchte von Ihnen wissen, wann er erstmalig bei der Stadt Brunswald befördert werden kann. Begründen Sie Ihre Ausführungen mit den entsprechenden gesetzlichen Bestimmungen.

4 Nach dem Laufbahnrecht sind bei Beförderungen Beförderungsverbote und Wartezeiten zu beachten. Welche kennen Sie? Erläutern Sie diese mithilfe der Rechtsvorschriften.

[LÖSUNGEN Seite 235]

17 Nicht genehmigte Nebentätigkeit

HILFSMITTEL GG, VwVfG, Bundesbeamtengesetz

Heinz Bock ist bei der kreisfreien Stadt Cottbus im Bauamt als Beamter des höheren Dienstes beschäftigt. Im Bereich des Bauamts hat er dienstlich mit der Überprüfung von Baumaßnahmen zu tun.

Bock erhält ein finanziell interessantes Angebot, in seiner Freizeit für ein privates Architektenbüro tätig zu werden.

Er soll die Mitglieder des Büros auf dem Gebiet des Baurechts gegen Entgelt beraten.

Bock stellt einen Antrag auf Genehmigung einer Nebenbeschäftigung.

Die Genehmigung für die Nebentätigkeit bei dem Architektenbüro wird vom Oberbürgermeister mit der schriftlichen Begründung versagt, dass die Nebentätigkeit die Unparteilichkeit und die Unbefangenheit des Beamten beeinträchtigen könnte.

Bock ist mit der Ablehnung seines Antrages nicht zufrieden und fühlt sich in dem Grundrecht der freien Entfaltung der Persönlichkeit verletzt.

AUFGABEN

1 Prüfen Sie die Rechtsnatur des ablehnenden Bescheides.

2 Bock legt gegen die Ablehnung seines Antrages rechtzeitig bei der zuständigen Stelle schriftlich Widerspruch ein. Prüfen Sie die Zulässigkeit des Widerspruchs.

3 Entwerfen Sie den Widerspruchsbescheid.

[LÖSUNGEN Seite 237]

18 Abmahnung – Kündigung

HILFSMITTEL Grundgesetz (GG), BGB, Tarifvertrag für den öffentlichen Dienst (TVöD)

Herr Ulrich Münzer ist 45 Jahre alt und seit 1978 bei der kreisfreien Stadt Brunswald als Verwaltungsangestellter im Sozialamt beschäftigt. Im Arbeitsvertrag ist vereinbart, dass der BAT Anwendung findet. Der Angestellte war am 30. September 2005 in die Vergütungsgruppe IVb BAT eingruppiert und wurde in die Entgeltgruppe 9 übergeleitet. Privat setzt sich Herr Münzer für soziale Randgruppen ein.

Am 1. Juli räumt die Polizeibehörde ein besetztes Wohnhaus. Einer der Beamten erkennt Herrn Münzer. Auf die Aufforderung, das Wohnhaus zu verlassen, leistet Herr Münzer Widerstand. Die Polizei muss ihn hinaustragen. Außerdem tituliert er die Polizeibeamten „Bullen".

Der Leiter der Polizeibehörde meldet sich am nächsten Tag beim Oberbürgermeister, begründet sein Unverständnis und äußert sich dahin gehend, dass ein solcher Mitarbeiter im öffentlichen Dienst wohl fehl am Platz sei und gekündigt werden müsse.

Anlässlich der Anhörung teilt Herr Münzer dem Oberbürgermeister mit, dass er bei der Räumung anwesend war. Er sei allerdings als Privatmann dort gewesen. Er habe ordnungsgemäß Urlaub gehabt. Er sei der Meinung, dass sein Verhalten durch die Grundrechte der Meinungs- und Versammlungsfreiheit gedeckt sei.

Der Oberbürgermeister entscheidet, dass geprüft werden solle, ob Münzer aus städtischen Diensten entfernt werden kann.

AUFGABEN

1 Nehmen Sie zu der Frage Stellung, ob das Dienstverhältnis gekündigt werden kann.

2 Erläutern Sie das Wesen der Abmahnung.

3 Entwerfen Sie den Abmahnungstext.

[LÖSUNGEN Seite 240]

19 Verfahrens- und Formvorschriften – TVöD

HILFSMITTEL **BGB, Personalvertretungsgesetz für das Land Brandenburg (PersVG), Tarifvertragsgesetz (TVG), Tarifvertrag für den öffentlichen Dienst (TVöD), Bundesurlaubsgesetz, Kommunalverfassung des Landes Brandenburg (BbgKVerf)**

BEARBEITUNGSHINWEISE

Das Personalvertretungsgesetz und die Gemeindeordnung sind länderspezifisch zu berücksichtigen, beinhalten jedoch ähnliche Regelungen.

Frau Manuela Reich, geboren am 6. August 1980, hat in der Zeit vom 1. September 1998 bis 31. August 2001 eine Ausbildung als Verwaltungsfachangestellte bei der Stadt Bad Liebenwerda absolviert. Zum 1. September 2001 wurde sie, nach bestandener Abschlussprüfung, von der Stadt Bad Liebenwerda in ein unbefristetes Angestelltenverhältnis (Vergütungsgruppe VII BAT-O VKA) übernommen.

Am 27. Oktober 2001 heiratete sie den bei der Stadt Brunswald tätigen ledigen Verwaltungs-Obersekretär Klaus Reich. Am 30. Juni 2005 scheidet sie durch Aufhebungsvertrag aus dem Dienst der Stadt Bad Liebenwerda aus, da sie sich ausschließlich der Erziehung ihrer beiden Kinder (Zwillinge, geboren am 30. Juni 2004) widmen will.

Zum 1. Juli 2009 wird bei der Stadt Brunswald eine Stelle im Ordnungsamt, Entgeltgruppe 6, für die Dauer von 18 Monaten (Elternzeit der Verwaltungsangestellten Susanne Koch) frei. Frau Reich bewirbt sich und soll zum 1. Juli 2009 eingestellt werden.

Sie bittet darum, den Urlaubsanspruch für das Jahr 2009 in bar auszuzahlen, da sie sich vorher gut erholt habe.

Im Monat September 2009 fehlt Frau Reich zwei Tage unentschuldigt. Wegen des unentschuldigten Fehlens soll eine Abmahnung ausgesprochen werden.

Bei der kreisfreien Stadt Brunswald gilt die 5-Tage-Woche. Die Stadt Brunswald ist Mitglied des Kommunalen Arbeitgeberverbandes.

AUFGABEN

1 Wer unterschreibt seitens der Stadt Brunswald den Arbeitsvertrag und wer hat mitzuwirken?
2 Gilt für das Arbeitsverhältnis von Frau Reich der Tarifvertrag für den öffentlichen Dienst (TVöD)?
3 In welcher Form hat die Einstellung zu erfolgen?
4 Wie viele Urlaubstage Erholungsurlaub stehen Frau Reich für das Jahr 2009 zu?
5 Ist die von Frau Reich erbetene Barabgeltung des Urlaubsanspruches zulässig?
6 Beschreiben Sie das personalvertretungsrechtliche Verfahren der Abmahnung.

[LÖSUNGEN Seite 243]

20 Änderungskündigung

HILFSMITTEL **Kündigungsschutzgesetz (KSchG), Tarifvertrag für den öffentlichen Dienst (TVöD), Tarifvertrag zur Überleitung der Beschäftigten der kommunalen Arbeitgeber in den TVöD und zur Regelung des Übergangsrechts (TVÜ-VKA), BGB**

Bei der Stadt Brunswald werden jährlich mit allen Amtsleitern Gespräche zum Stellenplan des folgenden Jahres und im Hinblick auf die Finanzplanung auch der weiteren Jahre geführt. Anlässlich der Gespräche für das Jahr 2009 erklärt der Leiter der Kasse, dass er die Arbeitnehmerin Elfriede Schnabel nicht mehr benötige. Als Grund hierfür gibt er die sinkende Anzahl der Auszahlungsanordnungen an.

Im Hauptamt wird zum 31. Dezember 2008 die Stelle einer Telefonistin frei. Der Leiter des Personalamtes spricht deshalb mit der Arbeitnehmerin und bietet ihr die Übernahme der Tätigkeit als Telefonistin und eine einvernehmliche Änderung des Arbeitsvertrages zum 1. Januar 2009 an. Da die bisherige Tätigkeit nach der Vergütungsgruppe VIb BAT bewertet und die Angestellte am 1. Oktober 2005 in die Entgeltgruppe 6 der Anlage 1 zum TVÜ-KVA übergeleitet worden ist, wird ihr zugesagt, die Änderung des Entgelts erst zum 1. Juli 2009 wirksam werden zu lassen. Die Angestellte ist dann in die Entgeltgruppe 3 zu überführen.

Die Arbeitnehmerin möchte lieber weiterhin in der Kasse tätig sein. Sie hält es für sozial ungerechtfertigt, dass gerade sie die Kasse verlassen soll. Sie will sich deshalb mit der Umsetzung nicht abfinden. Ehe es aber zu einer Beendigungskündigung komme, könnte sie unter Umständen mit der Umsetzung einverstanden sein.

Nach Ablauf der Bedenkfrist lehnt die Arbeitnehmerin den Änderungsvertrag ab. Mit Zustimmung des Personalrates wird deshalb die Änderungskündigung am 20. Dezember 2008 mit Wirksamkeit der Vergütungsänderung zum 1. Juli 2009 ausgesprochen.

AUFGABE

Welche Möglichkeiten bestehen für die Angestellte Schnabel?

[LÖSUNG Seite 247]

21 Einstellungsformalitäten

HILFSMITTEL Tarifvertrag für den öffentlichen Dienst (TVöD)

Beim Personalamt der Stadt Brunswald wurde ein Auswahlverfahren für einen Sachbearbeiter im Sozialamt, Entgeltgruppe 8, durchgeführt. Am Vorstellungsgespräch haben die Vorsitzende des Personalrates und ein Vertreter der Schwerbehindertenvertretung teilgenommen. Übereinstimmend soll der schwerbehinderte Heinz Müller, 31 Jahre, verheiratet, zwei minderjährige Kinder, eingestellt werden.

AUFGABEN

1 Stellen Sie den Antrag auf Zustimmung zur Einstellung und Eingruppierung im Rahmen der Mitbestimmung an den Personalrat.

2 Welche Unterlagen werden für die Festsetzung und Anweisung der Vergütung benötigt?

3 Welche Belehrungen sind durchzuführen?

4 Welche Unterlagen sind zusätzlich von anderen Behörden anzufordern?

5 Welche Erklärungen muss der Bewerber abgeben?

6 Welche weiteren Unterlagen sind anzufordern?

7 Welche Arbeiten sind als Folge der Einstellung noch auszuführen?

[LÖSUNGEN Seite 248]

22 Fristlose Kündigung

HILFSMITTEL BGB, Kündigungsschutzgesetz (KSchG), Kommunalverfassung des Landes Brandenburg (BbgKVerf)

BEARBEITUNGSHINWEISE

1. Im Arbeitsvertrag ist die Anwendung des TVöD vereinbart.
2. Die Lösung geht von der im Land Brandenburg geltenden Rechtslage aus. Außerhalb von Brandenburg sind die entsprechenden Bestimmungen anwendbar.

Seit 1992 ist Herr Kleinschmidt als Busfahrer bei den Nahverkehrsbetrieben der Stadt Brunswald beschäftigt. Bis 2003 verlief das Arbeitsverhältnis vertragsgemäß. Anfang 2004 erhält Herr Kleinschmidt die erste Abmahnung wegen Beleidigung von Arbeitskollegen. 2008 erfolgte eine weitere Abmahnung, weil sich Herr Kleinschmidt als Verkehrsrowdy auf dem Betriebsgelände aufgeführt hat. Durch sein zu schnelles Fahren ist es zu einem verschuldeten Unfall gekommen.

Danach häuften sich Beschwerden durch Fahrgäste. Eine 73-jährige Frau sowie ein Rollstuhlfahrer beklagen sich, dass sie an der Haltestelle einfach stehen gelassen wurden. Eine schwangere Frau meldet sich empört und teilt mit, dass Kleinschmidt sie absichtlich durch sein unsachgemäßes Anfahren zum Taumeln gebracht habe. Sie sei Gott sei Dank nicht gefallen.

Eine ältere Dame beschwert sich, dass er zu ihr „Muttchen" gesagt habe. Als sie sich dieses Benehmen verbeten habe, habe er sie als „alte Schachtel" tituliert. Als diese dann nach seinem Namen fragte, antwortete er „Paulchen Panther".

Bei einer unvermuteten Alkoholkontrolle durch die Polizeibehörde wird ein Alkoholgehalt von 2,4 Promille festgestellt.

Der Arbeitgeber führt unter Beteiligung des Personalratvorsitzenden eine Anhörung durch. Zum Benehmen gegenüber den Kunden erklärt Herr Kleinschmidt, dass diese überwiegend schlecht gelaunt seien und dies nur die natürliche Reaktion seinerseits sei. Außerdem sei seine Tätigkeit besonders nervenaufreibend, da könne man ja nur noch saufen.

Die Personalleiterin, Frau Beer, wird beauftragt vor Ausspruch der fristlosen Kündigung folgende Fragen zu beantworten; die Beantwortung der Fragen überträgt Frau Beer, die auch Ausbildungsleiterin im Haupt- und Personalamt Brunswald ist, als Aufgaben an Sie.

AUFGABEN

1 Was versteht man unter der Kündigungserklärung und in welcher Form müsste die außerordentliche Kündigung erfolgen?

2 Welche Form- und Verfahrensvorschriften der Kommunalverfassung sind zu beachten?

3 Welche Rechtsschutzmöglichkeiten hat Herr Kleinschmidt gegen eine fristlose Kündigung?

[LÖSUNGEN Seite 250]

23 Kündigungsrecht

HILFSMITTEL **Entgeltfortzahlungsgesetz (EFZG), Kündigungsschutzgesetz (KSchG), BGB, Tarifvertrag für den öffentlichen Dienst (TVöD), Personalvertretungsgesetz Brandenburg (PersVG)**

BEARBEITUNGSHINWEISE

1. Die Tarifbindung ist nicht zu prüfen.
2. Das Bundespersonalvertretungsgesetz und die Landespersonalvertretungsgesetze beinhalten ähnliche Regelungen und sind länderspezifisch zu berücksichtigen.
3. Der TVöD sieht die Unkündbarkeit im Tarifgebiet Ost nicht vor (§ 34 (2) TVöD).

Seit dem 1. Juli 2001 ist Frau Rita Süß bei der kreisfreien Stadt Brunswald als Verwaltungsangestellte im Kulturamt nach der Vergütungsgruppe VIb BAT beschäftigt und am 1. Oktober 2005 in die Entgeltgruppe 6 übergeleitet worden. Auf ihr Arbeitsverhältnis findet laut Arbeitsvertrag der TVöD Anwendung.

Ihr beruflicher Werdegang sieht wie folgt aus:

- Ausbildung bei der Stadt Brunswald vom 1. August 1991 bis 30. Juni 1994
- befristetes Arbeitsverhältnis mit der Stadt Brunswald vom 1. Juli 1994 bis 30. September 1995
- Angestellte der Gemeinde G. vom 1. Oktober 1995 bis 30. Juni 2001
- seit Juli 2001 erneut Angestellte bei der Stadt Brunswald

Aus organisatorischen Gründen ist beabsichtigt, das Kulturamt aufzulösen und die Aufgaben vom Hauptamt mit erledigen zu lassen. Wegen der knappen Finanzmittel soll es zu einer Reduzierung des Kulturangebotes kommen und Personal abgebaut werden.

Als Frau Süß von der Personalreduzierung erfährt, ist ihr Verhalten sehr verändert. Wegen wiederholter Unpünktlichkeit wird sie zweimal abgemahnt.

Am Freitag, dem 19. September 2008, meldet sie sich krank. Durch Zufall erfährt der Personalamtsleiter Herr Paul, dass sie an diesem Wochenende einen Urlaub auf Sylt verbracht hat. Zur Rede gestellt, erklärt sie gegenüber Herrn Paul am 25. September 2008, das würden doch mehrere Kollegen so machen.

Nachdem am 26. September 2008 Herr Paul dem Oberbürgermeister den Sachverhalt mitteilt, bittet dieser um folgende Prüfung:

AUFGABEN

1 Kann eine außerordentliche Kündigung erfolgen?
2 Wäre eine ordentliche Kündigung möglich wegen der Pflichtverletzung?
3 Kann Frau Süß wegen des Personalabbaus im Kulturamt gekündigt werden? Prüfen Sie die Kündigungsmöglichkeiten unter Angabe der Rechtsgrundlagen.

[LÖSUNGEN Seite 251]

24 Aus- und Weiterbildung als Beiträge zur Personalentwicklung

HILFSMITTEL Berufsbildungsgesetz, Tarifvertrag für den öffentlichen Dienst (TVöD)

Anlässlich der Vorlage des Haushalts- und Stellenplans 2009 erhitzen sich die Gemüter zu den Planzahlen der Aus- und Weiterbildung.

Der Abgeordnete Meier trägt Folgendes vor:

„Gemäß Haushalts- und Stellenplan ergeben sich im Bereich der Ausbildung Durchschnittskosten von ca. 50000,00 EUR bei einer Ausbildungsdauer von drei Jahren. Diese Kosten sind zu hoch. Einen Nutzen kann ich nicht erkennen."

Der Abgeordnete Hofmann äußert sich wie folgt:

„Die Stadt hat in vielen Ämtern betriebliche Ausbilder. Ihre Qualifizierung und insbesondere die Ausbildereignungsprüfung verursachen zu hohe Kosten. Welche Aufgaben haben die Ausbilder?"

Der Abgeordnete Lehmann äußert sich wie folgt:

„Die Haushaltsmittel in Höhe von 300000,00 EUR für die Weiterbildung sind zu hoch. Ein Bekannter hat mir erzählt, dass im Berufsbildungsgesetz die Erhaltungs-, die Erweiterungs-, die Anpassungs- sowie die Aufstiegsfortbildung genannt sind. Wird das zumindest in diesen hohen Ausgaben berücksichtigt?"

Der Abgeordnete Schulte äußert sich wie folgt:

„Die Verwaltung muss endlich ein ‚allgemeines' systematisches Fortbildungskonzept vorlegen. In diesem Fortbildungskonzept sind die Phasen zur Planung und Realisierung von Fortbildungsmaßnahmen darzustellen."

Der Abgeordnete Sacher äußert sich wie folgt:

„Ich kann bisher nicht erkennen, dass bei der Stadt Brunswald die internen Möglichkeiten der Aus- und Weiterbildung ausgeschöpft werden. Welche Methoden werden schon angewandt? Welche weiteren Methoden gibt es?"

AUFGABE

Die Äußerungen der Abgeordneten sind zum Teil wenig weitsichtig. Solche Aussagen sind daher wohl als äußerst spontan zu werten. Stellen Sie die Funktion und den Nutzen der Aus- und Weiterbildung als Beiträge der Personalentwicklung in der öffentlichen Verwaltung dar. Gehen Sie dabei insbesondere auf die Frage der Abgeordneten ein.

[LÖSUNGEN Seite 254]

25 Jugendarbeitsschutz – Berufsschule – Kündigung des Ausbildungsverhältnisses

HILFSMITTEL **Jugendarbeitsschutzgesetz (JArbSchG), Berufsbildungsgesetz (BBiG), Manteltarifvertrag für Auszubildende (Mantel-TV Azubi)**

Die kreisfreie Stadt Brunswald bildet jährlich 20 Jugendliche zur Kauffrau/zum Kaufmann für Bürokommunikation aus. Der Personalabteilung liegen folgende Sachverhalte zur Klärung vor:

1. Frau Mai ist 17 Jahre alt und berufsschulpflichtig. Am Freitag besucht sie wie immer die Berufsschule und ist pünktlich um 8:00 Uhr dort. Nach der 2. Schulstunde teilt die Klassenlehrerin mit, dass durch unvorhergesehene Krankheit die nächsten sechs Schulstunden ausfallen müssen. Ursprünglich wäre bis 15:00 Uhr Unterricht gewesen. Die Auszubildende freut sich und geht in das nahe gelegene Schwimmbad, da das Wetter sehr gut ist. Ein schlechtes Gewissen hat sie nicht, da sie davon ausgeht, dass niemand in der Verwaltung mit ihrer Rückkehr rechnet. Bei der nächsten Gehaltsabrechnung stellt sie fest, dass ihr für den Freitag die Ausbildungsvergütung gekürzt worden ist.
2. Der Auszubildende Hitzig lässt nach Ablauf der Probezeit in seinen Leistungen ganz erheblich nach. Außerdem kommt er häufig zu spät. Der Ausbildungsleiter hat deshalb mehrmals mündliche Ermahnungen ausgesprochen. Eine Änderung im Verhalten des Auszubildenden erfolgt daraufhin nicht. Deshalb wird eine schriftliche Abmahnung ausgesprochen. Auch danach ändert sich das Verhalten des Azubis nicht wesentlich. Die Stadt Brunswald kündigt daraufhin nach weiteren vier Wochen das Ausbildungsverhältnis fristlos.

3. Zum 1. September des laufenden Jahres sollen die Auszubildenden Frost und Jost mit ihrer Ausbildung beginnen. Frost hat vorher eine zweijährige Berufsfachschule absolviert. Diese Ausbildung soll ihm angerechnet werden; seine Ausbildungszeit wurde daher im bereits abgeschlossenen Ausbildungsvertrag von drei auf zwei Jahre verkürzt.

   Herr Jost hat ein gutes Abitur abgelegt. Bei der IHK war der Antrag gestellt worden, seine Ausbildungszeit vertraglich auf zwei Jahre zu verkürzen. Als Begründung führt der Arbeitgeber an, dass zu erwarten sei, dass Jost in zwei Jahren das Ausbildungsziel erreichen wird.

4. Der Auszubildende Peters hat die Abschlussprüfung nicht bestanden. Er bittet um Verlängerung der Ausbildungszeit.

AUFGABEN

1 Erfolgte zu Recht die Kürzung der Ausbildungsvergütung für die versäumte Arbeitszeit vom Freitag?

2 Erläutern Sie die Grundsätze, die bei einer außerordentlichen Kündigung von Ausbildungsverhältnissen zu berücksichtigen sind, und prüfen Sie, ob die fristlose Kündigung von Hitzig zu Recht erfolgte.

3 Was kann der Auszubildende Hitzig gegen die fristlose Kündigung unternehmen?

4 Steht den beiden Auszubildenden Frost und Jost bei Ausbildungsaufnahme die Vergütung für das zweite Ausbildungsjahr zu?

5 a) Bekommt der Auszubildende Peters bei der Verlängerung der Ausbildungszeit die Vergütung des vierten Ausbildungsjahres?
  b) Wie beurteilen Sie den Fall, wenn Peters aufgrund eines groben Täuschungsversuchs die Prüfung nicht bestanden hat?

[LÖSUNGEN Seite 254]

26 Auskunftspflicht eines Bewerbers – Vertretungszulage – Erholungsurlaub

HILFSMITTEL **Tarifvertrag für den öffentlichen Dienst (TVöD), Tarifvertrag zur Überleitung der Beschäftigten der kommunalen Arbeitgeber in den TVöD und zur Regelung des Übergangsrechts (TVÜ-VKA), Bundesurlaubsgesetz**

Die Stadt Allershausen hat die Stelle eines Bauingenieurs nach der Entgeltgruppe 10 ausgeschrieben. Er soll im Fachbereich Bauen und Umwelt für die Instandhaltung der Straßen, Wege und Plätze innerhalb des Stadtgebietes einschließlich der Bürgersteige und Radfahrwege zuständig sein.

Von den eingegangenen neun Bewerbungen hebt sich die des Bewerbers Axel Lehmann, geboren am 22. April 1969, heraus. Er war in den Jahren 2000 bis 2007 bei der Stadt

Birkenhain mit ähnlichen Aufgaben und anschließend bei dem Tiefbauunternehmen Wiese GmbH beschäftigt und ist zurzeit arbeitslos.

Nach dem Zeugnis der Stadt Birkenhain wurde das Arbeitsverhältnis „im gegenseitigen Einvernehmen" beendet. Es soll jedoch beendet worden sein, weil Lehmann unrichtige Bescheinigungen über den Fortgang von Instandsetzungsarbeiten eines Tiefbauunternehmens erteilt haben soll. Weil die Firma zahlungsunfähig geworden ist und die Arbeiten einstellen musste, hat die Stadt einen Schaden erlitten. Die Bedenken gegen seine Einstellung werden vom Bewerber bei der persönlichen Vorstellung weitgehend entkräftet. Mit Zustimmung der Personalvertretung wird mit dem Bewerber ein Arbeitsvertrag geschlossen, nach dem

- Lehmann ab 1. April 2009 als Bauingenieur beschäftigt wird und in die Entgeltgruppe 10 eingruppiert ist,
- die Bestimmungen des TVöD sowie dessen Änderungen und Ergänzungen auf das Arbeitsverhältnis angewendet werden.

In der Zeit vom 21. August bis 29. September 2009 soll Lehmann den Bauingenieur Schulze vertreten. Schulze betreut die Neubauten von Straßen und Brücken und ist in die Entgeltgruppe 11 eingruppiert.

Lehmann möchte nach Ablauf der Probezeit zwei Wochen des ihm zustehenden Urlaubs in Anspruch nehmen, die restlichen Tage in der Vorweihnachtszeit.

AUFGABEN

1 Prüfen Sie, ob die Stadt Allershausen berechtigt war, den Bewerber nach den Gründen der Beendigung des Arbeitsverhältnisses mit der Stadt Birkenhain zu befragen.

2 Stellen Sie fest, ob Lehmann für die Zeit der Vertretung seines Kollegen Schulze eine Zulage beanspruchen kann.

3 Klären Sie Lehmanns Anspruch auf Erholungsurlaub im Jahr 2009.

[LÖSUNGEN Seite 257]

27 Arbeitszeit

HILFSMITTEL **Arbeitszeitgesetz (ArbZG), BGB**

BEARBEITUNGSHINWEIS
Die Zulässigkeit der Arbeitszeit ist nur anhand des Arbeitszeitgesetzes zu prüfen.

Am 1. Juni 2008 soll Frau Fleißig, geboren 31. Januar 1964, arbeitslose Verwaltungsfachangestellte, bei der Stadt Brunswald, Mitglied des Kommunalen Arbeitgeberverbandes, als Politesse mit der Vergütung nach der Entgeltgruppe 3 TVöD eingestellt werden.

Im Arbeitsvertrag soll die Anwendung des TVöD vereinbart werden. Bezüglich der Arbeitszeit (gemäß § 6 (1) TVöD ausschließlich der Pausen 40 Stunden wöchentlich) soll wie bei den anderen Politessen Folgendes gelten:

Montag:	14:00 Uhr bis 22:00 Uhr	7 3/4 Stunden
Dienstag:	06:00 Uhr bis 16:45 Uhr	10 1/2 Stunden
Mittwoch und Donnerstag:	08:00 Uhr bis 16:15 Uhr	8 Stunden
Freitag:	08:00 Uhr bis 13:45 Uhr	5 3/4 Stunden
Pausen:	Montag bis Donnerstag täglich 15 Minuten, da im Verwaltungsgebäude keine Kantine ist.	

Zum 1. September 2008 soll ein Schichtmodell wie folgt einführt werden:

1. Schicht:	Montag bis Freitag	06:00 Uhr bis 13:30 Uhr (35 Stunden Arbeitszeit)
2. Schicht:	Sonntag bis Mittwoch	13:30 Uhr bis 22:00 Uhr (32 Stunden Arbeitszeit)
3. Schicht:	Donnerstag und Freitag	13:00 Uhr bis 22:00 Uhr (16 Stunden Arbeitszeit)
	Samstag	06:00 Uhr bis 17:30 Uhr (11 Stunden Arbeitszeit)

Der Leiter des Ordnungsamtes wirbt für das Schichtmodell wie folgt:

Die Schicht 1 ist besonders von Vorteil für Frauen, deren Kinder vormittags in der Schule sind. In der Schicht 2 und 3 verdiene man fast so viel wie bisher, da für die Wochenenden erhebliche Zuschläge gezahlt würden.

Die Politessen sind von dieser Aussicht überwiegend recht angetan. Der Personalrat hegt dagegen Zweifel.

AUFGABEN

Frau Fleißig möchte von Ihnen wissen:

1 Ist die Arbeitszeit ab 1. Juni 2008 vereinbar mit dem Arbeitszeitgesetz?

2 Ist das Arbeitszeitmodell ab 1. September 2008 gesetzlich zulässig?

[LÖSUNGEN Seite 259]

28 Auswertung von Bewerbungsschreiben

Die Stadt Brunswald sucht einen Leiter der Stadtkasse, da der bisherige Amtsinhaber ausscheidet. In der Frankfurter Allgemeinen Zeitung wird folgende Stellenausschreibung veröffentlicht:

Die Stadt Brunswald
sucht zum nächstmöglichen Termin eine/-n

LEITER/-IN DER STADTKASSE

Die Vergütung erfolgt nach der Entgeltgruppe 10 TVöD.

Voraussetzungen:
- Selbstständigkeit
- eigenverantwortliches Arbeiten und Erfahrung in der Anwendung der EDV
- Fähigkeiten zur Führung von Mitarbeitern

Auf diese Stellenanzeige gehen mehrere Bewerbungen ein, unter anderem folgende Bewerbungsschreiben:

1. Bewerbungsschreiben

Olaf Tüchtig

5. März 2009

Sehr geehrte Damen und Herren,

gestern habe ich Ihre Anzeige gelesen. Da ich seit mehreren Jahren als stellvertretender Kassenleiter tätig bin, bewerbe ich mich um die von Ihnen ausgeschriebene Stelle des Leiters. Ich bin mir sicher, für diese Aufgabe geeignet zu sein.

Lebenslauf, Schul- und Arbeitszeugnisse liegen diesem Schreiben bei.

Mit freundlichen Grüßen

Olaf Tüchtig

Olaf Tüchtig

2. Bewerbungsschreiben

Bruno Tüchtig

10. März 2009

Sehr geehrter Inserent,

mit großer Freude habe ich Ihre Anzeige studiert. Mein größtes Hobby ist, mit Zahlen zu arbeiten. Deswegen scheue ich mich nicht, Ihnen meine Bewerbung einzureichen. Im öffentlichen Dienst war ich bisher noch nicht beschäftigt. Zurzeit bin ich in einem mittelständischen Unternehmen als Buchhalter tätig.

Ich habe ein neues EDV-Programm eingeführt und arbeite selbst seit zwei Jahren damit. Aufgrund meiner großen Fähigkeiten stelle ich mir allerdings ein Gehalt nach Entgeltgruppe 11 vor. Dies auch deshalb, weil ich zurzeit das volle Vertrauen meines Arbeitgebers genieße. Dies zeigt sich auch daran, dass mir regelmäßig Regelungen steuerlicher Probleme übertragen werden, die dem Finanzamt nicht unbedingt bekannt werden sollen.

Ich bin sicher Ihre Erwartungen zu erfüllen und sehe einem Gespräch mit großer Freude entgegen.

Mit freundlichen Grüßen

Bruno Tüchtig

Bruno Tüchtig

3. Bewerbungsschreiben

Martin Meier

18. März 2009

Sehr geehrte Damen und Herren,

auf Ihre Stellenanzeige in der Frankfurter Allgemeinen Zeitung bewerbe ich mich hiermit.

Meinen Unterlagen können Sie entnehmen, dass ich seit 1995 stellvertretender Leiter in der Kreiskasse Ihres Nachbarkreises bin.

In unserer Verwaltung war ich an der Einführung der EDV im Kassen- und Vollstreckungsbereich konzeptionell beteiligt und arbeite seit vier Jahren mit ihr. Insofern habe ich hier weitgehende Erfahrungen sammeln können.

In der Abwicklung von Buchhaltungsarbeiten und Vollstreckungsarbeiten bin ich sicher.

Mit meinen Vorgesetzten und Kollegen komme ich gut zurecht. In Zeiten der Abwesenheit des Leiters der Buchhaltung wird mir auch die Mitarbeiterführung übertragen, bei der ich bisher keine Probleme gehabt habe. An selbstständiges und eigenverantwortliches Arbeiten bin ich gewöhnt.

Über eine Einladung zum Vorstellungsgespräch würde ich mich freuen.

Mit freundlichen Grüßen

Martin Meier

Martin Meier

AUFGABE

Beurteilen Sie die Bewerbungsschreiben.

[LÖSUNGEN Seite 260]

Prüfungsbereich C

Verwaltungsrecht und Verwaltungsverfahren

1 Bedarf der Betrieb einer Speisewirtschaft mit Gästezimmern einer Erlaubnis?

Hilfsmittel **Gaststättengesetz**

Max Flott betreibt in der Tourismusgemeinde Erlenhein auf einem Grundstück, das er von seinem Onkel geerbt hat, seit zwei Jahren eine Speisewirtschaft, in der er neben anderem auch alkoholische Getränke an Gäste verabreicht. Außerdem hält er drei Doppelzimmer für Übernachtungen bereit. Um eine Erlaubnis hat er sich bisher nicht bemüht. Er glaubt, einer solchen für seinen „Beherbergungsbetrieb" nicht zu bedürfen. Sollte dennoch eine Erlaubnis erforderlich sein, könne er mit Rücksicht auf den zwei Jahre unbeanstandeten Betrieb annehmen, dass sie stillschweigend erteilt worden sei, denn das Grundgesetz garantiere die Berufsfreiheit und die Kurbeiträge habe er pünktlich abgeführt.

Aufgaben

1 Prüfen Sie, ob Flotts Betrieb erlaubnispflichtig ist.

2 Nehmen Sie zu Flotts Ansichten Stellung.

[**Lösungen** Seite 261]

2 Durch Hundegebell gestörte Nachtruhe

Hilfsmittel **Grundgesetz, Verwaltungsverfahrensgesetz, Gesetz über die öffentliche Sicherheit und Ordnung**

Frau Irma Kummer, eine Bankierswitwe, hält zwei Schäferhunde, die auch nachts auf ihrem Grundstück Tulpenweg 28 in der rheinland-pfälzischen kreisfreien Stadt Kieferberg frei umherlaufen und häufig anhaltend bellen. Auf die Bitte ihres Nachbarn, Studienrat Fröhlich, die Tiere wenigstens in der Nachtzeit im Haus unterzubringen, geht Frau Kummer nicht ein. Fröhlich wendet sich deshalb an den Leiter des Ordnungsamts und bittet, Frau Kummer zu veranlassen, ihre Hunde in der Zeit von 22:00 Uhr bis 8:00 Uhr nicht auf ihrem Grundstück umherlaufen zu lassen. Fröhlich verweist auf seine berufliche Belastung, die eine ausreichende Nachtruhe erfordere, und auf die Störung auch anderer Nachbarn. Der Leiter des Ordnungsamts, der mit Frau Kummer befreundet ist, teilt Fröhlich am 17. Mai d. J. mit, dass Frau Kummer das ihr gehörende Grundstück – auch wegen des grundgesetzlichen Schutzes des Eigentums – nach ihren Vorstellungen nutzen könne und er keine Handhabe sehe, ordnungsbehördlich einzuschreiten.

Fröhlich will sich mit dieser Entscheidung des Ordnungsamts nicht abfinden.

AUFGABEN

1 Prüfen Sie, ob die Entscheidung des Leiters des Ordnungsamts rechtmäßig ist.

2 Schildern Sie Fröhlichs Möglichkeiten, auf die Beseitigung der nächtlichen Ruhestörungen hinzuwirken.

3 Erläutern Sie, welche Folgerungen das Ordnungsamt aus Fröhlichs Schreiben ziehen wird, und entwerfen Sie den Bescheid an Frau Kummer.

[LÖSUNGEN Seite 261]

3 Ablehnung einer Reisegewerbekarte

HILFSMITTEL Grundgesetz, Verwaltungsverfahrensgesetz, Verwaltungsgerichtsordnung, Gewerbeordnung

Der kaufmännische Angestellte Lars Meinecke wohnt nach seiner Eheschließung in Haferstedt (Ostharz). Nachdem er sich wiederholt erfolglos um eine Stelle bemüht hat, beantragt er bei dem örtlich und sachlich zuständigen Landratsamt in Sollstadt eine Reisegewerbekarte. Er beabsichtigt, Reiseandenken und Wanderkarten in den Harzorten anzubieten und Bestellungen für die Lieferung von Gebirgsblütenhonig entgegenzunehmen. Da dem Sachbearbeiter bekannt geworden ist, dass Meinecke in Haferstedt eines Diebstahls verdächtigt wird und als arbeitsscheu gilt, wird der Antrag mit Schreiben vom 23. Mai d. J. wegen Unzuverlässigkeit (§ 57 Gewerbeordnung) abgelehnt. Die Rechtsbehelfsbelehrung wurde versehentlich versäumt.

Meinecke ist über die Versagung der Reisegewerbekarte sehr empört und schreibt folgenden Brief an das Landratsamt:

> Ich kann Ihren Bescheid überhaupt nicht verstehen. Warum erlauben Sie mir nicht, durch ehrliche Arbeit Geld zu verdienen, und zwingen mich in die Sozialhilfe? Statt meine Bemühungen zu unterstützen, soll ich den Steuerzahlern auf der Tasche liegen. Im Grundgesetz steht, dass alle Deutschen das Recht haben, einen Beruf frei zu wählen, und dass die Verwaltung an die Gesetze gebunden ist. Gilt das Grundgesetz in Sollstadt etwa nicht? Wieso bin ich unzuverlässig? Ich verlange Einsicht in die Unterlagen, die zu dieser unerhörten Entscheidung geführt haben. Ich werde mich wehren!
>
> Hochachtungsvoll
>
> *Lars Meinecke*

AUFGABEN

1 Stellen Sie fest, welche rechtliche Wirkung das Fehlen der Rechtsbehelfsbelehrung hat.

2 Beurteilen Sie die Behandlung des Antrags verfahrensrechtlich.

3 Prüfen Sie, ob die Versagung der Reisegewerbekarte gerechtfertigt ist.

4 Welche Normen des Grundgesetzes sind nach Meineckes Ansicht verletzt worden?

5 Stellen Sie fest, ob der Forderung nach Akteneinsicht zu entsprechen ist.

[LÖSUNGEN Seite 264]

4 Der „scharfe" Spitz

HILFSMITTEL **Verwaltungsverfahrensgesetz, Gesetz über die öffentliche Sicherheit und Ordnung**

Der Spitz des Elektromeisters Horst Klemme in Rosenhagen hat den achtjährigen Sohn des Gemeindeobersekretärs Tüchtig auf dem Weg zur Schule gebissen. Die stark blutende Wunde bedurfte ärztlicher Behandlung. Der Bürgermeister, von diesem Vorfall und zwei Vorfällen gleicher Art unterrichtet, hat folgendes Schreiben an Klemme gerichtet:

> Sehr geehrter Herr Klemme,
>
> Ihr Spitz hat vorgestern den achtjährigen Sohn des Gemeindeobersekretärs Tüchtig auf dem Weg zur Schule so heftig gebissen, dass die stark blutende Wunde ärztlich versorgt werden musste. Nach wiederholten Vorfällen dieser Art muss das Tier wegen der von ihm ausgehenden Gefahr, insbesondere zum Schutz der Kinder auf dem Schulweg, eingeschläfert werden. Ich bitte um Verständnis für diese Anordnung, deren Ausführung durch die Bescheinigung eines Tierarztes innerhalb zwei Wochen nachzuweisen ist.
>
> Mit freundlichen Grüßen
> Hammer, Bürgermeister

AUFGABEN

1 Stellen Sie fest, was das Schreiben des Bürgermeisters in rechtlicher Hinsicht ist.

2 Was war bei der Bekanntgabe des Schreibens zu beachten?

3 Prüfen Sie die Rechtswirksamkeit des Schreibens.

4 Schildern Sie Klemmes Möglichkeiten, sich gegen die Tötung seines Hundes zu wehren.

[LÖSUNGEN Seite 265]

5 Erlaubnis zum Betrieb eines Imbissstandes

HILFSMITTEL Verwaltungsverfahrensgesetz, Gaststättengesetz

Fritz Biermann hat in der Fremdenverkehrsgemeinde Tannendorf auf seinem Grundstück, Theodor-Heuss-Platz 4, gegenüber dem Reisebüro Frohsinn, einen Imbissstand eingerichtet. Beim örtlich und sachlich zuständigen Landratsamt Buchenhausen hat er die Erlaubnis zur Abgabe von Getränken und Pizzas an Stehgäste beantragt. Die Erlaubnis wurde mit Bescheid vom 19. März d.J. mit der Auflage erteilt, dass zur Ableitung des sich entwickelnden Rauchs bis 15. April d.J. ein Ventilator mit einer Leistung von mindestens 2 000 Watt einzubauen ist. Die Erlaubnis zum Ausschank wurde auf alkoholfreie Getränke mit der Begründung beschränkt, dass eine Vollkonzession einen Schankraum von mindestens 25 qm. voraussetze.

Biermann will sich mit der beschränkten Schankerlaubnis nicht abfinden.

Nach der Wiedervorlage des Vorgangs ann 15. April d. J. stellt der Sachbearbeiter fest, dass der Ventilator noch nicht eingebaut ist. Biermann erklärt, dass er nach Empfang der Erlaubnis die Firma Elektro-Blitz GmbH mit dem Einbau beauftragt habe, die Firma aber zahlungsunfähig geworden sei und er deshalb den Auftrag nunmehr dem Elektromeister Schnelle erteilt habe, der das Gerät beschaffen und zügig einbauen werde.

Der Sachbearbeiter bereitet dennoch folgenden Bescheid vor:

Landkreis Buchenhausen
Der Landrat
Herrn
Fritz Biermann
Theodor-Heuss-Platz 4
54243 Tannendorf

Ihr Zeichen/	Mein Zeichen	Sachbearbeiter	Telefon	Datum
Ihr Schreiben	32.7	H. Schmidt	0278 3211	18.04. ...

Widerruf der Erlaubnis zum Betrieb des Imbissstandes

Sehr geehrter Herr Biermann,

hiermit widerrufe ich die Ihnen am 19.03. d. J. erteilte Erlaubnis zum Betrieb des Imbissstandes auf Ihrem Grundstück, Theodor-Heuss-Platz 4, 54243 Tannendorf.

Begründung:
Die Erlaubnis wurde mit der Auflage erteilt, einen Ventilator mit einer Leistung von mindestens 2 000 Watt zur Ableitung des sich entwickelnden Rauchs bis 15. April d. J. einbauen zu lassen. Diese Auflage haben Sie nicht erfüllt. Der gesundheitliche Schutz der Passanten ist vorrangig vor Ihrem Interesse an der Ausübung Ihres Gewerbes. Die Erlaubnis ist daher nach § 15 (3) Nr. 2 des Gaststättengesetzes in der Fassung vom 20. November 1998 (Bundesgesetzblatt, Teil I, Seite 3418) zu widerrufen.

Vorsorglich mache ich darauf aufmerksam, dass die Verabfolgung von Speisen und Getränken ohne die erforderliche Erlaubnis eine Ordnungswidrigkeit darstellt, die mit einer Geldbuße geahndet werden kann.

Rechtsbehelfsbelehrung:
Gegen diesen Bescheid kann innerhalb eines Monats nach Bekanntgabe Widerspruch erhoben werden. Er ist schriftlich oder zur Niederschrift bei der Verwaltung des Landkreises zu erheben.

Mit freundlichen Grüßen
Im Auftrage

AUFGABEN

1 Prüfen Sie, ob ein Widerspruch Biermanns gegen die Begrenzung der Erlaubnis auf die Verabfolgung alkoholfreier Getränke Erfolg haben wird.

2 Stellen Sie fest, ob die vom Sachbearbeiter entworfene Widerrufs-Verfügung die Tatbestandsmerkmale eines Verwaltungsaktes erfüllt.

3 Äußern Sie sich zu den Voraussetzungen des beabsichtigten Widerrufs der Erlaubnis.

[LÖSUNGEN Seite 266]

6 Widerruf der Gewerbeerlaubnis

HILFSMITTEL Verwaltungsverfahrensgesetz, Gewerbeordnung

Der Handlungsgehilfe Wilhelm Bernstein hat ein großräumiges Grundstück geerbt und sich im Vorjahr entschlossen, als Versteigerer beweglicher Sachen tätig zu werden. Die erforderliche Erlaubnis ist ihm vom Ordnungsamt der sachlich und örtlich zuständigen kreisfreien Stadt Eschenhausen erteilt worden. Im April dieses Jahres hat Bernstein einen Verkehrsunfall verursacht und ist deshalb zu einer Freiheitsstrafe von acht Monaten verurteilt worden, die zur Bewährung ausgesetzt worden ist. Nachdem das Ordnungsamt davon erfahren hat, widerruft es mit Schreiben vom 26. September d.J., das der von Bernstein beschäftigten Angestellten Isolde Freimut am 27. September d.J. ausgehändigt wird, die Erlaubnis. Zur Begründung führt das Ordnungsamt aus, dass Bernstein durch sein strafbares Verhalten sich als unzuverlässig erwiesen habe und die weitere Ausübung des Gewerbes gemäß § 35 Gewerbeordnung zu untersagen sei. Bernstein widerspricht dem Bescheid am 12. Oktober d.J. Er hält den Widerruf der Erlaubnis für rechtswidrig, weil der Verkehrsunfall in keinem Zusammenhang mit seiner beruflichen Tätigkeit steht.

AUFGABEN

1 Beurteilen Sie die Rechtmäßigkeit des Widerrufs-Bescheides.

2 Prüfen Sie, ob die Zustellung des Bescheides vom 26. September ordnungsmäßig erfolgt ist, und schildern Sie, welche weiteren Zustellungsarten erwägenswert waren.

[LÖSUNGEN Seite 268]

7 Fehler bei Verwaltungsakten – Grundbegriffe

HILFSMITTEL VwVfG, VwGO

AUFGABEN

1 Erläutern Sie die nachstehenden Begriffe und bringen Sie sie in die richtige Beziehung zueinander.
Fehlerfrei/Fehlerhaft/Rechtmäßig/Rechtswidrig/Wirksam/Unwirksam.

2 Zu welcher Rechtsfolge führt der § 42 VwVfG? Bringen Sie Beispiele für seine Anwendung.

3 Beschreiben Sie den Begriff „Heilung eines formellen oder Verfahrensfehlers" bei Verwaltungsakten. Nennen Sie jeweils drei Beispiele für Formfehler und Verfahrensfehler.

4 Erläutern Sie die Struktur des § 44 VwVfG.

5 Zu welchen Rechtsfolgen können Verstöße
a) gegen die örtliche Zuständigkeit,
b) gegen die sachliche Zuständigkeit führen?
Verwenden Sie bei Ihrer Darstellung die entsprechenden Rechtsgrundlagen.

6 Ermitteln Sie die Rechtsfolgen der Fehler aus den nachfolgenden Beispielen. Beachten Sie dabei auch die jeweilige Rechtsgrundlage:
- Die Berechnung der Kosten einer Verwaltungsleistung beinhaltet einen Additionsfehler.
- Ein Kostenbescheid wurde anstatt an Herrn Werner Müller an Herrn Werner Krause geschickt.
- Herr Klaus Heinrich bekommt keine Baugenehmigung, weil er seine Hundesteuer noch nicht bezahlt hat.
- Eine Abiturientin erhält zum 1. Dezember einen Einberufungsbescheid zur Bundeswehr.
- Der Bürgermeister der Stadt F. weist als zuständige Ordnungsbehörde irrtümlich einen Ausländer gem. § 45 AuslG wegen Gefährdung der öffentlichen Sicherheit aus, obwohl dieser schon vor vielen Jahren nach Berlin gezogen war und seit Jahren nicht mehr in F. gewesen ist.

[LÖSUNGEN Seite 269]

8 Sperrzeitverkürzung

HILFSMITTEL Auszug aus dem Gaststättengesetz, der Gaststättenverordnung und der Verordnung über die Sperrzeit, VwVfG Textausgabe

G. betreibt eine Gaststätte in der Nähe des Bahnhofs der Gemeinde P. Da gegen 0:30 Uhr der letzte Zug aus der Stadt eintrifft, mit dem noch potenzielle Gäste kommen, möchte A. die Erlaubnis bekommen, die Freifläche seiner Gaststätte bis 02:00 Uhr geöffnet zu halten. Weil sehr oft noch Besucher aus Diskotheken mit dem Zug nach Hause kommen und dann sehr viel Lärm verbreiten, befürchten die Anwohner des Ortes, dass ihre Nachtruhe erheblich gestört werden könnte. Sie richten aus diesem Grunde ein Schreiben an die Gemeindeverwaltung und bringen dort ihre Befürchtungen zum Ausdruck.

AUFGABEN

1 Stellen Sie die rechtlichen Voraussetzungen für die Erteilung einer Sperrzeitverkürzung auf der Grundlage des Gaststättengesetzes und der Gaststättenverordnung zusammen.

2 Welche Grundsätze des Verwaltungshandelns sind bei der Prüfung des Anliegens des G. durch die Gemeindeverwaltung anzuwenden? Beschreiben Sie diese und leiten Sie daraus Konsequenzen für das Verfahren ab.

3 Prüfen Sie gutachterlich die Rechtsnatur einer Ablehnung des Antrages des G.

[LÖSUNGEN Seite 271]

9 Grundzüge des Gewerberechts

HILFSMITTEL GewO

Die in der kreisfreien Stadt Cottbus wohnhaften Jungunternehmer K. und F. haben bei zahlreichen Stammtischgesprächen gehört, dass in den neuen Bundesländern gewinnbringende Geschäfte zu machen seien.

Nach gründlicher Marktanalyse beschließen sie, die gemeinsam finanzierte „Ost-GmbH" zu gründen, die nach folgendem Unternehmenskonzept in Brandenburg und Sachsen tätig werden soll:

K. soll für die Firma, die in Cottbus ein eigenes Büro sowie ein Lager unterhält, in Gaststätten für jeweils einen Abend Nebenräume anmieten und dort Werbeveranstaltungen durchführen. Den Besuchern, die durch Wurfsendungen auf die Veranstaltung aufmerksam gemacht werden, soll er Sprudelbad- und Schlankheitsmassagegeräte vorführen und gleichzeitig Bestellungen entgegennehmen.

Der Versand der bestellten Geräte soll vom Lager in Cottbus aus erfolgen.

Neben der Orts- und Zeitangabe soll auf den Wurfzetteln folgender Text verwendet werden:

Einladung

**Auf unserer TOP-Veranstaltung erwarten Sie revolutionäre Angebote.
Ihr Wohlbefinden und damit Ihr Lebensgefühl
verbessert sich von heute auf morgen grundlegend.
Jeder Besucher erhält kostenlos einen gefüllten Kosmetikkoffer.**

F. soll zusammen mit seiner Verlobten V. für die „Ost-GmbH“ bei mehrtägigen bedeutenden Sport- und Musikveranstaltungen, die im Freien stattfinden, mit Genehmigung des Veranstalters einen Imbisswagen aufstellen. Die Veranstaltungsbesucher sollen dort Hamburger, Hot Dogs, Pommes frites sowie Softeis und Cola kaufen und an Stehtischen verzehren können.

K. und F., die beiden Gesellschafter und Geschäftsführer der „Ost-GmbH“, sind der Meinung, mit der erfolgten Eintragung der Firma in das Handelsregister und der Verständigung des Zentralfinanzamtes Cottbus sämtliche rechtlichen Erfordernisse erfüllt zu haben und weitere Vorschriften nicht beachten zu müssen.

AUFGABEN

1 Prüfen Sie, wie die einzelnen Tätigkeiten gewerbe- beziehungsweise gaststättenrechtlich einzuordnen sind.

2 Stellen Sie fest, welche gewerberechtlichen Ordnungs- beziehungsweise Erlaubnisvorschriften von den Beteiligten zu beachten sind.

3 Prüfen Sie, ob die jeweils zuständige Behörde die Möglichkeit hat, mögliche illegale Tätigkeiten der „Ost-GmbH" zu verhindern.

[LÖSUNGEN Seite 272]

10 Zwangsmittel, Androhungsbescheid

HILFSMITTEL VwGO, VwVG

AUFGABEN

1 Entscheiden Sie bei den nachfolgenden Fällen, welche Art von Zwangsmitteln möglich sind.
- Verbot nächtlicher Ruhestörung
- Beseitigung einer „wilden Müllkippe"
- Pflicht zur Beantragung eines Personalausweises
- Durchsetzung der Schulpflicht
- Beseitigung eines falsch geparkten Pkw
- Abriss eines ohne Baugenehmigung erbauten Hauses

2 Erläutern sie, unter welchen Voraussetzungen Zwangsmittel eingesetzt werden können.

3 Beschreiben Sie ausführlich, wie eine Ersatzvornahme erfolgt. Verwenden Sie ein Beispiel aus Aufgabe 1.

4 Erläutern Sie, wie ein gestrecktes Verfahren durchgeführt wird.

5 Welche sachlichen Gründe sprechen dafür, Androhungsbescheide förmlich zuzustellen?

[LÖSUNGEN Seite 274]

11 Widerspruchsverfahren

HILFSMITTEL VwVfG, VwGO, VwZG, Landesfeiertagsgesetz (FG)

Andreas Thom (T.) betreibt, nachdem er seine Ausbildung als Textilreinigermeister erfolgreich abgeschlossen hat, täglich von 6:00 Uhr bis 24:00 Uhr in Cottbus Sandow einen vollautomatischen Münz-Waschsalon.

Dieser Salon ist auch an Sonn- und Feiertagen geöffnet. Auf diese Öffnungszeiten weist er in Presseanzeigen hin.

Nach entsprechender Anhörung erlässt das Ordnungsamt der kreisfreien Stadt Cottbus gegen T. eine Ordnungsverfügung, mit der er aufgefordert wird, an Sonn- und Feiertagen den Betrieb seines Münz-Waschsalons einzustellen.

Das Schreiben, das T. am 20. November zugeht, ist ausführlich begründet, enthält aber keine Rechtsbehelfsbelehrung. Gegen diesen Verwaltungsakt legt T. per Telefax am 22. Dezember (einem Dienstag) „Beschwerde“ ein. Er begründet diese damit, dass seine Kunden wegen starker beruflicher Inanspruchnahme ihre Wäsche gerade an arbeitsfreien Sonn- und Feiertagen zu waschen wünschen. Außerdem beziehe sich das Feiertagsgesetz auf menschliche Arbeit und nicht auf vollautomatische Vorgänge.

Weder er noch seine Kunden verrichten Arbeiten. Er habe überwiegend Stammkunden, die das Wäschewaschen auch als Gelegenheit zum Entspannen, zum zwanglosen Gespräch und zur Kontaktpflege nutzen. Bisher habe sich kein Nachbar über den Waschsalon, der von außen gut einsehbar sei, wegen der Störung der Sonntagsruhe beschwert.

Im Übrigen handele es sich hier um die Befriedigung dringender häuslicher Bedürfnisse gemäß § 4 Nr. 3 Feiertagsgesetz, sodass eine Ausnahme von dem Verbot der Sonntagsarbeit gegeben sei. Schließlich verstoße die Behörde gegen den Gleichheitsgrundsatz, weil sie es dulde, dass nur drei Häuser weiter sonn- und feiertags ein Sonnen- und Fitnessstudio betrieben werde.

AUFGABE

Prüfen Sie gutachterlich die Zulässigkeit des Widerspruchs.

[LÖSUNGEN Seite 275]

12 Ablehnung von Sonderurlaub

HILFSMITTEL Landessonderurlaubsverordnung für Beamtinnen und Beamte, VwVfG

Paul Reinert ist Regierungsobersekretär beim Landesamt für Bildung und Erziehung. Sein Zuständigkeitsbereich umfasst auch die organisatorische Abwicklung von Fortbildungsveranstaltungen für Lehrer. Am 7. Juli 2009 beantragt er in der Personalstelle seiner Behörde die Gewährung von Sonderurlaub unter Fortzahlung der Bezüge für den 20. Juli 2009, denn an diesem Tag wird die Großmutter seiner Lebensgefährtin 90 Jahre alt. Ferner bittet er um Sonderurlaub für die Zeit vom 24. Juli 2009 bis 28. Juli 2009. In dieser Zeit sei er als Betreuer einer Jugendfußballmannschaft seines Vereins in Dänemark eingesetzt. Dieses internationale Turnier diene auch der Völkerverständigung. Dienstliche Belange würden durch seinen Sonderurlaub nicht beeinträchtigt werden, denn es seien Sommerferien und Veranstaltungen zur Lehrerfortbildung wären daher nicht terminiert.

Die Personalstelle des Landesamtes schreibt Herrn Reinert am 14. Juli 2009 unter anderem: „Ihren Antrag auf Sonderurlaub unter Fortzahlung der Bezüge lehne ich ab. Für die von Ihnen genannten Anlässe sieht die Sonderurlaubsverordnung keinen Sonderurlaub unter Weitergewährung der Bezüge vor. Vielmehr handelt es sich um typische Gegebenheiten, für die Erholungsurlaub in Anspruch genommen werden kann."

AUFGABEN

1 Prüfen Sie, ob es sich bei der Mitteilung des Landesamtes an Herrn Reinert um einen Verwaltungsakt handelt.

2 Prüfen Sie, ob die Ablehnung des Sonderurlaubs materiell rechtmäßig ist.

[LÖSUNGEN Seite 276]

13 Rückforderung einer Schülerjahreskarte

HILFSMITTEL **Landesschulgesetz, ggf. kommunale Satzung über die Schülerbeförderung, VwVfG**

Frau Annegret Berger erhält als alleinige Erziehungsberechtigte ihres Sohnes Armin am 25. Juli 2009 ein Schreiben der kreisfreien Stadt Mainburg, in dem es u.a. heißt:

„Aufgrund Ihres Antrages vom 5. Juni 2009 habe ich Ihnen zugesagt, die Kosten für die Busfahrten Ihres Sohnes Armin von zu Hause in die Realschule Sonnenweg zu übernehmen. Mit meiner Zusage vom 22. Juni 2009 hatte ich Ihnen auch eine Schülerjahresfahrkarte für Armin zugeschickt. Diese ist vom 1. August 2009 bis 31. Juli 2010 gültig. Wie ich inzwischen erfahren habe, sind Sie am 8. Juli 2009 innerhalb von Mainburg umgezogen und wohnen nun nur noch 1,9 km statt zuvor 4 km von der Schule entfernt. Ein Anspruch auf eine Schülerjahreskarte besteht aber nach dem Schulgesetz für Schüler der siebenten Klassen nur, wenn sie einen Schulweg von mehr als 3 km zurücklegen müssen. Ich bitte Sie daher um Rückgabe der Schülerjahresfahrkarte bis spätestens zum Beginn des Schuljahres am 8. August 2009. Ihnen steht es frei, sich zum Sachverhalt zu äußern."

Frau Berger sucht am 5. August die Sachbearbeiterin der Stadt Mainburg auf und erklärt, sie wolle die Schülerjahresfahrkarte nicht zurückgeben. Sie halte es für unangemessen, dass ihr erst 13-jähriger Sohn jeden Tag 1,9 km zur Schule und auch wieder zurück gehen solle. Angesichts der schweren Schulbücher trete eine körperliche Überbeanspruchung des Kindes ein. Die Kosten für den Schulbesuch seien durch Schulbücher, -hefte, Stifte usw. schon so hoch, dass sie auch privat nicht für die Kosten einer Busfahrkarte aufkommen könne. Im Übrigen habe die Stadt die Fahrkarte doch bereits bezahlt und könne mit einer zurückgeforderten Fahrkarte gar nichts anfangen.

AUFGABE

Prüfen Sie, ob die Stadt Mainburg von Frau Berger die Herausgabe der Schülerjahresfahrkarte verlangen kann.

[LÖSUNGEN Seite 278]

14 Ausnahme von der Anschnallpflicht

HILFSMITTEL **Straßenverkehrsgesetz, Straßenverkehrsordnung, Straßenverkehrs-Zulassungsordnung, VwVfG, Gebührenordnung für Maßnahmen im Straßenverkehr (GebOSt), Landeszuständigkeitsverordnung bzw. Landkreisordnung**

Beim Landkreis Bodetal geht ein Schreiben von Frau Valerie Iskić, die im dortigen Landkreis wohnt, mit folgendem Wortlaut ein:

> "Aufgrund einer kürzlich durchgeführten Operation, die genauen Umstände möchte ich hier nicht erklären müssen, kann ich beim Autofahren vorübergehend keinen Gurt anlegen. Bitte genehmigen Sie mir, dass ich die Anschnallpflicht nicht einhalten muss. Ich möchte gerne etwas in den Händen haben, wenn ich von der Polizei kontrolliert werde. Eine Bescheinigung des mich behandelnden Arztes über meinen Gesundheitszustand habe ich beigefügt."

Dem Schreiben von Frau Iskić liegt eine aktuelle ärztliche Bescheinigung bei. Darin wird bestätigt, dass sie aufgrund der Untersuchung von der Gurtanlegepflicht befreit werden muss, weil ihr sonst aus ärztlicher Sicht ernsthafte gesundheitliche Gefahren drohen.

AUFGABEN

1 Prüfen Sie, ob der Landkreis Bodetal Frau Iskić von der Gurtanlegepflicht im Pkw befreien kann oder gar befreien muss.

2 Prüfen Sie, ob für die Entscheidung über das Anliegen von Frau Iskić Verwaltungsgebühren von ihr erhoben werden können.

3 Erkennen Sie aus dem Sachverhalt Gesichtspunkte, die die Anordnung von Nebenbestimmungen zu einer Befreiung zweckmäßig erscheinen lässt? Falls ja, legen Sie bitte Art und Inhalt rechtlich zulässiger Nebenbestimmungen fest. Falls nein, begründen Sie bitte Ihre Auffassung.

HINWEIS:
Auf die Frage einer generellen landes- oder bundeseinheitlichen Regelung ist nicht einzugehen.

[LÖSUNGEN Seite 280]

15 Die verkehrswidrig parkenden Fahrzeuge

HILFSMITTEL **VwVfG, Landesgesetze zur Gefahrenabwehr und zur Verwaltungsvollstreckung**

In der Stadt Wurmlage, einem Ausflugsziel vieler Touristen und Skifahrer, hat es Weihnachten heftig geschneit. Im Innenstadtbereich liegt die Kreuzung zweier viel befahrener Bundesstraßen. Da der von der Straße und von den Bürgersteigen geräumte Schnee regelmäßig die Fahrbahn verengt, gilt in der Stadt von Anfang Dezember bis Mitte März immer eine besondere Verkehrsregelung. Auf beiden Bundesstraßen wird durch entsprechende Verkehrszeichen ein absolutes Halteverbot angeordnet. Die Stadtverwaltung wird am 27. Dezember von der Polizei darauf aufmerksam gemacht, dass der Verkehr immer wieder zum Erliegen kommt, weil Pkw verkehrswidrig parken und dadurch der nachfolgende Verkehr stets eine Lücke im Gegenverkehr abwarten muss. Auch der Rettungsdienst des Landkreises Bergkreis beschwert sich bei der Stadtverwaltung, denn vor einigen Stunden habe der Rettungswagen zwischen mehreren parkenden Fahrzeugen auf beiden Seiten regelrecht festgesessen.

Der Leiter des Ordnungsamtes, Herr Kurz, macht sich schließlich vor Ort ein Bild von der Situation. Er stellt fest, dass zwei Fahrzeuge im absoluten Halteverbot stehen. Bei dem ersten Fahrzeug handelt es sich um einen Pkw mit einem Dachgepäckträger zum Skitransport. Er hat das amtlichen Kennzeichen QBL-SF 126. Er ist so geparkt, dass Busse und Lkw nur sehr langsam an ihm vorbeimanövrieren können und dadurch längere Staus im Stadtgebiet entstehen.

Das zweite Fahrzeug ist ein im Landkreis Bergkreis zugelassenes Taxi. Es ist am Anfang der Halteverbotszone aufgestellt und offenbar seit mehreren Tagen nicht mehr bewegt worden, denn es ist zugeschneit.

Im Namen der Stadt Wurmlage beauftragt Herr Kurz den ortsansässigen Unternehmer Heinemann damit, beide Fahrzeuge abzuschleppen und auf seinem Betriebsgelände unterzustellen. Dort holen sich die Fahrzeughalter später ihre Fahrzeuge ab und schimpfen massiv gegen die willkürliche Abschleppmaßnahme.

Am 15. Januar wird ihr Ärger noch größer, denn sie erhalten ein als Kostenrechnung bezeichnetes Schreiben der Stadt Wurmlage. Mit dieser Kostenrechnung macht die Behörde jeweils Auslagen in Höhe von 90,00 EUR geltend. Diesen Betrag hat sie für jedes Fahrzeug an den Abschleppunternehmer zahlen müssen.

Beide Fahrzeughalter sind mit den behördlichen Maßnahmen nicht einverstanden. So teilt der Halter des Pkw mit dem Kennzeichen QBL-SF 126 der Stadt Wurmberg mit, er sehe keine Zahlungsverpflichtung, denn er sei nicht gefahren. Das Fahrzeug sei vielmehr von seiner Tochter Friederike dort abgestellt worden. Die Behörde solle von dieser die Kosten einfordern.

AUFGABEN

1 Welchen Rechtscharakter haben die im Sachverhalt erwähnten Verkehrszeichen?

2 a) Wie heißt das Zwangsmittel, vom dem die Stadt Wurmlage durch Abschleppen der Fahrzeuge Gebrauch gemacht hat?
b) War die Durchführung dieser Maßnahme für beide Fahrzeuge materiell rechtmäßig? Erörtern Sie dabei besonders den Grundsatz der Verhältnismäßigkeit.

3 Durfte die Stadt Wurmlage einen privaten Unternehmer mit dem Abschleppen beauftragen?

4 Prüfen Sie, ob es sich bei der Kostenrechnung, welche die Stadt Wurmlage an die Fahrzeughalter gerichtet hat, um eine privatrechtliche Rechnung oder um einen öffentlich-rechtlichen Leistungsbescheid handelt.

5 Könnte die Stadt Wurmlage die Abschleppkosten auch bei Friederike geltend machen?

[LÖSUNGEN Seite 282]

16 Verbreitung nationalsozialistischer Propaganda

HILFSMITTEL VwVfG, VwGO, GewO, Landesgesetz zur Gefahrenabwehr

Jonas Hass (H.) hat bei der Stadt Braunberg ordnungsgemäß ein Gewerbe mit dem Inhalt „drucktechnischer Betrieb, Groß-, Einzel- sowie Versandhandel von Büchern, Ton- und Bildträgern“ angezeigt. Eine Bürgerinitiative fordert von der Stadtverwaltung, diese müsse gegen das Gewerbe von H. etwas unternehmen, denn es sei bekannt, dass die Firma nationalsozialistisches Gedankengut vertreibe.

Auf Geheiß des Bürgermeisters überprüft das städtische Ordnungsamt die Angelegenheit. Dabei stellt es fest, dass sich die von H. erstellten und vertriebenen Produkte thematisch mit dem „Dritten Reich“ und dessen Ideologie sowie mit dem Zweiten Weltkrieg beschäftigen. In einem Prospekt werden die Artikel unter anderem wie folgt beworben: „Bei uns erfahren Sie die wahre Geschichte für aufrechte Deutsche, keine befohlene Geschichte ausländischer Besatzungsmächte. Alles über die Lüge von Auschwitz und die Helden der deutschen Wehrmacht.“

Bei den weiteren Ermittlungen erfährt die Stadtverwaltung, dass H. am 28. Februar 2008 vom Landgericht Uttermark wegen Volksverhetzung zu einer Freiheitsstrafe auf Bewährung verurteilt wurde. Aus den angeforderten Strafakten ist zu erkennen, dass die Verurteilung auf die Herstellung und Verbreitung einer Videokassette mit dem Titel „Der Staatsfeind“ gestützt wird. Darin wird in Form eines Interviews mit einem Angehörigen des Wachpersonals des früheren Konzentrationslagers Auschwitz die massenhafte Ermordung von Juden in Konzentrationslagern geleugnet. Gleichzeitig wird ein Appell an alle „aufrechten“ Deutschen gerichtet, die angeblich demokratische Grundordnung der Bundesrepublik Deutschland aktiv zu bekämpfen und dem Ausbeuten der deutschen Wirtschaft durch Asyl suchende Fremdländer ein Ende zu setzen.

AUFGABEN

1 Prüfen Sie, ob die Stadt Braunberg materiell-rechtlich berechtigt oder sogar verpflichtet ist, dem H. die Ausübung des Gewerbebetriebes nach § 35 GewO zu untersagen.

2 Welche verfahrensrechtlichen Schritte hätten einer Gewerbeuntersagung regelmäßig vorauszugehen? Könnten sie hier ausnahmsweise unterbleiben?

3 Welche Merkmale müsste die Betriebsuntersagung in formeller Hinsicht erfüllen?

4 Was könnte die Stadt Braunberg unternehmen, wenn H. den Betrieb im Falle der Untersagung nicht einstellte? Was müsste sie bei den zu treffenden Maßnahmen beachten?

5 Der Bürgermeister möchte die weitere Betriebsausübung unter allen Umständen mit sofortiger Wirkung untersagen. Wie könnte die Stadt Braunberg dies erreichen und was müsste sie dabei beachten?

[LÖSUNGEN Seite 283]

17 Geldmaschine 0900

HILFSMITTEL VwVfG, VwGO, GewO, VwZG, Kalender November und Dezember 2009

Beim örtlichen Verbraucherschutzverein in Dussel melden sich mehrere empörte Bürger und führen Klage über eine Firma namens „Fernsehen und Prämien verdienen Der Einschaltquotenservice GmbH“. Die Bürger haben ein Werbeschreiben der Firma bekommen. Darin wird ihnen mitgeteilt, aus ihrer Stadt seien gerade sie ausgesucht worden, an der repräsentativen Erhebung von Fernseheinschaltquoten mitzuwirken. Für die Teilnahme an der Erhebung würden sie mit monatlichen Prämien (Großbildfernseher, Stereoanlage, WAP-Handy etc.) belohnt werden. Bei Interesse möge man die angegebene 0900-Rufnummer anwählen. Nur durch eine kleine Fußnote wird darauf hingewiesen, dass der Anruf 1,86 EUR pro Minute kostet.

Die Anrufer gaben an, bis zu 30 Minuten habe ein Gespräch mit dem Call-Center der Firma gedauert. Sie seien ausgiebig nach ihrem Fernsehkonsum befragt worden. Am Ende des Gesprächs sei ihnen mitgeteilt worden, die Antworten würden nun ausgewertet werden, man melde sich wieder. Nach einem Aufruf in der örtlichen Presse, weitere Anrufer mögen sich melden, erhält der Verbraucherschutzverein Hunderte von Beschwerden. Keiner der interessierten Bürger hat je wieder etwas von der Firma gehört. Eine Prämie hat nie jemand erhalten.

Der Verbraucherschutzverein erstattet Anzeige wegen Betruges. Die Staatsanwaltschaft durchsucht die Geschäftsräume der Firma und stellt anhand von beschlagnahmten Unterlagen fest, dass fünf Frauen in dem Call-Center täglich etwa 100 Anrufe aus verschiedenen Städten Deutschlands erhalten und telefonische Interviews anhand eines Fragebogens führen. Die Firma „Fernsehen und Prämien verdienen Der Einschaltquotenservice GmbH" verfügt weder über das technische Gerät, mit dem die Nutzung der einzelnen Fernseher dokumentiert werden kann, noch können Geschäftspartner festgestellt werden, welche die angeblich ermittelten Einschaltquoten kaufen wollen. Weiterhin wird ermittelt, dass die angepriesenen Prämien bisher nicht gekauft wurden.

Die Firma betreibt zum jetzigen Zeitpunkt ihr Gewerbe bereits seit sechs Monaten. Eine Nachfrage bei der Telefongesellschaft ergibt, dass bei einer 0900-Rufnummer etwa 70 % der Telefongebühren an den Angerufenen abgeführt werden.

AUFGABEN

1 Die zuständige Behörde untersagt durch ein Schreiben vom 23. November 2009 das angezeigte Gewerbe. Kann sie diese Betriebsuntersagung auf § 35 GewO stützen?

2 Im Tenor des Schreibens vom 23. November heißt es außerdem: „Die sofortige Vollziehung meiner Verfügung ordne ich an."
   a) Was bedeutet dieser Satz?
   b) Muss an anderer Stelle der Untersagungsverfügung auf die Anordnung der sofortigen Vollziehung noch weiter eingegangen werden?

3 Der Geschäftsführer der Firma legt gegen die Betriebsuntersagung Widerspruch ein. Das Widerspruchsschreiben geht am 28. Dezember 2009 bei der Untersagungsbehörde ein. Der Geschäftsführer behauptet, er habe die Verfügung am 26. November mit einfachem Brief erhalten. Ist der Widerspruch fristgerecht erhoben worden?

4 Welche Zustellungsart hätte der Behörde Gewissheit über das Datum der Bekanntgabe der Verfügung verschaffen können?

5 Der Geschäftsführer macht in seinem Widerspruch geltend, er sei Hauptgesellschafter der GmbH und mit der Betriebsuntersagung würden seine Grundrechte und die seiner Angestellten verletzt. Die GmbH müsse in das Insolvenzverfahren gehen und er verliere seine Gesellschaftseinlage. Den Angestellten müsse gekündigt werden, sie seien dann arbeitslos. Auf welche Grundrechte beruft sich der Geschäftsführer für sich und für seine Angestellten?

[LÖSUNGEN Seite 286]

18 Die zu laute Gaststätte

HILFSMITTEL VwVfG, GastG

BEARBEITUNGSHINWEISE
Die Gemeinde Burghausen hat nur 3000 Einwohner und liegt im Landkreis Obertal.

Emil Trink (T.) erhält die Erlaubnis zum Betrieb einer Schank- und Speisewirtschaft, in der auch alkoholhaltige Getränke verabreicht werden, im Gebäude W-Straße 17 in Burghausen am 27. August 1986. In der Erlaubnisurkunde werden die zugelassenen Räumlichkeiten näher bezeichnet. Am 15. Februar 2005 wird die Erlaubnis erweitert. T. darf von nun ab auch das Vorgartengelände für den Restaurationsbetrieb nutzen. Allerdings wird die Erweiterung der Erlaubnis inhaltlich so beschränkt, dass eine Nutzung des Vorgartens aus Lärmschutzgründen nur von 10:00 bis 21:00 Uhr zulässig ist.

Mehrfach ermahnt der Landkreis Obertal als zuständige Erlaubnisbehörde in den Sommermonaten der Jahre 2007 und 2008 Herrn T., weil er die Nutzungszeit des Vorgartens abends weit überschreitet und Nachbarn deshalb die Polizei rufen. Am 5. März 2009 geht schließlich für T. völlig überraschend gegen Postzustellungsurkunde ein Schreiben des Landkreises Obertal ein. Den Beginn des formell ordnungsgemäßen Schreibens können Sie nachstehendem Auszug entnehmen:

> Sehr geehrter Herr Trink,
>
> ich widerrufe die Erweiterung Ihrer Gaststättenerlaubnis vom 15. Februar 2005, mit der ich Ihnen die gastgewerbliche Nutzung des Vorgartengeländes auf dem Grundstück W-Straße 17 in Burghausen gestattet habe, und fordere Sie auf, nach Bestandskraft dieser Verfügung die Nutzung dieses Bereiches einzustellen.

AUFGABEN

1 Prüfen Sie, ob der Landkreis Obertal
   a) das vorgeschriebene Verfahren eingehalten hat und
   b) die Erlaubnis zu Recht widerrufen hat.

2 Bestimmen Sie, wann der Teilwiderruf Rechtskraft erlangt, falls T. keinen Rechtsbehelf einlegt.

[LÖSUNGEN Seite 288]

19 Der klingelnde Eismann

HILFSMITTEL **StVO, VwVfG, Gemeinde- und (Land-)Kreisordnung, Landeszuständigkeitsverordnung, GebOSt**

BEARBEITUNGSHINWEISE
Bei den Gemeinden Vorderroda, Ermhausen, Schorda und Gussdorf handelt es sich um kreisangehörige Gemeinden im Sinne der Kommunalordnung. Die Stadt Nussberg ist nach der Kommunalordnung eine Große Kreisstadt (große selbstständige Stadt).

Aktenauszug:

Eisdiele Luigi Camerosi

Schlemmweg 14 · 04117 Gussdorf

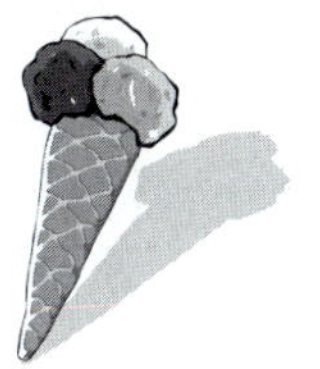

Eisdiele Luigi Camerosi · Schlemmweg 14 · 04117 Gussdorf

Landkreis Elbeland
Der Landrat
Straßenverkehrsamt
04114 Schmelzfurt

7. März 2009

Sehr geehrte Damen und Herren vom Landkreis Elbeland,

die Sommersaison steht bevor und ich möchte meinen Umsatz steigern, indem ich aus einem Eiswagen auch von der Straße aus mein Eis verkaufe und den Verkaufsbeginn ausklingele. Mein Verkaufsgebiet erstreckt sich auf die Gemeinden Gussdorf, Vorderroda, Ermhausen und Schorda sowie auf das Gebiet der Stadt Nussberg. Eine Reisegewerbekarte wurde mir von Ihrer Gewerbeabteilung unter Nummer 13/2002 ausgestellt. Nach Aussage von Franz Rang, der auf diese Weise Fische in Gussdorf verkauft, benötige ich von Ihnen eine Genehmigung und beantrage diese hiermit.

Mit freundlichen Grüßen

Luigi Camerosi

Luigi Camerosi

Landkreis Elbeland
Der Landrat
Straßenverkehrsamt

Schmelzfurt, den 11. März 2009

Per Telefax:

Gemeinden Vorderroda, Ermhausen, Schorda und Gussdorf
Polizeiinspektion Schmelzfurt

Antrag des Luigi Camerosi auf Erteilung einer Ausnahmegenehmigung

In der Anlage übersende ich den Antrag des Luigi Camerosi auf Erteilung einer Ausnahmegenehmigung nach § 46 (1) S. 1 Nr. 9 StVO mit der Bitte um Mitteilung, ob aus dortiger Sicht Bedenken bestehen. Soweit Nebenbestimmungen in die Genehmigung aufzunehmen sind, formulieren Sie diese bitte gleich übernahmefertig.

Im Auftrag

Waffel

AKTENNOTIZ

36 31 17

18. März 2009

1.) Herr Schreck (Gemeinde Gussdorf) und Herr Schmitz (Gemeinde Vorderroda) haben heute telefonisch mitgeteilt, dass gegen die Erteilung der Ausnahmegenehmigung keine Bedenken bestehen. Allerdings sei dem Ruhebedürfnis der Anwohner Rechnung zu tragen, sodass entsprechend der örtlichen Verordnung zum Lärmschutz während der Zeit von 13 Uhr bis 15 Uhr ein Ausklingeln nicht stattfinden dürfe.

2.) Wvl. 25. März 2009 (Eingang der übrigen Stellungnahmen?)

Faxnachricht
Polizeiinspektion Schmelzfurt - Verkehrslenkung 19. März 2009

Landkreis Elbeland
Herrn Waffel

Ausnahmegenehmigung Luigi Camerosi

Gegen die Erteilung der Genehmigung bestehen keine Bedenken. Es muss jedoch sichergestellt werden, dass

a) der Verkauf auf Bundes- und Landesstraßen nur im Bereich von Parkstreifen und -plätzen entlang der Fahrbahn erfolgt und ein Verkauf direkt auf der Fahrbahn unterbleibt,
b) bei Verkehrsbehinderungen oder -stauungen der Verkauf unverzüglich beendet wird,
c) die Ausnahmegenehmigung mitgeführt und auf Verlangen Polizeibeamten und anderen berechtigten Personen ausgehändigt wird,
d) in jedem Fall Weisungen von Polizeibeamten Folge geleistet wird.

Da in vergleichbaren Fällen verschiedentlich die Nichteinhaltung dieser Punkte festgestellt werden musste, empfehle ich, die Ausnahmegenehmigung nicht dauerhaft zu erteilen.

Ellner, PHK

Fax von:	Gemeinde Vorderroda
An:	Landkreis Elbeland
Datum:	23. März 2009
Bezug:	Ausnahmegenehmigung von Vorschriften der StVO

Der Erteilung der beantragten Genehmigung stimme ich nicht zu. In der Gemeinde Vorderroda ist bereits Herr Konrad Mugel mit einem Eiscafe ortsansässig. Herr Mugel ist ebenfalls in allen Bereichen der Gemeinde mit einem Eiswagen unterwegs. Die Genehmigung haben Sie seinerzeit mit meiner Zustimmung erteilt. Es besteht daher kein Bedarf für einen weiteren klingelnden Eiswagen. Eine Durchschrift Ihres Ablehnungsbesc heides geben Sie mir bitte zu meinen Akten.

gez. Miesbacher

AUFGABEN

1 Fertigen Sie den Entwurf eines Verwaltungsaktes, mit dem Sie über die Anträge des Luigi Camerosi entscheiden.

2 Übersenden Sie eine Durchschrift Ihrer Entscheidung an die angehörten Dienststellen. Soweit Sie die eingegangenen Stellungnahmen nicht oder nicht vollständig berücksichtigt haben, begründen Sie dies bitte gegenüber der betreffenden Dienststelle.

[LÖSUNGEN Seite 290]

20 Ein Landwirt im Urlaub

HILFSMITTEL Tierschutzgesetz, VwVfG, VwGO, Landeszuständigkeitsverordnung

Auszug aus den Werrataler Sonntagsnachrichten vom 8. März 2009

Landwirt sonnt sich in Florida – Tiere bleiben unversorgt

Einen tierschutzrechtlichen Skandal haben Nachbarn eines Bauernhofes in Meisenfleck entdeckt. Durch das immer lautere Brüllen von über 50 Rindern aufgeschreckt, alarmierten sie die Polizei.
Diese fand in den Stallungen schließlich völlig verwahrloste Tiere vor. Während sich der allein lebende 55-jährige Landwirt in Florida im Urlaub sonnte, überließ er seine Tiere sich selbst. Zwei Wochen vor dem Besuch der Polizei hatte sich der Bauer letztmalig um seine Herde gekümmert. Danach waren die Tiere ohne Futter und Wasser geblieben und die Stallungen sind nicht mehr ausgemistet worden. Die Polizei schaltete das Veterinäramt des Landkreises ein, das den Vorfall nun tierschutzrechtlich prüft. Gegenüber unserer Zeitung erklärte der betroffene Landwirt am Telefon, er habe ausreichend Futter für seine Abwesenheit hinterlassen und er werde, wie geplant, erst in einer Woche aus den USA zurückkehren.

Aktenauszug:

AKTENNOTIZ

Vermerk:

1. Nach Information durch die örtliche Polizeidienststelle habe ich noch am gestrigen Sonntag den Betrieb des Landwirtes Siegfried Schubert (S.) in Meisenfleck in Augenschein genommen und die Tiere untersucht. Dabei musste ich feststellen, dass sich in den Stallungen 53 Rinder, überwiegend Mastbullen, aufhielten. 24 Tiere waren deutlich erkennbar unterernährt, einige von ihnen waren bereits nicht mehr in Lage, auf den eigenen Beinen zu stehen. Bei 17 weiteren Tieren waren bereits Mangelerscheinungen feststellbar. Das für sie noch vorhandene Futter war einerseits von sehr schlechter Qualität (fehlgegorene Silage, verschimmeltes Heu) und andererseits auch räumlich kaum noch erreichbar. Die Tiere waren festgekettet und damit in ihrer Bewegungsfreiheit sehr stark eingeschränkt. Bei mindestens 10 Tieren mussten erhebliche Hautverletzungen infolge der eingewachsenen Ketten diagnostiziert werden.
   In den Stallungen standen mehrere Tiere bereits derartig im Morast, dass sie sich nicht mehr selbst aus ihrer Lage befreien konnten, weil Kot und Urin nicht beseitigt worden waren. Insgesamt fand ich absolut unhygienische Zustände vor. Auf meine Veranlassung kümmert sich nun zunächst der Bruder des S., ebenfalls Landwirt, um die Versorgung der Tiere.

2. Es ist zu prüfen, ob gegen S. ein Tierhaltungsverbot und eine Anordnung zur Auflösung des Rinderbestandes ergehen kann.

Dr. Winkelmann
Amtstierarzt, 9. März 2009

Landkreis Werra
DER LANDRAT

Landkreis Werra, Fussstr. 14, 37040 Werratal

Herrn
Siegfried Schubert
Gehöft 17
37045 Meisenfleck

10. März 2009

Anhörung

Sehr geehrter Herr Schubert,

am 8. März wurden durch den Amtstierarzt auf Ihrem Hof in Meisenfleck, Landkreis Werra, zum wiederholten Male schwerwiegende Verstöße gegen das Tierschutzgesetz festgestellt. Die Einzelheiten können Sie dem beigefügten Vermerk von Amtstierarzt Dr. Winkelmann entnehmen. Ein Strafverfahren gegen Sie habe ich eingeleitet.

Bereits im vergangenen Jahr musste ich ordnungsbehördlich gegen Sie vorgehen. Bei einer Betriebsprüfung am 20. März 2008 wurde ein Verstoß gegen das Tierkörperbeseitigungsgesetz festgestellt. In Ihren Kaninchenstallungen waren fünf Kadaver aufgefunden worden. Die starke Verwesung machte eine Ermittlung der Todesursache unmöglich. Am 5. Juli 2008 bemerkte der Amtstierarzt bei einer unangekündigten Kontrolle, dass die Rinder auf Ihrer Weide trotz einer Lufttemperatur von 30 Grad Celsius kein Trinkwasser mehr hatten. Schließlich teilte der Zeuge Meier mir am 15. Oktober 2008 mit, dass Sie am Tag zuvor zwei Schweine ohne Betäubung in einem dafür nicht zugelassenen Kellerraum Ihres Wohnhauses geschlachtet hatten.

Die aufgrund der Verstöße eingeleiteten straf- und ordnungsrechtlichen Maßnahmen haben zwar dazu geführt, dass Sie auf die Kaninchen- und Schweinezucht verzichtet haben. Ihre grundsätzliche Einstellung zu der Versorgung Ihrer Tiere hat sich aber nicht geändert. Sie sind nach wie vor nicht bereit oder in der Lage, sich ausreichend um die Versorgung Ihrer Rinderherde zu kümmern. Ich erwäge daher, Ihnen gegenüber ein allgemeines Tierhaltungsverbot auszusprechen.

Bevor ich abschließend entscheide, gebe ich Ihnen gemäß § 28 Verwaltungsverfahrensgesetz die Möglichkeit, sich bis zum 31. März 2009 zum Sachverhalt zu äußern.

Mit freundlichen Grüßen

Im Auftrag

Saubermann

Saubermann

Eine Stellungnahme
des S.
ist nicht eingegangen.
Saubermann, 3. April 2009

AUFGABEN

1 Prüfen Sie, ob der Landkreis Werra einen Bescheid gegen S. erlassen kann, in dem diesem das Halten von Tieren generell verboten wird.

2 Gehen Sie davon aus, dass der Landkreis Werra eine Verfügung mit folgendem Tenor an S. richtet: „Ich untersage Ihnen das Halten von Tieren jeder Art. Sie haben die Kosten des Verfahrens zu tragen." Der Bescheid wird am 9. April 2009 mit ordnungsgemäßer Rechtsbehelfsbelehrung zugestellt.
   a) Bis zu welchem Tag kann S. Widerspruch gegen das Tierhaltungsverbot erheben?
   b) Kann der Landkreis im Wege der Ersatzvornahme die Rinder versteigern, weil S. trotz rechtskräftigen Tierhaltungsverbots die Rinder bisher nicht verkauft hat?

[LÖSUNGEN Seite 292]

21 Das lästige Fahrtenbuch

HILFSMITTEL StVZO, VwGO, VwVfG, landesrechtliche Zuständigkeitsverordnung, GebOSt, BGB

BEARBEITUNGSHINWEISE
Hastdorf ist eine Stadt im Landkreis Südwestliches Holstein.

Die Polizei nimmt am 22. November 2008 auf der Bundesautobahn 7 eine Geschwindigkeitsmessung vor und stellt dabei fest, dass in einem Streckenabschnitt, in dem die zulässige Höchstgeschwindigkeit auf 100 km/h begrenzt ist, das Fahrzeug mit dem amtlichen Kennzeichen SWH-YX 7000 nach Abzug der Messtoleranz mit 155 km/h geführt wird. Sie erstattet Anzeige bei der für den Autobahnabschnitt zuständigen Bußgeldstelle und fügt der Anzeige das Bildmaterial bei. Die Bußgeldstelle ermittelt über das Kraftfahrt-Bundesamt den Studenten Eberhard Erbig, An der Schnellstraße 17, 23548 Hastdorf, als Halter des Fahrzeugs. Am 4. Dezember erhält Herr Erbig einen Anhörungsbogen zu der Verkehrsordnungswidrigkeit. Er gibt dort an, er selbst sei nicht der Fahrer des Fahrzeugs gewesen, da er sich zu der fraglichen Uhrzeit nachweislich bei einer Vorlesung in Hamburg befunden habe. Wer der Fahrer gewesen sei, könne er nicht sagen, da das Beweisfoto keine ausreichende Qualität habe und in der studentischen Wohngemeinschaft jeder Zugang zu seinen Autoschlüsseln habe. Außerdem würden manchmal auch Familienangehörige das Fahrzeug benutzen.

Von der Bußgeldstelle werden daraufhin Fahrerermittlungen angestellt. Das Radarfoto wird mit den bei der Einwohnermeldebehörde hinterlegten Passbildern der in der Wohngemeinschaft lebenden männlichen Personen und des Bruders verglichen. Der Vater kommt nach dem Radarfoto vom Alter her als Fahrer nicht in Betracht. Die Ermittlungen verlaufen negativ. Der Fahrer kann auch nach Befragung aller erreichbaren Personen durch die Polizei nicht festgestellt werden. Jeder streitet ab, zu dem fraglichen Zeitpunkt der Fahrer gewesen zu sein. Schließlich stellt die Bußgeldstelle angesichts der bevorstehenden Verjährung das Ordnungswidrigkeitenverfahren ein und gibt den Vorgang an das Straßenverkehrsamt des Landkreises Südwestliches Holstein mit der Anregung ab, die Möglichkeit einer Fahrtenbuchauflage zu prüfen.

Am 14. März 2009 erhält Eberhard Erbig folgenden an ihn gerichteten Bescheid:

Landkreis Südwestliches Holstein
Der Landrat

Landkreis Südwestliches Holstein, Barschhausen

Gegen Postzustellungsurkunde
Herrn
Eberhard Erbig
An der Schnellstraße 17
23548 Hastdorf

Es schreibt Ihnen
Olga Lehmann

Amt
Straßenverkehrsamt

Dienstgebäude	Zimmer
Innenstadtring 3	17

Ihr Zeichen	Mein Zeichen	Telefon	Telefax	Datum
	36 51 12-2	022 741-17	022 741-20	11. März 2009

Anordnung zur Führung eines Fahrtenbuches

Sehr geehrter Herr Erbig,

es ergeht folgende verkehrsbehördliche Anordnung:

1. Für das Fahrzeug mit dem amtlichen Kennzeichen SWH-YX 7000 haben Sie vom Tage nach Zustellung dieser Verfügung an ein Fahrtenbuch zu führen. In diesem Fahrtenbuch hat der Fahrer vor Beginn der Fahrt seinen Namen, die Uhrzeit der Abfahrt und die Wegstrecke sowie das Ziel der Fahrt einzutragen. Nach Beendigung der Fahrt ist die Ankunftszeit einzutragen und die Eintragung zu unterschreiben. Im Falle eines Fahrzeugwechsels ist das Fahrtenbuch für das Ersatzfahrzeug zu führen.

2. Die sofortige Vollziehung der Anordnung wird verfügt.

Begründung:
Nach § 31 a Straßenverkehrs-Zulassungs-Ordnung (StVZO) vom 28. September 1988 (BGBl. I, S. 1793) in ihrer jetzigen Fassung kann die Verwaltungsbehörde gegenüber einem Fahrzeughalter für ein oder mehrere auf ihn zugelassene oder künftig zuzulassende Fahrzeuge die Führung eines Fahrtenbuches anordnen, wenn die Feststellung des Fahrzeugführers nach einer Zuwiderhandlung gegen Verkehrsvorschriften nicht möglich war. Die Verwaltungsbehörde kann auch ein oder mehrere Ersatzfahrzeuge bestimmen.

Sie sind Halter des Pkw mit dem amtlichen Kennzeichen SWH-YX 7000, mit dem am 22. November 2008 um 8:43 Uhr auf der Bundesautobahn 7, km 43,180 in Fahrtrichtung Süden die zulässige Höchstgeschwindigkeit von 100 km/h nach Abzug der Toleranz um 55 km/h und damit um mehr als die Hälfte überschritten wurde. Da der verantwortliche Fahrzeugführer von Ihnen trotz Vorlage eines Beweisfotos nicht benannt wurde und auch sonst nicht ermittelt werden konnte, sind die Voraussetzungen zur Anordnung der Fahrtenbuchführung gegeben.

Rechtsbehelfsbelehrung:
Gegen diesen Bescheid ist innerhalb von vier Wochen nach seiner Bekanntgabe der Widerspruch zulässig. Er wäre schriftlich oder zur Niederschrift einzulegen beim Landkreis Südwestliches Holstein, Postfach 20 30, 23540 Weststedt.

Mit freundlichen Grüßen

Im Auftrag
Olga Lehmann
Olga Lehmann

AUFGABEN

1 Prüfen Sie die Rechtmäßigkeit des ergangenen Bescheides.

2 Bestimmen Sie, bis wann Eberhard Erbig gegen den Bescheid Widerspruch erheben könnte.

3 Auf welchem Weg kann er verhindern, dass er bis zu einer Entscheidung über seinen Widerspruch die Anordnung zur Führung eines Fahrtenbuches befolgen muss?

4 Hätte der Landkreis Südwestliches Holstein von Eberhard Erbig Gebühren für die Anordnung erheben können?

[LÖSUNGEN Seite 295]

22 Schlampiger Umgang mit roten Kraftfahrzeugkennzeichen

HILFSMITTEL FZV, VwVfG, landesrechtliche Zuständigkeitsregelung

Die Autohaus Sorbe GmbH, An der grünen Tanne 17, 77999 Schwarzwalderode, stellt im April 2009 beim Landkreis Bergwald einen Antrag auf Zuteilung eines roten Kennzeichens zur wiederkehrenden Verwendung für Probe-, Prüfungs- und Überführungsfahrten. Der Landkreis Bergwald lässt sich einen Handelsregisterauszug vorlegen, nach dem Herr Stefan Sorbe alleiniger Gesellschafter und Geschäftsführer der Firma ist. Herr Sorbe legt dem Landratsamt seine Gewerbeanmeldung über den „An- und Verkauf von Gebrauchtfahrzeugen" bei der Stadtverwaltung und ein polizeiliches Führungszeugnis ohne Eintragungen vor. Auch im Gewerbezentralregister sind über Herrn Sorbe keine Daten erfasst. Eine Überprüfung vor Ort ergibt, dass unter der angegebenen Anschrift eine Betriebsfläche mit Bürogebäude, Werkstatt und Parkplätzen existiert. In den Geschäftsunterlagen können erste Kaufverträge eingesehen werden.

Am 4. Mai 2009 teilt das Landratsamt der Autohaus Sorbe GmbH, vertreten durch Herrn Stefan Sorbe, unter dem Vorbehalt des jederzeitigen Widerrufs das Kennzeichen BGW-06041 zur wiederkehrenden Verwendung nach § 16 (3) FZV zu (sogenanntes „rotes Dauerkennzeichen").

Sieben Monate später, am 16. Dezember 2009, erhält der Landkreis Bergwald einen Ermittlungsbericht der örtlichen Polizei, in dem unter anderem folgender Sachverhalt geschildert wird:

„Am gestrigen Tage haben POM Friedrich und ich einen Verkehrsunfall auf der B 267 aufgenommen, an dem ein schwarzer Pkw, ein VW-Golf, Baujahr 1997, als verursachendes Fahrzeug beteiligt war. Dieses Fahrzeug trug das amtliche Kennzeichen BGW-06041. Als Halterin ist die Autohaus Sorbe GmbH eingetragen. Am Steuer des Fahrzeugs saß der Geschäftsführer Stefan Sorbe. Bei der Überprüfung der Fahrzeugpapiere wurde festgestellt, dass die Fahrt entgegen § 16 (3) FZV nicht in dem Fahrzeugscheinheft eingetragen war. Im Kofferraum des Fahrzeugs befanden sich Gegenstände aus einer Wohnungseinrichtung. Auf Befragen erklärte Herr Sorbe, er helfe seiner Schwester beim Umzug und habe dafür dieses ältere und geräumigere Fahrzeug statt seines Privatwagens genutzt, falls der Transport zu Beschädigungen am Fahrzeug führen würde.

Noch während wir den Unfall aufgenommen haben, kam ein weiteres Fahrzeug zur Unfallstelle. Fahrer war der Werkstattmeister der Sorbe GmbH, Lasse Johannsen. Er stieg aus seinem Fahrzeug aus und machte seinem Chef sogleich heftige Vorwürfe. Wörtlich hieß es: „Wie können Sie denn mit dem Wagen fahren? Der stand doch extra noch auf der Bühne, weil die Bremsen repariert werden müssen. Das ist ja kein Wunder, dass Sie nun einen Crash haben!"

POM Friedrich fiel dann auf, dass auch das Fahrzeug, mit dem Lasse Johannsen zum Unfallort gekommen war, Kennzeichenschilder BGW-06041 trug. Im weiteren Ermittlungsverlauf stellte sich heraus, dass Herr Sorbe diese Kennzeichenschilder nachträglich herstellen ließ. Sie trugen nur aufgemalte Zulassungsplaketten und waren von der Zulassungsbehörde nicht abgestempelt. Herr Sorbe meinte, es sei eben öfter vorgekommen, dass mehrere Fahrzeuge gleichzeitig bewegt werden mussten, deshalb habe er die weiteren Kennzeichen prägen lassen. In der Zulassungsbehörde habe man sich geweigert, dort Plaketten anzubringen, weil er ja bereits zwei gestempelte Kennzeichenschilder habe und mehr an einem Fahrzeug nicht benötige. Deshalb habe er die Zulassungsplaketten eben aufgemalt. Die falschen Kennzeichenschilder wurden sichergestellt.

Als Unfallursache wurden von einem Sachverständigen im Übrigen die funktionsuntüchtigen Bremsen am Fahrzeug des Stefan Sorbe ermittelt.

Gegen den Beschuldigten Sorbe sowie den Beschuldigten Johannsen sind Strafverfahren eingeleitet worden. Ich rege an, der Firma Sorbe GmbH die Nutzung roter Dauerkennzeichen zu untersagen."

Der zuständige Sachbearbeiter beim Landkreis Bergwald stellt fest, dass gegenüber Herrn Sorbe wegen der manipulierten doppelten Kennzeichen der Verdacht auf Urkundenfälschung, Kennzeichenmissbrauch und Hinterziehung der Kraftfahrzeugsteuer besteht. Außerdem könne eine Anklage wegen Straßenverkehrsgefährdung im Hinblick auf die Nutzung eines verkehrsunsicheren Fahrzeugs erfolgen. Die Nichteintragung der Fahrzeugdaten in das Fahrzeugscheinheft vor Antritt der Fahrt stelle im Übrigen eine Ordnungswidrigkeit dar. Außerdem sei noch zu bewerten, dass die Fahrt nicht dem Nutzungszweck der Kennzeichenschilder entsprochen habe.

AUFGABEN

1 a) Ist der Landkreis Bergwald berechtigt, die Zuteilung des roten Dauerkennzeichens zu widerrufen?

b) Stellen Sie dar, welche Verfahrens- und Formvorschriften im Falle des Widerrufs einzuhalten wären.

2 Sofern Sie zu dem Ergebnis kommen, dass ein Widerruf zulässig ist, erstellen Sie bitte das in der nächsten Stufe des Verwaltungsverfahrens erforderliche Schreiben. Sind Sie hingegen der Auffassung, dass ein Widerruf unzulässig ist, so begründen Sie bitte Ihre Rechtsauffassung in einem Schreiben gegenüber der mitteilenden Polizeidienststelle.

[LÖSUNGEN Seite 298]

23 Genehmigung zum Abfalltransport

HILFSMITTEL **Kreislaufwirtschafts- und Abfallgesetz, Transportgenehmigungsverordnung, VwVfG, landesrechtliche Zuständigkeitsregelung, Landesgebührenordnung**

BEARBEITUNGSHINWEISE
Parnheim ist eine Gemeinde im Landkreis Bensberg.

Folgendes Schreiben des August Amman geht am 4. Januar 2010 beim Landkreis Bensberg ein.

August Amman
Umzüge, Holz und Abfalltransporte

August Amman · An der Halde 14 · 37255 Parnheim

An der Halde 14
33255 Parnheim

An den
Landkreis Bensberg
Postfach 33 25
33187 Bensberg

27. Dezember 2009

Transportgenehmigung

Sehr geehrte Damen und Herren,

aufgrund der schlechten konjunkturellen Lage habe ich den Umfang meiner wirtschaftlichen Betätigung erweitert und möchte neben Umzügen und Holztransporten künftig auch den gewerblichen Transport von verunreinigten Abfällen in größeren Mengen anbieten. Mir hat ein Bekannter erzählt, dass ich dazu vielleicht eine behördliche Genehmigung benötige. Diese beantrage ich nun vorsichtshalber. Da ich selbst seit Jahren ohne Beanstandungen meinen Gewerbetrieb führe und im Interesse des Umweltschutzes nur zuverlässiges Personal beschäftige, sehe ich da aber keine Probleme. Ein Führungszeugnis habe ich beim Einwohnermeldeamt beantragt. Es wird Ihnen direkt zugeschickt.

Wegen der schon beschriebenen schlechten wirtschaftlichen Lage möchte ich Sie bitten, die Genehmigung – soweit sie erforderlich ist – kostenfrei und möglichst bald zu erteilen.

Mit freundlichen Grüßen

August Amman

August Amman

AUFGABEN

1 Prüfen Sie, ob eine behördliche Genehmigung erforderlich ist und wenn ja, ob der Landkreis Bensberg für die Entscheidung über den Antrag zuständig ist.

2 Entwerfen Sie ein Antwortschreiben an Herrn Amman.

[LÖSUNGEN Seite 302]

24 Die Seminarerlaubnis

HILFSMITTEL FahrlG, StVG, VwVfG, GebOSt

BEARBEITUNGSHINWEISE
Die Gemeinde Raudorf liegt im Landkreis Milburg im Regierungsbezirk Kasfurt, während die Gemeinde Hasselloch zum Landkreis Lahm im Regierungsbezirk Baumberg gehört.

Aktenauszug:

Bernd Behrend · Schaumweg14 · 36158 Hasselloch

Bernd Behrend · Schaumweg14 · 36158 Hasselloch

Regierungspräsidium Kasfurt
Postfach 11 38
37100 Kasfurt

Antrag heute persönlich von
B.
erhalten.
Me 6. Februar 2009

4. Februar 2009

Antrag auf Erteilung einer Seminarerlaubnis

Sehr geehrte Damen und Herren,

seit fünf Jahren bilde ich hauptberuflich in meiner Fahrschule in Raudorf Fahrschüler der Klassen A, BE und CE aus. Nunmehr habe ich Einweisungsseminare besucht, um auch Aufbauseminare nach §§ 2a und 4 StVG anbieten zu können. Die Seminare werden ausschließlich durch mich durchgeführt, da ich ja seit Betriebsgründung keine angestellten Fahrlehrer habe.

Mit freundlichen Grüßen

Bernd Behrend

Bernd Behrend

Anlage: Teilnahmebescheinigung

Fahrlehrerausbildungsinstitut Südniedersachsen

Teilnahmebescheinigung

Herr Bernd Behrend,
geb. 17. November 1958, Schaumweg 14, 36158 Hasselloch, hat

vom 13. bis 29. Januar 2009 an einem Einweisungslehrgang nach § 31 FahrlG in unserem Institut erfolgreich teilgenommen. Zum Lehrgangsprogramm gehörten ein viertägiger Grundkurs sowie jeweils viertägige programmspezifische Kurse zur Durchführung von Aufbauseminaren nach § 2a StVG und § 4 StVG.

Unser Institut ist als Träger von Ausbildungslehrgängen nach § 31 (2) FahrlG durch Bescheid der Bezirksregierung Braunlohe vom 2. Oktober 2001, Az. 309.450013 anerkannt (§ 31 (6) FahrlG).

Northeim, den 29. Januar 2009

Meier Schulze

AUFGABEN

1 Prüfen Sie den Anspruch auf Erteilung der Seminarerlaubnis durch das Regierungspräsidium Kasfurt.

2 Worauf müssten Sie nach dem FahrlG als Sachbearbeiter des Regierungspräsidiums im Falle der Erteilung der Seminarerlaubnis achten?

3 Kann das Regierungspräsidium Verwaltungskosten für die Bearbeitung des Antrages erheben?

[LÖSUNGEN Seite 303]

PRÜFUNGSBEREICH D

WIRTSCHAFTS- UND SOZIALKUNDE

1 Wahl des Deutschen Bundestags

HILFSMITTEL Bundeswahlgesetz, Taschenrechner

In einem Land sind bei der Wahl des Bundestags 26 Abgeordnete zu wählen. Bei einer Wahlbeteiligung von 61,2 % werden insgesamt 1 722 118 gültige Zweitstimmen abgegeben. Davon entfallen auf die Partei

- A 747 036 Stimmen,
- B 723 020 Stimmen,
- C 125 701 Stimmen,
- D 98 933 Stimmen,
- E 27 428 Stimmen.

AUFGABEN

1 Berechnen Sie die Vergabe der Sitze nach den Verfahren

a) d'Hondt,

b) Hare-Niemeyer,

c) Sainte-Laguë/Schepers.

2 Welches der drei Systeme ist ab der Bundestagswahl 2009 anzuwenden?

3 Berechnen Sie die Prozentanteile der Zweitstimmen der einzelnen Parteien an der Gesamtzahl der abgegebenen gültigen Zweitstimmen sowie den prozentualen Anteil der Sitze an den Gesamtsitzen nach den verschiedenen Verfahren.

4 Stellen sie fest, welche Auswirkungen die verschiedenen Verfahren auf die Sitzverteilung haben.

5 Erläutern Sie die Gründe, die dazu führen, dass die Zahl der im Bundeswahlgesetz vorgesehenen Mitglieder die des Bundestags übersteigt.

[LÖSUNGEN Seite 305]

2 Indemnität und Immunität der Bundestagsabgeordneten

HILFSMITTEL Grundgesetz

BEARBEITUNGSHINWEISE
Nach § 185 des Strafgesetzbuches wird die Beleidigung mit Freiheitsstrafe bis zu einem Jahr oder mit Geldstrafe bestraft.
Wer vorsätzlich oder fahrlässig das Leben, den Körper, die Gesundheit, die Freiheit, das Eigentum oder ein sonstiges Recht eines anderen widerrechtlich verletzt, ist dem anderen zum Ersatz des daraus entstehenden Schadens verpflichtet (§ 823 (1) BGB).

Der Bundestagsabgeordnete Frech ist in seinem Wahlkreis mit absoluter Mehrheit gewählt worden. Er gehört der C-Fraktion des Bundestages an, hat ein ausgeprägtes Selbstbewusstsein, ist angriffslustig und wird gelegentlich beleidigend. Bei der Beratung des vom Bundesrat eingebrachten, vom Land Berlin angestoßenen Entwurfs zur Änderung des Kraftfahrzeugsteuergesetzes bezeichnet er den Sprecher der Regierungspartei, der den Entwurf begrüßt, unter Anspielung auf die Finanznot des Stadtstaates als „unfähigen Insolvenzverwalter“.

In einer Wahlversammlung seiner Partei in der Kreisstadt K. attackiert er den Landrat wegen dessen angeblichen Versagens bei dem kürzlichen „Schweinemast-Skandal“. Dessen Körperfülle lasse zwar den reichlichen Verzehr von Schweinefleisch vermuten; im Amt habe er sich aber als unfähig erwiesen. Die Geschäfte würden nicht von ihm, sondern von seinem Intimus, dem Oberamtsrat Tüchtig, geführt. Der Landrat erhebt daraufhin gegen Frech Klage auf Unterlassung dieser Behauptung, weil sie ihn in seiner Stellung schädige.

AUFGABEN

1 Beurteilen Sie das Verhalten des Abgeordneten in der Sitzung des Bundestags.

2 Untersuchen Sie, ob die Unterlassungsklage des Landrats Erfolg haben wird.

[LÖSUNGEN Seite 307]

3 Fraktionszwang

HILFSMITTEL Grundgesetz

Im Deutschen Bundestag soll eine wichtige Entscheidung zum Haushalt des laufenden Jahres getroffen werden. Dazu braucht der Kanzler alle Stimmen der Koalition. Vorabsprachen zeigen, dass einige Abgeordnete der A-Fraktion wankelmütig sind und ihre Stimmne verweigern wollen. Daraufhin wird eine Fraktionssitzung einberufen, in der am Ende durch die Fraktionsleitung angedroht wird, dass jeder Abgeordnete, der sich gegen die Entscheidung stellt, mit einer Geldstrafe von 5 000,00 EUR belegt wird.

AUFGABE

Prüfen Sie unter Beachtung der Rechtsstellung der Abgeordneten des Deutschen Bundestages, ob die Androhung der Fraktionsleitung mit dem Grundgesetz vereinbar ist.

[LÖSUNG Seite 307]

4 Bundesrat – Wahl des Bundespräsidenten – Gliederung des Bundesgebiets

HILFSMITTEL Grundgesetz

Die in den letzten Jahren durchgeführten Wahlen haben bei dem Jungwähler Friedhelm Herz eine Reihe von Fragen aufgeworfen.

BEARBEITUNGSHINWEISE
Beantworten Sie die Fragen 1 und 2 unter Heranziehung der rechtlichen Grundlagen. Prüfen Sie gutachtlich die Fragen 3 und 4.

AUFGABEN

1 Welche Auswirkungen haben Landtagswahlen auf den Bund?

2 Wer hatte die Bundesversammlung einzuberufen?

3 Wäre es zulässig, das Grundgesetz dahingehend zu ändern, dass der Bundespräsident künftig
a) vom Volk,
b) auf Lebenszeit
gewählt wird?

4 Ist es verfassungsmäßig zulässig, die Länder Berlin und Brandenburg zusammenzuschließen?

[LÖSUNGEN Seite 308]

5 Wahl des Bundeskanzlers

HILFSMITTEL Grundgesetz

BEARBEITUNGSHINWEISE
Nach § 4 der Geschäftsordnung des Bundestags bedürfen Wahlvorschläge nach Art. 63 (3) und (4) GG der Unterstützung eines Viertels der Mitglieder des Bundestages.

Nach der Bundestagswahl kommt der Wahl des Bundeskanzlers besondere Bedeutung zu. Der Bundespräsident hat den Abgeordneten Frühling, welcher der stärksten Fraktion angehört, vorgeschlagen. Bei der Wahl verfehlt Frühling knapp die absolute Mehrheit. Die C-Fraktion, die über 151 der insgesamt 598 Sitze verfügt, schlägt in der nächsten Bundestagssitzung ihr Mitglied Sommer vor. In diesem Wahlgang entfallen auf Frühling 283, auf Sommer 291 Stimmen, 24 Stimmen sind ungültig. In einem weiteren Wahlgang erreicht der von den Fraktionen B und C gemeinsam vorgeschlagene Kandidat Herbst nur 243 Stimmen.

Nach Ablauf der 14-Tage-Frist findet ein weiterer Wahlgang statt. In ihm werden für Frühling 297 und für Sommer 292 Stimmen abgegeben; 9 Stimmzettel sind unbeschrieben.

AUFGABEN

1 Erläutern Sie die Wahlvorschläge.

2 Stellen Sie fest, in welcher Weise der Bundespräsident auf das letzte Wahlergebnis reagieren kann.

[LÖSUNGEN Seite 308]

6 Entlassung eines umstrittenen Bundesministers

HILFSMITTEL Grundgesetz

Bei der Beratung der Vorlage eines Gesetzes zur Änderung des Gentechnikgesetzes ergeben sich innerhalb der Bundesregierung Meinungsverschiedenheiten. Nachdem sie beseitigt worden sind, wird die Gesetzesvorlage dem Bundesrat zugeleitet. Vom Bundesrat wird die Vorlage für schädlich für die wirtschaftliche Entwicklung gehalten und es werden einschneidende Änderungen empfohlen. In den Medien wird die geplante Änderung des Gesetzes teilweise heftig kritisiert. Der Bundesminister X., der die angebliche Notwendigkeit der Gesetzesänderung bei der ersten Beratung im Bundestag und in der Öffentlichkeit vertreten hat, wird scharf angegriffen. In der nächsten Sitzung des Bundestags bringt eine Oppositionsfraktion folgenden Antrag ein:

„Der Bundestag spricht dem Bundesminister X. das Misstrauen aus und fordert ihn auf, zurückzutreten."

Dieser Antrag wird von der Fraktion wie folgt geändert:

„Der Bundestag wolle beschließen: Der Herr Bundeskanzler wird ersucht, dem Herrn Bundespräsidenten gemäß Art. 64 (1) GG die Entlassung des Bundesministers X. vorzuschlagen."

AUFGABEN

1 Schildern Sie, wie Meinungsverschiedenheiten innerhalb der Bundesregierung zu behandeln sind.

2 Untersuchen Sie, welche Gründe zur Änderung des Antrags der Oppositionsfraktion geführt haben.

3 Erläutern Sie die möglichen Reaktionen des Bundeskanzlers auf den Beschluss des Bundestages mit dem oben angegebenen Wortlaut.

[LÖSUNGEN Seite 309]

7 Grundrechte und Privatrecht

HILFSMITTEL Grundgesetz und BGB

BEARBEITUNGSHINWEIS
Nach § 90 des Gesetzes über das Bundesverfassungsgericht (BVerfGG) kann jedermann mit der Behauptung, durch die öffentliche Gewalt in einem seiner Grundrechte verletzt zu sein, Verfassungsbeschwerde beim Bundesverfassungsgericht erheben. Stehen Rechtsbehelfe zur Verfügung, muss grundsätzlich der Rechtsweg zuvor erschöpft sein.

Der Bundestagsabgeordnete Schreier ist Mieter einer Wohnung in einem Sechs-Familien-Wohnhaus der Stadt Fichtenhausen. Vor der letzten Bundestagswahl hatte er an der Außenwand des Hauses unter den Fenstern seiner Wohnung ein Wahlpropagandaplakat seiner Partei in der Größe 300 × 120 cm angebracht, das in den Abendstunden beleuchtet wurde. Der Bürgermeister forderte Schreier auf, das Plakat zu entfernen. Da Schreier dieser Aufforderung nicht nachkam, erhob die Stadt Klage beim Amtsgericht mit dem Antrag, Schreier zur Beseitigung des Wahlpropagandaplakats zu verurteilen. Das Amtsgericht entschied diesem Antrage gemäß; die Berufung Schreiers wurde vom Landgericht zurückgewiesen. Beide Gerichte waren der Meinung, dass Schreier weder aus dem Mietvertrag noch aus anderen Vorschriften das Recht zur Anbringung des Wahlpropagandaplakats herleiten könne.

Schreier ist der Ansicht, dass die Forderung der Stadt und die Urteile Grundrechte verletzen, und ruft das Bundesverfassungsgericht an.

AUFGABEN

1 Stellen Sie fest, welche Grundrechte verletzt sein könnten.

2 Untersuchen Sie, ob Schreiers Verfassungsbeschwerde zulässig ist und ob sie Erfolg haben wird.

[LÖSUNGEN Seite 310]

8 Grundrechte und Verkehrsrecht

HILFSMITTEL Grundgesetz, Straßenverkehrsgesetz, Straßenverkehrsordnung

Peter Tolle, Angestellter beim Rechtsbeistand Müller, geboren am 17. Januar 1986, ist wegen ordnungswidrigen Verhaltens wiederholt mit Geldbußen belegt worden:

- 15. 05. 2008 wegen verbotswidrigen Überholen,
- 17. 06. 2008 wegen Missachtung der Vorfahrt,
- 03. 02. 2009 wegen Geschwindigkeitsüberschreitung.

Am 4. März 2009 wird er bestraft, weil er das amtliche Kennzeichen an seinem Pkw geändert hat, um nach einer erheblichen Überschreitung der zugelassenen Geschwindigkeit einem weiteren Bußgeld zu entgehen.

Durch Verfügung der Straßenverkehrsabteilung der kreisfreien Stadt H. ist Tolle aufgegeben worden, an zwei Tagen in der nächsten oder in der übernächsten Woche von 19:00 bis 20:30 Uhr am Verkehrsunterricht teilzunehmen.

Tolle teilt der Straßenverkehrsabteilung mit, dass nach seiner Meinung die auf eine Verordnung des Bundesministeriums für Verkehr, Bau- und Wohnungswesen gestützte Aufforderung mit dem Grundgesetz nicht vereinbar sei. Durch die Zahlung der ihm auferlegten Bußgelder und der Geldstrafe sei die Sache doch wohl erledigt.

AUFGABE

Prüfen und beurteilen Sie die Rechtmäßigkeit der Aufforderung zur Teilnahme am Verkehrsunterricht unter Einbeziehung der Einwände.

[LÖSUNG Seite 311]

9 Gesetze zum Verkehr mit Futtermitteln und zur Änderung des Grundgesetzes

HILFSMITTEL Grundgesetz

Zur wirkungsvolleren Bekämpfung der Verbreitung von Tierinfektionskrankheiten plant die Bundesministerin für Ernährung, Landwirtschaft und Verbraucherschutz (Bundesministerin) ein neues Gesetz, in dem die Vorschriften zum Verkehr mit Futtermitteln strenger gefasst werden sollen. Die Bestimmungen des geplanten Gesetzes sollen durch die Behörden der Länder überwacht werden. In einem weiteren Gesetz soll eine bessere Zusammenarbeit mit der EU-Kommission angestrebt und dazu Art. 23 GG ergänzt werden.

Bei der Abstimmung im Bundestag stimmen 337 Abgeordnete für, 228 Abgeordnete gegen das Futtermittelgesetz, die übrigen Abgeordneten fehlen bei der Abstimmung. Die

Abstimmung über das Gesetz zur Änderung des Grundgesetzes endet mit dem gleichen Ergebnis.

Die beiden Gesetzesbeschlüsse werden dem Bundesrat zugeleitet. Dort ergeben sich zu beiden Gesetzbeschlüssen 35 Ja-Stimmen und 34 Nein-Stimmen.

AUFGABEN

1 Prüfen Sie, ob der Bund für das geplante Futtermittelgesetz zuständig ist.

2 Schildern Sie die Schritte der Bundesministerin zur Einbringung der Gesetzesvorlage in den Bundestag.

3 Stellen Sie fest, ob im Bundestag die erforderlichen Mehrheiten für die Gesetzesbeschlüsse erreicht worden sind.

4 Beurteilen Sie das Abstimmungsergebnis des Bundesrats zu diesen Beschlüssen.

5 Prüfen Sie, ob der Bundespräsident die Gesetze ausfertigen und verkünden wird.

[LÖSUNGEN Seite 312]

10 Gesetzesinitiative – Zustimmungsgesetz

HILFSMITTEL **Grundgesetz,**
Auszug aus dem Gemeindefinanzreformgesetz vom 4. April 2001 – BGBl. I, S. 482, zuletzt geändert durch Gesetz vom 4. Dezember 2004, BGBl. I, S. 3166,
§ 1 Gemeindeanteil an der Einkommensteuer
Die Gemeinden erhalten 15 vom Hundert des Aufkommens an Lohnsteuer und an veranschlagter Einkommensteuer sowie 12 vom Hundert des Aufkommens aus dem Zinsabschlag (Gemeindeanteil an der Einkommensteuer) ...

BEARBEITUNGSHINWEIS
Nach § 76 der Geschäftsordnung des Deutschen Bundestages müssen Gesetzesvorlagen nach Art. 76 (1) GG „aus der Mitte des Bundestages“ von einer Fraktion oder von 5 % der Mitglieder des Bundestages unterzeichnet und begründet sein.

Bürgermeister a. D. Dr. Richard Bothe, der seit 1998 dem Deutschen Bundestag angehört, ist überzeugt, dass die finanzielle Ausstattung der Gemeinden dringend verbessert werden muss. Den Gemeinden seien in den letzten Jahren zusätzliche Lasten aufgebürdet worden, die es auszugleichen gelte. Die Durchsetzung der Kostendeckung für gemeindliche Leistungen habe erhebliche Gebührenerhöhungen bewirkt. Die auf die Mieter umgelegten Betriebskosten für die Wohngrundstücke seien dadurch so stark angestiegen, dass von einer zweiten Miete gesprochen werde. Dennoch zwinge die finanzielle Notlage viele Gemeinden, ihre Leistungen einzuschränken. Diese Entwicklung führe zu einer zunehmenden Verdrossenheit der Bürger; das beweise auch die rückläufige Wahlbeteiligung bei den Kommunalwahlen.

Bothe regt zunächst, allerdings vergeblich, beim Fraktionsvorstand an, tätig zu werden. Mehrere Mitglieder des Bundestags, auch aus anderen Fraktionen, teilen Bothes Ansicht und ermutigen ihn, selbst initiativ zu werden. Bothe entwirft nunmehr eine Gesetzesvorlage, nach der die im § 1 des Gemeindefinanzreformgesetzes festgelegten Gemeindeanteile um 2 % auf 17 % beziehungsweise 14 % erhöht werden. Zum Ausgleich der Einnahmeausfälle bei Bund und Ländern empfiehlt er verschiedene Einsparungen.

In der ersten Lesung des Gesetzentwurfs im Bundestag wird der Entwurf an den Haushaltsausschuss und den Finanzausschuss überwiesen. In den Beratungen dieser Ausschüsse bildet sich – auch aufgrund des den Ausschussmitgliedern von den kommunalen Spitzenverbänden übermittelten statistischen Materials – die Meinung heraus, dass die angestrebte Änderung notwendig und maßvoll ist. In der Schlussabstimmung des Bundestages stimmt die deutliche Mehrheit seiner 598 Mitglieder für den Entwurf. Der Gesetzesbeschluss wird vom Bundestagspräsidenten dem Bundesrat zugeleitet.

In der nach zehn Tagen folgenden Sitzung des Bundesrates stimmen 38 seiner 69 Mitglieder gegen den Gesetzesbeschluss des Bundestages. Zur Begründung ihrer Voten führen die Ländervertreter an, dass die Länder angesichts ihrer eigenen Finanznot eine Minderung ihrer Einnahmen nicht hinnehmen können und die Gemeinden zur Verbesserung ihrer finanziellen Situation einen Zuschlag zur Einkommensteuer erheben können.

Bothe und einige weitere Befürworter der Änderung erwägen, den negativen Beschluss des Bundesrates mit einem Beschluss des Bundestages zu überwinden.

AUFGABEN

1 Stellen Sie fest, wie viele Mitglieder des Bundestages Bothe für sein Vorhaben, eine Gesetzesvorlage einzubringen, gewinnen musste.

2 Schildern Sie in welcher Weise, insbesondere mit welchen Rechten, der Bundesrat an der Gesetzgebung des Bundes mitwirkt.

3 Prüfen Sie, ob die Absicht, den Beschluss des Bundesrates durch einen Beschluss des Bundestages zu überwinden, Erfolg verspricht.

[LÖSUNGEN Seite 313]

11 Änderungen des Grundgesetzes?

HILFSMITTEL Grundgesetz

Im Rahmen des Wahlkampfes zur Bundestageswahl im September 2009 stellt der Kanzlerkandidat der X-Partei ein „Aktionsprogramm gegen die Staatsverdrossenheit und gegen die Verschwendung von Steuergeldern“ vor. Darin sind folgende Vorschläge unterbreitet:

1. Da das Zusammentreten der Bundesversammlung zum Zweck der Wahl des Bundespräsidenten in fünfjährigen Abständen mit erheblichen Kosten verbunden ist, soll der Bundespräsident auf Lebenszeit gewählt werden.

2. Ein Gesetz, in dem die Höhe der Bezüge der Bundestagesabgeordneten geregelt wird, soll nicht vom Bundestag, sondern vom Bundesvolk direkt im Wege des Volksentscheids beschlossen werden.

3. Die Zahl der Bundesländer ist erheblich zu verringern.
4. Zur Beschleunigung des Gesetzgebungsverfahrens werden folgende Änderungen eingeführt:
   a) Beim Zustandekommen von Bundesgesetzen wird auf die Mitwirkung des Bundesrates verzichtet.
   b) Besonders eilbedürftige Bundesgesetze können von der Bundesregierung allein beschlossen werden.

AUFGABE

Prüfen Sie, ob die genannten Vorschläge durch Grundgesetzänderungen verwirklicht werden können.

[LÖSUNGEN Seite 314]

12 Gesetzgebungskompetenz

HILFSMITTEL Grundgesetz

Das Land Brandenburg erlässt zur Verbesserung der Luftqualität ein Ozonschutzgesetz, aufgrund dessen ab Überschreitung eines bestimmten Grenzwertes ein Fahrverbot im Land Brandenburg ausgesprochen werden kann.

In anderen Ländern der Bundesrepublik Deutschland wird ebenfalls der Erlass von Ozonschutzgesetzen geplant, jedoch mit anderen Grenzwerten.

Nach den Protesten von Autofahrer- und Transportunternehmerverbänden erarbeitet die Bundesregierung einen Entwurf für ein Bundesozonschutzgesetz mit der Begründung, dass unterschiedliche Grenzwerte in den Landesgesetzen zu einer erheblichen Rechtsunsicherheit führen würden.

Das Land Brandenburg bezweifelt die Zuständigkeit des Bundes für den Erlass eines Bundesozonschutzgesetzes. Auch der Bundespräsident erklärt in einem Presseinterview, er werde das Gesetz nicht ausfertigen, wenn er nach eingehender Prüfung zu dem Ergebnis komme, dass der Bund für den Erlass dieses Gesetzes nicht zuständig sein sollte.

Im Bundestag kommt es nach Einbringung des Gesetzentwurfs zu einer heftigen Debatte.

Für den Fall, dass der von der Bundesregierung eingebrachte Gesetzentwurf nicht die notwendige Mehrheit erhält, möchte der Bundeskanzler den Bundestag auflösen und Neuwahlen ausschreiben.

AUFGABEN

1 Prüfen Sie gutachterlich, ob der Bund für den Erlass eine Bundesozongesetzes zuständig ist.

2 In welchen Grundrechten könnten die Transportunternehmer und die anderen motorisierten Verkehrsteilnehmer bei Verhängung eines Fahrverbots im Land Brandenburg betroffen sein?

3 Unter welchen Voraussetzungen kann der Bundespräsident die Ausfertigung von Gesetzen verweigern?

4 Wie könnte der Bundeskanzler sein Vorhaben, den Bundestag aufzulösen und Neuwahlen auszuschreiben, verwirklichen?

[LÖSUNGEN Seite 315]

13 Das verfassungswidrige Kindererziehungssicherungsgesetz

HILFSMITTEL Grundgesetz

Am 4. Januar erscheint in allen größeren deutschen Tageszeitungen eine Meldung folgenden Inhalts:

„Heute wird vor dem Landgericht Astadt das Strafverfahren gegen den Erzieher B. C. (34) eröffnet. C. war bis zum 30. Juni als Leiter der Kindertagesstätte der Gemeinde G-Dorf beschäftigt. Er steht unter dem dringenden Verdacht, sich mehrfach sexuell an den ihm anvertrauten Kindern vergangen zu haben. Aus zuverlässiger Quelle verlautete, dass möglicherweise der bislang ungeklärte Tod eines vierjährigen Mädchens mit den Taten des Pädagogen im Zusammenhang steht."

Die Meldung stößt auf erhebliche Resonanz in der Öffentlichkeit. Zahlreiche empörte Bürgerinnen und Bürger fordern von den politisch Verantwortlichen „drakonische Maßnahmen".

Der Bundestag beschließt daraufhin das „Gesetz zur Förderung der Sicherheit in den der Kindererziehung dienenden Einrichtungen (Kindererziehungssicherungsgesetz)" (Auszüge aus dem Gesetz in Anlage 1).

Der Gesetzentwurf wird unverzüglich nach der Beschlussfassung durch den Bundestag an den Bundesrat weitergeleitet. Der Bundesrat beschließt mit der Mehrheit seiner Stimmen, das Gesetz in der vorgelegten Fassung zu akzeptieren.

Der Bundespräsident weigert sich daraufhin jedoch, das Gesetz auszufertigen und im Bundesgesetzblatt zu verkünden. Er ist davon überzeugt, dass dieses Gesetz gegen das Grundgesetz verstößt.

AUFGABEN

1 Gegen welche rechtsstaatliche Grundsätze könnte das Kindererziehungssicherungsgesetz verstoßen? Verwenden Sie die Auszüge aus Anlage 1.

2 Welche beiden unterschiedlichen Arten von Gesetzen gibt es hinsichtlich der Einflussmöglichkeiten des Bundesrates im Gesetzgebungsverfahren. Erklären Sie den verfahrensmäßigen Unterschied der beiden Gesetzesarten.

3 Kann der Bundespräsident die Ausfertigung und Verkündung des Gesetzes aus den angegebenen Gründen verweigern?

[LÖSUNGEN Seite 316]

Anlage 1

Das Gesetz lautet (auszugsweise):

§ 3

(1) Männliche Personen werden nicht zur Ausbildung in Berufen, die sich der Kindererziehung widmen, zugelassen.

(2) ...

§ 4

(1) Über Klagen gegen die Nichtzulassung männlicher Bewerber zu Ausbildungsberufen in der Kindererziehung entscheidet die Bundesregierung. Die Zuständigkeit kann durch Rechtsverordnung auf eine nachgeordnete Behörde übertragen werden.

(2) Der Rechtsweg zu den Gerichten ist nicht geöffnet.

...

§ 9

(1) Bereits ausgebildete und berufstätige männliche Erzieher, die durch öffentliches Fehlverhalten mangelhafte charakterliche Eignung offenbaren, sind mit lebenslangem Berufsverbot zu belegen.

(2) Als öffentliches Fehlverhalten im Sinne des Absatzes 1 gelten:

...

7. Verstöße gegen die Straßenverkehrsordnung (z. B. Falschparken, Fahren mit überhöhter Geschwindigkeit u. a.)

§ 16

Soweit ein männlicher Erzieher wegen einer Straftat gegen die sexuelle Selbstbestimmung (§§ 174 ff. Strafgesetzbuch) angeklagt ist, ist auf Weisung der Bundesregierung die jeweils im Strafgesetzbuch vorgesehene Höchststrafe auszusprechen. Auf die Beweislage oder sonstige Umstände kommt es dabei nicht an.

§ 23

Dieses Gesetz tritt rückwirkend zum 1. Januar in Kraft.

...

14 Änderung in der Sozialgesetzgebung

HILFSMITTEL Grundgesetz

Mit Rücksicht auf den ständig steigenden Sozialetat und die zunehmende Verschuldung der öffentlichen Hand kommt die A-Fraktion im Deutschen Bundestag auf die Idee, in einer Gesetzesvorlage die Aufhebung des Sozialgesetzbuchs (SGB XII) – Sozialhilfe zu beantragen.

Daraufhin macht die B-Fraktion den Vorschlag, statt des SGB XII die Gesetze zur Sozialversicherung (Kranken-, Unfall-, Alters-, Arbeitslosen- und Pflegeversicherung) aufzuheben. Die B-Fraktion ist der Auffassung, jeder müsse sich erst einmal selbst helfen. Sollte das dem Einzelnen nicht möglich sein, so werde er durch die Hilfen nach dem SGB XII vor Not bewahrt.

AUFGABEN

1 Wäre ein dem Vorschlag der A-Fraktion entsprechendes Gesetz mit dem Grundgesetz vereinbar?

2 Kann dem Vorschlag der B-Fraktion ohne Bedenken gefolgt werden?

[LÖSUNGEN Seite 317]

15 Ein Dienstwagen für den Bürgermeister

HILFSMITTEL BGB

Die Gemeinde K. möchte einen Dienstwagen für ihren Bürgermeister kaufen und wendet sich an den Gebrauchtwagenhändler V., der einen Pkw, Baujahr 2000, Kilometerstand 150 000 km, zum Preis von 7 000,00 EUR anbietet.

Der Bürgermeister der Gemeinde K. besichtigt das Fahrzeug, macht eine Probefahrt und unterzeichnet unter Beachtung der Vorschriften der Gemeindeordnung am 23. Juni 2009 einen Kaufvertrag, wobei als Käufer die Gemeinde K. angegeben ist. Der Bürgermeister, dem der Wagen gut gefällt, lässt den Pkw abholen und den Kaufpreis bezahlen.

Am 1. Juli 2009 wird ein Defekt der Lenkung des Pkw festgestellt. Eine eingehende Überprüfung ergibt, dass der Lenkungsmechanismus infolge eines etwa sechs Monate zurückliegenden Unfalls beschädigt wurde. Am Zustand des Motors – insbesondere der Ventile – kann nachgewiesen werden, dass das Fahrzeug statt 150 000 km mindestens 250 000 km gelaufen sein muss.

Auf Anfrage erklärt V., dass er die Kilometerzahl wider besseres Wissen angegeben habe, da der Wagen so gut gelaufen sei. Den Unfall (von dem er wusste) habe er nicht mitteilen müssen, weil niemand danach gefragt habe.

AUFGABE

Prüfen und begründen Sie, welche rechtlichen Möglichkeiten die Gemeinde K. hat, sich von dem Vertrag mit V. zu lösen, und welche Ansprüche der Gemeinde K. sich daraus ergeben.

[LÖSUNG Seite 318]

16 Das Abschiedsgeschenk für den Beigeordneten

HILFSMITTEL BGB

Aus Anlass des bevorstehenden Eintritts des Beigeordneten Lehmann in den Ruhestand kauft der Bürgermeister der Stadt G. beim Goldschmied Kupfer einen silbernen Becher zum Preis von 400,00 EUR als Abschiedsgeschenk der Stadt. Am Tage vor der Verabschiedung überbringt Kupfer den Becher persönlich dem Bürgermeister. Nach seiner Rückkehr bemerkt Kupfer, der bei der Übergabe des Bechers an den Bürgermeister in großer Eile war, das er anstelle des gekauften Bechers einen daneben stehenden, sehr ähnlich aussehenden Becher mit einem höheren Silbergehalt im Wert von 700,00 EUR dem Bürgermeister übergeben hat. Aufgeregt ruft er sofort bei der Stadt an, erklärt die Verwechslung und bittet um den Austausch der Becher.

AUFGABE

Prüfen Sie gutachterlich, ob Kupfer einen Rechtsanspruch auf den Austausch der Becher hat.

[LÖSUNG Seite 320]

17 Erfüllungsgeschäft beim Kaufvertrag

HILFSMITTEL BGB

Der Verwaltungsfachangestellte V. erhält von seinem Vorgesetzten den Auftrag, für den Eingangsbereich des Rathauses seiner Gemeinde eine Statue zu kaufen. Dafür stehen insgesamt 250,00 EUR zur Verfügung.

V. begibt sich auf die Suche und entdeckt in einer Galerie in der Nachbarstadt eine Statue, die sehr gut in den Eingangsbereich des Rathauses passen würde. Er einigt sich mit dem Inhaber der Galerie auf einen Preis von 250,00 EUR. Der Kaufvertrag, für dessen Abschluss V. eine Vollmacht besitzt, wird sofort abgeschlossen. V. veranlasst auch die Überweisung des vereinbarten Preises. Weil die Statue jedoch zwei Meter hoch ist, einigt sich V. mit dem Inhaber der Galerie, dass er sie erst am kommenden Tag mit einem Kleintransporter abholen wird.

Als V. am kommenden Tag die Statue abholen möchte, stellt sich heraus, dass der Galerieinhaber in der Zwischenzeit die Statue an einen Bekannten für den Preis von 200,00 EUR verkauft hat. Das Kunstwerk ist auch gleich ausgehändigt und mitgenommen worden.

AUFGABEN

1 Beschreiben Sie, wie ein wirksamer Kaufvertrag zustande kommt.

2 Erläutern Sie am Beispiel des obigen Falles, worin das Verpflichtungsgeschäft und das Erfüllungsgeschäft für beide Parteien besteht.

3 Prüfen Sie, wer nunmehr Eigentümer der Statue ist.

[LÖSUNGEN Seite 320]

18 Sachenrecht – Eigentumsübertragung

HILFSMITTEL **BGB**

Anton Adler bemerkt am 1. April 2009, dass sein Videorekorder nicht mehr funktioniert. Er bringt das Gerät am nächsten Tag zu Bernd Bär, dem Inhaber eines Elektrofachgeschäftes. Nachdem Bär einen Defekt am Netzteil des Gerätes festgestellt hat, wird er von Adler beauftragt, das Gerät zu reparieren. Bär erklärt sich hierzu bereit und äußert Adler gegenüber, dass dieser das Gerät in einer Woche wieder abholen könne. Da sich Adler während der Osterferien im Urlaub befindet, geht er erst am 20. April 2009 wieder zu Bär, um das reparierte Gerät abzuholen. Nunmehr stellt Bär entsetzt fest, dass er das Gerät nach der Reparatur versehentlich am 15. April 2009 an den 18-jährigen Schüler Dieter Dill zum Preis von 100,00 EUR veräußert hat. Dill weiß, dass Bär gebrauchte Elektrogeräte, die von diesem in Zahlung genommen werden, zum Verkauf anbietet, und hat keine Ahnung, dass es sich bei dem ihm ausgehändigten Gerät um den Videorekorder handelt, den Adler zur Reparatur zu Bär gebracht hat.

Bär setzt sich sofort fernmündlich mit Dill in Verbindung und erfährt von diesem, dass Dill den Videorekorder bereits am 17. April 2009 an seinen 17-jährigen Freund Fritz Fuchs weiterveräußert hat.

Fuchs hat ohne Wissen seiner Eltern am 17. April 2009 mit Dill einen Kaufvertrag über das Gerät zum Preis von 150,00 EUR geschlossen, wobei vereinbart worden ist, dass der Kaufpreis erst am 30. April 2009 zur Zahlung fällig ist; das Gerät hat Fuchs jedoch bereits am 17. April 2009 erhalten.

AUFGABE

Prüfen Sie, wer nach dem 17. April 2009 Eigentümer des Videorekorders ist.
Beachten Sie bei der Prüfung, ob am 2. April 2009, am 15. April 2009 und am 17. April 2009 ein Eigentumsübergang stattgefunden hat.

[LÖSUNG Seite 321]

19 Einkauf mit Hindernissen

HILFSMITTEL **BGB**

In der Stadtverordnetenversammlung der Stadt F. wird darüber beraten, wie der Eingangsbereich des Rathauses eindrucksvoll gestaltet werden kann. Nach kontroverser Diskussion wird mit der Mehrheit der Stimmen beschlossen, eine Steinfigur in angemessener Größe zu kaufen und aufzustellen. Für dieses Vorhaben wird ein Geldbetrag in Höhe 5 000,00 EUR vorgesehen.

Das Protokoll der Beratung wird im Hauptamt ausgewertet. Daraufhin erhält der Amtsleiter den Auftrag, den Eingangsbereich auszumessen und eine entsprechende Figur zu kaufen.

Beim Ausmessen ermittelt er, dass die Steinfigur eine maximale Höhe von 2,85 m haben darf.

Danach kauft er bei einem Kunsthändler eine Steinfigur nach seinen Maßen für den vereinbarten Preis von 4 500,00 EUR. Die restlichen 500,00 EUR sind für das Aufstellen vorgesehen. Beim Vertragsabschluss vereinbart er versehentlich eine Figurhöhe von 5,82 m.

Vereinbarungsgemäß liefert der Kunsthändler die ausgewählte Figur in der nächsten Woche.

Beim Aufstellen wird jedoch deutlich, dass wegen der falschen Maßangabe die Figur nicht in den Eingangsbereich hineinpasst.

AUFGABEN

1 Beschreiben Sie, auf welcher Rechtsgrundlage die Stadt F. beim Kauf der Steinfigur tätig wird. Grenzen Sie von anderen Rechtsgrundlagen ab.

2 Prüfen Sie gutachterlich, welche Möglichkeiten die Stadt F. hat, den Kauf der Steinfigur mit den falschen Maßen rückgängig zu machen.

[LÖSUNGEN Seite 322]

20 Die vergessenen Schreibtischstühle

HILFSMITTEL BGB

Christian Cramer (C.) ist der für den Bürobedarf und die Büroeinrichtung zuständige Sachbearbeiter der Stadt Meppen (M.). Da die Bestuhlung im Ordnungsamt von M. bereits über 30 Jahre alt ist und derzeit finanzielle Mittel dafür zur Verfügung stehen, plant C., für das Ordnungsamt in M. acht neue Schreibtischstühle zu kaufen.

Daher begibt sich C. Ende April 2009 in das Büromöbelfachgeschäft des Gerd Giftig (G.), um sich dort wegen des geplanten Kaufs der Schreibtischstühle umzusehen. Aufgrund der überwiegend sitzenden Tätigkeit der Angestellten im Ordnungsamt möchte C. sehr rückenfreundliche Schreibtischstühle erwerben. C. lässt sich von G. einige Modelle zeigen und ist von einem äußerst rückenfreundlichen Schreibtischstuhl sehr angetan; auch preislich gesehen ist dieser mit einem Stückpreis von 89,00 EUR noch im Rahmen des Möglichen. Somit schließt C. im Namen der Stadt M. mit G. einen Kaufvertrag über acht dieser rückenfreundlichen Schreibtischstühle. Dabei vereinbaren die beiden, dass die Schreibtischstühle erst am 14. Mai 2009 von G. übereignet werden sollen und M. auch erst bei Übereignung den Kaufpreis zahlen wird.

Am vereinbarten Tag ist von G. nichts zu sehen und er ist auch nicht erreichbar. G. hat den Termin vergessen und ist zu der Hochzeit seiner Schwester gefahren. Da die rückenfreundlichen Schreibtischstühle im Kollegium aber schon angepriesen worden sind und dieses ungeduldig auf den Erhalt wartet, setzt C. am 17. Mai 2009 im Namen der Stadt M. ein Schreiben an G. auf, in dem er diesen auffordert, bis spätestens 5. Juni 2009 gegen Zahlung des Kaufpreises zu leisten. G. reagiert auch daraufhin in keiner Weise, sodass M. am 6. Juni 2009 acht qualitativ gleichwertige Schreibtischstühle bei einem anderen Händler kauft. Gleichzeitig schreibt er dem G., die Stadt M. sei nicht mehr an den Schreibtischstühlen interessiert und erkläre hiermit den Rücktritt vom Vertrag. Auf dieses Schreiben des C. namens M. meldet sich G. dann am 10. Juni 2009 auf einmal und erklärt, er halte am Vertrag fest und verlange die Zahlung des Kaufpreises gegen Übereignung der Schreibtischstühle.

AUFGABE

Hat G. gegen M. einen Anspruch auf Zahlung des Kaufpreises?

[LÖSUNG Seite 323]

21 Das gemietete Faxgerät

HILFSMITTEL BGB

Hella Hildebrandt (H.) ist Inhaberin eines gut gehenden Computerfachgeschäfts und dabei stets sehr engagiert. Eine ihrer neuen verkaufsfördernden Attraktionen ist, dass sie ihre brandneuen Faxgeräte, die qualitativ den derzeit höchsten Standard auf dem Computermarkt haben, nicht lediglich verkauft, sondern einen gewissen Prozentsatz auch für einen bestimmten Zeitraum begrenzt vermietet. Dadurch sollen die Kunden in den Genuss der verschiedenen Geräte kommen und so von einem Kauf überzeugt werden.

Im Standesamt der Stadt Witzenhausen (W.) wird ein neues Faxgerät benötigt. Da aufgrund des ständig vorhandenen finanziellen Defizits aber kein Geld für den Kauf eines Faxgeräts bereitgestellt werden kann, wird überlegt, ob das Angebot der H., von dem die Angestellten im Standesamt erfahren haben, angenommen werden solle und damit das dringend benötigte Faxgerät zunächst gemietet werden könne; sobald das Standesamt von W. wieder über finanzielle Mittel verfügt, soll das Faxgerät dann gekauft werden.

Sybille Sendner (S.), die für die Computerausstattung in W. zuständige Angestellte, begibt sich daraufhin zu H. und schließt mit dieser sogleich namens W. einen Mietvertrag über ein derartig qualitativ hochwertiges Faxgerät ab. Dabei bestimmen S. und H. als Rückgabetermin des Faxgeräts den 30. Juni 2009.

Am vereinbarten Tag erscheint aber weder S. noch sonst ein Angestellter der Stadt W., um das Faxgerät entsprechend der Vereinbarung bei Mietvertragsabschluss H. zurückzubringen. Daher ruft H. am folgenden Vormittag bei W. an und erinnert an die bestehende Rückgabepflicht. Während dieses Telefonats erklärt S. im Namen der Stadt W., sie werde das Faxgerät behalten und H. nicht zurückbringen, da es im Standesamt so dringend benötigt werde und zurzeit unverzichtbar sei.

Da die „Vermietungsaktion" von H. aber so gut angelaufen ist, dass H. eine Vielzahl von Mietbegehren vorliegen, muss sich H. Ersatz beschaffen und ein neues qualitativ gleichwertiges Faxgerät im Wert von 298,00 EUR anschaffen. Drei Wochen später ruft S. namens der Stadt W. bei H. an und bekundet ihren Rückgabewillen. H. dagegen ist ärgerlich und verweigert nun die Entgegennahme des Faxgeräts. H. verlangt von W. vielmehr Zahlung der 298,00 EUR für das neu angeschaffte Faxgerät.

AUFGABE

Hat H. gegen W. einen Schadensanspruch?

[LÖSUNG Seite 324]

22 Die zerstörten Espressotassen

HILFSMITTEL BGB

Ein wohlhabender Brautvater hat den Beschäftigten im Standesamt eine Espressomaschine geschenkt. Die Verwaltungsfachangestellte Angerstein (A.), die kürzlich ihren Dienst aufgenommen hat, will zum stilvollen Gebrauch der Maschine einige Espressotassen „spendieren". Sie begibt sich in das Haushaltswarengeschäft des Ludwig Lotz (L.) und sieht sich dort nach Espressotassen um. Auf eine diesbezügliche Nachfrage von A. erläutert ihr L., er habe zurzeit leider keine Espressotassen auf Lager, könne sie aber jederzeit bestellen und ihr dann zusenden. Damit erklärt sich A. sogleich einverstanden und wählt aus dem von L. vorgelegten Katalog eine bestimmte Art von Espressotassen aus, bestellt diese, bezahlt den Kaufpreis und bittet um Zusendung nach Eingang der Tassen. Nachdem L. die bestellten Espressotassen eine Woche später vom Hersteller erhalten hat, verpackt er diese bruchsicher in einem an Frau Angerstein adressierten Karton und beabsichtigt, den Karton seinem Vater Viktor (V.) mitzugeben. Dieser wohnt nämlich zufällig in der Nähe des Standesamtes und erscheint nahezu täglich im Geschäft. Fertig eingepackt und adressiert übergibt L. dem V. den Karton am folgenden Tag. V. nimmt den Karton mit den Espressotassen an sich und macht sich gleich auf den Weg nach A. Auf dem Weg dorthin hat V. unverschuldet einen schweren Unfall, wobei V. mit dem Leben davonkommt, sein Auto aber einen Totalschaden erleidet. Die im Kofferraum des Autos befindlichen Espressotassen werden dabei auch völlig zerstört und sind nicht mehr reparabel. Als A. von der durch den Unfall erfolgten völligen Zerstörung der Espressotassen erfährt, verlangt sie die Lieferung von neuen Espressotassen.

AUFGABE

Hat A. gegen L. einen Anspruch auf Übereignung neuer Espressotassen?

[LÖSUNG Seite 326]

23 Der gemietete Kleintransporter

HILFSMITTEL BGB

Das Einwohnermeldeamt der Stadt Rotenburg (R.) beabsichtigt wegen Platzmangels in ein zwei Straßen weiter gelegenes, leer stehendes großräumiges Gebäude umzuziehen.

Aufgrund dessen erkundigt sich der für diesen Umzug zuständige Angestellte Paul Petersen (P.) bei dem ortsansässigen Speditionsunternehmen Daniel Dorloff (D.), ob dieser für die Woche vom 20. bis 26. Juli 2009 der Stadt R. einen Kleintransporter vermieten könne, D. erklärt, er habe in diesen Zeitraum noch einen Kleintransporter frei und wolle diesen R. für 90,00 EUR pro Tag vermieten, allerdings müsse er den Kleintransporter jedoch spätestens am Morgen des 27. Juli 2009 um 7:00 Uhr zurückerhalten, da der Kleintransporter ab dann für einen weiteren Umzug gebraucht werde. Im Namen von R. erklärt sich P. damit einverstanden und schließt den Mietvertrag mit D. ab.

Am 20. Juli 2009 holt P. den Kleintransporter ab, woraufhin dieser auch für den Umzug verwendet wird. Aufgrund der umzugsbedingten Hektik und Unordnung wird vergessen, den Kleintransporter zurückzubringen, und die von D. erhaltenen Unterlagen mit dem Mietvertrag sind nicht aufzufinden. So kommt es, dass der Kleintransporter dem D. am 27. Juli 2009 nicht zurückgegeben wird und von R. sich auch keiner in irgendeiner Art und Weise bei D. meldet. D. versucht an diesem Tag auch mehrmals vergebens, jemanden bei R. zu erreichen.

Erst am späten Nachmittag des 29. Juli 2009 wird bei R. bemerkt, dass der Kleintransporter zu D. zurückgebracht werden müsse, sodass P. den gemieteten Kleintransporter D. etwa gegen 18:00 Uhr vor dessen Tür stellt und ihm die Autoschlüssel und Fahrzeugpapiere übergibt.

Aufgrund des Fehlens seines Kleintransporters hat D. sich für die drei Tage (27. bis 29. Juli 2009) einen Ersatzwagen mieten müssen, sodass ihm Kosten von 330,00 EUR entstanden sind. Aufgrund dessen ist D. verärgert und verlangt von R. neben dem vertraglich vereinbarten Mietpreis die Erstattung dieser bei ihm angefallenen Kosten für die Anmietung des Ersatztransporters.

AUFGABE

Hat D. gegen R. einen Anspruch auf Ersatz der angefallenen Mietkosten?

[LÖSUNG Seite 328]

24 Das durchnässte Bauamt

HILFSMITTEL BGB

Das Bauamt der Stadt Geesthacht (G.) ist in einem fast 50 Jahre alten zweistöckigen Gebäude mit einem sehr in Mitleidenschaft gezogenen Spitzdach untergebracht; das Bauamt befindet sich dabei im obersten Stock direkt unter dem Dach.

Aufgrund des ständigen Finanzdefizits hat es das Bauamt in den vergangenen Jahren immer wieder versucht, die Erneuerung des gesamten Daches hinauszuzögern.

Aufgrund des extrem gestiegenen Sicherheitsrisikos für alle im Bauamt Beschäftigten sowie für die umliegende Umgebung hat sich der dafür zuständige Angestellte Raphael Richter (R.) entschieden, das Dach endlich decken zu lassen. Daher wird der ortsansässige Dachdecker Detlef Dreyer (D.) im Namen von G. durch R. beauftragt, das Spitzdach völlig neu zu decken. D. nimmt diesen Auftrag an und deckt das Dach des Bauamts der Stadt G. vollständig neu. Drei Monate später werden durch stärkere Winde aber einige Ziegel vom Dach gerissen, sodass schließlich Regen in das Bauamt eindringt. Daraufhin ruft der R. unverzüglich bei D. an und meldet den Schaden im Namen von G. Er fordert D. auf, das Dach umgehend zu reparieren, damit nicht noch größere Schäden entstehen.

Namens G. setzt R. dem D. während dieses Telefonats eine zweiwöchige Frist, innerhalb derer D. den Schaden beheben soll. D. unternimmt während dieser Zeit jedoch nichts. Nach Ablauf der zwei Wochen repariert der handwerklich sehr begabte und erfahrene R. das Dach selbst und verlangt im Namen von G. die dafür angefallenen Kosten von D. ersetzt zu bekommen.

AUFGABE

Hat die Stadt gegen D. einen Anspruch auf Aufwendungsersatz?

[LÖSUNG Seite 330]

25 Ein schmerzhafter Einkauf

HILFSMITTEL BGB

BEARBEITUNGSHINWEIS
Ansprüche aus § 823 ff. BGB sind nicht zu prüfen.

Die Verwaltungsfachangestellte Tanja Töpfer (T.) arbeitet im Sozialamt der Stadt Gifhorn. Seit einigen Tagen ist die Computermaus des an ihrem Arbeitsplatz befindlichen PCs defekt. Die Bearbeitung der vielen Fälle nimmt T. aber überwiegend an ihrem Computer vor, sodass sie möglichst schnell eine funktionierende PC-Maus benötigt. Das Sozialamt hat zu diesem Zeitpunkt keine Ersatzmaus auf Lager und kann wegen des momentanen finanziellen Engpasses innerhalb weniger Tage auch keine besorgen, sodass T. beschließt, sich eine Computermaus vorerst auf eigene Rechnung zu besorgen.

Daher begibt sie sich in das Computerfachgeschäft des Stefan Steinegger (S.), um sich eine entsprechende PC-Maus zu besorgen.

Dort angelangt, hält T. sogleich Ausschau nach PC-Mäusen und findet diese in den verschiedensten Ausführungen in einem der Wandregale. Während sie – die PC-Mäuse betrachtend – vor dem Regal steht und deren Preise und Funktionen vergleicht, kommt S. mit einem verpackten 17-Zoll-Monitor aus dem Lager. Da er den großen Karton mit dem PC-Bildschirm auf seinen Schultern trägt, kann er die seitlich neben ihm stehende T. nicht sehen. S. setzt den Karton ab und rammt die eine Ecke des schweren Kartons während des Absetzens der T. versehentlich in den Rücken.

Daraufhin hat T. starke Rückenschmerzen und lässt sich auch sogleich ärztlich versorgen. Sie muss zur Heilung dieser Verletzung 2 700,00 EUR an ihren Arzt zahlen.

AUFGABE

Welche Ansprüche hat T. gegen S.?

[LÖSUNG Seite 331]

26 Hürden auf dem Wege zum Ansehen

HILFSMITTEL BGB

Der kürzlich gewählte Bürgermeister will das Bewusstsein der Bürger für die Mitverantwortung für das Wohl ihrer Stadt aktivieren und das Ansehen der Stadtverwaltung heben. Er lässt im Eingangsbereich des Rathauses einen „Kummerkasten" anbringen, in den die Bürger Beanstandungen und Anregungen einwerfen können. Außerdem richtet er eine wöchentliche Bürger-Sprechstunde ein, in der er persönlich für Gespräche zur Verfügung steht. Hierzu soll sein Dienstzimmer zusätzlich mit drei bequemen Stühlen ausgestattet werden. Da es sich um eine Auftragsvergabe handelt, die den mit einer öffentlichen Ausschreibung verbundenen Aufwand nicht rechtfertigt, bittet er drei Möbelhandlungen, denen er die vorgesehene Benutzung der Stühle erläutert, innerhalb von zwei Wochen der Gemeindeverwaltung ihr Angebot zuzusenden. Nach Eingang der Angebote entscheidet er sich für die von der Firma Pauly GmbH zum Einzelpreis von 120,00 EUR angebotenen Stühle und wählt aus der dem Angebot beiliegenden Farbskala die Farbe 5 aus.

Außerdem bestellt der Bürgermeister bei der Firma Schnelldruck KG in Gütersloh zur umgehenden Lieferung 300 Abzüge von der vorjährigen Luftaufnahme der Stadt. Er will sie Besuchern zur Erinnerung an die Gespräche überreichen. Grundlage für die Bestellung war ein aus dem letzten Jahr stammender Werbeprospekt der Firma Schnelldruck.

Nach zwei Wochen liefert die Firme Pauly die bestellten Stühle, zur Überraschung des Bürgermeisters mit zitronengelben statt der von ihm erwarteten, der Tapetenfarbe seines Dienstzimmers angepassten dunkelgrünen Bezüge. Es stellt sich heraus, dass die Farbnummer 5 tatsächlich gelbe Bezüge betrifft, während das vom Bürgermeister gewünschte Grün unter Nummer 8 der Farbskala aufgeführt ist. Der Bürgermeister hatte sich offenkundig verlesen. Als der Bürgermeister seinen Irrtum erkennt, ruft er die Firma sofort an, erklärt seinen Irrtum und bittet, die Stühle zurückzunehmen und Stühle mit dunkelgrünen Bezügen zu liefern. Die Firma verweist auf die eindeutige Bestellung nach der Farbnummer 5. Zur Rücknahme der Stühle ist sie nur bereit, wenn die Stadt den bei einem anderweiten Verkauf geringeren Erlös von 30,00 EUR je Stuhl = 90,00 EUR ausgleicht.

Obwohl inzwischen vier Wochen verflossen sind und die Firma Schnelldruck vor einer Woche mit Fristsetzung erinnert worden ist, hat sie weder die bestellten Abzüge geliefert noch Gründe für die Verzögerung mitgeteilt. Der Bürgermeister ist darüber verärgert und entschließt sich, 300 Abzüge einer besondars schönen Aufnahme des Marktplatzes mit dem Rathaus von der ortsansässigen Buchhandlung zu erstehen. Die Buchhandlung bestätigt den Auftrag und liefert termingerecht.

Ohne vorherige Ankündigung gehen vier Monate nach der Bestellung die Abzüge von der Firma Schnelldruck KG ein. Der Bürgermeister erklärt, dass der Bedarf inzwischen anderweitig gedeckt worden sei, und lehnt die Abnahme und Bezahlung ab. Die Firma verweist auf das Bestellschreiben, das versehentlich verlegt worden sei.

AUFGABEN

1 Beurteilen Sie die Forderung der Firma Pauly GmbH auf Zahlung von 90,00 EUR.

2 Prüfen Sie, ob die Forderung der Firma Schnelldruck KG auf Abnahme und Bezahlung der Abzüge begründet ist.

[LÖSUNGEN Seite 333]

27 Verzugseintritt aufgrund besonderer Umstände

HILFSMITTEL BGB

Der Ratskeller der Gemeinde Ilsenberg wird von dem Pächter P. betrieben. Dieser muss eines Morgens feststellen, dass aufgrund eines Wasserrohrbruches der gesamte Gastraum überflutet ist. P. benachrichtigt den Installateur I. um 9:10 Uhr, der verspricht, innerhalb der nächsten 15 Minuten vor Ort zu sein. P. sagt dem I. auch, dass er mit erheblichen Umsatzausfällen zu rechnen hat, wenn er den Ratskeller nicht um 11:30 Uhr, zur Mittagszeit, öffnet. Trotzdem erscheint I. erst um 14:20 Uhr, sodass P. eine Gewinneinbuße von 2 000,00 EUR hat. Den entgangenen Gewinn macht P. gegenüber I. geltend.

AUFGABE

Wie ist die Rechtslage?

[LÖSUNG Seite 334]

28 Verjährung von Ansprüchen

HILFSMITTEL BGB

Der Landkreis verkauft einen drei Jahre alten Kombi an Herrn R. mit Vertrag vom 31. Januar 2005.

Das Kasino des Landkreises kauft eine Spülmaschine bei der Elektrogroßhandlung E. Infolge eines Produktionsfehlers fällt die Spülmaschine 19 Monate nach deren Lieferung aus. Der Landkreis verlangt daher eine neue Spülmaschine von E. Letzterer macht die Einrede der Verjährung geltend.

AUFGABE

Wann verjähren die Ansprüche auf Zahlung des Kaufpreises und Lieferung des Fahrzeugs?

Ist die Elektrogroßhandlung zur Lieferung einer neuen Spülmaschine verpflichtet?

[LÖSUNG Seite 335]

29 Gleichbehandlung von Männern und Frauen beim Dienst an der Waffe in der Bundeswehr

HILFSMITTEL EG-Vertrag, Richtlinie 76/207/EWG vom 9. Februar 1976 zur Verwirklichung des Grundsatzes der Gleichbehandlung von Männern und Frauen

BEARBEITUNGSHINWEISE

Zur Lösung sind Art. 2 und 234 des EG-Vertrages und die „Richtlinie 76/207/EWG vom 9. Februar 1976 zur Verwirklichung des Grundsatzes der Gleichbehandlung von Männern und Frauen hinsichtlich des Zugangs zur Beschäftigung, zur Berufsbildung und zum beruflichen Aufstieg sowie in Bezug auf Arbeitsbedingungen" heranzuziehen.

Die genannte Richtlinie vom 9. Februar 1976 lautet auszugsweise wie folgt:

„Artikel 1:

(1) Diese Richtlinie hat zum Ziel, dass in den Mitgliedstaaten der Grundsatz der Gleichbehandlung von Männern und Frauen hinsichtlich des Zugangs zur Beschäftigung einschließlich des Aufstiegs und des Zugangs zur Berufsausbildung sowie in Bezug auf die Arbeitsbedingungen und in Bezug auf die soziale Sicherheit ... verwirklicht wird. Dieser Grundsatz wird im Folgenden als „Grundsatz der Gleichbehandlung" bezeichnet.

(2) ...

Artikel 2

(1) Der Grundsatz der Gleichbehandlung im Sinne der nachstehenden Bestimmungen beinhaltet, dass keine unmittelbare oder mittelbare Diskriminierung aufgrund des Geschlechts – insbesondere unter Bezugnahme auf den Ehe- oder Familienstand – erfolgen darf.

(2) Diese Richtlinie steht nicht der Befugnis der Mitgliedstaaten entgegen, solche beruflichen Tätigkeiten und gegebenenfalls die dazu jeweils erforderliche Ausbildung, **für die das Geschlecht aufgrund ihrer Art oder der Bedingungen ihrer Ausübung eine unabdingbare Voraussetzung darstellt**, von ihrem Anwendungsbereich auszuschließen.

(3) Diese Richtlinie steht nicht den Vorschriften zum Schutz der Frau, insbesondere bei Schwangerschaft und Mutterschaft, entgegen.

(4) ..."

Frau Tanja Kreil, ausgebildete Elektronikerin, bewirbt sich 1996 für den Instandsetzungsdienst bei der deutschen Bundeswehr. Ihre Bewerbung wird mit der Begründung abgelehnt, dass es durch das Grundgesetz (Art. 12a (4) Satz 2) ausgeschlossen sei, dass Frauen Dienst mit der Waffe leisten. Die genannte Bestimmung des GG-Artikels lautete im Jahre 1996: „Sie (gemeint sind Frauen) dürfen auf keinen Fall Dienst mit der Waffe leisten." Frau K. klagt gegen den Ablehnungsbescheid vor dem Verwaltungsgericht Hannover. Das Verwaltungsgericht hat Zweifel, ob der Bescheid mit dem europäischen Gemeinschaftsrecht vereinbar sei.

AUFGABEN

1 Was kann das Verwaltungsgericht in diesem Fall machen?

2 Wie ist das Verfahren ausgegangen?

[LÖSUNGEN Seite 335]

30 BAföG für ein Studium in Italien

HILFSMITTEL EG-Vertrag, Verordnung (EWG) Nr. 1612/68 des Rates vom 15. Oktober 1968 über die Freizügigkeit der Arbeitnehmer innerhalb der Gemeinschaft

BEARBEITUNGSHINWEISE
Heranzuziehen sind die Artikel 14 (2), 39 und 40 des EG-Vertrages sowie Artikel 12 der Verordnung (EWG) Nr. 1612/68 des Rates vom 15. Oktober 1968 über die Freizügigkeit der Arbeitnehmer innerhalb der Gemeinschaft. Artikel 12 der Verordnung Nr. 1612/68 bestimmt, „dass die Kinder eines EU-Arbeitnehmers unter den gleichen Bedingungen wie die Staatsangehörigen des Aufnahmelandes am allgemeinen Unterricht sowie an der Lehrlings- und Berufsausbildung teilnehmen können, wenn sie im Hoheitsgebiet dieses Mitgliedstaats wohnen".

Die italienische Staatsangehörige Carmina di Leo klagt vor dem Verwaltungsgericht Darmstadt gegen einen Bescheid, mit dem die zuständige deutsche Behörde es abgelehnt hat, ihr Ausbildungsförderung nach dem Bundesausbildungsförderungsgesetz (BAföG) zu gewähren. Es handelt sich um die Tochter eines italienischen Staatsangehörigen, der seit 25 Jahren als Arbeitnehmer in der Bundesrepublik Deutschland beschäftigt ist. Carmina hat die Grund- und die Oberschule in Gedern (Bundesrepublik Deutschland) besucht, wo sie auch ihren Hauptwohnsitz hat. Sie nimmt wegen der bestehenden Zulassungsbeschränkungen im Fachbereich Medizin an deutschen Hochschulen ein Medizinstudium an der Universität Siena in Italien auf. Für dieses Studium wird ihr die Ausbildungsförderung nach dem BAföG verweigert, und zwar unter Hinweis auf eine Bestimmung im BAföG, wonach die Staatsangehörigen eines Mitgliedstaats der EU (damals EWG) von der Förderung ausgeschlossen sind, wenn die Ausbildung in einem Staat durchgeführt wird, dessen Staatsangehörigkeit sie besitzen.

Das angerufene Gericht hat Bedenken, ob diese Entscheidung mit europäischem Recht vereinbar sei, will diese Frage aber nicht selbst entscheiden.

AUFGABEN

1 Welche Garantie des EG-Vertrages könnte betroffen sein?

2 Was kann das Verwaltungsgericht Darmstadt in diesem Fall machen?

3 Wie ist der Fall wohl entschieden worden?

[LÖSUNGEN Seite 337]

31 Die nicht rechtzeitig umgesetzte Richtlinie

HILFSMITTEL EG-Vertrag, BGB

BEARBEITUNGSHINWEISE
Der Fall ist zu lösen unter Berücksichtigung der Art. 249, 234, 226. 228 des EG-Vertrages sowie des § 651k BGB.

Erich Dillenkofer, ein deutscher Staatsangehöriger, bucht im Jahre 1993 eine Pauschalreise ins Ausland. Während dieser Reise fällt der Reiseveranstalter, bei dem er die Reise gebucht hat, in Konkurs. Herr Dillenkofer muss auf eigene Kosten von seinem Ferienort zurückkehren. Bereits im Jahre 1990 hat die damalige EWG eine Richtlinie erlassen (Richtlinie 90/314/EWG des Rates vom 13. Juni 1990 über Pauschalreisen), die den Pauschalreisenden vor solchen Ereignissen schützen soll. Art. 7 dieser Richtlinie sieht nämlich vor, dass Pauschalreisende ein selbstständiges Recht erhalten sollen, mit dem u. a. die Erstattung der Rückreisekosten im Fall des Konkurses des Veranstalters der Pauschalreise sichergestellt werden soll. Diese Richtlinie soll bis zum 31. Dezember 1992 in deutsches Recht umgesetzt werden. Diesen Termin hält die Bundesrepublik aber nicht ein, weil das Gesetzgebungsverfahren sich länger als geplant hinzieht. Tatsächlich kommt es erst im Jahre 1994 zu einer entsprechenden Rechtsänderung, die vorschreibt, dass Pauschalreisenden für den Konkursfall ihres Veranstalters ein eigener unmittelbarer Anspruch gegen einen Reiseversicherer verschafft werden müsse.

Herr Dillenkofer verklagt deshalb die Bundesrepublik Deutschland vor dem Landgericht Bonn auf Schadensersatz, und zwar u.a. mit dem Argument: Wenn Art. 7 der EWG-Richtlinie fristgerecht, d.h. bis zum 31. Dezember 1992, in deutsches Recht umgesetzt worden wäre, dann hätte er durch den Konkurs seines Reiseveranstalters keinen Schaden erlitten.

AUFGABEN

1 Welche Sanktionen kennt das Europarecht gegen einen Staat, der eine Richtlinie nicht termingerecht in sein nationales Recht umsetzt?

2 Wie ist dieser Fall, der ja zunächst beim Landgericht Bonn anhängig war, wohl vor den Europäischen Gerichtshof (EuGH) gekommen?

3 Wie hat der EuGH wohl entschieden?

[LÖSUNGEN Seite 338]

32 Kraftstoffkosten – der Markt

Dezernent Meyer, der auch die Verantwortung für den Fuhrpark der Behörde hat, stellt fest, dass die Kraftstoffkosten für die Dienstfahrzeuge im vergangenen Monat erheblich angestiegen sind. Der Markt für Erdöl und einige zusätzliche Marktfaktoren waren für diese Entwicktung maßgeblich.

Der Markt ist das Zusammentreffen von Angebot (Produktion) und Nachfrage (Konsum/ Bedarf). Der Markt ist der – ideelle, nicht räumliche – Ort, wo durch das ökonomische Prinzip der Preis durch Angebot und Nachfrage gebildet wird.

AUFGABEN

1 Welche Marktarten kennen Sie?

2 In der Wirtschaftslehre ist der Begriff „vollkommener Markt" bekannt. Nennen und beschreiben Sie die Merkmale, die einen vollkommenen Markt ausmachen.

3 In welchen Fällen liegt ein unvollkommener Markt vor?
Nennen Sie konkrete Beispiele.
a) Alle angebotenen Güter sind gleichartig.
b) Es gibt keine persönlichen Präferenzen.
c) Es sind Präferenzen vorhanden.
d) Es liegt vollkommene Markttransparenz vor.
e) Der Kauf einer Jeans wird von der Mode, unabhängig vom Preis, beeinflusst.

4 Herr Meyer stellt fest, dass es in seiner Stadt ungefähr zehn Anbieter für Obst und Gemüse, aber nur einen Anbieter für Brennstoffe (Erdöl, Erdgas) gibt. So lassen sich Märkte nach der Anzahl der Marktteilnehmer in die Marktformen unterscheiden. Welche grundsätzliche Marktformen gibt es?

5 Die Marktformen können nach Anzahl von Anbietern und Nachfragern kombiniert werden.
Was verstehen wir in diesem Zusammenhang unter einem
a) bilateralen (zweiseitigen) Polypol,
b) Monopson?

6 Katharina ist Mitarbeiterin der Behörde. Sie bezieht ein monatliches Einkommen von 2 100,00 EUR brutto. Nach welchen Kriterien kann sie ihr Geld monatlich ausgeben?

[LÖSUNGEN Seite 340]

33 Essenszubereitung – der Markt

Der Kindergarten der Stadt Freiberg sucht auf dem Markt den Anbieter, der die Materialien für das zuzubereitende Essen am günstigsten anbietet. Der Kindergarten sucht sich Angebote aus den Gelben Seiten sowie aus dem Internet heraus, um die kostengünstigste Entscheidung zu treffen. Der Markt bietet hier viele Möglichkeiten.

AUFGABEN

1 Nennen Sie Faktoren, die sich auf das Angebot auswirken können.

2 Anhand folgender Tabelle ist zu sehen, wie sich Angebot und Nachfrage bei den verschiedenen Preisen verhalten. Ergänzen Sie die fehlenden Werte und fertigen Sie die entsprechende Grafik an.
Erläutern Sie an diesem Beispiel den Nachfrageüberhang und den Angebotsüberhang.

Preis für 1 T-Shirt in EUR	Angebot	Nachfrage	Möglicher Absatz in Stück	Möglicher Umsatz in EUR	Preis-tendenz
10,00	20	100			
20,00	40	80			
30,00	60	60			
40,00	80	40			
50,00	100	20			

Zeichnen Sie in die Grafik den Bereich der Konsumentenrente und der Produzentenrente ein und erläutern Sie diese Begriffe.

3 Welche Funktionen hat der Marktpreis im System der Marktwirtschaft?

4 Wo liegen, wenn der Staat in die Preisbildung am Markt eingreift, der Höchstpreis und der Mindestpreis? Welche Folgen können jeweils daraus resultieren? Erstellen Sie eine Grafik.

[LÖSUNGEN Seite 342]

34 Der Wirtschaftskreislauf

Karin ist bei den Stadtwerken in Freiberg beschäftigt. Sie liest in der Zeitung folgenden Artikel:

Berlin. Auf einer gemeinsamen Sitzung der Bundesregierung mit der Gewerkschaft des öffentlichen Dienstes, ver.di, unter Leitung des Bundesinnenministers wurde das Problem der stagnierenden Konjunktur sowie der hohen Arbeitslosigkeit behandelt. Die Bundesregierung wurde aufgefordert, hiergegen geeignete Maßnahmen zu ergreifen. Der Sprecher der Arbeitnehmerseite hielt intensivere Arbeitsmarktpolitik für dringend erforderlich. Der Bundesinnenminister wies in diesem Zusammenhang auf die angespannte Haushaltslage der öffentlichen Kassen hin und schloss vorzeitige Steuererhöhungen aus sozialen Gründen aus. Die Bundesregierung wird in den nächsten Tagen eine genauere Stellungnahme abgeben.

Karin erkennt, dass alle an der Wirtschaft Beteiligten miteinander verflochten sind. Hier sprechen wir vom Wirtschaftskreislauf.

AUFGABEN

1 Im Wirtschaftskreislauf, den der Leibarzt Ludwigs XV., Quesnay (1694 bis 1774), entwickelte und dabei die Tauschvorgänge im menschlichen Kreislauf auf wirtschaftliche Tatbestände übertrug, wirken mehrere Sektoren zusammen.

a) Welches ist das Grundprinzip eines Wirtschaftskreislaufs?

b) Tragen Sie die folgenden Begriffe in das Modell des einfachen Wirtschaftskreislaufs ein:

Unternehmen – Einkommen – Güter/Dienstleistungen – Konsumausgaben – Haushalte – Produktionsfaktoren

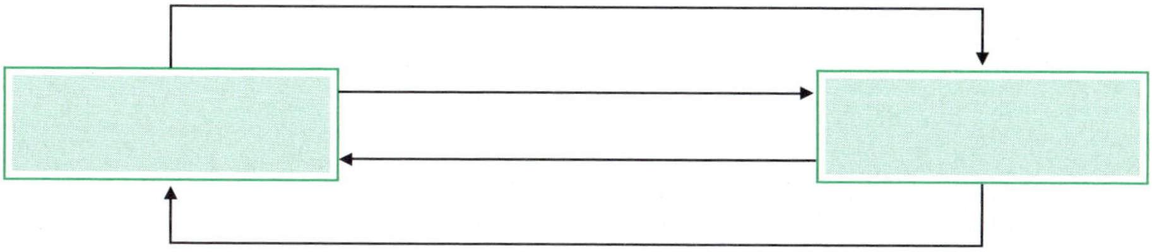

2 Welche Voraussetzungen werden bei diesem einfachen Wirtschaftskreislauf angenommen?

3 Welche Begriffe passen zu welchen Ziffern beim folgenden erweiterten Wirtschaftskreislauf?

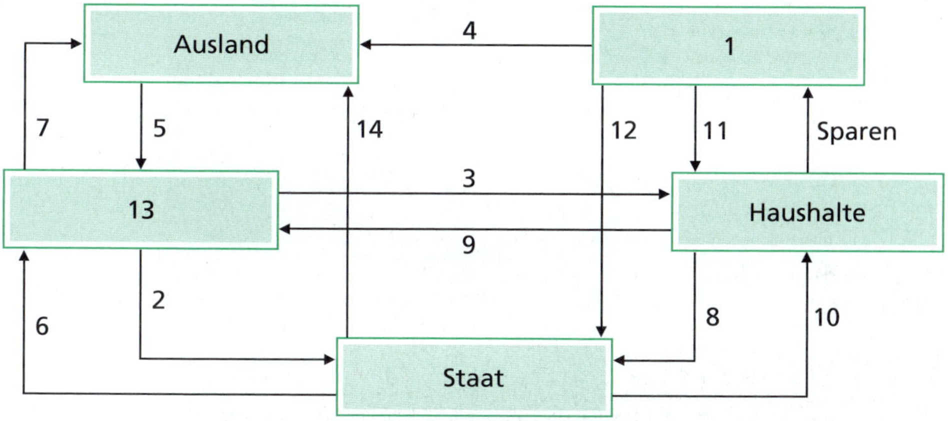

4 Ein Hersteller von CD-Playern produziert in einer Abrechnungsperiode 1 000 CD-Player. Er verkauft sie an einem Elektrogroßhändler zu einem Preis von 20,00 EUR. Der Elektrogroßhändler verkauft die Geräte an den Einzelhändler Riedel & Altmann zu einem Preis von 50,00 EUR. Dieser wiederum verkauft die Geräte an den Endverbraucher zu einem Preis von 90,00 EUR.

Wie hoch ist das Bruttonationaleinkommen?

5 Stellen Sie anhand eines nationalen Produktionskontos das Bruttonationaleinkommen in Kontenform dar.

6 Zur Messung der Wirtschaftsleistung eines Staates wird nicht das Bruttonationaleinkommen, sondern vielmehr das Bruttoinlandsprodukt herangezogen. Beschreiben Sie den Unterschied.

7 Das nominale Bruttoinlandsprodukt (BIP) (= in jeweiligen Preisen) betrug im Jahr 2008 3 210 Mrd. EUR, das reale Bruttoinlandsprodukt (in Preisen von 1997) nur 2 489 Mrd. EUR.
Erklären Sie, wie es zu diesem Unterschied kommt.

8 Welche Kritikpunkte können Sie zur Ermittlung des Bruttoinlandsproduktes vorbringen?

[LÖSUNGEN Seite 344]

35 Wirtschaftspolitik

Die reale Veränderung des Bruttoinlandsproduktes signalisiert die Konjunkturlage, in der sich eine Volkswirtschaft befindet. Die folgende Grafik nimmt wichtige Anzeiger (Indikatoren) für die Konjunktur einer Volkswirtschaft „unter die Lupe“.

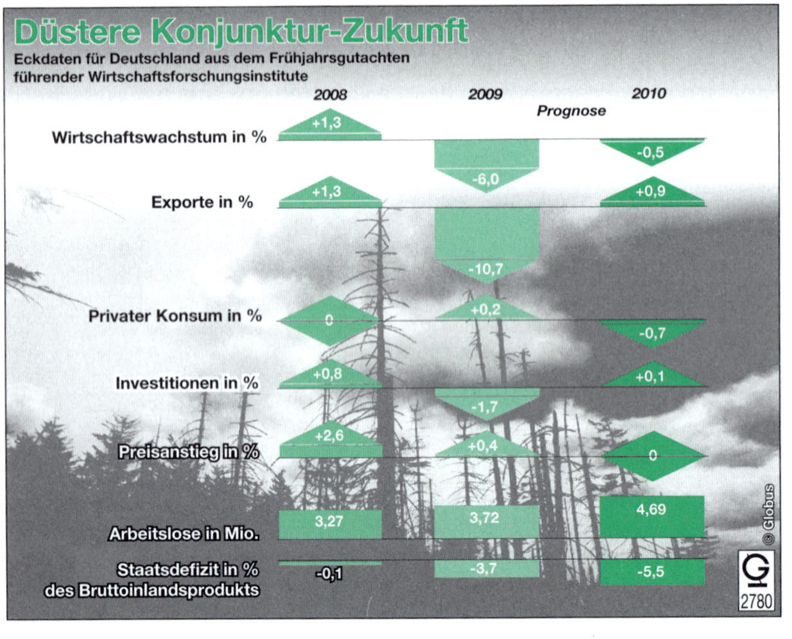

Der Staat ist z. B. durch fiskal- und geldpolitische Maßnahmen an der konjunkturellen Entwicklung beteiligt.

Die folgende Komplexaufgabe bestehend aus neun Teilaufgaben, zielt auf das vorgenannte Wissensgebiet ab.

KOMPLEXAUFGABE

1 Beschreiben Sie den Begriff Konjunktur.

2 Nennen Sie sechs Indikatoren, an denen man die Konjunktur messen kann.

3 Das BIP verändert sich in bestimmten Zeitabständen wellenförmig.
a) Wie heißt der Abstand, in dem sich das reale BIP verändert?
b) Welche Phasen gibt es hierin?
Fertigen Sie eine Grafik an.

4 § 1 des Gesetzes zur Förderung der Stabilität und des Wachstums lautet:
Bund und Länder haben bei ihren wirtschafts- und finanzpolitischen Maßnahmen die Erfordernisse des gesamtwirtschaftlichen Gleichgewichts zu beachten.

Welche vier Indikatoren kennzeichnen dieses gesamtwirtschaftliche Gleichgewicht (magisches Viereck)?

5 Auch der Staat ist zu einem großen Anteil am BIP beteiligt. Der Anteil, mit dem der Staat am BIP beteiligt ist, heißt Staatsquote.
Der Staat erzielt Einnahmen und tätigt Ausgaben, um seine Aufgaben zu erfüllen.
Nennen Sie einige Einnahmen und Ausgaben des Staates.

6 Die folgende Abbildung zeigt den Bundeshaushalt. Berechnen Sie, welchen prozentualen Anteil die vier größten Positionen der Ausgaben ausmachen.

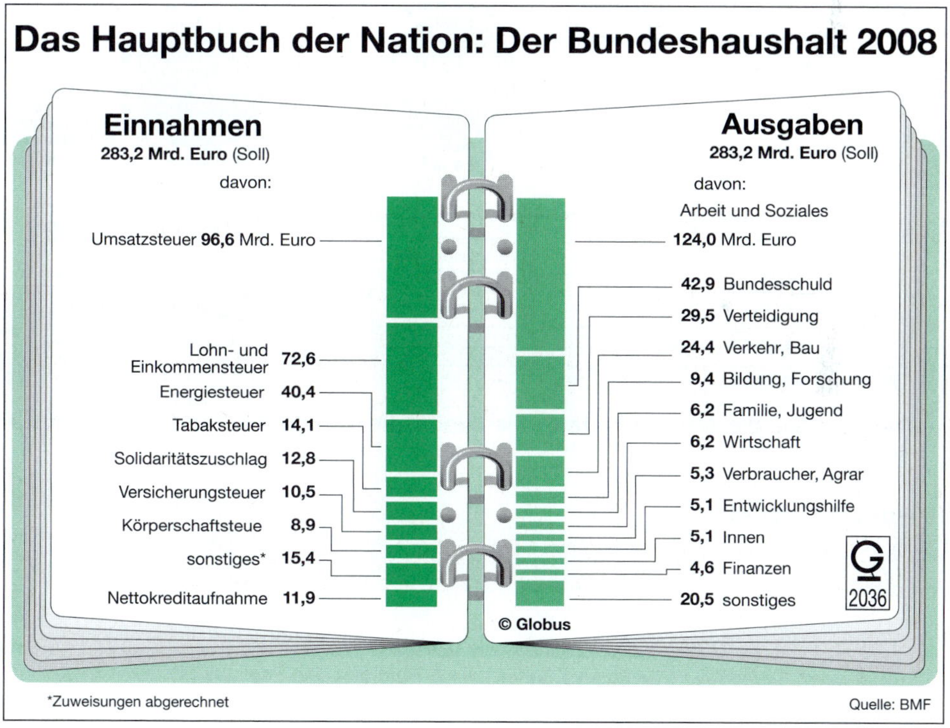

7 Die Wirtschaftsform der Bundesrepublik Deutschland ist die soziale Marktwirtschaft.
a) Wer ist der „Erfinder“ der sozialen Marktwirtschaft?
b) Nennen Sie sechs wesentliche Merkmale der sozialen Marktwirtschaft und erläutern Sie diese.

8 Der Staat ist aufgerufen, in das Wirtschaftsgeschehen einzugreifen, wenn wichtige Ziele nicht erreicht sind.

Welche Eingriffsmöglichkeiten hat der Staat, um die Konjunktur zu beeinflussen?

9 Die Europäische Zentralbank (EZB, Sitz in Frankfurt/Main) hat ebenfalls Möglichkeiten, über die Geldpolitik (monetäre Seite) in das Wirtschaftsgeschehen einzugreifen.
Hauptaufgaben der EZB sind dabei die Sicherung der Währung (Geldwertstabilität) und die Versorgung der Wirtschaft mit Zahlungsmitteln.

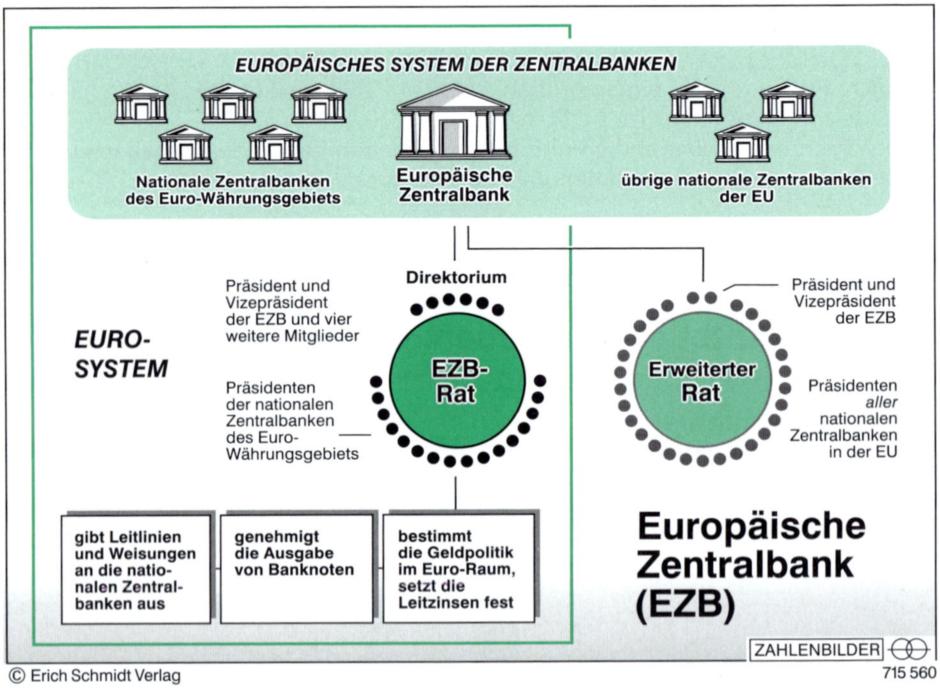

© Erich Schmidt Verlag

Nennen Sie die Möglichkeiten, mit denen die EZB in die Geldmenge eingreifen kann.

[LÖSUNGEN Seite 347]

36 Produktionsfaktoren

Jens Schmidt ist Auszubildender zum Verwaltungsfachangestellten in einer Landesbehörde. In seiner Freizeit sammelt er Champignons, die er dem Leiter der Kantine dieser Behörde gegen ein geringes Entgelt verkauft. In der Kantinenküche werden die Pilze verarbeitet. Die Champignons sind in diesem Fall also die Produktionsfaktoren, die in den Produktionsprozess eingebracht werden.

AUFGABEN

1 Was verstehen Sie, auch abgeleitet aus dem vorstehenden Fall, unter dem Begriff Produktion?

2 Ordnen Sie die folgenden Beispiele den entsprechenden Produktionsfaktoren zu:
- Heizöl
- Küchenmaschine
- Rührschüssel
- Pfeffer
- Fleisch

3 Jens ist Auszubildender zum Verwaltungsfachangestellten. Ist er damit auch ein Produktionsfaktor?

4 In der Kantine der Landesbehörde werden außer Getränken und Süßigkeiten mittags auch drei warme Gerichte verkauft und zwischendurch kleine Mahlzeiten angeboten. Die Kantine verfügt über einen Getränkeautomaten und eine Küche, in der zwei Gasherde mit jeweils acht Kochstellen, zwei Grills, zwei Spülmaschinen sowie die notwendigen Ausstattungsgegenstände vorhanden sind. Für Aufgaben wie
- Organisieren,
- Einkaufen,
- Zubereiten der Speisen,
- Anrichten der Speisen,
- Verteilen der Speisen und
- Kassieren

sind drei Hauswirtschafterinnen, zwei Köche und eine Hilfskraft eingesetzt. Finden Sie heraus, welche Elemente (z.B. Gegenstände, Tätigkeiten) den Produktionsfaktoren „Arbeit, Natur und Kapital" zuzuordnen sind.

5 Unterscheiden Sie den Prozess der Leistungserstellung in der Kantine der Landesbehörde und in der Behörde selbst (Verwaltung) bezüglich einer Kombination der Produktionsfaktoren.

6 Der Wirtschaftskreislauf macht deutlich, dass private Haushalte und Unternehmen fortwährend in einem Tauschverhältnis zueinander stehen.
   a) In welchem der beiden Ströme (Güter- und Geldstrom) kommt der Kreislaufgedanke am ehesten zum Ausdruck?
   b) Begründen Sie, warum der Geld- und Güterstrom entgegengesetzt verlaufen.

[LÖSUNGEN Seite 349]

37 Allgemeine Wirtschaftslehre

AUFGABEN

1 Der Markt ist der Ort, an dem Angebot und Nachfrage zusammentreffen. Was verstehen Sie unter dem Begriff Faktormarkt und welche Faktormärkte sind Ihnen bekannt?

2 Bei Tarifkonflikten verwenden Arbeitgeber häufig das Argument, Lohnsteigerungen führten zur Vernichtung von Arbeitsplätzen. Setzen Sie sich mit dieser These auseinander.

3 In einer Tageszeitung sind folgende verkürzte Texte von Inseraten zu finden:

- Weibliche und männliche Reinigungshilfen für Halbtags- und Ganztagsbeschäftigung von Gebäudereinigung in Cottbus gesucht
- Autoteile, gebraucht und neu, gebrauchte Teile ausgebaut und mit Garantie, auch günstige Neuteile
- Einzelunternehmer mit wachsenden Umsätzen sucht stillen Teilhaber mit 50 000,00 EUR
- Bank sucht durch uns baureife Grundstücke bzw. Abrissgrundstücke

Auf welche Märkte beziehen sich die Inserate?

[LÖSUNGEN Seite 350]

Prüfungsbereich A

Verwaltungsbetriebswirtschaft

Die Fundstellen sind im Folgenden nach niedersächsischem Recht angegeben (in Klammern: Rechtsgrundlagen und ggf. abweichende Lösungen des Neuen Kommunalen Rechnungswesens in Niedersachsen). Die Vorschriften der Länder stimmen strukturell und inhaltlich weitgehend überein. Es empfiehlt sich, sowohl die „alte" GemHVO als auch die „neue" GemHKVO (NKR!) über das Internet einzusehen und ggf. auszudrucken.

1 Zweifel und Fragen bei der Aufstellung des Entwurfs des Haushaltsplanes einer Stadt

Aufgabe 1

Nach § 7 (3) GemHVO sind die Einnahmen einzeln nach ihrem Entstehungsgrund zu veranschlagen. Bußgelder und Zwangsgelder ergeben sich aus unterschiedlichen Gründen.

Obwohl beide Einnahmearten der Untergruppe 260 zugeordnet worden sind, ist ihre getrennte Veranschlagung erforderlich.
(Im NKR existiert kein Einzelveranschlagungsgrundsatz mehr, vgl. fehlende Regelung in § 10 GemHKVO. Durch den sehr feingliederigen Kontenplan schreibt dieser hinreichend vor, was einzeln und was gemeinsam veranschlagt wird. Bußgelder wie auch Zwangsgelder sind im Konto 3631 zu buchen.)

Aufgabe 2

In § 17 (2) GemHVO ist zugelassen, in einem Haushaltsvermerk zu bestimmen, dass Mehreinnahmen aus bestimmten Gegenleistungen Dritter, z.B. Entgelte für Leistungen der Feuerwehr, für Mehrausgaben zur Erbringung dieser Leistungen verwendet werden dürfen. Der Haushaltsvermerk bei der Ausgabe-Haushaltsstelle wird lauten: „Hier dürfen Mehrausgaben bis zur Höhe der Mehreinnahmen bei der Haushaltsstelle 130.110 nachgewiesen werden."

(Im NKR ebenfalls zulässig gemäß § 18 (1) Satz 3 GemHKVO; Konto 3321.)

Aufgabe 3

Durch die Erweiterung des Kindergartens wird die Gebäudesubstanz vermehrt. Die Hochbaumaßnahme führt zu Herstellungsaufwand, der nach § 1 (1) GemHVO als Ausgabe für die Veränderung des Anlagevermögens im Vermögenshaushalt zu veranschlagen ist.

Nach § 10 (3) GemHVO dürfen Ausgaben für Bauten erst veranschlagt werden, wenn Pläne, Kostenberechnungen und Erläuterungen vorliegen, aus denen die Art der Ausführung, die Kosten der Maßnahme und deren Zusammensetzung, die voraussichtlichen Jahresraten unter Angabe der Kostenbeteiligung Dritter und ein Bauzeitplan im Einzelnen ersichtlich sind. Außerdem ist eine Schätzung der nach Fertigstellung der Maßnahme entstehenden jährlichen Haushaltsbelastungen beizufügen.

(Im NKR ist diese Maßnahme im Finanzhaushalt darzustellen, vgl. § 3 Ziffer 5.b) GemHKVO. § 12 (2) GemHKVO regelt die Veranschlagungsvoraussetzungen entsprechend.)

AUFGABE 4

Nach § 85 (1) NGO enthält der Haushaltsplan alle im Haushaltsjahr voraussichtlich eingehenden Einnahmen der Gemeinde. Nach § 7 (1) GemHVO sind sie zu errechnen, notfalls sorgfältig zu schätzen. Die Verpflegungsentgelte müssen daher veranschlagt werden. Die Anrechnung dieser Einnahmen auf die von der Stadt zu gewährenden Besoldungen, Vergütungen und Löhne würde gegen § 7 (2) GemHVO verstoßen, nach dem die Einnahmen und Ausgaben getrennt voneinander in voller Höhe zu veranschlagen sind.

(Im NKR ändert sich an diesen Rechtsaussagen nichts, vgl. § 10 (1) und (2) GemHKVO.)

AUFGABE 5

Die Ausgaben kostenrechnender Einrichtungen werden mindestens teilweise aus den Benutzungsentgelten gedeckt (§ 12 GemHVO). Um diese zutreffend zu ermitteln, sind auch für die Wahrnehmung der Kassengeschäfte nach § 14 (3) GemHVO Personal- und Sachausgaben anteilig bei den kostenrechnenden Einrichtungen zu veranschlagen.

(Im NKR abstrahiert man von dieser Rechtsaussage hinsichtlich der kostenrechnenden Einrichtungen, da gemäß § 21 (1) GemHKVO von der Kosten- und Leistungsrechnung flächendeckend Gebrauch gemacht werden soll; insofern existiert ein eigenständiger Regelungsbedarf für kostenrechnende Einrichtungen nicht mehr. Gemäß § 15 (3) GemHKVO sollen interne Leistungen nunmehr zwischen allen Teilhaushalten veranschlagt und gebucht werden.)

AUFGABE 6

Nach den Begriffsbestimmungen der GemHVO gehören bewegliche Sachen mit Ausnahme geringwertiger Wirtschaftsgüter zum Anlagevermögen. Die Kaufpreise für den Laserdrucker und den Unterstelltisch übersteigen mit netto 420,17 EUR den Grenzbetrag gemäß § 6 (2) EStG von 150,00 EUR; sie sind wirtschaftlich miteinander verbunden, werden nach ihrer Bestimmung in dieser Verbindung genutzt und ihr Gesamtwert übersteigt den Grenzbetrag gemäß § 6 (2) EStG. Die Transportkosten sind Anschaffungsnebenkosten. Der nach § 7 (1) GemHVO zu errechnende Ansatz beträgt 530,00 EUR inkl. MwSt. Der Betrag ist nach § 1 (1) GemHVO im Vermögenshaushalt mit einem gerundeten Ansatz von 600,00 EUR zu veranschlagen und als neue Maßnahme des Vermögenshaushalts nach § 15 GemHVO zu erläutern.

(Im NKR ist die Wertgrenze des § 6 (2) EStG ebenso zu beachten. Die Maßnahme ist im Finanzhaushalt gemäß § 3 Ziffer 5.c) GemHKVO auf 600,00 EUR gerundet zu veranschlagen und gemäß § 16 Ziffer 2 GemHKVO zu erläutern. Gemäß § 47 (2) GemHKVO ist diese Anschaffung in einen Sammelposten aufzunehmen, der vereinfacht abgeschrieben werden darf, da die Anschaffung netto den Wert von 1 000,00 EUR nicht überschreitet.)

AUFGABE 7

Bei der Anschaffung des Klaviers handelte es sich um eine Ausgabe für die Veränderung des Anlagevermögens, weil der Anschaffungspreis über dem Grenzwert von 410,00 EUR lag. Die Veranschlagung hatte daher im Vermögenshaushalt zu erfolgen (§ 1 (1) Nr. 7 GemHVO). Bei der Veräußerung ist der Erlös – ohne Rücksicht auf seine Höhe – ebenfalls im Vermögenshaushalt zu veranschlagen (§ 1 (1) Nr. 2 GemHVO).

(Im NKR ändert sich an der Rechtsaussage nichts. Da das Klavier im Finanzhaushalt erworben und bilanziert worden ist, ist es als Sachvermögen entsprechend zu veräußern. Die Einzahlung ist gemäß § 3 Ziffer 4.c) GemHKVO unabhängig von ihrer Betragshöhe im Finanzhaushalt zu veranschlagen und zu buchen. In diesem Zusammenhang ist auf die Abschreibung im Ergebnishaushalt sowie die Auflösung der Vermögensposition zu achten, vgl. §§ 2 (3) Ziffer 4, (4) Ziffer 1, 47 GemHKVO sowie Muster 16, Spalte 8 und 9 zu § 56 (1) GemHKVO.)

AUFGABE 8

Nach § 14 (2) GemHVO sind u. a. allgemeine Zuweisungen, die die Gemeinde zurückzuzahlen hat, bei den Einnahmen abzusetzen, auch wenn es sich um Einnahmen der Vorjahre handelt.

(Im NKR wird dieser Vorgang genauso behandelt, § 27 (1) GemHKVO. Allerdings ist es nicht mehr ausschlaggebend, dass die Rückzahlung allgemeine Zuweisungen betrifft.)

AUFGABE 9

Die Ausgaben zur Tilgung von Krediten sind nach § 1 (1) Nr. 6 im Vermögenshaushalt, Zinsen hingegen – nach § 1 (2) GemHVO – im Verwaltungshaushalt zu veranschlagen. Nach § 8 (1) GemHVO können Ausgaben im Verwaltungshaushalt, die zu derselben Gruppe gehören oder die sachlich zusammenhängen, in Sammelnachweisen veranschlagt werden. Da alle Zinsausgaben in die Gruppe 80 fallen, können auch die Zinsen für Kassenkredite und innere Darlehen im Sammelnachweis veranschlagt werden. Dieses wird allerdings nicht praktiziert. Die Zinsausgabesätze werden vielmehr für gegenseitig deckungsfähig erklärt.

(Im NKR werden die Tilgungen gemäß § 3 Ziffer 9.a) GemHKVO [Tilgungen innerer Darlehen gemäß § 3 Ziffer 9.b) GemHKVO] im Finanzhaushalt veranschlagt, die Zinsaufwendungen gemäß § 2 (3) Ziffer 5 GemHKVO im Ergebnishaushalt und die Zinsauszahlungen gemäß § 3 Ziffer 2.d) GemHKVO im Finanzhaushalt. Sammelnachweise existieren im NKR nicht mehr, da dem Budgetierungsgedanken der Vorrang gegenüber dem Sammelgedanken gegeben wurde, vgl. § 4 GemHKVO mit § 8 (1) und (2) GemHVO.)

AUFGABE 10

Nach § 16 Nr. 1 GemHVO dienen die Einnahmen des Verwaltungshaushalts insgesamt zur Deckung desselben. Abweichend davon ist in § 17 (1) GemHVO zugelassen, Einnahmen auf die Verwendung für bestimmte Ausgaben zu beschränken, wenn die Gemeinde dazu rechtlich verpflichtet oder wenn die Beschränkung wegen des sachlichen Zusammenhangs gerechtfertigt ist. Die Pachten stellen die Gegenleistung für die Überlassung der Kleingärten und das Recht der Pächter dar, sie zu nutzen und Früchte daraus zu ziehen. Da weder eine rechtliche Verpflichtung zu einer bestimmten Verwendung der Pachten gegeben noch ein sachlicher Zusammenhang zwischen den Pachtzahlungen und dem Schutz der Kleingärten gegen Hasen und Kaninchen gegeben ist, kann ein die Zweckbindung der Pachten bewirkender Haushaltsvermerk nicht vorgesehen werden.

(Im NKR wird dieser Vorgang genauso behandelt, vgl. § 17 (1) Ziffer 1 sowie § 18 (1) GemHKVO.)

AUFGABE 11

Abweichend von § 7 (1) GemHVO, wonach die Einnahmen in Höhe der im Haushaltsjahr voraussichtlich eingehenden Beträge zu veranschlagen sind, müssen die Einnahmen aus Krediten nach § 14 (1) GemHVO in Höhe der Rückzahlungsverpflichtung veranschlagt werden. Gleichzeitig sind die Kreditbeschaffungskosten als Ausgabe zu veranschlagen.

(Im NKR wird dieser Vorgang ähnlich behandelt: Gemäß § 45 (8) GemHKVO werden Schulden mit ihrem Rückzahlungsbetrag ausgewiesen. Gemäß § 3 Ziffer 8.a) GemHKVO ist der Einzahlungsbetrag aus der Kreditaufnahme im Finanzhaushalt zu veranschlagen.

Das sog. Disagio in Höhe von 32 000,00 EUR stellt Kreditbeschaffungsaufwand dar und ist mit dem anteiligen Jahresbetrag im Ergebnis- und Finanzhaushalt zu buchen [Konten 4591 und 7591]. Durch die getrennte Darstellung der Kreditaufnahme und des Disagio im Finanzhaushalt kann als Einzahlungsbetrag der Rückzahlungsbetrag in Höhe von 800 000, EUR veranschlagt werden.)

AUFGABE 12

Es muss zwischen Erhaltungsaufwand und Herstellungsaufwand unterschieden werden, der Arbeiten voraussetzt, die deutlich über das Ausmaß einer laufenden Unterhaltungs- und Instandsetzungsarbeit hinausgehen. Demzufolge handelt es sich bei

- dem Ausbau der Rosenstraße um ein Ausbauvorhaben, das zu Herstellungsaufwand führt; die Kosten sind Ausgaben im Sinne von § 1 (1) Nr. 7 GemHVO, die im Vermögenshaushalt zu veranschlagen sind;
- der Instandsetzung des Gehwegs in der Nelkengasse um Erhaltungsaufwand, dessen Kosten nach § 1 (2) GemHVO im Verwaltungshaushalt veranschlagt werden müssen.

(Im NKR sieht die Lösung entsprechend aus. § 45 (2) und (3) regelt, was unter Anschaffungs- und Herstellungswerten zu verstehen ist. Alle Aufwendungen, die hierunter nicht subsumiert werden können, stellen keine vermögenswerte Auszahlung dar und sind daher dem Ergebnishaushalt zuzuordnen. Entsprechend ist die Instandsetzung des Gehwegs in der Nelkengasse gemäß § 2 (3) Ziffer 3 GemHKVO dem Ergebnishaushalt und der Ausbau der Rosenstraße gemäß § 3 Ziffer 5.b) GemHKVO dem Finanzhaushalt zuzuordnen.)

AUFGABE 13

Nach § 85 (1) NGO enthält der Haushaltsplan alle im Haushaltsjahr voraussichtlich eingehenden Einnahmen und zu leistenden Ausgaben. Sie sind nach § 7 (2) GemHVO in voller Höhe und getrennt voneinander zu veranschlagen. Die Beiträge und die Ausgaben für den Ausbau der Lilienstraße sind in der zu erwartenden Höhe nach § 1 (1) Nr. 4 und 7 im Vermögenshaushalt zu veranschlagen und nach § 15 GemHVO zu erläutern.

(Im NKR ist entsprechend zu verfahren, vgl. § 10 (1) GemHKVO. Die Beiträge sind als Einzahlungen gemäß § 3 Ziffer 4.b) GemHKVO und die Auszahlungen für den Ausbau der Lilienstraße gemäß § 3 Ziffer 5.b) GemHKVO aus Auszahlungen nachzuweisen und gemäß § 16 Ziffer 2 GemHKVO zu erläutern.)

AUFGABE 14

Nach § 7 (1) dürfen die Ausgaben nur in Höhe der im kommenden Haushaltsjahr voraussichtlich zu leistenden Beträge veranschlagt werden. Um über den Haushaltsansatz hinausgehende Verpflichtungen eingehen zu können, bedarf es nach § 91 NGO einer Verpflichtungsermächtigung der Stadtvertretung, die nach § 9 GemHVO im Vermögenshaushalt unter Angabe der die künftigen Haushaltsjahre belastenden Teilbeträge vorzusehen und nach § 15 (1) Nr. 3 zu erläutern ist.

(Im NKR gilt entsprechend § 11 GemHKVO für die Veranschlagung von Verpflichtungsermächtigungen. Eine gesonderte Erläuterungspflicht ist in § 16 GemHKVO nicht [mehr] ausgewiesen, allerdings kann eine Erläuterung empfohlen werden, da diese Vorschrift nur Mindeststandards regelt.)

AUFGABE 15

Der Einbau eines Aufzugs im Dienstgebäude des Sozialamts führt zu Herstellungsaufwand, mithin zu einer Ausgabe, die nach § 1 (1) Nr. 7 GemHVO im Vermögenshaushalt zu veranschlagen ist. Die Ausgaben für die Unterhaltung des Dienstgebäudes sind im Verwaltungshaushalt zu veranschlagen. § 18 (2) GemHVO lässt die gegenseitige

Deckungsfähigkeit von Ausgaben sowohl innerhalb des Verwaltungs- als auch des Vermögenshaushalts zu, wenn sie sachlich zusammenhängen und es die wirtschaftliche Aufgabenerfüllung fördert. Da es sich jedoch um Ausgaben handelt, von denen eine im Vermögenshaushalt und die andere im Verwaltungshaushalt zu veranschlagen ist, können sie nicht gegenseitig deckungsfähig erklärt werden; vgl. auch das Trennungsprinzip in § 16 GemHVO.

Ist die Haushaltsstelle für die Unterhaltung des Dienstgebäudes in einem Budget enthalten, darf im Haushaltsplan bestimmt werden, dass dort ersparte Ausgabemittel zu geringfügigen Mehrausgaben beim Einbau des Aufzugs verwendet werden dürfen (§ 18 (3) GemHVO). Der Einbau eines Aufzugs kann jedoch kaum als geringfügige Ausgabe subsumiert werden.

(Im NKR verhält sich der Lösungsweg entsprechend: Auch hier ist zwischen den Maßnahmen des Ergebnishaushaltes [hier § 2 (3) Ziffer 3 GemHKVO] und den Maßnahmen des Finanzhaushaltes [hier § 3 Ziffer 5.b) GemHKVO] strikt zu unterscheiden. Eine gegenseitige Deckungsfähigkeit kommt gemäß § 19 (2) oder (3) GemHKVO grundsätzlich nur innerhalb des Ergebnis- oder innerhalb des Finanzhaushaltes in Betracht. Auch im NKR gestattet § 19 (4) GemHKVO, innerhalb eines Budgets eingesparte Aufwandsermächtigungen zugunsten unerheblicher Investitionsauszahlungen für einseitig deckungsfähig zu erklären. Der Einbau eines Aufzugs in einem Dienstgebäude kann jedoch nicht als unerheblich im Sinne dieser Vorschrift ausgelegt werden.)

AUFGABE 16

Das Klärwerk ist Teil der Abwasserbeseitigungsanlage, die eine kostenrechnende Einrichtung im Sinne von § 12 GemHVO ist. Im Verwaltungshaushalt sind daher nach betriebswirtschaftlichen Grundsätzen zu ermittelnde kalkulatorische Kosten zu veranschlagen:

- Abschreibungen, die nach der mutmaßlichen Nutzungsdauer zu bemessen sind. Die Herstellungskosten betrugen 8,7 Millionen EUR; bei einer Nutzungsdauer von 30 Jahren sind 290 000,00 EUR anzusetzen.
- Zinsen für das aufgewendete Kapital; dabei bleiben die aus Beiträgen, Zuweisungen und Zuschüssen aufgebrachten Kapitalanteile außer Betracht. 5,8 % von 7,5 Millionen EUR = 435 000,00 EUR. In den Folgejahren ist bei der Veranschlagung der Zinsen von dem um die Abschreibung verminderten Wert auszugehen.

Im Kommunalabgabengesetz ist zugelassen, Abschreibungen und Zinsen statt von den Herstellungskosten von den Wiederbeschaffungszeitwerten zu berechnen. Die Beträge werden gleichzeitig im Abschnitt 91 als Einnahmen veranschlagt.

(Im NKR ist dieser Vorgang ähnlich, aber nicht gleich zu behandeln, und dies aus einem anderen Grundverständnis heraus. Danach ist grundsätzlich jeder angeschaffte oder hergestellte Wertgegenstand regelgerecht abzuschreiben, vgl. § 47 (1) Satz 1 GemHKVO. Da im Sachverhalt eine konkrete Nutzungsdauer angegeben worden ist, wird hier entsprechend § 47 (3) Satz 2 GemHKVO vom ansonsten empfohlenen Wert abgewichen [ND = 23]. Der Abschreibungsbetrag beläuft sich also nach den Regeln des NKR auf 290 000,00 EUR jährlich. Er ist gemäß § 2 (3) Ziffer 4 GemHKVO im Ergebnishaushalt als Aufwand zu veranschlagen und zu buchen. Die erhaltenen Landeszuschüsse sind gemäß § 3 Ziffer 4.a) GemHKVO im Finanzhaushalt zu veranschlagen, zu buchen und zu passivieren [sie führen zu einer Bilanzposition {Konto-Nr. 211}]. Dieser Sonderposten ist entsprechend der Nutzungsdauer in 30 gleichen Raten aufzulösen [40 000,00 EUR p.a.], was zu entsprechend hohen jährlichen Erträgen führt. Auf der anderen Seite sind dafür sämtliche gebundenen Kapitalien zu verzinsen, denn das kaufmännische Rechnungswesen prägt das Refinanzierungsinteresse und nicht das Gebührenprinzip.)

2 Nicht genehmigtes Feuerwehrauto sorgt für Wirbel – Zustandekommen und Genehmigung der Haushaltssatzung

AUFGABE 1

Die Haushaltspläne der öffentlich-rechtlichen Körperschaften werden von den gewählten Vertretungen in Bund und Ländern durch Gesetze, in den Gemeinden durch Haushaltssatzungen festgestellt. Die Haushaltspläne stellen die in Einnahmen und Ausgaben (Erträgen und Aufwendungen, Einzahlungen und Auszahlungen) auszugleichende Planung für das kommende Jahr dar. Sie sind das Arbeitsprogramm der Vertretungen in Zahlen und Grundlage der Haushaltswirtschaft (§ 85 (3) NGO). Die Vertretungen entscheiden, für welche Zwecke und bis zu welchen Beträgen Ausgaben geleistet werden dürfen.

Die Stadtvertretung in Fichtenstadt hatte im Vorjahr für die Beschaffung eines Feuerwehr-Fahrzeugs 140 000,00 EUR bewilligt. Nach der Rechtskraft der Haushaltssatzung war die Verwaltung ermächtigt, das Fahrzeug, für dessen Beschaffung die Mittel bewilligt worden waren, anzuschaffen. Sie hat sich jedoch über die Entscheidung der Stadtvertretung hinweggesetzt, die Beschaffung eines teureren Fahrzeugs verfolgt und die dazu erforderlichen zusätzlichen Mittel mit unrichtigen Angaben erreichen wollen. Die Missachtung des Beschlusses der Stadtvertretung hat deren Empörung ausgelöst. Der Bürgermeister sollte – auch zur Entspannung des Verhältnisses zwischen Verwaltung und Stadtvertretung – die Untersuchung des Vorkommnisses durch das Rechnungsprüfungsamt und einen Bericht über deren Ergebnis in der nächsten Sitzung der Stadtvertretung ankündigen. Die Verwaltung sollte die Begründung für ihr abweichendes Verhalten angeben.

Um eine den Beschlüssen der gewählten Vertretung entsprechende, uneigennützige und ordnungsmäßige Haushaltsführung zu sichern, sind die Zuständigkeiten gesetzlich festlegt: Die Gemeindevertretung, das von den Einwohnern gewählte Organ der politischen Willensbildung, beschließt die Haushaltssatzung und damit den Haushaltsplan (§ 86 (1) NGO) und beschließt die Jahresrechnung sowie die Entlastung des Hauptverwaltungsbeamten (§ 101 (1) NGO).

Der Bürgermeister bereitet den Haushaltsplan und die Haushaltssatzung vor und führt sie nach ihrer Rechtskraft aus (§ 62 (1) Ziffer 1 und 2 sowie (2) NGO).

Die Gemeindekasse erledigt den Zahlungsverkehr und führt die Bücher (Aufzeichnungen), die nach Ablauf des Haushaltsjahres der Rechnungslegung dienen (§ 98 NGO). Das Rechnungsprüfungsamt prüft die Jahresrechnung. Sein Bericht bildet die Grundlage für die Entscheidung der Stadtvertretung über die Entlastung des Bürgermeisters (§ 101 (1) NGO).

(Im NKR ändert sich hinsichtlich dieser Lösung nichts.)

AUFGABE 2

1. Die Bestellung eines Spezialfahrzeugs wie die eines Tanklöschfahrzeugs bedarf im Regelfall eines aufwendigen Beschaffungsvorganges. Von der Initiative zur Beschaffung eines solchen Fahrzeugs bis zur Auslieferung können mitunter bis zu eineinhalb Jahre vergehen.
2. Es kann sich herausgestellt haben, dass das vermutlich durch die Neuanschaffung zu ersetzende Fahrzeug noch länger eingesetzt werden konnte, sodass die Nachfolgebeschaffung verzögert wurde.

3. Es kann der Fall eingetreten sein, dass die Ausschreibung dieser Anschaffung ein deutlich höheres betragliches Ergebnis erbracht hat.
4. Möglicherweise wurde wegen des Ausschreibungsergebnisses zu 3. die Ausschreibung aufgehoben und neu gestartet. Hierdurch traten die geschilderten Verzögerungen ein. An dem deutlich höheren Beschaffungspreis hat sich daraufhin nichts geändert.
5. Eventuell hat sich hinsichtlich des notwendigen und sinnvollen Beschaffungsumgangs zwischen dem Beschluss des Rates über die Haushaltsmittel und der Ausschreibung ein neuer Sachstand für die Verwaltung ergeben, z. B. durch Gespräche mit dem Stadtkommando der Feuerwehr oder der Ortswehr.
6. Es kann tatsächlich auch ein Konflikt zwischen Verwaltung und Politik bereits seit den Haushaltsberatungen bestanden haben, der sich – wie in der Presse geschildert – in einem nicht beschlusskonformen Verwaltungsverhalten ausdrückt.

(Im NKR ändert sich an diesen Überlegungen nichts.)

AUFGABE 3

In den Angaben zum Entwurf der Haushaltssatzung fehlen die Hebesätze für die Grund- und Gewerbesteuern (vgl. § 84 (2) NGO). Es kann zulässig sein, die Hebesätze auch in einer besonderen Steuersatzung festzulegen (§ 84 (2) Ziffer 3 NGO).

Verpflichtungsermächtigungen dürfen in der Regel im Zeitrahmen der dem Haushaltsjähr folgenden, von der Finanzplanung erfassten drei Jahre veranschlagt werden. Ausnahmsweise dürfen sie den Zeitrahmen bis zum Abschluss einer Maßnahme umfassen. Sie dürfen den Ausgleich künftiger Haushalte nicht gefährden (§ 91 (2) NGO) und bedürfen der Genehmigung der Rechtsaufsichtsbehörde, soweit in den Planjahren, zu deren Lasten sie veranschlagt sind, insgesamt Kreditaufnahmen vorgesehen sind (§ 91 (4) NGO).

Kredite dürfen nur für Investitionen, Invenstitionsförderungsmaßnahmen und zu Umschuldungen aufgenommen werden, wenn

- eine andere Finanzierung unmöglich ist oder unzweckmäßig wäre,
- dies mit der dauernden Leistungsfähigkeit der Gemeinde im Einklang steht (§§ 83 (3) und 92 (2) NGO).

Kredite sind im Vermögenshaushalt (Finanzhaushalt) zu veranschlagen. Der Gesamtbetrag der im kommenden Haushaltsjahr vorgesehenen Kreditaufnahmen bedarf der Genehmigung der Rechtsaufsichtsbehörde (§ 92 (2) NGO).

Kassenkredite (Liquiditätskredite) dienen der vorübergehenden Verstärkung des Kassenbestandes der Stadtkasse, um die rechtzeitige Leistung der Ausgaben (Auszahlungen) zu ermöglichen (§ 94 (1) NGO). Sie sind insgesamt genehmigungsbedürftig, wenn sie einen in den Gemeindeordnungen bestimmten Teil, z. B. ein Fünftel, ein Sechstel oder ein Zehntel, der im Verwaltungshaushalt (Finanzhaushalt) veranschlagten Einnahmen überschreiten. In Niedersachsen liegt die Freigrenze bei einem Sechstel (§ 94 (2) NGO).

(Im NKR sieht die Lösung dieser Aufgaben identisch aus.)

AUFGABE 4

Die Dauer des Verfahrens zur Aufstellung der Haushaltspläne wird von der Gemeindegröße (Zahl der Ausschüsse, evtl. Bezirksvertretungen) und von der Gliederung der Verwaltung beeinflusst. Das Verfahren selbst ist strukturell überall identisch.

Die Aufstellung des Haushaltsplans beginnt mit der Aufforderung an die Ämter/Fachbereiche, die sie betreffenden Abschnitte/Unterabschnitte (Teilhaushalte) aufzustellen und dabei die Veranschlagungsgrundsätze zu beachten.

Die von den Ämtern/Fachbereichen gemeldeten Daten werden vom Amt für Finanzen (Kämmerei) zu den vorgeschriebenen zehn Einzelplänen (im NKR: zu den vorgeschriebenen Teilhaushalten) zusammengefasst, deren Summen in den Gesamtplan (im NKR: in den Ergebnishaushalt bzw. Finanzhaushalt) einfließen.

Der Bürgermeister leitet den Ausschüssen der Gemeindevertretung die in ihren Aufgabenbereich fallenden Teile des Haushaltsplans zur Beratung zu. Soweit Bezirksvertretungen (Ortsräte, Stadtbezirksräte) existieren, sind diese bezüglich ihrer haushaltswirtschaftlichen Belange anzuhören (§§ 55c (2), 55g (2) NGO).

Der Finanzausschuss koordiniert die Ergebnisse der Ausschuss-Beratungen (und ggf. die Wünsche der Ortsräte bzw. Stadtbezirksräte). Dabei bereitet die Herstellung des Haushaltsausgleichs besondere Schwierigkeiten.

Es folgt die Beratung im Hauptausschuss (in Niedersachsen Verwaltungsausschuss), der die Beschlüsse der Gemeindevertretung vorbereitet.

Der Entwurf des Haushaltsplans mit seinen Anlagen wird dem Entwurf der Haushaltssatzung beigefügt. Sie werden von der Gemeindevertretung in öffentlicher Sitzung beraten und beschlossen.

Die von der Gemeindevertretung beschlossene Haushaltssatzung mit ihren Anlagen soll der Rechtsaufsichtsbehörde vor Beginn des Haushaltsjahres zugehen.

Die Haushaltssatzung ist öffentlich bekannt zu machen, wenn sie genehmigungspflichtige Teile enthält, nach ihrer Genehmigung. Mit der Bekanntgabe der Satzung ist der Hinweis zu verbinden, dass jeder die Satzung, den Haushaltsplan und seine Anlagen einsehen kann.

Zu beachtende Rechtsgrundlagen sind: § 62 (1) Ziffer 1 und 2, § 84 (1) und (3), § 86 NGO.
(Im NKR ändert sich an diesem Verfahren nichts.)

3 Ablehnung des Erlasses einer Forderung mit Hinweis auf Stundung

AUFGABE 1

Kämmereiamt
- 20.14 -

Rosenberg, 11.08.20..

1. Vermerk
   Forderung von 724,40 EUR gegen Frau Maria Funke;
   Erlassvorschlag des Sozialamtes vom 07.08.20..
   auf den Erlassvorschlag von Frau Funke vom 02.08.20..
   Der Erlass einer Forderung ist nach § 32 (3) GemHVO (im NKR: § 32 (3) GemHKVO) zulässig, wenn ihre Einziehung für die Schuldnerin eine besondere Härte bedeutet. Das wäre der Fall, wenn sie sich in einer unverschuldeten wirtschaftlichen Notlage befände und die Durchsetzung des Anspruchs zu einer Existenzgefährdung führen würde. Da Frau Funke über ein monatliches Nettoeinkommen von 1428,40 EUR verfügt, kann weder von einer Notlage noch von einer Existenzgefährdung ausgegangen werden. Die Forderung kann daher nicht erlassen werden. Hinweise auf Zulässigkeit eines Teil-Erlasses ergeben sich aus den mir vorliegenden Unterlagen nicht.
   Eine Stundung der Forderung kann in Betracht gezogen werden, wenn die Voraussetzungen in § 32 (1) GemHVO (§ 32 (1) GemHKVO) erfüllt sind. Das ist der Fall, wenn die Einziehung der Forderung bei Fälligkeit eine erhebliche Härte bedeuten würde und der Anspruch durch die Stundung nicht gefährdet wird. Im vorliegenden Fall ist davon auszugehen, dass die sofortige Einziehung des Betrages zu einer erheblichen Härte führen würde. Die Schuldnerin ist aufgrund ihres frei verfügbaren Einkommens nicht in der Lage, die Schuld in der Gesamthöhe auf einmal zu begleichen; eine Stundung der Forderung durch die Einräumung von Ratenzahlungen ist angezeigt.

   Aufgrund der Zuständigkeitsregelung in der Dienstanweisung hat der Leiter des Sozialamts in eigener Zuständigkeit zu entscheiden.

   Sicher, Verwaltungsfachangestellter

2. über Kämmerei-Abteilungsleiter Schnell z. K.
3. Herrn StoAR Krämer (AL 20) m. d. B. um Kenntnisnahme und Entscheidung
4. ...

AUFGABE 2

Kämmereiamt Rosenberg, 14.08.20..
-20.14-

An das
Sozialamt
im Hause

Erlass einer Forderung von 722,40 EUR gegen Frau Maria Funke
Ihr Schreiben vom 07.08.20.. (Az. -50.22-)

Nach § 32 (3) GemHVO (§ 32 (3) GemHKVO) dürfen Ansprüche ganz oder zum Teil erlassen werden, wenn ihre Einziehung für den Schuldner eine besondere Härte bedeuten würde. Eine solche Härte liegt dann vor, wenn der Schuldner sich in einer unverschuldeten Notlage befindet und die Durchsetzung des Anspruchs zu einer Gefährdung seiner Existenz führen würde. Diese Voraussetzungen liegen bei Frau Funke, die über ein monatliches Nettoeinkommen von 1428,40 EUR verfügt, nicht vor. Aus diesem Grunde kann ich Ihrem Vorschlag, dem Antrag von Frau Funke zu folgen, den Betrag zu erlassen, nicht entsprechen.

Aufgrund § 32 (1) GemHVO (§ 32 (1) GemHKVO) kann eine Stundung der Forderung in Betracht gezogen und können der Schuldnerin monatliche Teilzahlungen eingeräumt werden, die bis zur Tilgung der Schuld zu den laufenden Zahlungen hinzutreten.
Nach der Zuständigkeits- und Wertgrenzenregelung in der Dienstanweisung haben Sie dies im Rahmen Ihrer eigenen Zuständigkeit zu entscheiden. Bitte achten Sie auch ggf. auf eine angemessene Verzinsung, § 32 (1) Satz 2 GemHVO (§ 32 (1) Satz 2 GemHKVO).
Sollten hierbei Aspekte unberücksichtigt geblieben sein, die in Abweichung dieser Sachentscheidung einen Teil-Erlass rechtfertigen würden, so bitte ich Sie, mir dies entsprechend aufzuzeigen.

Kämmereileiter /Si14.08.

4 Mittelbewirtschaftung bei der Feuerwehr – den Haushaltsansatz überschreitende Ausgaben

AUFGABE 1

Haushaltsüberwachung

Haushaltsausgaberest a. V.	EUR	42400 EUR	Haushaltsjahr	...
Haushaltssoll	42400 EUR	EUR	Haushaltsstelle	130.553
zuzüglich/abzüglich Nachträge			Bezeichnung:	Unterhaltung von Fahrzeugen (126.7251) der Feuerwehr (126.4251)
Deckung nach § 17 GemHVO (im NKR: § 18 GemHKVO)	EUR			– Der Ansatz darf bis zur Höhe der Mehreinnahmen bei der Hst. 130.118 (127.3321 bzw. 6321) verstärkt werden. –
Deckung nach § 18 GemHVO (im NKR: § 19 GemHKVO)	EUR			
über- und außerplanmäßige Bewilligungen	EUR	EUR		
abzüglich gesperrte Mittel		EUR		
Ausgabe-(Aufwands-/Auszahlungs-)ermächtigung insg.		42400 EUR		

Lfd.Nr.	Datum	Stand der Ausgabe-ermächtigung EUR	Gegenstand der Ausgabe	Bewegungen		neue Stände		verfügbar EUR
				Festlegungen (Aufträge) EUR	Anordnungen EUR	Festlegungen (Aufträge) EUR	Anordnungen EUR	
46		42400	Auszahlungen bis Ende November				39896,47	2503,53
47		42400	Schnell, Reparatur LHA 23	800,00		800,00	39896,47	1703,53
48	03.12.	42400	Tankstelle Oelmann, Betriebsstoffe		168,40		40064,87	1535,13
49	08.12.	42400	Schnell, Reparatur LHA 23	–800,00	783,68		40848,55	1551,45
50	12.12.	42400	Tankstelle Oelmann, Betriebsstoffe		163,20		41011,75	1388,25
51	15.12.	42400	Reifen-Max, Reifen	680,00		680,00	41011,75	708,25

(Im NKR ist ein verbindliches Haushaltsüberwachungs-Muster zu § 26 GemHKVO nicht [mehr] vorgesehen. Es empfiehlt sich gleichwohl, das früher verbindliche Muster 20 zu § 26 GemHVO in entsprechender Weise anzuwenden, da durch dessen Verwendung die gemäß § 26 (3) GemHKVO auch im NKR geforderte Überwachung der Inanspruchnahme der haushaltsrechtlichen Ermächtigungen in gleicher Weise gewährleistet werden kann. Die betraglichen Darstellungen ändern sich im NKR natürlich nicht.)

AUFGABE 2

In § 17 (2) GemHVO ist zugelassen, im Haushaltsplan zu bestimmen, dass Mehreinnahmen bei Entgelten für bestimmte Leistungen als Mehrausgaben zur Erbringung der Leistungen verwendet werden können. Die Haushaltsstelle 130.118 (im NKR: 127.3321/6321) erfasst „Entgelte für Leistungen", die Mittel der Haushaltsstelle 130.553 (126.4251/7251) „Unterhaltung von Fahrzeugen der Feuerwehr" sind erforderlich, um u.a. diese Leistungen erbringen zu können. Die Beziehungen zwischen den beiden Haushaltsstellen beruhen auf einem Haushaltsvermerk, nach dem Mehreinnahmen bei der Haushaltsstelle 130.118 (im NKR: 127.3321/6321) zu Mehrausgaben bei der Haushaltsstelle 130.553 (126.4251/7251) verwendet werden dürfen.

(Im NKR verändert sich der einzuschlagende Lösungsweg. Denn eine § 17 (2) GemHVO entsprechende Rechtsnorm fehlt im NKR. [Dieses ist zu kritisieren, denn der „Umweg", der nun für die entsprechende Lösung genommen werden muss, bewirkt im Ergebnis eine abweichende Gesamtsituation.] Gemäß § 18 (1) Satz 2 GemHKVO kann eine Beschränkung der Erträge von Hst. 127.3321 zugunsten der Aufwendungen von Hst. 126.4251 wegen des sachlichen Zusammenhangs geboten sein; dann ist ein Zweckbindungsvermerk auszuweisen. In diesem Falle dürfen dann gemäß § 18 (1) Satz 3 GemHKVO zweckgebundene Mehrerträge zugunsten von Mehraufwendungen verwendet werden, wenn entsprechende Einzahlungen vorhanden sind. [Der Unterschied dieser beiden Rechtslagen besteht darin, dass nach dem kameralen Haushaltsrecht lediglich die Mehreinnahmen zur Deckung von Mehrausgaben herangezogen werden, während zur Erreichung dieses Deckungszieles im NKR bereits die planmäßigen Erträge zwingend für die planmäßigen Aufwendungen zweckgebunden werden müssen.])

AUFGABE 3

Zu a): Nach § 18 (2) Satz 1 GemHVO dürfen Ausgaben im Verwaltungshaushalt für gegenseitig deckungsfähig erklärt werden, wenn sie sachlich zusammenhängen und es die wirtschaftliche Aufgabenerfüllung fördert. Das gilt nach § 18 (2) Satz 2 auch für Ausgaben des Vermögenshaushalts. Es ist indessen nicht zulässig, wie vom Sachbearbeiter erwogen, Haushaltsstellen des Verwaltungs- und des Vermögenshaushalts für gegenseitig deckungsfähig zu erklären. § 18 (3) GemHVO sieht zwar für Haushaltsstellen, die gemäß § 8 (2) GemHVO einem Budget zugeordnet sind, grundsätzlich die Möglichkeit vor, dass zugunsten eines nicht erheblichen Mehrausgabebedarfs im Vermögenshaushalt Einsparungen im Verwaltungshaushalt verwendet werden können, wenn ein entsprechender einseitiger Deckungsvermerk ausgewiesen ist. Hier sollen jedoch Einsparungen im Vermögenshaushalt für einen Mehrbedarf im Verwaltungshaushalt eingesetzt werden, und dies außerdem auf Grundlage eines GD-Vermerkes, was beides nicht statthaft ist. Zur Deckungsfähigkeit bedarf es der Ausweisung eines Haushaltsvermerks, der vor der satzungsmäßen Feststellung des Haushaltsplans hätte vorgesehen werden müssen.

(Im NKR ändert sich an dem rechtlichen Ergebnis nichts, sondern nur an den anzuwendenden Rechtsgrundlagen: Das konkrete Querfinanzierungsverbot zwischen Ergebnis- und Finanzhaushalt entsteht nunmehr durch die getrennten Regelungen in § 19 (2) und § 19 (3) GemHKVO. Die Durchbrechungsmöglichkeit des § 19 (4) GemHKVO für Budgets, § 4 (3) GemHKVO, greift auch hier nicht.)

Zu b): Geringfügige Beträge für verschiedene Zwecke, die von keiner Haushaltsstelle erfasst sind, können nach § 7 (3) Satz 3 GemHVO als vermischte Ausgaben zusammengefasst veranschlagt werden. Für denselben Zweck sollen jedoch Ausgaben an verschiedenen Stellen im Haushaltsplan nicht veranschlagt und auch nicht verrechnet werden, weil dies die Klarheit in der Haushaltsführung beeinträchtigen würde (§ 7 (4) GemHVO).

(Im NKR existiert keine explizite Regelung zu geringfügigen Erträgen und Aufwendungen, vgl. § 10 GemHKVO. Da allerdings mit der Konto-Nr. 4429 vermischte Aufwendungen buchungsmäßig zugeordnet werden können, durften sie auch veranschlagt werden. Eine unbürokratische Inanspruchnahme durch Verrechnung oder ein-/gegenseitige Deckungsfähigkeit kommt allerdings grundsätzlich nicht in Betracht. Ansätze eines Budgets sind jedoch gemäß § 19 (1) GemHKVO gegenseitig deckungsfähig; dieses träfe auch auf diese Haushaltsstelle zu, wenn im Haushaltsplan nichts anderes bestimmt ist. Da aus dem Sachverhalt jedoch nicht sicher erkennbar ist, dass diese Haushaltsstellen einem Budget angehören, kommt diese Lösungsmöglichkeit hier ggf. nicht in Betracht.)

Zu c): Als Vorschuss darf eine Haushaltsausgabe nach § 31 (1) GemHVO nur behandelt werden, wenn Zweifel bezüglich der zu belastenden Haushaltsstelle bestehen. Sie sind im vorliegenden Fall offensichtlich nicht gegeben.

(Im NKR wird statt der Begriff Vorschuss und Verwahrung der gemeinsame Begriff vorläufiger Rechnungsvorgang verwendet. Die Rechtsaussage des § 31 (1) GemHKVO ist im Übrigen jedoch identisch.)

AUFGABE 4

Da bei der Haushaltsstelle 130.553 (im NKR: 126.4251/.7251)

- ein Haushaltsausgaberest aus dem Vorjahr nicht zu übertragen war,
- keine Deckungsberechtigung gegenüber einer anderen Haushaltsstelle besteht,
- Mehreinnahmen, die zur Deckung der Mehrausgabe herangezogen werden könnten, sich bei der Haushaltsstelle 130.118 (127.3321/.6321) nicht ergeben haben,

muss geprüft werden, ob die im § 89 NGO genannten Voraussetzungen für eine überplanmäßige Ausgabe (Aufwand/Auszahlung) erfüllt sind:

Die Ausgabe ist zeitlich und sachlich unabweisbar, weil die Einsatzbereitschaft der Feuerwehr jederzeit gewährleistet sein muss.

Die Deckung der überplanmäßigen Ausgabe kann nur teilweise, in Höhe der Einsparung bei den vermischten Ausgaben, vorgeschlagen werden.

Wenn die Stadt Lärchenhausen die Haushaltsstellen in ein Budget einbezogen hätte, könnte der Mehrbedarf bei der Haushaltsstelle 130.553 (126.4251/.7251) innerhalb des Budgets geprüft und ggf. ausgeglichen werden. Nach dem Sachverhalt ist das nicht der Fall.

Aufgrund des nachstehenden Antrags wird die Stadtkämmerei klären, ob

- Mehreinnahmen (-erlöse/-einzahlungen) und/oder Minderausgaben (-aufwendungen/-auszahlungen) bei anderen Haushaltsstellen als Deckung dienen können,
- die Deckungsreserve, § 11 GemHVO (§ 13 (2) GemHKVO), in Anspruch genommen werden kann,
- oder ein Nachtragshaushaltsplan und eine Nachtragshaushaltssatzung erforderlich sind, weil infolge erheblicher Einnahmeausfälle und/oder weiterer Mehrausgaben (-aufwendungen/-auszahlungen) der Haushaltsausgleich gefährdet wird.

Da die überplanmäßige Ausgabe den von der Stadtverordnetenversammlung für die Unterhaltung der Fahrzeuge der Feuerwehr bewilligten Betrag überschreitet, wäre es folgerichtig, wenn die Stadtverordnetenversammlung über die Abweichung von ihrer Bewilligung entscheiden würde. Da jedoch weder die Höhe noch die Bedeutung dieser überplanmäßigen Ausgabe erheblich sind, kann nach § 89 (1) NGO über sie der Bürgermeister entscheiden. Er hat seine Entscheidung der Stadtverordnetenversammlung zur Kenntnis zu bringen, spätestens mit Vorlage der Jahresrechnung.

(Im NKR vollzieht sich die Reihenfolge der internen Prüfung im Fachamt, die Antragstellung und Prüfung in der Stadtkämmerei sowie die inhaltliche Lösung gemäß Gemeindeordnung in gleicher Weise.)

Amt für Feuer-, Katastrophen-
und Zivilschutz
- 37 / 12 -

Lärchenhausen, 18. Dezember 20..

An
Stadtkämmerei

Antrag auf Zustimmung zu einer überplanmäßigen Ausgabe (im NKR: Aufwendung/Auszahlung)

Haushaltsjahr Haushaltsstelle
20..   130.553 (126.4251/.7251)

Es stehen zur Verfügung:

Haushaltsrest a.V.	EUR
Haushaltsansatz	42 400 EUR
Aufgrund von Haushaltsvermerken	
nach § 17 (2) GemHVO (§ 18 (2) GemHKVO)	-- EUR
nach § ( ) GemHVO	EUR
nach § ( ) GemHVO	EUR
Summe:	42 400 EUR
Ausgabebedarf bis 31.12.	43 900 EUR
Mehrbedarf:	1 500 EUR

Begründung des Mehrbedarfs:
Beim gestrigen Einsatz ist eine Motorspritze beschädigt worden. Um die Einsatzbereitschaft zu gewährleisten, muss sie unverzüglich repariert werden.

Warum ist der Mehrbedarf im Haushaltsplan nicht veranschlagt worden?
Die Beschädigung war nicht vorauszusehen.

Inwiefern ist der Mehrbedarf unabweisbar?
siehe Begründung!

Deckungsvorschlag:

Einsparung bei der Haushaltsstelle	130.661 (126.4429/.7429)	200 EUR
Mehreinnahmen bei der Haushaltsstelle		EUR
Ungedeckt sind		1 300 EUR

Es wird gebeten, die Zustimmung herbeizuführen.

Schütze
Branddirektor

5 Fehler im Entwurf eines Unterabschnitts – Budgetierung – Kostenfeststellung

AUFGABE 1

Hst. 431.111

Nach den Vorschriften über die Gliederung und Gruppierung der Haushaltspläne der Gemeinden und Landkreise (Gruppierungsplan) handelt es sich bei den Entgelten für Mittagstisch nicht um „Benutzungsgebühren und ähnliche Entgelte", sondern um Einnahmen für abzugebende Verpflegung, die der Gruppe 13 zugeordnet sind.

(Hst. .3321: Im NKR sind die verbindlichen Zuordnungsvorschriften zum niedersächsischen Kontenrahmen zu beachten. Auch nach diesen ist zu unterscheiden zwischen Benutzungsgebühren u. Ä., Entgelten [Kontonummer 3321] und Erträgen aus Verkauf [Kontonummer 3421], wozu wie in diesem Falle auch die Erträge aus abgegebener Verpflegung zählen.)

Hst. 431.130

Der Erlös aus dem Verkauf eines Geländestreifens ergibt sich aus einer Veränderung des Anlagevermögens im Sinne von § 46 Nr. 2 GemHVO. Nach § 1 (1) Nr. 2 GemHVO ist die Einnahme im Vermögenshaushalt zu veranschlagen.

(Hst. .3421: Verkäufe von Grundstücken sind – unabhängig von ihrer Größe und ihrem Wert – gemäß § 3 Ziffer 4.c) GemHKVO im Finanzhaushalt unter Kontonummer .6821 und nicht im Ergebnishaushalt nachzuweisen. Soweit der Verkaufspreis oberhalb des Buchwertes liegt, stellt die Differenz einen *außer*ordentlichen Ertrag dar, der unter .5311 zu buchen ist; bei einem Verkaufspreis unterhalb des Buchwertes stellt die Differenz einen *außerordentlichen Aufwand* dar (Konto .5321).

Hst. 431.142

Nach § 16 (1) GemHVO dienen die Einnahmen des Verwaltungshaushalts insgesamt zur Deckung dessen Ausgaben. In § 17 (1) ist zugelassen, durch einen Haushaltsvermerk die Verwendung von Einnahmen für bestimmte Ausgaben zu beschränken, wenn sich dies aus einer rechtlichen Verpflichtung ergibt oder wenn es wegen des sachlichen Zusammenhangs geboten ist. Im vorliegenden Fall ist keine dieser Voraussetzungen erfüllt und ein Haushaltsvermerk deshalb unzulässig. Er müsste zudem in die Spalte „Namentliche Bezeichnung der Haushaltsstelle" ausgewiesen sein und nicht in der Erläuterungsspalte, wo der Vermerk nach § 15 (1) Nr. 6 GemHVO zu erläutern gewesen wäre.

(Hst. .3411: Nach § 17 (1) GemHKVO gilt das grundsätzliche Querfinanzierungsverbot auch im NKR. Mit § 18 GemHKVO sind entsprechende Ausnahmen vorgesehen. Die zum kameralen Haushaltsrecht identischen Tatbestandsmerkmale sind nicht erfüllt. Damit wäre ein Haushaltsvermerk nicht zulässig; er wäre zudem in der Bezeichnungsspalte auszuweisen; eine spezifische Erläuterungspflicht ist im NKR entfallen.)

Hst. 431.508

Der Einbau des Aufzugs führt zu Herstellungsaufwand im Sinne der Nr. 6.32 der Vorschriften über die Gliederung und Gruppierung der Haushaltspläne, somit zu einer Veränderung des Anlagevermögens. Nach § 1 (1) Nr. 7 GemHVO ist die Ausgabe im Vermögenshaushalt zu veranschlagen.

(Hst. .421110: Das NKR stuft in Folge der Regelungen in § 6 (2) EStG Anschaffungs- und Herstellungskosten dann als bilanzierungsfähig ein, wenn diese werterhöhend sind und 150,00 EUR [netto] übersteigen, vgl. §§ 45 (2), (3) und 47 (2) GemHKVO. Daher ist dieser Vorgang gemäß § 3 Ziffer 5.b) GemHKVO im Finanzhaushalt (Kto. .7873) zu veranschlagen und nicht im Ergebnishaushalt.)

Hst. 431.500 und 431.508

Nach § 18 (2) GemHVO können Ausgaben des Verwaltungshaushalts durch einen Haushaltsvermerk für gegen- oder einseitig deckungsfähig erklärt werden, wenn sie sachlich zusammenhängen und es die wirtschaftliche Aufgabenerfüllung fördert. Unter den gleichen Voraussetzungen können auch Ausgaben des Vermögenshaushalts deckungsfähig erklärt werden. Es ist jedoch nicht zulässig, Ausgaben des Verwaltungshaushalts (für die Unterhaltung des Grundstücks) und Ausgaben des Vermögenshaushalts (für den Einbau des Aufzugs) gegenseitig deckungsfähig zu erklären. Vermerke werden in der Bezeichnungs- und nicht in der Erläuterungsspalte ausgewiesen.

(Hst. .421100 und .421110: Das inhaltliche Ergebnis im NKR stimmt mit dieser Lösung überein, vgl. § 19 (2) und (3) GemHKVO.)

Hst. 431.513

Nach dem Gruppierungsplan sind die Ausgaben für die Unterhaltung der zum Grundstück gehörenden Grünanlagen in die Gruppe 50 einzuordnen. Nach § 7 (3) GemHVO sind die Ausgaben nach hinreichend bestimmten Einzelzwecken zu veranschlagen. Für die Kosten des Besuchs der Bundesgartenschau = 300,00 EUR ist die Hst. 431.654 Dienstreisen vorzusehen und der Ansatz der Hst. 431.503 um 300,00 EUR auf 1 800,00 EUR zu reduzieren.

(Hst. .4212: Auch im NKR ist die Unterhaltung der Grünanlagen dem Grundstücksunterhaltungsaufwand, Kontonummer .421100, zuzuordnen. Gemäß § 10 (3) GemHKVO gilt auch im NKR, Erträge und Aufwendungen für denselben Zweck nicht an verschiedenen Stellen zu veranschlagen. Der Dienstreiseaufwand von 300,00 EUR hätte unter Kontonummer .4431 mit veranschlagt werden müssen.)

Hst. 431.540

Der Begriff „Abgaben“ umfasst auch Steuern. Um § 7 (3) GemHVO zu genügen, ist die Bezeichnung „Abgaben für das Grundstück“ zu wählen.

(Hst. .424100: Auch im NKR wird der grundstücksbezogene Aufwand wie Grundsteuer, Hausgebühren etc. unter dieser einen Kontonummer dargestellt.)

Hst. 431.640

Nach dem Gruppierungsplan sind die Ausgaben für die Grundstücks-Versicherungen nicht in die Gruppe 64, sondern in die Gruppe 54 einzuordnen.

(Hhst. .4341: Im NKR ist dieser Aufwand nicht unter dieser Kontonummer, sondern unter .4241 darzustellen.)

Hst. 431.652

Nach § 7 (2) GemHVO sind die Einnahmen und Ausgaben in voller Höhe und getrennt voneinander zu veranschlagen. Die Entgelte für Privatgespräche = 400,00 EUR sind nach dem Gruppierungsplan in der Untergruppe 150 zu veranschlagen. Der Ansatz der Hst. 431.652 ist um diesen Betrag auf 1 300,00 EUR zu erhöhen.

(Hst. .4431: Im NKR wird dieser Vorgang inhaltlich gleich, kontierungsmäßig jedoch abweichend behandelt: Die Erlöse aus dem von den Mitarbeitern zu erstattenden Aufwand für Privatgespräche ist dann nicht bei den Vermischten Einnahmen aufzusummieren, sondern getrennt hiervon unter Kontonummer .3461 darzustellen; vgl. auch § 10 (1) GemHKVO.)

Hst. 431.685

Der Haushaltsansatz ist auf volle 100 EUR aufzurunden, vgl. VV Nr. 2 zu § 7 GemHVO.

(Hst. .9000: Auch im NKR ist es üblich, die Beträge auf volle 100 EUR zu runden.)

Hst. 431.935

Nach Nr. 6.21 der Vorschriften über die Gliederung und Gruppierung der Haushaltspläne sind Ausgaben für die Anschaffung von beweglichen Sachen „im Vermögenshaushalt nachzuweisen, wenn sie für den einzelnen Gegenstand (Wirtschaftsgut) mehr als 150,00 EUR (zuzüglich Umsatzsteuer, sofern nicht vorsteuerabzugsberechtigt) betragen und der Gegenstand selbstständig bewertungs- und benutzungsfähig ist.“ Da die Wertgrenze überschritten wird, ist die Ausgabe nach § 1 (1) GemHVO im Vermögenshaushalt vorzusehen. Der Betrag ist dort auf volle 100 EUR gerundet darzustellen.

(Hst. .7831: Im NKR ändert sich an diesen Feststellungen nichts; Vorgang des Finanzhaushalts.)

AUFGABE 2

Die Aufrechnung der Beträge im Entwurf des Unterabschnitts ergibt

Einnahmen EUR		Ausgaben EUR
132 100		195 400
	Es sind abzusetzen:	
6 800	Erlös aus dem Verkauf eines Geländestreifens	
	Einbau eines Aufzugs	60 000
	Unterhaltung der Grünanlagen	300
	Ersatzbeschaffung eines Herdes	350
	Es sind hinzuzusetzen:	
	Dienstreisen	300
	Post- und Fernsprechgebühren	400
400	Entgelte für Privatgespräche	
	Verzinsung des Anlagekapitals (Aufrundung)	50
125 700	Ausgaben	135 500
	Einnahmen	125 700
	Zuschussbedarf	9 800

(Im NKR wird an dieser Stelle nicht der Unterabschnitt des Verwaltungshaushaltes, sondern der Teilhaushalt des Ergebnishaushaltes bzw. des Finanzhaushaltes dargestellt. Die Absetzungen, Hinzusetzungen und Rundungen sind entsprechend vorzunehmen. Im Teilhaushalt des Ergebnishaushaltes wird die hier erörterte Verzinsung des Anlagekapitals nicht dargestellt (siehe KLR). Im Teilhaushalt des Finanzhaushaltes werden die 300 EUR Bundesgartenschau an anderer Stelle sowie Abschreibung und Verzinsung nicht dargestellt.)

AUFGABE 3

Die Zusammenfassung der Einnahmen und Ausgaben zu einem Budget aufgrund eines Haushaltsvermerks gem. § 8 (2) GemHVO kommt in Betracht, wenn einer Organisationseinheit die eigenverantwortliche Bewirtschaftung übertragen werden soll. Ausgenommen davon sind die in einem Sammelnachweis enthaltenen, zentral bewirtschafteten Ausgaben, z. B. die Personalausgaben, wenn diese in die gegenseitige Deckungsfähigkeit nach § 18 (1) GemHVO einbezogen sind.

Die Auswirkung der Budgetbildung besteht darin, dass für die im Budget zusammengefassten Einnahmen und Ausgaben die Voraussetzungen für die

- unechte Deckungsfähigkeit, die Zweckbindung von Einnahmen wegen des sachlichen Zusammenhangs mit bestimmten Ausgaben (§ 17 (1) Satz 2 GemHVO),
- ein- oder gegenseitige Deckungsfähigkeit, ein sachlicher Zusammenhang zwischen Ausgaben und eine wirtschaftlichere Aufgabenerfüllung (§ 18 (2) GemHVO),
- Übertragbarkeit, die die wirtschaftliche Aufgabenerfüllung fördert (§ 19 (2) Satz 1 GemHVO),

als erfüllt gelten. Die bewirtschaftende Organisationseinheit hat somit die Möglichkeit, im Rahmen des gesamten Budgets, ohne Bindung an die einzelnen Haushaltsansätze, zu wirtschaften.

Auch bei der Bildung von Budgets müssen die Einnahmen und Ausgaben nach ihren Arten in Einzelplänen, Abschnitten und Unterabschnitten veranschlagt und gebucht werden. Die Budgets sind (zusätzliche) Anlagen zum Haushaltsplan (§ 5 (5) GemHVO).

(Im NKR gelten die entsprechenden rechtlichen Aussagen aufgrund des § 4 (3) GemHKVO. Im Unterschied zur Kameralistik ist allerdings der andere „thematische“ Zugang zur Budgetierung zu beachten: Es werden die Teilhaushalte, Produktbereiche, -gruppen und Produkte, die einen funktional begrenzten Aufgabenbereich darstellen [inhaltlich verkörpern!], zu einer gemeinsamen Bewirtschaftungseinheit erklärt. Erst in der logischen Folge daraus entsteht für die damit sachlich zusammengefassten Erträge und Aufwendungen ein Budget.
Hinsichtlich der Erleichterungen, die ein Budget in der Haushaltsausführung bieten soll, sind im NKR abweichend folgende Aspekte zu berücksichtigen: Es existiert keine explizite Regelung entsprechend § 8 (3) GemHVO. Gleichwohl ist die Möglichkeit der Zweckbindung durch § 18 (1) Satz 2 GemHKVO gegeben, da unzweifelhaft ein sachlicher Zusammenhang gegeben [und durch Budget geschaffen] ist. Die echte Deckungsfähigkeit ist speziell durch § 19 (1) GemHKVO geregelt. Auch die zeitliche Übertragbarkeit ist speziell durch § 20 (2) Satz 1 GemHKVO normiert.)

AUFGABE 4

Mit einer Kostenrechnung, wie sie für gemeindliche öffentliche Einrichtungen in den Kommunalabgabegesetzen der Länder vorgeschrieben ist, sollen die Kosten nach betriebswirtschaftlichen Grundsätzen ermittelt werden. Unter „Kosten“ ist der gesamte in Geld ausgedrückte Verzehr an Gütern und Leistungen zu verstehen, der innerhalb eines Kalkulationszeitraumes im Zusammenhang mit der Bereitstellung bestimmter Leistungen anfällt. Die Begriffe „Leistungen“ und „Kosten“ sind umfassender als die Begriffe „Einnahmen“ und „Ausgaben“. Die einfache Kameralistik reicht daher nicht aus, um die Kosten für die von der Gemeinde bereitgestellten Leistungen in voller Höhe zu ermitteln und die entsprechenden Gegenleistungen (Benutzungsgebühren und -entgelte) festsetzen zu können.

Zu den Kosten gehören insbesondere

- Personalkosten, die nötigenfalls anhand von Stundennachweisen zu erfassen sind,
- Kosten für die Instandhaltung von Gebäuden und Betriebseinrichtungen,
- Kosten für Verbrauchsmittel und Betriebsstoffe,
- innere Verrechnungen, die dem Ausgleich der von den „Querschnitts“-Ämtern zugunsten der kostenrechnenden Einrichtung erbrachten Leistungen dienen,
- Entgelte für in Anspruch genommene Fremdleistungen,

- die wertmäßige Erfassung der Abnutzung des eingesetzten Vermögens (Abschreibungen) anhand der Anlagennachweise,
- die Verzinsung des von der Gemeinde eingesetzten Kapitals.

Andererseits können in den Ausgaben auch Beträge enthalten sein, die wegen ihrer besonderen Art, Höhe und Unregelmäßigkeit nicht dem normalen Betriebsgeschehen entsprechen (z. B. Ausgaben zur Beseitigung von Sturm-, Feuer- und Ölschäden) und solche, die anderen Kalkulationszeiträumen zuzuordnen sind. Außerordentliche, perioden- und betriebsfremde Ausgaben gelten als „neutrale" Aufwendungen, die nicht berücksichtigt werden. Die gleichfalls nicht ansatzfähigen vermögenswirksamen Aufwendungen gehen in die Anlagennachweise ein und erhöhen die jährlichen Abschreibungsbeträge. Um die nicht ansatzfähigen Aufwendungen auszusondern, sollten sie in der Haushaltsüberwachungsliste gekennzeichnet werden:

Von den angeordneten Beträgen entfallen auf		
neutrale	vermögens-wirksame	erfolgs-wirksame
Aufwendungen		

Bei der Aufstellung der Kostenrechnung werden folgende Einnahmen und Ausgaben unberücksichtigt bleiben müssen:

- Erlös aus dem Verkauf eines Geländestreifens
- Einbau eines Aufzugs
- Dienstreise zum Besuch der Bundesgartenschau

Diese Beträge dienen nicht der Bereitstellung von Wohnraum. Einnahmen und Ausgaben sind unberücksichtigt zu lassen, wenn der zugrunde liegende Zeitraum außerhalb der Kalkulationsperiode liegt, z. B. wenn in den Ist-Einnahmen der Mieten Kassenreste aus dem Vorjahr oder Vorauszahlungen für das kommende Jahr enthalten sind.

(Im NKR gelten die prinzipiellen Unterschiede zwischen Kosten- und Leistungsrechnung [dem sog. internen Rechnungswesen] einerseits und der Haushaltsrechnung [dem sog. externen Rechnungswesen], hier vor allem der Ergebnisrechnung, andererseits fort. Einige Unterschiede sind jedoch bemerkenswert: Erstens hat die Gemeinde gemäß § 21 GemHKVO insbesondere die Kosten- und Leistungsrechnung zur Steuerungsunterstützung und Wirtschaftlichkeitsbetrachtung systematisch einzusetzen [ob dies dazu führt, dass die KLR „flächendeckend" aufgebaut wird, soll an dieser Stelle nicht weiter problematisiert werden; dies dürfte u. a. von der Größe der Kommune abhängen]. Des Weiteren sind wesentliche Kostenpositionen, wie z. B. Abschreibungen, im NKR bereits durchgängig Bestandteil des externen Rechnungswesens; es war und ist zwar explizit in der Kameralistik nicht untersagt, für sämtliche Unterabschnitte im Verwaltungshaushalt Abschreibungen und Verzinsungen darzustellen, nur ist dies in Anbetracht der lediglich für „Gebührenhaushalte" geforderten Standards [vgl. § 12 GemHVO] schlichtweg unterblieben. Drittens sind in jedem Teilhaushalt gemäß § 4 (7) GemHKVO die wesentlichen Produktinformationen mit den dazugehörenden Leistungen und Steuerungs-Kennzahlen erläuternd beizufügen; diese Informationen erlangt man vorwiegend aus der Kosten- und Leistungsrechnung.
Die inhaltliche Lösung dieser Aufgabe ändert sich daher auch im NKR prinzipiell nicht.)

6 Bewirtschaftung von Bauunterhaltungsmitteln – den Haushaltsansatz überschreitende Ausgaben

Aufgabe 1

Haushaltsüberwachung

Haushaltsjahr ...
Haushaltsstelle 880.500
Bezeichnung: **Bauliche Unterhaltung der (111.7211) Gebäude des allgemeinen Grundvermögens Die Hst. 880.500 (111.4211) und 880.510 (111.4212) sind gegenseitig deckungsfähig!**

Haushaltsausgaberest a. V.	EUR	
Haushaltssoll	35000 EUR	EUR
zuzüglich/abzüglich Nachträge		EUR
Deckung nach § 17 GemHVO (im NKR: § 18 GemHKVO)	EUR	
Deckung nach § 18 GemHVO (im NKR: § 19 GemHKVO)	EUR	
über- und außerplanmäßige Bewilligungen	EUR	EUR
abzüglich gesperrte Mittel		EUR
Ausgabe-(Aufwands-/Auszahlungs-)ermächtigung insg.		42400 EUR

Lfd.Nr.	Datum	Stand der Ausgabeermächtigung EUR	Empfangsberechtigter/ Gegenstand der Ausgabe	Bewegungen		neue Stände		
				Vormerkungen (Aufträge) EUR	Anordnungen EUR	Vormerkungen (Aufträge) EUR	Anordnungen EUR	verfügbar EUR
1-26		35000					20127,68	14872,32
27		35000	G. Schiefer, Dachreparatur Roonstr. 6/7	4400,00		4400,00		10472,32
28		35000	W. Klecksig, Malerarbeiten Roonstr. 6/7	5000,00		9400,00		5472,32
29	06.10.	35000	Derselbe, Rechng. v. 02.10.	−5000,00	5005,08	4400,00		5467,24

(Im NKR ist ein verbindliches Haushaltsüberwachungs-Muster zu § 26 GemHKVO nicht [mehr] vorgesehen. Es empfiehlt sich gleichwohl, das früher verbindliche Muster 20 zu § 26 GemHVO in entsprechender Weise anzuwenden, da durch dessen Verwendung die gemäß § 26 (3) GemHKVO auch im NKR geforderte Überwachung der Inanspruchnahme der haushaltsrechtlichen Ermächtigungen in gleicher Weise gewährleistet werden kann. Die betraglichen Darstellungen ändern sich im NKR natürlich nicht.)

AUFGABE 2

Wilh. Klecksig
Malermeister

Wilh. Klecksig · Birkenhain · Tirpitzweg 8

Stadtverwaltung Birkenhain

Anschrift: Birkenhain,
Tirpitzweg 8

Konten: Postbank Hannover
263418-307
BLZ 250 100 30

USt.-IDNr. DE 987654321
USt.-Nr. 48/201/55303

Rechnung Nr. 122/... 02. Oktober 20..

für die Stadtverwaltung Birkenhain,
hier über Malerarbeiten an den städtischen Häusern Roonstraße 6/7

35,16 lfm	Sockelflächen, mittlere Höhe 0,25 m, nicht tragfähigen Altanstrich entfernen, mit Inertöl 1 dick nach Werkvorschrift streichen pro lfm	5,10 EUR	179,32 EUR
179,21 qm	gestrichenes Kalksandsteinmauerwerk: lösen bzw. nicht tragfähigen Altanstrich entfernen, einmal ganzflächig mit Caparol-Tiefgrund grundieren, Risse und kleine Fehlstellen mit Caparol-Fassadenspachtel ausbessern und zweimal mit Caparol-Fassadenfarbe hellgrau streichen, pro qm	14,50 EUR	2.598,55 EUR
18	Außenfensterseiten 1,38/1,35 m: bis 50 % abbrennen, mit Glasomax-Holzgrund grundieren, auskitten und beispachteln, zweimal mit Glasomax-Ventil lackieren	61,20 EUR	~~1.001,60~~ 1.101,60 EUR
35,30 lfm 7,10 lfm 42,40 lfm	Dachrinne Abfallrohr vorbehandelt und zweimal mit Spezialfarbe gestrichen, pro lfm	7,70 EUR	326,48 EUR
		4.205,95	~~4.214,72~~ EUR
	zzgl. 19% Mehrwertsteuer	799,13	~~674,56~~ EUR
		5.005,08	~~4889,08~~ EUR

Sachlich richtig
Sorgsam
Stadtbauamtmann

Rechnerisch richtig mit 5.005,08 €
Genau
Verwaltungsfachangestellte

Auszahlungs-Anordnung (1 Anlage) | Haushaltsjahr 20.. | Beleg Nr. 15

Verwaltungs-/~~Vermögens~~-Haushalt – ~~Verwahrbuch – Vorschußbuch~~

Ziffer	Haushaltsstelle – Verrechnungsstelle Bezeichnung	Betrag EUR	Ct	HÜL-Nr.	Noch verfügbar EUR	Ct	Zeitbuch-Nr.	Sachbuch-Nr.	Vermögens-nachweis
1	880.500	5.005	08	29	5.467	24			

Sachlich richtig

Sorgsam StBA
(Unterschrift / Amtsbezeichnung)

Rechnerisch richtig

mit 5.005,08 EUR

Genau VFAug
(Unterschrift / Amtsbezeichnung)

EUR Ct wurden durch überwiesen.

Bankbeleg / Lastschriftzettel Nr.

(Unterschrift)

Empfangsbescheinigung

EUR Ct erhalten

(Ort) (Datum)

(Unterschrift)

Vollmacht hat vorgelegen – liegt bei.

Die Stadt -Kasse Birkenhain wird angewiesen,

an Malermeister Klecksig, hier
(Name, Anschrift)

Konto: 263418-307 Postbank Hannover-BLZ 250 100 30

den Betrag von 5.005 EUR 08 Ct, in Buchstaben:

fünftausendfünf EUR 08 Ct zu zahlen.

Der Betrag steht haushaltsrechtlich zur Verfügung.

Fälligkeit: sofort

Grund der Ausgabe: Malerarbeiten Roonstr. 6/7

Birkenhain, 06. 10. 20..
(Ort) (Datum)

Zimmermann StAR
(Unterschrift)

Geprüft:

902/4021 – Auszahlungsanordnung – Nachdruck verboten – Deutscher Gemeindeverlag GmbH – 10/78

(Im NKR treten keine Änderungen ein.)

AUFGABE 3

Nach § 1 (1) Nr. 7 GemHVO sind Ausgaben für die Veränderung des Anlagevermögens im Vermögenshaushalt, die von Absatz 1 nicht erfassten Ausgaben nach Absatz 2 im Verwaltungshaushalt zu veranschlagen. In den ergänzenden Vorschriften über die Gliederung und Gruppierung der Haushaltspläne der Gemeinden und Gemeindeverbände wird unterschieden zwischen Herstellungsaufwand, der durch Investitionen entsteht und dem Vermögenshaushalt zugeordnet ist, und Erhaltungsaufwand, der im Verwaltungshaushalt zu veranschlagen ist. Als Erhaltungsaufwand gelten Ausgaben, die unabhängig von ihrer Höhe dazu dienen, die Grundstücke und Gebäude in einem ordnungsgemäßen Zustand zu erhalten. Das Hauptmerkmal dieser Ausgaben ist, dass sie durch die gewöhnliche Nutzung veranlasst werden und in bestimmten Zeitabständen regelmäßig wiederkehren (vgl. VV Nr. 6.33 zur Glied./Grupp.). Diese Voraussetzung trifft bei der Ersatzbeschaffung des Heizkessels zu. Die Ausgabe ist daher bei der Haushaltsstelle 880.500 nachzuweisen.

(Im NKR stellt sich die Lösung entsprechend dar: Gemäß § 2 (3) Ziffer 3 GemHKVO ist dieser Aufwand im Ergebnishaushalt darzustellen, da es sich nicht um Anschaffungs- oder Herstellungswerte im Sinne von § 45 (2), (3) GemHKVO handelt. Der Aufwand ist daher unter Konto 111.4211 nachzuweisen.)

AUFGABE 4

Für die Beschaffung des Heizkessels sind	10 800,00 EUR
erforderlich. Bei der Haushaltsstelle 880.500 sind nach der Haushaltsüberwachungsliste noch (abgerundet)	5 400,00 EUR
verfügbar. Da die Haushaltsstelle 880.500 gegenüber der Haushaltsstelle 880.510 deckungsberechtigt ist und dort	2 200,00 EUR
eingespart werden können, ist – nach § 18 (4) GemHVO – eine Sollübertragung in dieser Höhe zulässig.	
Für die verbleibenden	3 200,00 EUR

wird eine überplanmäßige Ausgabe in Betracht gezogen werden müssen.

Überplanmäßige Ausgaben sind nur zulässig, wenn sie bei der Aufstellung des Haushaltsplans (nicht vorhergesehen waren,) unabweisbar sind und wenn ihre Deckung gewährleistet ist. Diese Voraussetzungen sind nach dem Sachverhalt erfüllt: Bei der Aufstellung des Haushaltsplans war nicht bekannt, dass der Heizkessel ersetzt werden muss. Nach den Mietverträgen ist die Stadt verpflichtet, die Wohnungen zu heizen und mit Warmwasser zu versorgen. Die Ausgabe für den Ersatz des Heizkessels ist sachlich absolut notwendig und zeitlich unaufschiebbar.

Außerdem muss die Deckung der überplanmäßigen Ausgabe gewährleistet sein. Sie kann durch Einsparungen bei anderen Ausgabe-Haushaltsstellen, durch Mehreinnahmen oder durch die Inanspruchnahme der Deckungsreserve (vgl. § 11 Nr. 2 GemHVO) ermöglicht werden. Im vorliegenden Fall können die sich bei der Haushaltsstelle 880.140 ergebenden Mehreinnahmen, deren Verwendung für einen bestimmten Zweck durch einen Haushaltsvermerk nach § 17 (2) GemHVO nicht beschränkt ist, in Höhe von 2 700,00 EUR zur teilweisen Deckung herangezogen werden. In Höhe der verbleibenden 500,00 EUR wird von der Kämmerei die Deckung an anderer Stelle gesucht oder die Deckungsreserve in Anspruch genommen werden müssen.

Da über- und außerplanmäßige Ausgaben den von der Stadtvertretung festgelegten Ausgaberahmen sprengen, wäre es folgerichtig, wenn diese über alle Abweichungen befinden würde. Andererseits wäre es nicht sachgerecht, eine eilige oder betraglich geringfügige Angelegenheit durch ein in der Regel quartalsweise tagendes Organ entscheiden lassen zu wollen. Daher sieht § 89 (1) Sätze 2 und 3 NGO besondere Zuständigkeiten für eilige und unerhebliche Ausgabeüberschreitungen vor. Was in diesem Sinne als „Fall von unerheblicher Bedeutung" zu betrachten ist, ist entweder nach pflichtgemäßem Ermessen (und ständiger Verwaltungsübung) oder anhand einer Wertgrenze zu entscheiden. Laut Sachverhalt hat die Stadtvertretung in ihrer Hauptsatzung (vgl. § 7 NGO) geregelt, dass überplanmäßige Ausgaben bis zu einem Betrag von 5 000,00 EUR als unerheblich zu betrachten sind. Daher entscheidet in dieser Angelegenheit der Bürgermeister.

Wenn die Stadt Birkenhain die Haushaltsstellen des Abschnitts 88 in ein Budget einbezogen hat, kann der Mehrbedarf ggf. bei der Haushaltsstelle 880.500 innerhalb des Budgets ausgeglichen werden, ohne dass es der Beantragung einer überplanmäßigen Ausgabeermächtigung bedarf.

(Im NKR vollzieht sich die Lösung dieses Falles entsprechend. Als Rechtsgrundlagen sind die §§ 19 (2), 13 (2) und 18 (3) GemHKVO anzuwenden. Hinsichtlich der jeweiligen Konten vgl. die Lösung zu Aufgabe 1. Als Budget käme Produkt 111 in Betracht. Danach wäre eine überplanmäßige Aufwendung bzw. Auszahlung entbehrlich.)

AUFGABE 5

Liegenschaftsamt
-23 /543- EILT!

Birkenhain, 09.10. ...
Amt 20
im Hause

Antrag auf Zustimmung zu einer überplanmäßigen Ausgabe (Aufw./ Ausz.)

Haushaltsjahr	Haushaltsstelle (Konto)	
200..	880.50	Bauliche Unterhaltung der Gebäude des allgemeinen Grundvermögens

Es stehen zur Verfügung:

Haushaltsrest	EUR
Haushaltsansatz	35 000,00 EUR
Aufgrund von Haushaltsvermerken	EUR
nach § 17 (1) GemHVO (entspricht § 18 (1) GemHKVO)	EUR
nach § 17 (2) GemHVO (entfällt im NKR)	EUR
nach § 18 (2) GemHVO (entspricht § 19 (2) GemHKVO)	2 200,00 EUR
nach § 18 (3) GemHVO (entspricht § 19 (4) GemHKVO)	EUR
Summe:	37 200,00 EUR
Ausgabebedarf bis 31.12. (Aufwandsbedarf)	40 400,00 EUR
Mehrbedarf:	3 200,00 EUR

Begründung des Mehrbedarfs:
Ersatz des Heizkessels im Wohngebäude Moltkestr. 14
Der Ausfall des Heizkessels war nach früherer Prüfung nicht zu erwarten gewesen und ist zu Beginn der Heizperiode überraschend eingetreten.
Nach den Mietverträgen ist die Stadt verpflichtet, die Wohnungen zu heizen und mit Warmwasser zu versorgen. Daher eilt dieser Vorgang.
Deckungsvorschlag:

Einsparung bei der Haushaltsstelle (beim Konto) ...	EUR
Mehreinnahmen (-erlöse) bei der Haushaltsstelle (beim Konto) 880.140 (111.3411)	2 700,00 EUR
Ungedeckt sind	500,00 EUR

Es wird gebeten, die restliche Deckung sowie die Zustimmung herbeizuführen.

Amtsleiter/in

(Der Antrag gestaltet sich im NKR entsprechend. Die notwendigen Veränderungen der Kontonummern und der Rechtsgrundlagen sind in Klammern angegeben.)

7 Beschränkte Ausschreibung einer Leistung

AUFGABE 1

Nach dem Sachverhalt kann vermutet werden, dass es sich bei der Herstellung der Rosetten um eine künstlerische Tätigkeit, also um eine Leistung handelt, die nicht ausreichend bestimmt beschrieben werden kann, und dass deshalb die Verdingungsvorschriften nicht angewendet werden können. Es handelt sich jedoch um eine Anfertigung nach einem vorgegebenen Muster, die eine Gestaltung nach eigenen Ideen ausschließt. Eine künstlerische Tätigkeit ist daher zu verneinen.

Nach § 32 GemHVO muss der Vergabe von Aufträgen eine öffentliche Ausschreibung vorausgehen, sofern nicht die Natur des Geschäfts oder besondere Umstände eine beschränkte Ausschreibung rechtfertigen. Da es sich bei der Herstellung der Rosetten um eine Leistung handelt, die außergewöhnliche Fachkunde und Zuverlässigkeit erfordert und nach der Auskunft der Handwerkskammer nur von einigen wenigen Handwerksbetrieben erbracht werden kann, ist eine beschränkte Ausschreibung geeignet, eine preisgünstige Ausführung der Arbeit zu erreichen. Auch ist das Ziel der Ausschreibung, einen freien Wettbewerb zu ermöglichen und möglichst günstige Ausschreibungsergebnisse zu erlangen, in ein angemessenes Verhältnis zum voraussichtlichen Auftragswert zu setzen. Dieser geht zwar aus dem Sachverhalt nicht präzise hervor, dürfte sich aber äußerstenfalls im unteren vierstelligen EUR-Bereich bewegen. Auch unter dieser Perspektive erscheint eine beschränkte Ausschreibung angemessen.

(Im NKR existiert eine dem § 32 GemHVO entsprechende Regelung nicht mehr. Dies liegt darin begründet, dass die GemHVO wie auch die GemHKVO in vergaberechtlicher Hinsicht genau genommen nichts regeln können, da dies dem europa-, bundes- und landesrechtlichen Vergaberecht vorbehalten ist, sondern lediglich deklaratorisch auf die entsprechende Einhaltung des Vergaberechts hinweisen.

Inhaltlich ändert sich hierdurch nichts an den voranstehenden Rechtsaussagen.)

AUFGABE 2

Der Landrat
-400/230-
Bodehausen, 05. 05. 20 . .

Anschrift (gemäß Verteiler)

Beschränkte Ausschreibung der Lieferung von Ersatz-Rosetten zum Portal des Kreismuseums

Sehr geehrter Herr ...,
das 1912 errichtete Portal ist mit sechs Rosetten verziert; drei davon sind beschädigt und müssen durch gleichartige Verzierungen ersetzt werden. Sie stellen eine Rose mit linksseitigem Stängel dar und haben einen Durchmesser von 245 mm (vergleiche anliegende Fotografie). Durch die Verwendung von Zinkblech in 3 mm Stärke soll eine dauerhafte Ausführung erreicht werden.

Für die Ausschreibung gelten die Vergabeverordnung vom 11.02.2003 - Bundesgesetzblatt Teil I, S. 169, zuletzt geändert durch VO vom 23.10.2006 (BGBl I S. 2334 - und die Verdingungsordnung für Leistungen, Ausgabe 2006 vom 06.04.2006 (VOL).

Falls Sie an dem Auftrag interessiert sind, bitte ich um Abgabe Ihres rechtsverbindlich unterschriebenen verschlossenen Angebots bis spätestens 26. Mai d. J. Der Umschlag ist mit dem Hinweis zu kennzeichnen: „Angebot nach VOL - Eröffnungstermin 27. Mai 20 . .". Bieter oder deren Vertreter sind bei der Öffnung der Angebote nicht zugelassen.
Sofern Sie zu den bevorzugten Bewerbern bei der Vergabe öffentlicher Aufträge gehören, ist dies nachzuweisen.
Voraussetzung für den Auftrag ist, dass Steuern und Sozialabgaben zeitgerecht beglichen werden.

An Ihr Angebot sind Sie bis 30. Mai d. J. gebunden. Im Falle des Zuschlags gilt Teil B der VOL „Allgemeine Vertragsbedingungen für die Ausführung von Leistungen" in der Fassung vom 05.08.2003 als Bestandteil des Vertrages.

Mit freundlichen Grüßen

8 Beschränkte Ausschreibung einer Materiallieferung für einen Bauhof

AUFGABE 1

Durchschnittlicher Lagerbestand = (Anfangsbestand + Endbestand) : 2
Anfangsbestand = 210 + Endbestand = 290 = 500 : 2 = 250 Stück
Häufigkeit des Lagerumschlags = (Jahresverbrauch) : durchschn. Lagergestand
210 + (320 qm × 25 St.) 8 000 – 290 = 7 920 : 250 = 31,68
Durchschnittliche Lagerdauer = (durchschn. Lagerbestand · 360) : Jahresverbrauch = 360 : Häufigkeit d. Lagerumschlags
360 : 31,68 = 11,36 Tage

(Im NKR ändert sich an diesen Lösungen nichts.)

AUFGABE 2

Bei der Bewirtschaftung der Haushaltsmittel sind nach den Gemeindeordnungen die Grundsätze der Sparsamkeit und Wirtschaftlichkeit zu beachten. Die Vorschrift im § 32 GemHVO, dass der Vergabe von Aufträgen eine öffentliche Ausschreibung vorauszugehen hat, sofern nicht die Natur des Geschäfts oder besondere Umstände eine Ausnahme rechtfertigen, bezweckt eine diesen Grundsätzen entsprechende Wirtschaftsführung.

Im vorliegenden Fall ist die Verdingungsordnung für Leistungen – ausgenommen Bauleistungen – (VOL) zu beachten. Der Teil A der VOL enthält die Bestimmungen für die Vergabe bis zum Vertragsabschluss. Im Teil B sind die allgemeinen Vertragsbedingungen für die Ausführung von Leistungen, die Rechte und Pflichten der Vertragspartner, behandelt. Wesentliches Ziel der in der VOL vorgesehenen Ausschreibungen ist es, durch den Wettbewerb fachkundiger und leistungsfähiger Unternehmen das beste Verhältnis von Leistung und Preis zu erreichen. Die Bewerber sollen gleiche Chancen erhalten und durch die Transparenz der Vergabeverfahren soll die unredliche Verwendung öffentlicher Mittel ausgeschlossen werden.

Bei der beabsichtigten Vergabe des Auftrags über die Lieferung von 300 qm Bodenfliesen ist mit einer Auftragssumme von rund 3 000,00 EUR zu rechnen. Da die öffentliche Ausschreibung gegenüber der beschränkten Ausschreibung höhere Kosten und einen größeren Arbeitsaufwand erfordert, die möglicherweise den damit erzielbaren Vorteil übersteigen, kann – auch wegen der geringen Auftragssumme – eine beschränkte Ausschreibung vorzuziehen sein.

Um auch bei der beschränkten Ausschreibung einen breiteren Wettbewerb anzuregen, kann durch eine Bekanntgabe in der Tageszeitung zur Bewerbung aufgefordert werden.

In der Bekanntgabe sind die Art der Ausschreibung, die den Zuschlag erteilende Stelle, Art, Umfang und Zeitpunkt der Leistung und außerdem die Stelle mit ihrer Anschrift anzugeben, an die Teilnahmeanträge innerhalb einer zu bestimmenden Frist zu richten sind. Auch bei Verzicht auf eine solche Aufforderung müssen mindestens drei Unternehmen an der beschränkten Ausschreibung beteiligt werden. Diesen oder den Bewerbern aufgrund der Bekanntgabe werden die Verdingungsunterlagen mit der Aufforderung zugesandt, ein Angebot abzugeben.

In den Verdingungsunterlagen, die den Bewerbern zugesandt werden, müssen die Leistungen so eindeutig und erschöpfend beschrieben sein, dass alle Bewerber die Beschreibung im gleichen Sinne verstehen müssen. Alle die Preisermittlung beeinflussenden Umstände (u. a. Leistungsort und Lieferfrist) müssen angegeben werden, sonst würden die Preisangebote nicht vergleichbar sein. Die Angebots-, Bindungs-, Zuschlags- und Lieferfristen sind zu nennen. Außerdem ist darauf hinzuweisen, dass der Teil B der Verdingungsordnung im Falle des Zuschlags Vertragsbestandteil wird, dass die Angebote unterschrieben sein müssen und innerhalb der Angebotsfrist in verschlossenem Umschlag mit der Aufschrift „Angebot zur beschränkten Ausschreibung vom ...“ einzusenden sind. Die Verdingungsunterlagen sollten zweifach zugesandt werden, damit ein Exemplar mit den Preisangaben zurückgesandt werden kann.

Die eingehenden Angebote sind auf dem ungeöffneten Umschlag von einem Dienstangehörigen, der an der Vergabe nicht beteiligt ist, mit dem Eingangsstempel zu versehen und bis zum Zeitpunkt der Öffnung verschlossen aufzubewahren.

Nach Ablauf der Angebotsfrist sind die Angebote in einer Verhandlung, bei der neben dem Verhandlungsleiter ein weiterer Dienstangehöriger anwesend ist, zu öffnen; ihr wesentlicher Inhalt ist in einer Niederschrift festzuhalten. Der Zuschlag wird auf das wirtschaftlichste Angebot erteilt. Durch die fristgerechte Annahme (innerhalb der Bindungsfrist) kommt ein Vertrag zustande.

(Im NKR existiert eine dem § 32 GemHVO entsprechende Regelung nicht mehr. Auf die Darlegungen zu Teilaufgabe 1 auf Seite 159 wird verwiesen. Die inhaltlichen Ausführungen der hier vorliegenden Lösung ändern sich dennoch nicht.)

AUFGABE 3

Beschränkte Ausschreibung nach VOL

Die Stadt Tannengrund beabsichtigt beschränkt auszuschreiben:

300 qm Bodenfliesen 20 x 20 cm, frostsicher, Bodenabriebsklasse 5.
Lieferung: 4 Wochen nach Auftragserteilung frei Bauhof.

Teilnahmeanträge sind bis . . . an nachfolgende Adresse zu senden:

Bürgermeister – Bauverwaltungsamt –
Postfach 208 47382 Tannengrund

(Im NKR ändert sich an dieser Lösung nichts.)

AUFGABE 4

Der Inhalt eines Kaufvertrages erfordert – auch um Meinungsverschiedenheiten bei seiner Auslegung zu vermeiden – präzise Angaben über

- Art, Beschaffenheit und Güte der Ware, z. B. durch Bezugnahme auf ihre Beschreibung und Abbildung in den Verdingungsunterlagen, in Katalogen oder auf Handelsmarken,
- die Gewährleistung der Beschaffenheit,
- die Warenmenge,
- den Erfüllungsort,
- die Kosten der Verpackung,
- die Kosten des Transports (z. B. Lieferung ab Werk, frei Bauhof),
- den Zeitpunkt der Lieferung (z. B. sofort, zu einem bestimmten Termin, auf Abruf),

- den Kaufpreis, evtl. Preisnachlässe,
- die Zahlungsbedingungen (z. B. Zug um Zug, Zahlungsziel 14 Tage, Abschlagszahlungen nach Teillieferungen).

Der Teil B der VOL enthält u. a. Regeln für die nachträgliche Änderung der Leistungen durch den Auftraggeber, die Ausführung der Leistungen, Verzug und Nichterfüllung durch den Auftragnehmer, die Abnahme und die Gewährleistungsansprüche.

(Im NKR ändert sich an dieser Lösung nichts.)

Aufgabe 5

Im Bauhof sind über die Vorräte an den einzelnen Materialarten Bestandskontrollen zu führen (§ 38 GemHVO). Die Zu- und Abgänge werden erfasst.

Der Bauhof und die anderen „Hilfsbetriebe", die ausschließlich der Deckung des eigenen Bedarfs dienen (z. B. Beschaffungsstellen, Fuhrpark), erhalten von Dritten im Regelfall keine Entgelte. Die Leistungen der Hilfsbetriebe müssen wertmäßig auf die begünstigten Organisationseinheiten umgelegt werden, die Leistungen des Bauhofs vorwiegend auf die Bauämter der Gemeinde, aber auch auf andere Organisationseinheiten, die sich vom Bauhof „beliefern" lassen. Von ihnen sind verursachergerecht den Leistungen des Bauhofs entsprechende „Erstattungen" als Ausgaben zu veranschlagen. Dadurch wird der tatsächliche Umfang der durch Leistungen des Bauhofs begünstigten Organisationseinheiten deutlich.

In der GemHVO ist ausdrücklich bestimmt, dass Erstattungen zwischen Abschnitten und Unterabschnitten zu veranschlagen sind, wenn es für Kostenrechnungen erforderlich ist (§§ 7 (1) und 14 (3) GemHVO). Nach dem Kommunalabgabengesetz sind bei der Bemessung der Gebühren für die Benutzung der öffentlichen Einrichtungen der Gemeinde alle zur Bereitstellung der Leistungen erforderlichen Kosten zu berücksichtigen.

(Im NKR entfällt prinzipiell die formale Unterscheidung zwischen erstens kostenrechnenden Einrichtungen, zweitens Einrichtungen, die wie kostenrechnende Einrichtungen geführt werden, und drittens sonstigen [hoheitlichen] Einrichtungen, da – wie in der Lösung zu Teilaufgabe 4 auf Seite 153 dargelegt – die gesamte Haushaltswirtschaft mit Informationen der Kosten- und Leistungsrechnung unterstützt werden soll. Folgerichtig regelt § 15 (3) GemHKVO eine angemessene Veranschlagung und Buchung sog. Innerer Verrechnungen.)

9 Verspätete Haushaltssatzung – Vorläufige Haushaltsführung

Aufgabe 1

Nach § 86 (1) NGO soll die von der Gemeindevertretung beschlossene Haushaltssatzung mit ihren Anlagen spätestens einen Monat vor Beginn des Haushaltsjahres der Aufsichtsbehörde vorgelegt werden. Die Vorschrift bezweckt, die Haushaltswirtschaft von Beginn des Haushaltsjahres an nach der von der Gemeindevertretung beschlossenen und, soweit erforderlich, von der Aufsichtsbehörde genehmigten Haushaltssatzung zu führen. Der Sachverhalt enthält keine Gründe für die Fristüberschreitung durch den Gemeindevorstand. Es handelt sich dabei um einen normalen Verstoß, der allerdings rechtlich folgenlos bleibt.

Der von der Verwaltung nach §§ 82 ff. NGO aufzustellende Entwurf der Haushaltssatzung mit ihren Anlagen ist nach den §§ 51 (1), 55g (2) und 57 (1) NGO in den Ortsräten und Fachausschüssen sowie dem Verwaltungsausschuss vorzuberaten. Diesen Gremien soll damit Gelegenheit gegeben werden, zum Entwurf der Haushaltssatzung (und dem beiliegenden Entwurf des Haushaltsplans) Stellung zu nehmen. Abschließend wird der Entwurf der Satzung von der Gemeindevertretung in öffentlicher Sitzung beschlossen (§ 40 (1) Nr. 8 NGO). Der vom Bürgermeister angestrebte Zeitpunkt der Verabschiedung der Haushaltssatzung durch die Gemeindevertretung kann somit nicht eingehalten werden.

Die von der Gemeindevertretung beschlossene Haushaltssatzung ist mit allen Anlagen nunmehr der Aufsichtsbehörde zuzuleiten (§ 86 (1) NGO), die sie prüft und, falls keine Einwände zu erheben sind, genehmigt. Nach der Genehmigung, die am 18. März beim Bürgermeister eingeht, ist die Haushaltssatzung mit der aufsichtsbehördlichen Genehmigung bekannt zu geben und der Haushaltsplan an sieben Tagen öffentlich auszulegen. Auf die Auslegung ist in der Bekanntmachung hinzuweisen (§ 84 (3) NGO). Die rückwirkend in Kraft tretende Haushaltssatzung löst die Vorschriften über die vorläufige Haushaltsführung (§ 88 NGO) ab.

(Im NKR ist lediglich zu berücksichtigen, dass die Satzungsbezeichnungen auf die Begrifflichkeiten Erträge und Aufwendungen, Ein- und Auszahlungen, Ergebnis- und Finanzhaushalt eingestellt werden müssen. Erträge und Aufwendungen lösen grundsätzlich, aber nicht generell entsprechende Ein- und Auszahlungen [aus laufender Verwaltungstätigkeit] aus, was in § 1 der Haushaltssatzung entsprechend darzustellen ist.

Die inhaltliche Lösung dieser Aufgabe verändert sich im NKR nicht, das Satzungsverfahren für den „doppischen" Haushalt stimmt mit dem für den kameralen Haushalt überein.)

Aufgabe 2

Kredite dürfen nur für Investitionen, Investitionsförderungsmaßnahmen und Umschuldungen aufgenommen werden, wenn

- eine andere Finanzierung unmöglich ist oder wirtschaftlich unzweckmäßig wäre,
- dies mit der dauernden Leistungsfähigkeit der Gemeinde im Einklang steht (§ 83 (3) NGO).

Sie sind im Vermögenshaushalt zu veranschlagen (§ 92 (1) NGO). Der Gesamtbetrag der im kommenden Haushaltsjahr für Investitionen und Investitionsförderungsmaßnahmen vorgesehenen Kreditaufnahmen bedarf der Genehmigung der Aufsichtsbehörde, die sie mit Bedingungen erteilen und mit Auflagen verbinden kann (§ 92 (2) NGO). Laut Sachverhalt sind in der Haushaltssatzung 400 000,00 EUR Kreditaufnahmen festgesetzt; dieser Betrag bedarf folglich der Genehmigung.

Die von der Gemeindevertretung mit dem Beschluss der Haushaltssatzung gebilligten **Verpflichtungsermächtigungen** gestatten der Gemeindeverwaltung, Verpflichtungen einzugehen, durch die Ausgaben für Investitionen in künftigen Haushaltsjahren zu leisten sind. Da sie im Jahr der Veranschlagung nicht zu Ausgaben führen, sind sie auf der Ausgabenseite des Vermögenshaushalts in einer besonderen Spalte getrennt von den Ausgaben zu veranschlagen. Dabei ist anzugeben, wie sich die Belastungen auf die künftigen Jahre verteilen (§ 9 GemHVO).

Verpflichtungsermächtigungen dürfen zulasten der dem Haushaltsjahr folgenden drei Jahre, die von der Finanzplanung erfasst sind, veranschlagt werden. In Ausnahmefällen dürfen sie über diesen Zeitrahmen hinaus bis zum Abschluss einer umfangreichen Maßnahme veranschlagt werden, wenn auch im zusätzlichen Zeitrahmen die aus ihrer Inanspruchnahme entstehenden Ausgaben in den späteren Haushalten gesichert erscheinen (§ 91 (2) NGO).

Soweit in den Haushaltsjahren, in denen die Verpflichtungsermächtigungen zu Ausgaben führen, im Finanzplan Kreditaufnahmen vorgesehen sind, bedarf der Gesamtbetrag der Verpflichtungsermächtigungen der Genehmigung der Aufsichtsbehörde (§ 91 (4) NGO). Dadurch wird ausgeschlossen, dass die Aufsichtsbehörde in späteren Haushaltsjahren bezüglich der Genehmigung der Kredite in eine Zwangslage gerät, weil die von der Gemeinde eingegangenen Verpflichtungen erfüllt werden müssen. Auf den Sachverhalt bezogen liegt der Gesamtbetrag der Verpflichtungsermächtigungen (640 000,00 EUR) unterhalb der im Finanzplan vorgesehenen Kreditaufnahmen der nächsten beiden folgenden Jahre und bedarf daher der Genehmigung in voller Höhe.

Kassenkredite dienen der vorübergehenden Verstärkung des Kassenbestandes der Gemeindekasse, um die rechtzeitige Leistung der Ausgaben zu sichern (§ 94 (1) NGO). Der in der Haushaltssatzung festgesetzte Höchstbetrag bedarf der Genehmigung der Aufsichtsbehörde, wenn er ein Sechstel der im Verwaltungshaushalt veranschlagten Einnahmen übersteigt (§ 94 (2) GO). Das ist nach der Haushaltssatzung nicht der Fall.

(Im NKR sind **Kreditaufnahmen** als Einzahlungen im Finanzhaushalt zu veranschlagen, vgl. § 92 (1) NGO. Das Genehmigungserfordernis und die Genehmigungskriterien stimmen mit der obigen Darstellung überein.

Verpflichtungsermächtigungen sind auch im NKR gesondert auszuweisen und zu erläutern, vgl. § 11 GemHKVO. An den Genehmigungskriterien und der Genehmigungsschwelle [Vergleich der VE-Beträge mit den Kreditbeträgen der Finanzplanungsjahre] ändert sich nichts.

Im NKR werden **Kassenkredite** als Liquiditätskredite bezeichnet; an deren Funktion und rechtlichen Voraussetzungen ändert sich hierdurch allerdings nichts. Die Genehmigungsschwelle [in Niedersachsen ein Sechstel der Einzahlungen des Finanzhaushalts aus laufender Verwaltungstätigkeit] weicht in einigen Bundesländern ab und beträgt z. B. in Mecklenburg-Vorpommern ein Zehntel [und ist in Hessen z. B. genehmigungsfrei]. Unterhalb der Schwellenwerte ist der Betrag vollkommen genehmigungsfrei, oberhalb dieser Schwelle ist der Betrag in vollem Umfang genehmigungspflichtig, d. h. auch der anteilige Betrag bis zu einem Sechstel bzw. Zehntel. Das inhaltliche Ergebnis dieser Aufgabe ändert sich im NKR nicht.)

AUFGABE 3

Der Bürgermeister wird durch den mit der Haushaltssatzung festgestellten Haushaltsplan ermächtigt, Ausgaben für die im Haushaltsplan bezeichneten Zwecke bis zur Höhe der Ansätze zu leisten und entsprechende Verpflichtungen einzugehen (§ 85 (3) NGO). Die Mittel dürfen allerdings erst in Anspruch genommen werden, wenn die Erfüllung der Aufgaben es erfordert (§ 26 (1) GemHVO). Ist bei Beginn des Haushaltsjahres die Haushaltssatzung noch nicht rechtswirksam, darf der Bürgermeister nur Maßnahmen treffen, die im § 88 NGO zugelassen sind. Die Vorschrift bezweckt, dem Bewilligungsrecht der von den Bürgern gewählten Gemeindevertretung Geltung zu verschaffen:

a) Die Beschaffung des Computers war ggf. nach § 15 (1) Nr. 1 GemHVO im Haushaltsplan zu erläutern. Die Gemeinde ist zu dieser Beschaffung nicht rechtlich verpflichtet. Möglicherweise ergibt sich deren Notwendigkeit allerdings aus der Weiterführung von gemeindlichen Aufgaben. Denn laut Sachverhalt ist die Computeranschaffung für die Einwohnermelde-Abteilung vorgesehen. Diese hat eine wichtige öffentliche Aufgabe zu erfüllen und muss an jedem Öffnungstag reibungslos funktionieren. Es kann unterstellt werden, dass diese Computeranschaffung zur Aufrechterhaltung des störungsfreien Dienstbetriebes erforderlich ist. Daher ist diese Anschaffung in einem solchen Falle auch während der vorläufigen Haushaltsführung zulässig.

b) Vor der erstmaligen Veranschlagung von Ausgaben für die Erweiterung des Verwaltungsgebäudes mussten nach § 10 (3) GemHVO Pläne, Kostenberechnungen und Erläuterungen vorliegen, aus denen u.a. die Geamtkosten der Maßnahme und die voraussichtlichen Jahresraten zu ersehen waren. Außerdem war die „neue Maßnahme des Vermögenshaushalts" nach § 15 (1) Nr. 2 GemHVO im Vorjahr entsprechend zu erläutern. In diesem Jahr ist die Fortsetzung dieser Maßnahme erläuterungspflichtig (§ 15 (1) Nr. 2 GemHVO). Da die Gemeindevertretung in Kenntnis der Gesamtkosten den ersten Teilbetrag im Vorjahr bewilligt und damit das Vorhaben insgesamt akzeptiert hat, darf die Maßnahme – trotz der noch ausstehenden Bewilligung des zweiten Teilbetrages im diesjährigen Haushaltsplan – fortgesetzt werden (§ 88 (1) Nr. 1 NGO).

c) Der Zuschuss an den Sportverein zur Renovierung des Vereinsheims stellt eine freiwillige Ausgabe der Gemeinde dar. Sie ist zu ihr weder rechtlich verpflichtet, noch ist sie zur Weiterführung gemeindlicher Aufgaben erforderlich. Auch nach der Rechtswirksamkeit der Haushaltssatzung kann der Sportverein aus der Bewilligung des Zuschusses im Haushaltsplan keinen Anspruch herleiten (§ 85 (3) Satz 3 NGO). Dazu bedarf es einer Bewilligung des Zuschusses durch die Gemeinde, die erst nach der Rechtswirksamkeit der Haushaltssatzung zulässig ist.

d) Nach den Vorschriften für die vorläufige Haushaltsführung kann die Gemeinde am 15. Februar die Grundsteuer und die Gewerbesteuer nach den Sätzen des Vorjahres erheben (§§ 29 GrStG, § 19 GewStG, § 88 (1) Nr. 2 NGO). Mehrbeträge aufgrund einer (hier aber lt. Sachverhalt nicht vorliegenden) Erhöhung der Hebesätze dürfte die Gemeinde erst nach der Rechtskraft der Haushaltssatzung (rückwirkend) einziehen.

e) Der Mietvertrag, der die Haushaltswirtschaft nicht nur des laufenden Jahres, sondern auch der folgenden fünf Jahre belasten wird, ist nach § 15 (1) Nr. 4 zu erläutern. Er darf erst nach der Rechtswirksamkeit der Haushaltssatzung geschlossen werden, nachdem die Gemeindevertretung die Mittel zur Erfüllung des Vertrages erstmalig bewilligt und damit die Vereinbarung des Vertrages gebilligt hat. Eine Ausnahme könnte dann gelten, wenn die Realschule die Büchereiräume dringend für schulische Zwecke benötigt.

f) Der Gemeindevorstand war verpflichtet, bei der erstmaligen Veranschlagung der Ausgabe den beabsichtigten Vertrag zu erläutern, weil die Erfüllung des Vertrages die Haushaltswirtschaft in den folgenden Jahren belastet. Die Reinigung der Diensträume ist für die ordnungsgemäße Abwicklung der Dienstgeschäfte, die einen regen Besucherverkehr einschließt, unerlässlich. Der Gemeindevorstand kann daher das bisherige Mietverhältnis fortsetzen. Die Einbeziehung der für die Volksbücherei anzumietenden Räume in den Vertrag muss hingegen bis zur Rechtskraft der Haushaltssatzung zurückgestellt werden. Auf die Lösung zu e) wird entsprechend verwiesen.

(Auch im NKR dürfen die Haushaltsermächtigungen erst in Anspruch genommen werden, wenn und soweit dies die Aufgabenerfüllung erfordert, vgl. § 26 (1) GemHKVO.

Im NKR gilt inhaltlich das gleiche Recht der vorläufigen Haushaltsführung.

Die Erläuterungspflichten für Haushaltspositionen und -veränderungen sind in § 16 GemHKVO in nahezu identischer Weise wie in der GemHVO geregelt.)

10 Veranschlagung kalkulatorischer Kosten

AUFGABE

Bei der Abfallbeseitigung handelt es sich um eine öffentliche Einrichtung, die aus Benutzungsentgelten finanziert und als kostenrechnende Einrichtung geführt wird.

Die beschafften Wirtschaftsgüter waren bei der Vorbereitung der Auszahlungsanordnungen über die Kaufpreise in Anlagenachweisen zu erfassen, die für kostenrechnende Einrichtungen zu führen sind (§ 39 (2) GemHVO).

Nach § 12 GemHVO sind im Verwaltungshaushalt für kostenrechnende Einrichtungen „Abschreibungen" und „eine angemessene Verzinsung des Anlagekapitals" zu veranschlagen, die nach betriebswirtschaftlichen Grundsätzen zu ermitteln sind. Der Sinn der Abschreibung liegt vor allem darin, die Substanzerhaltung der Einrichtung zu sichern und ihr zu ermöglichen, später notwendige Ersatzbeschaffungen zu finanzieren. (Da allerdings hier von den Anschaffungskosten abgeschrieben wird und mit den Jahren Preissteigerungen eintreten, kann die Ersatzbeschaffung von den Abschreibungserlösen allein nicht finanziert werden. Daher sind grundsätzlich auch Abschreibungen von Wiederbeschaffungszeitwerten zulässig.) Neben dem Anschaffungswert ist die Nutzungsdauer für die Bemessung der Abschreibungsbeträge wesentlich. Sie beträgt acht und fünf Jahre. Daraus ergeben sich folgende Abschreibungsbeträge:

1/8 von 80 000,00 EUR =	10 000,00 EUR
1/5 von 52 800,00 EUR =	10 560,00 EUR
	20 560,00 EUR

Die Verzinsung des Anlagekapitals kann nach unterschiedlichen Zinssätzen für das Fremdkapital und das Eigenkapital, aber auch nach einem einheitlichen Zinssatz erfolgen, der in G. 6 % beträgt. Aus der Vorschrift, dass das Anlagekapital zu verzinsen ist und es sich dabei nach der Begriffsbestimmung in § 46 GemHVO um das von kostenrechnenden Einrichtungen gebundene Kapital handelt, ergibt sich, dass bei der Ermittlung der Zinsen – im Gegensatz zu den Abschreibungen – von Wiederbeschaffungszeitwerten nicht ausgegangen werden darf. Die Anschaffungskosten betrugen

80 000,00 EUR + 52 800,00 EUR = 132 800,00 EUR.

Als Zinsen sind somit anzusetzen: 6 % von 132 800,00 EUR = 7 968,00 EUR.

Da die Veranschlagung der kalkulatorischen Kosten vorrangig der Bemessung der Benutzungsentgelte dient und sie nicht verausgabt werden, sind sie gleichzeitig als Einnahmen im Einzelplan 9 zu veranschlagen.

Die Beschaffungen wirken sich auf die Ansätze folgender Haushaltsstellen aus:

720.680 Abschreibungen bisher	101 400 EUR
+	20 560 EUR
	121 960 EUR
aufgerundet	122 000 EUR
720.685 Verzinsung des Anlagekapitals	84 600 EUR
+	7 968 EUR
	92 568 EUR
aufgerundet	92 600 EUR

Um die zusätzlichen Beträge sind auch die vereinnahmenden Ansätze der Haushaltsstellen 910.270 Abschreibungen und 910.275 Verzinsung des Anlagekapitals zu erhöhen.

(Im NKR gestaltet sich die Lösung zum Teil anders. Das liegt vor allem an dem grundsätzlichen Ansatz, kaufmännische Aspekte durchgängig im externen Rechnungswesen [in der Ergebnisrechnung] zu berücksichtigen und damit eine „kalkulatorische" Herangehensweise wie in der Kameralistik nicht mehr erforderlich zu machen. Die Veranschlagung und Buchung von Abschreibungen vollzieht sich daher durchgängig bei sämtlichen Anschaffungsgütern mit zeitlich begrenzter Nutzungsdauer, ausgenommen Vorräte, vgl. § 2 (3) Ziffer 4 und § 47 GemHKVO. Somit wären die Abschreibungen um 20 560,00 EUR auf [gerundet] 122 000,00 EUR zu erhöhen, zu veranschlagen und im Laufe des Jahres zu buchen; das Konto lautet 537.47116.

Eine gesonderte Regelung für kalkulatorische Kosten [wie in § 12 GemHVO] ist andererseits vollends entfallen. Dies hat zweierlei zur Folge:

- Erstens entfällt die Veranschlagung kalkulatorischer Zinsen, es erfolgt lediglich eine Veranschlagung und Buchung tatsächlich erfolgender Zinsaufwendungen, vgl. § 2 (3) Ziffer 5 GemHKVO, bzw. Zinserträge, vgl. § 2 (2) Ziffer 8 GemHKVO. Die für die Gebührenkalkulation der Abfallbeseitigung erforderliche Ermittlung eines einheitlichen Mischzinses und die notwendige Verzinsung des Anlagekapitals muss also in Nebenrechnungen [z.B. in der Kosten- und Leistungsrechnung] geführt werden und findet nicht Eingang in das doppische Rechnungswesen.
- Zweitens entfällt die kamerale Gegenbuchung sämtlicher kalkulatorischer Positionen im Einzelplan 9 des Verwaltungshaushaltes, weil die sich nun vollziehende Buchung von Abschreibungen und Zinsen tatsächliche Positionen und keine lediglich kalkulatorische Positionen umfasst.

Gemäß § 4 (7) GemHKVO sind in jedem Teilhaushalt die wesentlichen Produkte mit den dazugehörenden Leistungen zu beschreiben und Kennzahlen zur Zielerreichung zu bestimmen. Hier bei der Abfallbeseitigung gehören folglich Informationen zu den verschiedenen Abfallbeseitigungsmöglichkeiten, den Gebührentarifen und Kostendeckungsgraden dazu.

Die im Hintergrund stehende Gebührenkalkulation greift den Sachverhalt inhaltlich in gleicher Weise auf, sodass sich die Abschreibungen künftig auf 121 960,00 EUR und die Verzinsung des Kapitals auf 92 568,00 EUR belaufen werden [eine Rundung auf volle 100 EUR findet prinzipiell nicht statt].)

11 Mittelbewirtschaftung beim Senioren-Pflegeheim

AUFGABE 1

Durch die von der Stadtvertretung nach § 40 (1) Nr. 8 i. V. m. § 86 (1) NGO beschlossene Haushaltssatzung sind die Einnahmen und Ausgaben des Haushaltsjahres festgesetzt worden, die nach § 84 (2) i. V. m. § 85 (1) NGO vollständig in den Haushaltsplan aufzunehmen waren. Nach der Rechtswirksamkeit der Haushaltssatzung ist der Bürgermeister ermächtigt, für die im Haushaltsplan bezeichneten Zwecke bis zur Höhe der Ansätze Ausgaben leisten und zuvor entsprechende Verpflichtungen begründen zu lassen, § 85 (3) NGO. Der Haushaltsplan ist die Grundlage für die Haushaltswirtschaft und verbindlich.

Für die Beschaffung von Lebensmitteln sind bei der Haushaltsstelle 432.570 104 000 EUR bewilligt worden. Nach § 82 (1) und (2) NGO ist die Haushaltswirtschaft nach den Grundsätzen der Wirtschaftlichkeit und Sparsamkeit und außerdem so zu führen, dass die stetige Aufgabenerfüllung gesichert ist. Diesem Ziel dient die Vorschrift im § 32 GemHVO, nach der vor der Vergabe von Aufträgen eine Ausschreibung erfolgen muss, „sofern nicht die Natur des Geschäfts oder besondere Umstände eine Ausnahme rechtfertigen." Zu Beginn des Jahres waren aufgrund des Ergebnisses der Ausschreibung die Lieferanten für die Lebensmittelarten zu ermitteln.

Im § 26 (1) GemHVO ist das Gebot wiederholt, so zu wirtschaften, dass die Mittel ausreichen; darüber hinaus ist bestimmt, dass sie erst in Anspruch genommen werden dürfen, wenn die Aufgabenerfüllung es erfordert. Vor der Begründung jeder neuen bzw. zusätzlichen Ausgabe-Verpflichtung muss daher geprüft werden,

- ob sie schon zu dem vorgesehenen Zeitpunkt und
- in der beabsichtigten Höhe notwendig ist.

Haushaltsmittel für die Beschaffung von Lebensmitteln stehen nach der Haushaltsüberwachungsliste in ausreichender Höhe zur Verfügung. Die vorgesehenen Beschaffungen sind zur Verpflegung der Heimbewohner jetzt notwendig. Die Vertragspartner sind nach einer Ausschreibung ausgewählt worden. Bezüglich der Aufträge bestehen daher keine Bedenken.

(Im NKR ändert sich an den inhaltlichen Aussagen und den zitierten Regelungen der Gemeindeordnung prinzipiell nichts. Lediglich die zitierten Rechtsgrundlagen der GemHVO verändern sich entsprechend: Wie bereits in voranstehenden Lösungen dargelegt wurde, ist die Regelung der Ausschreibungspflicht mit dem Erlass der GemHKVO entfallen. § 26 (1) GemHKVO entspricht § 26 (1) GemHVO. Die Kontonummern des NKR [Aufwandskonten] müssen entsprechend den kameralen Gliederungs- und Gruppierungsvorschriften gebildet werden und lauten [in Niedersachsen] wie folgt:)

GGV (kameral)	Produkt- und Kontenrahmen (NKR)
432.500	3152.421*100*
432.506	3152.421*160*
432.509	3152.421*190*
432.520	3152.4222
432.540	3152.424*100*
432.544	3152.424*140*
432.546	3152.424*160*
432.570	3152.428*100*
432.576	3152.428*160*

AUFGABE 2

Siehe anliegende Haushaltsüberwachungsliste.

AUFGABE 3

Die Bescheinigung „Sachlich richtig“ umfasst die Verantwortung des Feststellers dafür, dass

- die in der Zahlungsanordnung, ihren Anlagen (z. B. Rechnungen über Lieferungen und Leistungen) maßgebenden Angaben richtig sind,
- bei der Ausgabe nach den dafür in Betracht kommenden Vorschriften und nach den Grundsätzen der Wirtschaftlichkeit und Sparsamkeit verfahren worden ist,
- die Lieferung oder Leistung als solche und auch die Art ihrer Ausführung erforderlich war,
- die Lieferung oder Leistung entsprechend dem zugrunde liegenden Vertrag vollständig und sachgemäß ausgeführt ist, z. B. der vereinbarten Beschaffenheit und Qualität entspricht,
- Abschlagszahlungen, ausnahmsweise geleistete Vorauszahlungen, Abtretungen und Pfändungen, falls in Betracht kommend, berücksichtigt worden sind.

Mit der Bescheinigung der rechnerischen Feststellung übernimmt der Feststeller die Verantwortung dafür, dass der auszuzahlende Betrag sowie alle auf Berechnungen beruhenden Angaben in der Zahlungsanordnung und ihren Anlagen richtig sind. Die Feststellung erstreckt sich mithin nicht nur auf das Rechenwerk, sondern auch auf die Richtigkeit der Ansätze und Einzelpreise, die sich aus dem Vertrag und etwaigen Tarifen ergeben.

(Im NKR ändert sich die Lösung dieser Aufgabe nicht.)

AUFGABE 4

Gemüsemarkt Stängel

Gemüsemarkt Stängel · Bohnenkamp 38 · Ulmenau

Senioren-Pflegeheim Ulmenau
Im stillen Winkel 66
Ulmenau

Anschrift: Bohnenkamp 38
Ulmenau

Bank: Volksbank Ulmenau
BLZ 927 400 17 Konto 3467
USt-IDNr. DE 543219876
USt-Nr. 47/203/35503

Rechnung Nr. 1234/20..

Ulmenau, 3. November 20..

für das Senioren-Pflegeheim Ulmenau, Im stillen Winkel 66

01.11	8 kg	Bananen	0,96 EUR	7,68 EUR
	12 kg	Sauerkraut	1,25 EUR	15,00 EUR
02.11	15	Gurken	1,11 EUR	16,65 EUR
	12	kg Äpfel	1,26 EUR	15,12 EUR

Summe netto	~~55,45~~ EUR
zzgl. 7% USt	~~3,88~~ EUR
Summe brutto	~~59,33~~ EUR

Sachlich richtig !
Fink. StOI

54,45 €
3,81 €
58,26 €
– 2% Skonto: 53,36 € netto
+ 7% USt. 3,74 €
57,10 € brutto

Rechnerisch richtig mit 57,10 €
Verwaltungfachangestellter

Bei Zahlung innerhalb 10 Tagen 2 % Skonto!
Umsatzsteuer-Nr. 123/456/01234

Auszahlungs-Anordnung (......... Anlage ..1.....) Haushaltsjahr ..20........... Beleg Nr. .....107.....

Verwaltungs-/~~Vermögens~~-Haushalt – ~~Verwahrbuch~~ / ~~Vorschussbuch~~

Ziffer	Haushaltsstelle – Verrechnungsstelle Bezeichnung	Betrag EUR	Ct	HÜL-Nr.	Noch verfügbar EUR	Ct	Zeitbuch-Nr.	Sachbuch-Nr.	Vermögens-nachweis
1	432.570	57	10	567	20.225	90			

Sachlich richtig

Fink. StoI
(Unterschrift / Amtsbezeichnung)

Rechnerisch richtig

mit ....57,10 EUR

Adler VFAngest.
(Unterschrift / Amtsbezeichnung)

EUR Ct wurden durch .... überwiesen.

Bankbeleg / Lastschriftzettel Nr. ....

(Unterschrift)

Empfangsbescheinigung

EUR Ct erhalten

(Ort) (Datum)

(Unterschrift)

Vollmacht hat vorgelegen – liegt bei.

Die ..... Stadt ..... -Kasse ..... Ulmenau ..... wird angewiesen,

an ..... Gemüsemarkt Stängel, hier, Bohnenkamp 38
(Name, Anschrift)

Konto: 3467 Volksbank Ulmenau – BLZ 927 400 17 –

den Betrag von 57 EUR 10 Ct, in Buchstaben: Siebenundfünfzig ///////

EUR 10 Ct zu zahlen.

Der Betrag steht haushaltsrechtlich zur Verfügung.

Fälligkeit: sofort! Skonto!

Grund der Ausgabe: Lebensmittelrechnung Gemüsemarkt Stängel für Senioren-Pflegeheim Ulmenau

Ulmenau (Ort) 04. 11. 20.. (Datum) Vogler (Unterschrift)

Geprüft:

902/4021 – Auszahlungsanordnung – Nachdruck verboten – Deutscher Gemeindeverlag GmbH – 10/78

(Im NKR ändert sich die Lösung dieser Aufgabe nicht.)

AUFGABE 5

Die Haushaltsstellen 432.570 und 432.576 sind aufgrund eines von der Stadtvertretung gebilligten Haushaltsvermerks gegenseitig deckungsfähig (§ 18 (2) GemHVO).

Laut Sachverhalt sind für medizinische Verbrauchsmittel bereits 4 624,90 EUR der bereitgestellten 4 800,00 EUR in Anspruch genommen worden und somit nur noch 175,10 EUR verfügbar. Laut Sachverhalt zeichnet sich aber noch ein Bedarf von 700,00 EUR bis Jahresende ab.

Die zur Beschaffung des medizinischen Sachbedarfs bei der Haushaltssteile 432.576 fehlenden rund 525,00 EUR können nach dem Umfang der bisherigen und bis zum Jahresabschluss zu erwartenden Ausgaben bei der Haushaltsstelle 432.570 eingespart werden. Die Haushaltsstelle 432.576 kann daher zulasten der Haushaltsstelle 432.570 um die fehlenden 530 EUR verstärkt werden. In den Haushaltsüberwachungslisten sind das Haushaltssoll und der Stand der Ausgabenermächtigung entsprechend zu ändern. (Dies ist auf der nachfolgenden HüL in Zeile 568 exemplarisch dargestellt.)

(Im NKR können die Konten 3152.428100 und 3152.428160 ebenfalls für gegenseitig deckungsfähig erklärt werden, vgl. § 19 (2) GemHKVO. Gehören die beiden Konten, was zu vermuten ist, einem Budget an, so sind sie gemäß § 19 (1) GemHKVO gegenseitig deckungsfähig, soweit im Haushaltsplan nichts anderes bestimmt ist. Die betragliche Lösung stimmt wiederum überein.)

Haushaltsüberwachung

Haushaltsausgaberest a. V.	EUR	
Haushaltssoll	104 000,00 EUR	104 000,00 EUR
zuzüglich/abzüglich Nachträge		EUR
Deckung nach § 17 GemHVO (entspricht § 18 GemHKVO)	EUR	
Deckung nach § 18 GemHVO (entspricht § 19 GemHKVO)	EUR	
Über- und außerplanmäßige Bewilligungen	EUR	0,00 EUR
abzüglich gesperrte Mittel		530,00 EUR
Ausgabe- (Aufwands-/Auszahlungs-) ermächtigung insg.		103 470,00 EUR

Haushaltsjahr 20 . .
Haushaltsstelle 432.570
Bezeichnung: Lebensmittel (3152.428100)

Lfd.Nr.	Datum	Stand der Ausgabeermächtigung EUR	Gegenstand der Ausgabe	Bewegungen		neue Stände		verfügbar
				Festlegungen (Aufträge) EUR	Aordnungen EUR	Festlegungen (Aufträge) EUR	Anordnungen EUR	EUR
−558							83 260,70	20 739,30
559	01.11.	104 000,00	Gemüsemarkt Stängel	24,32		24,32	83 260,70	20 714,98
560	01.11.	104 000,00	Fleischerei Ziegenbein	104,34		128,66	83 260,70	20 610,64
561	01.11.	104 000,00	Ulmenauer Käsezentrale	60,40		189,06	83 260,70	20 550,24
562	02.11.	104 000,00	Fleischerei Ziegenbein	99,66		288,72	83 260,70	20 450,58
563	02.11.	104 000,00	Bäckerei Frühauf	51,00		339,72	83 260,70	20 399,58
564	02.11.	104 000,00	Gemüsemarkt Stängel	34,05		373,77	83 260,70	20 365,53
565	03.11.	104 000,00	Fischhalle Ostsee	62,66		436,43	83 260,70	20 302,87
566	03.11.	104 000,00	Bäckerei Frühauf	78,24		514,67	83 260,70	20 224,63
567	04.11.	104 000,00	Rechnung Stängel	−58,37	57,10	456,30	83 317,80	20 225,90
568	05.11.	103 470,00	# Decknungsvorschlag 432.576 #	–	–	456,30	83 317,80	19 695,90

12 Zeitliche Übertragbarkeit – Veranschlagung von Einnahmen und Ausgaben im Haushaltsplan

AUFGABE 1

Der für die Wirtschaftsführung verbindliche Haushaltsplan enthält u.a. alle im Haushaltsjahr zu leistenden Ausgaben (§ 85 (1) NGO). Die mit der Haushaltssatzung erteilte Ermächtigung zur Leistung der im Haushaltsplan veranschlagten Ausgaben und zur Begründung entsprechender Verpflichtungen ist daher nicht nur betragsmäßig, sondern auch zeitlich, nämlich auf das Haushaltsjahr beschränkt. Abweichend davon können nach § 19 (2) GemHVO Ausgaben im Verwaltungshaushalt für übertragbar erklärt werden, wenn die Übertragbarkeit eine sparsame Bewirtschaftung der Mittel fördert. Da alle Haushaltsmittel wirtschaftlich und sparsam zu verwalten sind (§ 82 (2) NGO), müssen besondere, die Sparsamkeit fördernde Umstände hinzutreten, um die Übertragbarkeit von Mitteln des Verwaltungshaushalts zu rechtfertigen. Bei der Haushaltsstelle 675.510 kann die Wetterabhängigkeit zu voreiligen und vermeidbaren Ausgaben veranlassen. Des Weiteren bringt es der Winderdienst typischerweise mit sich, dass die notwendigen Ausgaben sowohl am Jahresende als auch am Anfang des folgenden Jahres anfallen und von daher wirtschaftlich gehandelt werden kann, wenn der Jahreswechsel selbst keinen haushaltswirtschaftlichen Hinderungsgrund darstellt. Durch die mögliche Übertragung am Jahresende verbleibender Mittel in das nächste Haushaltsjahr ist ein Anreiz geschaffen, zu frühe bzw. zu späte Ausgaben zu vermeiden.

Die Übertragbarkeit von Mitteln des Verwaltungshaushalts erfordert einen Haushaltsvermerk, der bei der Haushaltsstelle 675.510 regelmäßig, auch im Vorjahr, angebracht war. Der vorjährige Haushaltsansatz betrug 17 000,00 EUR. Da ein Haushaltsrest von 2 850,00 EUR verblieben ist, konnten die Ausgaben im Vorjahr offenbar auf 14 150,00 EUR begrenzt und somit der Haushaltsrest gebildet werden. Er wächst der Ausgabeermächtigung für dieses Haushaltsjahr zu.

(Im NKR gestaltet sich die inhaltliche Lösung genauso. Statt § 19 (2) GemHVO ist § 20 (2) Satz 2 GemHKVO anzuwenden; ein das Verfahren erleichternder Hinweis auf die Deckung innerhalb eines Budgets, vgl. §§ 4 (3) und 20 (2) Satz 1 GemHKVO, ist dem Sachverhalt nicht zu entnehmen.)

AUFGABE 2

Die Inanspruchnahme eines Teils der bei der Haushaltsstelle 675.511 verfügbaren Mittel zugunsten der Haushaltsstelle 675.520 setzt einen vom Gemeinderat gebilligten Haushaltsvermerk nach § 18 (2) GemHVO voraus. Da die gegenseitige Deckungsfähigkeit der Haushaltsstellen nicht zugestanden worden ist, können auf diesem Wege Mittel der Haushaltsstelle 675.511 zur Deckung der restlichen Kosten für die Instandsetzung des Schneepflugs nicht herangezogen werden. Sollte die Gemeinde Erlenbusch aufgrund von § 8 GemHVO die Haushaltsstellen des Unterabschnitts 675 in ein Budget einbezogen haben, wäre ein Ausgleich jedoch möglich. Dieses ergibt sich aus dem vorliegenden Sachverhalt jedoch nicht.

Da der Schneepflug nahezu täglich eingesetzt werden muss, ist die Ersatzbeschaffung des Schneepflugblatts unerlässlich. Von den voraussichtlichen Kosten von 600,00 EUR stehen (1 400,00 EUR – 958,60 EUR) 441,40 EUR bei der Haushaltsstelle 675.520 noch zur Verfügung. In Höhe der fehlenden 158,60 EUR wird eine überplanmäßige Ausgabe entstehen. Nach § 89 (1) NGO sind überplanmäßige Ausgaben zulässig, wenn ein dringendes Bedürfnis besteht und die Deckung gewährleistet ist. Die bei der Haushaltsstelle 675.520 entstehende, nachstehend beantragte überplanmäßige Ausgabe ist zeitlich dringend, sachlich unabweisbar und durch eine Einsparung gedeckt. Ihr kann der Bürgermeister zustimmen, da der in Rede stehende Betrag offensichtlich unerheblich ist, vgl. § 89 (1) Satz 2 NGO.

(Im NKR vollzieht sich die gleiche inhaltliche Lösung anhand des § 19 (2) GemHKVO. Ein Budget, vgl. §§ 4 (3) und 19 (1) GemHKVO, liegt nicht vor.)

AUFGABE 3

Die Anschaffung des Schneeräumfahrzeugs erfordert 35 000,00 EUR. Bei der angenommenen Nutzungsdauer von zehn Jahren beträgt die jährliche lineare Abschreibung 3 500,00 EUR.

Als „Anlagekapital" ist das für die Einrichtung gebundene Kapital (= Anschaffungs- oder Herstellungskosten) abzüglich der Abschreibungen zu verstehen (§ 46 Nr. 1 GemHVO). Es beträgt für das Jahr der Anschaffung des Schneeräumfahrzeugs insgesamt 35 000,00 EUR. Bei 5 % Zinsen ergeben sich für das Anschaffungsjahr 1 750,00 EUR.

Im Anschaffungsjahr hat der Tourismusverein aufzubringen:

5 000,00 EUR	Zuschuss zu den Anschaffungskosten
1 750,00 EUR	Hälfte der 3 500,00 EUR betragenden Abschreibung
875,00 EUR	Hälfte der 1 750,00 EUR betragenden Zinsen für das Anlagekapital
7 625,00 EUR	

Nach § 1 (1) Ziffer 4 und 7 GemHVO sind die Beschaffungsausgaben für das Schneeräumfahrzeug und der Zuschuss des Tourismusvereins zu diesen Ausgaben im Vermögenshaushalt zu veranschlagen.

Die Abschreibung und die Zinsen für das Anlagekapital sowie die vom Tourismusverein zu erwartenden Anteile hierzu gehören in den Verwaltungshaushalt, vgl. § 1 (2) GemHVO. Da die Beträge für die Abschreibung und die Zinsen zwar im Unterabschnitt 675 des Haushaltsplans als Ausgaben zu veranschlagen sind, aber nicht verausgabt werden, sind sie nach § 12 (1) GemHVO zugleich als Einnahmen im Einzelplan für die allgemeine Finanzwirtschaft anzusetzen. (Per Saldo bleibt in diesem Falle der Zuschuss des Tourismusvereins im UA 675.)

Im Falle der Verwirklichung des Vorhabens sind somit folgende Ausgaben und Einnahmen zu veranschlagen:

Betrag EUR		Haushaltsstelle:
35 000,00	Beschaffungskosten für das Schneeräumfahrzeug	675.935
5 000,00	Zuschuss des Tourismusvereins	675.368
3 500,00	10 % Abschreibung	675.680
1 750,00	5 % Zinsen für das Anlagekapital	675.685
3 500,00	Abschreibung	910.270
1 750,00	Zinsen für Anlagekapital	910.275
2 625,00	Zuschuss des Tourismusvereins zu den Beträgen für Abschreibung und Zinsen	675.178

Die Rundungsvorschrift ist bei der Veranschlagung entsprechend zu beachten.

(Im NKR stimmen die zunächst vorzunehmenden betraglichen Ermittlungen mit der „kameralen Lösung" überein, da beide auf Überlegungen der Kostenrechnung [dem internen Rechnungswesen] basieren.

Haushaltswirtschaftlich und buchungstechnisch stellt sich die Lösung im NKR allerdings etwas anders dar: Die Beschaffung des Schneeräumfahrzeugs [im Produktbereich 545] vollzieht sich im Finanzhaushalt unter Kontonummer 7831. Zum Zeitpunkt des Erwerbs vollzieht sich [noch] kein Aufwand, da die beiden Güter Schneeräumfahrzeug und Geld in gleicher Höhe getauscht werden. Erst mit der Abschreibung des Fahrzeugs entsteht Aufwand; dieser ist unter Kontonummer 471160 im Ergebnishaushalt darzustellen. Der Zuschuss des Tourismusvereins ist ebenfalls im Finanzhaushalt zu vereinnahmen. [Ob dieser Investitionszuschuss in einen Sonderposten einzustellen und abschreibungskonform innerhalb von 10 Jahren in Zehnteln aufzulösen ist oder ob er nicht vielmehr einen Aufwandszuschuss darstellt, der sofort im Ergebnishaushalt zu buchen ist, darf an dieser Stelle dahingestellt bleiben.]

Auch im Ergebnishaushalt darzustellen ist der ggf. eintretende Zinsaufwand zur Finanzierung der Geldauszahlung, nicht allerdings im Produktbereich 545, sondern im Produktbereich 612 [was dem kameralen Abschnitt 91 entspricht]. Eine Veranschlagung und Buchung kalkulatorischer Zinsen findet – in Ermangelung einer § 12 GemHVO entsprechenden Regelung in der GemHKVO – nicht statt.

Daher sind folgende Beträge im Finanzhaushalt zu veranschlagen und zu buchen:

Betrag in EUR	Prod.-/Kto.-Nr.	
35 000,00	Auszahlung für den Erwerb des Schneeräumfahrzeugs	545.7831
5 000,00	Zuschusseinzahlungen des Tourismusvereins für die Anschaffung	545.6818
2 625,00	Zuschusseinzahlungen des Tourismusvereins für die Abschreibung und die Verzinsung [1 750,00 EUR + 875,00 EUR]	545.6148

Per Saldo wird die Finanzrechnung mit 27 375,00 EUR belastet.

Darüber hinaus sind folgende Beträge im Ergebnishaushalt zu veranschlagen und zu buchen:*

* Die Behandlung des einzurichtenden Sonderpostens über 5 000,00 EUR wird hier der Übersichtlichkeit halber nicht dargestellt.

Betrag in EUR	Prod.-/Kto.-Nr.	
3 500,00	Abschreibung [Aufwand]	545.471160
–	Verzinsung des Anlagekapitals**	–
2 625,00	Zuschuss des Tourismusvereins zu den Beträgen für Abschreibung und Verzinsung [Ertrag]	545.3148

Per Saldo wird die Ergebnisrechnung mit 875,00 EUR belastet.

Des Weiteren werden durch den Anschaffungs- und Zahlungsvorgang noch folgende bilanzwirksamen Buchungen ausgelöst:

Betrag in EUR	Prod.-/Kto.-Nr.	
35 000,00	Aktivierung des Vermögensgegenstandes	545.0610
35 000,00	Zahlungsmittelabfluss durch die Auszahlung	612.1711
7 625,00	Zahlungsmittelzufluss durch die Einzahlungen des Zuschusses für die Anschaffung, die Abschreibung und die Verzinsung	612.1711
5 000,00	Einbuchung eines Sonderpostens aus dem Investitionszuschuss [Passiva]	545.2611
– 3 500,00	Wertminderung durch Abschreibung [Gegenbuchung]	545.0610

Per Saldo erhöhen sich die Aktiva und die Passiva jeweils um 4 125,00 EUR.

Die Aktiva werden erhöht um 35 000,00 EUR + 7 625,00 EUR und vermindert um 35 000,00 EUR + 3 500,00 EUR, per Saldo somit = +4 125,00 EUR.

Der vom Tourismusverein gezahlte Anschaffungszuschuss ist durch Einbuchung eines Sonderpostens in Höhe von 5 000,00 EUR zu passivieren. Die Passiva würden sich [bei Vernachlässigung aller sonstigen Haushaltsvorgänge dieses Haushaltsjahres] um den Saldo der Ergebnisrechnung wiederum verringern: 5 000,00 – 875,00 EUR = 4 125,00 EUR. Damit würden sich die Passiva ebenfalls um 4 125,00 EUR erhöhen, die Bilanz ist [wieder] ausgeglichen.

Auf die Darstellung der anteiligen Auflösung des Sonderpostens [proportional zur Abschreibung] soll hier aus Übersichtlichkeitsgründen ebenfalls verzichtet werden.)

13 Niederschlagung einer Forderung

AUFGABE 1

Nach § 33 (2) GemHVO dürfen Ansprüche niedergeschlagen werden, wenn feststeht, dass die Einziehung keinen Erfolg haben wird.

Die Niederschlagung ist eine verwaltungsinterne Entscheidung, von der Weiterverfolgung des Anspruchs abzusehen, ohne auf den Anspruch zu verzichten. Sie wirkt gegenüber dem Schuldner wie eine Stundung, wird ihm jedoch nicht mitgeteilt. Die Niederschlagung

** Gegebenenfalls entsteht auf Konto 612.4517 ein Zinsaufwand bzw. auf Konto 612.3617 ein geringerer Zinsertrag aus der Finanzierungsnotwendigkeit der Anschaffung des Schneeräumfahrzeugs.

erfolgt vorläufig, wenn feststeht, dass die Einziehung wegen der wirtschaftlichen Verhältnisse des Schuldners vorübergehend keinen Erfolg verspricht (befristete Niederschlagung), bzw. endgültig, wenn die Einziehung wegen der wirtschaftlichen Verhältnisse des Schuldners, z. B. nach mehrmals fruchtloser Pfändung oder wegen seines Todes, dauerhaft ohne Erfolg bleiben wird, außerdem wenn die Kosten der Einziehung im Verhältnis zum Anspruch zu hoch sind (unbefristete Niederschlagung).

Die Pfändung bei Flott ist erfolglos geblieben; damit steht fest, dass die Forderung zurzeit nicht beigetrieben werden kann. Da der Schuldner erst 38 Jahre alt ist und deshalb Aussicht besteht, dass er wieder Arbeit erhält und Einkommen erzielt, kommt eine befristete Niederschlagung in Betracht.

(Im NKR ändert sich an der Lösung inhaltlich nichts, vgl. § 32 (2) GemHKVO. Die Maßnahme, die bisherige GemHVO und GemKVO durch eine gemeinsame Verordnung [die GemHKVO] zu ersetzen, führt dazu, dass spezifische kassenrechtliche und -technische Vorschriften entfallen sind. Dies bedeutet allerdings nicht, dass sich an der Vorgehensweise und den kassentechnischen Notwendigkeiten der Behandlung dieses Falles etwas ändert. In der Praxis werden die Dienstanweisungen für das Kassen- und Vollstreckungswesen ausführlicher gestaltet, was dazu führt, dass weite Teile der ersetzten GemKVO textlich in diesen Dienstanweisungen „fortleben“.)

AUFGABE 2

Ahornstedt, 28. 08. 20..

Verfügung

1. Da die Pfändung bei dem Schuldner Dirk Flott erfolglos geblieben ist und mit Rücksicht auf den Bezug von Arbeitslosengeld II weitere Maßnahmen zur Einziehung der rückständigen anteiligen Heizkosten in Höhe von 458,98 EUR zurzeit keinen Erfolg versprechen, wird der Anspruch gem. § 33 (2) GemHVO befristet niedergeschlagen.

2. Abgangs-Anordnung zur Haushaltsstelle 035.140 erteilen.

3. Niederschlagungsliste ergänzen.

4. ZdA.

Lehmann, Stadtkämmerer

Aufgrund der vorstehenden Verfügung wird der Betrag

- in der vom Liegenschaftsamt geführten Anschreibeliste zur Haushaltsstelle 035.140 rot abgesetzt,
- in die Niederschlagungsliste eingetragen.

Anhand der Niederschlagungsliste werden die wirtschaftlichen Verhältnisse der Schuldner in angemessenen Zeitabständen geprüft, um nach der Besserung der Lage der Schuldner die Einziehung erneut zu versuchen. Außerdem ist die Verjährung der Ansprüche durch zeitgerechte Handlungen zu unterbrechen. Hierzu ist die Befristung der Niederschlagung unerlässlich.

Die Stadtkasse hat nach der ihr zugehenden Abgangs-Anordnung den Betrag im Sachbuch für den Haushalt vom Soll rot abzusetzen. Durch diese Regelung wird vermieden, dass Kassenreste in die Bücher folgender Jahre übernommen werden müssen.

(Im NKR ändert sich die dargestellte Lösung nicht. Allerdings ist nun § 32 (2) GemHKVO zu zitieren.)

14 Mittelbewirtschaftung beim Personalamt

Aufgabe 1

Bei den Haushaltsstellen 022.653 und 022.658 handelt es sich um Ausgaben des Verwaltungshaushalts. Sie sind wegen ihres sachlichen Zusammenhangs gegenseitig deckungsfähig erklärt worden (§ 18 (2) GemHVO). Der von der Stadtvertretung gebilligte Haushaltsvermerk hat die Wirkung, dass der Ansatz der Haushaltsstelle 022.658 um die zusätzlich erforderlichen 5 000,00 EUR verstärkt werden kann, die bei der Haushaltsstelle 022.653 eingespart werden können. Die Haushaltsüberwachungslisten sind zu ergänzen:

022.658	Deckungsberechtigung nach § 18 GemHVO	5 000,00 EUR
022.653	Deckungsverpflichtung nach § 18 GemHVO	– 5 000,00 EUR

Die „Ausgabeermächtigung insgesamt“ erhöht bzw. vermindert sich jeweils um diese Summe. Außerdem ist die Summe in der Längsspalte „Stand der Ausgabeermächtigung“ zu- bzw. abzusetzen.

(Im NKR gestaltet sich die Lösung entsprechend. Einschlägig ist § 19 (2) GemHKVO. Die betreffenden Konten des Ergebnishaushaltes lauten 111.4411 [Verwaltungssteuerung und -service/Sonstige Personal- und Versorgungsaufwendungen; hier für die Eignungsprüfungen 022.658] bzw. 111.4431 [Verwaltungssteuerung und -service/Geschäftsaufwendungen; hier für die Stellenausschreibungen 022.653].)

Aufgabe 2

Der im Bund und in den Ländern durch ein Gesetz, in den Gemeinden durch die Haushaltssatzung festgestellte Haushaltsplan ist die Grundlage für die Haushaltswirtschaft der Körperschaft (§ 85 (3) NGO). Nach § 26 (1) GemHVO sind die von der Stadtvertretung in Buchenhagen bewilligten Mittel so zu verwalten, dass sie im Haushaltsjahr zur Deckung aller Ausgaben ausreichen, die unter die einzelnen Zweckbestimmungen fallen. Die Mittel können nicht beliebig, sondern dürfen nur für den Zweck verwendet werden, für den sie von der Stadtvertretung bewilligt worden sind. Zeitlich dürfen sie erst in Anspruch genommen werden, wenn die Aufgabenerfüllung, der Zweck der Bewilligung, es erfordert. Grundsätzlich fällt die vorgeschlagene Maßnahme unter den Zweck der Bewilligung; es würde sich in Verwendung der Haushaltsmittel für eine gesamtstädtische Veranstaltung nicht um eine Zweckänderung handeln. Gleichwohl würde die vorgeschlagene Ausgabe die bereitgestellten Haushaltsmittel überschreiten. Bei der Beurteilung der Deckungsvorschläge des Personalratsvorsitzenden ist von dieser Rechtslage auszugehen:

a) Ein bei der Haushaltsstelle 022.562 eingesparter Betrag würde zugunsten der Haushaltsstelle 022.462 dann eingesetzt werden können, wenn diese Haushaltsstelle aufgrund eines von der Stadtvertretung gebilligten Haushaltsvermerks deckungsberechtigt wäre (§ 18 (2) GemHVO). Ein solcher Vermerk ist nach dem Sachverhalt nicht vorhanden. Er würde wegen des fehlenden sachlichen Zusammenhangs zwischen den Ausgabezwecken der beiden Haushaltsstellen auch nicht zulässig sein. Ein Budget liegt offenbar nicht vor, vgl. § 8 (2) und (3) GemHVO.

b) Die im Verwaltungshaushalt bewilligte Deckungsreserve ist nach § 11 Nr. 2 GemHVO zur Deckung über- und außerplanmäßiger Personal-Ausgaben bestimmt. Auch in diesem Fall könnte sie zur Deckung einer überplanmäßigen Ausgabe herangezogen werden, falls die Voraussetzungen für deren Leistung erfüllt sind und die Mehrausgabe von 2 800,00 EUR unabweisbar ist (§ 89 (1) NGO). Da die Gemeinschaftsveranstaltung in dem nunmehr geplanten Umfang weder auf einer rechtlichen Verpflichtung der Stadt beruht noch aus anderen Gründen unabweisbar ist, fehlt die zwingende Voraussetzung für die Leistung einer überplanmäßigen Ausgabe.

c) Nach § 7 (4) GemHVO sollen Ausgaben für denselben Zweck nicht an verschiedenen Stellen im Haushaltsplan veranschlagt werden. Diese der Klarheit der Haushaltsführung dienende Vorschrift gilt auch für den Nachweis der Ausgaben. Die Buchung eines Teils der Ausgaben für die Gemeinschaftsveranstaltung bei den Verfügungsmitteln des Bürgermeisters ist daher nicht zulässig oder die Einbringung solcher Verfügungsmittel als Decknungsmittel in UA 022 für diese bestimmbare Ausgabe widerspricht § 11 Nr. 1 GemHVO.

Abschließend ist festzustellen, dass auch die für Gemeinschaftsveranstaltungen von der Stadtvertretung bewilligten Mittel so verwaltet werden müssen, dass daraus alle einschlägigen Ausgaben im Haushaltsjahr bestritten werden können. Der Personalrat wird daher seine Kalkulation mit dem Ziel überarbeiten müssen, die Kosten der Veranstaltung auf den Umfang der verfügbaren Mittel zurückzuführen.

(Im NKR sind § 85 (3) NGO und § 26 (1) GemHKVO einschlägig. Die inhaltlichen Vorüberlegungen stimmen überein.

a) Die betreffenden Konten lauten nun 111.4261 [.../Besondere Aufwendungen für Beschäftigte; hier für die Aus- und Fortbildung 022.562] bzw. 111.4411 [.../Sonstige Personal- und Versorgungsaufwendungen; hier für Zuschüsse zu Gemeinschaftsveranstaltungen 022.462]. Die inhaltliche Lösung ändert sich nicht, soweit nicht ein Budget vorliegt, vgl. §§ 4 (3) und 19 (1) und (2) GemHKVO.
b) Auch im NKR ist die Einplanung einer Deckungsreserve – auch für Personalaufwand, Konto 111.4081 – zulässig, vgl. § 13 (2) GemHKVO. Allerdings ist dieser Deckungsvorschlag aus denselben Erwägungen hier nicht verwendbar.
c) Auch im NKR ist die Veranschlagung von Verfügungsmitteln für den Bürgermeister zulässig, Konto 111.4429, vgl. § 13 (1) GemHKVO. Gemäß § 10 (3) GemHKVO sollen Aufwendungen für denselben Zweck nicht an verschiedenen Stellen im Haushalt veranschlagt und gebucht werden. § 13 GemHKVO versagt außerdem die Verwendung von Verfügungsmitteln für Aufwendungen, die zweckbestimmt in einer entsprechenden Haushaltsstelle veranschlagt und gebucht werden.

Daher ergibt sich auch im NKR die Notwendigkeit für den Personalrat, neue Überlegungen bezüglich der vorgeschlagenen Gemeinschaftsveranstaltung anzustrengen, um den Ermächtigungsrahmen nicht zu überschreiten.)

AUFGABE 3

Annahme-Anordnung (......... Anlage ....) | Haushaltsjahr 20.. | Beleg Nr. 111

Verwaltungs-/~~Vermögens~~-Haushalt – ~~Verwahrbuch / Vorschuss~~buch

Ziffer	Haushaltsstelle – Verrechnungsstelle Bezeichnung	Betrag EUR	Ct	Einnahme-Sollkontrolle	Zeitbuch-Nr.	Sachbuch-Nr.	Vermögens-nachweis
022.153	Schadenersatzanspr.	683	28	7			

Sachlich richtig

Fink
(Unterschrift)
Stadtoberinspektor
(Amtsbezeichnung)

Rechnerisch richtig

mit .... EUR

(Unterschrift)
Verw.fachangestellter
Raum für Kassen••••••••••••••

Die Stadt -Kasse Buchenhagen wird angewiesen,
von Norbert Vorbeck, hier, Ritterstr. 5
(Name, Anschrift)

den Betrag von 683 EUR 28 Ct, in Buchstaben: Sechshundertund-dreiundachzig ////////////////////// EUR 28 Ct

zu vereinnahmen.

Fälligkeit: 15. März 20..

Grund der Einnahme: Ersatz von Krankenbezügen, die der Verw.-Angestellten Renate Bosse für die Zeit vom 3. bis 13. 1. d. J. gewährt worden sind.

Buchenhagen (Ort) 25. Januar 20.. (Datum)

(Unterschrift)

Geprüft:

902/4011 – Deutscher Gemeindeverlag GmbH – 2/78

(Im NKR keine Veränderungen.)

AUFGABE 4

Durch sein Schreiben hat der Schuldner Vorbeck den Anspruch der Stadt anerkannt. Die Vorschriften für die Stundung, die Niederschlagung und den Erlass derartiger Ansprüche sind im § 33 GemHVO enthalten, soweit nicht vorrangig die abgabenrechtlichen Vorschriften zu beachten sind. Da es hier um zivilrechtliche Ansprüche geht, ist § 33 GemHVO einschlägig.

Zunächst hat Vorbeck beantragt, ihm die Schuld zu erlassen. Nach § 33 (3) GemHVO dürfen Ansprüche ganz oder teilweise erlassen werden, wenn ihre Einziehung nach der Lage des Einzelfalles für den Schuldner eine besondere Härte bedeuten würde. Eine solche ist dann anzunehmen, wenn der Schuldner sich in einer unverschuldeten Notlage befindet und zu befürchten ist, dass die Durchsetzung des Anspruchs zu einer Existenzgefährdung führen wird. Eine solche Notlage hat Vorbeck nicht dargelegt, vielmehr zu erkennen gegeben, dass er die Tilgung seiner Schuld in monatlichen Teilbeträgen für möglich hält. Unabhängig vom schriftlichen Vorschlag Vorbecks ist in Erlassprüfungsfällen immer die vorrangige Stundung zu prüfen.

Es ist nunmehr zu prüfen, ob dem Schuldner die Tilgung in der von ihm vorgeschlagenen oder in einer ähnlichen Weise zugestanden werden kann:

Nach § 33 (1) GemHVO dürfen Ansprüche gestundet werden, wenn ihre Einziehung bei Fälligkeit eine erhebliche Härte für den Schuldner bedeuten würde und der Anspruch durch die Stundung nicht gefährdet wird. Eine erhebliche Härte ist anzunehmen, weil Vorbeck nach seinem derzeitigen Einkommen und der zu zahlenden Miete im Falle der sofortigen Einziehung der Schuld in ernsthafte wirtschaftliche Schwierigkeiten geraten würde. Da seine Lebensgefährtin eine Heimarbeit aufgenommen hat und sich zukünftig an den Kosten der Lebensführung beteiligen kann, ist eine Besserung der wirtschaftlichen Lage absehbar. Dem Schuldner sollte deshalb eingeräumt werden, die Schuld in jeweils am 15. eines Monats fälligen Teilbeträgen von 50,00 EUR zu begleichen. In dem Bescheid ist der Schuldner darauf hinzuweisen, dass die Gesamtschuld fällig wird, wenn er mit der Zahlung eines Teilbetrages in Verzug kommt. Über die Erforderlichkeit von Stundungszinsen ist eine Regelung zu treffen, § 33 (1) Satz 2 GemHVO. Hinsichtlich des auf 14 Monate begrenzten Zeitraums und der Gesamtbetragshöhe kann hier auf eine Erhebung von Stundungszinsen verzichtet werden.

(Im NKR ist entsprechend § 32 GemHKVO zu beachten. Die rechtlichen Erwägungen sind identisch.)

AUFGABE 5

Der Bürgermeister
-Personalamt-
442/723

Buchenhagen, 25. März 20..

Herrn
Norbert Vorbeck
Ritterstraße 5
42456 Buchenhagen

Schadenersatzforderung

Sehr geehrter Herr Vorbeck,

aufgrund Ihres Schreibens vom 13. d.M. erklären wir uns damit einverstanden, dass Sie Ihre 683,28 EUR betragende Schuld in monatlichen Teilbeträgen von 50,00 EUR begleichen. Wir bitten, die Teilbeträge bis 15. eines jeden Monats, erstmalig bis 15. April d.J., auf eines der unten angegebenen Konten der Stadtkasse zu überweisen. Nach Zahlung der dreizehnten Rate wird die Schlussrate von 33,28 EUR fällig. Hinsichtlich Ihrer wirtschaftlichen Verhältnisse komme ich Ihnen dahingehend entgegen, dass die Stadt B. auf Stundungszinsen verzichtet. Diese Ihnen entgegenkommende Regelung setzt voraus, dass Sie die Teilbeträge fristgerecht überweisen. Sollten Sie mit der Zahlung eines Teilbetrages in Verzug kommen, wird der noch geschuldete Betrag sofort fällig.

Mit freundlichen Grüßen

Stadtamtfrau

2) Der Stadtkasse zur Kenntnis.
3) Wiedervorlage am 15.04.

(Im NKR keine Veränderungen.)

15 Veränderung gemeindlicher Ansprüche

AUFGABE 1

Der Haushaltsplan, der Teil der Haushaltssatzung ist, enthält alle im Haushaltsjahr für die Erfüllung der Aufgaben voraussichtlich zu leistenden Ausgaben und eingehenden Einnahmen (§ 85 (1) NGO). Die Leistung der Ausgaben setzt prinzipiell den Eingang der Einnahmen (Deckungsmittel) voraus. Nach § 25 GemHVO ist durch geeignete Maßnahmen sicherzustellen, dass die der Gemeinde zustehenden Einnahmen vollständig erfasst und rechtzeitig eingezogen werden. Die Vorschrift erfordert von

- den Organisationseinheiten der Gemeindeverwaltung, die Ansprüche festzustellen und, sobald deren Höhe und Fälligkeit feststehen, die Zahlungspflichtigen zur Zahlung aufzufordern und Annahmeanordnungen zu erteilen;
- der Gemeindekasse, die Einnahmen einzuziehen, sie zu buchen und die Belege zu sammeln. Säumige Schuldner hat sie unverzüglich zu mahnen und nach erfolgloser Mahnung die Vollstreckung einzuleiten.

Die Voraussetzungen für die Stundung, die Niederschlagung und den Erlass von Ansprüchen enthält § 33 GemHVO. Dieser Vorschrift gehen jedoch andere gesetzliche Vorschriften vor. Die Stundung, die Niederschlagung und der Erlass von Realsteuern und, nach der Vorschrift des Kommunalabgabengesetzes, auch anderer Gemeindeabgaben richten sich nach den inhaltlich entsprechenden Vorschriften der Abgabenordnung.

Die Veränderung privatrechtlicher Ansprüche richtet sich nach dem BGB sowie § 33 GemHVO. In Betracht käme ein Schulderlass, § 397 BGB. Dazu müsste allerdings der Gläubiger gegenüber dem Schuldner per Vertrag auf seinen Leistungsanspruch verzichten. Hier aber beantragt der Schuldner einseitig einen Forderungsverzicht. Die weitere Prüfung vollzieht sich daher nach § 33 GemHVO.

Nach den Begriffsbestimmungen der GemHVO ist

- als Erlass der Verzicht auf einen Anspruch,
- als Niederschlagung die befristete oder unbefristete Zurückstellung der Weiterverfolgung eines fälligen Anspruchs der Gemeinde ohne Verzicht auf den Anspruch selbst zu verstehen.

Die Zuständigkeiten für Entscheidungen über Stundung, Niederschlagung und Erlass ergeben sich regelmäßig aus der Hauptsatzung bzw. der Dienstanweisung.

(Im NKR ändert sich an der rechtlichen Darstellung kaum etwas. Die Regelungen über die Veränderung von gemeindlichen Ansprüchen finden sich in § 32 GemHKVO. Im Gegensatz zur „alten“ GemHVO sieht der Absatz 4 ausdrücklich den Vorrang spezialgesetzlicher Grundlagen vor.)

AUFGABE 2

a) Nach § 33 (3) GemHVO dürfen Ansprüche ganz oder zum Teil erlassen werden, wenn ihre Einziehung nach Lage des einzelnen Falls für den Schuldner eine besondere Härte bedeuten würde. Eine solche ist anzunehmen, wenn der Schuldner sich in einer unverschuldeten wirtschaftlichen Notlage befindet oder bei Durchsetzung des Anspruchs seine Existenz gefährdet sein würde. Gerstenberg hat ein erhebliches Grundvermögen. Durch die Zahlung der 400,00 EUR betragenden Pacht wird seine Existenz nicht gefährdet. Ein Verzicht auf den Anspruch der Gemeinde kann daher nicht in Betracht kommen. (Die im Grundsteuerrecht bestehenden Erlassansprüche bei erheblicher Ertragsminderung greifen hier nicht.)

Die Gemeinde könnte Gerstenberg ggf. durch eine Stundung entgegenkommen (§ 33 (1) GemHVO). Sie ist zulässig, wenn der Schuldner aufgrund ungünstiger Verhältnisse vorübergehend in ernsthafte Schwierigkeiten gekommen ist oder bei sofortiger Einziehung der Forderung in solche geraten würde. Dieser Tatbestand kann bei Gerstenberg vorliegen und ihm kann, wenn nötig, durch Hinausschieben des Fälligkeitszeitpunkts Rechnung getragen werden. Durch eine Rückfrage kann geklärt werden, ob Gerstenberg wünscht, seinen Antrag in einen solchen auf Stundung umzudeuten. In diesem Falle sollte er erklären, wann er die Schuld begleichen kann. Außerdem muss ihm mitgeteilt werden, dass gestundete Beträge zu verzinsen sind.

b) Nach § 33 (2) GemHVO dürfen Ansprüche niedergeschlagen werden, wenn feststeht, dass die Einziehung keinen Erfolg verspricht oder die Kosten der Einziehung außer Verhältnis zur Höhe des Anspruchs stehen. Die Gemeinden sollen nicht zu aussichtlosen oder unverhältnismäßig aufwendigen Maßnahmen veranlasst werden. Bei der Niederschlagung handelt es sich um eine verwaltungsinterne Maßnahme, durch die der Anspruch nicht erlischt und die weder eines Antrags bedarf noch dem Schuldner mitgeteilt wird.

   Nach dem Sachverhalt ist die Anschrift des Rentners Wenig zurzeit nicht zu ermitteln und der Zeitpunkt seiner Rückkehr ungewiss. Die Schuld sollte daher, auf zunächst drei Monate befristet, niedergeschlagen werden. Spätestens bei Ablauf der Frist ist zu prüfen, ob die Einziehung möglich ist und Erfolg verspricht.

   Um die Weiterverfolgung sicherzustellen, werden niedergeschlagene Forderungen in ein Niederschlagsverzeichnis eingetragen. Dabei ist zu beachten, dass die Verjährung des Zahlungsanspruchs durch die Niederschlagung nicht gehemmt wird. Die Gemeindekasse muss eine Abgangs-Anordnung erhalten; niedergeschlagene Beträge dürfen nicht als Soll-Einnahmen nachgewiesen werden (§ 43 (1) Satz 2 GemHVO).

c) Ansprüche dürfen auf Antrag des Schuldners ganz oder teilweise gestundet werden, wenn ihre fristgemäße Einziehung eine erhebliche Härte für den Schuldner bedeuten würde und der Anspruch nicht gefährdet erscheint (§ 33 (1) GemHVO). Der Schuldner Kohlrausch hat während seiner stationären Behandlung kein Einkommen erzielen können; dennoch wird er seinen periodisch wiederkehrenden Zahlungspflichten nachkommen und einen Teil der Behandlungskosten begleichen müssen. Die sofortige Durchsetzung des Anspruchs der Gemeinde würde zu einer erheblichen Härte führen. Da der Schuldner Eigentümer eines Grundstücks mit einem mehrfachen Wert seiner Schuld ist, wird der Anspruch der Gemeinde durch eine Stundung nicht gefährdet.

   Der Schuldner hofft, den Einkommensausfall im Laufe der kommenden Monate ausgleichen zu können. Es kann ihm daher zugemutet werden, seine Schuld in drei Teilbeträgen, jeweils am 1. eines Monats, beginnend am 1. November, zu begleichen. Die Stundung ist mit der Bedingung zu verbinden, dass der Gesamtbetrag fällig wird, wenn der Schuldner mit der Zahlung eines Teilbetrages in Verzug gerät. Da die Zinsen die Kleinbetragsgrenze in § 34 GemHVO nicht überschreiten würden, wird von ihrer Berechnung abgesehen. Der Gemeindekasse ist die Stundung mitzuteilen.

d) Nach dem Sachverhalt ist davon auszugehen, dass Mutig dauernd erwerbsunfähig und vermögenslos ist und die Weiterverfolgung des Anspruchs erfolglos bleiben wird. Derartige Ansprüche können nach § 33 (2) GemHVO unbefristet niedergeschlagen werden. Die Niederschlagung ist eine verwaltungsinterne Entscheidung der Gemeinde, von der Weiterverfolgung des Anspruchs abzusehen, weil durch eine Stundung ihr Anspruch nicht verwirklicht werden kann, Mahnbescheid und Vollstreckung fruchtlos bleiben und deshalb von weiteren Maßnahmen abgesehen wird. Unbefristet und daher endgültig niedergeschlagene Ansprüche werden in das Niederschlagsverzeichnis nicht aufgenommen. Mit der Niederschlagung, die dem Schuldner nicht mitgeteilt wird, ist ein Verzicht auf den Anspruch jedoch nicht verbunden. Sollten später, entgegen der Erwartung, Maßnahmen zur Einziehung des Betrages Erfolg versprechen, sind sie zu ergreifen, wenn der Anspruch noch nicht verjährt ist (daher Wiedervorlage in der Sachakte).

Da niedergeschlagene Beträge nicht als Soll-Einnahmen nachgewiesen werden dürfen (§ 43 (1) Satz 2 GemHVO), ist der Gemeindekasse eine Abgangs-Anordnung über 1 343,70 EUR zu erteilen.

e) Ansprüche der Gemeinde dürfen nach § 33 (2) GemHVO u. a. dann niedergeschlagen werden, wenn die Kosten der Einziehung außer Verhältnis zur Höhe des Anspruchs stehen. Diese Voraussetzung ist nach wiederholten, aber ergebnislos gebliebenen Zahlungserinnerungen des Altwarenhändlers Eisenfuß erfüllt. Für die Niederschlagung spricht außerdem § 34 GemHVO, nach dem die Gemeinde davon absehen kann, Ansprüche von weniger als 5,00 EUR geltend zu machen, wenn grundsätzliche Erwägungen nicht entgegenstehen. Die Gemeindekasse muss eine Abgangs-Anordnung über 4,00 EUR erhalten.

Zukünftig sollte Altmaterial dem Käufer erst übergeben werden, nachdem er die Einzahlung des Kaufpreises durch eine Quittung der Gemeindekasse nachgewiesen hat. Alternativ kann Eisenfuß angedroht werden, von der Liste der geeigneten Vertragspartner gestrichen zu werden.

f) Die Firma Bagger und Sohn hat beantragt, ihr einen Teil der Nutzungsentschädigung zu erlassen; falls dies nicht möglich sei, möge die Gemeinde ihr einen Zahlungsaufschub einräumen. Eine „besondere Härte“, die nach § 33 (3) GemHVO Voraussetzung für den Erlass einer Forderung ist, hat die Firma nicht dargelegt. Nach ihrem Schreiben ist sie auch nicht zu vermuten. Eine Stundung des Anspruchs kann hingegen in Betracht kommen und ist ohnehin vorrangig zu prüfen, da der Zahlungsanspruch auf diese Weise erhalten bleibt.

Die Firma hat ihren Antrag mit der „ungünstigen Auftrags- und Ertragslage“ begründet. Diese allgemeine, an die bekannte Situation der Baubranche anknüpfende Begründung lässt eine Beurteilung der wirtschaftlichen Verhältnisse der Schuldnerin noch nicht zu. Die Firma ist daher aufzufordern, ihre wirtschaftlichen Verhältnisse eingehender darzulegen und dabei insbesondere auszuführen,

- inwiefern sie sich vorübergehend in ernsthaften Zahlungsschwierigkeiten befindet,
- wann diese Zahlungsschwierigkeiten voraussichtlich so weit behoben sein werden, dass sie den am 15. August fällig gewordenen Teilbetrag leisten kann,
- ob sie sich in der Lage sieht, die weiteren Quartalszahlungen wieder fristgerecht zu leisten.

Außerdem sollte der Firma mitgeteilt werden, dass der ausstehende Teilbetrag für die Zeit der Stundung zu verzinsen ist. Erst nach Eingang der Antwort kann über die Stundung entschieden werden.

(Im NKR ändern sich die Lösungen der Fallgestaltungen a) bis f) nicht. Einschlägig sind die §§ 32 und 33 GemHKVO. Hinsichtlich des veränderten Buchungsstils wirken sich Stundungen, Niederschlagungen und Erlasse entsprechend auf die Buchführung und Rechnungslegung aus. Stundungen und Erlasse sind begrifflich in der kaufmännischen Buchführung privater Unternehmen geläufig, Niederschlagungen hingegen nicht.

Gestundete Beträge stellen nach wie vor aufrechterhaltene Zahlungsansprüche dar, deren Fälligkeitszeitpunkt verschoben worden ist. Daher sind diejenigen Forderungsbeträge, die bis zum Jahresende nicht bedient worden sind, unter den offenen Forderungen darzustellen und in der Forderungsübersicht gemäß § 56 (2) GemHKVO [vgl. Muster 18] zu führen.

Eine [teilweise] erlassene Forderung erlischt [teilweise] durch Wertberichtigungen und kann insoweit weder zu Erträgen noch Einzahlungen führen.

Niedergeschlagene Beträge stellen nach wie vor aufrechterhaltene Forderungen dar, mit deren Zahlungseingang nicht jetzt oder nicht sicher gerechnet werden kann, vgl. § 59 Ziffer 37 GemHKVO. Sie sind daher wie die gestundeten Forderungen ebenfalls in der Forderungsübersicht zu führen und ggf. hinsichtlich ihres Wertes angemessen zu berichtigen [Bilanzkonto 1629]. In der freien Wirtschaft existieren für derartige Fälle die Konstruktionen „zweifelhafte [dubiose] Forderungen" und „uneinbringliche Forderungen". Unbefristete Niederschlagungen entsprechen den uneinbringlichen Forderungen und sind je nach Lage des Falls entweder als Forderung entsprechend auszubuchen oder in ihrem Wert bis zu 100 % zu berichtigen. Befristete Niederschlagungen können am ehesten mit den zweifelhaften Forderungen verglichen werden; diesen sind auch diejenigen kommunalen Forderungen zuzuordnen, bei denen [aus welchem Grund auch immer] Zahlungsverzug eingetreten und eine endgültige Forderungs- bzw. Vollstreckungsbearbeitung noch nicht erfolgt ist. Hier empfiehlt sich je nach Forderungsart eine Wertberichtigungsquote nach Erfahrungswerten.)

AUFGABE 3

Gemeinde Eibendorf
Der Bürgermeister Eibendorf, 10. Oktober 20..

Herrn
Fritz Gerstenberg
Im hohen Felde 9
78628 Eibendorf

Pachtzahlung

Sehr geehrter Herr Gerstenberg,
die Gemeinde Eibendorf darf auf Ansprüche nur verzichten, wenn die dafür vorgeschriebenen Voraussetzungen – unverschuldete wirtschaftliche Notlage und Existenzgefährdung – erfüllt sind. Ihre missliche wirtschaftliche Lage, in die Sie durch das ungünstige Wetter und vorjährige Ertragseinbußen geraten sind, bedauere ich sehr; sie rechtfertigt den Erlass der Pacht jedoch nicht. Falls Sie es wünschen, werde ich prüfen, ob eine Stundung möglich ist. Bitte teilen Sie mit, ob Ihnen an einer Stundung gelegen ist, und, falls Sie das bejahen, wann Sie die Schuld voraussichtlich begleichen können. Wenn die Stundung sich über einen langen Zeitraum erstrecken sollte, würden Ihnen allerdings Stundungszinsen berechnet werden müssen.

Mit freundlichen Grüßen

(Im NKR ergibt sich keine Änderung der Lösung.)

16 Beschaffung nach beschränkter Ausschreibung

AUFGABE 1

Nach § 32 GemHVO muss der Vergabe von Aufträgen eine öffentliche Ausschreibung vorausgehen, sofern nicht die Natur des Geschäfts oder besondere Umstände eine beschränkte Ausschreibung rechtfertigen. In § 2 Ziffer 1 (1) und § 3 Ziffer 2 der VOL/A 2006 ist der Vorrang der öffentlichen Ausschreibung nochmals betont, indem Leistungen grundsätzlich im Wettbewerb zu vergeben sind. Außerdem sind in § 3 Ziffer 3a) in Verbindung mit Ziffer 1 (2) VOL/A 2006 die Voraussetzungen genannt, die eine beschränkte Ausschreibung zulassen. Danach soll eine beschränkte Ausschreibung u.a. nur stattfinden, „wenn die Leistung nach ihrer Eigenart nur von einem beschränkten Kreis von Unternehmen in geeigneter Weise ausgeführt werden kann, besonders wenn außergewöhnliche Fachkunde oder Leistungsfähigkeit oder Zuverlässigkeit erforderlich ist.“ Nach dem Sachverhalt fehlen in der Gemeindeverwaltung Eichenau in der Bedienung der komplizierten Geräte Erfahrungen. Die Lieferfirma wird daher bei Störungen im Arbeitsablauf um Auskünfte und Hilfe gebeten werden müssen; diese können zu wirtschaftlich vertretbaren Bedingungen nur von einer fachkundigen und leistungsfähigen Firma erwartet werden, die ihren Sitz in Eichenau oder in dessen unmittelbarer Nähe hat. Wegen dieser „besonderen Umstände“ ist bei der erstmaligen Beschaffung von Computern eine beschränkte Ausschreibung gerechtfertigt.

(Im NKR ist diese Aufgabe in identischer Weise zu lösen.

In der GemHKVO fehlt zwar die früher übliche Verweisungsnorm zum Vergaberecht; das Vergaberecht gründet sich allerdings auf zwei europäische Verordnungen [2004/17/EG und 2004/18/EG] und gilt bundesweit und unmittelbar, ohne dass es einer „länderspezifischen Regelung“ in der Haushaltsverordnung bedürfte.)

AUFGABE 2

Gemeinde Eichenau
Der Bürgermeister   Eichenau, 9. April 20..

-109/23-

Anschrift

Beschränkte Ausschreibung der Lieferung von Computern und Tintenstrahldruckern

Sehr geehrte Damen und Herren,
ich beabsichtige, in der Gemeindeverwaltung acht Arbeitsplätze mit Personalcomputern (17-Zoll-Flachbildschirme) einschl. Tastatur und Maus sowie Tintenstrahldruckern auszustatten. Die Geräte sind innerhalb eines Monats nach Auftragserteilung bedienungsbereit in den Räumen der Gemeindeverwaltung aufzustellen.
Für die Ausschreibung gelten das Vergaberechtsänderungsgesetz vom 26. August 1998 - Bundesgesetzblatt, Teil I, S. 2512 - die Vergabeverordnung vom 11. Februar 2003 - Bundesgesetzblatt, Teil I, S. 169 - und die Verdingungsordnung für Leistungen, Ausgabe 2006 (VOL).

Falls Sie an der Lieferung interessiert sind, bitte ich um Abgabe Ihres rechtsverbindlich unterschriebenen verschlossenen Angebots bis spätestens 25. April d. J. 12:00 Uhr im Rathaus, Zimmer 114. Geben Sie bitte auch an, ob und in welcher Höhe ggf. ein Rabatt und Skonto bei Zahlung innerhalb 10 Tagen eingeräumt werden.
Der Umschlag ist mit dem Hinweis zu kennzeichnen: „Angebot nach VOL - Eröffnungstermin 25. April 20 . ." Bieter oder deren Vertreter sind bei der Öffnung der Angebote nicht zugelassen.
Sofern Sie zu den bevorzugten Bewerbern bei der Vergabe öffentlicher Aufträge gehören, ist dies entsprechend nachzuweisen. Voraussetzung für die möglich Erteilung eines Auftrages ist, dass die Verpflichtungen zur Zahlung von Steuern und Sozialabgaben von Ihnen erfüllt werden.

An Ihr Angebot sind Sie bis 30. April d. J. gebunden; über den Zuschlag wird bis zu diesem Tage einschließlich entschieden. Im Falle des Zuschlags gilt Teil B der VOL „Allgemeine Vertragsbedingungen für die Ausführung von Leistungen", 2003, als Bestandteil des Vertrages.

Mit freundlichen Grüßen

(Im NKR ist diese Aufgabe in identischer Weise zu lösen.)

AUFGABE 3

Die bei der Posteingangsstelle der Gemeinde Eichenau eingehenden Angebote dürfen nicht geöffnet werden. Die Umschläge sind mit dem Eingangsstempel zu versehen und bis zur Verhandlung über die Öffnung der Angebote verschlossen aufzubewahren. Der vom Angestellten Lässig, der an der Vergabe nicht beteiligt ist, versehentlich geöffnete Umschlag war sofort zu verschließen; dieses ist lt. Sachverhalt auch geschehen. Es muss verhütet werden, dass Unbefugte Kenntnis vom Inhalt des Angebots erlangen.

Künftig sollten durch Vorsortierung aller Eingänge diejenigen ausgesondert werden, die von der Posteingangsstelle nicht geöffnet werden dürfen.

(Im NKR ist diese Aufgabe in identischer Weise zu lösen.)

AUFGABE 4

Gemeinde Eichenau 25. April 20..
-Hauptamt-
Niederschrift über die Öffnung der Angebote zur beschränkten Ausschreibung der Lieferung von Computern und Tintenstrahldruckern

Nachstehend genannte Firmen wurden mit Schreiben vom 9. April 20.. zur Angebotsabgabe aufgefordert:
- Copier-Markt GmbH, Eichenau,
- Büromaschinenmarkt Evergreen, Kiefernstadt,
- PC-Power GmbH, Kiefernstadt und
- Chips-Total, Kiefernstadt.

Die Angebotsfrist war auf den 25. April d.J., die Zuschlags- und Bindefrist auf den 30. April d.J. festgesetzt worden.

Diese Verhandlung wurde am 25. April 20.., 12:05 Uhr eröffnet.

Bis zum Ablauf der Angebotsfrist sind vier Angebote eingegangen. Sie wurden nach dem zeitlichen Eingang mit dem Eingangsstempel, der laufenden Nummer und dem Namenszeichen des Angestellten in der Posteingangsstelle versehen. Die Angebote waren ordnungsmäßig verschlossen. Das Angebot Nr. 1 wurde in der Posteingangsstelle versehentlich geöffnet, sofort wieder verschlossen und dieses Vorkommnis auf dem Umschlag vermerkt.

Es wurden alle Angebote zugelassen und in Gegenwart der Unterzeichner geöffnet, die einzelnen Blätter der Angebote und der Anlagen mit fortlaufenden Seitenzahlen und Handzeichen versehen.

Die Angebote sind vollständig; es ergaben sich keine Abweichungen von der Ausschreibung. Sodann wurden die Namen der Bieter und die Angebotsbeträge verlesen:

	Angebot 1 vom 20.04.20.. PC-Power EUR	Angebot 2 vom 21.04.20.. Copier-Markt EUR	Angebot 3 vom 24.04.20.. Evergreen EUR	Angebot 4 vom 24.04.20.. Chips-Total EUR
Computer	2020,00	1990,00	Festpreis	2150,00
Tintenstrahl-drucker	295,00	320,00	einschl. MWSt	310,00
+ Mehrwertst.	19 %	19 %		19 %
			für	
− Rabatt	5 %	10 %	Gesamtlieferung	10 %
− Skonto	2 %	2 %	19300,00 EUR	3 %

Alle Unterlagen sind der Niederschrift beigefügt.
Die Verhandlung wurde um 12:20 Uhr geschlossen.

Fleißig, Verw.-Ang. Ehrlich, GOI.

AUFGABE 5

Vermerk: Eichenau, 29. April 20..

Die in den Angeboten enthaltenen Angaben führen zu folgenden Endpreisen:

	Angebot 1 EUR	Angebot 2 EUR	Angebot 4 EUR
Computer	2 020,00	1 990,00	2 150,00
Tintenstrahldrucker	295,00	320,00	310,00
je Arbeitsplatz	2 315,00	2 310,00	2 460,00
für 8 Arbeitsplätze	18 520,00	18 480,00	19 680,00
– Rabatt	926,00	1 848,00	1 968,00
	17 594,00	16 632,00	17 712,00
+ 19 % Mehrwertsteuer	3 342,86	3 160,08	3 365,28
Rechnungsbetrag	20 936,86	19 792,08	21 077,28
– Skonto	418,74	395,84	632,32
Angebots-Endpreis	20 518,12	19 396,24	20 444,96

Das Angebot 3 enthält einen Festpreis einschließlich Mehrwertsteuer von 19 300,00 EUR. Nachweise über die Zugehörigkeit zu bevorzugt zu berücksichtigenden Bewerbergruppen lagen keinem Angebot bei.

Das günstigste Angebot hat der Büromaschinenmarkt Evergreen, Kiefernstadt, unterbreitet. Die Firma hat auf gleichartige Lieferungen an die Gemeinden Erlenbusch und Ulmendorf hingewiesen. Beide Gemeindeverwaltungen haben dies bestätigt und sich zufrieden geäußert, besonders über den zuverlässigen Kundendienst der Firma. Der Auftrag ist dem Büromaschinenmarkt Evergreen, der das wirtschaftlichste Angebot abgegeben hat, zu erteilen.

(Im NKR ist diese Aufgabe in identischer Weise zu lösen.)

AUFGABE 6

Gemeinde Eichenau   Eichenau, 29. April 20..

Der Bürgermeister
-109/23-

Per Fax!
Bitte sofort bearbeiten!

Firma
Büromaschinenmarkt Evergreen
Kastanienallee 12
79850 Kiefernstadt

Lieferung von Computern und Tintenstrahldruckern

Sehr geehrte Damen und Herren,
wir bereits telefonisch mitgeteilt, wird Ihnen aufgrund Ihres Angebots vom 24. April d. J. der Auftrag zur Lieferung von

8 Personal-Computern inkl. 17-Zoll-Flachbildschirm, Tastatur und Maus sowie
8 Tintenstrahldruckern
erteilt. Die Geräte sind nach unserer telefonischen Terminvereinbarung am 30. Mai d. J. bedienungsbereit in den Räumen der Gemeindeverwaltung aufzustellen.

Für den Auftrag gelten die Vorschriften der Verdingungsordnung für Leistungen, Ausgabe 2003, Teil B, Allgemeine Vertragsbedingungen für die Ausführung von Leistungen.

Mit freundlichen Grüßen

17 Einführung in die kaufmännische Buchführung

AUFGABE 1

a) Personalaufwand im Kindergarten, 500 000,00 EUR — PGr. 365, EH 4012, FH 7012

b) Unterhaltung Rathaus, 100 000,00 EUR — PGr. 111, EH 4211, FH 7211

c) Laserdrucker Abwasserbeseitigung, 420,00 EUR — PGr. 538, EH 47117 (52,50 EUR), FH 7223 (420,00 EUR)
(Ein getrennter MwSt.-Ausweis entfällt, da die Aufgabe der Abwasserbeseitigung hoheitlich erfüllt wird und daher für Anschaffungen auch keine Vorsteuer gezogen werden kann.)

d) Miete Büroräume Standesamt, 12 000,00 EUR — PGr. 122, EH 4231 (6 000,00 EUR), FH 7231 (12 000,00 EUR)
(Es entsteht ein transitorisches Aktivium, dass [ggf. auch unterjährig] auf Konto 1801 bilanziert werden muss: 6 000,00 EUR.)

e) Erwerb eines TLF 16, 280 000,00 EUR (Vgl. Aufgabe 2) — PGr. 126, EH 47116 (21 000,00 EUR), FH 7831 (280 000,00 EUR)

f) Zuwendung LK für e), 100 000,00 EUR PGr. 126, EH 3161 (7 500,00 EUR), FH 6812 (100 000,00 EUR)

(Es ist ein Sonderposten auf Konto 2111 über den verbleibenden Betrag i. H. v. 92 500,00 EUR zu bilden, der abschreibungskonform aufzulösen ist.)

g) Grundsteuer A, 220 000,00 EUR PGr. 611, EH 3011, FH 6011

AUFGABE 2

In § 59 Ziffer 24 GemHKVO ist kurz definiert, was rechnungswesentechnisch unter einer Investition zu verstehen ist. Danach stellt eine Investition die Verwendung von Finanzmitteln für die Veränderung des Bestandes längerfristig dienender Güter (außer geringwertiger Gegenstände) dar. § 45 GemHKVO enthält für die einzelnen Investitionsarten (Baumaßnahmen und Erwerb beweglicher Güter) nähere Regelungen; § 47 normiert die Abschreibungsregeln.

Die wesentlichen Aspekte für das Rechnungswesen bestehen in dem grundsätzlichen Vorgang, dass eine Investition im Moment der Anschaffung lediglich einen Tausch darstellt (in der Regel Geld gegen Gut), dadurch ein Zahlungsvorgang ausgelöst wird, aber nicht unmittelbar Aufwand entsteht. Erst mit anteiliger Abschreibung für vollzogenen Werteverzehr (durch Alterung, betriebsgewöhnliche Nutzung usw.) entsteht Aufwand, der nutzungs- bzw. jahresanteilig zu veranschlagen und zu buchen ist. In Höhe dieser Abschreibung findet zwar eine Belastung der Ergebnisrechnung statt, nicht aber eine (weitere) Belastung der Finanzrechnung.

AUFGABE 3

a) Es sind die Grundsätze der Transparenz, der Vollständigkeit und der Brutto-(Getrennt-)Veranschlagung zu beachten, § 10 (1) GemHKVO. Danach sind (u. a.) Ein- und Auszahlungen in voller Höhe und getrennt voneinander zu veranschlagen (und zu buchen). Eine in der VO geregelte Ausnahme (z. B. in § 27 GemHKVO) greift hier offensichtlich nicht. Im vorliegenden Fall ist daher keine Verrechnung möglich, die Anschaffung ist mit 300 000,00 EUR als Auszahlung und der Veräußerungsfall mit 50 000,00 EUR als Einzahlung im Finanzhaushalt zu veranschlagen.

b) Es sind die Grundsätze der Kassenwirksamkeit und Bilanzklarheit (hier das Ressourcenaufkommensprinzip) zu beachten, § 10 (2) Satz 1 und 2 GemHKVO.

Danach gehen als Zahlung voraussichtlich 12 000,00 EUR ein (KW-Prinzip); dieser Betrag ist im Finanzhaushalt zu veranschlagen. Als Ertrag sind jedoch für das Haushaltsjahr lediglich die Hälfte hiervon (6 000,00 EUR) im Ergebnishaushalt zu veranschlagen und zu buchen, weil die andere Hälfte dieses Zahlungseingangs dem folgenden Haushalts-(= Wirtschafts-)Jahr zuzuordnen ist (Ressourcenaufkommensprinzip). Dieser verbleibende Betrag in Höhe von ebenfalls 6 000,00 EUR ist gemäß § 49 (3) GemHKVO auf der Passivseite der Bilanz als Rechnungsabgrenzungsposten darzustellen (Grundsatz der Bilanzklarheit).

c) Gemäß § 10 (2) Satz 3 GemHKVO sind die Ansätze sorgfältig zu schätzen, soweit sie nicht errechenbar sind (Grundsatz der Genauigkeit). Da von vornherein nicht feststeht, wie viel Frischwasser alle Einwohner sowie die Gewerbebetriebe beziehen werden, ist eine vorherige Errechnung des Ansatzes nicht möglich. Somit wird eine sorgfältige Schätzung erforderlich. Die Anwendung einer alten Bauernregel stellt jedoch keine hinreichende Vorgehensweise für eine sorgfältige Schätzung dar. Wenn sämtliche Vorjahresergebnisse für die Annahme eines Gebührenaufkommens von 3 000 000,00 EUR sprechen, so ist dieser Betrag sowohl im Ergebnis- als auch im Finanzhaushalt für das folgende Jahr als Schätzgröße zugrunde zu legen.

d) Auch hier ist entsprechend § 10 (2) Satz 2 GemHKVO der Grundsatz der Kassenwirksamkeit anzuwenden. Soweit tatsächlich Zahlungen voraussichtlich anfallen werden, ist auch die Veranschlagung entsprechender Auszahlungsansätze statthaft; laut Sachverhalt sind dies 400 000,00 EUR für den Grunderwerb sowie 1 200 000,00 EUR für die Durchführung der Baumaßnahme, mithin 1 600 000,00 EUR, die im Finanzhaushalt zu veranschlagen sind. Weil aber auch für die restlichen Gewerke in Höhe desjenigen Betrages, der erst im Folgejahr kassenwirksam wird, Auftragsermächtigungen erforderlich sind, ist über den verbleibenden Betrag in Höhe von 1 200 000,00 EUR gemäß § 11 GemHKVO eine Verpflichtungsermächtigung im Finanzhaushalt zu veranschlagen. Auf die Beachtung der Veranschlagungsvorschriften für Investitionen, insbesondere § 12 (2) GemHKVO, wird hingewiesen.

e) Grundsätzlich sind alle zahlungswirksamen Vorgänge im Haushaltsplan abzubilden (Grundsatz der Vollständigkeit, vgl. § 85 (1) NGO, § 10 (1) GemHKVO). Hiervon gibt es jedoch Ausnahmen. Personalaufwendungen und der Arbeitgeberanteile der Sozialversicherungsbeiträge stellen Aufwand und Auszahlung mit Haushaltsrelevanz dar. Die für die Arbeitnehmer vom Arbeitgeber an das Finanzamt abzuführende Lohnsteuer (und auch die Arbeitnehmeranteile an der Sozialversicherung) haben jedoch keine Relevanz für den Haushaltsplan. Die Lohnsteuer wird vom Gehalt der Arbeitnehmer (und damit insgesamt von den auszuzahlenden Personalaufwendungen) abgezogen und in gleicher Höhe an das Finanzamt abgeführt. Damit handelt es sich hinsichtlich der Lohnsteuersubtraktion und -abführung um einen haushaltsunwirksamen Vorgang, der gemäß § 14 Ziffer 1 nicht zu veranschlagen ist (sog. durchlaufende Zahlungen, vgl. auch § 59 Ziffer 14 GemHKVO). Sie stellen gleichwohl Auszahlungen dar, § 59 Ziffer 8 GemHKVO, und sind daher in der Kassenbuchführung vollständig nachzuweisen (Grundsatz der Vollständigkeit, vgl. § 35 (2) GemHKVO; vgl. auch die vorgeschriebene Nachweisung von ggf. noch nicht abgeführten Lohnsteuerbeträgen in der Bilanz, § 54 Abs. 4 Ziffer 2.5.1.2 GemHKVO).

18 Einführung in das Rechnungswesen und die Kosten- und Leistungsrechnung

Aufgabe 1

Der Eigenbetrieb ist

- rechtlich unselbstständig = d.h., die Kommune ist Eigentümer,
- wirtschaftlich weitgehend selbstständig = betriebswirtschaftliche Entscheidungen trifft der Eigenbetrieb im Allgemeinen selbst, aber besonders wichtige Beschlüsse (z.B. Preispolitik) trifft die Kommune.

Aufgabe 2

a) Buchführung = systematische Erfassung alle Vorgänge, die eine Auswirkung auf das Vermögen, die Schulden oder die laufende finanzielle Situation des Unternehmens haben

b) Kosten- und Leistungsrechnung = Grundlage der Kalkulation
Um einen Preis für eine betriebliche Leistung festsetzen zu können, müssen zunächst die Kosten für diese betriebliche Leistung ermittelt werden. Dabei müssen u.a. die Kosten von den neutralen Aufwendungen getrennt werden.

c) Statistik = Aufbereitung von Zahlenmaterial der Buchführung und/oder der Kosten- und Leistungsrechnung in rechnerischer oder grafischer Form
Dabei entstehen Tabellen und Übersichten z.B. über die Lohnkosten- oder die Umsatzentwicklung.

d) Planungsrechnung = vorausschauende Rechnung für die künftige Wirtschaftsperiode Beim Abweichen der tatsächlichen wirtschaftlichen Entwicklung von den Planungsdaten kann die Unternehmensleitung frühzeitig reagieren und Korrekturen einleiten.

AUFGABE 3

(Alle Angaben in EUR)

Konto	Wert	Aktiva (Anlage-verm.)	Aktiva (Umlauf-verm.)	Passiva	keine Bilanz-position
Fuhrpark	200 000	×			
Darlehen	100 000			×	
Forderungen a. LuL	190 000		×		
Kasse	20 000		×		
Personalkosten	480 000				×
Eigenkapital	?			×	
Bank(guthaben)	370 000		×		
bebaute Grundstücke	2 500 000	×			
Büromaterial	48 000				×
Rohstoffverbrauch	1 200 000				×
Betriebsstoffe	20 000		×		
Maschinen	600 000	×			
Betriebs- und Geschäftsausstattung	140 000	×			
Abschreibungen auf Sachanlagen	420 000				×
Verbindlichkeiten a. LuL	520 000			×	
Hypotheken	380 000			×	
Versicherungen	9 000				×
Rohstoffe	960 000		×		

AUFGABE 4

Die Bilanz aus den obigen Daten:

Aktiva		Bilanz	Passiva
bebaute Grundstücke	2 500 000	Eigenkapital	4 000 000
Maschinen	600 000	Hypotheken	380 000
Fuhrpark	200 000	Darlehen	100 000
Betriebs- und Geschäftsausst.	140 000	Verbindlichkeiten aus LuL	520 000
Rohstoffe	960 000		
Betriebsstoffe	20 000		
Forderungen a. LuL	190 000		
Kasse	20 000		
Bank	370 000		
	5 000 000		5 000 000

AUFGABE 5

Liquidität I: $\frac{\text{sofort verfügbare Zahlungsmittel} \cdot 100}{\text{kurzfristiges Fremdkapital}}$

Liquidität I: $\frac{(\text{Bank} + \text{Kasse}) \cdot 100}{\text{Verbindlichkeiten a. LuL}}$

Liquidität I: $\frac{(370\,000 + 20\,000) \cdot 100}{520\,000} = 75\,\%$

Liquidität II: $\frac{(\text{sofort verfügbare Zahlungsmittel} + \text{Forderungen}) \cdot 100}{\text{kurzfristiges Fremdkapital}}$

Liquidität II: $\frac{(370\,000 + 20\,000 + 190\,000) \cdot 100}{520\,000} = 112\,\%$

AUFGABE 6

Die Liquiditäten beziehen sich nur auf den Stichtag der Bilanzerstellung (z.B. 31. 12.), können sich aber schon einen Tag später z.B. durch fällige Miet- oder Zinszahlungen schlagartig verändern. Da die Liquiditäten eine Zeitraumrechnung sein sollen, aber nur mit den Daten eines Stichtages arbeiten, ist ihre Aussagefähigkeit begrenzt.

Den wichtigsten Wert der errechneten Liquiditäten besitzt die Liquidität II. Liegt diese über 100 %, so kann man vermuten, dass ein Unternehmen bei einem pünktlichen Eingang aller Forderungen voraussichtlich alle kurzfristigen Schulden termingerecht begleichen kann.

19 Feststellung von Buchungssätzen

AUFGABE 1

Buchungssätze (Alle Angaben in EUR):

Geschäftsfall	Soll	Haben
1) Rohstoffverbrauch an Rohstoffe	24 000	 24 000
2) Forderungen a. LuL an Umsatzerlöse Strom an Umsatzsteuer	43 792	 36 800 6 992
3) Betriebs- und Geschäftsausstattung Vorsteuer an Verbindlichkeiten a. LuL	1 200 228	 1 428
4) Reinigungskosten Vorsteuer an Kasse	6 1,14 7,14	
5) Umsatzsteuer an Bank	1 347	 1 347
6) Fuhrparkkosten Vorsteuer an Kasse	70 13,30	 83,30
7) Zinsaufwendungen an Bank	500	 500
8) Spendenaufwendungen an Bank	1 000	 1 000
9) Bank an Mieterträge	700	 700
10) GuV an Eigenkapital	100 000	 100 000

AUFGABE 2

Geschäftsfälle:

1) z.B.: Kauf von Fotokopierpapier gegen Barzahlung.
2) z.B.: Die Stadtwerke versenden an ihre Kunden die Stromrechnungen.
3) z.B.: Ein Darlehen wird zum Teil durch Banküberweisung getilgt.
4) z.B.: Auf dem Bankkonto geht eine Zinsgutschrift ein.
5) z.B.: Kauf eines Fotokopierers auf Ziel.

AUFGABE 3

1. Die Buchführung ist in Ordnung, weil die Buchführung in jeder beliebigen lebenden Sprache getätigt werden darf, allerdings muss der Gastwirt die Übersetzungen ins Deutsche für das Finanzamt bezahlen.

2. Die Buchführung ist nicht in Ordnung, weil das Finanzamt eine Buchführung mit Bleistift nicht erlaubt. Bleistiftbuchführungen können durch Radierungen nachträglich verändert werden, dieses kann wegen möglicher Steuerhinterziehungen nicht gestattet werden.
3. Die Buchführung ist in Ordnung, weil Buchungen zeitnah vorgenommen werden sollen. Das Finanzamt akzeptiert im Allgemeinen noch Buchungen innerhalb eines Monats, insofern hat der Gastwirt zeitnahe Buchungen vorgenommen.
4. Die Buchführung ist nicht in Ordnung, weil für die Buchführung der Grundsatz gilt: „Keine Buchung ohne Beleg!“ Dem Finanzamt muss es möglich sein, jede Buchung genau zu kontrollieren, anderenfalls würde einer möglichen Steuerhinterziehung Tür und Tor geöffnet werden.
5. Die Buchführung ist (wahrscheinlich) nicht in Ordnung, weil alle Belege für eine ordnungsgemäße Buchführung mindestens zehn Jahre aufzubewahren sind. Wenn das Lokal allerdings erst fünf Jahre bestehen sollte, kann der Gastwirt natürlich auch nur Belege für fünf Jahre vorweisen.
6. Die Buchführung ist in Ordnung, weil in diesem Fall weder das Vermögen noch die Schulden oder der Gewinn/Verlust des Gastwirtes in irgendeiner Weise davon betroffen sind. Das Finanzamt interessiert sich für finanzielle Vorgänge, eingegangene Bewerbungsschreiben zählen nicht dazu.

20 Umsatzsteuer

Aufgabe 1

Umsatzsteuertabelle:

Sachgut/Leistung	19 % Umsatzsteuer	7 % Umsatzsteuer	0 % Umsatzsteuer
1) Strom	×		
2) Gas	×		
3) Fachbücher		×	
4) Lebensmittel		×	
5) Versicherungen			×
6) Postwertzeichen der Dt. Post AG			×
7) Rechtsanwaltstätigkeiten	×		
8) Zeitschriften		×	
9) Zinsaufwendungen			×
10) Busfahrkarte Stadtbus		×	

AUFGABE 2

Buchungssätze (Alle Angaben in EUR):

Geschäftsfall	Soll	Haben
1) Umsatzsteuer an Vorsteuer	3 100	 3 100
2) Umsatzsteuer an Schlussbilanzkonto	3 205	 3 205

21 Abschreibungen

AUFGABE 1

- wirtschaftliche Gründe = z. B. eine neue Computergeneration drängt auf den Markt, der alte Computer verliert an Wert, weil er nicht mehr konkurrenzfähig ist
- technische Gründe = z. B. führt die Nutzung einer Maschine zu einer Wertminderung der Anlage
- natürliche Gründe = z. B. setzen dauerhafte Witterungseinflüsse wie z. B. Kälte den Wert eines Fahrzeuges herab
- Sondereinflüsse = z. B. Wasserschäden an einer Verkaufseinrichtung

AUFGABE 2

Bei der linearen Abschreibungsmethode wird die Abschreibung gleichmäßig auf die betriebsgewöhnliche Nutzungsdauer des abzuschreibenden Wirtschaftsgutes verteilt. Es wird in jedem Jahr der gleiche Betrag abgeschrieben. Der Abschreibungsbetrag wird fortlaufend, beginnend beim Anschaffungswert, abgezogen.

AUFGABE 3

Es wird immer vom Nettowert des Vermögenswertes (in diesem Fall 24 000,00 EUR) abgeschrieben.

Da die betriebsgewöhnliche Nutzungsdauer sechs Jahre beträgt, gilt ein linearer Abschreibungssatz von 16,66 %.

(Alle Angaben in EUR)

	lineare Abschreibungsmethode
Anschaffungswert ./. Abschreibungen 1. Jahr	24 000 4 000
Restwert/Buchwert 1. Jahr ./. Abschreibungen 2. Jahr	20 000 4 000
Restwert/Buchwert 2. Jahr ./. Abschreibungen 3. Jahr	16 000 4 000
Restwert/Buchwert 3. Jahr	12 000

AUFGABE 4

a) Im letzten Jahr der Nutzung wird der Abschreibungsbetrag um 1,00 EUR vermindert. So wird der obige Pkw bei der linearen Abschreibungsmethode im 6. Jahr der Nutzung um 3 999,00 EUR abgeschrieben, der letzte Euro verbleibt in der Anlagendatei. Daran kann das Unternehmen erkennen, dass das Wirtschaftsgut bereits voll abgeschrieben ist, aber noch im Unternehmen genutzt wird.

b) Als stille Reserve bezeichnet man die Differenz zwischen dem in der Buchführung ausgewiesenen Restwert eines Wirtschaftsgutes und seinem tatsächlichen Marktwert. Es handelt sich bei der stillen Reserve in diesem Fall um eine Unterbewertung von Aktiva. Der obige Pkw hat noch einen Buchwert von 1,00 EUR, sein tatsächlicher Marktwert liegt aber z. B. bei 800,00 EUR, die stille Reserve beträgt daher 799,00 EUR. Dies ist von einem Außenstehenden nicht erkennbar.

AUFGABE 5

In der Kosten- und Leistungsrechnung wird bei den Kostenarten zwischen Grundkosten, Anderskosten und Zusatzkosten unterschieden. Anderskosten sind dabei Kostenarten, die zwar in der kaufmännischen Buchführung als Aufwand bereits erfasst wurden, aber in die Kalkulation mit anderen Beträgen einfließen sollen.

In der kaufmännischen Buchführung ist das Unternehmen an die gesetzlichen Vorgaben gebunden, z. B. darf der angeschaffte Pkw über sechs Jahre abgeschrieben werden, Ausgangswert für die Abschreibungen ist dabei der Anschaffungswert. In der Kalkulation kann davon aber abgewichen werden. So wird z. B. statt des Anschaffungswertes vom Wiederbeschaffungswert abgeschrieben, statt der betriebsgewöhnlichen Nutzungsdauer von sechs Jahren wird der Pkw nach Leistungseinheiten (z. B. Kilometer pro Jahr) abgeschrieben.

22 Sammelposten

AUFGABE 1

	Wert (in EUR netto)
Betriebsaufwand	bis 150
Sammelkonto	über 150 bis 1 000
Anlagevermögen	über 1 000

AUFGABE 2

Sammelposten werden immer über fünf Jahre abgeschrieben. Dabei ist weder die Art des Wirtschaftsgutes noch seine betriebsgewöhnliche Nutzungsdauer von Bedeutung. Folgerichtig muss für jedes Wirtschaftsjahr ein eigenes Konto Sammelposten eingerichtet werden.

AUFGABE 3

Aus Gründen des Gläubigerschutzes darf in einer Bilanz nur das Vermögen ausgewiesen werden, das tatsächlich vorhanden ist. Dieser Grundsatz kann beim Konto Sammelposten durchbrochen werden. Scheidet ein Wirtschaftsgut, das als Sammelposten abgeschrieben wird, z. B. durch einen zwischenzeitlichen Verkauf aus dem Betriebsvermögen aus, so wird es weiterhin als Sammelposten über die gesamte Laufzeit von fünf Jahren abgeschrieben. Es wird also in der Bilanz ein (geringer) Vermögenswert noch ausgewiesen, obwohl der Vermögenswert nicht mehr im Unternehmen vorhanden ist. Der Mitarbeiter hat also mit seinem Vorwurf Recht.

23 Der Betriebsabrechnungsbogen

AUFGABE 1

a) In der Vollkostenrechnung werden die Kosten eingeteilt in Einzelkosten und Gemeinkosten. Einzelkosten sind Kosten, die sich dem Produkt genau zurechnen lassen, z. B. Materialkosten. Gemeinkosten sind Kosten, die sich einem Produkt nicht genau zurechnen lassen, z. B. Versicherungen oder Mietaufwendungen.

b) Die fehlenden Angaben des BAB ergeben sich aus folgenden Werten:
   - Versicherungen: Gesamtbetrag (9 000,00 EUR) wird verteilt nach dem Anlagewert der einzelnen Kostenstellen.
   - Heizungskosten: Gesamtbetrag (144 000,00 EUR) wird verteilt nach den Flächen der einzelnen Kostenstellen.
   - Gewerbesteuer: Gesamtbetrag (46 000,00 EUR) wird verteilt nach dem angegebenen Verteilungsschlüssel.

(Alle Angaben in EUR)

Gemeinkosten	Verteilungsschlüssel	Material	Fertigung	Verwaltung	Vertrieb
Hilfsstoffe 75 000	Materialentnahmescheine	10 000	65 000	–	–
Versicherungen (Diebstahl, Brand) 9 000	nach Anlagewert	900	6 000	1 500	600
Heizungskosten 144 000	nach Fläche	14 400	100 800	16 800	12 000
Abschreibungen 420 000	nach Anlagendatei	60 000	240 000	75 000	45 000
Gewerbesteuer 46 000	3 : 4 : 1 : 2	13 800	18 400	4 600	9 200
Hilfslöhne 42 000	nach Lohnlisten	16 000	24 000	–	2 000
betriebsinterner Unfallschutz 13 000	nach Personenzahl	1 000	8 000	3 000	1 000
Summe Gemeinkosten	–	116 100	462 200	100 900	69 800

AUFGABE 2

Formeln:

a) Materialgemeinkostenzuschlag: $\frac{\text{Materialgemeinkosten} \cdot 100}{\text{Materialeinzelkosten}}$

Materialgemeinkostenzuschlag: $\frac{116\,100 \cdot 100}{645\,000} = 18\,\%$

b) Fertigungsgemeinkostenzuschlag: $\frac{\text{Fertigungsgemeinkosten} \cdot 100}{\text{Fertigungseinzelkosten}}$

Fertigungsgemeinkostenzuschlag: $\frac{462\,200 \cdot 100}{369\,760} = 125\,\%$

c) Herstellkosten:

  Materialeinzelkosten
+ Materialgemeinkosten
+ Fertigungseinzelkosten
+ Fertigungsgemeinkosten
= Herstellkosten

Herstellkosten:

	645 000
+	116 100
+	369 760
+	462 200
=	1 593 060

d) Verwaltungsgemeinkostenzuschlag: $\frac{\text{Verwaltungsgemeinkosten} \cdot 100}{\text{Herstellkosten}}$

Verwaltungsgemeinkostenzuschlag: $\frac{100\,900 \cdot 100}{1\,593\,060} = 6{,}3\,\%$

e) Vertriebsgemeinkostenzuschlag: $\frac{\text{Vertriebsgemeinkosten} \cdot 100}{\text{Herstellkosten}}$

Vertriebsgemeinkostenzuschlag: $\frac{69\,800 \cdot 100}{1\,593\,060} = 4{,}4\,\%$

AUFGABE 3

Selbstkosten je kWh: $\frac{\text{Selbstkosten}}{\text{Gesamtmenge kWh}}$

Selbstkosten je kwh: $\frac{1\,593\,060 \text{ EUR}}{12\,00\,000 \text{ kWh}} = 0{,}1274 \text{ EUR/kWh}$

24 Die städtische Tischlerei

AUFGABE 1

Das Produkt wurde kalkuliert:

(Alle Angaben in EUR)

Materialeinzelkosten	92 000
+ Materialgemeinkosten	?
+ Fertigungseinzelkosten	120 000
+ Fertigungsgemeinkosten	144 000
Herstellkosten	379 000
+ Verwaltungsgemeinkosten	45 480
+ Vertriebsgemeinkosten	?
Selbstkosten	492 700

Daraus ergeben sich an Materialgemeinkosten 23 000,00 EUR und an Vertriebsgemeinkosten 68 220,00 EUR.

Materialgemeinkostenzuschlag: $\frac{23\,000 \cdot 100}{92\,000} = 25\,\%$

Vertriebsgemeinkostenzuschlag: $\frac{68\,220 \cdot 100}{379\,000} = 18\,\%$

AUFGABE 2

Kalkulation der Stühle für den Stadtratssaal (Gesamtkostenkalkulation):

Materialeinzelkosten (60 · 45 Stühle)	2 700,00
+ Materialgemeinkostenzuschlag (25 %)	675,00
+ Fertigungseinzelkosten (40 · 45 Stühle)	1 800,00
+ Fertigungsgemeinkostenzuschlag (120 %)	2 160,00
Herstellkosten	7 335,00
+ Verwaltungsgemeinkostenzuschlag (12 %)	880,20
+ Vertriebsgemeinkostenzuschlag (18 %)	1 320,30
Summe	9 535,50

Der Oberbürgermeister wird im Haushaltsplan 9 600,00 EUR veranschlagen, da nach den Ausführungsbestimmungen der Gemeindehaushalts- und Kassenverordnungen Ausgaben auf volle 100 EUR aufzurunden sind.

AUFGABE 3

Bei der Vollkostenrechnung werden die Kosten in Einzel- und Gemeinkosten. Die Gemeinkosten werden in Prozentsätzen den jeweiligen Einzelkosten eines Produktes zugerechnet. Bei der Verwendung der Prozentsätze wird dabei unterstellt, dass bei einer Veränderung der Produktionsmenge sich sämtliche Kosten proportional verhalten.

Dies ist aber nicht der Fall. Die Vollkostenrechnung vernachlässigt das Problem der fixen Kosten (z. B. Mietaufwendungen). Diese bleiben auch dann konstant, wenn sich die Produktionsmengen ändern. Daher wird die Vollkostenrechnung zunehmend ungenauer, je größer die Schwankungen bei den Produktionsmengen sind.

Dieses Problem kann durch die Umstellung der Vollkostenrechnung zur Teilkostenrechnung gelöst werden. Die Teilkostenrechnung unterteilt die Kosten in fixe und variable Kosten. Die variablen Kosten verändern sich mit steigenden oder sinkenden Produktionszahlen, diese Kosten können daher von der Unternehmensleitung direkt beeinflusst werden (z. B. durch Personalpolitik).

Diesen Gedanken greift die Deckungsbeitragsrechnung als die gebräuchlichste Form der Teilkostenrechnung auf. Bei der Deckungsbeitragsrechnung bleiben die fixen Kosten für die unternehmerische Entscheidung außer Betracht, da sich diese ohnehin kurzfristig sich nicht ändern lassen. Stattdessen wird ermittelt, ob nach Abzug der variablen Kosten von den Erlösen noch ein Deckungsbeitrag zur Abdeckung der fixen Kosten übrig bleibt. Ist die Summe der Deckungsbeiträge aller Produkte gleich der Summe der gesamten fixen Kosten, so produziert das Unternehmen an der Gewinnschwelle. Jeder weiterer positiver Deckungsbeitrag bereichert das Unternehmen mit einem Gewinn.

25 Betriebliche Kennziffern

AUFGABE 1

Es liegen folgende zwei Fehler vor:

- Die Prozent-Summe aus Anlagevermögen (69 %) und Umlaufvermögen (41 %) ergibt 110 %. Dies ist nicht möglich, weil das Anlagevermögen plus das Umlaufvermögen immer 100 % ausmachen.
- Die Stadtwerke produzieren Strom und verkaufen diesen. Dabei erzielen sie Umsatzerlöse von 2 000 000,00 EUR. Diese Stromproduktion ist der Zweck des Unternehmens, deshalb können die angegebenen Zweckerträge nicht kleiner sein als die Umsatzerlöse Strom.

AUFGABE 2

Mithilfe der Eigenkapitalrentabilität lässt sich das betriebliche Eigenkapital ausrechnen.

Eigenkapitalrentabilität: $\frac{\text{Gewinn} \cdot 100}{\text{Eigenkapital}}$

$$2{,}5\,\% = \frac{100\,000\text{ EUR} \cdot 100}{\text{Eigenkapital}}$$

Eigenkapital = 4 000 000,00 EUR

Das Eigenkapital macht 80 % der gesamten Finanzierung aus. Die Fremdfinanzierung beträgt 20 %.

80 % = 4 000 000 EUR
20 % = X

Das Fremdkapital hat eine Höhe von 1 000 000,00 EUR.

Prüfungsbereich B

Personalwesen

1 Beschäftigung Schwerbehinderter – Eingruppierung nach TVöD – Vergütung

Aufgabe 1

Die Agenturen für Arbeit sollen, unabhängig von der Ursache der Behinderung, die Teilhabe der Behinderten am Arbeitsleben entsprechend den Neigungen und Fähigkeiten dauerhaft sichern.

Der Schwerbehinderte Licht hat nach seinem Studium der Wirtschaftinformatik seinen Neigungen entsprechend in EDV-Bereichen gearbeitet. Die Agentur für Arbeit strebt offensichtlich an, ihm diese Tätigkeit wieder zu ermöglichen und ihn auch dauerhaft in diesem Bereich unterzubringen.

Im der EDV-Abteilung bei der kreisfreien Stadt B. ist ein Pflichtplatz durch das Ausscheiden des Inhabers frei geworden. Die Stadt B. muss ihn auch deshalb wieder mit einem Schwerbehinderten besetzen, um keine Ausgleichsabgabe entrichten zu müssen, die bei unbesetzten Pflichtarbeitsplätzen auferlegt wird.

Aufgabe 2

Der TVöD enthält noch keine neuen Regelungen zur Eingruppierung. § 12 TVöD ist zurzeit noch unbesetzt. Das Prinzip der Tarifautomatik (§ 15 (1) Satz 2 TVöD) und der Arbeitsvorgang soll voraussichtlich beibehalten, die Anzahl der Tätigkeitsmerkmale erheblich reduziert werden.

Für die Übergangszeit erfolgt die Eingruppierung nach den bisherigen Eingruppierungsmerkmalen, die für den BAT galten. Rechtsgrundlage für Eingruppierungen ist § 17 (7) TVÜ-VKA.

Der bisherige Stelleninhaber hatte die Vergütungsgruppe Vb BAT. Die vorläufige Zuordnung erfolgt nach Anlage 3 TVÜ-VKA, wobei Vb BAT der Entgeltgruppe 9 entspricht.

Nach § 15 (1) TVöD erhält Licht ein Tabellenentgelt. Die Höhe des Entgeltes richtet sich nach der Entgeltgruppe und nach der für ihn geltenden Stufe. Die Stufe der Entgeltgruppe ergibt sich aus § 16 (2) TVöD (VKA).

Bei den Stufen wird unterschieden in zwei Grundentgeltstufen und vier Entwicklungsstufen. Licht würde in Stufe 1 kommen, wenn er über keine einschlägige Berufserfahrung verfügt. Aufgrund seiner vorherigen beruflichen Tätigkeit im EDV-Bereich von über vier Jahren liegt Berufserfahrung vor und es kann auch unterstellt werden, dass diese einschlägig sind. Nach § 16 (2) TVöD erhält Licht die Stufe 2. Er erhält nicht die Stufe 3, da er zwar mehr als drei Jahre Berufserfahrung vorweisen kann, die Einstellung aber nicht nach dem 31. 12. 2008 erfolgt ist.

Der Familienstand und das Alter von Licht haben keinen Einfluss auf die Höhe des Entgelts.

Herr Licht erhält nach der Entgelttabelle TVöD/VKA West ab 1. Dezember 2008:

EGr. 9 Stufe 2 = 2 412,54 EUR

AUFGABE 3

Gemäß § 16 (3) TVöD (VKA) kommt Licht nach einer ununterbrochenen Tätigkeit von zwei Jahren in der Stufe 2 in die Stufe 3.

Beginn der Tätigkeit	1. Dezember 2008
Ende der Stufenlaufzeit von 2 Jahren	30. November 2010
Stufe 3 nach § 17 (1) TVöD	1. Dezember 2010

Herr Licht erhält nach der Entgelttabelle TVöD (VKA) West ab 1. Dezember 2010:

EGr. 9 Stufe 3 = 2 607,28 EUR

2 Geltung des TVöD – Arbeitsvertrag – Probezeit – vorläufige Zuordnung der Vergütungsgruppen zu den Entgeltgruppen – Vergütung

AUFGABE 1

Beschäftigte stehen in einem privatrechtlichen Vertragsverhältnis (§ 611 ff. BGB). Dazu bedarf es eines Arbeitsvertrages, der durch Angebot und Annahme entsteht (§§ 145, 151 BGB) und die Beziehungen zwischen Arbeitgeber und Arbeitnehmer begründet.

Der TVöD erfasst alle Beschäftigten, die in einem Arbeitsverhältnis zum Bund oder zu einem Arbeitgeber stehen, der Mitglied eines Mitgliederverbandes der Vereinigung der kommunalen Arbeitgeberverbände (VKA) ist.

Nach § 2 TVöD wird der Arbeitsvertrag schriftlich abgeschlossen, auch Nebenabreden bedürfen der Schriftform. Die Formvorschriften der Gemeindeordnung für die Abgabe verpflichtender Erklärungen müssen beachtet werden. Dem Beschäftigten wird eine Ausfertigung des Arbeitsvertrages ausgehändigt.

Im Arbeitsvertrag werden zunächst die Vertragsparteien bezeichnet. Sodann enthält er
- die Feststellung, dass der TVöD sowie die ihn ändernden, ergänzenden oder ersetzenden Tarifverträge anzuwenden sind,
- Angaben zur Probezeit,
- eine allgemein formulierte Angabe der Tätigkeit des Beschäftigten (konkrete Formulierungen würden das Direktionsrecht des Arbeitgebers einschränken),
- das Einstellungsdatum,
- die Entgeltgruppe,
- einen Hinweis auf den Zusatzversorgungstarifvertrag,
- die Feststellung, dass Änderungen des Arbeitsvertrages der Schriftform bedürfen.

Der Vertrag endet mit Angabe des Ortes, des Datums und den Unterschriften der Vertragsparteien.

AUFGABE 2

Die Vergütung ist abhängig davon, ob es sich bei dem Bewerber um einen internen, in den TVöD übergeleiteten oder um einen externen, neuen Bewerber handelt. Bei einem internen Bewerber könnte ein Vergleichsentgelt, Garantiebeträge, Strukturausgleichszahlungen oder kinderbezogene Entgeltbestandteile die Höhe der Vergütung beeinflussen. Im vorliegenden Fall handelt es sich um einen externen Bewerber.

Die ausgeschriebene Stelle ist mit Vergütungsgruppe VII BAT bewertet. Aus Anlage 3 TVÜ-VKA ergibt sich die Entgeltgruppe 5. Die Zuordnung zu dieser Entgeltgruppe

erfolgt vorläufig bis zum Inkrafttreten der neuen Entgeltordnung, begründet aber keinen Vertrauensschutz und keinen Besitzstand.
Dem Personalamt ist nicht bekannt, ob der Bewerber über einschlägige Berufserfahrung verfügt. Bei einschlägiger Berufserfahrung

- unter einem Jahr erhält Weber Entgeltgruppe 5 Stufe 1 1 791,88 EUR,
- bei mindestens einem Jahr Entgeltgruppe 5 Stufe 2 1 984,68 EUR,
- und bei mindestens drei Jahren Entgeltgruppe 5 Stufe 3 2 082,62 EUR.

Was einschlägige Berufserfahrung ist, liegt allein im billigen Ermessen des Arbeitgebers. Hilfreich sind Fragen nach entsprechenden Tätigkeiten bei anderen Behörden in denselben, niedrigeren oder höheren Entgeltgruppen. Auch die Tätigkeiten bei privaten Arbeitgebern, die inhaltlich dem neuen Aufgabenbereich hinzuzurechnen oder nützlich sind.

AUFGABE 3

Nach § 2 (4) TVöD gelten – auch ohne ausdrückliche Regelung im Arbeitsvertrag – die ersten sechs Monate der Beschäftigung als Probezeit. Im Arbeitsvertrag kann eine kürzere Probezeit vereinbart oder auch auf sie verzichtet werden. Werden Auszubildende im unmittelbaren Anschluss an ihre Ausbildung in ein Arbeitsverhältnis übernommen, entfällt die Probezeit.

Das Kündigungsschutzgesetz, das Kündigungen nur unter den im Gesetz genannten Voraussetzungen zulässt, erfasst Arbeitsverhältnisse, die länger als sechs Monate bestanden haben (§ 1 KSchG). Während der sechsmonatigen Probezeit wird es nicht wirksam, jedoch nach Ablauf dieser Frist.

Bis zum Ende des sechsten Monats seit Beginn des Arbeitsverhältnisses beträgt die Kündigungsfrist zwei Wochen zum Monatsende (§ 34 (1) TVöD). Kündigungsfristen sind dem Schutz der Arbeitnehmer dienende Mindestfristen, bei deren Berechnung vom Tage des Zugangs der Kündigung auszugehen ist (§ 130 BGB).

Da das Beschäftigungsverhältnis von Weber am 1. Februar 2009 beginnen soll, endet dessen Probezeit am 31. Juli 2009. Spätestens an diesem Tage müsste Weber eine Kündigung zugehen. Kündigungen bedürfen der Schriftform und sollen den Kündigungsgrund enthalten.

3 Beamten- und Beschäftigtenverhältnis im Vergleich

Am Beispiel des Landesrechtes Niedersachsen

AUFGABE 1

Unterschiede zwischen Beamten- und Beschäftigtenverhältnis bestehen insbesondere in folgenden Punkten:

	Beamte	Beschäftigte
Rechtsverhältnis	öffentlich-rechtliches Dienst- und Treueverhältnis	privatrechtliches Arbeitsverhältnis
Beginn des Rechtsverhältnisses	durch Aushändigung einer Ernennungsurkunde	durch Abschluss eines Arbeitsvertrages
Regelung der Rechte und Pflichten	durch Gesetze, Verordnungen, Erlasse	durch Tarifverträge und Arbeitsvertrag
Folgen von Pflichtverletzungen	Einleitung eines Disziplinarverfahrens	ordentliche/ außerordentliche Kündigung des Arbeitsverhältnisses ggf. nach einer Abmahnung
Besoldung/Vergütung	Anspruch auf angemessenen Lebensunterhalt (Alimentation)	Vergütung nach der vertraglich geschuldeten Leistung
Altersversorgung	durch den Dienstherren	durch den Träger der Sozialversicherung
Streikrecht	nein	ja
Rechtsweg	Verwaltungsgericht ggf. nach Widerspruchsverfahren	Arbeitsgericht
Berufliches Fortkommen	bestimmt durch Laufbahnrecht, kein Anspruch auf Beförderung	bestimmt durch Aus-/Fortbildung und teilweise Lebensalter, Tarifautomatik bei der Eingruppierung

AUFGABE 2

Frau Weiß kann das Beamtenverhältnis bei ihrem jetzigen Dienstherrn durch einen Antrag auf Entlassung beenden (§ 23 Abs. 1 Nr. 4 BeamtStG, § 31 Abs. 1 NBG)) und bei ihrem neuen Dienstherrn durch Annahme einer Ernennungsurkunde ein neues Beamtenverhältnis begründen. Der niedersächsische Landkreis müsste einem Entlassungsantrag entsprechen und könnte höchstens den Entlassungszeitpunkt um drei Monate aufschieben (§ 31 (1) S. 4 NBG). Allerdings endet das bestehende Beamtenverhältnis auch automatisch durch Annahme einer Ernennungsurkunde eines anderen Dienstherrn, ohne zuvor die Entlassung beantragt zu haben (§ 22 (2) BeamtStG, § 30 (1) NGB). Der neue Dienstherr müsste auf eine formell korrekte Ernennungsurkunde achten (§ 6 (2) BG LSA).

Im Beamtenrecht besteht aber auch die Möglichkeit, durch eine Versetzung ein bestehendes Beamtenverhältnis ohne Unterbrechung bei einem anderen Dienstherrn fortzusetzen. Erfolgt die Versetzung zu einem Dienstherrn in Sachsen-Anhalt, so wäre § 15 BeamtStG die maßgebliche Rechtsgrundlage. Hingegen würde sich eine Versetzung zu einem anderen Dienstherrn innerhalb Niedersachsens nach § 28 NBG richten. Frau Weiß könnte auf ihren Antrag versetzt werden, wenn sie über die Befähigung für die Laufbahn bei ihrem neuen Dienstherrn verfügt (§ 15 (1) BeamtStG, § 28 (2) NBG). In beiden Fällen wäre eine Versetzungsverfügung zu fertigen, wenn jetziger und neuer Dienstherr dem Versetzungsantrag zustimmen (§ 15 (3) BeamtStG, § 28 (5) NBG).

Sowohl bei der Begründung eines neuen Beamtenverhältnisses in Sachsen-Anhalt als auch im Falle der Fortsetzung des bestehenden Beamtenverhältnisses im Wege der Versetzung sind die laufbahnrechtlichen Vorschriften für die Laufbahn beim neuen Dienstherrn zu beachten (§ 7 (1) Nr. 3a und § 15 ff. BG LSA). Seit dem Inkrafttreten des Beamtenstatusgesetzes am 1. April 2009 und der Möglichkeit der Länder zur Schaffung ihres eigenen Laufbahnrechts durch die Föderalismusreform ist der Dienstherrnwechsel über Landesgrenzen komplizierter geworden und verlangt eine exakte Prüfung. Ist die Laufbahnbefähigung nicht gegeben, kann die Einstellung nur als andere Bewerberin erfolgen (§ 7 (1) Nr. 3b und § 21 BG LSA).

Aufgabe 3

Im Gegensatz zu Jutta Weiß kann Jonas Kempf sein Beschäftigungsverhältnis nicht bei einem neuen Arbeitgeber fortsetzen. Ihm bleibt nur die Möglichkeit, das Beschäftigungsverhältnis einvernehmlich durch einen Auflösungsvertrag (§ 33 (1) TVöD) oder einseitig im Wege der Kündigung zu beenden. Die Kündigungsfrist bei einer siebenjährigen Beschäftigungszeit beträgt sieben Monate zum Schluss eines Kalendervierteljahres (§ 34 (1) TVöD).

4 Beendigung von Arbeitsverhältnissen

Aufgabe 1

Von den im TVöD vorgesehenen Beendigungsgründen könnten in Betracht kommen:

- ein Auflösungsvertrag (§ 33 (1) TVöD), der allerdings das Einverständnis von Franz erfordern würde;
- eine ordentliche Kündigung (§ 34 (1) TVöD) mit einer Frist von zwei Wochen zum Monatsende;
- außerdem ist eine außerordentliche Kündigung (§ 626 BGB) erwägenswert.

Herrn Franz' wahrheitswidrige Angaben zur Abschlussprüfung und seiner bisherigen Beschäftigung, die für seine Einstellung und Eingruppierung entscheidend waren, stellen einen „wichtigen Grund" dar. Die Beendigung nach einer dieser Regelungen setzt ein Arbeitsverhältnis voraus, das im vorliegenden Fall nicht hätte begründet werden sollen.

Auf den Arbeitsvertrag, der privatrechtlicher Natur ist, eine Sonderform des Dienstvertrages (§ 611 f. BGB) darstellt und durch übereinstimmende Willenserklärungen (§ 145 ff. BGB) zustande kommt, sind grundsätzlich die allgemeinen Vorschriften des BGB, z. B. zur Geschäftsfähigkeit und zu den gesetzlichen Verboten, anzuwenden. Das gilt auch für die Anfechtung von Willenserklärungen wegen Irrtums (§ 119 BGB) und arglistiger Täuschung (§ 123 BGB).

Nach § 123 BGB kann seine Willenserklärung anfechten, wer durch arglistige Täuschung zu ihrer Abgabe veranlasst worden ist. Der Personalamtsleiter hat Franz befragt, ob er die Abschlussprüfung bestanden hat und welcher Art seine folgende Beschäftigung war. Diese Fragen waren berechtigt, weil die vorgesehene Tätigkeit eine ausreichende Vorbildung erfordert und die Abschlussprüfung nach der Anlage 3 zum BAT und die bisherige Tätigkeit Voraussetzung für das Entgelt nach der Entgeltgrupe 6, Stufe 2 sind (§ 17 TVÜ-VKA). Franz hat diese Fragen mündlich und auch im Personalfragebogen wahrheitswidrig mit dem Willen beantwortet, den Personalamtsleiter zu täuschen und zum Abschluss des Arbeitsvertrages zu veranlassen. Dessen Willenserklärung zum Abschluss des Arbeitsvertrags beruht auf dem durch Franz hervorgerufenen Irrtum über seine Eignung für die vorgesehene Tätigkeit. Die Voraussetzungen für die Anfechtung sind erfüllt. Sie erfolgt durch Erklärung gegenüber Franz (§ 143 BGB).

Nach den allgemeinen Regeln ist ein zulässig angefochtener Arbeitsvertrag von Anfang an als nichtig anzusehen (§ 142 (1) BGB). Das würde für den Arbeitnehmer zu unbilligen Folgen führen, wenn er zum Zeitpunkt des Zugangs der Anfechtungserklärung bereits gearbeitet hat. In diesem Fall wird von einem „faktischen“ Arbeitsverhältnis ausgegangen, das rückwirkend nicht beseitigt werden kann und dessen Anfechtung nur in die Zukunft wirkt. Franz ist daher die vereinbarte Vergütung für die Zeit seiner Beschäftigung zu zahlen.

In der Wirkung ähnelt die Anfechtung seines Arbeitsvertrages der fristlosen Kündigung, von der sie sich bezüglich der Voraussetzungen und des Verfahrens jedoch unterscheidet.

AUFGABE 2

Die Arbeitsverhältnisse im öffentlichen Dienst enden durch

- Fristablauf befristeter Arbeitsverhältnisse,
- Auflösungsvertrag,
- Berufung in das Beamtenverhältnis,
- zeitlich unbegrenzte Berufs- oder Erwerbsunfähigkeit,
- Erreichen des gesetzlich festgelegten Rentenregelalters,
- ordentliche Kündigung,
- außerordentliche Kündigung,
- Tod.

Zu den „Arbeitspapieren“, die dem Arbeitnehmer bei Beendigung des Arbeitsverhältnisses auszuhändigen sind, gehören

- die Lohnsteuerkarte,
- die Versicherungsnachweise,
- die Urlaubsbescheinigung,
- eine Bescheinigung über die Entgeltgruppe und das zuletzt bezogene Entgelt, falls der Angestellte sie beantragt,
- die Entlassungsbescheinigung zur Erlangung von Leistungen der Agentur für Arbeit.

Ein Zeugnis, aus dem sich die Art und die Dauer der Beschäftigung ergeben, können Beschäftigte bereits bei bevorstehender Beendigung des Arbeitsverhältnisses verlangen. Bei dessen Beendigung ist das vorläufige Zeugnis gegen ein endgültiges umzutauschen, das auch Angaben über Leistungen und Führung enthalten muss.

5 Personalauswahl – Beschäftigungszeit – Vergütung – außerordentliche Kündigung – Mutterschutz

AUFGABE 1

Die Gebietskörperschaften können Stellen nach Maßgabe des für sie geltenden Stellenplans besetzen. Für das Bewerberauswahlverfahren gilt gemäß Art. 33 (2) GG, dass jeder Deutsche nach seiner Eignung, Befähigung und fachlichen Leistung gleichen Zugang zu öffentlichen Ämtern hat. Die Personalauswahl hat ausschließlich nach sachlichen Gesichtspunkten zu erfolgen. Aus diesem Grund sehen verschiedene Rechtsvorschriften die Ausschreibung freier Planstellen vor (Beamtengesetze, Gesetze zur Gleichstellung von Männern und Frauen wie z. B. § 8 LGG NRW und § 7 NGG). In den vergangenen Jahren sind die Anforderungen an Bewerberauswahlverfahren stetig gestiegen. Der Arbeitgeber hat zwar grundsätzlich ein Ermessen bei der Festlegung des Anforderungsprofils in Stellenausschreibungen. Er muss aber gleichwohl in Bezug auf die Stelle sachlich nachvollziehbare Kriterien formulieren. Ferner muss er dafür geeignete Stellen auch zu einer Besetzung mit Teilzeitkräften ausschreiben (§ 7 TzBefG). Schließlich muss die Behörde das neue Allgemeine Gleichbehandlungsgesetz beachten. Es stellt nicht nur Anforderungen an die Bewerberauswahl, sondern legt in § 11 AGG fest, dass schon die Stellenausschreibung nicht gegen die Gleichbehandlungsgrundsätze in § 1 AGG verstoßen darf. In der Stellenausschreibung wird gefordert, den Bewerbungen Nachweise über die Ausbildung und die bisherigen Tätigkeiten beizufügen. Handelt es sich um Stellen für Verwaltungsangestellte, die der Vergütungsgruppe VIb BAT oder einer höheren Vergütungsgruppe zugeordnet waren, haben die Bewerber nachzuweisen, dass sie der Ausbildungs- und Prüfungspflicht nach der Anlage 3 zum BAT, die nach § 17 (1) TVÜ-VKA bis zum Inkrafttreten von Eingruppierungsvorschriften des TVöD weiteranzuwenden ist, nachgekommen sind. Davon befreit sind u. a. Angestellte, die das 40. Lebensjahr vollendet haben oder auf einem Spezialgebiet beschäftigt werden sollen, auf dem sie herausragende Fachkenntnisse besitzen. Ergänzende Fragen, die im Zusammenhang mit der vorgesehenen Tätigkeit stehen, müssen Bewerber wahrheitsgemäß beantworten.

Die Auswahl hat nach der Eignung, Befähigung und den fachlichen Leistungen zu erfolgen. Zu der Eignung gehören auch charakterliche Eigenschaften. Durch den Vergleich der Angaben in den Bewerbungsunterlagen und der bei den Vorstellungsgesprächen gewonnenen Eindrücke hat der Arbeitgeber unter objektiver Würdigung aller Umstände und Ausschaltung aller sachfremden Erwägungen sich für den Bewerber zu entscheiden, der am besten geeignet erscheint, die mit dem Arbeitsplatz verbundenen Aufgaben erfolgversprechend zu erfüllen. Die Personalauswahl hat somit ausschließlich nach sachlichen Gesichtspunkten zu erfolgen.

Die Gebietskörperschaft muss das Bewerberauswahlverfahren sorgfältig dokumentieren, um Schadenersatzklagen unterlegener Bewerber wegen einer fehlerhaften Stellenbesetzung abwehren zu können. Sie muss die Beteiligungsrechte der Personalvertretung nach dem jeweiligen Personalvertretungsgesetz (z. B. § 60 (3) Nr. 2 NPersVG), der Schwerbehindertenvertretung (§ 81 (1) SGB IX) und der Gleichstellungsbeauftragten nach dem jeweils für die Behörde geltenden Gleichstellungsgesetz (z. B. § 20 (4) NGG) beachten. Schwerbehinderte haben einen Anspruch auf Einladung zu einem Vorstellungsgespräch, wenn sie grundsätzlich die in der Stellenausschreibung verlangten Kriterien erfüllen (§ 82 SGB IX).

Da Arbeitsverhältnisse privatrechtliche Vertragsverhältnisse sind, bedarf es zu ihrer Begründung eines Arbeitsvertrages, der im Geltungsbereich des TVöD der Schriftform bedarf (§ 2 (1) TVöD).

AUFGABE 2

Die Tarifvertragsparteien haben bestimmte Ansprüche von der Dauer der Beschäftigungszeit abhängig gemacht.

Beschäftigungszeit ist nach § 34 (3) TVöD die in einem Arbeitsverhältnis bei demselben Arbeitgeber zurückgelegte Zeit, auch wenn sie unterbrochen ist. Als Beschäftigungszeit sind somit die Zeiten vom 1. August 1999 bis 30. Juni 2001 = 2 Jahre und 11 Monate und ab 1. April 2009 zu berücksichtigen.

AUFGABE 3

Nach § 626 BGB sind beide Parteien des Arbeitsvertrages berechtigt, das Arbeitsverhältnis aus einem wichtigen Grunde fristlos zu kündigen, wenn Tatsachen vorliegen, nach denen eine Fortsetzung des Arbeitsverhältnisses – wenigstens bis zum Ablauf der Kündigungsfrist unter Berücksichtigung der beiderseitigen Interessen – nicht zugemutet werden kann.

Als wichtiger Grund kommen vor allem grobe Vertragsverletzungen in Betracht. Einmalige Vorkommnisse reichen nur bei besonders schwerwiegendem Fehlverhalten und bei solchen Tatsachen aus, die im Zusammenhang mit dem Arbeitsverhältnis stehen. Die zudem zeitlich zurückliegende Bestrafung wegen eines Verkehrsdelikts hat keinen Einfluss auf das Arbeitsverhältnis. Die nachlassenden Leistungen können eine Abmahnung rechtfertigen, mit der die Beschäftigte zu vertragsgemäßem Verhalten aufgefordert wird und arbeitsrechtliche Konsequenzen für den Fall der Fortsetzung angedroht werden. Eine außerordentliche Kündigung können sie hingegen nicht begründen.

Von dem Diebstahl der Beschäftigten war zwar nicht die Stadt, sondern die Arbeitskollegin betroffen. Dennoch schließt er das für die Fortsetzung des Arbeitsverhältnisses notwendige Vertrauen in die Rechtschaffenheit der auch mit Kassengeschäften befassten Mitarbeiterin so nachhaltig aus, dass der Stadt die Fortsetzung des Arbeitsverhältnisses nicht zugemutet werden kann.

Die außerordentliche Kündigung muss innerhalb einer Ausschlussfrist von zwei Wochen, vom Zeitpunkt der maßgeblichen Tatsachen an gerechnet, erfolgen und auf Verlangen schriftlich begründet werden. Die außerordentliche Kündigung wird ohne Einhaltung einer Frist mit dem Zugang der Erklärung wirksam (§ 130 BGB). Das Kündigungsschutzgesetz berührt das Recht zur außerordentlichen Kündigung nicht; lediglich für die Anrufung des Arbeitsgerichts gelten die §§ 4 und 5–7 des Gesetzes (§ 13 (1) KSchG).

AUFGABE 4

Werdende Mütter sollen nach § 5 MuSchuG dem Arbeitgeber ihre Schwangerschaft und den mutmaßlichen Tag der Entbindung mitteilen, sobald ihnen ihr Zustand bekannt ist. Auf Verlangen und Kosten des Arbeitgebers sollen sie das Zeugnis eines Arztes oder einer Hebamme beibringen. Diese Vorschrift stellt keine rechtliche Verpflichtung, sondern eine dringende Empfehlung dar, deren Beachtung im eigenen Interesse der werdenden Mutter und des Kindes gegeben wurde. Frau Kellner hat diese Mitteilung versäumt. Die Stadt konnte möglicherweise in Betracht kommende Beschäftigungsverbote (§§ 3 und 4 MuSchuG) nicht beachten und hat die Beschäftigte wahrscheinlich an drei Tagen in der Woche über die nach § 8 (2) MuSchuG tägliche Höchstarbeitszeit von 8 1/2 Stunden hinaus beschäftigt. Nach Kenntnis der Schwangerschaft sind die Beschäftigungsverbote und die Arbeitszeitgebote zu beachten und ist das Gewerbeaufsichtsamt „unverzüglich von der Mitteilung der werdenden Mutter zu benachrichtigen".

Eine versäumte Mitteilung der Schwangerschaft beeinträchtigt nicht den Kündigungsschutz für werdende Mütter während der Schwangerschaft und bis zum Ablauf von vier Monaten nach der Entbindung, wenn die Schwangerschaft innerhalb von zwei Wochen nach Zugang der Kündigung mitgeteilt wird (§ 9 MuSchuG). Das absolute Kündigungsverbot gilt sowohl für ordentliche als auch für außerordentliche Kündigungen und greift auch, wenn die Arbeitnehmerin grob gegen Pflichten verstoßen hat. § 9 MuSchuG erfasst auch Probearbeits- und Ausbildungsverhältnisse. Eine entgegen dem gesetzlichen Verbot ausgesprochene Kündigung ist nichtig (§ 134 BGB). Die für den Arbeitsschutz zuständige oberste Landesbehörde kann trotz des generellen Verbots zwar ausnahmsweise eine Kündigung für zulässig erklären; bei der dem Mutterschutz vom Gesetzgeber zuerkannten Bedeutung wird von dieser Ermächtigung jedoch kaum Gebrauch gemacht. Nur bei ganz außergewöhnlichen Gegebenheiten wird der Schutz der werdenden Mutter hinter die Interessen des Arbeitgebers zurücktreten können.

Da Frau Kellner die im § 5 MuSchuG vorgesehene Mitteilung nachgeholt hat, ist die Kündigung vom 11. Dezember nichtig (§ 134 BGB); das Arbeitsverhältnis wird durch die außerordentliche Kündigung nicht beendet. Frau Kellner bleibt es unbenommen, während der Schwangerschaft und während der Schutzfrist nach der Entbindung ihrerseits das Arbeitsverhältnis zum Ende der Schutzfrist zu kündigen.

6 Beschäftigung einer schwerbehinderten Angestellten – Vergütung – Mehrarbeit

Aufgabe 1

Schwerbehinderte dürfen wegen ihrer Behinderung nicht benachteiligt werden. Sie haben Anspruch auf

- eine Beschäftigung, bei der sie ihre Fähigkeiten und Kenntnisse möglichst voll verwerten und weiterentwickeln können,
- bevorzugte Berücksichtigung bei Maßnahmen zur beruflichen Bildung, die ihrem Fortkommen dienen.

Vorrangig bei der Arbeitsaufnahme ist die behindertengerechte Gestaltung des Arbeitsplatzes. Sie umfasst u. a. besondere Büromöbel, technische Hilfsmittel, die zweckmäßige Regelung des Arbeitsablaufs und das Arbeitsumfeld. Da es dabei entscheidend auf die Art der Behinderung ankommt, ist auf die Wünsche der Schwerbehinderten möglichst einzugehen. Zweckmäßig ist die Beratung durch das Integrationsamt und die Agentur für Arbeit (§ 81 (4) SGB IX).

Erfordert die Ausstattung des Arbeitsplatzes erhebliche Mehrkosten oder werden Schwerbehinderte befristet probeweise beschäftigt, kann die Gemeinde bei der Agentur für Arbeit einen Zuschuss zu den Aufwendungen beantragen (§ 34 SGB IX).

Das nach den Vordrucken der Bundesagentur für Arbeit zu führende Verzeichnis der Schwerbehinderten ist zu ergänzen und zur Einsicht durch Beauftragte der Agentur für Arbeit und des Integrationsamts bereitzuhalten (§ 80 (1, 6) SGB IX).

Aufgabe 2

Auf das Arbeitsverhältnis von Frau Kunze findet der TVöD Anwendung, da Arbeitgeber und Arbeitnehmerin tarifgebunden sind. § 26 (1) Satz 2 TVöD differenziert den Urlaubsanspruch in Abhängigkeit vom Lebensalter. Frau Kunze hat das 40. Lebensjahr bereits vollendet und deshalb Anspruch auf 30 Arbeitstage Urlaub im Kalenderjahr. Dieser Anspruch übertrifft den Mindesturlaubsanspruch nach § 3 BurlG und ist deshalb vorrangig. Als Schwerbehinderte hat Frau Kunze zudem Anspruch auf weitere fünf Arbeitstage Urlaub (§ 125 (1) SGB IX). Ihr Gesamturlaubsanspruch beträgt damit jährlich 35 Arbeitstage. Dass Frau Kunze in einem Teilzeitarbeitsverhältnis steht, beeinträchtigt den Umfang des Urlaubsanspruchs grundsätzlich nicht. Werden die 25 Wochenstunden jedoch auf weniger als fünf Arbeitstage in der Woche verteilt, so ist der Urlaubsanspruch nach unten anzupassen (§ 26 (1) Satz 4 TVöD). Da Frau Kunze erst zum 1. September 2009 eingestellt wurde, muss der Erholungsurlaub für das Kalenderjahr 2009 anteilig berechnet werden (§ 26 (2) Buchstabe b) TVöD). Frau Kunze hat im Kalenderjahr 2009 einen Anspruch auf 4/12 von 35 Arbeitstagen, also aufgerundet auf 12 Arbeitstage. Ab dem Kalenderjahr 2010 besteht Frau Kunze der volle Urlaubsanspruch zu.

AUFGABE 3

Die potenzielle Unterlegenheit des einzelnen Arbeitnehmers gegenüber dem Arbeitgeber und ihr entsprechende Nachteile werden dadurch ausgeglichen, dass auf der Arbeitnehmerseite nicht der einzelne Arbeitnehmer, sondern deren Zusammenschlüsse, die Gewerkschaften, stehen. Das auch das Arbeitsleben beherrschende Prinzip der Vertragsfreiheit führt dadurch zu gerechteren Ergebnissen, die in Tarifverträgen vereinbart werden. Diese wirken wie ein Gesetz unmittelbar und zwingend auf die Arbeitsverträge ein, die von den Mitgliedern der Tarifvertragsparteien vereinbart werden.

Nach § 7 (6) TVöD sind Mehrarbeit auf Anordnung geleistete Arbeitsstunden, die über die vereinbarte regelmäßige Arbeitszeit von Teilzeitbeschäftigten hinausgehen. Wegen der wirtschaftlichen Abhängigkeit und der sich daraus ergebenden Schutzbedürftigkeit der Arbeitnehmer, insbesondere bestimmter Gruppen, ist die Vertragsfreiheit vom Staat durch nicht abdingbare Gesetze eingeschränkt worden: Arbeitszeitgesetz, Allgemeines Gleichbehandlungsgesetz, Jugendarbeitsschutzgesetz, Bundesurlaubsgesetz, Lohnfortzahlungsgesetz, Mutterschutzgesetz, Arbeitsplatzschutzgesetz, Kündigungsschutzgesetz. Zu den besonders zu schützenden Personengruppen gehören die Schwerbehinderten, die ohne die im neunten Buch des Sozialgesetzbuches vorgeschriebene Beschäftigungspflicht kaum einen Arbeitsplatz erlangen würden. Schwerbehinderte haben gegenüber ihrem Arbeitgeber u.a. Anspruch auf eine behindertengerechte Gestaltung ihrer Arbeitszeit (§ 81 (4) SGB IX). Frau Kunzes wöchentliche Arbeitszeit ist deshalb auf 25 Stunden begrenzt worden. Zur Leistung von Mehrarbeit darf sie nicht verpflichtet werden.

7 Beurlaubung und Teilzeitbeschäftigung

AUFGABE 1

Die drei Anträge sind getrennt voneinander zu betrachten.

Corinna Hebich profitiert von dem neuen Pflegezeitgesetz (PflegeZG), das am 1. Juli 2008 in Kraft getreten ist. Sein Ziel ist es, pflegebedürftige nahe Angehörige in häuslicher Umgebung zu pflegen und damit die Vereinbarkeit von Beruf und Familie zu fördern. Das Gesetz trägt einer immer älter werdenden Gesellschaft Rechnung und soll die wesentlich teurere und unpersönlichere Unterbringung in Pflegeheimen begrenzen, ohne dass Angehörige Angst um ihre berufliche Zukunft haben müssen.

Nach § 2 (1) PflegeZG hat Frau Hebich das Recht auf bis zu zehn Tage Freistellung von der Arbeit, wenn sie für einen akut pflegebedürftigen nahen Angehörigen eine pflegerische Versorgung sicherstellt oder die bedarfsgerechte Pflege organisieren will. Da die Mutter von Frau Hebich nach einem Schlaganfall in drei Tagen aus dem Krankenhaus entlassen wird und dann die Pflegenotwendigkeit gegeben ist, handelt es sich um einen Akutfall. Die Mutter von Frau Hebich gehört nach § 7 (3) Nr. 1 PflegeZG zu den nahen

Angehörigen im Sinne des Gesetzes. Wenn Frau Hebich in der Lage ist, durch eine ärztliche Bescheinigung die Pflegebedürftigkeit im Sinne des § 7 (4) PflegeZG und das Einleiten von betreuenden Maßnahmen nachzuweisen (§ 2 (2) Satz 2 PflegeZG), dann muss die Stadt Metz dem Antrag stattgeben. Von den Bestimmungen des PflegeZG darf zuungunsten der Beschäftigten nicht abgewichen werden (§ 8 PflegeZG). Frau Obst kann allenfalls die erforderlichen Nachweise von Frau Hebich verlangen. Werden diese von der Antragstellerin vorgelegt, so besteht bei der Entscheidung über den Antrag kein Ermessensspielraum.

Frau Hebich verliert nach § 2 (3) PflegeZG ihren Anspruch auf Vergütung, soweit nicht durch Gesetz oder Tarifvertrag ein Anspruch auf Entgeltfortzahlung besteht. § 616 BGB sieht zwar eine Entgeltfortzahlung für den Fall vor, dass eine Arbeitnehmerin eine verhältnismäßig nicht erhebliche Zeit ohne eigenes Verschulden an der Arbeitsleistung gehindert wird. Jedoch ist diese Vorschrift im Gegensatz zum PflegeZG abdingbares Recht, wie der Umkehrschluss aus § 619 BGB ergibt. Der TVöD weicht auch tatsächlich zum Nachteil von Frau Hebich ab. § 29 (1) Satz 1 Buchstabe e) Doppelbuchstabe aa) TVöD sieht die Arbeitsbefreiung bei schwerer Erkrankung eines im gleichen Haushalt lebenden Angehörigen unter Fortzahlung des Entgelts nur für einen Tag vor. Im Ergebnis hat Frau Hebich damit einen Anspruch auf einen Arbeitstag bezahlte und neun Arbeitstage unbezahlte Freistellung.

Sollte die kurzzeitige Freistellung nicht ausreichen, um die Unterbringung im Pflegeheim zu regeln, und damit die persönliche Pflege durch Frau Hebich erforderlich sein, so hätte sie nach § 3 PflegeZG auch die Möglichkeit einer vollständigen oder teilweisen Pflegezeit, denn die Stadt Metz hat mehr als 15 Beschäftigte. Sie muss dabei dem Arbeitgeber eine Vorlaufzeit von zehn Tagen gewähren (§ 3 (3) PflegeZG). Möchte sie die teilweise Pflegezeit in Anspruch nehmen, muss sie die gewünschte Verteilung der Arbeitszeit angeben. Die Stadt Metz hätte mit Frau Hebich eine Vereinbarung darüber zu treffen und könnte eine Ablehnung nur mit dringenden betrieblichen Gründen rechtfertigen (§ 3 (4) PflegeZG). Dass ein Personalausfall im Einzelfall Probleme bereitet, ist dafür nicht ausreichend.

Die Stadt Metz kann sich der Situation auch nicht durch eine Kündigung des Arbeitsverhältnisses entziehen, denn Frau Hebich unterliegt gemäß § 5 PflegeZG einem besonderen Kündigungsschutz.

Unabhängig von den gesetzlichen Ansprüchen hätte die Stadt Metz auch über einen Antrag auf Sonderurlaub nach § 28 TVöD nach pflichtgemäßem Ermessen zu entscheiden. Hier sind die Ablehnungsmöglichkeiten des Arbeitgebers aber ungleich höher.

Für Herrn Heber kommt ein Anspruch auf Elternzeit nach § 15 BEEG in Betracht. Herr Heber möchte sich einige Monate um seine eigene, noch nicht drei Jahre alte Tochter kümmern. Er erfüllt damit die Anspruchsvoraussetzungen des § 15 (1) und (2) BEEG. § 15 (3) BEEG erlaubt es ausdrücklich, dass sich beide Elternteile die zulässige Elternzeit aufteilen. Herr Heber erklärt sich auch rechtzeitig innerhalb der durch § 16 (1) BEEG gesetzten Antragsfrist und gibt konkret die mit zwei Monaten beabsichtigte Dauer der Beurlaubung an, die er nur ggf. noch um Daten ergänzen müsste. Eine Möglichkeit, den Antrag von Herrn Heber abzulehnen, hat die Stadt Metz nicht. Herr Heber hat während der Elternzeit keinen Vergütungsanspruch.

Die kurze Zeitdauer der Elternzeit von Herrn Heber stellt für die Stadt Metz sicher ein personalwirtschaftliches Problem dar, weil es sich kaum lohnen wird, eine Vertretungskraft einzuarbeiten. Damit der Arbeitgeber die für ihn unbequemen Elternzeit-Väter nicht anderweitig sanktioniert, sieht auch § 18 BEEG einen besonderen Kündigungsschutz vor.

§ 6 TzBefG schreibt dem Arbeitgeber vor, dass er nach Maßgabe des Gesetzes Teilzeitarbeit zu ermöglichen habe. Das Anliegen von Frau Henkel ist daher nach dem TzBefG zu beurteilen. Da Frau Henkel seit weit mehr als sechs Monaten in einem Arbeitsverhältnis zur Stadt Metz steht und die Stadt Metz mehr als 15 Beschäftigte hat (§ 8 (7) TzBefG), hat sie grundsätzlich einen Anspruch auf die Verringerung ihrer Arbeitszeit aus § 8 (1) TzBefG. Allerdings könnte die Personalsachbearbeiterin sie darauf verweisen, dass ein solcher Anspruch erst drei Monate nach Bekanntgabe des Teilzeitwunsches und damit ab 6. Januar besteht (§ 8 (2) TzBefG). Frau Obst kann verlangen, dass Frau Henkel ihre Vorstellungen zur Verteilung der Arbeitszeit offenbart, damit hierüber ein Gespräch stattfinden kann (§ 8 (2) TzBefG). Ablehnen kann die Stadt Metz den Wunsch von Frau Henkel nur, wenn betriebliche Gründe dem entgegenstehen (§ 8 (4) TzBefG). Diese Gründe, die in einer wesentlichen Beeinträchtigung des Arbeitsablaufs, der Organisation oder der Sicherheit des Betriebes bzw. in unverhältnismäßig hohen Kosten liegen können, hätte die Stadt Metz Frau Henkel mitzuteilen. Äußert sich die Stadt Metz nicht, so tritt einen Monat vor dem beabsichtigten Beginn der Teilzeitbeschäftigung eine Genehmigungsfiktion zugunsten des Antrags der Beschäftigten ein (§ 8 (5) Satz 2 TzBefG). Frau Obst als Personalsachbearbeiterin muss beachten, dass sie den Antrag nur dann vollständig ablehnen kann, wenn er auch in keiner Variation zustimmungsfähig ist. Ansonsten hat aus Ermessensgesichtspunkten eine Teilablehnung unter Einigung auf eine andere Lage der Arbeitszeit etwa Vorrang.

Neben dem gesetzlichen Anspruch sieht § 11 TVöD für bestimmte Fälle der Kinderbetreuung auch einen tariflichen Anspruch auf ermessensfehlerfreie Entscheidung mit erklärter Zielsetzung einer Teilzeitvereinbarung in den typischen Fällen vor.

Der Entgeltanspruch von Frau Henkel ist im Umfang der Teilzeitbeschäftigung zu kürzen (§ 24 (2) TVöD). Arbeitet sie künftig an weniger als fünf Tagen in der Woche muss auch ihr Urlaubsanspruch angepasst werden (§ 26 (1) Satz 4 TVöD). Durch ihren Wunsch nach Teilzeitbeschäftigung darf Frau Henkel jedoch vollzeitbeschäftigten Arbeitnehmern gegenüber nicht ohne sachlichen Grund schlechter gestellt werden (§ 4 (1) TzBefG).

Die Stadt Metz kann die Teilzeitbeschäftigung damit bis zum 6. Januar 2010 hinauszögern, jedoch dann mit den aus dem Sachverhalt ersichtlichen Angaben nicht verhindern.

AUFGABE 2

Der Arbeitgeber hat eine Vielzahl von Möglichkeiten, die Vereinbarkeit von Beruf und Familie zu fördern. Er kann zum Beispiel bei der Kinderbetreuung behilflich sein, indem er einen Betriebskindergarten einrichtet oder Plätze für eine Tagesbetreuung in seinen Räumen bereitstellt. Ferner kann er die Teilzeitbeschäftigung auch mit anderen Modellen als der 5-Tage-Woche und den klassischen Halbtagsstellen fördern. Gerade das BEEG lässt durch § 15 (4) die elterngeldunschädliche Beschäftigung bis zu 30 Wochenstunden zu. Flexible Arbeitszeitregelungen sind von hoher Bedeutung. Zudem nutzen viele Beschäftigte auch gerne Angebote zur Telearbeit, also der Arbeit von einem heimischen Arbeitsplatz. Dabei sind selbstverständlich Vorschriften zur Gestaltung von Arbeitsstätten zu beachten. Ein sensibler Arbeitgeber wird zu beurlaubten Kolleginnen und Kollegen Kontakt halten und sie über Fortbildungsmöglichkeiten informieren. Der Einsatz von Beurlaubten bei kurzfristigen Personalengpässen ist ebenfalls eine Möglichkeit, den Kontakt zwischen Arbeitgeber und Arbeitnehmer zu beiderseitiger Zufriedenheit zu nutzen.

8 Anzeige- und Nachweispflichten bei Arbeitsunfähigkeit – ordentliche Kündigung

AUFGABE 1

Der auf das Arbeitsverhältnis von Frau Schlimme anzuwendende Tarifvertrag enthält keine Bestimmungen darüber, wann und in welcher Form sich eine Beschäftigte arbeitsunfähig zu melden hat. Vielmehr ist zur Beurteilung des Sachverhaltes das Entgeltfortzahlungsgesetz (EntgFG) heranzuziehen. Nach § 5 (1) EntgFG ist der Arbeitnehmer verpflichtet, eine eingetretene Arbeitsunfähigkeit und deren voraussichtliche Dauer dem Arbeitgeber unverzüglich mitzuteilen. Für den Fall, dass die Arbeitsunfähigkeit länger als drei Kalendertage dauert, hat der Arbeitnehmer eine ärztliche Bescheinigung über das Bestehen der Arbeitsunfähigkeit sowie deren voraussichtliche Dauer spätestens an dem darauffolgenden Arbeitstag vorzulegen. An diese Pflichten hat sich Frau Schlimme wiederholt nicht gehalten. Es ist daher nicht willkürlich sondern ermessensgerecht, wenn der Erste Bürgermeister von dem durch § 5 (1) Satz 3 EntgFG eingeräumten Recht Gebrauch macht und die Vorlage der ärztlichen Bescheinigung früher verlangt.

Mit der in Anwesenheit des Personalsachbearbeiters abschließenden Erklärung des Ersten Bürgermeisters, dass die Mitarbeiterin, wenn sie ihr Verhalten nicht ändere, „sich nach einer anderen Beschäftigung umsehen“ solle, sind Maßnahmen zur Beendigung des Arbeitsverhältnisses angekündigt worden (Abmahnung).

Obwohl die Beschäftigte
- trotz mehrfacher Ermahnungen des Ersten Bürgermeisters an ihrem vertragswidrigen Verhalten festgehalten hat und
- nach der mündlichen Aufforderung des Ersten Bürgermeisters, bei Fortsetzung ihres Verhaltens sich nach einer anderen Beschäftigung umzusehen, mit ihrer Kündigung rechnen muss, hätte für die Abmahnung die Schriftform gewählt werden sollen.

Die von der Beschäftigten erbetene Behandlung der Tage vom 21. Januar bis 6. Februar als Krankheitstage ist nach § 7 (1) des Entgeltfortzahlungsgesetzes zu beurteilen. Hiernach kann der Arbeitgeber die Entgeltfortzahlung bis zur Vorlage der Arbeitsunfähigkeitsbescheinigung verweigern. Die Gemeinde kann damit die Entgeltzahlung aussetzen, muss aber auch bei einer verspäteten Vorlage der Arbeitsunfähigkeitsbescheinigung das Entgelt (nach-)zahlen. Da die Mitarbeiterin diese Bescheinigung beigebracht hat, steht ihr die Fortzahlung des Entgelts für den Zeitraum vom 21. Januar bis 6. Februar zu.

AUFGABE 2

Die Anwendung des Kündigungsschutzgesetzes (KSchG) setzt voraus, dass

- das Arbeitsverhältnis mindestens sechs Monate bestanden hat (§ 1 (1) KSchG),
- die Gemeinde K. – ausschließlich der zu ihrer Berufsausbildung Beschäftigten – mindestens elf Arbeitnehmer beschäftigt (§ 23 KSchG).

Nach dem Bearbeitungshinweis ist die Mindestbeschäftigtenzahl erfüllt. Das KSchG ist daher anzuwenden, weil Frau Schlimme seit mehr als sechs Monaten bei der Gemeinde K. beschäftigt ist.

Nach § 1 (2) KSchG ist eine ordentliche Kündigung sozial nur gerechtfertigt, wenn sie durch in der Person oder im Verhalten des Arbeitnehmers liegende Gründe oder durch dringende betriebliche Erfordernisse, die der Weiterbeschäftigung entgegenstehen, bedingt ist.

Im vorliegenden Fall ist die Zulässigkeit einer verhaltensbedingten Kündigung zu prüfen.

Das Fehlverhalten der Beschäftigten besteht darin, dass sie mehrfach gegen die ihr obliegenden, sich aus § 5 Entgeltforzahlungsgesetz ergebenden Anzeige- und Nachweispflichten verstoßen hat, zuletzt nach den Arbeitsausfällen am 14. und 15. Januar und der verspäteten Krankmeldung für die Zeit vom 9. bis 12. Februar. Dabei hat sie schuldhaft (vorsätzlich) gehandelt, da sie zuvor ausdrücklich auf ihre Pflichten hingewiesen worden war. Nach dem am 8. Februar beendeten Erholungsurlaub hat sie den Dienst erst am 9. Februar wieder aufgenommen, hat aber nach dem 13. Februar erneut unentschuldigt gefehlt.

Auch nach einer Abmahnung gibt die Beschäftigte ihr Fehlverhalten nicht auf. Die Abmahnung war offensichtlich nutzlos und hat sie nicht veranlasst, die nach dem Arbeitsvertrag geschuldete Leistung gewissenhaft und ordnungsgemäß auszuführen (§ 41 TVöD). Da die Einbehaltung des Entgelts für Fehltage lediglich den wirtschaftlichen Schaden der Gemeinde mindert, aber kein ausreichendes Mittel ist, um die Mitarbeiterin zu einer Verhaltensänderung zu bewegen, bleibt als letztes Mittel die ordentliche Kündigung des Arbeitsverhältnisses.

Die Beschäftigungszeit umfasst gemäß § 34 (3) TVöD die Zeiten vom 1. August 1996 bis 30. September 1998 und vom 1. April 2008 bis zum Tage des Zugangs der Kündigung. Da die Beschäftigungszeit am Tage der Kündigung ein Jahr überschreitet, aber noch nicht fünf Jahre erreicht, beträgt die Kündigungsfrist nach § 34 (1) TVöD sechs Wochen zum Ende eines Kalendervierteljahres. Eine der Beschäftigten bis spätestens 17. Februar 2009 zugehende Kündigung beendet das Arbeitsverhältnis am 31. März 2009. Wird dieser Termin verpasst, ist eine ordentliche Kündigung erst zum 30. Juni 2009 möglich.

Vor Ausspruch der nach dem Kündigungsschutzgesetz zulässigen Kündigung ist die Personalvertretung zu beteiligen.

9 Kündigungsfrist – Zeugnisanspruch

AUFGABE 1

Nach § 34 (1) TVöD richtet sich die Kündigungsfrist nach der Beschäftigungszeit. Als Beschäftigungszeit gilt die bei demselben Arbeitgeber in einem Arbeitsverhältnis zurückgelegte Zeit, auch wenn sie unterbrochen worden ist (§ 34 (3) TVöD). Frau Lange ist seit 1. April 1996 bei der Stadt Blankenhausen beschäftigt. An diesem Tage beginnt ihre Beschäftigungszeit; zum Zeitpunkt der Kündigung, am 25. September 2009 hat sie eine Beschäftigungszeit von 13 Jahren zurückgelegt. Nach § 34 (1) TVöD beträgt die Kündigungsfrist bei einer Beschäftigungszeit von mindestens zwölf Jahren sechs Monate zum Ende eines Kalendervierteljahres. Frau Langes Kündigung am 25. September 2009 wird am 31. März 2010 wirksam.

AUFGABE 2

Nach § 630 BGB können Arbeitnehmer „bei der Beendigung eines dauernden Dienstverhältnisses ... ein schriftliches Zeugnis über das Dienstverhältnis und dessen Dauer fordern. Das Zeugnis ist auf Verlangen auf die Leistungen und die Führung im Dienst zu erstrecken." Dieser unabdingbare Anspruch ist für die Beschäftigten im Anwendungsbereich des TVöD in dessen § 35 wiederholt und dahin erweitert worden, dass es eines „dauernden" Dienstverhältnisses nicht bedarf. Die Beschäftigten im öffentlichen Dienst haben demzufolge regelmäßig auch dann einen Zeugnisanspruch, wenn das Arbeitsverhältnis nur kurze Zeit bestanden hat.

Zeugnisse sollen fehlerfrei auf DIN-A4-Briefblättern geschrieben werden und ein ihrer Bedeutung entsprechendes äußeres Erscheinungsbild haben. Da Schriftform gesetzlich vorgeschrieben ist und die sie ersetzende elektronische Form (§ 126 (3) BGB) gesetzlich ausgeschlossen ist (§ 630 Satz 3 BGB), müssen Zeugnisse eigenhändig unterzeichnet werden (§ 126 (1) BGB).

Bereits bei einer bevorstehenden Beendigung des Arbeitsverhältnisses können Beschäftigte ein vorläufiges Zeugniss über „Art und Dauer ihrer Tätigkeit verlangen", damit der Beschäftigte sich schon vor Beendigung seines Arbeitsverhältnisses bewerben kann. Bei der Beendigung des Arbeitsverhältnisses ist das vorläufige Zeugnis durch ein endgültiges zu ersetzen, „das sich auch auf Führung und Leistung erstrecken muss". Bei Auflösungsverträgen wird entsprechend verfahren.

Nach § 35 (2) TVöD kann der Beschäftigte „aus triftigen Gründen" auch während des Arbeitsverhältnisses ein Zeugnis verlangen. Solche Gründe können zum Beispiel der Wechsel des Vorgesetzten oder ein angestrebter Stellenwechsel sein. Das Zwischenzeugnis hat sich auf Art und Dauer der Tätigkeit, auf Leistungen und Führung hingegen nur auf Antrag zu erstrecken.

Aufgabe 3

Ein vorläufiges Zeugnis hat neben den Personalien des Beschäftigten Angaben über Art und Dauer der Tätigkeit zu enthalten. Diese muss so eingehend beschrieben werden, dass künftige Arbeitgeber ein zuverlässiges Bild von der bisherigen Tätigkeit gewinnen und die Eignung und Verwendungsmöglichkeit beurteilen können.

Die Berufsbezeichnung allein genügt nicht. War der Beschäftigte auf verschiedenen Arbeitsplätzen tätig, sind die jeweiligen Tätigkeiten in zeitlicher Reihenfolge zu beschreiben. Die Angabe der Entgeltgruppe kann zur Information über die Art der ausgeübten Tätigkeit beitragen, zumal sich daraus Schlüsse bezüglich der Selbstständigkeit und Verantwortung ziehen lassen.

Die für die Beendigung des Arbeitsverhältnisses bestimmenden Gründe werden nur auf Wunsch des Beschäftigten angegeben, z. B. um klarzustellen, dass

- die Kündigung des Arbeitgebers nicht in der Person des Beschäftigten oder in seinem Verhalten begründet war,
- für die Kündigung des Beschäftigten private Gründe ursächlich waren.

Bei einem Endzeugnis treten zu den vorstehenden Angaben Ausführungen über Leistungen und Führung hinzu. Diese Ausführungen werden durch ihre zweifache Zielsetzung bestimmt: Einerseits sollen sie dem Beschäftigten als Unterlage für Bewerbungen dienen, anderseits sollen sie zur Unterrichtung künftiger Arbeitgeber geeignet sein. Aus dem Ausgleich der Interessen ergibt sich das zwingende Gebot: Das Zeugnis muss wahr und objektiv richtig sein. Es muss alle wesentlichen Tatsachen und Bewertungen enthalten, die für die Beurteilung des Beschäftigten von Bedeutung sind. Das Zeugnis soll von verständigem Wohlwollen gegenüber dem Beschäftigten getragen sein und ihm sein Fortkommen nicht ungerechtfertigt erschweren. Diese Rücksichtnahme findet dort ihre Grenze, wo sich das Interesse künftiger Arbeitgeber an der Zuverlässigkeit der Angaben im Zeugnis aufdrängt. Dazu gehören Eigenschaften allgemeiner Art wie Fleiß, Sorgfalt, Umsicht und Verantwortungsbewusstsein sowie etwa hervorgetretene Eignungen für bestimmte Arbeiten. Anderseits sind aber auch wesentliche Leistungsmängel, anhaltende Unpünktlichkeit und auf das Arbeitsverhältnis einwirkende Straftatbestände zu berücksichtigen. Unerwähnt bleiben jedoch einmalige Vorfälle und Umstände, die für den Beschäftigten, seine Leistungen und seine Führung nicht kennzeichnend sind, z. B. geringe Leistungsmängel auf einem Nebengebiet, Nebentätigkeiten, Zugehörigkeit zum Personalrat, Krankheiten, Mutterschutz, Streikteilnahme, Arbeitsgerichtsverfahren und in der Regel mindestens zwei Jahre zurückliegende Vorfälle.

Aufgabe 4

Stadt Blankenhausen Blankenhausen, 31. Dezember 2009
– Haupt- und Personalamt –

Zeugnis

Frau Manuela Lange, geboren am 16. Oktober 1973, ist seit 1. April 1996 bei der Stadtverwaltung Blankenhausen als Verwaltungsangestellte beschäftigt. Nach einjähriger Tätigkeit im Schreibdienst, während der sie in die Vergütungsgruppe VIII BAT eingruppiert war, wurde sie ab 1. April 1997 in der Rechnungsstelle des Sozialamts beschäftigt und in die Vergütungsgruppe VII BAT eingruppiert. Sie hatte dort Auszahlungs-Anordnungen vorzubereiten, Haushaltsüberwachungslisten zu führen und die Abrechnungen mit Kostenträgern und Ersatzpflichtigen zu erstellen. Auf Frau Langes Wunsch wurde ihr die Teilnahme an einem nebendienstlichen Lehrgang zur Vorbereitung auf die Angestelltenprüfung I ermöglicht, die sie mit dem Prädikat „gut" bestanden hat.

Ab 1. Juli 2002 wurde Frau Lange unter Eingruppierung in die Vergütungsgruppe VIb BAT im Haupt- und Personalamt die Bearbeitung der Anträge auf Beihilfen in Krankheits-, Geburts- und Todesfällen einschließlich der rechnerischen Feststellung übertragen. Außerdem hatte sie die auf Stellenausschreibungen eingehenden Bewerbungen zu sichten, fehlende Unterlagen einzufordern und die Bewerber/-innen in Nachweisungen zu erfassen. Die sichere Anwendung der Beihilfevorschriften war Anlass, Frau Lange ab 1. August 2004 auch die diffizile Bearbeitung der Anträge auf Beihilfen zu den Kosten für Heilpraktiker und für Hilfen zur notwendigen Weiterführung des Haushalts von Beihilfeberechtigten zu übertragen und sie in die Vergütungsgruppe Vc einzugruppieren. Am 1. Oktober 2005 wurde Frau Lange in die Entgeltgruppe 8 überführt.

Frau Lange ist geistig sehr rege, verfügt über eine gute Auffassungsgabe, denkt folgerichtig, kann sich veränderten Anforderungen schnell anpassen und versteht es, ihre gründlichen und vielseitigen Fachkenntnisse zweckmäßig anzuwenden. Sie fühlt sich mit ihren Aufgaben, denen sie sich zielstrebig widmet, verbunden und arbeitet sehr sorgfältig und gewissenhaft. Hervorzuheben sind ihr sicherer und verlässlicher Umgang mit Zahlen, aber auch ihre Bereitschaft, auch außerhalb des eigenen Arbeitsgebietes zuzufassen, wo es nötig ist.

Frau Langes Verhalten gegenüber Vorgesetzten war stets korrekt; bei ihren Kolleginnen und Kollegen war Frau Lange, die stets bereitwillig Auskünfte gab, wegen ihres liebenswürdigen Wesens sehr beliebt.

Das Arbeitsverhältnis endet auf Wunsch von Frau Lange am 31. Dezember 2009, da sie wegen der Versetzung ihres Ehegatten nach Fichtenstadt verziehen möchte. Ich bedauere Frau Langes Ausscheiden sehr, danke ihr für ihre langjährige Mitarbeit und wünsche ihr für ihren weiteren Berufsweg viel Erfolg.

Bürgermeister

10 Befristeter Arbeitsvertrag – Teilzeit – Kündigung während der Probezeit

AUFGABE 1

Arbeitsvertrag

für Angestellte, für die der TVöD gilt und die nach dem Gesetz über Teilzeit und befristete Arbeitsverträge und zur Änderung und Aufhebung arbeitsrechtlicher Bestimmungen (TzBfG) eingestellt werden

Zwischen — Arbeitgeber: der Stadt Brunswald

vertreten durch: den Bürgermeister, Herrn Dr. Schmal

und Herrn — Angestellter: Anton Weber — geb. am: 14. August 1972

wohnhaft in: Brunswald, Frankfurter Str. 18

wird folgender Arbeitsvertrag geschlossen:

§ 1 Herr: Anton Weber

wird ab: 6. Mai 2008

[x] als nicht vollbeschäftigter Angestellter

[x] mit 70 v. H. der durchschnittlichen regelmäßigen wöchentlichen Arbeitszeit eines entsprechenden vollbeschäftigten Angestellten eingestellt, und zwar

[x] als Aushilfsangestellter

[x] zur Vertretung der Verwaltungsangestellten Anni Klein während deren Elternzeit bis zum 5. Mai 2009

§ 2 Das Arbeitsverhältnis bestimmt sich nach dem Tarifvertrag für den öffentlichen Dienst und den diesen ergänzenden, ändernden oder ersetzenden Tarifverträgen in der für den Bereich der Vereinigung der kommunalen Arbeitgeberverbände (VKA) jeweils geltenden Fassung. Außerdem finden im Bereich des Arbeitgebers die jeweils geltenden sonstigen einschlägigen Tarifverträge Anwendung.

§ 3 [x] Die Probezeit beträgt 6 Monate

§ 4 Der Angestellte ist in der Entgeltgruppe 8 eingruppiert (§ 22 BAT)

§ 5 Während der auf die ersten 6 Monate angelegten Probezeit ist das Arbeitsverhältnis mit einer Frist zwei Wochen zum Monatsschluss kündbar. Danach gilt für beide Seiten eine Kündigungsfrist von vier Wochen zum Monatsschluss

Das Recht auf außerordentliche Kündigung bleibt unberührt.

§ 6 Änderungen und Ergänzungen des Arbeitsvertrages einschließlich von Nebenabreden sowie Vereinbarungen weiterer Nebenabreden sind nur wirksam, wenn sie schriftlich vereinbart werden.

Maintal, 25. April 2008
Ort, Datum

Dr. Walter Schmal
Für den Arbeitgeber

Anton Weber
Angestellter

Aufgabe 2

Bei einer zulässigen Befristungsabrede endet das Arbeitsverhältnis durch Zeitablauf, ohne dass eine Kündigungserklärung oder Beteiligung Dritter erforderlich ist. Obwohl es zahlreiche Kündigungsbeschränkungen gibt, gilt § 620 (1) BGB unverändert. Besonders zu beachten ist die Zulässigkeit der Befristung nach § 14 Teilzeit- und Befristungsgesetz. Da das befristete Arbeitsverhältnis ohne Ausspruch einer Kündigung endet, finden die Kündigungsschutzbestimmungen keine Anwendung.

Im vorliegenden Fall handelt es sich um eine Zeitbefristung, die mit Ablauf der bestimmten Zeitspanne zum 5. Mai 2009 auslaufen soll.

Die Befristungsvereinbarung hat den Ausschluss der ordentlichen Kündigung zur Folge, es sei denn, dass die Zulässigkeit einer ordentlichen Kündigung ausdrücklich vereinbart wurde oder aus den Umständen eindeutig erkennbar ist. So bestimmt § 15 (3) des Teilzeit- und Befristungsgesetzes, dass ein befristetes Arbeitsverhältnis nur dann der ordentlichen Kündigung unterliegt, wenn dies einzelvertraglich oder im anwendbaren Tarifvertrag vereinbart ist.

Da Herr Webers Arbeitsverhältnis nach dem 31. Dezember 2003 begonnen hat, ist die Anwendung des Kündigungsschutzgesetzes davon abhängig, dass das Arbeitsverhältnis sechs Monate bestanden hat (§ 1 (1) Kündigungsschutzgesetz) und der Arbeitgeber mehr als zehn Arbeitnehmer beschäftigt (§ 23 Kündigungsschutzgesetz).

Im vorliegenden Fall ist nicht nur die ordentliche Kündigungsmöglichkeit in den Vertrag aufgenommen, es wurde darüber hinaus eine Probezeit mit kürzerer Kündigungsfrist vereinbart. Da gemäß Sachverhalt der TVöD Anwendung finden soll, ist auch davon auszugehen, dass die Vorschriften über eine Probezeit greifen sollen.

Da im vorliegenden Arbeitsvertrag eine Probezeit von sechs Monaten vereinbart worden ist, ist eine Kündigung während der Probezeit mit der im § 30 (4) (nur Tarifgebiet West) TVöD vorgesehenen Frist von zwei Wochen zum Monatsschluss zulässig. Im Tarifgebiet Ost gilt die Kündigungsfrist gemäß § 34 (1); diese ist jedoch gleich lang.

AUFGABE 3

An den Personalrat
z. H. der Personalratsvorsitzenden

Frau Schimmel

Sehr geehrte	Frau Schimmel
wir beabsichtigen folgende(-n) Mitarbeiter	Herrn Anton Weber
Anschrift	Frankfurter Str. 18, Brunswald
Geburtsdatum	14. August 1972
Geburtsort	Maintal
bisheriger Arbeitsvertrag vom	25. April 2008
bei uns beschäftigt seit	6. Mai 2008 als Verw.-Ang. im Sozialamt zur Vertretung der Verw.-Ang. Anni Klein während der Elternzeit
in	☐ Vollzeit ☒ Teilzeit mit 70 v. H. der Arbeitszeit
bisherige Eingruppierung:	☒ Entgeltgruppe 8
Arbeitsplatz	Sozialamt

☒ unter Einhaltung einer vertraglich vereinbarten Kündigungsfrist von 2 Wochen zum Monatsschluss

ordentlich mit Wirkung zum	31. Oktober 2008 fristgerecht
aus	☒ verhaltensbedingten Gründen zu kündigen.

Personaldaten:

Familienstand:	verheiratet
Anzahl der Kinder:	2
Sonstige Unterhaltspflichten:	nicht bekannt
Besonderer Kündigungsschutz:	liegt nicht vor

Begründung:

Nach der Arbeitsaufnahme kam es zu verschiedenen Problemen.
Der Vorgesetzte teilte frühzeitig mit, dass Herr Weber oft morgens anrufe, er könne nicht kommen, da eines seiner Kinder krank sei. Zu Bürgerbeschwerden kam es leider ebenfalls. Hier wurde beklagt, dass der Sachbearbeiter nicht mit den speziellen Problemen von Sozialhilfeempfängern umgehen könne. Außerdem könne Herr Weber rechtliche Auskünfte nicht geben.

Anfang Juli fand ein Gespräch zwischen dem Leiter des Personalamtes und der Leiterin des Sozialamtes statt. An diesem Gespräch hat der Personalrat teilgenommen. Anlässlich dieses Gesprächs ergab sich, dass Herr Weber bereits dreimal zu spät gekommen ist und einmal den Arbeitsplatz während der Kernzeit ohne Abmeldung verlassen hat.

An dem Anhörungsgespräch mit Herrn Weber hat ebenfalls ein Mitglied des Personalrates teilgenommen. Anlässlich der Anhörung wurden Herrn Weber sowohl die Beschwerden der Kollegen als auch die der Bürger mitgeteilt. Gleichzeitig wurde Herr Weber zum Zuspätkommen und vorzeitigen Verlassen des Arbeitsplatzes befragt.

Herr Weber teilte mit, dass er tatsächlich wegen der Krankheit seiner Kinder mehrmals kurzfristig Urlaub nehmen musste. Seine Ehefrau könne diese Aufgabe nicht übernehmen. Zur Problematik der Beratung der Sozialhilfeempfänger führte er aus, dass es tatsächlich Probleme gebe. In seiner bisherigen Tätigkeit musste er noch nie solch schwierige Sachverhalte klären.

Nach dieser Anhörung wurde mit Ihrer Zustimmung eine Abmahnung ausgesprochen.

In der Folgezeit zeigte sich, dass die Beschwerden weiterhin geführt wurden. Herr Weber kam auch weiterhin zu spät und zwar in der Zeit vom 15. August bis 25. September an folgenden Tagen: 15., 20., 22., 29. August sowie 5., 9., 11., 16. und 18. September.

Anlässlich der persönlichen Anhörung am 24. September, auch diesmal wieder unter Beteiligung des Personalrates, gab Herr Weber die gleichen Gründe wie anlässlich des Abmahnungsverfahrens an.

Ich beantrage Ihre Zustimmung und bitte darum, den Beschluss des Personalrates zur beabsichtigten Kündigung mir schriftlich mitzuteilen.

Bei Erörterungsbedarf bitte ich um Terminvereinbarung.

Maintal, 25. September 2008
Ort, Datum

Dienststellenleiter

11 Aufhebungsvertrag – Abfindung

AUFGABE 1

Der Anspruch auf Krankenbezüge ist in § 22 TVöD geregelt. Diese Vorschriften gehen als spezielle Regelungen grundsätzlich den §§ 1 ff. Entgeltfortzahlungsgesetz (EFZG) vor. Die Regelungen des EFZG sind gesetzliche Mindestvorschriften und kommen ergänzend zur Anwendung, soweit der TVöD keine Regelung enthält oder sie im Einzelfall günstiger sind.

Nach § 22 (1) TVöD erhalten alle Beschäftigten bei unverschuldeter Arbeitsunfähigkeit infolge Erkrankung Entgeltfortzahlung nach § 21 TVöD bis zur Dauer von sechs Wochen. Danach wird ein Zuschuss zum Krankengeld oder einer gleichgestellten Leistung gewährt.

Der Anspruch auf Krankenbezüge ist dem Grunde nach mit rechtlichem Beginn des Arbeitsverhältnisses vorhanden.

In § 22 TVöD bzw. § 3 (2) EFZG sind die zur Gewährung von Krankenentgelt führenden Gründe für die Arbeitsunfähigkeit abschließend aufgezählt. Es sind

- Krankheit,
- Maßnahmen der medizinischen Vorsorge oder Rehabilitation,
- nicht rechtswidrige Sterilisation,
- nicht rechtswidriger oder nicht strafbarer Schwangerschaftsabbruch.

Herr Baumann hat gemäß Sachverhalt Anspruch auf Krankenbezüge bis zur Dauer von sechs Wochen.

Nach Ablauf von sechs Wochen entfällt der Anspruch auf Krankenbezüge. An dessen Stelle tritt unter Umständen ein Anspruch auf Krankengeldzuschuss, § 22 (2) und (3) TVöD. Die Zahlung des Krankengeldzuschusses ist untrennbar an die Zahlung von Krankengeld oder entsprechender gesetzlicher Leistungen gekoppelt, § 22 (2) TVöD.

Krankengeldzuschuss erhält nicht jeder Beschäftigte bei einer länger als sechs Wochen dauernden Arbeitsunfähigkeit, sondern nur der Arbeitnehmer, der eine vorgegebene Beschäftigungszeit (§ 34 (3) TVöD) zurückgelegt hat

- von mehr als einem Jahr, längstens bis zum Ende der 13. Woche,
- von mehr als drei Jahren, längstens bis zum Ende der 39. Woche

seit Beginn der Arbeitsunfähigkeit.

Nach § 34 (3) TVöD ist Beschäftigungszeit grundsätzlich die bei demselben Arbeitgeber zurückgelegte Zeit, auch wenn sie unterbrochen ist. Die Beschäftigungszeit bei der Stadt Brunswald beginnt ab Aufnahme der Tätigkeit, also am 1. Juli 1990.

Zu prüfen ist jetzt, ob Zeiten bei einem oder mehreren Arbeitgeber als Beschäftigungszeit für den Krankengeldzuschuss anerkannt werden können, § 34 (3) Satz 3 ff. Der Sachverhalt trifft hierzu keine Aussagen.

Da Herr Baumann mehr als drei Jahre bei der Stadt Brunswald beschäftigt ist, erhält er längstens bis zum Ende der 39. Woche Krankengeldzuschuss. Die Frist beginnt am 1. Tag der Arbeitsunfähigkeit.

AUFGABE 2

Vorschriften über die Zahlung einer Abfindung enthält im Tarifgebiet Ost der „Tarifvertrag zur sozialen Absicherung“ vom 13. September 2005, der am 31. Dezember 2009 außer Kraft tritt. Er ersetzt im Geltungsbereich des TVöD den Tarifvertrag zur sozialen Absicherung vom 6. Juli 1992. Danach kann an einen Beschäftigten eine Abfindung gezahlt werden, dessen Arbeitsverhältnis aus Gründen des Personalabbaus entweder gekündigt oder durch Auflösungsvertrag beendet wird. Gemäß Sachverhalt endet das Arbeitsverhältnis von Herrn Baumann jedoch nicht wegen Personalabbau, sodass eine Abfindung nicht gezahlt werden kann.

Eine Abfindung nach den §§ 9, 10 Kündigungsschutzgesetz kommt gleichfalls nicht in Betracht.

AUFGABE 3

Auflösungvertrag

– § 33 (1) TVöD –

Zwischen	Arbeitgeber Stadt Brunswald
vertreten durch	Herrn Oberbürgermeister Dr. Walter Schmal
und	Angestellter Herrn Kurt Baumann — geb. am 1. Mai 1964 in Brunswald
wohnhaft in	Brunswald, Mellingdorf Str. 26

wird folgender Auflösungsvertrag gemäß § 33 (1) TVöD geschlossen:

1. Herr Kurt Baumann scheidet am 30. September 2009 im gegenseitigen Einvernehmen aus dem mit Arbeitsvertrag vom 1. Juli 1990 begründeten Arbeitsverhältnis mit der Stadt Brunswald aus.
2. Die noch zustehende Vergütung wird bis zum Ausscheiden gezahlt.
3. Abfindung wird nicht gewährt.
4. Erholungsurlaub steht – unter Beachtung der Vorschrift des § 26 (1, 3) TVöD – in Höhe von – restlichen – **27 Arbeitstagen** noch zu.
5. Die Arbeitspapiere und ein qualifiziertes Zeugnis, das sich auf Führung und Leistung erstreckt und im rechtlich zulässigen Rahmen Formulierungswünsche des Arbeitnehmers berücksichtigt, werden beim Ausscheiden ausgehändigt.
6. Mit dieser Vereinbarung sind sämtliche Ansprüche aus dem Arbeitsverhältnis, seiner Beendigung und für die Zeit nach Beendigung erledigt und abgegolten, soweit sich aus dieser Vereinbarung nichts anderes ergibt.
7. Die eventuelle Unwirksamkeit einzelner Klauseln dieser Vereinbarung soll die Wirksamkeit der übrigen Klauseln nicht berühren.
8. Unverfallbare Anwartschaften bei der Zusatzversorgungskasse werden durch diesen Vertrag nicht berührt.

Brunswald, 3. September 2009
Ort, Datum

Für den Arbeitgeber

Arbeitnehmer(-in)

AUFGABE 4

Urlaubsabgeltung an Angestellte nach § 7 Bundesurlaubsgesetz

Antrag

Vor- und Zuname des Angestellten	Kurt Baumann
geb. am	01.05.64
wohnhaft in	genaue Anschrift Brunswald, Mellingdorf Straße 26
Ich bitte	frühere Beschäftigungsdienststelle –

um Gewährung von Urlaubsabgeltung nach § 7 Bundesurlaubsgesetz ______, weil ich den mir im laufenden Urlaubsjahr zustehenden Erholungsurlaub vor meinem Ausscheiden nicht mehr erbringen konnte

30.09.2009
Datum

____
Unterschrift

I. Bewilligung
Die Voraussetzungen für die Bewilligung von Urlaubsentgelten sind im vorliegenden Falle nach § 7 Bundesurlaubsgesetz erfüllt,

weil der Arbeitnehmer bis zum Ablauf des Arbeitsverhältnisses arbeitsunfähig erkrankt ist.

Dem Angestellten wird daher antragsgemäß Urlaubsabgeltung bewilligt

II. Festsetzung
Zustehender Urlaub im laufenden Urlaubsjahr

gemäß § 26 (1,2) TVöD	=	30 Arbeitstage
gemäß § 26 (2) TVöD in Verbindung mit dem § 5 Bundesurlaubsgesetz	=	24 Werktage
Davon wurden bis zum Ausscheiden in Anspruch genommen	=	3 Arbeitstage
Abzugelten sind daher	=	27 Arbeitstage

Sachlich richtig

____
Unterschrift und Amtsbezeichnung

12 Inhalt von Arbeitsverhältnissen

AUFGABE 1

Da die Stadt Brunswald den TVöD für anwendbar erklärt, ist der Anspruch auf Zahlung der Vergütung nicht nach dem BGB, sondern nach dem TVöD zu prüfen. Nach § 24 (1) TVöD ist das Tabellenentgelt und die sonstigen Entgeltbestandteile am letzten Tag des Monats (Zahltag) für den laufenden Kalendermonat auf ein von dem Beschäftigten benanntes Konto innerhalb eines Mitgliedstaats der europäischen Union zu zahlen.

Gemäß Ziffer 2, Protokollerklärung zu Absatz 1 können Arbeitgeber die Bezüge am 15. eines jeden Monats für den laufenden Monat zahlen. Eine Umstellung auf den letzten Tag des Monats kann jeweils im Dezember erfolgen.

In beiden Fällen ist das Entgelt so rechtzeitig zu überweisen, dass der Beschäftigte am Zahltag darüber verfügen kann. Dies bedeutet, dass der Beschäftigte die Möglichkeit haben muss, am letzten Tag des Monats/15. eines Monats um 0:00 Uhr über das Geld zu verfügen.

Somit hat Herr Bräuer keinen Anspruch auf Zahlung der Bezüge zum Monatsbeginn.

Aufgabe 2

§ 23 (2) TVöD regelt die Zahlung des Jubiläumsgeldes. Mit dieser Zahlung wird die vom Beschäftigten erwiesene Treue belohnt.

Nach 25-jähriger Beschäftigungszeit erhalten die Arbeitnehmer ein Jubiläumsgeld in Höhe von 350,00 EUR.

Der Anspruch auf Zahlung richtet sich nach der „Beschäftigungszeit" im Sinne des § 34 (3) TVöD. Nach Satz 1 ist Beschäftigungszeit, die bei demselben Arbeitgeber zurückgelegte Zeit, auch wenn die unterbrochen ist. Damit ist die Zeit ab 1. September 2009 anzurechnen. Fraglich ist, ob die Ausbildungszeit anzurechnen ist. Die Ausbildungszeit dient der Vorbereitung auf den Beruf und ist daher kein Arbeitsverhältnis.

Die Beschäftigungszeit von Herrn Bräuer beginnt am 1. September 2009. Die Zahlung des Jubiläumsgeldes für 25-jährige Beschäftigungszeit erfolgt, bei ununterbrochener Beschäftigungszeit, am 1. September 2034.

Aufgabe 3

Die Gewährung vermögenswirksamer Leistungen an Beschäftigte ist tarifvertraglich geregelt. Gesetzliche Grundlage ist das 5. Gesetz zur Förderung der Vermögensbildung (5-Vermögensbildungsgesetz). Hiernach geschlossene Verträge können bezuschusst werden. Weitere Voraussetzung ist, dass das Arbeitsverhältnis voraussichtlich sechs Monate dauert. Gemäß Sachverhalt wurde das Arbeitsverhältnis für ein Jahr geschlossen. Sobald Herr Bräuer der Gehaltsstelle die Angaben schriftlich miteilt, wird der zur Anlage erforderliche Betrag als Leistung des Beschäftigten einbehalten und mit dem Anteil der vermögenswirksamen Leistung des Arbeitsgebers unmittelbar an das vom Angestellten angegebene Unternehmen oder Institut gezahlt. Der Anteil des Arbeitgebers beträgt 6,65 EUR pro Monat.

Soweit Herr Bräuer bereits als Auszubildender vermögenswirksame Leistungen angelegt hat, kann diese Anlageart weitergeführt werden. Der Anteil des Arbeitgebers ändert sich durch das Arbeitsverhältnis nicht.

Aufgabe 4

Urlaub im arbeitsrechtlichen Sinne ist die dem Arbeitnehmer zum Zwecke der Erholung gewährte Befreiung von der Arbeitspflicht unter Fortzahlung des Arbeitsentgelts.

Seine Rechtsgrundlage findet der Urlaubsanspruch im öffentlichen Dienst vor allem im TVöD sowie im Bundesurlaubsgesetz (BurlG). Ferner finden sich in zahlreichen anderen Gesetzen Sonderregelungen für bestimmte Arbeitnehmergruppen.

Im Bundesurlaubsgesetz sind die Mindestanforderungen und Grundsätze des Urlaubrechts geregelt. Die §§ 26, 27 TVöD sehen für den Bereich der TVöD-Anwender wesentliche Erweiterungen vor.

Zu beachten ist, dass das BurlG bei der Berechnung der Urlaubsdauer von Werktagen (Kalendertage außer Sonn- und Feiertage, jedoch inklusive Samstag) ausgeht, sodass der geltende Mindestanspruch von 24 Werktagen einem nach TVöD in der 5-Tage-Woche arbeitenden Beschäftigten zustehenden Urlaubsanspruch von 20 Arbeitstagen gleichsteht. Gemäß Bearbeitungshinweis gilt bei der Stadt Brunswald die 5-Tage-Woche.

Maßgebend für die Dauer des Urlaubsanspruchs gem. § 26 (1) TVöD ist das Lebensjahr, das im Laufe des Kalenderjahres vollendet wird. Das Lebensjahr wird am Tag vor dem Geburtstag beendet. Herr Bräuer ist 22 Jahre alt und fällt zum Zeitpunkt der Einstellung in die erste Kategorie der Beschäftigten „bis zum vollendeten 30. Lebensjahr“ und erhält somit jährlich 26 Arbeitstage Urlaub.

Die 25 Werktage gemäß Sachverhalt sind für Herrn Bräuer ungünstiger. Die Stadt Brunswald und Herr Bräuer wollen die Anwendung des TVöD im Arbeitsvertrag vereinbaren. Tarifliche Regelungen sind Mindestbedingungen. Gemäß § 4 (3) TVG sind vom Tarifvertrag abweichende Abmachungen grundsätzlich nur zulässig, wenn sie zugunsten des Arbeitnehmers erfolgen oder der Tarifvertrag sie gestattet. Soweit Tarifbindung nicht gegeben ist, gilt das als Rechtssatz im Arbeitsrecht anerkannte „Günstigkeitsprinzip“.

Die Vereinbarung von 25 Werktagen Urlaub pro Kalenderjahr ist daher nicht zulässig.

AUFGABE 5

Nach Ablauf von sechs Wochen entfällt der Anspruch auf Krankenbezüge. An dessen Stelle tritt unter Umständen ein Anspruch auf Krankengeldzuschuss, § 22 (2) und (3) TVöD. Die Zahlung des Krankengeldzuschusses ist untrennbar an die Zahlung von Krankengeld oder entsprechender gesetzlicher Leistungen gekoppelt, § 22 (2) TVöD.

Den Zuschuss erhält nicht jeder Arbeitnehmer, sondern nur der Beschäftigte, der eine Beschäftigungszeit nach § 34 (3) TVöD zurückgelegt hat

- von mehr als einem Jahr, längstens bis zum Ende der 13. Woche,
- von mehr als drei Jahren, längstens bis zum Ende der 39. Woche

seit Beginn der Arbeitsunfähigkeit.

Die Beschäftigungszeit nach § 34 (3) TVöD wurde bereits bei Aufgabe 2 geprüft. Danach beginnt diese bei Herrn Bräuer am 1. September 2009. Die Mindestwartezeit nach § 22 (3) TVöD erfüllt Herr Bräuer erst am 1. September 2010. Die Nichtgewährung eines Krankengeldzuschusses im Jahre 2009 entspricht dem TVöD und bedarf keiner Vereinbarung.

AUFGABE 6

Nach § 2 TVöD gelten die ersten sechs Monate der Beschäftigung als Probezeit. Davon kann abgewichen und eine kürzere Probezeit vereinbart werden. Sie entfällt, wenn der Beschäftigte unmittelbar nach erfolgreichem Abschluss seines Ausbildungsverhältnisses eingestellt wird. Dies ist bei Herrn Bräuer der Fall. Somit entfällt die Probezeit.

13 Tarifautomatik – Stellenplan – Eingruppierung

AUFGABE 1

Die wichtigste Rechtsnorm für die Eingruppierung der Angestellten ist § 22 BAT, der bis zur Vereinbarung einer neuen Entgeltordnung bei Neueinstellungen weiter anzuwenden ist (§ 17 TVÜ-VKA). Dort ist zum einen geregelt, dass sich die Eingruppierung der Angestellten nach Tätigkeitsmerkmalen der Vergütungsordnung (Anlage 1a und Anlage 1b zum BAT) richtet, zum anderen ist in Absatz 2 Unterabsatz 1 der „Grundsatz der Tarifautomatik“ festgelegt:

„Der Angestellte ist in der Vergütungsgruppe eingruppiert, deren Tätigkeitsmerkmalen die gesamte von ihm nicht nur vorübergehend auszuübende Tätigkeit entspricht.“

Nach der ständigen Rechtsprechung des Bundesarbeitsgerichts (BAG) besagt der Grundsatz der Tarifautomatik Folgendes: „Durch die Erfüllung bestimmter Merkmale einer Vergütungsgruppe erfolgt automatisch die Eingruppierung, ohne dass es eines förmlichen Aktes seitens des Arbeitgebers hierzu bedarf." (BAG AP Nr. 5 zu § 23a BAT) Das bedeutet, nicht der Arbeitgeber gruppiert den Angestellten ein, sondern der Angestellte ist in der Vergütungsgruppe eingruppiert, deren Tätigkeitsmerkmalen die gesamte von ihm nicht nur vorübergehend auszuübende Tätigkeit entspricht.

Schreibt also das Haupt- oder Personalamt einem Beschäftigten: „Sie sind in die Vergütungsgruppe VIb eingruppiert", so handelt es sich nur um die Äußerung einer Rechtsauffassung.

AUFGABE 2

Wie bereits festgestellt, ist der Angestellte „in der Vergütungsgruppe eingruppiert, deren Tätigkeitsmerkmalen die gesamte von ihm nicht nur vorübergehend auszuübende Tätigkeit entspricht". Danach ist nicht maßgeblich die ausgeübte, sondern die auszuübende, ihm übertragene Tätigkeit. Die Höhe der Vergütung ist somit unabhängig davon, wie der Angestellte seine Tätigkeit ausführt.

Die Bezahlung nach der Vergütungsgruppe VIb BAT während der Einarbeitungszeit ist tarifwidrig, wenn Frau Müller bereits alle Tätigkeiten übertragen worden sind, die den Merkmalen der Vergütungsgruppe Vc entsprechen.

AUFGABE 3

Hier hat das BAG schon frühzeitig entschieden, dass der Inhalt des Stellenplans keine rechtliche Bedeutung für die Vergütung hat. Ohne Belang ist daher für den Anspruch des Angestellten auf tarifgerechte Eingruppierung die Frage, mit welcher Vergütung die Stelle im Stellenplan ausgewiesen ist.

Dies bedeutet aber auch, dass der Angestellte allein aufgrund der Tatsache, dass die Stelle im Stellenplan nach der Vergütungsgruppe Vc BAT ausgewiesen ist, keinen Anspruch auf Zahlung einer höheren Vergütung hat. Vielmehr müssen die jeweiligen Tätigkeitsmerkmale erfüllt sein.

AUFGABE 4

Die Überleitung der Angestellten Müller in den TVöD erfolgt am Stichtag, dem 1. Oktober 2005, in folgenden Schritten:

1. Frau Müller ist am 30. September 2005 in die Vergütungsgruppe Vc eingruppiert. Nach der Anlage 1 zum TVÜ-VKA ist sie in die Entgeltgruppe 8 zu überführen.
2. Nunmehr ist Frau Müller innerhalb der Entgeltgruppe 8 einer Stufe zuzuordnen. Hierzu muss das Vergleichsentgelt (§ 5 TVÜ-VKA) festgestellt werden. Es setzt sich aus den am 30. September 2005 zugestandenen Vergütungsbestandteilen zusammen (Grundvergütung, Ortszuschlag, allgemeine Zulage). Der ermittelte Betrag stellt die „individuelle Zwischenstufe" dar, nach der Frau Müller in der Übergangsphase bis 30. September 2007 Entgelt erhält. Am 1. Oktober 2007 steigt Frau Müller aus der „individuellen Zwischenstufe" in die nächsthöhere Stufe der Entgeltgruppe 8 auf.
3. Ein Bewährungs- oder Fallgruppenaufstieg (§ 8 TVÜ-VKA) und ein Strukturausgleich (§ 12 TVÜ-VKA) kommen bei der Überleitung der Angestellten in den TVöD nicht in Betracht.

14 Tarifbindung – TVöD – Tarifvertragsparteien

AUFGABE 1

Nach § 1 (1) Tarifvertragsgesetz besteht der Tarifvertrag aus zwei Teilen, nämlich

a) dem obligatorischen (schuldrechtlichen) Teil sowie
b) dem normativen Teil.

Grundsätzlich gilt, dass jeder Tarifvertrag einen obligatorischen und einen normativen Teil besitzt. Es gibt jedoch die Ausnahme, dass Tarifverträge lediglich einen obligatorischen (schuldrechtlichen) Teil enthalten, z. B. die Vereinbarung der Vertragsparteien über ein Schlichtungsverfahren. Der erste Halbsatz des § 1 (1) bezieht sich auf den obligatorischen (schuldrechtlichen) Teil des Tarifvertrages. Hiernach regelt der Tarifvertrag die Rechte und Pflichten der Tarifvertragsparteien. Dieser Teil kann alle Vereinbarungen enthalten, die als gegenseitige schuldrechtliche Verpflichtungen zwischen den tarifschließenden Verbänden denkbar sind.

Der normative Teil eines Tarifvertrags enthält Rechtsnormen, die den Inhalt (z. B. Bestimmungen über Gehalt, Urlaub, Arbeitszeit, Arbeitsbefreiung), den Abschluss und die Beendigung von Arbeitsverhältnissen sowie betriebliche und betriebsverfassungsrechtliche Fragen ordnen.

AUFGABE 2

Die Rechtsbeziehungen zwischen dem Arbeitnehmer und dem Arbeitgeber sind grundsätzlich nach den Vereinbarungen zu beurteilen, die im Arbeitsvertrag getroffen sind. Darüber hinaus ist jedoch zu prüfen, welchen Einfluss der Tarifvertrag auf das Einzelarbeitsverhältnis hat.

Gemäß § 4 (1) TVG gelten die Rechtsnormen des Tarifvertrages, die den Inhalt, den Abschluss oder die Beendigung von Arbeitsverhältnissen ordnen, unmittelbar und zwingend zwischen den beiderseits Tarifgebundenen, die unter den Geltungsbereich des Tarifvertrages fallen. Hiernach ist Voraussetzung:

- Der Tarifvertrag muss rechtswirksam sein.
- Die Arbeitsverträge müssen rechtswirksam sein.
- Die Parteien des Arbeitsvertrages müssen tarifgebunden sein.
- Bei betrieblichen und betriebsverfassungsrechtlichen Normen reicht es aus, wenn der Arbeitgeber tarifgebunden ist.

Die unmittelbare Wirkung der Tarifnormen besteht darin, dass die Tarifnormen wie ein Gesetz ohne Rücksicht auf die Kenntnis der Arbeitsvertragsparteien auf das Arbeitsverhältnis einwirken. Unabdingbarkeit bedeutet, dass im Einzelarbeitsvertrag nicht von der Tarifnorm abgewichen werden darf. Ausnahme: § 4 (3) TVG Günstigkeitsprinzip. Die Unmittelbarkeit bedeutet, dass die Tarifvereinbarungen wie gesetzliche Vorschriften unmittelbar auf das Einzelarbeitsverhältnis einwirken und entgegenstehende arbeitsvertragliche Abreden verdrängen.

Von dieser Normenwirkung werden jedoch nicht alle Arbeitsverhältnisse erfasst. Voraussetzung ist vielmehr, dass Arbeitgeber und Arbeitnehmer der Tarifbindung unterliegen.

Gemäß § 3 (1) TVG sind tarifgebunden die Mitglieder der Tarifvertragsparteien und der Arbeitgeber, der selbst Partei des Tarifvertrages ist. Eine Tarifbindung tritt also nur dann ein, wenn sowohl der Arbeitgeber wie der Arbeitnehmer Mitglied derjenigen Organisationen sind, die den Tarifvertrag abgeschlossen haben.

Tarifvertragsparteien sind gemäß § 2 (1) TVG Gewerkschaften, einzelne Arbeitgeber sowie Vereinigungen von Arbeitgebern.

Der Bundesminister für Arbeit und Soziales kann einen Tarifvertrag für allgemein verbindlich erklären. In diesem Fall gilt der betreffende Tarifvertrag für alle Arbeitnehmer und Arbeitgeber innerhalb seines Geltungsbereiches, gleichgültig, ob sie einer Gewerkschaft oder einem Arbeitgeberverband angehören. Der TVöD ist nicht für allgemein verbindlich erklärt. Dennoch wird er in der Praxis in den Arbeitsverträgen ohne Rücksicht auf die Gewerkschaftszugehörigkeit des Arbeitnehmers den Arbeitsverhältnissen zugrunde gelegt.

AUFGABE 3

Zwischen Frau Schulze und der Stadt Brunswald ist ein Arbeitsvertrag als Unterart des Dienstvertrages nach §§ 611 ff. BGB zustande gekommen, wenn Antrag und Annahme (§§ 145 ff. BGB) zum Abschluss eines Arbeitsvertrages vorliegen.

Bei der Stadt Brunswald ist eine Stelle frei geworden, die wieder besetzt werden soll. Um diese Stelle hat sich Frau Schulze beworben. Laut Sachverhalt soll sie zum 1. Juli 2009 eingestellt werden. Soweit noch kein schriftlicher Arbeitsvertrag geschlossen wurde, hat dies keine Auswirkung auf die Rechtsgültigkeit des Vertrages, weil die §§ 611 ff. BGB für den Dienstvertrag keine Schriftform vorschreiben, deren Verletzung nach § 125 BGB die Nichtigkeit des Rechtsgeschäftes zur Folge hätte.

Nach § 2 (1) TVöD „wird“ der Arbeitsvertrag schriftlich abgeschlossen. Indes ist auch ein nicht schriftlich abgeschlossener Arbeitsvertrag wirksam. Das heißt, das Schriftformerfordernis hat keine rechtsbegründende (konstitutive), sondern nur rechtsfeststellende (deklaratorische) Wirkung.

AUFGABE 4

Nach § 2 (3) TVöD gelten grundsätzlich die ersten sechs Monate eines Beschäftigungsverhältnisses als Probezeit. Es ist zu prüfen, inwieweit davon abgewichen werden darf. Es kann

a) auf eine Probezeit verzichtet werden,

b) eine kürzere Probezeit vereinbart werden.

Wenn der Angestellte im unmittelbaren Anschluss an ein erfolgreich abgeschlossenes Ausbildungsverhältnis bei derselben Dienststelle/demselben Betrieb eingestellt wird, entfällt die Probezeit.

Die Probezeit Frau Schulzes kann deshalb nicht auf acht Monate erstreckt werden.

15 Einstellung eines Beamtenanwärters – Besoldungsdienstalter – Beendigung des Dienstverhältnisses

AUFGABE 1

Nach § 8 (1) BeamtStG LBG ist die „Einstellung“ eines Beamten die Ernennung, durch die das Beamtenverhältnis begründet wird. Eine Ernennung wird nach § 8 (2) BeamtStG durch Aushändigung einer Ernennungsurkunde vorgenommen, die bei der Begründung des Beamtenverhältnisses die Worte „unter Berufung in das Beamtenverhältnis“ mit dem die Art des Beamtenverhältnisses bestimmenden Zusatz enthalten muss. Der Vorbereitungsdienst ist nach § 18 (1) LVO im Beamtenverhältnis auf Widerruf abzuleisten. Außer in Laufbahnen des höheren Dienstes führen die Beamten während des Vorbereitungsdienstes die Dienstbezeichnung „Anwärter“. Die Zuständigkeit zur Unterzeichnung von

Urkunden für die Beamten ergibt sich aus § 4 (2) LBG in Verbindung mit der BbgKVerf. Wenn die Hauptsatzung der Gemeinde nicht ausdrücklich etwas anderes bestimmt, sind nach geltendem Recht für Beamte auszustellende Ernennungsurkunden vom Hauptverwaltungsbeamten zu unterzeichnen. Die Urkunde ist mit dem Dienstsiegel zu versehen.

Das Beamtenverhältnis des Herrn Lehmann wird am 1. Oktober 2004 bei seinem Eintritt in den Vorbereitungsdienst begründet.

Die Ernennungsurkunde hat so auszusehen:

Stadt Brunswald

Ernennungsurkunde

Herr Lutz Lehmann

wird
mit Wirkung vom
1. Oktober 2004
unter Berufung in das Beamtenverhältnis
auf Widerruf
zum
Stadtinspektoranwärter
ernannt

Brunswald, den 15. September 2004

(Siegel)

Unterschrift
Oberbürgermeister

AUFGABE 2

Die Bedeutung des Besoldungsdienstalters (BDA) beschränkt sich auf das Besoldungsrecht. Es hat darüber hinaus keine weitere Funktion zu erfüllen. Dem BDA ist grundlegende Bedeutung für die Festsetzung des Grundgehaltes in den Besoldungsordnungen beizumessen. Für den Beamten ist die Besoldungsgruppe A – aufsteigende Gehälter – zugrunde zu legen.

Zur Festsetzung des Grundgehaltssatzes bedarf es sowohl der vorherigen Bestimmung der Besoldungsgruppe (§ 19 (1) BBesG) des maßgebenden Amtes (gem. Besoldungsordnung A = A 9) als auch der Festsetzung der Dienstaltersstufe (§ 27 (/1) BBesG). Das Grundgehalt steigt mit zunehmendem Alter im Zwei-Jahres-, Drei-Jahres- und Vier-Jahres-Rhythmus. Der Tag, von dem für das Aufsteigen in den Dienstaltersstufen auszugehen ist, bestimmt sich nach dem BDA.

Das BDA muss festgesetzt werden, wenn der Beamte erstmalig Dienstbezüge nach einer Besoldungsgruppe der Besoldungsordnung erhält. Das war bei Herrn Lehmann am 1. Oktober 2004 der Fall. Dieses festgesetzte BDA bleibt auch beim Aufsteigen in höhere Besoldungsgruppen bestehen; eine Neuberechnung findet nicht statt.

AUFGABE 3

Das Regelbesoldungsdienstalter beginnt am Ersten des Monats, in dem der Beamte das einundzwanzigste Lebensjahr vollendet hat, § 28 (1) BBesG.

Geburtsdatum:	17. Februar 1979
Vollendung 21. Lebensjahr:	16. Februar 2000
Regel-BDA:	01. Februar 2000

Anders wird verfahren bei Beamten, die das 31. oder, wenn das Eingangsamt den Besoldungsgruppen A 13 oder A 14 zugeordnet ist, das 35. Lebensjahr überschritten haben.

AUFGABE 4

Mit der Aushändigung der Ernennungsurkunde wird Herr Lehmann am 1. Oktober 2004 zum Stadtinspektor z.A. ernannt. Gemäß §§ 4 (4), 7 LVO handelt es sich um ein Beamtenverhältnis auf Probe. Der Beamte soll nach Ablauf der Probezeit zum Beamten auf Lebenszeit ernannt werden.

Hierzu gehört u.a., dass sich der Beamte als Laufbahnbewerber nach Ableistung des vorgeschriebenen Vorbereitungsdienstes und Ablegung der vorgeschriebenen Prüfung oder als anderer Bewerber in einer Probezeit hinsichtlich seiner Eignung, Befähigung und fachlichen Leistung bewährt hat.

Zurzeit befindet sich Herr Lehmann noch in der Probezeit, § 7 (1) LVO, in der er sich bewähren soll.

Als beamtenrechtliche Folge könnte eine Beendigung des Beamtenverhältnisses gegen den Willen des Beamten verfügt werden. Laut Sachverhalt wird ihm mangelnde Bewährung vorgeworfen. So wird er von den Vorgesetzten übereinstimmend schlecht beurteilt. Aufgrund dieser mangelhaften fachlichen Leistungen kann der Beamte entlassen werden, § 23 (3) Ziffer 2 BeamtStG. Die Entlassung wird von der Stelle verfügt, die für die Ernennung des Beamten zuständig wäre, also der Hauptverwaltungsbeamte, § 62 (3) Kommunalverfassung des Landes Brandenburg (BbgKVerf.).
Die Entlassung würde mit dem Ende des Monats wirksam, der auf den Monat folgt, in dem die Entlassungsverfügung dem Beamten zugestellt worden ist, § 34 (1) LBG. Zu beachten sind die Entlassungsfristen gemäß § 33 (2) LBG (hier: sechs Wochen zum Schluss eines Kalendervierteljahres).

Die normale Probezeit des Herrn Lehmann dauert nach § 8 (1) Nr. 3 LVO zwei Jahre und sechs Monate. Bei mangelnder Bewährung könnte sie auf höchstens vier Jahre und sechs Monate verlängert werden. Wenn er sich bis dahin immer noch nicht bewährt hat, müsste Herr Lehmann entweder entlassen werden oder bei Vorliegen der Voraussetzungen nach § 7 (8) LVO ein Amt der Besoldungsgruppe A 5 BBesG erhalten.

AUFGABE 5

Laut Sachverhalt fälschte Herr Lehmann den Beglaubigungsvermerk auf der Abschrift des Reifezeugnisses. Diese Urkundenfälschung gibt er im Gespräch im Personalamt zu. Seine Ernennung ist durch arglistige Täuschung herbeigeführt worden und muss gemäß § 12 (1) Ziffer 1 BeamtStG zurückgenommen werden.

Vom Personalamt ist zu beachten, dass die Rücknahme der Ernennung innerhalb einer Frist von sechs Monaten nach Erkennen des Rücknahmegrundes auszusprechen ist. Die Rücknahme wird vom Hauptverwaltungsbeamten erklärt, § 8 (1) LBG i. V. m. § 62 (1) und (3) KommRRefG, und hat die Wirkung, dass das Beamtenverhältnis von Anfang an nicht bestanden hat.

Die gezahlten Dienstbezüge können Herrn Lehmann belassen werden. Es handelt sich hier um Ermessen, von dem die Behörde Gebrauch machen muss. Amtshandlungen, die Herr Lehmann während seiner Tätigkeit bei der Stadt Brunswald vorgenommen hat, bleiben trotz Unwirksamkeit des Beamtenverhältnisses uneingeschränkt gültig, § 7 (3) LBG.

16 Beamter – Ernennung – Dienstherrenwechsel – Beförderung

AUFGABE 1

Gemäß § 8 (1) LVO beträgt die regelmäßige Probezeit in der Laufbahn des mittleren Dienstes zwei Jahre. Gemäß § 7 (6) kann die Probezeit um höchstens ein Drittel gekürzt werden, wenn sich der Beamte in der Probezeit besonders bewährt und er die Laufbahnprüfung besser als mit der Note „befriedigend“ bestanden hat.

Gemäß Sachverhalt hat Herr Voss die Laufbahnprüfung für den mittleren nicht technischen Dienst mit der Note „gut“ bestanden und es liegt eine besondere dienstliche Bewährung vor.

Die Probezeit von Herrn Voss kann somit um acht Monate (1/3 von 24 Monaten) gekürzt werden. Die Probezeit von einem Jahr und vier Monaten endete am 30. November 2007.

Seine Anstellung, die gemäß § 8 (1) Ziffer 1 BeamtStG einer Ernennung bedurfte, erfolgte daher am 1. Dezember 2007. Gemäß § 8 (2) Ziffer 2 BeamtStG muss in der Ernennungsurkunde die Amtsbezeichnung „Stadtassistent“ enthalten sein.

AUFGABE 2

Die beabsichtigte Einstellung bei der Stadt Brunswald stellt für Herrn Voss einen Dienstherrenwechsel dar. Dieser ist möglich

- im Wege der Versetzung gemäß § 30 (1) LBG:
  Der Beamte kann versetzt werden, wenn er es beantragt oder ein dienstliches Bedürfnis besteht. Voraussetzung hierfür ist, dass ihm ein anderes Amt einer Laufbahn, für die

er die Befähigung besitzt, übertragen werden soll. Der Beamte hat keinen Anspruch auf Versetzung; es handelt sich um eine Ermessensentscheidung.
Die Versetzung kann sowohl im Bereich desselben Dienstherrn als auch zu einem anderen Dienstherrn im Geltungsbereich des LBG oder auch über den Bereich des Landes hinaus zu einem anderen Dienstherrn erfolgen.
Aus dienstlichen Gründen kann ein Beamter ohne seine Zustimmung in ein Amt mit demselben Endgrundgehalt versetzt werden.
Bei einer Versetzung mit einem Dienstherrenwechsel wird das Beamtenverhältnis mit dem neuen Dienstherrn fortgesetzt, der an Stelle des alten tritt.
Es finden die im Einverständnis mit dem neuen Dienstherrn geltenden Vorschriften Anwendung. Die Versetzung wird vom bisherigen Dienstherrn im Einverständnis mit dem aufnehmenden Dienstherrn verfügt, wobei das Einverständnis des aufnehmenden Dienstherrn schriftlich zu erklären ist. In der Versetzungsverfügung ist dies zum Ausdruck zu bringen. Bei der Versetzung auf Antrag handelt es sich um einen begünstigenden Verwaltungsakt. Eine Begründung ist daher entbehrlich.
Es bedarf keiner neuen Ernennungsurkunde durch den neuen Dienstherrn. Ein Beamtenverhältnis wird nämlich nicht neu begründet, sondern das bisherige wird mit dem neuen Dienstherrn fortgesetzt. Der Beamte muss jedoch eine Einweisungsverfügung in die besetzbare Planstelle erhalten.

- im Wege der Entlassung gemäß § 33 (1) LBG:
  Der Beamte kann jederzeit seine Entlassung verlangen, die in der Regel für den beantragten Zeitpunkt auszusprechen ist. Dieses Recht entspricht Art. 12 (1) GG. Das Verlangen muss dem Dienstvorgesetzten schriftlich erklärt werden. Die Entlassung kann gemäß § 33 (1) LBG bis längstens drei Monate hinausgeschoben werden, wenn der Beamte seine Amtsgeschäfte noch nicht ordnungsgemäß erledigt hat. Wegen des Entlassungszeitpunktes kann es somit zu Differenzen kommen.
  Verfügt wird die Entlassung von der Stelle, die für die Ernennung zuständig ist, § 34 (1) LBG. Die Entlassung bedarf der Schriftform und der Zustellung. Eine Begründung ist entbehrlich. Die Entlassung auf Antrag des Beamten ist ein begünstigender Verwaltungsakt.
  Mit der Entlassung endet das Beamtenverhältnis mit dem bisherigen Dienstherrn.
  Um ein Dienstverhältnis mit dem neuen Dienstherrn zu begründen und damit den Dienstherrenwechsel zu vollziehen, bedarf es einer Ernennung und Aushändigung der Ernennungsurkunde (§ 8 (1) Nr. 1 BeamtStG). Die Ernennung würde grundsätzlich wirksam mit dem Tage der Aushändigung der Ernennungsurkunde, § 4 (4) LBG.
  Wegen der Zuständigkeit der Ernennung verweist § 4 (2) LBG auf das Kommunalrecht. Gemäß § 62 (1) i.V.m. (3) BbgKVerf. entscheidet der Oberbürgermeister. Die Hauptsatzung kann etwas anderes bestimmen.
  Soweit in der Hauptsatzung nichts anderes geregelt ist, bedarf die Ernennungsurkunde der Unterzeichnung durch den Oberbürgermeister, § 62 (4) BbgKVerf.
- im Wege der Entlassung gemäß § 22 (2) BeamtStG:
  Der Beamte ist kraft Gesetzes entlassen, wenn er in ein Beamtenverhältnis zu einem anderen Dienstherrn tritt. Die Entlassung führt zu einer Beendigung des Beamtenverhältnisses, § 34 (1) LBG. Auch in diesem Fall muss dem Beamten vom neuen Dienstherrn eine formgerechte Ernennungsurkunde gemäß § 8 (2) BeamtStG ausgehändigt werden.

AUFGABE 3

Gemäß § 11 (3) Ziffer 2 LVO darf der Beamte u. a. nicht vor Ablauf eines Jahres seit der Anstellung befördert werden. Herr Voss wurde am 1. Dezember 2007 angestellt, sodass er frühestens am 1. Dezember 2008 zum Stadtsekretär – A 6 BBesO – befördert werden kann. Nach § 11 (6) LVO zählen als Dienstzeiten die Zeiten ab der ersten Verleihung eines Amtes, also hier die Zeit ab Anstellung bei der Stadt Cottbus. Die Stadt Brunswald kann den Beamten nach seiner Versetzung zum Stadtsekretär befördern.

AUFGABE 4

Neben dem Verbot zu Aufgabe 3 gibt es noch folgende Beförderungsverbote und Wartezeiten:

- § 20 (4) LBG i. V. m. § 11 (2) LVO:
  Regelmäßig zu durchlaufende Beförderungsämter dürfen nicht übersprungen werden (Verbot der Sprungbeförderung).
- § 20 (3) i. V. m. § 11 (3) LVO:
  Eine Beförderung ist nicht zulässig
  - während der Probezeit,
  - vor Ablauf eines Jahres seit Beendigung der Probezeit,
  - vor Ablauf eines Jahres seit der letzten Beförderung, es sei denn, das bisherige Amt musste nicht regelmäßig durchlaufen werden.
- § 11 (4) LVO:
  Ein Amt in der Besoldungsgruppe A 13 darf Beamten in der Laufbahngruppe des gehobenen Dienstes erst verliehen werden, wenn sie eine Dienstzeit von acht Jahren abgeleistet haben.
- § 11 (5) LVO:
  Ein Amt in der Besoldungsgruppe A 16 oder ein Amt mit höherem Grundgehalt als dem Endgrundgehalt dieser Besoldungsgruppe darf Beamten erst verliehen werden, wenn sie eine Dienstzeit von sechs Jahren abgeleistet haben.

17 Nicht genehmigte Nebentätigkeit

AUFGABE 1

Die Ablehnung der Nebentätigkeit könnte einen Verwaltungsakt darstellen. Dann müsste es sich gemäß § 35 Satz 1 VwVfG um eine Maßnahme einer Behörde auf dem Gebiet des öffentlichen Rechts zur Regelung eines Einzelfalls mit unmittelbarer Außenwirkung handeln.

Eine Maßnahme ist jede zweckgerichtete Handlung mit Erklärungscharakter. Der Bescheid des Oberbürgermeisters an Bock besagt, dass eine Nebentätigkeit im Architekturbüro nicht genehmigt wird. Das ist eine zweckgerichtete Handlung und damit eine Maßnahme.

Der Oberbürgermeister ist auch eine Behörde im Sinne des § 1 (4) VwVfG.

Die Maßnahme müsste auf dem Gebiet des öffentlichen Rechts ergangen sein. Die Versagung der Nebentätigkeit stützt sich auf das Beamtenrecht, ein Gebiet des besonderen Verwaltungsrechts. Damit ist auch das Merkmal „auf dem Gebiet des öffentlichen Rechts“ gegeben.

Eine Regelung ist eine rechtsverbindliche Anordnung, die auf das Setzen einer Rechtsfolge gerichtet ist. Entscheidend ist, dass durch die Maßnahme Rechtswirkungen eintreten.

Die Behörde versagt die Genehmigung für die Nebentätigkeit des Beamten Bock und schränkt damit seine Betätigungsmöglichkeiten ein. Die Ablehnung stellt eine Regelung dar.

Sie betrifft einen Einzelfall, wenn ein bestimmter Sachverhalt, der sich auf den Antragsteller bezieht, behandelt wurde. Die Ablehnung betrifft den Beamten Bock, es liegt somit eine konkrete und individuelle Regelung vor.

Der Bescheid muss schließlich Außenwirkung entfalten. Im Beamtenverhältnis ist dies dann gegeben, wenn die Maßnahme ihrem objektiven Sinngehalt nach dazu bestimmt ist, Außenwirkungen hervorzubringen. Das ist dann anzunehmen, wenn der Beamte als Träger eigener Rechte und Pflichten betroffen ist. Dagegen handelt es sich um eine innerdienstliche Maßnahme ohne Außenwirkung, wenn der Beamte als Amtswalter, als Glied der Verwaltungsorganisation, angesprochen wird. Das Verbot der Nebentätigkeit richtet sich an Bock als selbstständige Rechtsperson und berührt seine Grundrechte. Die Versagung der Nebentätigkeit hat demnach Außenwirkung.

Die Voraussetzungen eines Verwaltungsaktes sind erfüllt. Andere Handlungsformen der Verwaltung kommen nicht in Betracht.

AUFGABE 2

Ein Widerspruch ist zulässig, wenn die formellen Voraussetzungen wie Verwaltungsrechtsweg, Statthaftigkeit, Form, Frist, richtige Einlegungsstelle und Widerspruchsbefugnis gegeben sind.

Der Verwaltungsrechtsweg ist nach § 172 BBG i. V. m. § 126 (1) BRRG eröffnet, denn es handelt sich bei der Frage der Nebentätigkeit um eine Streitigkeit aus dem Beamtenverhältnis.

Gemäß § 126 (3) BRRG i. V. m. § 172 BBG muss jeder Klage aus dem Beamtenverhältnis ein Vorverfahren vorausgehen. Der Widerspruch des Beamten Bock ist statthaft. Aus dem Sachverhalt ist ersichtlich, dass Form und Frist des Widerspruchs beachtet wurden. Der Widerspruch wurde bei der zuständigen Stelle eingelegt. Es bleibt zu prüfen, ob Bock die Widerspruchsbefugnis besitzt (§ 42 (2) VwGO analog). Bock muss geltend machen, durch den VA in seinen Rechten verletzt zu sein. Bock ist Empfänger eines ihn belastenden VA, demnach ist nach der Adressatentheorie eine Beeinträchtigung seiner Rechte möglich. Bock ist zum Widerspruch befugt.

Der Widerspruch ist zulässig.

AUFGABE 3
Widerspruchsbescheid

Briefkopf
Aktenzeichen

Cottbus, ...

Herrn
Heinz Bock
Spreeufer 10
Cottbus

Zustellung durch die Behörde
gegen Empfangsbekenntnis

Betr.: Ihr Antrag vom ... auf Genehmigung einer Nebentätigkeit
Bezug: Ihr Widerspruch vom ...

Sehr geehrter Herr Bock,
auf Ihren Widerspruch vom ... ergeht folgender Widerspruchsbescheid:
1. Ihr Widerspruch wird zurückgewiesen.
2. Die Entscheidung ergeht gebührenfrei.

Begründung:
1. Sie sind als Baurat für die Überprüfung von Baumaßnahmen zuständig, deren Tätigkeit sich über den Bereich der Stadt Cottbus erstreckt. Sie haben die Genehmigung für die Übernahme einer Nebenbeschäftigung beantragt und beabsichtigen, in Ihrer Freizeit die Mitglieder eines Architektenbüros gegen Entgelt zu beraten. Ihr Antrag wurde mit der Begründung abgelehnt, dass die geplante Nebentätigkeit Ihre Unparteilichkeit und Ihre Unbefangenheit beeinträchtigen könnte. Gegen die Versagung der Nebentätigkeit haben Sie Widerspruch eingelegt.
2. Ihr Widerspruch ist zulässig, er ist jedoch unbegründet. Ich habe zu Recht gemäß § 65 (2) Nr. 4 BBG die Nebentätigkeit bei einem privaten Architektenbüro nicht genehmigt. Die Beratung von Architekten gegen Entgelt lässt die Besorgnis zu, dass dadurch dienstliche Interessen wie Ihre Unparteilichkeit und Unbefangenheit beeinträchtigt werden. Sie haben die dienstliche Aufgabe, die Bauanträge zu prüfen und dabei im Interesse der Allgemeinheit im Rahmen der gesetzlichen Bestimmungen Baugesetze zu kontrollieren. Bei einer Nebentätigkeit im Architektenbüro sind Sie dagegen Sachwalter der Antragsteller. Auch unter Beachtung der gesetzlichen Bestimmungen ist dadurch ein Interessenwiderstreit unvermeidbar. Sie würden in Ihrem Hauptamt Meinungen vertreten, die Sie in Ihrer Nebentätigkeit ablehnen müssten. Damit wären Sie für Ihre Dienstaufgabe als Beamter im

Bauamt nicht mehr unbefangen und nicht mehr unparteiisch. Es kommt hinzu, dass Sie als Angehöriger des Bauamtes Zugang zu allen internen Verwaltungsanweisungen haben, wie etwa über den Umfang der Prüfungsaktivitäten. Es könnte leicht der Eindruck entstehen, dass Sie dieses interne Wissen bei Ihrer Beratungstätigkeit einsetzen und dass von einem Beamten beratene Bürger einen Fürsprecher in der Verwaltung gefunden haben. Auch dadurch würden dienstliche Interessen betroffen.
Durch die Versagung der Nebentätigkeit wird das Grundrecht der freien Entfaltung der Persönlichkeit (Art. 2 (1) GG) nicht verletzt, denn dieses Grundrecht findet seine Grenze in den hergebrachten Grundsätzen des Berufsbeamtentums (Art. 33 (5) GG). § 65 (2) Satz 1 BBG schränkt das Grundrecht des einzelnen Beamten aus Art. 2 (1) GG nicht weiter ein, als es die Rücksichtnahme auf dienstliche Interessen erfordert.

Rechtsmittelbelehrung

Grußformel

Unterschrift

18 Abmahnung – Kündigung

AUFGABE 1

Zwischen Herrn Münzer und der Stadt Brunswald ist ein Arbeitsvertrag als Unterart des Dienstvertrages nach § 611 ff. BGB zustande gekommen, wenn Antrag und Annahme (§ 145 ff. BGB) zum Abschluss eines Arbeitsvertrages vorliegen. Eine nähere Prüfung erübrigt sich, da zweifelsfrei ein Dienstverhältnis vorliegt.

Das Dienstverhältnis könnte gemäß § 620 ff. BGB durch Kündigung beendet werden. Die Kündigung ist eine einseitige, empfangsbedürftige Willenserklärung. Beim Ausspruch der Kündigung sind Fristen zu beachten. Die vorgenannten allgemeinen Rechtsgrundlagen nach BGB werden im vorliegenden Fall durch § 34 TVöD konkretisiert, dessen Anwendung sich aus dem Arbeitsvertrag ergibt.

Gemäß Sachverhalt könnte hier die außerordentliche Kündigung aus wichtigem Grund (§ 626 BGB) zum Tragen kommen. Danach könnte Herrn Münzer außerordentlich gekündigt werden, wenn Tatsachen vorliegen, aufgrund derer dem Kündigenden unter Berücksichtigung aller Umstände des Einzelfalles und unter Abwägung der Interessen beider Vertragsteile die Fortsetzung des Arbeitsverhältnisses bis zum Ablauf der Kündigungsfrist oder bis zu der vereinbarten Beendigung des Arbeitsverhältnisses nicht zugemutet werden kann.

Bevor der Sachverhalt zu prüfen ist, bedarf es der Feststellung, ob Kündigungsschutz eingreift. Gemäß § 34 (2) TVöD ist der Angestellte unkündbar nach einer Beschäftigungszeit von 15 Jahren, frühestens jedoch nach Vollendung des 40. Lebensjahres (gilt nur im Tarifgebiet West). Herr Münzer ist gemäß Sachverhalt 45 Jahre alt und seit 1988 bei der kreisfreien Stadt Brunswald als Verwaltungsangestellter beschäftigt. Danach ist

Herr Münzer unkündbar. Er kann jedoch aus in seiner Person oder in seinem Verhalten liegenden wichtigen Gründen fristlos gekündigt werden. Nun ist zu prüfen, ob die gegen Münzer erhobenen Vorwürfe wichtige Gründe im Sinne des § 626 BGB sind.

Gegenüber der ordentlichen Kündigung ist hier gefordert, dass die Kündigungsgründe ein gesteigertes Gewicht haben müssen. Nur eine Vertragspflichtverletzung „von einigem Gewicht" kann „an sich geeignet" sein, einen wichtigen Grund zur außerordentlichen Kündigung zu bilden.

Dem Sachverhalt ist zu entnehmen, dass es sich nicht um eine innerdienstliche Pflichtverletzung handelt, sondern um eine außerdienstliche Pflichtverletzung. In der Beleidigung des Polizeibeamten ist zweifelsfrei ein Straftatbestand gegeben. Rechtswidrig ist auch die Besetzung eines Wohnhauses, wobei die Polizeibeamten Herrn Münzer hinaustragen. In der Anhörung erklärt Herr Münzer, dass er als Privatmann teilgenommen habe und sein Verhalten durch die Grundrechte der Meinungs- und Versammlungsfreiheit gedeckt sei.

Zu klären ist, ob nach dem Grundsatz der Verhältnismäßigkeit eine außerordentliche Kündigung berechtigt ist. Sie kommt nur als letzte Maßnahme in Betracht (ultima ratio). Zugunsten des Angestellten ist die bisherige unbelastete Beschäftigungszeit zu werten. Eine Wiederholung ist nicht zu erwarten. Durch das Verhalten des Angestellten liegen zweifelsfrei Betriebsstörungen vor, da der Leiter der Polizeibehörde sich bei dem Oberbürgermeister beschwert.

Unter Abwägung der Interessen beider Parteien, insbesondere im Hinblick auf die langjährige ungestörte Zugehörigkeit, könnte eine Kündigungsschutzklage des Herrn Münzer erfolgreich sein.

AUFGABE 2

a) **Begriff der Abmahnung:**
Unter einer Abmahnung versteht man arbeitsrechtlich die – schriftlich oder mündlich erfolgte – Rüge eines vom Arbeitgeber genau zu bezeichnenden Fehlverhaltens des Arbeitnehmers, welche mit der Androhung arbeitsrechtlicher Schritte für den Wiederholungsfall verbunden wird. Diese Warnfunktion wird auch dadurch deutlich, dass die Abmahnung der Vorbereitung einer Kündigung dient, indem darauf hingewiesen wird, dass der Bestand oder der Inhalt des Arbeitsverhältnisses bei künftigen gleichartigen Verletzungen gefährdet ist. Die Abmahnung ist daher als mildere Sanktion gegenüber der Kündigung anzusehen (Sanktionsfunktion). Danach versteht man also unter Abmahnung nicht nur eine bloße kritische Äußerung oder Missbilligung des Vorgesetzten, damit auch nicht Zurechtweisungen, Beanstandungen, Verweise und Ermahnungen.

Bevor einem Angestellten wegen seines Fehlverhaltens gekündigt wird, sollten der Kündigung eine oder mehrere vergebliche Abmahnungen vorhergehen. Bei einer Vielzahl verhaltensbedingter Kündigungsgründe sieht die Rechtsprechung eine vorangegangene, berechtigte und vergeblich gebliebene und außerdem auch „einschlägige" Abmahnung als Voraussetzung für die spätere Kündigung an. Aus dem Grundsatz der Verhältnismäßigkeit ist herzuleiten, dass die arbeitsrechtlichen Maßnahmen des Arbeitgebers in einem abgestuften Verhältnis zueinander stehen und dieser von mehreren Mitteln stets das am wenigsten schwerwiegende zu wählen hat, allerdings nur dann, wenn schon das weniger schwerwiegende Mittel Erfolg verspricht.

b) **Inhalt einer Abmahnung:**
Die Abmahnung muss eine rechtliche Würdigung des arbeitsrechtlichen Fehlverhaltens enthalten. Es muss eindeutig darauf hingewiesen werden, dass Verstöße gegen arbeitsrechtliche Pflichten vorliegen. Das Fehlverhalten des Arbeitnehmers ist genau zu beschreiben. Bezogen auf den Sachverhalt heißt das, dass das außerdienstliche Verhalten anlässlich der Wohnungsbesetzung und -räumung beschrieben wird. Herr Münzer muss genau erkennen können, was ihm vorgeworfen wird.

Der Arbeitnehmer muss darauf hingewiesen werden, dass er bei erneuter Vertragsverletzung mit einer Kündigung rechnen muss, dass also arbeitsrechtliche Konsequenzen folgen würden. Hierbei sollte die Schriftform gewählt werden, da es bei einer mündlichen Abmahnung schwer ist, den Inhalt nachzuweisen.

Eine Abmahnung kann auch dann unwirksam sein, wenn einzelne oder mehrere Vorwürfe nicht ausreichend begründet sind oder sich tatsächlich anders abgespielt haben.

c) **Gegenstand der Abmahnung:**
Grundsätzlich gilt, dass vor jeder verhaltensbedingten Kündigung eine Abmahnung erforderlich ist. Bei folgenden Störungen ist das Abmahnungserfordernis zu prüfen:

- Störungen im Leistungsbereich,
- übermäßiger Alkoholgenuss,
- Störungen der betrieblichen Ordnung,
- Verstöße im Vertrauensbereich und Störung des Betriebsablaufs oder Störung des Betriebsfriedens.

Zweifelsfrei hat Herr Münzer die Räumung behindert und die Polizeibeamten beleidigt. Das Verhalten des Angestellten wurde eindeutig gemäß Sachverhalt missbilligt.

d) **Ergebnis:**
Aufgrund der vorstehenden Ausführungen ist eindeutig eine Abmahnung erforderlich. Das Verhalten des Herrn Münzer ist auch schuldhaft. Der Angestellte hat sein Fehlverhalten „zu vertreten". Nach dem Sachverhalt ist er zu den Vorwürfen gehört worden.

AUFGABE 3

Abmahnung

Sehr geehrter Herr Münzer,

hiermit mahne ich Sie wegen Pflichtverletzungen ab.

Begründung:

Ihr außerdienstliches Verhalten anlässlich der Räumung der besetzten Wohnung missbillige ich auf das Schärfste. Durch Ihre Unterstützung der Wohnraumbesetzung und die Beleidigung der Polizeibeamten haben Sie den Betriebsablauf der Räumung behindert und insoweit in grober Weise gegen Ihre Pflichten verstoßen. Anlässlich der Anhörung haben Sie sich auf die Grundrechte der Artikel 5 und 8 GG berufen. Dies geschah zu Unrecht.

Sie haben sich verpflichtet, Ihre Aufgaben unparteiisch und gerecht zu erfüllen. Grundsätzlich wird auch dem Angestellten des öffentlichen Dienstes die Freiheit der politischen Gesinnung und Betätigung eingeräumt. Er hat das Recht, in einer demokratischen Partei Mitglied zu sein, seine politische Meinung frei zu äußern und für seine Partei außerhalb des Dienstes tätig zu sein. Die Betätigung von Angehörigen des öffentlichen Dienstes in politischen Parteien stellt grundsätzlich einen wichtigen Beitrag zur Gestaltung des politischen Lebens dar. Dieses Recht unterliegt im außerdienstlichen Bereich – abgesehen von der Pflicht zur Verfassungstreue und der sich aus der Natur des Beschäftigungsverhältnisses im öffentlichen Dienst ergebenden Verpflichtung zur Mäßigung – keiner Einschränkung. Es findet jedoch in dem Bereich seine Grenzen, in dem der Angestellte durch seine politische Betätigung das Ansehen seines Arbeitgebers schädigt.

Sie haben bei Ihrer Betätigung die durch Artikel 5 (2) GG gezogenen Grenzen nicht beachtet. Sie haben grundsätzlich Demonstrationsfreiheit, hiervon ungedeckt sind jedoch unfriedliche Versammlungen und solche, bei denen Straftaten begangen werden. Bei der Hausbesetzung handelte es sich um eine unfriedliche Versammlung, darüber hinaus haben sie die Polizeibeamten beleidigt. Dies ist durch Artikel 8 (1) GG nicht gedeckt. Eine Berechtigung zu Widerstand und Beleidigung bestand nicht. Die vorgesehene Anhörung wurde ordnungsgemäß durchgeführt. Das Verfahren nach dem Personalvertretungsgesetz ist erfolgt. Der Personalrat hat der Abmahnung zugestimmt.

Vor der Entscheidung wurden auch persönlichen Gesichtspunkte, insbesondere die Dauer der Dienstzeit, die ungestört verlief, berücksichtigt. Zu Ihren Gunsten wird daher auf die sofortige Kündigung verzichtet. Wegen der Schwere der Vertragsverletzung ist jedoch eine Abmahnung erforderlich.

Eine weitere Zuwiderhandlung gegen Ihre arbeitsrechtlichen Pflichten kann möglicherweise die außerordentliche Kündigung zur Folge haben.

19 Verfahrens- und Formvorschriften – TVöD

AUFGABE 1

Anmerkung: Die Aufgabe wird exemplarisch unter Zugrundelegung der Kommunalverfassung des Landes Brandenburg gelöst: Nach § 62 (1) BbgKVerf trifft der Hauptverwaltungsbeamte die beamten-, arbeits- und tarifrechtlichen Entscheidungen. Anderslautende Regelungen können gemäß Absatz 3 durch die Hauptsatzung geregelt werden. Der Sachverhalt trifft hierzu keine Aussage, sodass der Oberbürgermeister für die Einstellung von Frau Reich zuständig ist.

Nach Absatz 4 unterschreibt der Hauptverwaltungsbeamte die Arbeitsverträge. Die Hauptsatzung kann Abweichungen bestimmen. Dem Sachverhalt ist eine anderslautende Regelung durch die Hauptsatzung nicht zu entnehmen. Demzufolge ist für den Arbeitgeber die Unterschrift des Oberbürgermeisters der Stadt Brunswald erforderlich.

Der Personalrat der Stadt Brunswald hat gemäß § 63 (1) LpersVG der Einstellung, der Befristung und der Eingruppierung im Rahmen des Mitbestimmungsverfahrens zuzustimmen.

AUFGABE 2

Die Rechtsbeziehungen zwischen dem Arbeitnehmer und Arbeitgeber sind grundsätzlich nach den Vereinbarungen zu beurteilen, die im Arbeitsvertrag getroffen sind. Darüber hinaus ist jedoch zu prüfen, welchen Einfluss der Tarifvertrag auf das Einzelarbeitsverhältnis hat.

Gemäß § 4 (1) TVG gelten die Rechtsnormen des Tarifvertrages, die den Inhalt, den Abschluss oder die Beendigung von Arbeitsverhältnissen ordnen, unmittelbar und zwingend zwischen den beiderseits Tarifgebundenen, die unter den Geltungsbereich des Tarifvertrages fallen.

Die Normenwirkung des § 4 (1) Satz 1 TVG umfasst zwei begrifflich zu unterscheidende Teilwirkungen, nämlich die Unabdingbarkeit und die Unmittelbarkeit. Unabdingbarkeit bedeutet, dass im Einzelarbeitsvertrag nicht von der Tarifnorm abgewichen werden darf. Nach dem Günstigkeitsprinzip (§ 4 (3) TVG) ist es allerdings zulässig, Vereinbarungen zu treffen, die für den Arbeitnehmer günstiger als die Tarifnormen sind. Arbeitsvertragliche Abreden, die ungünstiger als die tariflichen Normen sind, sind nichtig. Die Unmittelbarkeit bedeutet demgegenüber, dass die Tarifvereinbarungen wie gesetzliche Vorschriften unmittelbar auf das Einzelarbeitsverhältnis einwirken und entgegenstehende arbeitsvertragliche Abreden verdrängen. Wenn also eine Einzelabrede nach dem Grundsatz der Unabdingbarkeit nichtig ist, tritt an deren Stelle die Tarifnorm.

Von dieser Normenwirkung werden jedoch nicht alle Arbeitsverhältnisse erfasst. Voraussetzung ist vielmehr, dass Arbeitgeber und Arbeitnehmer der Tarifbindung unterliegen, § 4 (1) TVG. Die Tarifbindung ergibt sich aus § 3 TVG. Tarifgebunden sind danach nur Arbeitnehmer und Arbeitgeber, die der jeweiligen Tarifvertragspartei (Berufsverband) angehören, die den Tarifvertrag abgeschlossen haben. Grundsätzlich müssen beide Parteien des Einzelarbeitsverhältnisses tarifgebunden sein. Lediglich bei den sog. Solidarnormen (§ 3 (2) TVG), um die es sich im vorliegenden Sachverhalt aber nicht handelt, genügt die Tarifbindung des Arbeitgebers.

Aufgrund des § 3 TVG ist nunmehr zu prüfen, wer Tarifvertragspartei ist. Gemäß § 2 (1) TVG sind Tarifvertragsparteien Gewerkschaften, Einzelarbeitgeber sowie Vereinigungen von Arbeitgebern.

Die kommunalen Arbeitgeberverbände (z. B. KAV Brandenburg) sind in der Vereinigung der kommunalen Arbeitgeberverbände (VKA) zusammengeschlossen. Die VKA ist Tarifvertragspartei gemäß § 2 (2) TVG und war am Abschluss des TVöD beteiligt. Auf der Arbeitnehmerseite waren beteiligt:

- ver.di – Vereinigte Dienstleistungsgewerkschaft
- Gewerkschaft der Polizei
- Industriegewerkschaft Bauen – Agrar – Umwelt
- Gewerkschaft Erziehung und Wissenschaften

Ein gleichlautender Tarifvertrag wurde mit der dbb-Tarifunion abgeschlossen. Dieser gehören ca. 50 Einzelgewerkschaften an.

Gemäß Sachverhalt ist erkennbar, dass die Stadt Brunswald dem KAV angehört. Dies reicht aber nicht aus. Auch Frau Reich muss einer Tarifvertragspartei, die den TVöD geschlossen hat, angehören. Danach besteht keine Tarifbindung gemäß § 4 (1) TVG.

Nicht tarifgebundene Arbeitgeber und Arbeitnehmer werden der Normenwirkung unterworfen, wenn der Tarifvertrag durch den Arbeitsminister für allgemein verbindlich erklärt worden ist, § 5 TVG. Der TVöD ist nicht für allgemein verbindlich erklärt.

Der TVG verbietet es nicht, dass Tarifverträge zum Inhalt eines Arbeitsverhältnisses werden. Damit sind die Arbeitsvertragsparteien rechtlich nicht gehindert, die Anwendung des Tarifvertrages im Arbeitsvertrag zu vereinbaren. Diese sog. Unterwerfungsklausel ist im öffentlichen Dienst üblich und zwar auch bei den Arbeitnehmern, die gewerkschaftlich organisiert sind. Für die organisierten Arbeitnehmer hat die Unterwerfungsklausel aber keine rechtliche Bedeutung.

Durch den Bearbeitungshinweis ist ersichtlich, dass die Stadt Brunswald im Arbeitsvertrag den TVöD für anwendbar erklärt. Damit erfolgt die Falllösung nicht aufgrund allgemeiner Regelungen, sondern aufgrund des TVöD.

Der TVöD gilt für die Arbeitnehmerinnen und Arbeitnehmer, die in einem Arbeitsverhältnis zum Bund oder zu einem Arbeitgeber stehen, der Mitglied eines Mitgliedverbandes der Vereinigung der Kommunalen Arbeitgeberverbände ist (Beschäftigte). Der § 1 TVöD definiert den Geltungsbereich sowohl positiv (Absatz 1), als auch negativ (Absatz 2), indem er die Ausnahmen vom Geltungsbereich im Einzelnen benennt. Hinsichtlich des Geltungsbereiches des TVöD (2-Säulen-Tarifvertrag) ist im Einzelnen nach dem zeitlichen, räumlichen, betrieblichen und persönlichen Geltungsbereich zu unterscheiden:

Zeitlicher Geltungsbereich
Der TVöD ist gemäß § 39 (1) am 1. Oktober 2005 in Kraft getreten. Mit diesem Tag hat sein zeitlicher Geltungsbereich begonnen. Er endet mit dem Außerkrafttreten aufgrund einer Kündigung nach § 39 (2) TVöD. Er erfasst die während der Laufzeit des Vertrages bestehenden und neu begründeten Arbeitsverhältnisse bei einem tarifgebundenen Arbeitgeber.
Gemäß § 4 (5) TVG gelten nach Ablauf des TVöD seine Rechtsnormen weiter, bis sie durch eine andere Abmachung ersetzt werden (Nachwirkung der Tarifnorm). Die Nachwirkung verhindert, dass die bis dahin geregelten Arbeitsverhältnisse zu nur lückenhaft geregelten Arbeitsverhältnissen werden. Die nachwirkenden Tarifvertragsnormen gelten für Arbeitsverhältnisse, die in der Laufzeit des Tarifvertrages bestanden haben und ihm unterlagen. Das Arbeitsverhältnis, das erst im Nachwirkungszeitraum begründet wird, unterliegt dem nachwirkenden Tarifvertrag nicht. Gemäß Sachverhalt fällt das Arbeitsverhältnis mit Frau Reich in den zeitlichen Geltungsbereich.

Räumlicher Geltungsbereich
Der räumliche Geltungsbereich umfasst das gesamte Bundesgebiet. Bedeutungslos ist, wenn die Beschäftigungsstelle eines unter § 1 TVöD fallenden Arbeitgebers außerhalb des Gebietes liegt, z. B. Filialgeschäftsstelle eines Bundesverbandes in Brüssel. Der einheitlich im Bundesgebiet geltende TVöD unterscheidet bei den Tarifvorschriften im Wesentlichen auch nicht mehr, wie frühere Tarifverträge des öffentlichen Dienstes zwischen dem Tarifgebiet West und dem Tarifgebiet Ost. Nur für einige wenige Regelungstatbestände (z. B. Regelung zu befristeten Arbeitsverträgen bzw. Entgelttabellen) ist die Unterscheidung zwischen den Tarifgebieten noch relevant.

Die kreisfreie Stadt Brunswald fällt unter den räumlichen Geltungsbereich.

Betrieblicher Geltungsbereich
Der betriebliche Geltungsbereich erstreckt sich auf alle Behörden, Dienststellen sowie auf Einrichtungen und Betriebe, sofern die Beschäftigten nicht zu einer gemäß § 1 (2) TVöD vom Geltungsbereich des TVöD ausgenommenen Personengruppe gehören.

Die kreisfreie Stadt Brunswald gehört dem kommunalen Bereich an und fällt somit unter den betrieblichen Geltungsbereich.

Persönlicher Geltungsbereich

Der TVöD gilt für Beschäftigte eines Arbeitgebers, d.h. für Arbeitnehmer, die nicht selbstständig sind, sondern bei denen die Verpflichtung zur Arbeitsleistung im Rahmen eines bestehenden Abhängigkeitsverhältnisses erfolgt. Ein solches Abhängigkeitsverhältnis besteht, wenn die Arbeitsleistung vom Arbeitgeber nach Art, Ort und Zeit bestimmt wird. Keine Beschäftigten im Sinne des TVöD sind Beamte, da deren Diensttätigkeit nicht auf einem privat-rechtlichen, sondern auf einem öffentlich-rechtlichen Rechtsverhältnis beruht. Weiterhin sind jedoch in bestimmten Fällen noch die Begriffsbestimmungen zu Angestellten und Arbeitern wichtig, § 38 (5) TVöD. Dies gilt insbesondere für die Überleitung und die Anwendung von Sonderregelungen bezogen auf die Statusgruppen. Die Tarifpartner haben für den Bereich des TVöD die Zuordnung zur Gruppe der Arbeiter bzw. Angestellten davon abhängig gemacht, ob die Tätigkeit des jeweiligen Beschäftigten vor dem 01.01.2005 der Rentenversicherung der Arbeiter bzw. Angestellten unterlegen hätte.

Das vorliegende Arbeitsverhältnis beinhaltet Tätigkeiten aus dem Angestelltenbereich. Frau Reich ist somit Beschäftigte im Sinne des § 1 TVöD.

AUFGABE 3

Zwischen Frau Reich und der Stadt Brunswald ist ein Arbeitsvertrag als Unterart des Dienstvertrages nach §§ 611 ff. BGB zustande gekommen, wenn Antrag und Annahme (§§ 145 ff. BGB) zum Abschluss eines Arbeitsvertrages vorliegen. Durch Tarifvertrag können Schriftform und Unterschriftsform vorgesehen sein. Arbeitsvertragsgrundlage sollen die Regelungen des Tarifvertrages TVöD sein. Nach den Bestimmungen des § 2 (1) TVöD „wird" der Arbeitsvertrag schriftlich abgeschlossen. Die Schriftform kann somit von beiden Vertragsparteien (auch später noch) verlangt werden. Indes ist auch ein nicht schriftlich abgeschlossener Arbeitsvertrag wirksam. Das heißt, die Schriftformerfordernis des § 2 (1) TVöD hat keine rechtsbegründende (konstitutive), sondern nur rechtsfeststellende (deklaratorische) Wirkung.

Der Arbeitsvertrag wird schriftlich geschlossen und der Angestellten eine Ausfertigung ausgehändigt (§ 2 (1) TVöD).

AUFGABE 4

Frau Reich hätte für das Urlaubsjahr 2009, das dem Kalenderjahr entspricht, 26 Arbeitstage Urlaub bei der vereinbarten 5-Tage-Woche zu beanspruchen, § 26 (1) TVöD. Da ihr Arbeitsverhältnis am 1. Juli 2009 beginnt, steht ihr für jeden vollen Monat der Beschäftigung ein Zwölftel zu, § 26 (2) Ziff. b). Frau Reich hat 13 Arbeitstage Erholungsurlaub zu beanspruchen, da sie sechs volle Monate beschäftigt ist.

AUFGABE 5

Die Urlaubsabgeltung ist in § 7 (4) BurlG geregelt, das insoweit nach § 26 (2) TVöD anzuwenden ist. Danach kommt eine Urlaubsabgeltung nur in Betracht, wenn Frau Reich das Arbeitsverhältnis beenden würde und der Urlaubsanspruch nicht mehr erfüllt werden könnte. Bei Begründung des Arbeitsverhältnisses kann der Urlaubsanspruch nicht abgegolten werden.

AUFGABE 6

Der Personalrat hat bei Abmahnungen lediglich ein Mitwirkungsrecht, § 68 (1) PersVG.

Das Mitwirkungsverfahren des Personalrates ist in § 67 (1) PersVG geregelt. Nach § 67 (1) Satz 1 ist die beabsichtigte Maßnahme, hier die Abmahnung, mit dem Ziel einer Verständigung rechtzeitig und umfassend mit dem Personalrat zu erörtern. Der Personalrat kann sich innerhalb von zehn Arbeitstagen äußern; anderenfalls gilt die Maßnahme als gebilligt, § 67 (1) Satz 2 PersVG. Erhebt der Personalrat Einwendungen, so hat er dem Leiter der Dienststelle die Gründe mitzuteilen, § 67 (1) Satz 3 PersVG.

Entspricht die Dienststelle den Einwendungen des Personalrates nicht oder nicht im vollen Umfang, so teilt sie dieses unter Angabe der Gründe mit, § 67 (2) PersVG. Der Personalrat kann also durch Einwendungen die beabsichtigte Abmahnung nicht verhindern.

Die kreisfreie Stadt Brunswald, deren Behörde der hauptamtliche Oberbürgermeister ist, ist im Sinne des Personalvertretungsgesetztes eine einheitliche Dienststelle, §§ 6 und 1 PersVG. Die Dienststelle wird entweder unmittelbar durch den hauptamtlichen Oberbürgermeister oder dessen Vertreter vertreten, § 7 (1) Satz 1 PersVG. Weitere Vertretungsmöglichkeiten enthält § 7 (1) Satz 2 PersVG. Die hiernach vertretungsberechtigten Beschäftigten sind von der Dienststelle, also dem hauptamtlichen Oberbürgermeister, zu bestimmen, § 7 (3) PersVG. Diese Bestimmung ist dem Personalrat mitzuteilen.

20 Änderungskündigung

AUFGABE

Frau Schnabel muss in die Telefonzentrale wechseln, wenn sie der Arbeitgeber hierzu einseitig anweisen darf. Es handelt sich hier jedoch nicht um die Ausübung des Direktionsrechts, da die Stadt Brunswald Frau Schnabel grundsätzlich nur mit Aufgaben der bisherigen Vergütungsgruppe VIb betrauen darf. Gemäß Sachverhalt will die Stadt Frau Schnabel eine geringerwertige Tätigkeit übertragen. Dazu ist eine „Änderungskündigung" erforderlich. Die Änderungskündigung ist rechtlich eine Kündigung mit dem Angebot, den Arbeitsvertrag mit veränderten Inhalt zu erneuern.

Die Änderungskündigung bedarf der Schriftform (§ 623 BGB) und muss, wie eine Kündigung, hinreichend bestimmt sein und zugehen. Es muss ein Kündigungsgrund (Gründe in der Person oder im Verhalten, dringende betriebliche Erfordernisse) vorhanden sein (§ 1 (2) KSchG). Die Kündigungsfrist ist einzuhalten und die Änderungskündigung unterliegt allen sonstigen Verboten und Hinderungsgründen wie z.B. nach § 9 Mutterschutzgesetz sowie allen tariflichen Vorgaben.

Frau Schnabel hat zwei Möglichkeiten:

a) Sie kann die Änderung, also die Veränderung der Entgeltgruppe hinnehmen. Dann liegt eine einverständliche Änderung des Inhaltes des Arbeitsvertrages vor.

b) Frau Schnabel kann im Vertrauen auf die Sozialwidrigkeit der Kündigung das Änderungsangebot ablehnen und innerhalb von drei Wochen die Kündigungsschutzklage erheben. Wie in diesem Fall die Wirksamkeit der Kündigung beurteilt wird, ist ungewiss. Frau Schnabel hätte ihr „Maximalziel" erreicht, wenn das Arbeitsgericht zum Ergebnis kommt, dass die Kündigung sozial ungerechtfertigt ist. Wird die Zumutbarkeit des Änderungsangebotes gegenüber Frau Schnabel hingegen bejaht, ist die Klage unbegründet. Frau Schnabel riskiert mithin ihren Arbeitsplatz.

   Sie kann auch das Angebot, in der Telefonzentrale tätig zu sein, nach Abschluss des Kündigungsschutzprozesses nicht mehr annehmen, weil dieses Angebot befristet ist.

Dem Interesse von Frau Schnabel würde es am ehesten entsprechen, wenn sie das Angebot der Stadt Brunswald unter der Bedingung annehmen könnte, dass sie die Kündigungsschutzklage verliert. Eine Möglichkeit eröffnet hier § 2 KSchG. Danach kann der Arbeitnehmer das Angebot unter dem Vorbehalt annehmen, dass die Änderung der Arbeitsbedingungen nicht sozial ungerechtfertigt ist, § 1 (2), (3). Diesen Vorbehalt muss der Arbeitnehmer dem Arbeitgeber innerhalb der Kündigungsfrist, spätestens jedoch innerhalb von drei Wochen nach Zugang der Kündigung erklären.

Hiernach könnte Frau Schnabel das Angebot unter dem Vorbehalt annehmen, dass die Änderung der Arbeitsbedingungen nicht sozial ungerechtfertigt ist (d.h., dass die Kündigung sich als wirksam erweist).

Deshalb ist Frau Schnabel zu raten,

a) das Angebot der Stadt Brunswald gemäß § 2 Kündigungsschutzgesetz unter Vorbehalt anzunehmen und

b) Kündigungsschutzklage zu erheben.

Gewinnt Frau Schnabel die Kündigungsschutzklage, bleibt das alte Arbeitsverhältnis bestehen. Verliert sie, fällt der Vorbehalt weg und es besteht zwischen der Stadt Brunswald und ihr ein abgeändertes Arbeitsverhältnis. Danach müsste Frau Schnabel zukünftig in der Telefonzentrale arbeiten.

21 Einstellungsformalitäten

AUFGABE 1

An den Personalrat
z. H. der Personalratsvorsitzenden

Frau Groß

Sehr geehrte	Frau Groß
wir beabsichtigen folgende(n) Mitarbeiter	Herrn Heinz Müller
Anschrift	Berliner Straße, Finsterwalde
Geburtsdatum	1. Januar 1974
Geburtsort	Finsterwalde
Familienstand	verheiratet
Unterhaltsberechtigte Kinder	2
als	Verwaltungsangestellten
Arbeitsort	Brunswald
mit	[x] Vollzeit [ ] Teilzeit mit ___ Stunden wöchentlich
	[x] unbefristet [ ] befristet bis ___ gg. Grund der Befristung
vorgesehene Eingruppierung in Entgeltgruppe	8
schwerbehindert	[x] ja — Grad der Behinderung 80 v. H.
Auswirkungen	keine
mit Wirkung vom	01. April 2009 einzustellen.

Ich beantrage Ihre Zustimmung und bitte darum, mir den Beschluss des Personalrates zur beabsichtigten Einstellung schriftlich mitzuteilen.
Für eine Erörterung schlage ich den folgenden Ort/Zeitpunkt vor: 16. März 2009 Sitzungszimmer 2

Schöneburg, 10. März 2009
Ort, Datum

Dienststellenleiter

Anlagen [x] Bewerbungsschreiben
[x] Personalbogen

Empfangsbestätigung

Der Personalrat bestätigt hiermit den Empfang der schriftlichen Mitteilung über die beabsichtigte Einstellung des Herrn Heinz Müller als Angestellte(n).

Brunswald, 16. März 2009
Ort, Datum

Personalratvorsitzende

AUFGABE 2

Für die Festsetzung und Anweisung der Vergütung werden benötigt:

- Versicherungsnummer der gesetzlichen Rentenversicherung
- Familienstammbuch
- Lohnsteuerkarte
- Krankenversicherungsnachweis
- Bankverbindung
- eventuell Vertrag über vermögenswirksame Leistungen
- Nachweise über Beschäftigungszeiten
- eventuell Nachweis über Unterhaltszahlungen

AUFGABE 3

- Verpflichtungserklärung zum Datenschutzgesetz
- Belehrung über die Dienstpflichten für Angestellte (§§ 3, 41 TVöD)

AUFGABE 4

Weitere Unterlagen, die anzufordern sind:

- evtl. Gesundheitszeugnis (§ 3 (4) TVöD)
- Führungszeugnis (Auszug aus dem Bundeszentralregister)

AUFGABE 5

Folgende Erklärungen sind von dem Bewerber abzugeben:

- evtl. Erklärung über das Bekenntnis zur freiheitlich-demokratischen Grundordnung (§ 41 TVöD)
- Einverständniserklärung des gesetzlichen Vertreters bei Minderjährigen (§ 113 BGB)

AUFGABE 6

Folgende weitere Unterlagen sind anzufordern:

Personalfragebogen mit Passbild, eventuell Sterbeurkunde des Ehegatten, eventuell Ehescheidungsurteil (ohne Begründung), Urkunde, falls die Ehe aufgehoben und für nichtig erklärt wurde, Staatsangehörigkeitsnachweis, beglaubigte Abschriften oder Ablichtungen der Schulabgangszeugnisse, Prüfungszeugnisse, Zeugnisse über Berufsausbildung und Berufstätigkeit, Antrag auf Zahlung von Kindergeld, Nachweis über Beginn und Dauer der Schul- oder Berufsausbildung für Kinder über 18 Jahre, beglaubigte Abschrift oder Ablichtung des Schwerbehindertenausweises.

AUFGABE 7

- Personalakte anlegen
- Hilfsmittel zur Personalführung anlegen: Personalkartei, Urlaubskartei, Krankenkartei, Liste zur Überwachung der Jubiläen
- Festsetzung des Entgelts
- Berechnung der Beschäftigungszeit
- Meldung an die Krankenkasse
- Meldung an die Zusatzversorgungskasse
- Meldung von Schwerbehinderten
- Meldung Telefonverzeichnis
- Meldung für den Geschäftsverteilungsplan

22 Fristlose Kündigung

AUFGABE 1

Die Kündigungserklärung ist eine einseitige, empfangsbedürftige Willenserklärung, mit welcher der Wille des Kündigenden zur Beendigung des Arbeitsverhältnisses zu einem bestimmten Zeitpunkt zum Ausdruck gebracht wird. Es muss also eine Kündigungserklärung vorliegen. Sie ist ein einseitiges Rechtsgeschäft, für das die Voraussetzungen gegeben sein müssen (z.B. Geschäftsfähigkeit, Vertretungsmacht). Die Stadt Brunswald möchte fristlos kündigen. Eine fristlose Kündigung liegt begrifflich vor, wenn sich der Kündigende auf einen wichtigen Grund zur vorzeitigen Auflösung des Arbeitsverhältnisses beruft.
Nach § 623 BGB bedarf eine Kündigung zu ihrer Wirksamkeit der schriftlichen Form. Kündigt der Arbeitgeber, wird er den Kündigungsgrund angeben.

AUFGABE 2

Gemäß § 1 (2) BbgKVerf. ist die Stadt Brunswald Gebietskörperschaft und damit rechtsfähig. Sie ist damit Arbeitgeberin von Herrn Kleinschmidt. Als rechtlicher Vertreter der kreisfreien Stadt handelt der Oberbürgermeister, § 53 (1) und (4) BbgKVerf. Für die rechtsgeschäftliche Willenserklärung der fristlosen Kündigung ist der hauptamtliche Oberbürgermeister, der über die Entlassung von Beschäftigten entscheidet, zuständig, § 62 (3). Die Hauptsatzung kann eine andere Regelung treffen.

Gemäß § 62 (4) BbgKVerf. sind Arbeitsverträge und sonstige schriftliche Erklärungen zur Regelung der Rechtsverhältnisse von Angestellten und Arbeitern durch den Hauptverwaltungsbeamten (hier: der hauptamtlichen Oberbürgermeister) zu unterzeichnen. Die Hauptsatzung kann eine andere Regelung treffen. Der Oberbürgermeister unterschreibt somit die Kündigung.

AUFGABE 3

Herr Kleinschmidt könnte gegen die fristlose Kündigung Kündigungsschutzklage beim Arbeitsgericht erheben, gemäß § 13 (1) Satz 2 Kündigungsschutzgesetz (KSchG) innerhalb der Frist des § 4 Satz 1 KSchG (drei Wochen nach Zugang der Kündigung). Die übrigen Bestimmungen des KSchG berühren das Recht zur fristlosen Kündigung nicht.

Herr Kleinschmidt müsste also innerhalb von drei Wochen nach Zugang der Kündigung Kündigungsschutzklage beim Arbeitsgericht erheben. Gemäß § 13 (2) und (3) KSchG gibt es Ausnahmen von der 3-Wochen-Frist. Dies wäre der Fall bei einer sittenwidrigen Kündigung oder nicht ordnungsgemäßer Beteiligung des Personalrates.

Der Klageantrag ist gemäß § 4 Satz 1 i.V.m. § 13 (1) Satz 2 KSchG wie folgt zu formulieren: „Es wird beantragt festzustellen, dass das Arbeitsverhältnis zwischen den Parteien durch die Kündigung vom ... nicht aufgelöst worden ist.“

Die Tatsachen, welche die Grundlage der fristlosen Kündigung bilden, hat der Arbeitgeber zu beweisen. Hält das Arbeitsgericht die fristlose Kündigung für rechtsunwirksam, so stellt es fest, dass das Arbeitsverhältnis durch die Kündigung nicht aufgelöst wurde. Ist die Kündigung wirksam, so ist die Kündigungsschutzklage abzuweisen.

Erhebt Herr Kleinschmidt innerhalb der 3-Wochen-Frist keine Klage, so wird unterstellt, dass die fristlosen Kündigung einen rechtfertigenden Grund hat, §§ 7, 4, 13 (1) Satz 2 KSchG.

23 Kündigungsrecht

Aufgabe 1

Die Wirksamkeit der außerordentlichen Kündigung ist nach § 626 BGB zu prüfen. Darunter fällt die Kündigung durch den Arbeitgeber ebenso wie die Kündigung durch den Arbeitnehmer. Voraussetzungen für eine außerordentliche (meist auch: fristlose) Kündigung:

- Es müsste eine Kündigungserklärung seitens der Stadt Brunswald abgegeben werden.
- Eine außerordentliche Kündigung liegt begrifflich vor, wenn sich der Kündigende auf einen wichtigen Grund zur vorzeitigen Auflösung des Arbeitsverhältnisses beruft.
- Vor jeder Kündigung durch den Arbeitgeber, auch vor einer außerordentlichen Kündigung, ist der Personalrat zu beteiligen. Gemäß § 68 (1) Ziffer 2 LpersVG Brandenburg wirkt der Personalrat bei einer außerordentlichen Kündigung mit. Eine ohne die erforderliche Anhörung des Personalrates ausgesprochene Kündigung ist unwirksam. Der Arbeitgeber müsste die Zustimmung zu der mitwirkungspflichtigen Maßnahme beantragen und rechtzeitig mit dem Personalrat erörtern.
  Der Personalrat kann sich innerhalb einer Ausschlussfrist von zehn Arbeitstagen zu der Angelegenheit äußern. Äußert sich der Personalrat innerhalb dieser Frist nicht, gilt die Maßnahme als gebilligt (Zustimmungsfiktion).
  Ist der Personalrat mit der beabsichtigten Maßnahme nicht einverstanden, so muss er innerhalb der zehntägigen Ausschlussfrist Einwendungen gegen die Maßnahme erheben und diese gegenüber dem Leiter der Dienststelle begründen.
  Die vorherige Zustimmung des Personalrates ist nicht Voraussetzung für die außerordentliche Kündigung. Nach Durchführung des Mitwirkungsverfahrens entscheidet die Dienststelle endgültig. Dabei gebietet der Grundsatz der vertrauensvollen Zusammenarbeit, dass berechtigte Einwendungen des Personalrats in die Entscheidung der Dienststelle Eingang finden.
- Es darf kein Kündigungsschutz, z.B. nach § 9 Mutterschutzgesetz, eingreifen.
- Es muss ein wichtiger Grund vorliegen.

Zunächst müssen bestimmte Tatsachen festgestellt werden. Zu berücksichtigen sind alle wesentlichen Umstände des Einzelfalles.

Es sind die Interessen der Beteiligten abzuwägen unter dem Gesichtspunkt, ob dem Kündigenden die Fortsetzung des Dienstverhältnisses bis zum Ablauf der Kündigungsfrist nicht mehr zugemutet werden kann. Dabei ist der Zeitpunkt festzustellen, zu dem eine ordentliche Kündigung möglich gewesen wäre.

Zusammenfassend ist zu sagen, dass die Kündigungsgründe ein gesteigertes Gewicht haben müssen, das noch über die zur ordentlichen Kündigung berechtigenden Gründe hinausgeht. Im vorgenannten Fall handelt es sich um einen verhaltensbedingten Kündigungsgrund. Es handelt sich hier um eine Pflichtverletzung.

Im Interesse einer rechtzeitigen Disposition des Arbeitgebers ist es erforderlich, dass ein erkrankter Arbeitnehmer unverzüglich den Eintritt oder den Fortbestand einer Arbeitsunfähigkeit anzeigt, möglichst verbunden mit der Mitteilung, wie lange dieser Zustand voraussichtlich anhalten wird. Das kann bedeuten, dass je nach den Umständen bereits vor oder spätestens bei Arbeitsbeginn eine entsprechende Meldung zu erfolgen hat. Hierfür ist ein vorheriger Arztbesuch nicht notwendig, da zunächst keine ärztlich gesicherte, sondern lediglich eine Selbstdiagnose verlangt wird, § 5 (1) Entgeltfortzahlungsgesetz. Da Frau Süß sich krank gemeldet hat, ist der Mitteilungspflicht genügt.

Die Pflichtverletzung könnte jedoch unter dem Aspekt „vorgetäuschte Arbeitsunfähigkeit“ oder „genesungswidriges Verhalten“ bestehen. Voraussetzung ist, dass vom Arbeitgeber bewiesen wird, dass die Krankheit vorgetäuscht worden ist. Die Beschäftigte hat anlässlich des persönliches Gesprächs beim Personalamtsleiter angegeben, dass „das doch mehrere Kollegen so machen“ würden. Hierdurch hat sie zu erkennen gegeben, dass tatsächlich keine Arbeitsunfähigkeit bestand.

Nach dem Grundsatz der Verhältnismäßigkeit, das heißt, die außerordentliche Kündigung kann nur als letzte Maßnahme in Betracht kommen, scheidet die außerordentliche Kündigung aus. Dem Kündigenden ist die Einhaltung der Kündigungsfrist, wenn eine ordentliche Kündigung zulässig ist, zuzumuten. Da die Angestellte seit 1. Juli 1994 ohne Unterbrechung bei Arbeitgebern, die vom Geltungsbereich der TVöD erfasst werden, beschäftigt ist, beträgt ihre Beschäftigungszeit weit mehr als 12 Jahre (§ 34 (3) TVöD), die Kündigungsfrist 6 Monate zum Schluss eines Kalendervierteljahres (§ 34 (1) TVöD).

Aufgabe 2

Begrifflich handelt es sich um eine ordentliche Kündigung, wenn das Arbeitsverhältnis der zu kündigenden Arbeitnehmerin auf unbestimmte Dauer geschlossen wurde. Dies ist hier zweifelsfrei der Fall.

Es handelt sich hierbei um einen Fall der Mitbestimmung § 63 (1) Ziffer 17 PersVG, bei dem der Arbeitgeber die Maßnahme nur durchführen kann, wenn der Personalrat zugestimmt hat oder die Frist zur Äußerung verstreichen lässt.

Der Kündigung könnten die Vorschriften des Kündigungsschutzgesetzes (KSchG) entgegenstehen.

Gemäß § 23 (1) Sätze 1 und 2 KSchG muss es sich um eine Verwaltung handeln, in der mehr als fünf Arbeitnehmer beschäftigt sind. Das ist bei der Stadt Brunswald der Fall.

Gemäß § 1 KSchG unterliegen dem Kündigungsschutz nur solche Arbeitsverhältnisse, die länger als sechs Monate bestanden haben. Gemäß Sachverhalt besteht das Arbeitsverhältnis neu seit dem 1. Juli 2001.

Ausgangsvorschrift für den allgemeinen Kündigungsschutz ist § 1 (1) KSchG. Danach ist die Kündigung rechtsunwirksam, wenn sie sozial ungerechtfertigt ist. Das ist der Fall, „wenn sie nicht durch Gründe, die in der Person oder in dem Verhalten des Arbeitnehmers liegen, oder durch dringende betriebliche Erfordernisse, die eine Weiterbeschäftigung des Arbeitnehmers in diesem Betrieb entgegenstehen, bedingt ist“. Es werden also drei voneinander unabhängige Kündigungsgründe genannt. Letztlich gilt für jeden Kündigungsgrund, dass er einerseits nicht den Intensitätsgrad zu haben braucht, der für einen wichtigen Grund im Sinne des § 626 BGB erforderlich ist, dass er aber andererseits so gewichtig sein muss, dass eine Fortsetzung des Arbeitsverhältnisses auf Dauer für den Arbeitgeber nicht zumutbar ist. Es ist deshalb bei jedem Kündigungsgrund eine Interessenabwägung erforderlich.

Im vorliegenden Fall könnte es sich um eine ordentliche verhaltensbedingte Kündigung handeln. Als verhaltensbedingter Grund für eine Kündigung kommt insbesondere vertragswidriges Verhalten des Arbeitnehmers in Betracht. Dabei kann es sich sowohl um Verstöße gegen die Hauptpflicht, die Arbeitspflicht, handeln als auch um Verstöße gegen die Nebenpflichten (z.B. die Melde- und/oder Nachweispflicht bei Arbeitsunfähigkeit). Liegt vertragswidriges Verhalten des Arbeitnehmers vor, kann dieses eine ordentliche Kündigung rechtfertigen.

Aufgrund des Sachverhalts ist zu prüfen, ob gleich gekündigt werden darf oder erst einmal abgemahnt werden muss.

Unter einer Abmahnung versteht man arbeitsrechtlich die – schriftlich oder mündlich erfolgte – Rüge eines vom Arbeitgeber bezeichneten Fehlverhaltens des Arbeitnehmers, welche mit der Androhung arbeitsrechtlicher Schritte für den Wiederholungsfall verbunden wird. In der Regel wird dabei angedroht, dass im Wiederholungsfall Inhalt oder Bestand des Arbeitsverhältnisses gefährdet seien.

Aus dem Grundsatz der Verhältnismäßigkeit ist herzuleiten, dass die arbeitsrechtlichen Maßnahmen des Arbeitgebers in einem abgestuften Verhältnis zueinander stehen und der Arbeitgeber von mehreren Mitteln stets das am wenigsten schwerwiegende wählen muss, „dies natürlich nur dann, wenn schon das weniger schwerwiegende Mittel auch Erfolg verspricht“.

Der Arbeitgeber muss also auf eine verhaltensbedingte ordentliche Kündigung verzichten und sich mit einer Abmahnung begnügen, wenn zu erwarten ist, dass der Arbeitnehmer sein Fehlverhalten schon aufgrund einer eindringlichen Abmahnung ändern wird. Wiederholt sich ein schon zu Recht abgemahntes Fehlverhalten, wird man dies in der Regel verneinen können, sodass die Kündigung ernsthaft in Betracht kommt.

Im vorliegenden Fall könnte eine Abmahnung entbehrlich sein, weil bereits zwei Abmahnungen erfolgt sind. Fraglich ist, ob es sich dabei um „einschlägige“ Abmahnungen handelte. Das heißt, es muss sich bei dem nun zur Kündigung herangezogenen Fehlverhalten sozusagen um einen Wiederholungsfall handeln. Gemäß Sachverhalt wurde Frau Süß zweimal wegen Unpünktlichkeit abgemahnt. Zuspätkommen oder unentschuldigtes Fehlen einerseits und Nebenpflichtverstöße während einer Krankheit andererseits liegen nicht auf der gleichen Ebene. Deshalb wäre hier eine erneute „einschlägige“ Abmahnung notwendig.

Gemäß Sachverhalt ist die Angestellte bei der Stadt Brunswald insgesamt mehr als ein Jahrzehnt beschäftigt. Während dieser Zeit ist es nie zu Beanstandungen gekommen. Beanstandungen werden erst ausgesprochen, nachdem Frau Süß von der Personalreduzierung erfahren hat.

Insgesamt ist festzustellen, dass die ordentliche Kündigung nicht gerechtfertigt, sondern eine Abmahnung angezeigt ist.

AUFGABE 3

Gemäß Sachverhalt ist wegen der knappen Finanzmittel beabsichtigt, das Kulturamt aufzulösen, die Aufgaben vom Hauptamt miterledigen zu lassen, und Personal abzubauen.

Gemäß § 1 (2) KSchG ist der Arbeitgeber zu einer ordentlichen Kündigung berechtigt, wenn dringende betriebliche Erfordernisse der Weiterbeschäftigung des Arbeitnehmers entgegenstehen. Das dringende betriebliche Erfordernis erfordert Umstände, die sich konkret auf die Einsatzmöglichkeit des gekündigten Arbeitnehmers auswirken und seine Weiterbeschäftigung ausschließen.

Wird einem Arbeitnehmer aus dringenden betrieblichen Erfordernissen an sich berechtigterweise gekündigt – so wie hier –, so ist die Kündigung trotzdem sozial ungerechtfertigt, wenn der Arbeitgeber bei der Auswahl des Arbeitnehmers soziale Gesichtspunkte nicht oder nicht ausreichend berücksichtigt, § 1 (3) KSchG. Einer Kündigung, die nur das letzte Mittel sein darf, bedarf es dann nicht, wenn der auf seinem Arbeitsplatz entbehrlich gewordene Arbeitnehmer anderweitig beschäftigt werden kann, sei es auch nach einer gewissen Einarbeitung. Vorrangig ist deshalb die Umsetzung auf einen anderen, freien Arbeitsplatz, der dem Angestellten angeboten oder nach einer Änderungskündigung übertragen wird.

24 Aus- und Weiterbildung als Beiträge zur Personalentwicklung

AUFGABE

a) Die Berufsausbildung wird als eine besondere Form der Personalbeschaffung gesehen, die den verwaltungsspezifischen Nachwuchsbedarf an Fachkräften sichert und Beschaffungskosten minimiert. Des Weiteren werden durch die Vermittlung verwaltungspezifischer Kenntnisse und Fähigkeiten Wettbewerbsvorteile aufgebaut. Dem Auszubildenden werden unter Anleitung eines Ausbilders am Arbeitsplatz Grundkenntnisse und Fertigkeiten zur praktischen Berufsausübung vermittelt. Die praktische Übung wird durch eine theoretische Schulung, die auf die Bedürfnisse der Verwaltung zugeschnitten ist, ergänzt.

   Nutzungsüberlegungen sind also:

   - Ausbildung ist die erste Stufe der Personalentwicklung für Fachkräfte.
   - Der Nachwuchs bringt auch den entsprechenden Führungsnachwuchs aus den eigenen Reihen.
   - Die Verwaltung hat ein vermindertes Risiko bei Personalentwicklungsmaßnahmen, da die Auszubildenden bekannt sind.
   - Der „spätere" Mitarbeiter kennt seine Verwaltung.
   - Der „spätere" Mitarbeiter passt in die Verwaltung (Identifikation, Bindung, Sozialverhalten).
   - Der intern ausgebildete Mitarbeiter ist vielseitig einsetzbar.
   - Die betriebliche Ausbildung ist Investition in das Human-Kapital.

b) Aufgaben der Ausbilder:

   Aufgaben im Innenverhältnis:

   - Planung und Durchführung der Ausbildung
   - didaktisch-methodische Aufbereitung der Lerninhalte
   - Vermittlung der Lerninhalte
   - Überprüfung des Lerntransfers
   - Gewährleistung der Arbeitssicherheit
   - Beurteilung und Förderung der Auszubildenden
   - Betreuung der Ausbildungsbeauftragten

   Kontakte im Außenverhältnis:

   - zur nach dem Berufsbildungsgesetz zuständigen Stelle
   - zur Agentur für Arbeit
   - zur Berufsschule

- eventuell zum Elternhaus
- zur überbetrieblichen Ausbildungsstelle
- zu den Fachverbänden

Der Ausbilder muss pädagogische, psychologische, organisatorische, unternehmerische und verwaltende Aufgaben erfüllen. Deshalb sind Ausbilder besonders sorgfältig auszuwählen. Der Ausbilder hat den Lernerfolg in besonderer Weise zu fördern, indem er geeignete Prinzipien der Führung und Kommunikation einsetzt.

Daraus ergeben sich folgende Aufgaben:

- Die Auszubildenden sind von dem Entwicklungsstand aus zu fördern, auf dem sie jeweils sind (altersspezifisch und individuell).
- Die Verantwortung für zunehmend schwierigere und komplexere Aufgaben ist zu übergeben, dabei ist der Lernprozess zu unterstützen, ohne dem Auszubildenden vorschnell Lösungen anzubieten.
- Der Ausbilder muss Vertrauen entgegenbringen, mit dem Auszubildenden reden und ihm zuhören. Hierzu gehört auch, Lob auszusprechen.
- Es sind klare, eindeutige Verhaltens- und Leistungsziele zu setzen, wobei eine Rückkoppelung möglich sein muss.

c) Unter Weiterbildung ist die Gesamtheit aller direkten und indirekten Maßnahmen zu verstehen, mit deren Hilfe eine Erweiterung oder Veränderung der Fähigkeiten der Mitarbeiter und deren Anpassung an neue Erkenntnisse erfolgen soll. Die Leistungsfähigkeit der öffentlichen Verwaltung hängt in hohem Maß von dem Bildungs- und Ausbildungsstand ab. Eine stetige Weiterbildung ist aber auch deshalb erforderlich, weil ständig neue Gesetze und Verordnungen erlassen werden, die eine Anpassung des Wissenstandes erfordern.

Das Ziel der innerbetrieblichen Aktivitäten muss darin liegen, die Mitarbeiter für die Weiterbildung im Beruf zu interessieren und zu motivieren. Lebenslanges Lernen liegt im gemeinsamen Interesse von Beschäftigten und Arbeitgebern. Der Qualifizierungsbedarf ist in jährlichen Gesprächen der Führungskräfte mit ihren Mitarbeiten festzustellen (§ 5 TVöD).

Die Erhaltungsfortbildung will mögliche Verluste von Kenntnissen und Fertigkeiten ausgleichen, z. B. Auffrischung von Sprachkenntnissen.

Die Erweiterungsfortbildung will zusätzliche Berufsfähigkeiten vermitteln, z. B. Erwerb von EDV-Kenntnissen.

Die Anpassungsfortbildung will eine Angleichung an veränderte Anforderungen am Arbeitsplatz sicherstellen, z. B. Erwerb von EDV-Kenntnissen eines Sachbearbeiters für ein neues Dialogsystem.

Die Aufstiegsfortbildung bereitet auf die Übernahme höherwertiger Aufgaben oder Führungsaufgaben vor, z. B. Übernahme einer Sachgebietsleitung.

d) Planung und Realisierung einer Fortbildungskonzeption:
- Feststellen und Bewerten der Ist-Situation
- Bedarfsermittlung: einmalig, kontinuierlich, Formen, bei wem?, wie?
- Verdichten und Bewerten der Ergebnisse
- Aktionsfelder festlegen
- Präsentation der Fortbildungskonzeption
- Plattform für zukünftige Arbeit bilden

- Marketing und Management der Fortbildungskonzeption, Realisierung der Einzelprojekte usw.
- Weiterentwicklung, Kontrolle, Transfer

Sind die Rahmenbedingungen für die Gestaltung der Personalentwicklung als Funktion geklärt, kann mit der zielgerichteten Steuerung der Personalentwicklungsaktivitäten begonnen werden. Hierbei gilt es, einen Prozess zu durchlaufen, an dessen Anfang eine Problemanalyse beziehungsweise Bestands- und Bedarfsermittlung und eine Vereinbarung für die zu ergreifenden Maßnahmen und die anschließende Erfolgskontrolle stehen.

e) Methoden der Personalentwicklung am Arbeitsplatz:
- gleichmäßige Unterweisung
- Anleitung und Beratung durch den Vorgesetzten
- Jobrotation
- Übertragung begrenzter Verantwortung
- Übertragung von Sonderaufgaben

Methoden der Personalentwicklung außerhalb des Arbeitsplatzes, jedoch innerhalb der Verwaltung:
- Fallstudien
- Rollenspiele
- Planspiele
- Seminare
- Qualitätszirkel

25 Jugendarbeitsschutz – Berufsschule – Kündigung des Ausbildungsverhältnisses

Aufgabe 1

Gemäß § 15 Berufsbildungsgesetz (BBiG) sind die Auszubildenden für die Teilnahme am Berufsschulunterricht freizustellen. Das gilt auch für Auszubildende, die nicht mehr der Berufsschulpflicht unterliegen, sondern die Berufsschule freiwillig besuchen. Für diese Zeit bleibt gemäß § 19 (1) Nr. 1 BBiG der Vergütungsanspruch bestehen. Da Frau Mai erst 17 Jahre alt ist, gilt zusätzlich auch das Jugendarbeitsschutzgesetz. Nach § 15 des Gesetzes hat die Stadt Frau Mai für die Teilnahme am Berufsschulunterricht freizustellen. Nach § 19 (1) BBiG darf durch den Besuch der Berufsschule kein Entgeltausfall eintreten. Nach § 9 (1) Nr. 2 JArbSchG darf Frau Mai nicht beschäftigt werden, wenn sie einen Berufsschultag mit mehr als fünf Unterrichtsstunden von mindestens je 45 Minuten hat. Diese Freistellung ist einmal in der Woche zu gewähren. Gemäß Sachverhalt hat Frau Mai an diesem Freitag jedoch nur an zwei Unterrichtsstunden teilgenommen. Sie war daher verpflichtet, unmittelbar nach der zweiten Unterrichtsstunde in ihrem Ausbildungsbetrieb zu erscheinen. Sie hat dies schuldhaft unterlassen, sodass die Vergütungskürzung zu Recht erfolgt ist.

Aufgabe 2

Nach Ablauf der Probezeit sind die Kündigungsrechte des Arbeitgebers erheblich eingeschränkt. Eine arbeitgeberseitige Kündigung gemäß § 22 (2) Nr. 1 BBiG ist nur aus wichtigem Grund im Sinne des § 626 BGB zulässig. Dem Kündigenden muss unter Abwägung aller Umstände des Einzelfalles die Fortführung des Ausbildungsverhältnisses nicht mehr zuzumuten sein. Bei der Beurteilung des wichtigen Grundes kommt es nicht nur auf die Schwere der Verfehlung des Herrn Hitzig an. Es muss vielmehr auch der persönliche Entwicklungsstand und vor allem die bereits zurückgelegte Ausbildungsdauer berücksichtigt werden. Der Ausbildungsbetrieb ist verpflichtet, vor der außerordentlichen Kündigung alle Möglichkeiten der Erziehung und der Fürsorge auszuschöpfen (z. B. Zusammenarbeit mit der Berufsschule, Einzelgespräche), um dem Auszubildenden die Chance zu geben, sein Verhalten zu bessern. Erst wenn alle Maßnahmen ausgeschöpft sind und keine Aussicht mehr besteht, dass das Ausbildungsziel erreicht wird, kann als letztes Mittel außerordentlich gekündigt werden. Im vorliegenden Fall sind gemäß Sachverhalt nicht alle Möglichkeiten ausgeschöpft. Es ist nicht erkennbar, dass der Vorgesetzte Kontakt zur Berufsschule aufgenommen hat. Möglich wäre auch ein klärendes Gespräch mit den Eltern.

Die außerordentliche Kündigung der Stadt Brunswald ist unwirksam.

AUFGABE 3

Im vorliegenden Fall ist zunächst der Schlichtungsausschuss der Industrie- und Handelskammer anzurufen. Dies ist unverzichtbare Prozessvoraussetzung. Eine Frist zur Einschaltung des Ausschusses existiert nicht. Eine unangemessene Dauer könnte jedoch die Verwirkung des Rechts auf Einschaltung nach sich ziehen. Hat der Schlichtungsausschuss eine Entscheidung getroffen, so kann Hitzig den Spruch anerkennen. Ist er mit dem Spruch des Ausschusses nicht einverstanden, so kann er binnen zwei Wochen nach ergangenem Spruch Klage beim Arbeitsgericht erheben.

AUFGABE 4

Die Abkürzung der Ausbildungszeit ist im § 8 BBiG geregelt. Sie erfolgt durch die zuständige Stelle, wenn zu erwarten ist, dass das Ausbildungsziel in der gekürzten Zeit erreicht wird. Davon ist die Stadt in beiden Fällen ausgegangen. Der Zeitraum, um den die Ausbildungszeit gekürzt wird, gilt als abgeleistete Ausbildungszeit. Die Auszubildenden Frost und Jost haben Anspruch auf die Vergütung für das zweite Ausbildungsjahr, wenn die zuständige Stelle der Auffassung der Stadt gefolgt ist und die Ausbildungszeiten gekürzt hat.

AUFGABE 5

a) Die Verlängerung der Ausbildung richtet sich nach § 8 (2) BBiG. Herr Peters kann einen Antrag auf Verlängerung der Ausbildungszeit stellen, dem im Fall der Minderjährigkeit der gesetzliche Vertreter zustimmen muss. Die Ausbildung verlängert sich dann bis zur nächstmöglichen Wiederholungsprüfung, höchstens jedoch ein Jahr. Herr Peters und die Stadt Brunswald müssen einen Verlängerungsvertrag abschließen, der bei der zuständigen Stelle einzutragen ist. Durch die Verlängerung wird das dritte Ausbildungsjahr wiederholt. Demzufolge kann er keine erhöhte Ausbildungsvergütung verlangen (§ 8 (5) TVAÖD – BT – BBiG[1)]).

b) Nach § 21 (3) BBiG kommt es auf den Grund der Verlängerung nicht an. Danach würde auch ein Täuschungsversuch eine Verlängerung der Ausbildung nicht ausschließen. Auf Verlangen hat somit die Stadt Brunswald mit Herrn Peters auch in diesem Fall eine Verlängerung zu vereinbaren.

26 Auskunftspflicht eines Bewerbers – Vertretungszulage – Erholungsurlaub

AUFGABE 1

Der Arbeitgeber darf nur solche Fragen stellen und ihre wahrheitsgemäße Beantwortung erwarten, die mit der vorgesehenen Tätigkeit des Bewerbers und deren Dauer im Zusam-

[1)] Tarifvertrag für Auszubildende des öffentlichen Dienstes (TVAÖD – besonderer Teil – BBiG)

menhang stehen. Ein Bewerber um die Stelle des Kassierers im Stadtbad kann nach begangenen Vermögensdelikten, nicht aber nach Straftaten im Straßenverkehr befragt werden. Frauen dürfen nach einer Schwangerschaft regelmäßig nicht befragt werden. Nach einer AIDS-Infektion dürfen nur Bewerber/-innen befragt werden, die in einem Heilberuf tätig werden sollen und von denen eine Gefahr ausgeht. Unzulässige Fragen dürfen wahrheitswidrig beantwortet werden.

Der Bewerber Lehmann ist Bauingenieur und soll Tiefbau-Instandsetzungsarbeiten veranlassen und überwachen. Bei einem größeren Umfang solcher Arbeiten können die ausführenden Unternehmen Abschlagszahlungen beanspruchen, die nach der Verdingungsordnung für Bauleistungen nach dem Umfang der bisher erbrachten Leistungen zu bemessen sind. Der die Bauaufsicht führende Stadtangestellte übernimmt mit der Bescheinigung des Umfangs der Leistungen die Verantwortung dafür, dass diese entsprechend dem Vertrag sachgemäß und vollständig erbracht worden sind. Da die Beendigung des Arbeitsverhältnisses mit der Stadt Birkenhain auf einem Fehlverhalten des Bewerbers beruht und ihm gleiche Tätigkeiten obliegen werden, war die Frage nach den Einzelheiten des Vorkommnisses berechtigt.

AUFGABE 2

Wenn einem Beschäftigten vorübergehend, z. B. zur Vetretung eines anderen Beschäftigten, eine Tätigkeit übertragen wird, die den Merkmalen einer höheren als seiner Entgeltgruppe entspricht, und er diese Tätigkeit mindestens einen Monat ausgeführt hat, steht ihm für die Gesamtdauer dieser Tätigkeit eine persönliche Zulage zu (§ 14 (1) TVöD). Da die Vertretung die Zeit vom 21. August bis 29. September umfasst und einen Monat überschreitet, ist die zeitliche Voraussetzung für die Gewährung der Zulage erfüllt.

Weitere Voraussetzung ist, dass die vorübergehende Tätigkeit des Angestellten – bis zum Inkrafttreten der Eingruppierungsvorschriften zum TVöD – mindestens zur Hälfte den Merkmalen der höheren BAT-Vergütungsgruppe entspricht (§ 18 (3) TVÜ-VKA). Da der Mitarbeiter Schulze aus der Vergütungsgruppe III BAT in die Entgeltgruppe 11 übergeleitet worden ist und Lehmann in die Entgeltgruppe 10 eingruppiert ist, erfordert die Vertretung auch höherwertige Tätigkeiten. Ihr Anteil an der Arbeitszeit, von dem die Gewährung der Zulage abhängt, ergibt sich aus dem Sachverhalt jedoch nicht. Nur wenn dieser Anteil 50 v. H. erreicht, kann Lehmann eine persönliche Zulage für einen Monat und neun Tage beanspruchen. Ihre Höhe würde sich aus der Differenz des Entgelts ergeben, das Lehmann bei einer endgültigen Übertragung der Tätigkeiten nach der Entgeltgruppe 11 zustehen würde, und seinem Entgelt nach der Entgeltgruppe 10.

AUFGABE 3

Der Beschäftigte Lehmann vollendet im Laufe des Kalenderjahres 2009 sein 40. Lebensjahr. Es ist für die Dauer des Erholungsurlaubs maßgebend. Der Urlaubsanspruch beträgt bei der Verteilung der Wochenarbeitszeit auf fünf Tage 30 Arbeitstage (§ 26 (1) TVöD). Da das Arbeitsverhältnis am 1. April 2009 begonnen hat und im Kalenderjahr 2009 neun Monate umfasst, stehen dem Beschäftigten gemäß § 26 (1) Satz 5 TVöD 9/12 von 30 Arbeitstagen = 22,5, aufgerundet 23 **Arbeits**tage Urlaub zu.

Das Bundesurlaubsgesetz hat keine Auswirkungen, weil § 4 des Gesetzes, nach dem der volle Urlaubsanspruch nach sechsmonatigem Bestehen des Arbeitsverhältnisses erworben wird, abdingbar ist (§ 13 Bundesurlaubsgesetz) und im TVöD die Urlaubsdauer nach der Beschäftigungszeit vereinbart worden ist. Der im § 3 (1) des Bundesurlaubsgesetzes vorgesehene Mindesturlaub von 24 **Werk**tagen wird dennoch gewährt.

27 Arbeitszeit

AUFGABE 1

Die vereinbarte Arbeitszeit könnte gegen das Arbeitszeitgesetz (ArbZG) verstoßen. Das ArbZG gehört zum öffentlich-rechtlichen Arbeitnehmerschutzrecht und ist zwingend anzuwenden.

Nach § 3 des Gesetzes darf die werktägliche Arbeitszeit der Arbeitnehmer acht Stunden nicht überschreiten. Sie kann auf bis zu zehn Stunden nur verlängert werden, wenn innerhalb von 24 Wochen im Durchschnitt acht Stunden werktäglich nicht überschritten werden.

Von der gesetzlichen und der verlängerten gesetzlichen Arbeitszeit sind nach § 7 (1) Nr. 1a Abweichungen zulässig, wenn in einem Tarifvertrag oder in einer tarifzugelassenen Dienstvereinbarung abweichend von § 3 ausgleichsfrei die Arbeitszeit über zehn Stunden werktäglich verlängert wurde, weil in die Arbeitszeit regelmäßig und in erheblichem Umfang Arbeitsbereitschaft fällt. Ausnahmetatbestände nach Tarifvertrag oder Dienstvereinbarung sind nicht erkennbar.

Die Arbeitszeit am Montag, Mittwoch, Donnerstag und Freitag verstößt nicht gegen § 3 ArbZG. Problematisch ist jedoch die Arbeitszeit am Dienstag. Hier liegt ein Verstoß gegen § 3 ArbZG vor.

Möglicherweise ist jedoch die Arbeitszeit am Dienstag durch § 14 (1) und (2) ArbZG gedeckt. Die Bestimmung des § 14 ermöglicht es dem Arbeitgeber, in speziellen, nicht vorhersehbaren Fällen die Arbeitnehmer ohne behördliche Genehmigung auch über die in den Grundnormen enthaltenen Grenzen hinaus zu beschäftigen. An das Vorliegen außergewöhnlicher Umstände sind strenge Anforderungen zu stellen; sie müssen vorübergehender Art sein. Dies trifft im vorliegenden Fall nicht zu, da die Politesse jeden Dienstag so lange arbeiten soll, und dies ist auch voraussehbar, da es so vereinbart ist. Die Arbeitszeit am Dienstag ist rechtswidrig.

Die Regelung der Ruhepausen könnte ebenfalls gegen das ArbZG verstoßen. Gemäß § 4 des Gesetzes ist die Arbeit durch im Voraus feststehende Ruhepausen von mindestens 30 Minuten bei einer Arbeitszeit von mehr als sechs bis neun Stunden und von 45 Minuten bei einer Arbeitszeit von mehr als neun Stunden insgesamt zu unterbrechen. Die Ruhepausen dürfen in Zeitabschnitte von jeweils 15 Minuten aufgeteilt werden.

Am Montag, Mittwoch und Donnerstag sind Ruhepausen von insgesamt mindestens 30 Minuten zu gewähren. Die Ruhepause am Dienstag müsste 45 Minuten betragen, wenn die Arbeitszeit auf zehn Stunden reduziert wird. Da die Arbeitszeit am Freitag weniger als sechs Stunden beträgt, ist eine Ruhepause nicht notwendig.

Weiterhin könnte ein Verstoß gegen § 5 ArbZG vorliegen. Danach müssen die Arbeitnehmer nach Beendigung der täglichen Arbeitszeit eine ununterbrochene Ruhezeit von mindestens elf Stunden haben. Wenn die Arbeit es erfordert, kann die Ruhezeit um bis zu zwei Stunden verkürzt werden (§ 7 (1) Nr. 3). Vom Arbeitsende am Montag bis zum Arbeitsbeginn am Dienstag beträgt die Ruhepause acht Stunden. Dies ist rechtswidrig. Selbst bei einer Verkürzung würde die Mindestruhezeit neun Stunden betragen müssen. Eine solche Ausnahme ist jedoch nicht begründet.

AUFGABE 2

Die Arbeitszeit der 1. Schicht verstößt nicht gegen das ArbZG: Es handelt sich um einen üblichen Sieben-Stunden-Tag an fünf Wochentagen. Unproblematisch ist auch die nur halbstündige Pause.

Zweifelhaft ist die Zulässigkeit der Sonntagsarbeit bei der 2. Schicht. Gemäß § 9 ArbZG dürfen Arbeitnehmer an Sonn- und gesetzlichen Feiertagen von 0 bis 24 Uhr nicht beschäftigt werden. In mehrschichtigen Betrieben mit regelmäßiger Tag- und Nachtschicht kann Beginn oder Ende der Sonn- und Feiertagsruhe um bis zu sechs Stunden vor- oder zurückverlegt werden, wenn für die auf den Beginn der Ruhezeit folgenden 24 Stunden der Betrieb ruht. Weitere Ausnahmen sind in § 10 ArbZG u. a. zur Aufrechterhaltung der Funktionsfähigkeit der Behörden vorgesehen.

Die 3. Schicht ist problematisch. Zwischen Freitag 22:00 Uhr und Samstag 6:00 Uhr liegt nur eine Ruhezeit von acht Stunden. Vorgeschrieben sind aber elf Stunden. Außerdem soll die Schicht am Samstag elf Stunden bei nur einer halbstündigen Pause betragen. Wie oben dargelegt, darf die Höchstgrenze von zehn täglichen Arbeitsstunden nur ausnahmsweise überschritten werden. Hier liegen die Voraussetzungen des § 14 ArbZG nicht vor. Auch die Pausenregelung am Samstag ist, da die Arbeitszeit mehr als neun Stunden beträgt, unzureichend.

In § 19 ArbZG sind Ausnahmen für den öffentlichen Dienst vorgesehen. Bei der Wahrnehmung hoheitlicher Aufgaben können, soweit keine tarifvertragliche Regelung wie im § 7 TVöD besteht, durch die zuständige Dienstbehörde die für Beamte geltenden Bestimmungen über die Arbeitszeit auf die Arbeitnehmer übertragen werden; insoweit finden die §§ 3 bis 13 keine Anwendung.

Das Schichtmodell zum 1. September 2008 kann nicht eingeführt werden.

28 Auswertung von Bewerbungsschreiben

AUFGABE

Zum 1. Bewerbungsschreiben:

Der Bewerber teilt mit, dass er gestern die Anzeige gelesen hat. Dies ist uninteressant. Als Bezug sind die Zeitung und der Zeitpunkt der Veröffentlichung der Anzeige zu nennen.

Allein die Tatsache, dass der Bewerber seit mehreren Jahren in der Buchhaltung tätig ist, qualifiziert ihn noch nicht für die ausgeschriebene Stelle. Vielmehr sind spezielle Anforderungen in der Anzeige genannt.

Die Aussage, dass der Bewerber sich sicher ist, für diese Aufgabe geeignet zu sein, ist eine sehr undifferenzierte Aussage. Sie ist nicht nachvollziehbar.

Im Bewerbungsschreiben fehlen folgende Hinweise,

- warum die Bewerbung konkret erfolgt,
- dass der Bewerber selbstständiges, eigenverantwortliches Arbeiten gewöhnt ist,
- dass der Bewerber die Arbeiten in der Kasse absolut sicher abzuwickeln vermag,
- dass der Bewerber über Fähigkeiten zur Mitarbeiterführung verfügt.

Zum 2. Bewerbungsschreiben:

Auch bei dieser Bewerbung fehlen einige Informationen. Eine nähere Analyse erübrigt sich aber unter folgenden Gesichtspunkten:

- Das Bewerbungsschreiben ist überzogen, überschwänglich und zu selbstbewusst. So sollte man sich nicht als Leiter der Stadtkasse vorstellen.
- Für die Ablehnung des Bewerbers ist der Vertrauensbruch gegenüber seinem Arbeitgeber schwerwiegend.
- Das Bewerbungsschreiben ist eindeutig negativ zu beurteilen.

Zum 3. Bewerbungsschreiben:

Dieses Bewerbungsschreiben enthält die wesentlichen Informationen. Das Bewerbungsschreiben ist positiv zu beurteilen.

Prüfungsbereich C

Verwaltungsrecht und Verwaltungsverfahren

1 Bedarf der Betrieb einer Speisewirtschaft mit Gästezimmern einer Erlaubnis?

Aufgabe 1

Wer ein Gaststättengewerbe betreiben will, bedarf nach § 2 (1) des Gaststättengesetzes (GastG) der Erlaubnis. Flott verabreicht auf seinem Grundstück zubereitete Speisen an Gäste zum „Verzehr an Ort und Stelle." Das Betreiben einer Speisewirtschaft gilt als Betreiben eines Gaststättengewerbes (§ 1 (1) Nr. 2 GastG). Flott bedarf daher einer Erlaubnis der sachlich und örtlich zuständigen Behörde, zumal er außerdem „Getränke zum Verzehr an Ort und Stelle verabreicht" und dieser Tatbestand ebenfalls den Begriff „Gaststättengewerbe" erfüllt (§ 1 (1) Nr. 1 GastG).

Aufgabe 2

Art. 12 GG räumt des Recht der freien Berufswahl ein, bestimmt aber auch, dass die grundsätzlich ebenfalls freie Berufsausübung durch Gesetz oder aufgrund eines Gesetzes geregelt werden kann. Bei dem Gaststättengesetz handelt es sich um ein solches Gesetz.

Die Erlaubnis nach § 2 GastG wird in einem Verfahren erteilt, in dem die Grundsätze des § 3 GastG zu beachten sind und das mit einer ausdrücklichen schriftlichen Erlaubnisurkunde (oder deren Versagung) der Behörde abschließt, die die Betriebsart und die Räume bezeichnen muss. In der Erhebung und Abführung der Kurabgabe kann eine stillschweigende Erlaubnis daher nicht gesehen werden.

Flotts Meinung, als „Beherbergungsbetrieb" keiner Erlaubnis zu bedürfen, beruht auf § 2 (2) Nr. 4 GastG. Hiernach bedürfen Beherbergungsbetriebe keiner Erlaubnis, wenn sie Speisen und Getränke ausschließlich an ihre Hausgäste verabreichen. Da Flott die Verabreichung von Speisen und Getränken jedoch nicht auf diese Personen beschränkt, sind die Voraussetzungen für die Befreiung von der Erlaubnispflicht nicht gegeben.

Ergebnis: Flott bedarf zum Betrieb seiner Speisewirtschaft einer Erlaubnis.

2 Durch Hundegebell gestörte Nachtruhe

Aufgabe 1

Das Eingreifen einer Behörde kommt nur in Betracht, wenn eine Rechtsgrundlege dafür besteht, entweder die Vorschrift eines besonderen Gesetzes, z. B. des Bundes-Immissionsschutzgesetzes, oder die Generalklausel des Gesetzes über die öffentliche Sicherheit und Ordnung. Die Inanspruchnahme dieses Gesetzes setzt eine „Gefahr" voraus, also eine Sachlage, die befürchten lässt, dass in absehbarer Zeit ein Schaden für die öffentliche Sicherheit und Ordnung eintreten wird.

Zu den Gefahren gehört auch Lärm, der zu gesundheitlichen Beeinträchtigungen führen kann. Das häufige und laute Bellen von Hunden überschreitet das zumutbare Maß. Derartige Störungen, insbesondere der Nachtruhe, schädigen die Gesundheit der Nachbarn und stellen eine Gefahr dar. Hätte der Leiter des Ordnungsamts ernsthafte Zweifel an der Begründetheit Fröhlichs Begehrens, hätte er die Art der Hundehaltung feststellen und durch Messungen des Lärms, wie sie das Bundes-Immissionsschutzgesetz für bestimmte Anlagen vorschreibt, diese klären und nach dem Ergebnis der Messungen entscheiden können.

Mit der Erwiderung, dass Frau Kummer ihr Grundstück nach ihren Vorstellungen nutzen könne, wollte der Amtsleiter Fröhlichs Begehren in die Sphäre des Privatrechts verweisen. Dabei hat er übersehen, dass die von Fröhlich begehrte Regelung das Eigentum in seinem Bestand nicht berührt, es sich vielmehr um eine Regelung des Gebrauchs handelt, die Art. 14 (2) GG zulässt.

Ergebnis: Die auf der unzureichenden Klärung des Sachverhalts beruhende Entscheidung des Amtsleiters ist nicht rechtmäßig.

AUFGABE 2

Er kann auf die Weigerung des Leiters des Ordnungsamts, tätig zu werden, mit einem Widerspruch reagieren. Wird ein vom Bürger begehrter Verwaltungsakt ganz oder teilweise abgelehnt, kommt ein Verpflichtungswiderspruch in Betracht (§ 68 (2) VwGO). Fröhlichs Anliegen ist eine Verfügung des Ordnungsamts, mit der Frau Kummer verpflichtet wird, die von ihren Hunden ausgehende Störung der Nachtruhe zu unterbinden. In Niedersachsen entfällt nach § 8a des Niedersächsischen Ausführungsgesetzes zur Verwaltungsgerichtsordnung bei der Ablehnung von Verwaltungsakten (mit hier nicht in Betracht kommenden Ausnahmen) jedoch das in § 68 (2) VwGO vorgesehene Vorverfahren. Fröhlich kann sein Anliegen dort mit einer Verpflichtungsklage (§ 42 (1) VwGO) verfolgen. Die Klagefrist beträt einen Monat (§ 74 (2) VwGO).

Fröhlich kann sich auch auf eine Gegenvorstellung beschränken, die an Fristen und Formen nicht gebunden ist und der Behörde ermöglicht, ihre bisher ablehnende Haltung zu korrigieren. Da die Gegenvorstellung kein förmliches Rechtsmittel ist, wird Fröhlich sie nur in Betracht ziehen, wenn er mit ihrem Erfolg rechnen kann.

AUFGABE 3

Nachdem im Ordnungsamt erkannt worden ist, dass ein Einschreiten gegen Frau Kummer erforderlich ist, und sie verpflichtet werden soll, das die Nachtruhe ihrer Nachbarn störende Hundegebell abzustellen, ist ihr zunächst Gelegenheit zu geben, sich zu äußern (§ 28 VwVfG). Nachdem ihr eröffnet worden ist, dass sie aufgrund der §§ 7 und 11 des Gesetzes über die öffentliche Sicherheit und Ordnung eine verpflichtende Verfügung zu erwarten hat, ist nicht auszuschließen, dass sie ihre gegenüber Fröhlich ablehnende Haltung aufgibt.

Lehnt es Frau Kummer ab, auf die Empfehlung des Ordnungsamts einzugehen, ist ihr folgende Verfügung zuzustellen:

Stadt Kieferberg
Der Oberbürgermeister
- Ordnungsamt -
Übergabe-Einschreiben
Frau
Rosemarie Kummer
Tulpenweg 28
33710 Kieferberg

Ihr Zeichen/	Mein Zeichen	Sachbearbeiter	Telefon	Datum
Ihr Schreiben	32.1	Max Münnich	0302 45778	12.06.20..

Störung der Nachtruhe durch Hundegebell

Sehr geehrte Frau Kummer,

aufgrund von § 9 Polizei- und Ordnungsbehördengesetz Rheinland-Pfalz (POG) in der Fassung vom 10. November 1993 (GVBl. S. 595) - verpflichte ich Sie, Ihre Hunde in der Zeit der Nachtruhe (22:00 Uhr bis 8:00 Uhr) bis spätestens einen Monat nach Bekanntgabe des Bescheids im Haus unterzubringen. Insbesondere wird Ihnen verboten die Tiere im Garten frei laufen zu lassen.

Begründung:
Durch das anhaltende Bellen Ihrer Hunde, auch in der Nachtzeit, wird die Nachtruhe Ihrer Nachbarn empfindlich gestört. Diese Störung setzt Ihre Nachbarn gesundheitlichen Gefahren aus. Nach § 9 POG kann die zuständige Behörde die notwendigen Maßnahmen zur Abwehr von Gefahren treffen. Für die von den Tieren ausgehende Gefahr haben Sie als Halterin einzustehen (§ 5 POG). Die Entscheidung, ob Maßnahmen und ggf. welche zu treffen sind, liegt in unserem pflichtgemäßen Ermessen. Dabei haben wir die gesundheitlichen Gefahren für Ihre Nachbarn und Ihr Recht auf Ausübung Ihres Eigentumsrechtes gegeneinander abzuwägen. Dabei haben wir dem Gesundheitsschutz Ihrer Nachbarn Vorrang eingeräumt. Durch die Verpflichtung, die Tiere in der Zeit der Nachtruhe, d.h. von 22:00 Uhr bis 8:00 Uhr, im Haus unterzubringen, haben wir deren Haltung nur im unerlässlichen Maße eingeschränkt.

Um Ihnen Gelegenheit zu geben, die zur Unterbringung der Tiere in der Nachtzeit erforderlichen Vorkehrungen zu treffen, ist Ihnen eine Frist von einem Monat nach Bekanntgabe dieser Verfügung eingeräumt worden.

Rechtsbehelfsbelehrung:
Gegen diesen Bescheid können Sie innerhalb eines Monats nach Bekanntgabe Widerspruch erheben. Der Widerspruch ist schriftlich oder zur Niederschrift bei der Stadtverwaltung Kieferberg, Bachstraße 8, 53550 Kieferberg oder bei der Geschäftsstelle des Stadtrechtsausschusses, Bachstraße 8, 53550 Kieferberg (Gebäude der Stadtverwaltung Kieferberg, Zimmer 209), einzulegen. Bei schriftlicher Einlegung des Widerspruchs ist die Widerspruchsfrist nur gewahrt, wenn der Widerspruch noch vor Ablauf der Widerspruchsfrist bei der Behörde eingegangen ist.

Mit freundlichen Grüßen

3 Ablehnung einer Reisegewerbekarte

AUFGABE 1

Die Rechtsfolgen der versäumten Rechtsbehelfsbelehrung ergeben sich aus § 70 (2) in Verbindung mit § 58 (2) VWGO: Die mit der Bekanntgabe des Verwaltungsakts beginnende Widerspruchsfrist von einem Monat (§ 70 (1) VWGO) verlängert sich auf ein Jahr.

AUFGABE 2

Nach § 13 (1) VwVfG ist Meinecke als Antragsteller Beteiligter am Verwaltungsverfahren. Einem Beteiligten, in dessen Rechte eingegriffen werden soll, ist vor Erlass des Verwaltungsaktes Gelegenheit zu geben, sich zu den für die Entscheidung erheblichen Tatsachen zu äußern (§ 28 VwVfG). Meinecke strebt die Erteilung einer Reisegewerbekarte und somit einen ihn begünstigenden Verwaltungsakt an. Es wird zwar gelegentlich bezweifelt, ob die Versagung eines begünstigenden Verwaltungsaktes einen Eingriff in Rechte darstellt; in diesem Falle sollte jedenfalls Gelegenheit gegeben werden, zu den im Wohnort kursierenden Gerüchten Stellung zu nehmen, bevor diese als ausschlaggebende Gründe für diese Entscheidung herangezogen werden.

AUFGABE 3

Nach § 57 der Gewerbeordnung (GewO) ist die Reisegewerbekarte zu versagen, wenn Tatsachen die Annahme rechtfertigen, dass der Antragsteller die „erforderliche Zuverlässigkeit nicht besitzt". „Erforderliche Zuverlässigkeit" ist ein unbestimmter Rechtsbegriff, der u.a. voraussetzt, dass zu erwarten ist, dass der Antragsteller die Gewähr für die ordnungsgemäße Ausübung des Gewerbes bietet. Nach dem Sachverhalt liegen der Versagung Informationen aus dem Wohnort des Antragstellers zugrunde; das sind keine Tatsachen, sondern der Klärung bedürfende Angaben. Da nur Tatsachen die Versagung rechtfertigen und aus dem Sachverhalt solche nicht zu ersehen sind, ist dem als Widerspruch zu wertenden Schreiben abzuhelfen (§ 72 VwGO) und die Reisegewerbekarte zu erteilen. Falls ein Widerspruch durch landesrechtliche Vorschriften ausgeschlossen ist, (z.B. in Niedersachsen) kommt eine Verpflichtungsklage (§ 42 (1) VwGO) in Betracht.

AUFGABE 4

Meinecke bezieht sich auf Art. 12 (1) GG, das Recht zur freien Berufswahl und -ausübung. Die Berufsausübung, wie sie u.a. ein Reisegewerbe darstellt, kann jedoch gesetzlich geregelt werden. Um eine solche Regelung handelt es sich bei der Gewerbeordnung. Die von Meinecke außerdem angesprochene sich aus Art. 20 (B) GG ergebende Bindung der Verwaltung, der Vorbehalt des Gesetzes, wird nicht verletzt, weil die auf einer falschen Auslegung eines unbestimmten Rechtsbegriffes beruhende Entscheidung der Verwaltung auf der Gewerbeordnung, einem Gesetz, beruht.

AUFGABE 5

Meinecke will sich gegen die Entscheidung wehren. Da die Verfolgung seiner Interessen die Einlegung von Rechtsmitteln erfordert, ist ihm als Verfahrensbeteiligtem in den im § 29 VwVfG gezogenen Grenzen Akteneinsicht zu gewähren.

4 Der „scharfe" Spitz

AUFGABE 1

Das Schreiben des Bürgermeisters in Rosenhagen erfüllt die im § 35 VwVfG genannten Merkmale eines Verwaltungsaktes:

Behörde:	Behörde ist jede Stelle, die Aufgaben der öffentlichen Verwaltung wahrnimmt (vgl. § 2 LVwVfG RP).

	Die Gemeindeverwaltung, deren Leiter der Bürgermeister ist, ist eine Behörde.
Maßnahme:	Die Anordnung, den Hund einschläfern zu lassen, stellt eine Maßnahme dar.
Regelung:	Die Maßnahme muss auf die Herbeiführung konkreter Rechtsfolgen gerichtet sein. Dies ist der Fall bei – der Begründung, Änderung oder Aufhebung von Rechten oder Pflichten; – der Feststellung des Bestehens oder Nichtbestehens von Rechtsverhältnissen; – Abweisung von Begehren auf Begründung, Änderungen, Aufhebung oder Feststellung von Rechten oder Pflichten. Durch die Anordnung wird bei Herrn Klemme die Pflicht begründet, seinen Hund einschläfern zu lassen. Folglich liegt hier eine Regelung vor.
Einzelfall:	Die Anordnung des Bürgermeisters betrifft das Tier und ist an eine bestimmte Person gerichtet (konkret-individuell).
Öffentliches Recht:	Es ist durch die Unterordnung des Bürgers in seinem Verhältnis zum Staat gekennzeichnet. Da der Bürgermeister die Tötung des Tieres einseitig anordnet, handelt es sich um eine Maßnahme auf dem Gebiet des öffentlichen Rechts.
Unmittelbare Außenwirkung:	Empfänger des Verwaltungsakts ist der Elektromeister Klemme, eine außerhalb der Verwaltung stehende Person.

AUFGABE 2

Um wirksam werden zu können, musste der Verwaltungsakt Klemme zugehen; Verwaltungsakte werden im Zeitpunkt ihrer Bekanntgabe wirksam (§§ 41, 43 VwVfG). Sie sind grundsätzlich innerhalb bestimmter Fristen mit förmlichen Rechtsbehelfen anfechtbar. Für die Berechnung der Fristen ist der Tag der Bekanntgabe entscheidend. Deshalb gelten für die Zustellung Regeln, die sich aus den Verwaltungszustellungsgesetzen des Bundes und der Länder ergeben. Der Bürgermeister wird veranlassen, dass der Verwaltungsakt förmlich zugestellt wird. Dies kann durch einen Mitarbeiter der Verwaltung geschehen, der den Bescheid dem Empfänger gegen Empfangsbescheinigung aushändigt. Als weitere Möglichkeit kommt die Zustellung durch die Post in Betracht, entweder mit Postzustellungsurkunde oder mittels Übergabe-Einschreiben.

AUFGABE 3

Bevor ein belastender Verwaltungsakt erlassen wird, ist der Empfänger gemäß § 28 (1) VwVfG zu hören, damit er sich zu den für die Entscheidung der Behörde maßgeblichen Tatsachen äußern kann. Eine der in den Absätzen 2 und 3 der Vorschrift genannten Ausnahmen von der Anhörungspflicht liegt nicht vor. Der Verwaltungsakt ist wegen der versäumten Anhörung rechtswidrig, jedoch nicht nichtig (vgl. § 44 VwVfG).

Der Grundsatz der Gesetzmäßigkeit bindet die Verwaltung an die vom Gesetzgeber ergangenen Rechtsvorschriften (Art. 20 (3) GG). Hieraus wird abgeleitet, dass die Verwaltung zum Eingriff in die Rechte des Bürgers eine gesetzliche Ermächtigungsgrundlage benötigt (Grundsatz des Gesetzesvorbehalts). In der Begründung von Verwaltungsakten sind deshalb die für die Entscheidung maßgeblichen tatsächlichen und rechtlichen Gründe zu nennen. Die Begründung des Verwaltungsaktes ist insofern unvollständig, als sie nicht erkennen lässt, nach welcher Rechtsvorschrift der Eingriff in die Rechte des Tierhalters Klemme zulässig ist. Es hätte auf die einschlägige Vorschrift des Landesgesetzes über die öffentliche Sicherheit und Ordnung Bezug genommen werden müssen, z. B. auf

§§ 7 und 11 des niedersächsischen Gesetzes über die öffentliche Sicherheit und Ordnung. Die mangelhafte Begründung des Verwaltungsaktes führt ebenfalls zu dessen Rechtswidrigkeit, aber nicht zu dessen Nichtigkeit (vgl. § 44 VwVfG). Die unterbliebene Anhörung kann jedoch nachgeholt, die Begründung nachträglich ergänzt werden (§ 45 VwVfG).

Die Rechtsfolgen der außerdem versäumten Rechtsbehelfsbelehrung ergeben sich aus § 70 (2) in Verbindung mit § 58 (2) VwGO. Die mit der Bekanntgabe des Verwaltungsakts beginnende Widerspruchsfrist von einem Monat (§ 70 (1) VwGO) verlängert sich auf ein Jahr.

Nunmehr ist zu prüfen, ob die angeordnete Tötung des Hundes eine angemessene Maßnahme zur Abwehr einer Gefahr für die öffentliche Sicherheit oder Ordnung ist. Verwaltungsakte müssen einerseits den von der Behörde zu verfolgenden öffentlichen Interessen dienen, andererseits die berechtigten Interessen des Empfängers in Betracht ziehen. Der frei laufende Spitz des Elektromeisters Klemme kann weitere Personen, insbesondere Kinder, durch Bisse verletzen. Das behördliche Eingreifen zur Abwehr gesundheitlicher Gefahren ist daher erforderlich. Fraglich ist jedoch, ob die Tötung des Tieres eine notwendige Maßnahme ist. Nach dem Grundsatz der Verhältnismäßigkeit hat die Behörde von mehreren möglichen und geeigneten Maßnahmen zur Abwendung der Gefahr diejenige zu treffen, die den Empfänger des Verwaltungsaktes am wenigsten beeinträchtigt. Der von der Behörde angestrebte Schutz der Allgemeinheit vor dem bissigen Spitz kann auch durch die Verpflichtung des Tierhalters erreicht werden, dem Tier einen Maulkorb anzulegen und es außerhalb des eingefriedigten Grundstücks an der Leine zu führen. Der von der Verwaltung angestrebte Zweck erfordert nicht die Tötung des Tieres. Die Gemeindeverwaltung hat damit den unbestimmten Rechtsbegriff „notwendige Maßnahmen" (vgl. § 9 POG RP) falsch ausgelegt.

AUFGABE 4

In der Lösung der Aufgabe 1 wurde festgestellt, dass es sich bei dem Schreiben des Bürgermeisters in Rosenhagen um einen Verwaltungsakt handelt. Klemme strebt die Aufhebung des ihn belastenden Verwaltungsaktes an. Da der Verwaltungsakt nicht von einer obersten Bundes- oder Landesbehörde erlassen worden ist, ist nach § 68 (1) VwGO der Widerspruch Klemmes statthaft. Er ist innerhalb eines Monats an den Bürgermeister in Rosenhagen zu richten, kann jedoch auch an den Landrat gerichtet werden (§ 70 VwGO). Falls ein Widerspruch durch landesrechtliche Vorschriften ausgeschlossen ist (z. B. in Niedersachsen), kommt eine Anfechtungsklage (§ 42 (1) VwGO) in Betracht. Die Klagefrist beträgt einen Monat (§ 74 (1) VwGO).

5 Erlaubnis zum Betrieb eines Imbissstandes

AUFGABE 1

Biermann betreibt ein Gaststättengewerbe, weil er sowohl Getränke als auch zubereitete Speisen (Pizzas) zum Verzehr an Ort und Stelle an seinem Imbissstand verabreicht (§ 1 (1) des Gaststättengesetzes (GastG). Die nach § 2 GastG dazu erforderliche Erlaubnis ist ihm erteilt worden, allerdings auf alkoholfreie Getränke beschränkt. (Nach § 2 (2) Nr. 1 GastG bedarf es keiner Erlaubnis, wenn alkoholfreie Getränke verabreicht werden.) Die erhaltene Beschränkung wurde mit der geringen Fläche des „Schankraumes" begründet. Nach § 4 (1) Nr. 2 GastG ist die Erlaubnis zu versagen, wenn die Räume der Gaststätte der zum gesundheitlichen Schutz der Gäste (und Beschäftigten) gebotenen Beschaffenheit und Ausstattung nicht genügen. Bei diesen Voraussetzungen handelt es sich um unbestimmte Rechtsbegriffe, die aber, vorbehaltlich einer landesgesetzlichen Regelung, die sich aus dem Sachverhalt nicht ergibt, der Erlaubnisbehörde einen gewissen Beurteilungsspielraum einräumen.

Imbissstände sind Gaststätten, die dem Schnellverzehr von Speisen und Getränken durch Passanten dienen. Die Speisen und Getränke werden im Stehen eingenommen. An Imbissstände sind daher geringere Anforderungen zu stellen als an Gaststätten mit Sitzgelegenheiten. Die Forderung nach bestimmten Raumgrößen bezweckt den gesundheitlichen Schutz von Gästen und Beschäftigten während ihres Aufenthalts in der Gaststätte. Dieser Schutz ist für Passanten, die Speisen und Getränke am Imbissstand kurzzeitig einnehmen, nicht erforderlich. Die geringere Betriebsfläche kann ihn daher auch nicht beeinträchtigen. Die Entscheidung der Kreisverwaltung beruht auf einer fehlerhafter Auslegung der Voraussetzungen.

Ergebnis: Biermann kann innerhalb eines Monats gegen die Beschränkung der Erlaubnis Widerspruch erheben (§§ 68, 70 VwGO), dem die Kreisverwaltung nach Prüfung abhelfen wird (§ 72 VwGO). Falls ein Widerspruch durch landesrechtliche Vorschriften ausgeschlossen ist (z. B. in Niedersachsen), kommt eine Verpflichtungsklage (§ 42 (1) VwGO) in Betracht. Die Klagefrist beträgt einen Monat (§ 74 (1) VwGO).

AUFGABE 2

Der Begriff „Verwaltungsakt“ ist im § 35 VwVfG erläutert. Folgende Merkmale müssen erfüllt sein:

Behörde: Behörde ist jede Stelle, die Aufgaben der öffentlichen Verwaltung wahrnimmt (vgl. § 2 LVwVfG RP).
Die Kreisverwaltung des Kreises Buchenhausen, dessen Leiter der Landrat ist, ist eine Behörde.

Maßnahme: Der Widerruf stellt ein Handeln der Behörde da.

Regelung: Die Maßnahme muss auf die Herbeiführung konkreter Rechtsfolgen gerichtet sein. Dies ist der Fall bei
- der Begründung, Änderung oder Aufhebung von Rechten oder Pflichten;
- der Feststellung des Bestehens oder Nichtbestehens von Rechtsverhältnissen;
- Abweisung von Begehren auf Begründung, Änderungen, Aufhebung oder Feststellung von Rechten oder Pflichten.

Durch die Anordnung wird die Erlaubnis zum Betrieb des Imbissstandes aufgehoben. Damit wir ein Recht des Herrn Biermann aufgehoben. Folglich liegt hier eine Regelung vor.

Einzelfall: Die Widerrufsverfügung regelt einen konkreten Einzelfall und soll an Biermann, eine Einzelperson, gerichtet werden (konkret – individuell).

Öffentliches Recht: Es ist durch die Unterordnung des Bürgers in seinem Verhältnis zum Staat gekennzeichnet. Da der Landrat über den Widerruf der Erlaubnis einseitig befindet, liegt ein Über-/Unterordnungsverhältnis vor. Es handelt sich um eine (hoheitliche) Maßnahme des öffentlichen Rechts.

Unmittelbare Rechtswirkung nach außen: Empfänger der Verfügung soll Biermann, eine außerhalb der Verwaltung stehende Person, sein. Die Unmittelbarkeit ergibt sich aus der Wirkung des Widerrufs der Erlaubnis.

AUFGABE 3

Da die Auflage mit der Erlaubnis verbunden ist und Biermann sie innerhalb der gesetzten Frist nicht erfüllt hat, kann ein Widerruf der Erlaubnis in Betracht kommen (§ 49 (2) Nr. 2 VwVfG). Die Widerrufsgründe sind in § 15 GastG abschließend geregelt. Während nach § 15 (1) und (2) GastG bei den dort genannten Tatbeständen die Erlaubnis zum Betrieb eines Gaststättengewerbes zurückzunehmen oder zu widerrufen **ist**, sind im dritten Absatz sieben Tatbestände angeführt, in denen die Erlaubnis widerrufen werden **kann**. Ob von dieser Ermächtigung Gebrauch zu machen ist, hat die Behörde nach pflichtgemäßem Ermessen zu entscheiden. Biermann ist nach § 28 VwVfG angehört worden. Er hat sich anhaltend bemüht, die Auflage zu erfüllen. Die Überschreitung der ihm gesetzten Frist ist die Folge des Insolvenzverfahrens der Auftragnehmerin. Nach Abwägung zwischen dem öffentlichen Interesse und dem Interesse Biermanns an der Fortführung seines Betriebs überschreitet der Widerruf der Erlaubnis den Rahmen des vom Gesetzgeber eingeräumten Ermessens und ist nicht gerechtfertigt. Biermann, der sich um die Erfüllung der Auflage bemüht, sollte eine angemessene Fristverlängerung eingeräumt werden.

6 Widerruf der Gewerbeerlaubnis

AUFGABE 1

Da die kreisfreie Stadt Eschenhausen für die Gewerbeerlaubnis sachlich und örtlich zuständig war, ist sie für den Widerruf zuständig. Bei dem Bescheid vom 26. September d. J., mit dem die nach § 34b der Gewerbeordnung (GewO) erteilte Erlaubnis widerrufen worden ist, handelt es sich um einen Verwaltungsakt (§ 35 VwVfG). Vor seinem Erlass hätte Bernstein Gelegenheit gegeben werden müssen, sich zu den für die Entscheidung erheblichen Tatsachen zu äußern (§ 28 (1) VwVfG). Eine der in den Absätzen 2 und 3 der Vorschrift genannten Ausnahmen von der Anhörungspflicht kommt nicht in Betracht. Außerdem hätten die bei Gewerbeuntersagungen nach § 35 (4) GewO vorgeschriebenen Anhörungen erfolgen sollen. Der Bescheid ist wegen der Versäumnisse zwar rechtswidrig, aber nicht nichtig (§ 44 VwVfG). Die Anhörungen können nach § 45 (1) Nr. 3 und Nr. 5 VwVfG nachgeholt werden. Unterbleibt die Heilung, so können Verfahrensfehler aufgrund des § 46 VwVfG dennoch unbeachtlich bleiben, wenn bei deren Vermeidung in der Sache keine andere Entscheidung zu treffen war. Was hier jedoch nicht zutrifft.

Die in § 39 VwVfG vorgeschriebene Begründung von Verwaltungsakten muss die wesentlichen Tatsachen und rechtlichen Gründe erkennen lassen, die für die Entscheidung maßgeblich waren. Bei Ermessensentscheidungen – um eine solche handelt es sich hier – sollen auch die Gesichtspunkte erkennbar sein, von denen die Behörde bei der Ausübung ihres Ermessens ausgegangen ist. Im Bescheid vom 26. September d. J. wird lediglich auf Bernsteins strafbares Verhalten verwiesen, von dem die Unzuverlässigkeit abgeleitet wird, die nach § 35 GewO die weitere Ausübung des Gewerbes ausschließe. Diese Begründung ist unvollständig, weil sie nicht erkennen lässt, dass eine Abwägung der Interessen der Allgemeinheit (Schutz vor unzuverlässigem Versteigerer) und Bernsteins (Weiterführung des Gewerbes) der Entscheidung vorausgegangen ist. Der Bescheid ist auch wegen der mangelhaften Begründung rechtswidrig, aber nicht nichtig (§ 44 VwVfG). Wie bei der Anhörung kann auch der Verstoß gegen die Begründungspflicht geheilt werden (§ 45 (1) Nr. 2 VwVfG).

Ein rechtmäßiger Verwaltungsakt, wie ihn die Bernstein erteilte Gewerbeerlaubnis darstellt, kann u. a. dann widerrufen werden, wenn er aufgrund nachträglich eingetretener Tatsachen nicht erlassen worden wäre und sein Bestand das öffentliche Interesse gefährden würde (§ 49 (2) Nr. 3 VwVfG). Nach § 35 GewO ist die Ausübung eines Gewerbes ganz oder teilweise zu untersagen, wenn Tatsachen vorliegen, welche die Unzuverlässigkeit des Gewerbetreibenden erkennen lassen **und** die Untersagung zum Schutze der Allgemeinheit oder der Beschäftigten erforderlich ist. Unzuverlässig ist, wer nach dem Gesamtbild seines Verhaltens keine Gewähr für die ordnungsgemäße Gewerbeausübung bietet. Die Straftat Bernsteins, die zur Begründung des Widerrufs allein herangezogen worden ist, steht in keinem Zusammenhang mit seinem Gewerbe, wie z. B. Straftaten wirtschaftlichen Einschlags. Bei der Beantwortung der Frage, ob Unzuverlässigkeit vorliegt, ist die Stadt an die Feststellungen in dem Strafverfahren gebunden. Außerdem ist zu Bernsteins Gunsten zu berücksichtigen, dass es sich um eine Einzeltat handelt. Eine den Widerruf der gewerblichen Erlaubnis rechtfertigende Unzuverlässigkeit kann darin nicht erblickt werden.

Ergebnis: Der Widerrufsbescheid vom 26. September d. J. ist formell und materiell rechtswidrig.

AUFGABE 2

Verwaltungsakte werden im Zeitpunkt ihrer Bekanntgabe wirksam (§§ 41, 43 VwVfG). Sie sind grundsätzlich innerhalb bestimmter Fristen mit förmlichen Rechtsbehelfen anfechtbar. Für die Berechnung der Fristen ist der Tag der Bekanntgabe entscheidend. Deshalb gelten für die Zustellung von Verwaltungsakten besondere Regeln, die in den Verwaltungszustellungsgesetzen des Bundes und der Länder enthalten sind.

Die Stadt Eschershausen hat für die Zustellung ihres Bescheides vom 26. September d. J. die Zustellung durch einen Mitarbeiter gewählt. Der Adressat Bernstein hat mit seiner Unterschrift unter Angabe des Ortes und des Tages der Zustellung den Empfang zu bestätigen. Die Zustellung kann an jedem Platz erfolgen, an dem der Empfänger angetroffen wird. Da Bernstein in seinem Büro nicht angetroffen wurde, durfte der Bescheid in verschlossenem Umschlag der im Büro anwesenden, von Bernstein beschäftigten Isolde Freimut gegen Empfangsbestätigung ausgehändigt werden.

Der Bescheid hätte auch durch die Post zugestellt werden können

- mit Postzustellungsurkunde, die nach der Zustellung mit der Angabe des Tages der Zustellung und – falls erforderlich und von der Behörde gefordert – mit der Angabe der Zeit versehen, an die Behörde gesandt wird,
- mittels eingeschriebenen Briefs. Zum Beweis der Zustellung und deren Zeitpunkt ist das Übergabe-Einschreiben zu wählen, bei dem der Empfänger die Übergabe bestätigt. Bei einem Einwurf-Einschreiben vermerkt der Zusteller lediglich intern den Einwurf in den Briefkasten. Eine Übergabe an den Empfänger findet nicht statt.

7 Fehler bei Verwaltungsakten – Grundbegriffe

AUFGABE 1

Die öffentliche Verwaltung erlässt unzählige Verwaltungsakte. Dabei können Fehler entstehen. Mängel beim Erlass von Verwaltungsakten führen zu unterschiedlichen Ergebnissen:

Ein fehlerfreier Verwaltungsakt ist frei von formellen und materiellen Fehlern. Er ist rechtmäßig und wirksam.

Fehlerhafte Verwaltungsakte enthalten Rechts- oder andere Fehler. Sie können rechtmäßig oder rechtswidrig sein. Rechtswidrige Verwaltungsakte können wirksam oder unwirksam sein.

Die Folgen fehlerhafter Verwaltungsakte sind sehr unterschiedlich und hängen nicht von der Art (formelle oder materielle Fehler), sondern von der Schwere des einzelnen Fehlers ab.

Die Fehlerwirkungen werden in zwei Stufen eingeteilt:

1. Stufe: Entspricht der fehlerhafte Verwaltungsakt noch geltendem Recht? Daraus ist das Begriffspaar rechtmäßig–rechtswidrig abzuleiten.
2. Stufe: Erzeugt der rechtswidrige Verwaltungsakt Rechtswirkungen für den Betroffenen? Muss er die Regelung befolgen? Daraus ist das Begriffspaar wirksam–unwirksam abzuleiten.

Fehlerhafte Verwaltungsakte:

1 Verwaltungsakte mit rechtlich unbeachtlichen Fehlern sind rechtmäßig und wirksam.
2 Schlicht rechtswidrige (aufhebbare, vernichtbare) Verwaltungsakte und nichtige Verwaltungsakte sind rechtswidrig.
3 Schlicht rechtswidrige Verwaltungsakte sind rechtswidrig, aber wirksam.
4 Nichtige Verwaltungsakte sind unwirksam.

AUFGABE 2

Es gibt leichte formelle Fehler, die man als unbeachtlich bezeichnet, weil sie nicht zur Rechtswidrigkeit des Verwaltungsaktes führen. Fälle solcher unbeachtlichen Fehler sind zum Beispiel offenbare Unrichtigkeiten. § 42 VwVfG regelt den Umgang mit solchen offenbaren Unrichtigkeiten. Dazu zählen vor allen Dingen Schreib- und Rechenfehler. Zum Beispiel:

- Der Name des Adressaten ist falsch geschrieben (Schulze – Schultze).
- Beim Zusammenrechnen wurde ein falscher Betrag ermittelt.
- Die Straße, in der der Adressat wohnt, ist falsch geschrieben.

Da in diesen Fällen der wirkliche Sinn des Verwaltungsaktes verständlich bleibt, gilt er mit diesem erkennbar gemeinten Inhalt. Bei berechtigtem Interesse des Empfängers ist der Bescheid schlicht zu berichtigen.

AUFGABE 3

Ein Verwaltungsakt, der unter Verletzung von Verfahrens- und/oder Formvorschriften zustande kommt, ist rechtswidrig. Ein formell rechtswidriger Verwaltungsakt kann andererseits aber materiell rechtmäßig sein. Es kann damit die Situation eintreten, dass die Behörde bei Beachtung aller Verfahrens- und Formvorschriften einen Verwaltungsakt gleichen Regelungsgehalts zu erlassen hätte. Der Gesetzgeber hat daher, da dem Verfahrensrecht nur eine Hilfsfunktion zukommt, entschieden, dass bestimmte Fehler durch Nachholung der gebotenen Verfahrenshandlung gemäß § 45 VwVfG geheilt werden können.

Es können unter Einhaltung der vorgeschriebenen Frist nachgeholt werden

- ein erforderlicher Antrag,
- eine notwendige Begründung,
- die Anhörung eines Beteiligten,
- der Beschluss eines mitwirkungsbedürftigen Ausschusses,
- die erforderliche Mitwirkung einer anderen Behörde.

AUFGABE 4

Vorgehensweise bei der Prüfung des Verwaltungsaktes auf Nichtigkeit

Die Nichtigkeit eines Verwaltungsaktes ergibt sich entweder aus einer speziellen gesetzlichen Regelung, in der die Nichtigkeit als Rechtsfolge vorgesehen ist, oder aus § 44 VwVG. Dabei ist besonderes Augenmerk auf den Aufbau von § 44 VwVfG zu richten, der eine bestimmte Reihenfolge bei der Prüfung einer möglichen Nchtigkeit des Verwaltungsaktes vorgibt:

1 Ist die Nichtigkeit des Verwaltungsaktes durch eine spezialgesetzliche Vorschrift geregelt (Nichtigkeit der Ernennung gemäß § 8 BRRG, wenn der Ernannte nicht die Fähigkeit zur Bekleidung öffentlicher Ämter hatte)?

2 Liegt ein in § 44 (2) VwVfG genannter zwingender Nichtigkeitsgrund vor („Positivliste“) (Beamtenernennung ohne Aushändigung der Urkunde) – Nichtigkeit?
3 Liegt ein in § 44 (3) VwVfG genannter Grund vor, der eine Nichtigkeit ausschließt („Negativliste“) – keine Nichtigkeit?
4 Liegt ein offenkundiger, besonders schwerwiegender Fehler nach § 44 (1) VwVfG – Generalklausel vor (Arbeitsamt stellt Jagdschein aus)?

AUFGABE 5

a) Wegen einer nicht gegebenen einfachen örtlichen Zuständigkeit kann die Aufhebung nicht begehrt werden, wenn eine andere Entscheidung in der Sache nicht möglich ist und weitere Gründe für eine Rechtswidrigkeit nicht vorliegen (§§ 44 (3), 46 VwVfG).

b) Gemäß § 44 (2) Nr. 3 VwVfG ist ein Verwaltungsakt, den eine Behörde außerhalb ihrer durch § 3 (1) Nr. 1 begründeten Zuständigkeit erlassen hat, ohne dazu ermächtigt zu sein, nichtig.

AUFGABE 6

- Ein Rechenfehler gehört zu den unbeachtlichen Fehlern; er kann gemäß § 42 VwVfG berichtigt werden.
- Die Behörde kann auch hier eine Berichtigung vornehmen. Die Adresse muss berichtigt werden.
- Artfremde Erwägungen führten zu dieser Entscheidung – Nichtigkeit.
- Wehrdienst für Abiturientin – ein besonders schwerwiegender Fehler.
- Den Verwaltungsakt kann aus tatsächlichen Gründen niemand ausführen.

8 Sperrzeitverkürzung

AUFGABE 1

Als Voraussetzungen sind festzustellen:
- das Vorhandensein einer Erlaubnis zum Führen eines Gaststättenbetriebes
- keine Informationen darüber, dass der Gastwirt im Sinne des § 4 (1) Satz 1 des Gaststättengesetzes unzuverlässig ist
- Gemäß § 18 Gaststättengesetz i. V. m. § 4 Sperrzeitverordnung ist herauszuarbeiten:
  - Bei einem öffentlichen Bedürfnis oder
  - besonderen örtlichen Verhältnissen

  kann die Sperrzeit für einzelne Betriebe verlängert, verkürzt oder aufgehoben werden.

AUFGABE 2

Aus der anzuwendenden Rechtsvorschrift ist zu erkennen, dass die Gemeinde bei der Bearbeitung dieses Antrages Ermessen ausüben muss. Ermessen bedeutet Handlungsspielraum darüber, ob dem Antrag entsprochen oder ob er abgelehnt wird. Bei der Entscheidung ist der Grundsatz der Verhältnismäßigkeit anzuwenden. Es sind dabei die Interessen des Gastwirtes und die der Anwohner gegeneinander abzuwägen. Zu berücksichtigen ist dabei das Schreiben der Anwohner an die Gemeinde.

Es ist die Frage aufzuwerfen, ob eine Sperrzeitverkürzung ein öffentliches Bedürfnis ist.

Bei der Entscheidung sollten die Interessen der Allgemeinheit vor dem Einzelinteresse des Gastwirtes stehen.

AUFGABE 3

Bei der Prüfung der Rechtsnatur der Ablehnung der Sperrzeitverkürzung ist zunächst zwischen öffentlich-rechtlicher und privatrechtlicher Rechtsgrundlage abzugrenzen. Danach ist die Wirkung der Entscheidung nach innen oder außen festzustellen. Schließlich wäre zwischen Verwaltungsakt und Satzung abzugrenzen. Im Ergebnis müsste die Vermutung stehen, dass es sich um einen Verwaltungsakt handeln könnte.

Entsprechend § 35 VwVG sind die sechs Merkmale eines Verwaltungsaktes zu benennen und zu beschreiben. Bei der Anwendung auf den Sachverhalt müssen alle Merkmale nachgewiesen werden. Als Ergebnis wird erwartet, dass eine Ablehnung der Sperrzeitverkürzung durch die Gemeinde ein Verwaltungsakt ist.

9 Grundzüge des Gewerberechts

AUFGABE 1

Gewerbebegriff

Sämtliche dargestellten Tätigkeiten stellen ein Gewerbe im Sinne der Gewerbeordnung dar, da es sich um

- nach der Rechtsordnung erlaubte und nicht sozial unwertige,
- auf Gewinnerzielung gerichtete und
- mit Fortsetzungsabsicht

ausgeübte Tätigkeiten handelt. Ausnahmen nach § 6 GewO oder sonstige nach Gewohnheitsrecht nicht der GewO unterliegende Tätigkeiten sind hier nicht gegeben.

Somit sind die Vorschriften der GewO anzuwenden.

Auf K., F. und V., die als Arbeitnehmer der GmbH unselbstständig tätig werden, ist die GewO nur anzuwenden, wenn eine Form der Gewerbeausübung vorliegt, für welche Selbstständigkeit nicht Voraussetzung ist.

Gewerbeart

a) „Ost GmbH"

Die GmbH betätigt sich in Cottbus weder im Reisegewerbe noch im Marktgewerbe. Marktgewerbe liegt nicht vor, da es an den Tätigkeitsmerkmalen der §§ 64–68 GewO fehlt. Reisegewerbe liegt schon deshalb nicht vor, weil die Tätigkeiten von einer gewerblichen Niederlassung (Büro und Lager) im Sinne des § 42 (2) GewO ausgehen.

Die GmbH ist daher im stehenden Gewerbe selbstständig tätig.

b) Werbeveranstaltungen

Die „Werbeveranstaltungen" sind gewerberechtlich als Wanderlager im Sinne des § 56a (2) GewO zu werten. Darunter sind Verkaufsveranstaltungen zu verstehen, in denen außerhalb der Räume der gewerblichen Niederlassung und außerhalb des Messe- und Marktverkehrs von einer festen Verkaufsstelle aus vorübergehend Waren feilgehalten oder Bestellungen auf Waren entgegen genommen werden.

K. übt somit ein Reisegewerbe aus, da er gewerbsmäßig ohne vorhergehende Bestellung außerhalb seiner gewerblichen Niederlassung selbstständig in eigener Person Bestellungen auf Waren entgegennimmt (§ 55 (1) Nr. 1 GewO).

c) Imbisswagen

Der Betrieb des Imbisswagens ist dem Reisegewerbe (§ 55 GewO) zuzuordnen. Da der Wagen von vornherein nur für wenige Tage aufgestellt werden soll, wird keine gewerbliche Niederlassung im Sinne des § 42 (2) GewO begründet.

Die Verkaufstätigkeit wird auch nicht Bestandteil einer nach § 69 GewO festgesetzten Veranstaltung, sodass eine Einordnung unter die Bestimmungen des Titel IV GewO ausscheidet.

F. und V. sind tätig:

In eigener Person (diese Voraussetzungen erfüllen, abgesehen von der Möglichkeit des § 55 (1) Nr. 2 GewO Tätigkeit als Schausteller oder nach Schaustellerart stets nur natürliche Personen, wobei es gleichgültig ist, ob sie Angestellte oder selbstständig sind, niemals aber Firmen) außerhalb einer gewerblichen Niederlassung und ohne vorher bestellt zu sein, d. h. also unter den Voraussetzungen des § 55 (1) GewO.

Auf ihre Tätigkeit sind dennoch die Bestimmungen des Titels III GewO aus folgenden Gründen anzuwenden:

Die Abgabe von zubereiteten Speisen und von Getränken zum Verzehr an Ort und Stelle erfolgt hier im Reisegewerbe aus dem während der Veranstaltung auf dem gleichen Platz stehenden Wagen, also von einer ortsfesten Betriebsstätte aus. Da somit ein Gaststättengewerbe im Sinne des § 1 (2) GastG ausgeübt wird, finden nach § 13 (1) GastG die Bestimmungen des Titels III GewO weder auf die „Ost-GmbH“ noch auf F. und V. Anwendung. Damit entfällt für sie die Verpflichtung zum Erwerb einer Reisegewerbekarte für diese Tätigkeit.

AUFGABE 2

a) **Ost-GmbH**

Die GmbH muss den Beginn ihrer selbstständigen gewerblichen Tätigkeit gemäß § 14 (1) Satz 1 GewO bei der zuständigen Behörde anzeigen. Die Verpflichtung zur Namensangabe (§ 15a (1) und (3) GewO) entfällt, da es sich weder bei dem Büro noch dem Lager um eine offene Verkaufsstelle oder eine sonstige offene Betriebsstätte handelt.

b) **Werbeveranstaltungen**

K. bedarf, da er ein Reisegewerbe betreiben will und reisegewerbliche Tätigkeiten nach §§ 55a, 55b GewO nicht vorliegen, der Reisegewerbekarte (§ 55 (2) GewO).

Die Veranstaltung der Werbelager soll durch Werbezettel (Wurfsendungen) öffentlich angekündigt werden. Diese öffentlichen Ankündigungen sollen für Zwecke des Gewerbebetriebes erfolgen. Auf dem Werbezettel müssen somit der Name mit mindestens einem ausgeschriebenen Vornamen sowie die Anschrift von K. enthalten sein (§ 56a (1) Satz 1 GewO).

Da auf die Veranstaltung der Wanderlager durch öffentliche Ankündigungen hingewiesen werden soll, müssen sie zwei Wochen vor Beginn der für den Ort der Veranstaltung zuständigen Behörde in der nach § 56a (2) Satz 3 GewO vorgeschriebenen Form angezeigt werden. In der öffentlichen Ankündigung muss die Art der Ware (Sprudelbad- und Sportmassagegeräte), die vertrieben wird, angegeben werden. Unentgeltliche Zuwendungen (Kosmetikkoffer) dürfen nicht gemacht werden (§ 56a (2) Satz 1 und 2 GewO).

Das Aufsuchen zu Bestellungen soll in Nebenzimmern von Gaststätten erfolgen und somit in Verkaufsstellen im Sinne das § 56a (1) Satz 2 GewO. Die GmbH ist deshalb verpflichtet, am jeweiligen Eingang in einer für jedermann erkennbaren Weise den Firmennamen (Ost-GmbH) sowie die Firmenanschrift anzubringen.

c) **Imbisswagen**

Die Namensanschrift muss den Bestimmungen des § 13 (2) GastG entsprechen.

Grundsätzlich bedarf der selbstständige Gewerbetreibende zum Beginn eines Gaststättenbetriebes einer Erlaubnis nach § 2 (1) GastG.

Selbstständige Gewerbetreibende ist hier die auf ihren Namen und auf eigene Rechnung tätige „Ost-GmbH“. Diese ist als juristische Person Trägerin aller aus der Gewerbeausübung entstehenden Rechte und Pflichten.

Da das Verfahren zur Erteilung einer Erlaubnis nach § 2 (1) GastG hier zu aufwendig und zu langwierig wäre, kann unter erleichterten Voraussetzungen eine Gestattung erteilt werden. Der hierzu vorausgesetzte besondere Anlass ist in der jeweiligen Veranstaltung zu sehen.

Die GmbH ist also verpflichtet, bei den jeweils zuständigen Behörden Gestattungen nach § 12 GastG einzuholen.

AUFGABE 3

Wanderlager

Die Untersagung der nicht angemeldeten und in unzulässiger Weise angekündigten Wanderlager wäre nach § 56a (3) GewO und die Unterbindung nach § 60d GewO möglich.

Imbisswagen

Wenn der Gaststättenbetrieb unbefugt geführt wird, so könnte eine Unterbindung dieses Gewerbes durch die zuständige Verwaltungsbehörde nur nach den Bestimmungen des Ordnungsrechts erfolgen. Die Anwendung des § 15 (2) GewO in Verbindung mit § 31 GastG wegen der fehlenden Erlaubnis nach § 2 (1) GastG wäre nicht möglich, da § 15 GewO nur auf Betriebe im stehenden Gewerbe anwendbar ist.

10 Zwangsmittel, Androhungsbescheid

AUFGABE 1

- unmittelbarer Zwang
- Ersatzvornahme
- Zwangsgeld
- unmittelbarer Zwang/Zwangsgeld
- Ersatzvornahme
- Ersatzvornahme/Zwangsgeld

AUFGABE 2

Zwangsmittel darf die Behörde erst dann festsetzen und anwenden, wenn der Verwaltungsakt

- unanfechtbar geworden ist oder
- sofort vollziehbar ist.

Das Verwaltungsverfahren umfasst in der Regel drei Stufen:

1 Androhung des Zwangsmittels
2 Festsetzung des Zwangsmittels
3 Anwendung des Zwangsmittels

AUFGABE 3

Führt der durch den Verwaltungsakt zu einer Handlung Verpflichtete diese Handlung nicht durch, so kann die Behörde einen anderen beauftragen, die Handlung auf Kosten des Pflichtigen vorzunehmen. Merkmale der Ersatzvornahme sind also:

- Ausführung durch einen anderen
- im Auftrag der Behörde
- auf Kosten des Pflichtigen

Ersatzvornahme ist nur bei vertretbaren Handlungen möglich, das heißt Handlungen, die auch ein anderer durchführen kann. Im Beispiel Beseitigung einer wilden Müllkippe kann diese Aufgabe auch ein anderer vornehmen. Um eine Gesundheitsgefährdung schnell abzuwehren, beauftragt die Behörde einen Fuhrunternehmer mit der Abfuhr des Mülls. Der Pflichtige wird mit den Kosten belastet.

Bei der Androhung der Ersatzvornahme gibt die Behörde die voraussichtlichen Kosten an.

AUFGABE 4

Das dreistufige Verwaltungszwangsverfahren kann nach Erlass des Verwaltungsaktes und Eintritt der Unanfechtbarkeit in drei gesonderten Akten, nämlich

- Androhungsbescheid,
- Festsetzungsbescheid,
- Anwendungsmaßnahme durchgeführt werden = gestrecktes Verfahren.

Dieses Verfahren ist besonders zeitaufwendig.

AUFGABE 5

Weil sich aus der Androhung eines Zwangsmittels Konsequenzen für den Pflichtigen ergeben, muss gesichert sein, dass der Zugang nachweisbar ist, deshalb förmliche Zustellung. So kann die Behörde im Zweifelsfall den Zugang der Verfügung beweisen.

11 Widerspruchsverfahren

Am Beispiel des Landesrechts Brandenburg.

AUFGABE

Der Widerspruch ist zulässig, wenn der Verwaltungsrechtsweg gegeben ist und wenn er statthaft ist. Außerdem muss er form- und fristgerecht bei der richtigen Stelle erhoben werden und T. muss zum Widerspruch befugt sein.

Zunächst ist zu fragen, ob T. überhaupt Widerspruch erheben wollte, da er „Beschwerde“ eingelegt hat. Aus seiner Begründung ergibt sich eindeutig, dass er eine Überprüfung der Ordnungsmaßnahme anstrebt. Es ist nicht erforderlich, dass der Rechtsbehelf ausdrücklich als Widerspruch bezeichnet wird. Eine falsche Bezeichnung ist hier unschädlich, da auf den Willen und die Zielsetzung des Rechtsbehelfsbegehrens abzustellen ist. Das Schreiben des T. ist demnach nicht als formloser Rechtsbehelf, sondern als förmlicher Widerspruch zu werten.

Gemäß § 40 (1) VwGO ist der Verwaltungsrechtsweg in allen öffentlich-rechtlichen Streitigkeiten nicht verfassungsrechtlicher Art gegeben, wenn keine Zuweisung an ein anderes Gericht vorliegt. Die Maßnahme stützt sich auf das FeiertagsG, also auf öffentlich-rechtliche Vorschriften. Sie ist nach der Sonderrechtstheorie dem öffentlichen Recht zuzuordnen. Es handelt sich nicht um eine verfassungsrechtliche Streitigkeit, weil der Konflikt nicht unmittelbar in der Verfassung wurzelt. Mangels besonderer Zuweisung an ein anderes Gericht ist nach § 40 (1) VwGO der Verwaltungsrechtsweg gegeben.

Der Widerspruch ist nach § 68 (1) VwGO statthaft, wenn die Aufhebung eines Verwaltungsaktes (VA) begehrt wird. Laut Sachverhalt handelt es sich bei der Ordnungsverfügung um einen VA. Da ein Verfahren nicht nach § 68 (1) Satz 2 VwGO ausnahmsweise entbehrlich ist, ist der Widerspruch statthaft.

Der Rechtsbehelf muss nach § 70 (1) Satz 1 VwGO schriftlich oder zur Niederschrift bei der richtigen Behörde erhoben werden. Das Ordnungsamt als Ausgangsbehörde ist die richtige Stelle, es ist aber fraglich, ob das Einlegen per Telefax der geforderten Schriftform genügt. Zur Schriftform gehört regelmäßig die eigenhändige Unterschrift, die bei einem Telefax dem Empfänger jedenfalls nicht im Original vorliegt. Es kann aber kein Zweifel bestehen, dass der Rechtsbehelf vom Widersprechenden herrührt. Über seine Urheberschaft gibt es keine Unsicherheit, der Schriftform ist daher genügt.

Fraglich ist, ob die Widerspruchsfrist von einem Monat gemäß § 70 (1) Satz 1 VwGO eingehalten wurde. Die Verfügung ist dem T. am 20. November bekannt gegeben worden. Gemäß § 31 (1) VwVfG Bbg endet die Widerspruchsfrist mit dem Ablauf desjenigen Tages des folgenden Monats, welcher durch seine Zahl dem Tage entspricht an dem der VA bekannt gegeben worden ist. Dies wäre der 20. Dezember. Da dies ein Sonntag ist, verlängert sich die Frist gemäß § 31 (3) VwVfG Bbg bis zum Ablauf des nächstfolgenden Werktags, also dem 21. Dezember. Die Monatsfrist ist nicht eingehalten worden. Das Schreiben des Ordnungsamtes enthielt jedoch keine Rechtsbehelfsbelehrung, sodass hier gemäß §§ 70 (2), 58 (2) VwGO die Widerspruchsfrist ein Jahr beträgt. Demnach ist der Rechtsbehelf fristgerecht erhoben wurden.

Als Empfänger eines belastenden VA kann T. geltend machen, in seinen Rechten verletzt zu sein (sog. Adressatentheorie). Er ist daher analog § 42 (2) VwGO zum Widerspruch befugt.

Der Widerspruch des T. ist also zulässig.

Falls ein Widerspruch durch landesrechtliche Vorschriften ausgeschlossen ist, (z. B. in Niedersachsen) kann die Aufhebung des VA durch eine Anfechtungsklage (§ 42 VwGO) angestrebt werden. Die Klagefrist beträgt einen Monat (§ 74 VwGO).

12 Ablehnung von Sonderurlaub

Am Beispiel des Landesrechtes Niedersachsen, wobei nach § 1 (1) NVwVfG das VwVfG des Bundes Anwendung findet.

AUFGABE 1

Nach § 35 VwVfG müssen folgende Merkmale erfüllt sein, damit es sich um einen Verwaltungsakt handelt:

a) **Maßnahme**

Unter einer Maßnahme wird jede zweckgerichtete Handlung mit Erklärungscharakter verstanden. Es ist klar erkennbar, dass das Landesamt das Ziel verfolgt, Herrn Reinert nicht für die genannten Tage unter Weiterzahlung der Bezüge von der Dienstpflicht freizustellen. Das Schreiben vom 14. Juli 2009 dient diesem Zweck und enthält eine entsprechende Erklärung.

b) **Behörde**

Behörde ist nach § 1 (4) VwVfG jede Stelle, die Aufgaben der öffentlichen Verwaltung wahrnimmt. Der Sachverhalt spricht vom Landesamt für Bildung und Erziehung. Es beschäftigt Herrn Reinert als Beamten, was über § 3 Niedersächsisches Beamtengesetz (NBG) die Behördeneigenschaft nachweist. Das Landesamt für Bildung und Erziehung ist eine Behörde.

c) **Öffentliches Recht**

Die Sonderurlaubsverordnung ist erlassen worden nach § 68 (2) NBG und damit Teil des Beamtenrechts. Die Vorschriften des Beamtenrechts sind öffentlich-rechtlicher Natur, weil der Dienstherr berechtigt ist, Sachverhalte einseitig zu regeln und damit in einem Überordnungsverhältnis zum Beamten steht. Auch die Besoldung oder die

Erstattung von Reisekosten wird nicht vertraglich zwischen zwei gleichberechtigten Partnern ausgehandelt, sondern aufgrund gesetzlicher Grundlagen festgesetzt. Dies unterscheidet gerade das Beamtenrecht vom Arbeitsrecht. Die Gewährung von Sonderurlaub erfolgt in Abgrenzung zur Gewährung von Arbeitsbefreiung nach den Tarifverträgen für Beschäftigte auf dem Gebiet des öffentlichen Rechts. Das Beamtenrecht ist Teil des besonderen Verwaltungsrechts.

d) **Regelung**

Mit einer Regelung wird eine endgültige Rechtsfolge durch Anordnung gesetzt. Die Ablehnung versagt Herrn Reinert die Möglichkeit, an vier Arbeitstagen unter Fortzahlung der Bezüge vom Dienst fernzubleiben. Eine Leistung wird nicht gewährt. Damit wird eine abschließende Entscheidung mit dem Ergebnis getroffen, dass Herr Reinert zum Dienst erscheinen muss. Anderenfalls könnte er nur Erholungsurlaub beantragen.

e) **Einzelfall**

Ein Einzelfall ist gegeben, wenn sich der Sachverhalt nur auf eine Person und eine bestimmte Begebenheit bezieht. Nur Herr Reinert ist von der Ablehnung betroffen. Dass gleich beide Sonderurlaubswünsche zusammen versagt wurden, widerspricht nicht einer Einzelfallregelung, denn es bleiben konkrete Anlässe. Der Verwaltungsakt ist insoweit in seinem Regelungsgehalt teilbar. Es wird nicht eine unbestimmte, abstrakte Vielzahl von Lebenssachverhalten geregelt.

f) **Außenwirkung**

Die Außenwirkung ist gegeben, wenn eine Rechtswirkung für eine außerhalb der Verwaltungsorganisation stehende Person erreicht wird. Herr Reinert gehört als Mitarbeiter des Landesamtes zwar in diese Verwaltungsorganisation. Jedoch ist im Beamtenverhältnis danach zu unterscheiden, ob der Beamte in seiner Funktion als Amtsträger und Inhaber eines bestimmten Dienstpostens angesprochen wird oder ob er als Träger von Rechten und Pflichten aus seinem Beamtenverhältnis Adressat einer Maßnahme ist.

Die Verweigerung des Sonderurlaubs ist keine innerdienstliche Weisung, die den Betriebsablauf oder die Aufgabenerledigung betrifft. Vielmehr ist Herr Reinert persönlich betroffen, denn es geht um seinen vom Dienstposten zunächst völlig unabhängigen Anspruch auf Sonderurlaub als Teil seiner Beamtenrechte. Damit ist eine Außenwirkung gegeben.

Bei der Ablehung des Sonderurlaubsantrages handelt es sich um einen Verwaltungsakt nach § 35 VwVfG.

AUFGABE 2

Die Ablehnung des Sonderurlaubs unter Fortzahlung der Bezüge ist materiell rechtmäßig, wenn kein Anspruch auf Gewährung dieses Urlaubs besteht. Ein Anspruch setzt voraus, dass die Erteilung von Sonderurlaub durch eine Rechtsnorm vorgeschrieben ist oder zumindest zugelassen und dann unter Ausübung des Ermessens zwingend geboten ist. Alles andere widerspräche dem Grundsatz der sparsamen und wirtschaftlichen Haushaltsführung (§ 7 (1) Landeshaushaltsordnung). Eine entsprechende Anspruchsgrundlage könnte sich in der Sonderurlaubsverordnung (Nds. SUrlVO) befinden.

Geburtstagsfeier

§ 9 (1) SUrlVO regelt die Fälle des Urlaubs aus persönlichen Gründen. Dabei enthält Satz 1 eine Art Generalklausel, nach der aus wichtigen persönlichen Gründen unter Berücksichtigung dienstlicher Belange Sonderurlaub gewährt werden kann. Auch ein rundes Altersjubiläum mag von erheblicher persönlicher Bedeutung sein. Die Auslegung dieses unbestimmten Rechtsbegriffs sollte nicht zu eng erfolgen, da mit seiner Bejahung nur ein Anspruch auf ordnungsgemäße Ermessensausübung und noch kein Beurlaubungsanspruch besteht. Nach dem Antrag des Herrn Reinert und der Ablehnung zu urteilen, stehen einem Sonderurlaub auch keine dienstlichen Gründe entgegen. Es ist nicht zu erkennen, dass Herr Reinert an seinem Arbeitsplatz unentbehrlich ist. Jedoch ist zu beachten, dass die Sonderurlaubsgewährung durch § 9 (1) Satz 2 SUrlVO eingeschränkt ist, soweit die Bezüge fortgezahlt werden dürfen. Da die speziell aufgezählten Fälle nicht zutreffen, kommt nur ein „sonstiger dringender Grund" in Betracht.

Die Aufzählung verdeutlicht, dass unter einem „sonstigen dringenden Grund" nur Fälle verstanden werden können, die ein zu den speziell in den Ziffern 1 bis 6 genannten Fällen vergleichbares Gewicht haben. Das Altersjubiläum einer nicht in direkter Linie verwandten Person erreicht allerdings keine vergleichbare Bedeutung, insbesondere nicht im Vergleich zu Ziffern 1 und 2. (Anmerkung: Wer zu einer anderen Auffassung gelangt, müsste spätestens bei der Ermessensausübung dazu kommen, dass eine Ermessensentscheidung auf null zugunsten einer Gewährung nicht gegeben ist.) Die Ablehnung ist daher materiell rechtmäßig.

Betreuung der Jugendmannschaft

Eine Anspruchsgrundlage könnte nur in § 2 Nds. SUrlVO gegeben sein. Urlaub unter Weitergewährung der Bezüge ist hier als Rechtsfolge genannt. Jedoch ist keiner der dort aufgezählten Tatbestände erfüllt. Es handelt sich nicht um eine Sport- oder Sportfachveranstaltung nach Nr. 8 und 9. Auch wenn die Veranstaltung im Ausland stattfindet und im Nebenzweck der Völkerverständigung dienen kann, so wird daraus noch keine Veranstaltung der politischen Bildung (Nr. 3b), denn die sportliche Freizeitgestaltung steht im Mittelpunkt. Auch in diesem Teil ist die Ablehnung daher materiell rechtmäßig.

13 Rückforderung einer Schülerjahreskarte

Am Beispiel des Landesrechtes Hessen. Andere Bundesländer überlassen die Bestimmung von Mindestentfernungen den Schulträgern in kommunalen Satzungen (so z. B. § 112 (1) Brandenburgisches Schulgesetz, § 114 (2) Niedersächsisches Schulgesetz).

AUFGABE

Vorüberlegungen:

a) Der Anspruch auf Herausgabe der Schülerjahresfahrkarte könnte bestehen, wenn der Rechtsgrund für ihre Aushändigung entfallen ist. Der Rechtsgrund für die Aushändigung war die Zusage zur Kostenübernahme vom 22. Juni 2009. Die Fahrkarte stellt nur das Mittel dar, mit dem die Kostenübernahme äußerlich verwirklicht wird.

b) Die Kostenübernahmezusage erfüllt alle Merkmale eines Verwaltungsaktes nach § 35 HVwVfG. Hinter dem Herausgabeanspruch steckt daher die Frage, ob der Bescheid vom 22. Juni 2009 (nachfolgend: Bewilligungsbescheid) aufgehoben werden kann.

c) Mangels spezialgesetzlicher Regelungen im Hessischen Schulgesetz (HSchG) richtet sich die Aufhebung von Verwaltungsakten nach § § 48, 49 HVwVfG. Sie erfolgt ebenfalls durch einen Verwaltungsakt.

d) Bei der Abgrenzung der möglichen Rechtsgrundlagen ist darauf abzustellen, ob der Bewilligungsbescheid, als er erlassen wurde, rechtmäßig oder rechtswidrig war. Zum Zeitpunkt der Bewilligung wohnte Armin noch 4 km von der Schule entfernt, denn der Umzug erfolgte erst am 8. Juli 2009. Nach § 161 (2) Satz 1 HSchG besteht ein Beförderungsanspruch für Schüler der siebenten Klasse bei einer einfachen Entfernung von mehr als 3 km. Anhaltspunkte für eine Rechtswidrigkeit des Bewilligungsbescheides sind nicht erkennbar, sodass der Widerruf nach § 49 HVwVfG zu prüfen ist.

Aufhebung der Kostenzusage

An der sachlichen und örtlichen Zuständigkeit der Stadt Mainburg bestehen keine Zweifel. Nach dem Sachverhalt wohnt Armin in der Stadt Mainburg, was deren Zuständigkeit für die Schülerbeförderung nach § 161 (1) HSchG und § 3 (1) Nr. 1 HVwVfG begründet. Dies schließt die Entscheidung über die Aufhebung eines gewährenden Verwaltungsaktes ein, da durch den Umzug innerhalb des Stadtgebietes keine andere Zuständigkeit begründet wurde (§ 49 (5) HVwVfG).

Das Schreiben, mit dem die Stadt Mainburg Frau Berger zur Rückgabe der Busfahrkarte auffordert, stellt die nach § 28 (1) HVwVfG erforderliche Anhörung dar. Auch wenn es nicht ausdrücklich als Anhörung bezeichnet ist, so kann Frau Berger die Zielrichtung der Stadt Mainburg klar erkennen. Ihr wird die Rechtslage geschildert und sie kann nicht auf eine Einstellung des Verfahrens hoffen, wenn sie die Fahrkarte nicht abgibt. Ferner wird ausdrücklich die Möglichkeit zur Stellungnahme eingeräumt.

Der Bewilligungsbescheid ist ein begünstigender Verwaltungsakt, denn mit ihm wird die Übernahme der Schülerbeförderung und ihrer Kosten zugesagt, für die sonst die Mutter einstehen müsste. Da die Voraussetzungen des § 49 (3) HVwVfG nicht zutreffen, kommt nur der Widerruf für die Zukunft in Betracht. Von den in § 49 (2) Satz 1 HVwVfG genannten Möglichkeiten könnte Nr. 3 einschlägig sein. Armin ist nach der Bewilligung umgezogen. Hätte seine Mutter den Antrag nach dem Umzug gestellt, so wäre er unter Hinweis auf die nicht erfüllte Mindestentfernung in § 161 (2) Satz 1 HSchG abgelehnt worden. Fraglich ist damit allein, ob ohne den Widerruf das öffentliche Wohl gefährdet würde.

Armin hätte bei einem Bestand des Bewilligungsbescheides einen Beförderungsanspruch bei einer Kostenerstattung zulasten öffentlicher Mittel. Angesichts der kommunalen Haushaltslagen ist allein der Verzicht auf die Rückforderung öffentlicher Gelder eine Gefährdung des öffentlichen Wohls. Auch wenn das Schuljahr schon begonnen hat, könnte mit dem Verkehrsträger über eine Rückgabe der Fahrkarte und eine (teilweise) Rückzahlung von deren Kosten verhandelt werden. Denkbar wäre auch ein Austausch für einen Schüler, der nachträglich in die Berechtigungszone zugezogen ist. Berücksichtigt man, dass Frau Berger wahrscheinlich schon bei der Antragstellung Kenntnis vom bevorstehenden Umzug hatte, würde ihr „Trick" einer rechtzeitigen Antragstellung belohnt werden. Darin wäre auch eine Gefährdung des öffentlichen Wohls zu sehen.

Die Entscheidung über einen vollständigen oder teilweisen Widerruf steht im Ermessen der Stadt Mainburg. Es wäre ermessensgerecht (§ 40 HVwVfG), wenn die Stadt Mainburg sich zum Widerruf entscheiden würde. Unter dem Gesichtspunkt der Gleichbehandlung müsste Frau Berger es akzeptieren, wenn ihr Sohn laufen sollte. Die Kinder der dort schon länger wohnenden Nachbarn müssen dies auch, wenn sie nicht mit dem Fahrrad fahren. Frau Berger könnte mit deren Eltern auch eine Fahrgemeinschaft gründen, um die Kosten zu senken, wenn sie den Weg für nicht zumutbar hielte. Die von Frau Berger vorgetragenen Gründe vermögen nicht davon zu überzeugen, dass die Widerrufsentscheidung ermessensfehlerhaft ist.

Ergebnis:

Die Stadt Mainburg kann den Bewilligungsbescheid unter Beachtung der sich aus § 49 (2) Satz 2 in Verbindung mit § 48 (4) VwVfG ergebenden Jahresfrist durch einen Verwaltungsakt mit Wirkung für die Zukunft widerrufen. Mit dem Widerruf entfällt der Rechtsgrund für die Aushändigung der Fahrkarte, sodass deren Rückgabe gefordert werden kann.

14 Ausnahme von der Anschnallpflicht

Am Beispiel des Landesrechtes Sachsen-Anhalt.

AUFGABE 1

Vorüberlegung:

Nach § 21a StVO müssen vorgeschriebene Sicherheitsgurte während der Fahrt angelegt sein. Dass für das Fahrzeug von Frau Iskić Sicherheitsgurte vorgeschrieben sind, kann unterstellt werden, denn sie spricht von einem Auto, das sie fahren möchte. Der Sachverhalt gibt, da auch Frau Iskić von einer Anschnallpflicht ausgeht, keinerlei Anhaltspunkt dafür, dass die von Frau Iskić gefahrenen Fahrzeuge nicht nach § 35a (4) StVZO mit Sicherheitsgurten ausgestattet sein müssen. Damit wird deutlich, dass sie keine Ausnahme davon begehrt, ihr Fahrzeug mit Sicherheitsgurten ausstatten zu müssen. Vielmehr will sie, gleich mit welchem Fahrzeug, einen vorhandenen Sicherheitsgurt nicht anlegen müssen. In Betracht kommt damit eine Ausnahme von § 21a StVO.

Eine Ausnahme von der Anschnallpflicht ist nach § 46 (1) Nr. 5b StVO grundsätzlich zulässig. Die Zuständigkeit für die Entscheidung über den Antrag trifft demnach die Straßenverkehrsbehörde.

Straßenverkehrsbehörden sind in Sachsen-Anhalt nach § 44 (1) StVO und § 1 (2) Satz 2 der Landkreisordnung die Landkreise. Die örtliche Zuständigkeit ergibt sich aus § 47 StVO. Nach § 47 (2) Nr. 5 StVO ist die Straßenverkehrsbehörde des Wohnortes örtlich zuständig, und zwar auch für die außerhalb ihres eigenen Bezirkes liegenden Gebiete. Für den Antrag der im Landkreis Bodetal wohnenden Frau Iskić ist dieser sachlich und örtlich zuständig.

Materiell knüpft § 46 (1) Nr. 5 StVO an die Erteilung der Ausnahme keine weiteren Voraussetzungen. Damit ist die Zustimmung zum Begehren von Frau Iskić in das freie Ermessen des Landkreises Bodetal gestellt. Dieser hat nach § 40 VwVfG LSA sein Ermessen am Zweck der Ermächtigung zu orientieren. Sinn der Gurtanlegepflicht ist individuell der Schutz der Verkehrsteilnehmer vor den körperlichen Folgen eines Unfalls und gesamtgesellschaftlich die Bewahrung der Versichertengemeinschaft vor den Kosten für die Behandlung von Unfallopfern. Dem steht hier die Ausnahmemöglichkeit gegenüber, mit der auf abweichend von der üblichen Lebenslage gestaltete Sachverhalte individuell reagiert werden soll. Abzuwägen sind daher die vorstehenden Interessen mit den Ausnahmeinteressen von Frau Iskić.

Die Aussage des Arztes, bei Anlegen des Gurtes drohten ernsthafte gesundheitliche Gefahren, legt eine konkrete Beeinträchtigung der körperlichen Unversehrtheit von Frau Iskić sehr nahe. Die Wahrscheinlichkeit scheint deutlich höher als die abstrakte Möglichkeit eines Verkehrsunfalls mit Verletzungen. Auch in der Abwägung mit dem gesamtgesellschaftlichen Interesse hat das Anliegen von Frau Iskić Vorrang. Die Belastung der

Allgemeinheit mit Unfallfolgekosten ist gegenüber den von ihr konkret hinzunehmenden Beeinträchtigungen beim Anlegen des Gurtes oder beim völligen Verzicht auf das Autofahren eher gering. Es spricht daher viel dafür, Frau Iskić die gewünschte Ausnahmegenehmigung mit den bei Aufgabe 3 noch zu erörternden Nebenbestimmungen zu erteilen. Zu beachten ist dabei, dass eine Ermessensbindung des Landkreises Bodetal eingetreten sein kann. Wenn dieser in vergleichbaren Fällen eine Ausnahmegenehmigung erteilt hat, darf er von dieser Linie wegen des Gleichheitsgebotes in Art. 3 GG nicht ohne ausreichende Begründung abweichen. Ist der Landkreis Bodetal noch im Zweifel über die Notwendigkeit der Ausnahme, kann er nach § 46 (3) Satz 2 StVO die Beibringung eines Sachverständigengutachtens über die ärztliche Bescheinigung hinaus verlangen.

Der Landkreis Bodetal kann die beantragte Ausnahmegenehmigung erteilen. Die Ausübung des Ermessens in diese Richtung ist geboten. Er muss die Genehmigung erteilen, wenn er in vergleichbaren Fällen bisher so entschieden hat und kein ausreichender Grund besteht, diese Ermessenspraxis zu ändern.

AUFGABE 2

Nach dem Grundatz vom Vorbehalt des Gesetzes bedarf es einer Rechtsgrundlage, wenn durch die Erhebung von Gebühren in das Vermögen des Bürgers eingegriffen werden soll. Diese Rechtsgrundlage bildet § 6a StVG in Verbindung mit der Gebührenordnung für Maßnahmen im Straßenverkehr (GebOSt). Die Erteilung einer Ausnahmegenehmigung ist ohne Zweifel eine Amtshandlung, die von Frau Iskić als Antragstellerin veranlasst wurde. Sie wird dadurch zur Kostenschuldnerin. Die Höhe der Gebühr richtet sich nach dem zu § 1 GebOSt ergangenen Gebührentarif. Ziffer 264 des Tarifs sieht für die Entscheidung über eine Ausnahme von der StVO einen Gebührenrahmen 10,20 EUR bis 767,00 EUR vor. Die Ermessensentscheidung über die konkrete Gebührenhöhe ist nach § 6 GebOSt und den Bestimmungen des Verwaltungskostengesetzes nach der Höhe des Verwaltungsaufwandes zu bemessen.

AUFGABE 3

Da die Gefährdung von Frau Iskić im Falle des Gurtanlegens aus einer kürzlich durchgeführten Operation herrührt und dies nach ihren eigenen Angaben ein vorübergehender Zustand ist, ist die Befristung der Erlaubnis (z. B. auf drei oder sechs Monate) zweckmäßig. Sie ist nach § 46 (3) Satz 1 StVO auch zulässig. Ebenfalls denkbar wäre ein Widerrufsvorbehalt nach § 46 (3) Satz 1 StVZO, um einen vereinfachten Widerruf zu ermöglichen, falls sich etwa die Angaben als falsch erweisen sollten oder der Gesundheitszustand sich noch vor Ablauf der Befristung wesentlich bessert.

Die Nebenbestimmungen könnten daher lauten: „Die Ausnahme erteile ich unter dem Vorbehalt des Widerrufs für die Dauer von drei Monaten. Die Frist rechnet vom Tag nach der Bekanntgabe an."

Als ergänzende Ausführungen möglich:
In der Praxis wird bei Ausnahmen von straßenverkehrsrechtlichen Bestimmungen vielfach die Formulierung: „Die Ausnahmegenehmigung ist mitzuführen und berechtigten Personen auf Verlangen vorzulegen" verwendet und als Nebenbestimmung bezeichnet. Da hier eine eigenständige Regelung geschaffen sein könnte, von deren Einhaltung die Wirksamkeit der Ausnahme aber nicht abhängen soll, könnte es sich um eine Auflage handeln. Tatsächlich ist aber keine Nebenbestimmung gegeben, sondern es handelt sich nur um die Wiederholung einer Rechtsvorschrift (§ 46 (3) Satz 3 StVO).

15 Die verkehrswidrig parkenden Fahrzeuge

Am Beispiel des Landesrechtes Niedersachsen, wobei nach § 1 (1) NVwVfG das VwVfG des Bundes Anwendung findet.

AUFGABE 1

Die Verkehrszeichen sind als Allgemeinverfügung nach § 35 Satz 2 VwVfG ergangene Verwaltungsakte, denn sie regeln in dem jeweiligen Einzelfall auf der Grundlage des von einer Behörde ausgeübten hoheitlichen Rechts (StVO) die Benutzung der Straße durch die Allgemeinheit und entfalten so Außenwirkung.

AUFGABE 2

a) Die Beseitigung der verkehrswidrig parkenden Fahrzeuge obliegt eigentlich den Fahrern oder Haltern. Die Stadt Wurmlage lässt an ihrer Stelle diese Verpflichtung durch einen Unternehmer ausführen. Dies ist möglich, weil es sich um eine vertretbare Handlung handelt, und wird als Ersatzvornahme bezeichnet.

b) Fraglich ist, ob ein vollstreckbarer Verwaltungsakt vorliegt (§ 64 (1) Nds. SOG) oder ob die Stadtverwaltung im Wege des Sofortvollzuges (§ 64 (2) Nds. SOG) tätig wird. Zwar erlässt die Stadt Wurmlage keine Beseitigungsanordnungen, was zunächst für die Annahme des Sofortvollzuges spricht. Jedoch enthält das Verkehrszeichen des Halteverbotes gleichzeitig das Gebot, das Fahrzeug vom Abstellort zu entfernen. Wie zu der Aufgabe 1 festgestellt wurde, handelt es sich bei Verkehrszeichen um Verwaltungsakte. Ein Widerspruch gegen sie hätte auch keine aufschiebende Wirkung, da § 80 (2) Nr. 2 VwGO auf Verkehrszeichen analog anzuwenden ist. Insofern liegt ein vollstreckbarer Verwaltungsakt vor und die Voraussetzungen des § 64 (1) Nds. SOG sind gegeben.

Jedoch wurde das Zwangsmittel entgegen §§ 65 (2), 70 (1) Satz 1 Nds. SOG nicht angedroht. Dies ist nach § 70 (1) Satz 3 Nds. SOG nur zulässig, wenn es die Umstände nicht zulassen, insbesondere wenn eine gegenwärtige Gefahr gegeben ist. Diese gegenwärtige Gefahr nach § 2 Nr. 1b Nds. SOG liegt vor, denn das andauernde Parken verletzt bereits die Vorschriften der StVO. Die tatbestandlichen Voraussetzungen für die Anwendung der Ersatzvornahme liegen vor.

Anmerkung: Wer fälschlicherweise von einem Sofortvollzug ausgeht, kommt über § 64 (2) Satz 1 Nr. 1 Nds. SOG ebenfalls zu der Voraussetzung einer hier gegebenen gegenwärtigen Gefahr und damit zur Erfüllung des Tatbestandes.

Zu beachten ist jedoch, dass §§ 64, 66 Nds. SOG die Anwendung des Zwangsmittels in das Ermessen der Stadt stellen. Es ist daher zu prüfen, ob das Ermessen, insbesondere hinsichtlich des Grundsatzes der Verhältnismäßigkeit, sachgerecht ausgeübt wird. Das Einschreiten muss geeignet, erforderlich und angemessen sein.

Das Abschleppen der Fahrzeuge beseitigt den verkehrswidrigen Zustand und ist daher eine geeignete Maßnahme. Erforderlich ist sie, wenn kein ebenfalls geeignetes, aber für den Betroffenen weniger belastendes Mittel zur Verfügung steht. Hier ist zu differenzieren. Bei dem Fahrzeug QBL-SF 126 ist von einem Tagesausflügler auszugehen, der auf Skiern unterwegs ist. Sein Fahrzeug verursacht durch die Fahrbahnverengung massive Verkehrsbehinderungen, deren sofortiges Ende im öffentlichen Interesse liegt. Diese Behinderungen können aber durch keine weniger belastende Maßnahme als das Entfernen des Fahrzeugs beendet werden. Schließlich steht hier das Abschleppen auch nicht erkennbar außer Verhältnis zum angestrebten Erfolg; es ist rechtmäßig.

Das zweite Fahrzeug ist seit mehreren Tagen am gleichen Ort abgestellt, ohne dass die Behörde bislang Veranlassung zum Einschreiten sah. Dem Sachverhalt lassen sich konkrete Verkehrsbehinderungen auch nicht entnehmen. Außerdem handelt es sich um ein im gleichen Landkreis zugelassenes Taxi, für das besondere behördliche Registrierungsvorschriften gelten und dessen Halter in der Regel aus betrieblichen Gründen tagsüber telefonisch erreichbar ist. Hier wäre es möglich und weniger belastend, den Fahrzeughalter zu ermitteln, im Branchenbuch die Telefonnummer festzustellen und ihn zur Beseitigung des Fahrzeugs in angemessener Frist aufzufordern. Dies führt unter Umständen sogar schneller zum Erfolg als das Abschleppen. Ist der Halter nicht erreichbar oder zur fristgerechten Beseitigung nicht in der Lage, bestünde immer noch die Möglichkeit des Abschleppens. Das Abschleppen des Taxis, ohne vorher weniger eingreifende Maßnahmen veranlasst zu haben, ist daher unverhältnismäßig und demzufolge rechtswidrig.

AUFGABE 3

Die Beauftragung eines Dritten ist in § 66 (1) Nds. SOG ausdrücklich als zulässige Möglichkeit erwähnt.

AUFGABE 4

Es handelt sich um einen Leistungsbescheid, denn die Behörde stellt auf der Grundlage des hoheitlichen Verwaltungsvollstreckungsrechts die Zahlungsverpflichtung des einzelnen, außerhalb der Verwaltung befindlichen Adressaten fest. Eine Rechnung setzt einen privatrechtlichen Vertrag voraus. Einen solchen hat der Fahrzeughalter mit der Stadt jedoch nicht abgeschlossen.

AUFGABE 5

Friederike erweist sich als Zustandsstörerin nach § 7 (1) Nds. SOG, denn sie übt die tatsächliche Gewalt über das behindernde Fahrzeug aus. Insofern kann die Stadt nach ihrem pflichtgemäßen Ermessen entscheiden, ob sie sich an Friedrike oder den nach § 7 (2) Nds. SOG verantwortlichen Vater hält. Dessen Verantwortlichkeit dürfte allerdings leichter nachzuweisen sein, denn die Stadt wird nicht belegen können, dass Friedrike tatsächlich gefahren ist.

16 Verbreitung nationalsozialistischer Propaganda

Am Beispiel des Landesrechtes Niedersachsen, wobei nach § 1 (1) NVwVfG das VwVfG des Bundes Anwendung findet.

AUFGABE 1

§ 35 GewO ist auf den Sachverhalt anwendbar, denn bei der ausgeübten Tätigkeit handelt es sich um ein stehendes Gewerbe. Die Produktion und der Versand von Büchern, Bild- und Tonträgern ist eine an sich nicht sozial schädliche Tätigkeit. Der Inhalt der Erzeugnisse ist an dieser Stelle noch nicht zu bewerten, da H. nach dem Sachverhalt die Gewerbeausübung angezeigt hat und mangels anderweitiger Hinweise im Sachverhalt davon ausgegangen werden muss, dass auch die übrigen an ein Gewerbe zu stellenden Anforderungen erfüllt sind.

Nach § 35 (1) GewO ist die Ausübung des Gewerbes ganz oder teilweise zu untersagen, wenn Tatsachen die Unzuverlässigkeit des Gewerbetreibenden oder einer mit der Leitung des Gewerbebetriebes beauftragten Person in Bezug auf das Gewerbe dartun und wenn die Untersagung zum Schutz der Allgemeinheit oder der im Betrieb Beschäftigten erforderlich ist. Zu beurteilen ist demnach die gewerberechtliche Zuverlässigkeit des H. Dabei handelt es sich um einen unbestimmten Rechtsbegriff, der auszulegen ist.

Erkennbar liegt der Sinn und Zweck des § 35 (1) GewO darin, die an sich freie gewerbliche Betätigung zu unterbinden, wenn der Gewerbetreibende sich so verhält, dass die Allgemeinheit oder das Personal vor den von ihm ausgehenden Gefahren geschützt werden muss. Bei dieser Auslegung ist ein Gewerbetreibender jedenfalls dann unzuverlässig, wenn er aufgrund seines bisherigen Verhaltens nicht die Gewähr dafür bietet, fortan seinen Gewerbebetrieb im Einklang mit der Rechtsordnung zu führen. Das Verhalten in der Vergangenheit muss beurteilt werden, um auf dieser Basis das zukünftige Verhalten zu prognostizieren. Unter Beachtung des Grundsatzes der Verhältnismäßigkeit führt allerdings nicht jeder kleine Rechtsverstoß zur Unzuverlässigkeit, vielmehr muss der Vorfall von erheblichem Gewicht sein.

Festzustellen ist, dass H. strafrechtlich wegen Volksverhetzung belangt worden ist, weil er in von ihm hergestellten und veröffentlichten Medien die sogenannte „Auschwitz-Lüge“ verbreitet hat. Bei seinem jetzigen Gewerbe wird wiederum das „Dritte Reich“ in einseitig beschönigender und verharmlosender Form dargestellt. Erneut wird in der Werbung von der Lüge von Auschwitz gesprochen. Dies fällt nicht mehr unter eine zulässige Form der freien Meinungsäußerung. H. stellt sich erkennbar hinter die nationalsozialistische Ideologie, die mit den Grundwerten und dem Menschenbild der Verfassung unvereinbar ist. Wer jedoch entgegen historisch erwiesener Tatsachen die Massenvernichtung von Juden leugnet, die nach dem Grundgesetz unantastbare Menschenwürde infrage stellt, zum aktiven Kampf gegen die Grundordnung des Staates aufruft und Ausländer pauschal als wirtschaftliche Ausbeuter darstellt, lässt erhebliche Zweifel an seiner Zuverlässigkeit entstehen.

Aufgrund seines bisherigen Verhaltens muss erwartet werden, dass H. sich bei der Ausübung seines Gewerbes weiterhin der Verherrlichung nationalsozialistischen Gedankenguts widmen und strafbar handeln wird. Für die friedliche Gesellschaftsordnung ist eine derartige Verhaltensweise von erheblicher Gefahr. H. ist deshalb als unzuverlässig anzusehen.

Die Gewerbeuntersagung ist auch zum Schutz der Allgemeinheit erforderlich. Es liegt im öffentlichen Interesse, dass extremistische, eindeutig verfassungsfeindliche Ideologien keine Verbreitung finden und so den öffentlichen Frieden gefährden können. Zwar darf nicht jede Publizierung politisch unliebsamen Gedankengutes durch eine einfache Gewerbeuntersagung zu verhindern sein. Hier handelt es sich aber um die Veröffentlichung grob wahrheitswidriger Behauptungen, deren ungehinderte Verbreitung das Zusammenleben mit den im „Dritten Reich“ verfolgten Gesellschaftsgruppen schwerwiegend beeinträchtigen würde. Das öffentliche Interesse erfordert daher die Gewerbeuntersagung.

Das Gewerbe ist ganz zu untersagen. Es besteht kein Ermessen. Die Rechtsfolge des § 35 (1) GewO erlaubt zwar, die Gewerbeuntersagung auf Teile zu beschränken. Dies ergibt hier jedoch keinen Sinn, da die Unzuverlässigkeit sowohl für die Buch- als auch für die Video- und Tonbandproduktion gegeben ist.

AUFGABE 2

Vor dem Erlass eines Verwaltungsaktes, der in die Rechte des Betroffenen eingreift, ist diesem die Gelegenheit zu geben, sich zu den entscheidungserheblichen Tatsachen äußern zu können (§ 28 (1) VwVfG). Die Untersagung der Betriebsausübung greift in das grundgesetzlich geschützte Recht auf freie wirtschaftliche Betätigung ein. Eine Anhörung wäre daher grundsätzlich durchzuführen. Sie könnte ausnahmsweise unterbleiben, sollte eine der Voraussetzungen der Absätze 2 und 3 des § 28 VwVfG erfüllt sein. Dies kann vorliegend jedoch nicht behauptet werden, denn wenn die Fortsetzung der betrieblichen Tätigkeit auch unerträglich erscheinen mag, so steht doch eine gefährliche gesellschaftliche Spaltung oder eine Beeinflussung erheblicher Bevölkerungsteile mit der nationalsozialistischen Ideologie nicht erkennbar unmittelbar bevor. In der Abwägung zwischen einer langfristigen, abstrakten Schädigung des gesellschaftlichen Klimas und dem gewichtigen Recht, vor behördlichen Verfügungen wenigstens kurzfristig Stellung beziehen zu können, ist dem Anhörungsrecht hier Vorrang einzuräumen.

Bei Betriebsuntersagungen nach § 35 GewO tritt die Anhörungspflicht der Aufsichtsbehörden und Kammerorganisationen nach dessen Absatz 4 hinzu. In vorliegendem Fall wären die Industrie- und Handelskammer und die Berufsgenossenschaft anzuhören. Gefahr im Verzug liegt wie beschrieben nicht vor, sodass ein Verzicht nicht zu rechtfertigen ist.

AUFGABE 3

Die formellen Anforderungen setzen mangels besonderer Vorgaben in der GewO die §§ 37 und 39 VwVfG. Danach ist die Untersagungsverfügung an sich formfrei, wobei sich aus Beweissicherungsgründen die Schriftform empfiehlt. Die Anordnung muss den Adressaten bezeichnen und einen tatsächlich und rechtlich ausführbaren und inhaltlich hinreichend bestimmten Tenor enthalten. Bei schriftlichen oder schriftlich zu bestätigenden Verwaltungsakten muss die verfügende Behörde erkennbar sein, ist die Rechtsgrundlage zu nennen und sind die wesentlich tatsächlichen und rechtlichen Gründe für die Entscheidung mitzuteilen. Außerdem ist ein schriftlicher Verwaltungsakt zu unterzeichnen. Für die Wirksamkeit des Verwaltungsaktes ist seine Bekanntgabe nach § 41 VwVfG erforderlich. Im Übrigen soll eine schriftliche Betriebsuntersagung auch eine Rechtsbehelfsbelehrung enthalten (§§ 70 (1), 58 (1) VwGO).

AUFGABE 4

Die Stadt Braunberg hat die Möglichkeit, ihre Anordnung mit Zwangsmitteln durchzusetzen. Allerdings bedürfen Zwangsmittel grundsätzlich einer möglichst schriftlichen Androhung (§§ 65 (1, 2), 70 (1) Nds. SOG) und Fristsetzung zur Erfüllung der Pflicht. Bei der Androhung ist das ausgewählte Zwangsmittel zu nennen (§ 70 (3) Nds. SOG). Die Auswahl des Zwangsmittels hat nach dem Grundsatz der Verhältnismäßigkeit und der effektiven Gefahrenabwehr zu erfolgen, sodass unmittelbarer Zwang ausscheiden dürfte. Da vom Adressaten mit der Nichtausübung des Gewerbes eine Unterlassung gefordert wird, scheidet die Ersatzvornahme als Zwangsmittel ebenfalls aus (§ 66 (1) Nds. SOG). Neben dem Zwangsgeld, das in bestimmter Höhe anzudrohen und im nächsten Verfahrensschritt festzusetzen wäre (§§ 70 (5), 67 (1) Nds. SOG), kommt in diesem Fall auch die Schließung und Versiegelung der Betriebsräume oder eine andere geeignete Maßnahme in Betracht. Die Anwendung unmittelbaren Zwangs wäre anzudrohen (§§ 64, 65, 69, 70, 74 Nds. SOG) und nach § 70 NVwVG auszuführen.

AUFGABE 5

Die Betriebsuntersagung kann nach § 80 (2) Nr. 4 VwGO von der Stadt für sofort vollziehbar erklärt werden, wenn dies im überwiegenden öffentlichen Interesse liegt. Dabei muss darauf geachtet werden, dass die Anordnung der sofortigen Vollziehung besonders zu begründen ist (§ 80 (3) Satz 1 VwGO). Die Begründung darf sich aber nicht in allgemeinen, formelhaften Formulierungen erschöpfen, sondern muss im Einzelfall eine Abwägung des öffentlichen Vollzugsinteresses mit dem privaten Aussetzungsinteresse erkennen lassen, weil die Anordnung der sofortigen Vollziehung einem möglichen Widerspruch nur ausnahmsweise die Suspensivwirkung nimmt.

17 Geldmaschine 0900

Am Beispiel des Landesrechts Baden-Württemberg.

AUFGABE 1

§ 35 GewO ist auf den Sachverhalt anwendbar, denn bei der ausgeübten Tätigkeit handelt es sich um ein stehendes Gewerbe. Die telefonische Anwerbung von Interessenten zur Erhebung von Einschaltquoten und der Verkauf der ermittelten Daten ist eine an sich nicht sozial schädliche Tätigkeit. Die GmbH hat offenkundig ihre Betätigung auch auf Dauer und mit dem Zweck der Gewinnerzielung ausgerichtet. Da die Gesellschaft im eigenen Namen und auf eigene Rechnung handelt, liegt ein Gewerbe vor.

Nach § 35 (1) GewO ist die Ausübung des Gewerbes ganz oder teilweise zu untersagen, wenn Tatsachen die Unzuverlässigkeit des Gewerbetreibenden oder einer mit der Leitung des Gewerbebetriebes beauftragten Person in Bezug auf das Gewerbe dartun und wenn die Untersagung zum Schutz der Allgemeinheit oder der im Betrieb Beschäftigten erforderlich ist. Zu beurteilen ist demnach die gewerberechtliche Zuverlässigkeit des Geschäftsführers, denn er leitet den Gewerbebetrieb. „Unzuverlässigkeit" ist ein unbestimmter Rechtsbegriff, der auszulegen ist.

Das Gewerbeuntersagungsverfahren nach § 35 (1) GewO hat neben dem Schutz der Arbeitnehmer vornehmlich zum Ziel, Gewerbetreibende, die eine Gefahr für die Allgemeinheit darstellen, vom Wirtschaftsverkehr auszuschließen. Der Begriff der Unzuverlässigkeit ist vor diesem Hintergrund auszulegen. Ein Gewerbetreibender ist unzuverlässig, wenn er aufgrund seines gesamten bisherigen Verhaltens nicht die Gewähr dafür bietet, fortan seinen Gewerbebetrieb ordnungsgemäß zu führen. Das Verhalten des Betroffenen in der Vergangenheit muss beurteilt werden, um auf dieser Basis sein zukünftiges Verhalten zu prognostizieren. Neben Verstößen gegen die Rechtsordnung können auch unseriöse Geschäftspraktiken, vor denen Kunden und Geschäftspartner geschützt werden müssen, zur Unzuverlässigkeit führen. Unter Beachtung des Grundsatzes der Verhältnismäßigkeit führt allerdings nicht jede kleine Unregelmäßigkeit zur Unzuverlässigkeit, vielmehr muss der Vorfall von erheblichem Gewicht sein.

Gegen den Geschäftsführer wird Strafanzeige wegen Betruges gestellt. Das Verfahren ist zwar noch nicht abgeschlossen, bringt aber wesentliche Erkenntnisse. So wird bekannt, dass täglich etwa 100 eingehende Anrufe mithilfe eines Fragebogens bearbeitet werden. Nach Zeugenaussagen dauern diese Gespräche bis zu 30 Minuten und enden mit dem Hinweis einer anstehenden Auswertung und dem Versprechen einer Rückmeldung.

Bis dahin sind die Geschäftspraktiken der GmbH nicht zu beanstanden, denn die Anrufer können die Kosten ihrer Telefonate einschätzen und diese Kosten stehen auch nicht außer Verhältnis zu den erzielbaren, durchaus wertvollen Prämien. Allerdings hat die Firma offenkundig selbst sechs Monate nach Aufnahme ihres Geschäftsbetriebes keine dieser Prämien beschafft. Falls eine Auswertung der Fragebogen überhaupt stattfindet, so erfolgt zumindest keiner der versprochenen Rückrufe. Es ist überhaupt nicht erkennbar, wie die Firma ihr Geschäftsziel erreichen will, denn sie verfügt über keinerlei technisches Gerät zur Ermittlung der Fernseheinschaltquoten. Auch Kunden, die diese Daten kaufen wollen, sind nach einem halben Jahr noch immer nicht vorhanden.

Aus all dem lässt sich schließen, dass die Firma nie die Absicht hatte, Fernseheinschaltquoten wirklich zu ermitteln und zu vermarkten. Vielmehr ist beabsichtigt, Fernsehkonsumenten ohne Gegenleistung zu teuren Telefongesprächen über eine 0900-Rufnummer zu animieren und von den Telefonentgelten einen erheblichen Teil zu vereinnahmen.

Unabhängig von dem noch nicht abgeschlossenen Strafverfahren wird damit deutlich, dass an die Ausübung des eigentlichen Gewerbes nie gedacht war und eine Täuschungshandlung gegenüber dem Verbraucher vorliegt. Die Verantwortung dafür trägt der Geschäftsführer als Leiter des Betriebes. Da aufgrund des bisherigen Verhaltens erwartet werden muss, dass ohne behördliches Einschreiten der unseriöse Geschäftsbetrieb fortgesetzt würde, ist der Geschäftsführer als gewerberechtlich unzuverlässig einzustufen.

Wie die massive Zahl der Geschädigten zeigt, ist die Betriebsuntersagung zum Schutz der Allgemeinheit auch erforderlich. Der mögliche Anrufer kann nicht erkennen, dass ihm lediglich eine telefonische Wegelagerei ohne irgendeine Prämie droht. In seinem Interesse hat die zuständige Behörde die Betriebsuntersagung zu Recht verfügt. Ein Ermessen war dabei nicht auszuüben.

AUFGABE 2

a) Diese Nebenentscheidung gründet sich auf § 80 (2) Nr. 4 VwGO. Nach dieser Anordnung darf mit sofortiger Wirkung nach Bekanntgabe des Verwaltungsaktes der Betrieb nicht mehr ausgeübt werden. Die Verfügung wird (vorläufig) vollziehbar und kann mit Zwangsmitteln durchgesetzt werden. Dies gilt auch, wenn die GmbH Widerspruch oder Klage erhebt, denn die Anordnung der sofortigen Vollziehung nimmt dem Widerspruch und der Klage die sonst entstehende aufschiebende Wirkung. Zulässig ist dies nur bei einem übergeordneten öffentlichen Interesse. Ein überwiegendes privates Interesses eines beteiligten Dritten kommt hier nicht in Betracht.

b) Wegen des Ausnahmecharakters ist die Anordnung der sofortigen Vollziehung im Untersagungsbescheid unter Abwägung des öffentlichen Vollzugsinteresses mit dem Aussetzungsinteresse der GmbH besonders zu begründen (§ 80 (3) Satz 1 VwGO).

AUFGABE 3

Ein durch einfachen Brief versandter Verwaltungsakt gilt nach § 41 (2) VwVfG BW als mit dem dritten Tage nach Aufgabe zur Post als bekannt gegeben. Die Aufgabe zur Post erfolgt am 23. November. Der dritte Tag, der auf den 23. November folgt, ist der 26. November. Der Geschäftsführer gibt an, den Brief an diesem Tag auch erhalten zu haben. Bei der Fristberechnung ist es unerheblich, ob der Verweisung in § 31 (1) VwVfG BW oder in § 57 (2) VwGO gefolgt wird. Nach § 187 (1) BGB beginnt die Widerspruchsfrist am 27. November, dem Tag nach der Bekanntgabe. Das Fristende fällt nach § 188 (2) BGB auf den 26. Dezember. Dabei handelt es sich jedoch um den 2. Weihnachtsfeiertag. Dies führt nach § 31 (3) VwVfG zur Verschiebung des Fristendes auf den nächsten Werktag, hier auf den 28. Dezember. Der Widerspruch ist demnach fristgerecht erhoben worden.

AUFGABE 4

Gewissheit über das Datum der Zustellung verschafft die Postzustellungsurkunde, da der Bedienstete der Post das Datum und, sofern gewünscht, auch die Uhrzeit der Zustellung oder des Zustellversuchs und der anschließenden Niederlegung vermerkt. In gleichem Maße tritt die Gewissheit bei der Zustellung durch einen Bediensteten der Behörde gegen Empfangsbekenntnis oder bei einem „Übergabe-Einschreiben" ein. Das „Einwurf-Einschreiben" hingegen ist nicht ausreichend.

AUFGABE 5

Der Geschäftsführer macht im Hinblick auf seine Gesellschaftereinlage für sich den grundrechtlichen Schutz des Eigentums (Art. 14 (1) GG) geltend. Seine Angestellten sieht er durch die Berufsfreiheit (Art. 12 (1) GG) geschützt.

18 Die zu laute Gaststätte

Am Beispiel des Landesrechts Niedersachsen, wobei nach § 1 (1) NVwVfG das VwVfG des Bundes Anwendung findet.

Aufgabe 1

a) Der Widerruf der Erlaubnis stellt einen Verwaltungsakt dar, weil auch die Erlaubnis durch einen solchen ergangen ist. Nach der Darstellung im Sachverhalt ist der Landkreis Obertal die zuständige Erlaubnisbehörde. Für den Widerruf ist damit ebenfalls der Landkreis Obertal sachlich und örtlich zuständig.

Mit dem Widerruf wurde dem T. das Recht zur gastgewerblichen Nutzung bisher zugelassener Flächen entzogen. Damit wurde in seine Rechte eingegriffen und er hätte nach § 28 (1) VwVfG angehört werden müssen, wenn ein Ausnahmefall nicht gegeben wäre. Ein besonders dringendes öffentliches Handlungsinteresse (§ 28 (2) Nr. 1 VwVfG) kann vorliegend jedoch nicht begründet werden, denn über einen längeren Zeitraum wurde die spätabendliche Nutzung ermahnend hingenommen. Besondere Umstände, die nun ein sofortiges Handeln ohne Anhörung gebieten, sind nicht erkennbar. Da alle anderen Ausnahmefälle ohnehin nicht zutreffen, ist die Anhörung mithin zu Unrecht unterblieben. Dies führt zur formellen Rechtswidrigkeit des Bescheides.

Die Verfügung an sich erfüllt nach dem Hinweis im Sachverhalt die formell an sie zu stellenden Voraussetzungen. Der Tenor ist auch inhaltlich hinreichend bestimmt und rechtlich und tatsächlich nicht unmöglich.

b) Der Widerruf wird durch die am 01. 07. 2005 eingetretene Änderung des GastG nicht hinfällig. Weil T. auch Alkohol ausschenkt, bleibt sein Betrieb auch nach Änderung des § 2 (2) GastG erlaubnispflichtig. Der Widerruf erfolgt zu Recht, wenn er durch eine gesetzliche Ermächtigung gedeckt ist. Hier kommt § 15 (3) Nr. 1 GastG in Betracht, der als spezialgesetzliche Regelung § 49 VwVfG in der Anwendung verdrängt (§ 1 (2) VwVfG). Danach kann eine gaststättenrechtliche Erlaubnis u. a. widerrufen werden, wenn andere als die zugelassenen Räume verwendet oder sonstige inhaltliche Beschränkungen nicht beachtet werden. Wenn § 15 (3) GastG gar den Widerruf der gesamten Erlaubnis ermöglicht, so kann bei Erfüllung des Tatbestandes erst recht ein auf das Vorgartengelände begrenzter Teilwiderruf auf ihn gestützt werden. Fraglich ist, ob T. andere als die zugelassenen Räume genutzt hat.

Mit dieser Widerrufsmöglichkeit soll erreicht werden, dass keine für den Gaststättenbetrieb ungeeigneten Räumlichkeiten genutzt werden. Dies hat T. jedoch nicht getan. Er hat das Vorgartengelände zwar außerhalb der zugelassenen Zeiten in seinen Betrieb einbezogen, aber dadurch werden die Räumlichkeiten nicht an sich ungeeignet. Das Vorgartengelände ist auch nicht abwechselnd ein zugelassener (10:00 bis 21:00 Uhr) und ein nicht zugelassener Raum (21:01 bis 09:59 Uhr), sondern insgesamt zugelassen. Anderenfalls müsste man zu der Auffassung gelangen, dass während der Sperrzeiten alle Räume nicht für den Gaststättenbetrieb zugelassen sind. Mangels zugelassener Räumlichkeiten würde dann aber während der Sperrzeit überhaupt keine Erlaubnis mehr existieren können. Diese Auslegung ergibt erkennbar keinen Sinn.

Allerdings ist die Nutzung dieses Gaststättenteils inhaltlich beschränkt. Von der Erlaubnis darf nur zu bestimmten Zeiten Gebrauch gemacht werden. An diese inhaltliche Beschränkung hat sich T. nicht gehalten. Nun vermag aus Gründen der Verhältnismäßigkeit nicht jede Missachtung inhaltlicher Beschränkungen den Widerruf zu rechtfertigen, sondern nur ein besonders gravierendes oder hartnäckiges Verhalten. Dass der Landkreis Obertal dies angenommen hat, kann nicht beanstandet werden. Die zugelassene Nutzungszeit wird mehrfach weit überschritten und eine Änderung tritt auch nach jeweiligen behördlichen Ermahnungen nicht ein. Die vom Landkreis Obertal vorgenommene Ermessensabwägung zulasten des T. ist nicht fehlerhaft. Der Widerruf der Erlaubnis zur Nutzung des Vorgartengeländes erfolgte zu Recht.

AUFGABE 2

Die förmliche Zustellung erfolgte am 5. März 2009. Nach § 74 (1) S. 2 VwGO wäre eine Anfechtungsklage innerhalb eines Monats nach Bekanntgabe des Bescheids zulässig. In Bundesländern, in denen anders als in Niedersachsen noch ein Widerspruchsverfahren vorgeschaltet ist, gilt die gleiche Frist für die Einlegung des Widerspruchs. Die Frist beginnt nach § 31 (1) VwVfG bzw. § 57 VwGO und § 187 (1) BGB am 6. März 2009. Das Ende der Frist fällt gemäß § 188 (2) BGB auf den 5. April 2009. Dabei handelt es sich jedoch um einen Sonntag. Gemäß § 193 BGB verschiebt sich das Fristende auf den nächsten Werktag. Das ist der 6. April 2009. Mit Beginn des 7. April 2009 würde der Teilwiderruf Rechtskraft erlangen.

19 Der klingelnde Eismann

Am Beispiel des Landesrechtes Sachsen.

AUFGABE 1

Landkreis Elbeland
Der Landrat

Landkreis Elbeland, Der Landrat

Herrn
Luigi Camerosi
Schlemmweg 14
04117 Gussdorf

Amt
Straßenverkehrsamt

Sachbearbeitung
Wilfried Waffel

Dienstgebäude	Zimmer
Moorstraße 17	4

Ihr Schreiben vom	Mein Zeichen	Telefon	Telefax	Datum
7. März 2009	36 60 13	0394 718-23	0394 718-25	25. März 2009

Ausnahmegenehmigung nach der Straßenverkehrsordnung

Sehr geehrter Herr Camerosi,

ich genehmige Ihnen unter den nachstehenden Auflagen befristet bis zum 30. September 2009 im öffentlichen Straßenverkehr der Gemeinden Vorderroda, Ermhausen, Schorda und Gussdorf den Straßenverkauf von Speiseeis aus einem Verkaufswagen heraus. Die Genehmigung steht unter dem Vorbehalt des jederzeitigen Widerrufs.

Sie haben die Kosten des Verfahrens in Höhe von 51,00 EUR zu tragen.

Auflagen:
1. Auf Bundes- und Landesstraßen ist der Verkauf nur im Bereich von Parkstreifen und -plätzen entlang der Fahrbahn zulässig. Ein Verkauf direkt auf der Fahrbahn ist nicht zulässig.
2. Verkehrsbehinderungen und -stauungen sind zu vermeiden. Der Verkauf ist in einem solchen Fall unverzüglich einzustellen.
3. Diese Ausnahmegenehmigung ist mitzuführen und auf Verlangen Polizeibeamten und anderen berechtigten Personen auszuhändigen
4. Weisungen von Polizeibeamten ist in jedem Falle Folge zu leisten.
5. Ein Ausklingeln zur Werbung für den Eisverkauf ist in der Zeit von 13 bis 15 Uhr nicht gestattet.

Begründung:
Nach § 33 (1) S. 1 Nr. 2 der Straßenverkehrs-Ordnung (StVO) vom 16. November 1970 (BGBl. I, S. 1565) in der derzeit geltenden Fassung ist das Anbieten von Waren und Leistungen aller Art auf der Straße verboten, wenn dadurch Verkehrsteilnehmer in einer den Verkehr gefährdenden oder erschwerenden Weise abgelenkt oder belästigt werden können. Zweckbestimmung der Straße ist ihre Nutzung zur Fortbewegung sowie das im Zusammenhang mit der Verkehrsteilnahme stehende Abstellen von Fahrzeugen. Hingegen sind Straßen nicht dazu geschaffen worden, Waren und Dienstleistungen anzubieten, die üblicherweise in einem Geschäftslokal offeriert werden. Das Anhalten des Verkaufswagens ist nicht verkehrsbedingt, sondern erfolgt gezielt an immer wiederkehrenden Stellen zum Zwecke des Warenverkaufs. Damit verbunden ist eine häufige Behinderung des übrigen Straßenverkehrs, da Fahrzeuge nur einspurig den Verkaufswagen passieren können. Das von Ihnen beabsichtigte Geschäftsvorhaben ist daher grundsätzlich verboten.

§ 46 (1) S. 1 Nr. 9 StVO lässt auf Antrag die Erteilung einer einzelnen oder generellen Ausnahmegenehmigung von diesem Verbot durch die Straßenverkehrsbehörde zu. Einen entsprechenden Antrag haben Sie bei mir mit Schreiben vom 7. März 2009 gestellt.

Diesem Antrag kann ich nicht stattgeben, soweit er sich auf das Gebiet der Stadt Nussberg erstreckt. Zuständige Straßenverkehrsbehörden für die Erteilung der Ausnahmegenehmigungen sind nach § 44 StVO in Verbindung mit § 2 (5) der Sächsischen Landkreisordnung, § 3 (3) der Sächsischen Gemeindeordnung und § 1 Nr. 5 der Verordnung über die Zuständigkeit der Großen Kreisstädte die Landkreise, die kreisfreien Städte und die Großen Kreisstädte. Bei der Stadt Nussberg handelt es sich um eine Große Kreisstadt, die als eigene Straßenverkehrsbehörde in ihrem Gebiet über Ausnahmegenehmigungen von § 33 StVO selbst entscheidet.

Im Übrigen ist über Ihren Antrag nach pflichtgemäßem Ermessen zu entscheiden. Bei der Ermessensausübung ist zu berücksichtigen, ob der Schutzzweck des Verbots, die Sicherheit und Leichtigkeit des Straßenverkehrs, auch im Falle der Erteilung einer Ausnahmegenehmigung nicht oder nur unwesentlich beeinträchtigt wird.
Ihr verständliches Interesse an einer erwerbswirtschaftlichen Betätigung, die nur für wenige Minuten an der gleichen Stelle erfolgt und damit regelmäßig keine fortdauernde Beeinträchtigung des Verkehrsflusses darstellt, ist geeignet, um die Grundregel des Verbots zu durchbrechen. Diese Ausnahme von der Regel kann jedoch nur so weit hingenommen werden, wie der dauerhafte Vorrang des Straßenverkehrs und insbesondere die Sicherheit der Verkehrsteilnehmer gewährleistet bleibt.

Unter diesen Gesichtspunkten ist es ermessensgerecht, die beantragte Ausnahmegenehmigung unter den Zweck des Verbots sichernden Nebenbestimmungen zu erteilen. Nach § 46 (3) StVO kann die Ausnahmegenehmigung unter dem Vorbehalt des Widerrufs erteilt und mit Bedingungen, Befristungen und Auflagen versehen werden. Die von mir angeordneten Auflagen tragen den Umständen Rechnung, dass

- auf Bundes- und Landesstraßen überörtlicher Fahrzeugverkehr – darunter Schwerlastverkehr – stattfindet, der nicht behindert werden darf,
- der Straßenverkehr Vorrang vor dem Warenverkauf hat,
- eine Kontrolle Ihres Verhaltens im Straßenverkehr möglich sein muss,
- eine Belästigung Dritter durch Werbung für den Warenverkauf weitgehend vermieden wird.

Die eingangs genannten Auflagen sind geeignet und erforderlich, um die vorstehenden Ziele zu erreichen. Sie führen auch nicht dazu, dass die Ausnahmegenehmigung unzumutbar eingeschränkt und praktisch inhaltsleer wird, sondern stehen zu den beiderseitigen Interessen in einem angemessenen Verhältnis.

Die Genehmigung wird von mir auf die Hauptverkaufszeit von Speiseeis befristet, da in späteren Monaten das Interesse an dem dann zu erwartenden wesentlich geringeren Umsatz hinter den verkehrlichen Interessen zurücktreten muss. Im Übrigen erlaubt mir die Befristung eine Neubeurteilung der Sachlage, falls Sie einen Folgeantrag stellen. Bei Verstößen gegen die Auflagen oder einer übrigen Veränderung der Sach- und Rechtslage bin ich nicht auf ein Widerrufsverfahren angewiesen. Dennoch muss ich mir den Widerruf vorbehalten, damit ich im Fall schwerwiegender Zuwiderhandlungen nicht das Ende der Befristung abwarten muss, um eventuellen Entschädigungszahlungen aufgrund eingetretenen Vertrauensschutzes zu entgehen.

Die Verpflichtung zur Übernahme der Verwaltungskosten ergibt sich aus §§ 1, 2 und 4 der Gebührenordnung für Maßnahmen im Straßenverkehr vom 26. Juni 1970 (BGBl. I, S. 865) in ihrer jetzigen Fassung. Als Antragsteller haben Sie meine Amtshandlung veranlasst und sind demnach Kostenschuldner. Die Kostenhöhe richtet sich nach Gebührenziffer 264 der Anlage zu § 1. Im zulässigen Gebührenrahmen habe ich das Maß des Verwaltungsaufwandes und den wirtschaftlichen Vorteil zu berücksichtigen. Die Bearbeitung Ihres Antrages ist mit einer Stunde anzusetzen. Die Gebühr wird deshalb auf 51,00 EUR festgesetzt.

Ich bitte den Betrag innerhalb von zehn Tagen unter Angabe des Kassenzeichens 01.1084.300185 an die Kreiskasse (Konten siehe Rückseite) zu überweisen. Bei nicht fristgerechter Zahlung muss die Vollstreckung nach dem Sächsischen Verwaltungs-Vollstreckungs-Gesetz eingeleitet werden. Die hierbei entstehenden Nebenleistungen (z. B. Mahngebühren, Säumniszuschläge) gehen zu Ihren Lasten.

Rechtsbehelfsbelehrung
Gegen diesen Bescheid kann innerhalb eines Monats nach Bekanntgabe Widerspruch erhoben werden. Der Widerspruch ist beim Landkreis Elbeland, Moorstraße 17, 04114 Schmelzfurt schriftlich oder zur Niederschrift einzulegen. Die Frist wird auch durch rechtzeitige Einlegung des Widerspruchs beim Regierungspräsidium Elbflorenz, Regentenstraße 3, 04110 Elbflorenz gewahrt.

Mit freundlichen Grüßen

Im Auftrag
Waffel

AUFGABE 2

Landkreis Elbeland
Der Landrat

Per Telefax

Gemeinde Vorderroda

Amt	
Straßenverkehrsamt	
Sachbearbeitung	
Wilfried Waffel	
Dienstgebäude	Zimmer
Moorstraße 17	4

Ihr Schreiben von	Mein Zeichen	Telefon	Telefax	Datum
22. März 2009	36 60 13	0394 718-23	0394 718-25	25. März 2009

Ausnahmegenehmigung nach der Straßenverkehrsordnung für Herrn Luigi Camerosi

In der Anlage übersende ich eine Durchschrift der Herrn Luigi Camerosi erteilten Ausnahmegenehmigung zum Verkauf von Waren auf der Straße. Ihre Stellungnahme konnte nicht zu einer Ablehnung des Antrages führen, da es nicht Aufgabe und Zielsetzung der StVO ist, eine wettbewerbsrechtliche Bedarfsprüfung vorzunehmen. Über den Antrag ist vielmehr nach pflichtgemäßem Ermessen zu entscheiden. Fragen des Konkurrenzschutzes zugunsten örtlicher Betriebe sind jedoch keine mit § 33 StVO zu vereinbarenden Ermessenserwägungen. Aus § 33 StVO geht abschließend hervor, warum das Anbieten von Waren und Dienstleistungen auf Straßen in bestimmten Fällen verboten ist und eine Ausnahmegenehmigung überhaupt erfordert. Nur aus diesen Gründen darf eine Ausnahmegenehmigung abgelehnt werden, wenn sie anderen Bewerbern bereits erteilt wurde.

Im Auftrag

Waffel

20 Ein Landwirt im Urlaub

Am Beispiel des Landesrechts Hessen.

AUFGABE 1

Als Rechtsgrundlage einer solchen Anordnung käme § 16a Nr. 3 TierSchG in Betracht. Für dessen Ausführung sind nach § 1 (1) des Gesetzes zum Vollzug von Aufgaben auf den Gebieten des Veterinärwesens, der Lebensmittelüberwachung und des Verbraucherschutzes die Landräte der Landkreise sachlich zuständig. Da sich der Hof des S. auf dem Gebiet des Landkreises Werra befindet, ist dieser auch örtlich zuständig. Der Landkreis Werra wäre mithin für die Anordnung des Tierhaltungsverbotes die zuständige Behörde.

Das Verbot des Haltens von Tieren jeder Art stellt einen Verwaltungsakt dar, der in die Rechte des Betroffenen eingreift. Ihm ist daher nach § 28 (1) HVwVfG die Gelegenheit zu geben, sich zum Sachverhalt zu äußern. Mit Schreiben vom 10. März 2009 hat der Landkreis Werra die vorgeschriebene Anhörung durchgeführt und für eine Äußerung des S. eine ausreichende Frist bestimmt. Die Anhörung ist damit ordnungsgemäß durchgeführt worden. S. ist die Gelegenheit zur Stellungnahme gegeben worden, dass er sie nicht genutzt hat, beeinflusst das weitere Verfahren nicht.

Besondere formelle Anforderungen an den beabsichtigten Verwaltungsakt werden gesetzlich nicht gestellt. Das Tierhaltungsverbot müsste aber den allgemeinen Anforderungen an einen Verwaltungsakt nach §§ 37, 39 HVwVfG entsprechen.

§ 16a Nr. 3 TierSchG nennt mehrere Voraussetzungen, die für das Tierhaltungsverbot erfüllt sein müssen. Da sie zum Teil nebeneinander vorliegen müssen, teilweise aber auch alternativ zueinander stehen, empfiehlt sich zunächst eine übersichtliche Darstellung:

- wiederholte oder grobe
- Zuwiderhandlung gegen § 2 TierSchG oder eine Anordnung oder Rechtsverordnung nach § 2a TierSchG
- und dadurch
- Zufügen von erheblichen oder länger anhaltenden Schmerzen oder Leiden oder Schäden
- bei von ihm gehaltenen oder betreuten Tieren
- wenn Tatsachen die Annahme weiterer solcher Handlungen rechtfertigen

Aus dem aktuellen Vermerk des Amtstierarztes geht hervor, dass 24 Tiere so unterernährt waren, dass sie zum Teil nicht mehr auf ihren Beinen stehen konnten. 17 weitere Rinder zeigten bereits Mangelerscheinungen, das für sie kaum noch erreichbare Futter war zudem von sehr schlechter Qualität. Zudem waren die Tiere festgekettet, was bei einigen zu erheblichen Hautverletzungen führte. Die Tiere standen in ihrem nicht beseitigten Kot und Urin. Diese Umstände belegen, dass S. eindeutig gegen seine Verpflichtungen zur ordnungsgemäßen Ernährung, Unterbringung, Pflege (§ 2 Nr. 1 TierSchG) und artgerechten, schmerz- und leidensfreien Haltung (§ 2 Nr. 2 TierSchG) verstoßen hat. Ob die Verstöße an sich bereits als grob zu bewerten sind, bedarf letztlich keiner Klärung und ggf. ergänzenden tierärztlichen Stellungnahme, denn aus der Anhörung geht hervor, dass S. seine Pflichten bereits zuvor verletzt hatte. So ließ er im Sommer seine Rinder ohne Wasser (§ 2 Nr. 1 TierSchG) und fügte seinen Schweinen beim Schlachten ohne Betäubung vermeidbare Schmerzen zu. Damit liegen zumindest wiederholte Verstöße gegen die genannten tierschutzrechtlichen Bestimmungen vor.

Der Amtstierarzt hat ferner festgestellt, dass die Rinder Verletzungen davontrugen. Nach dem Zeitungsbericht haben die Tiere bereits aufgrund der Schmerzen und des Hungerleidens gebrüllt. Es bedarf keiner weiteren Erörterung, dass zwischen den von S. begangenen Zuwiderhandlungen durch Unterlassen und den eingetretenen Leiden und Schmerzen ein direkter sachlicher Zusammenhang besteht. Unbestritten ist auch, dass S. als Landwirt Halter der Tiere ist. Da § 16a TierSchG eine Schutznorm und keine ordnungs- oder strafrechtliche Sanktionsnorm ist, reicht ein Fehlverhalten in der Vergangenheit für das Tierhalteverbot nicht aus. Es muss geprüft werden, ob aufgrund der bisherigen Ereignisse zu erwarten ist, dass S. weiterhin die ihm als Tierhalter obliegenden Pflichten gröblich oder wiederholt verletzen wird.

In diesem Zusammenhang ist zu betrachten, dass gegen S. bereits Sanktionsmaßnahmen ergriffen worden sind. So wurden wegen Verstoßes gegen das Tierkörperbeseitigungsgesetz und gegen das Tierschutzgesetz bereits Ermittlungsverfahren durchgeführt. Diese haben aber offenbar S. nicht so weit beeindrucken können, dass er bei der Tierhaltung sorgsamer wurde. Im Gegenteil zeigt er sich wegen der laufenden Ermittlungen und des schlechten Zustandes seiner Herde gänzlich unbesorgt und denkt nicht an eine vorzeitige Rückkehr aus dem Urlaub. Es liegen somit hinreichend Tatsachen für die Annahme vor, dass S. auch in Zukunft seinen Tierbestand nicht im Einklang mit dem Tierschutzrecht halten wird.

Nach § 16a TierSchG trifft die zuständige Behörde die „notwendigen Anordnungen". Das allgemeine Tierhalteverbot ist eine der beispielhaft aufgeführten und im Vergleich zur Erlangung des Sachkundenachweises oder anderen denkbaren Maßnahmen wie die zahlenmäßige Reduzierung des Tierbestandes sicher die schärfste denkbare Maßnahme. Nach dem bei der Ermessensausübung zu berücksichtigenden Grundsatz der Verhältnismäßigkeit ist das generelle Verbot, Tiere zu halten, nur dann gerechtfertigt, wenn weniger einschneidende Anordnungen den gewünschten Erfolg nicht erzielen können. Dabei ist in besonderem Maße zu berücksichtigen, dass der Bauernhof die Erwerbsquelle des S. darstellt und er bei Anordnung eines Tierhalteverbotes in seiner beruflichen Existenz schwer bedroht, wenn nicht gar vernichtet wird. Das Tierhalteverbot als letztes Mittel setzt daher eine besonders gravierende Gefahr künftiger Zuwiderhandlungen voraus, vor denen die Tiere unbedingt geschützt werden müssen.

Ausreichende Sachkunde kann bei S. vorausgesetzt werden, denn er ist gelernter Landwirt. Auch kann nicht von einer durch die Größe des Tierbestandes ausgehenden Überforderung ausgegangen werden, denn die Tiere befinden sich nicht aufgrund von Überlastung des S. in diesem Zustand. S. ist auch nicht unverschuldet, beispielsweise durch plötzliche Erkrankung und damit verbundene Handlungsunfähigkeit in diese Situation geraten, sondern er hat sie vielmehr aufgrund eines charakterlichen Mangels gleichgültig herbeigeführt. Ihm hätte gerade aufgrund seiner Sachkunde bekannt sein müssen, dass seine Rinderherde nicht drei Wochen unversorgt bleiben kann. Dies hätte nicht zwangsläufig bedeutet, dass er nicht in der Urlaub hätte fahren können, denn es wäre ihm zumutbar gewesen, eine Betreuung der Tiere durch einen Dritten (z. B. durch seinen jetzt eingreifenden Bruder) sicherzustellen. S. scheinen jedoch die Leiden und Schmerzen der ihm anvertrauten Lebewesen geradezu gleichgültig, wie auch aus der Schlachtung der Schweine ohne Betäubung und seiner mangelnden Bereitschaft zur vorzeitigen Beendigung seines Urlaubs deutlich wird. Diese charakterliche Fehleinstellung wird begleitet von der allgemeinen Neigung zum Verstoß gegen Rechtsvorschriften. Der Verstoß gegen das Tierkörperbeseitigungsgesetz und das Schlachten in einem dafür nicht zugelassenen Raum stehen in unmittelbarem Zusammenhang mit einer Tierhaltung, wenngleich diese Verstöße für sich allein genommen noch nicht so gravierend sind.

Alles in allem aber sind die bei S. festzustellenden schädlichen Neigungen in einem Maß ausgeprägt, das ein absolutes Tierhalteverbot rechtfertigt. Zahl, Art und Umstände der Taten lassen befürchten, dass unabhängig von der Tierart bei einer fortgesetzten Tierhaltung erneut erhebliche Verstöße vorkommen werden, die nicht so vergleichsweise glimpflich ausgehen müssen. In der Abwägung ist es daher ermessensgerecht, wenn das Interesse des Tierschutzes höher bewertet wird als das Interesse des S. an einer weiteren, seine berufliche Existenz sichernden Tierhaltung. Dabei ist auch zu berücksichtigen, dass ein landwirtschaftlicher Betrieb nicht zwangsläufig mit einer Tierhaltung verbunden sein muss und dass die Untersagung der Tierhaltung nicht verbunden ist mit einer Untersagung der Tierbetreuung. S. könnte mithin als angestellter Landwirt arbeiten, denn er unterläge dann einer Beaufsichtigung des Tierhalters, sodass ähnliche Verstöße abgewendet werden könnten.

AUFGABE 2

a) Da der Bescheid mit einer ordnungsgemäßen Rechtsbehelfsbelehrung versehen war, beträgt die Widerspruchsfrist einen Monat (§ 70 (1) VwGO). Bei der Fristberechnung ist es unerheblich, ob der Verweisung in § 31 (1) VwVfG oder in § 57 (2) VwGO gefolgt wird. Nach § 187 (1) BGB beginnt die Widerspruchsfrist am 10. April, dem Tag nach der Zustellung. Das Fristende fällt nach § 188 (2) BGB auf den 9. Mai. Dabei handelt es sich jedoch um einen Samstag, sodass sich das Fristende auf den

11. Mai verschiebt (§ 193 BGB). Bis zum Ablauf dieses Tages muss der Widerspruch eingegangen sein. Ein Widerspruch ist nicht möglich, soweit dieser durch landesrechtliche Bestimmungen ausgeschlossen ist (z. B. in Niedersachsen).

b) Soweit S. gegen die Anordnung keinen Widerspruch erhebt, ist sie am 12. Mai bestandskräftig. Will der Landkreis Werra die Tiere veräußern, weil S. trotz des ausgesprochenen Verbots, Tiere zu halten, die Rinder nicht veräußert, so will er eine aus seiner Sicht dem S. obliegende Verpflichtung wahrnehmen. Die Versteigerung wäre mithin eine Ersatzvornahme nach § 49 (1) HSOG. Eine Ersatzvornahme setzt begrifflich voraus, dass eine vertretbare Handlung des Adressaten des Verwaltungsaktes durch die Behörde ersetzt wird. Die Veräußerung der Rinderherde stellt eine vertretbare Handlung dar, sodass eine Ersatzvornahme begrifflich möglich ist.

   In rechtlicher Hinsicht ist für die Ersatzvornahme grundsätzlich ein vollstreckbarer Verwaltungsakt, der auf die Vornahme einer Handlung gerichtet ist, erforderlich (§§ 47 (1), 49 (1) HSOG). Hier liegt zwar mit der Untersagung der Tierhaltung ein bestandskräftiger Verwaltungsakt vor. Dabei handelt es sich aber um einen Verwaltungsakt, aus dem heraus keine Vollstreckung im Wege der Ersatzvornahme möglich ist. Mit der ergangenen behördlichen Anordnung ist dem S. ein bestimmtes Verhalten untersagt worden. Damit ist jedoch nicht gleichzeitig das Gebot verbunden, die Tiere zu veräußern. Nur das wäre aber eine vertretbare und durch Ersatzvornahme vollstreckbare Handlung. Die Untersagung an sich und damit das Unterlassen einer Tierhaltung ist nicht vertretbar und durch keine Ersatzvornahme vollstreckbar. Der Landkreis Werra müsste mithin mit der Untersagung der Tierhaltung auch die Aufforderung zum Verkauf der Tiere verbinden.

21 Das lästige Fahrtenbuch

Am Beispiel des Landesrechts Schleswig-Holstein.

AUFGABE 1

Der Bescheid enthält zwei Anordnungen, deren Rechtmäßigkeit jeweils eigenständig zu prüfen ist.

a) Anordnung zur Führung des Fahrtenbuchs

   Die Anordnung zum Führen eines Fahrtenbuchs ist ein Verwaltungsakt im Sinne das § 106 LVwG. Sachlich zuständig für die Anordnung des Fahrtenbuchs ist nach § 68 (1) Satz 1 StVZO die nach Landesrecht bestimmte untere Verwaltungsbehörde. Dies ist gemäß § 2 (1) Nr. 2 der Straßenverkehrsrechts-Zuständigkeitsverordnung der Landrat als Kreisordnungsbehörde. Die örtliche Zuständigkeit richtet sich laut § 68 (2) Satz 1 StVZO nach dem Wohnsitz des Betroffenen. Eberhard Erbig wohnt in Hastdorf, das nach dem Bearbeitungshinweis im Landkreis Südwestliches Holstein liegt. Der Landrat des Landkreises war somit für die Anordnung der Fahrtenbuchauflage zuständig.

   Mit der verkehrsbehördlichen Anordnung wird dem Studenten eine bis dahin nicht zu erfüllende Verpflichtung zur Aufzeichnung über die Nutzung seines Fahrzeugs auferlegt. Diese Verpflichtung erfüllt alle Merkmale eines Verwaltungsaktes und die Behörde hat erkennbar auch durch einen solchen gehandelt. Der Verwaltungsakt greift in die Rechte von Erbig ein, denn er verlangt von ihm ein Handeln, das andere Fahrzeughalter und bisher auch er selbst nicht vorzunehmen brauchten. Nach § 87

(1) LVwG musste Erbig daher die Gelegenheit haben, sich zum Sachverhalt zu äußern. Diese Anhörung wurde aber nicht durchgeführt. Zwar erhielt Erbig einen Anhörungsbogen. Dieser bezog sich aber auf das Ordnungswidrigkeitenverfahren und kann nicht auch für das Verwaltungsverfahren gelten. Zur Anhörung gehört, dass der Betroffene sich zu der beabsichtigten Maßnahme äußern kann. Von einer Fahrtenbuchauflage ist aber im Bußgeldverfahren nicht hinreichend konkret die Rede. Im vorliegenden Bescheid wird kein Grund genannt, warum von einer Anhörung nach § 87 (2) LVwG abgesehen wurde. Ein solcher Grund ist auch nicht erkennbar.

Der Bescheid erging schriftlich und genügt auch im Übrigen den formellen Anforderungen nach § 108 (1–3) LVwG. Nach § 109 (1) LVwG sind in dem Bescheid die wesentlichen tatsächlichen und rechtlichen Gründe mitzuteilen. Auch dies erfolgt für die Fahrtenbuchanordnung. Jedoch lässt sich der Begründung nicht entnehmen, dass der Landrat das durch § 31a StVZO eingeräumte Ermessen erkannt hat, denn welche Gesichtspunkte für oder gegen eine solche Fahrtenbuchauflage sprechen und wie sie gegeneinander abgewogen werden, lässt sich nicht nachvollziehen.

Die Anordnung, ein Fahrtenbuch zu führen, ist demnach formell rechtswidrig.

Materiell ist zu prüfen, ob die tatbestandlichen Voraussetzungen wie behauptet vorliegen. Nach § 31a StVZO kann die Fahrtenbuchauflage erfolgen, wenn nach einer Zuwiderhandlung gegen Verkehrsvorschriften der verantwortliche Fahrzeugführer nicht ermittelt werden kann. Der Verkehrsverstoß in Form einer erheblichen Geschwindigkeitsüberschreitung ist unbestritten. Die Ermittlungsbehörden haben alles versucht, um innerhalb der Verjährungsfrist den Fahrer festzustellen. Eberhard Erbig benannte eine Vielzahl von möglichen Fahrern. Ihre Passbilder wurden mit dem Radarmessfoto verglichen und soweit sie erreichbar waren, wurden sie auch von der Polizei als Zeugen befragt. Aber auch dieser Aufwand führte nicht zum Erfolg. Innerhalb der Verjährungsfrist war der verantwortliche Fahrzeugführer nicht ermittelbar. Der Tatbestand von § 31a StVZO ist damit erfüllt. Die Entscheidung über die Fahrtenbuchauflage ist in das Ermessen der Verwaltungsbehörde gestellt.

Nach § 73 LVwG ist das Ermessen entsprechend dem Zweck der Ermächtigung auszuüben. Sinn der Fahrtenbuchauflage ist dabei keine „Ersatzbestrafung" des Fahrzeughalters, weil der Verkehrsrowdy nicht verfolgt werden kann. Vielmehr ist eine gefahrenabwehrrechtliche Zielsetzung gegeben. Dem Fahrzeughalter darf es nicht gleichgültig sein, wie die Personen, denen er sein Fahrzeug überlässt, dieses im öffentlichen Straßenverkehr nutzen. Er trägt vielmehr eine gesteigerte Verantwortung dafür, dass die Verkehrsvorschriften eingehalten und Verstöße bei deren Nichteinhaltung geahndet werden können. Er muss das aus seiner Sicht Zumutbare tun, um den Fahrer zu ermitteln. Ist er dazu nicht bereit oder in der Lage, so kann durch ein Fahrtenbuch sichergestellt werden, dass im Wiederholungsfall der Verantwortliche ermittelt werden kann.

Der Landrat des Landkreises Südwestliches Holstein hat daher zu entscheiden, ob die Fahrtenbuchauflage geeignet, erforderlich und angemessen ist, um dieses Ziel zu erreichen. Dieser Verpflichtung kommt er offenbar nicht nach, denn nach der Begründung des Bescheides reicht ihm die Erfüllung des Tatbestandes aus, um die Fahrtenbuchauflage anzuordnen. Es muss von einem Ermessensnichtgebrauch ausgegangen werden, der zur materiellen Rechtswidrigkeit des Bescheides führt. Selbst wenn der Anordnung nicht dargelegte Ermessenserwägungen vorausgegangen sein sollten, so wäre das Ermessen wegen einer Verletzung des Grundsatzes der Verhältnismäßigkeit rechtswidrig ausgeübt worden. Die Fahrtenbuchauflage ist zwar ein geeignetes und nach der Rechtsfolge auch einzig vorgesehenes Mittel. Sie ist jedoch in dem angeordneten Umfang nicht erforderlich.

Zu der Tatsache, dass der Fahrzeugführer nicht ermittelt werden kann, trägt maßgeblich bei, dass das Fahrzeug von Eberhard Erbig einer Vielzahl von Personen überlassen wird. In seiner studentischen Wohngemeinschaft hat jeder Zugang zu dem Fahrzeugschlüssel. Auch Familienangehörige nutzen gelegentlich das Fahrzeug. Es kann jedoch nicht davon ausgegangen werden, dass diese Umstände und damit die Gefahr einer Wiederholung dieser Vorkommnisse unbegrenzt fortdauern. Es darf erwartet werden, dass Eberhard Erbig nicht sein ganzes Leben in einer Wohngemeinschaft zubringt und dass auch der elterliche Einfluss mit zunehmender Zeit abnehmen wird. Spätestens dann aber sinkt die Wahrscheinlichkeit, dass nach einem Verkehrsverstoß der Fahrer nicht festgestellt werden kann. Es dürfte angesichts der jetzt aufgetretenen Unannehmlichkeiten sogar zu erwarten sein, dass Herr Erbig den Zugang zu seinem Fahrzeug besser kontrolliert, denn schließlich besteht für sein Fahrzeug bei einer derart gefährlichen Fahrweise auch eine erhöhte Unfallgefahr. Es ist daher nicht erforderlich, von Aufwand und Nutzen her mindestens aber unangemessen, die Fahrtenbuchauflage auf Dauer und für jedes Ersatzfahrzeug anzuordnen. Es würde ausreichen, die Fahrtenbuchauflage z. B. auf die Dauer von 18 Monaten zu befristen. Würde nach dieser Zeit erneut ein vergleichbarer Fall eintreten oder könnte in dieser Zeit der Fahrer nicht ohne Blick in das Fahrtenbuch ermittelt werden, so würde eine hinreichende Rechtfertigung für eine unbefristete Anordnung bestehen.

Die Anordnung zur Führung des Fahrtenbuchs ist daher formell und materiell rechtswidrig.

b) Für die Anordnung der sofortigen Vollziehung ist die Behörde zuständig, die in der Hauptsache oder über den Widerspruch in der Hauptsache entscheidet. Die Zuständigkeit des Landrates ist daher gegeben. Er begründet jedoch entgegen § 80 (3) 1 VwGO die Anordnung der sofortigen Vollziehung nicht gesondert. Ein Ausnahmefall des § 80 (3) 2 VwGO ist nicht gegeben, sodass die Anordnung formell rechtswidrig ist.

   Materiell muss die sofortige Vollziehung in einem besonderen öffentlichen Interesse liegen (§ 80 (2) Satz 1 Nr. 4 VwGO). Einer sorgfältigen Abwägung des ausnahmsweise bevorrechtigten öffentlichen Vollzugsinteresses mit dem privaten Aussetzungsinteresse, der Verfügung bis zu einer Entscheidung über einen Widerspruch nicht Folge leisten zu müssen, als Regelfall, bedarf es hier jedoch nicht mehr. Die Anordnung zur Führung eines Fahrtenbuches ist, wie unter a) festgestellt, erkennbar rechtswidrig. Es kann jedoch an der sofortigen Vollziehung eines erkennbar rechtswidrigen Verwaltungsaktes kein öffentliches Interesse geben.

AUFGABE 2

Nach § 70 (1) S. 1 VwGO beträgt die Widerspruchsfrist einen Monat. In der in dem Bescheid vorgenommenen Rechtsbehelfsbelehrung ist hingegen von vier Wochen die Rede. Die Rechtsbehelfsbelehrung ist damit unrichtig erteilt. Nach § 58 (2) VwGO hat dies zur Folge, dass sich die Widerspruchsfrist auf ein Jahr verlängert.

Die Zustellung des Bescheides erfolgt am 14. März 2009. Bei der Fristberechnung ist es unerheblich, ob der Verweisung in § 57 (2) VwGO ins BGB gefolgt wird oder ob § 89 LVwG in Verbindung mit §§ 187 bis 193 BGB Anwendung findet. Nach § 89 (1) LVwG (bzw. § 187 (1) BGB) beginnt die Widerspruchsfrist am 15. März 2009, dem Tag nach der Bekanntgabe. Das Fristende fällt nach § 188 (2) BGB auf den 14. März 2010. Dabei handelt es sich um einen Sonntag, weshalb gemäß § 193 BGB das Fristende auf den folgenden Montag (15. März 2010) verschoben wird. Bis zu diesem Tag (Eingangsdatum) kann Eberhard Erbig seinen Widerspruch einlegen. Ein Widerspruch ist nicht möglich, wenn nach Landesrecht ein Widerspruchsverfahren nicht stattfindet (z. B. in Niedersachsen). In diesem Fall beträgt die Klagefrist einen Monat (§ 74 (1) VwGO).

AUFGABE 3

Um dies zu verhindern, muss die Anordnung der sofortigen Vollziehung aufgehoben oder zumindest ausgesetzt werden. Eberhard Erbig kann beim zuständigen Verwaltungsgericht die Wiederherstellung der aufschiebenden Wirkung seines Widerspruchs nach § 80 (5) VwGO beantragen. Wird seinem Antrag stattgegeben, so muss er das Fahrtenbuch erst führen, wenn das Widerspruchs- oder Klageverfahren für ihn unanfechtbar erfolglos bleibt.

AUFGABE 4

Die Gebührenerhebung ist zulässig, wenn der Landkreis Südwestliches Holstein dafür eine Rechtsgrundlage hat. Diese kann in der GebOSt gegeben sein. Die Anordnung zur Führung eines Fahrtenbuches stellt eine Amtshandlung (§ 1 GebOSt) dar. Diese wird vom Landrat des Landkreises Südwestliches Holstein erbracht. Er ist demnach Kostengläubiger. Fraglich ist, ob Herr Erbig Kostenschuldner ist und ob der Gebührentarif für die Anordnung einer Fahrtenbuchauflage eine Gebührenziffer vorsieht.

Kostenschuldner ist der Veranlasser einer Amtshandlung (§ 4 GebOSt). Das ist nicht nur derjenige, aufgrund dessen Antrag eine Amtshandlung vorgenommen wird, sondern auch derjenige, der durch sein Verhalten die tatbestandlichen Voraussetzungen für eine Amtshandlung schafft. Erbig ist Halter des betroffenen Fahrzeugs. Weil er dieses mehreren Personen zur Nutzung überlässt, ohne später den Fahrer benennen zu können, schafft er die Voraussetzungen für die Fahrtenbuchanordnung. Er ist daher Kostenschuldner.

Im aufgrund von § 1 GebOSt erlassenen Gebührentarif ist für die Anordnung einer Fahrtenbuchauflage nach Gebührenziffer 252 ein Gebührenrahmen von 21,50 EUR bis 93,10 EUR vorgesehen. Die Erhebung einer Verwaltungsgebühr ist daher zulässig. Allerdings teilen Kostenforderungen das Schicksal der Hauptsache. Für einen in der Hauptsache rechtswidrigen Bescheid können nicht rechtmäßig Verwaltungskosten erhoben werden. In diesem Fall wäre eine im Gebührenrahmen ansonsten zulässige Gebührenforderung ebenfalls rechtswidrig gewesen.

22 Schlampiger Umgang mit roten Kraftfahrzeugkennzeichen

Am Beispiel des Landesrechts Baden-Württemberg.

AUFGABE 1

a) Für die Aufhebung muss eine Rechtsgrundlage vorhanden sein, denn die Maßnahme greift in ein vorhandenes Recht des Autohauses auf Nutzung von roten Kennzeichen für vereinfachte Zulassungsverfahren ein. Die Aufhebung eines bestandskräftigen Verwaltungsaktes erfolgt durch Rücknahme eines rechtswidrigen oder Widerruf eines rechtmäßigen Verwaltungsaktes. Hier ergeben sich keine Anzeichen dafür, dass bereits beim Erlass des Verwaltungsaktes Gründe bekannt sind, die einer Zuteilung der Kennzeichen entgegenstehen. Vielmehr wird der Antrag mit vollständigen Unterlagen geprüft und genehmigt. Der aufzuhebende Verwaltungsakt erging daher rechtmäßig, könnte aber zu widerrufen sein.

Die FZV bietet keine solche Rechtsgrundlage, denn sie spricht zwar in § 16 (3) die Ausgabe auf Widerruf an, enthält aber keine Befugnis zum Erlass eines Widerrufsbescheides. Daher ist auf § 49 VwVfG BW als mögliche Rechtsgrundlage zurückzugreifen.

Die Zuständigkeit für die Entscheidung über einen Widerruf der Kennzeichenzuteilung bestimmt sich dennoch nach dem Spezialgesetz. Nach § 46 (1) FZV ist die nach Landesrecht dazu bestimmte untere Verwaltungsbehörde sachlich zuständig. Untere Verwaltungsbehörden sind nach § 15 (1) Nr. 1 LVG BW in den Landkreisen die Landratsämter und nach Maßgabe der §§ 19, 17 LVG BW auch die Großen Kreisstädte und die Verwaltungsgemeinschaften. In den Stadtkreisen sind die Gemeinden untere Verwaltungsbehörde (§ 15 (1) Nr. 2 LVG BW). Nach § 19 (1) Nr. 1e) LVG BW ist aber die Zulassung zum Straßenverkehr eine von der Zuständigkeit der Großen Kreisstädte und der Verwaltungsgemeinschaften ausgenommene Angelegenheit. Die Entscheidung bleibt daher dem Landratsamt des Landkreises vorbehalten. Die örtliche Zuständigkeit richtet sich nach § 46 (2) FZV. Die Autohaus Sorbe GmbH hat ihren Sitz in der Stadt Schwarzwalderode, die nach dem Bearbeitungshinweis im Landkreis Bergwald liegt. Das die Kennzeichen zuteilende Landratsamt Bergwald ist demnach die zuständige Behörde für den Widerruf.

Zu prüfen ist, ob die Widerrufsvoraussetzungen des § 49 VwVfG BW gegeben sind. Bei der Zuteilung eines roten Dauerkennzeichens handelt es sich um einen begünstigenden Verwaltungsakt, denn der Kennzeicheninhaber kann ein vereinfachtes Zulassungsverfahren in Anspruch nehmen. Außerdem muss er nicht für jeden Fall einer Probe-, Prüfungs- oder Überführungsfahrt ein Kennzeichen zur einmaligen Verwendung beantragen. Durch die Zuteilung des roten Dauerkennzeichens spart er Zeit und Geld. Andererseits gewährt der Verwaltungsakt weder eine Geld- noch eine teilbare Sachleistung, sondern ist ein sonstiger begünstigender Verwaltungsakt. Anwendung finden kann daher nur § 49 (2) VwVfG BW.

Von den dort genannten alternativen Widerrufsgründen kommt § 49 (2) Nr. 1 VwVfG BW infrage. Wie bereits festgestellt, fordert § 16 (3) FZV von der Zulassungsbehörde, die Zuteilung befristet oder widerruflich vorzunehmen. In der Verfügung vom 4. Mai 2009 wird die Zuteilung unter den Vorbehalt des jederzeitigen Widerrufs gestellt. Damit ist der Widerrufstatbestand dem Grunde nach erfüllt. Jedoch darf ein Widerrufsvorbehalt nicht beliebig gebraucht werden. Seine Inanspruchnahme muss durch sachliche Gründe gerechtfertigt sein. Sachlich sind dabei die Gründe, auf welche die Behörde den Widerrufsvorbehalt stützt und aus denen keine unbeschränkte Erteilung erfolgt. Bei Dauererlaubnissen sind dies im Regelfall Gründe, die im Antragsverfahren einer Erteilung entgegenstehen würden. Hier stützt sich die Widerrufsabsicht auf den fehlerhaften Umgang mit den erteilten roten Dauerkennzeichen und möglicherweise erfüllte Straftat- und Ordnungswidrigkeitentatbestände. Es ist nicht sachfremd, wenn die Zulassungsbehörde am Fortbestand der nach § 16 (3) FZV von einem Inhaber roter Dauerkennzeichen zu fordernden Zuverlässigkeit zweifelt und auf diese Zweifel ihre Widerrufsabsicht stützt.

Der Widerruf steht im Ermessen der Zulassungsbehörde. Sie muss abwägen, welche Gesichtspunkte für und gegen den Widerruf sprechen. Herr Sorbe als verantwortliche Person der Autohaus Sorbe GmbH zeigt einen sehr verantwortungslosen Umgang mit den Bestimmungen zur Verwendung der roten Dauerkennzeichen. Die von ihm eingeräumte Umzugsfahrt entspricht nicht dem Zweck, für den die vereinfachte Zulassung mit roten Dauerkennzeichen gedacht ist. Außerdem nimmt er die notwendigen Eintragungen vor der Fahrt nicht vor. Weiterhin bewegt er ein offenbar verkehrsunsicheres

Fahrzeug, von dessen Betriebssicherheit er schon deshalb nicht ausgehen kann, weil es sich noch auf der Hebebühne befand. Die Verwendung der roten Dauerkennzeichen ermöglicht ihm die vereinfachte Zulassung zum Straßenverkehr ohne vorherige Prüfung eines technischen Sachverständigen. Schließlich erstellt Sorbe auch noch doppelte Kennzeichen, um sich überschneidende Fahrten zu ermöglichen. Dadurch steht er im Verdacht der Urkundenfälschung, des Kennzeichenmissbrauchs und der Steuerhinterziehung.

Auf der anderen Seite ist zu berücksichtigen, dass die Durchführung von Probe-, Prüfungs- und Überführungsfahrten zu einer grundlegenden Tätigkeit von Autohäusern gehört. Kann die Sorbe GmbH dafür keine roten Dauerkennzeichen mehr benutzen, so muss sie für jeden einzelnen Anlass ein Kennzeichen für solche Fahrten beantragen. Dies verursacht nicht nur Kosten durch Gebühren bei der Zulassungsbehörde und die Prägung der Kennzeichenschilder, sondern beeinträchtigt schon aus Zeitgründen erheblich den Betriebsablauf.

Bei der Abwägung dieser Gesichtspunkte überwiegt jedoch das öffentliche Interesse, dass nur zuverlässige Personen Zugang zu roten Dauerkennzeichen haben, das Einzelinteresse der Sorbe GmbH. Letztlich hat sie die Situation durch ihre handelnden Personen selbst verursacht. Der Landkreis Bergwald ist daher zum Widerruf der Zuteilung berechtigt.

b) Der Widerruf eines begünstigenden Verwaltungsaktes stellt automatisch einen belastenden Verwaltungsakt dar. Vor dem Erlass eines belastenden Verwaltungsaktes ist dem Adressaten gemäß § 28 (1) VwVfG BW die Möglichkeit der Stellungnahme zu geben. Davon kann im vorliegenden Fall abgesehen werden, wenn eine sofortige Entscheidung im öffentlichen Interesse erforderlich ist (§ 28 (2) Nr. 1 VwVfG BW). Auch wenn wie oben dargestellt ein öffentliches Interesse an dem Widerruf gegeben ist, so muss dieses Interesse den Verzicht auf die Anhörung auch erfordern. Da die Anhörung ein hohes Gut im rechtsstaatlichen Verfahren ist und eine unterlassene Anhörung zur Rechtswidrigkeit des Verwaltungsaktes führt, sind daran hohe Maßstäbe zu setzen. Angesichts der Tatsache, dass die manipulierten Kennzeichen sichergestellt wurden, was eine neuerliche Verwendung zunächst ausschließt, und dass Herr Sorbe von den polizeilichen Ermittlungen nicht unbeeindruckt sein dürfte und weil, wie dargestellt, die roten Dauerkennzeichen für ein Autohaus von hoher Bedeutung sind, dürfte es nicht erforderlich sein, auf eine Anhörung mit knapp gesetzter Frist zu verzichten.

Der Widerruf ist keiner besonderen Form unterworfen, wobei sich die Schriftform allerdings empfiehlt (§ 37 (2) VwVfG BW). Bei Verwendung der Schriftform ist leichter zu belegen, dass die Verfügung inhaltlich hinreichend bestimmt (§ 37 (1) VwVfG BW), ausreichend begründet und auch hinsichtlich des Ermessens ausgewogen (§ 39 (1) VwVfG BW) ist. Bei schriftlichen Verwaltungsakten sind die Vorgaben des § 37 (3) VwVfG BW zu beachten.

AUFGABE 2

Landkreis Bergwald
Landratsamt

Landkreis Bergwald, Landratsamt

Autohaus Sorbe GmbH
Herrn Stefan Sorbe
An der grünen Tanne 17
77999 Schwarzwalderode

Ordnungsamt - Straßenverkehrsabteilung
Bodenseestraße 17
88990 Bergwald

Es schreibt Ihnen
Klaudia König

Telefon
0771/40785268

14. Dezember 2009

Widerruf des zugeteilten Kennzeichens BGW-06041

Sehr geehrte Damen und Herren,
sehr geehrter Herr Sorbe,

wir haben Ihnen am 4. Mai dieses Jahres auf Ihren Antrag das Kennzeichen BGW-06041 als sogenanntes rotes Dauerkennzeichen zur wiederkehrenden Verwendung für Probe-, Prüfungs- und Überführungsfahrten zugeteilt. Die Zuteilung erfolgte unter dem Vorbehalt des jederzeitigen Widerrufs. Wir beabsichtigen, von diesem Widerrufsvorbehalt Gebrauch zu machen, weil wir von der für die Nutzung dieser Kennzeichen erforderlichen Zuverlässigkeit der bei Ihnen verantwortlichen Personen nicht überzeugt sind.

Durch eine polizeiliche Unfallaufnahme vom 15. Dezember 2009 haben wir erfahren, dass von den Kennzeichenschildern Duplikate hergestellt und die behördlichen Siegel gefälscht wurden. Ferner wurde ein verkehrsunsicheres Fahrzeug mit den Kennzeichen im öffentlichen Straßenverkehr bewegt. Schließlich diente diese Fahrt nicht den durch § 16 (1) Fahrzeug-Zulassungsverordnung vorgesehenen Zwecken und war auch vor Beginn nicht in die Fahrzeugpapiere eingetragen worden. Alles in allem ist mit dem zugeteilten Kennzeichen grob vorschriftswidrig umgegangen worden. Entsprechende strafrechtliche Verfahren gegen die verantwortlichen Personen wurden eingeleitet. Sie bieten nicht mehr die Gewähr dafür, dass mit den Kennzeichen ordnungsgemäß umgegangen wird. Es besteht die zu verhindernde Gefahr einer weiteren missbräuchlichen Verwendung. Aus diesem Grund beabsichtigen wir, die weitere Nutzung des roten Dauerkennzeichens durch einen Widerruf der Zuteilung zu unterbinden.

Bevor wir jedoch abschließend entscheiden, geben wir Ihnen gemäß § 28 Verwaltungsverfahrensgesetz die Möglichkeit, zur Sach- und Rechtslage bis zum 23. Dezember 2009 eine Stellungnahme abzugeben.

Mit freundlichen Grüßen

Im Auftrag

Klaudia König

23 Genehmigung zum Abfalltransport

Am Beispiel des Landesrechts Nordrhein-Westfalen.

AUFGABE 1

Herr Amman beabsichtigt, im Rahmen seiner gewerblichen Betätigung verunreinigte Abfälle in größeren Mengen zu transportieren. Dazu benötigt er nach § 49 (1) Satz 1 KrW-/AbfG eine Transportgenehmigung, weil die in Satz 2 genannten Ausnahmen auf sein Vorhaben nicht zutreffen. Das KrW-/AbfG enthält selbst nur eine eingeschränkte örtliche Zuständigkeitsbestimmung in § 49 (4) Satz 2. Demnach ist zur Vermeidung von Zuständigkeitskonkurrenzen die Behörde örtlich zuständig, in deren Bezirk der Betrieb des Herrn Amman seinen Hauptsitz hat. Der einzige Betriebssitz des Herrn Amman befindet sich in Parnheim.

Die sachliche Zuständigkeit richtet sich nach der Aufgabenzuweisung des Landes. In Nordrhein-Westfalen werden seit dem 1. Januar 2008 die unteren Umweltschutzbehörden für zuständig erklärt (§ 1 (3) Zuständigkeitsverordnung Umweltschutz).

Der Landkreis ist somit die sachlich zuständige Behörde (§ 1 (2) Zuständigkeitsverordnung Umweltschutz). Weil Parnheim im Bezirk Bensberg liegt, ist der dortige Landkreis auch örtlich zuständig und hat über den Antrag des August Amman zu entscheiden.

AUFGABE 2

Landkreis Bensberg
Der Landrat

Herrn
August Amman
An der Halde 14
33255 Parnheim

Ihr Zeichen	Mein Zeichen	Telefon	Fax	Datum
	(H) 507.53257	0571 404-554	0571 404-555	11. Januar 2010

Transportgenehmigung

Sehr geehrter Herr Amman,
ich bestätige Ihnen den Eingang Ihres Antrages auf Erteilung einer Transportgenehmigung. Für den von Ihnen beschriebenen gewerblichen Transport von Abfällen ist nach § 49 (1) Kreislaufwirtschafts- und Abfallgesetz (KrW-/AbfG) eine Genehmigung erforderlich.
Die Erteilung der Genehmigung erfolgt nach § 49 (2) KrW-/AbfG, wenn keine Tatsachen bekannt sind, aus denen sich Zweifel an Ihrer Zuverlässigkeit oder an der Zuverlässigkeit der beauftragten verantwortlichen Personen ergeben und wenn die notwendige Sach- und Fachkunde gegeben ist. Nähere Bestimmungen zum

Antragsverfahren enthält die Transportgenehmigungsverordnung (TgV). So legt § 7 TgV fest, dass der Antrag auf einem entsprechenden Vordruck und unter Beifügung bestimmter Nachweise zu stellen ist. Die in Ihrem Schreiben vom 27. Dezember 2009 gemachten Ausführungen reichen für die Erteilung einer Genehmigung leider nicht aus.
In der Anlage füge ich Ihnen einen Vordrucksatz in dreifacher Ausfertigung bei. Diesen verwenden Sie bitte für die ordnungsgemäße Antragstellung. Aus dem Antragsvordruck geht auch hervor, welche Unterlagen über Sie und ggf. über eine mit der Betriebsleitung beauftragte andere Person vorzulegen sind. Ihr Antrag kann erst bearbeitet werden, wenn mir diese Unterlagen vollständig vorliegen.
Ich weise darauf hin, dass eine kostenfreie Bearbeitung Ihres Antrages nicht in Betracht kommt. Nach den Vorschriften des Verwaltungskostengesetzes sind Gebühren und Auslagen zu erheben. Die Rahmengebühr beträgt gemäß Tarifstelle 28.2.5.1 Buchstabe a) der Allgemeinen Verwaltungsgebührenordnung des Landes Nordrhein-Westfalen 250,00 bis 5 000,00 EUR. Die genaue Höhe der Gebühr bestimmt sich auch nach dem entstehenden Verwaltungsaufwand und dem wirtschaftlichen Wert der Genehmigung. Ich sehe keinen Anhaltspunkt dafür, von der Erhebung der Verwaltungskosten abzusehen, da derjenige, der die Leistung einer Verwaltung in Anspruch nimmt, auch die zur Erstellung dieser Leistung enstehenden Kosten tragen soll.

Mit freundlichen Grüßen
Im Auftrag
Anton Körner

Anlage:
1 Antragsvordruck Transportgenehmigung

24 Die Seminarerlaubnis

Am Beispiel des Landesrechts Hessen.

AUFGABE 1

Anspruchsgrundlage für die Erteilung der Seminarerlaubnis könnte § 31 (1) FahrlG sein. Danach ist die Erlaubnis bei Erfüllung der dort in den Nummern 1 bis 3 genannten Voraussetzungen zu erteilen. Erfüllt B. diese Voraussetzungen, hat er einen Anspruch auf Erteilung der Seminarerlaubnis.

B. hat seinen Antrag beim Regierungspräsidium Kasfurt gestellt. Nach § 6 der Hessischen Verordnung zur Bestimmung straßenverkehrsrechtlicher Zuständigkeiten sind die Regierungspräsidien in Hessen die Erlaubnisbehörden im Sinne von § 32 (1) FahrlG. Fraglich ist die örtliche Zuständigkeit, da der Wohnort und der Ort der Fahrschule in zwei verschiedenen Regierungsbezirken liegen. § 32 (2) Nr. 1 FahrlG bestimmt grundsätzlich die Behörde des Wohnsitzes als örtlich zuständig, lässt die Zuständigkeit aber auf die Aufsichtsbehörde des Beschäftigungsortes übergehen, sobald die Tätigkeit als Fahrlehrer aufgenommen wurde. Auch wenn B. selbstständig ist und nicht in einem Beschäftigungsverhältnis steht, kann für ihn keine Abweichung gelten. Abzustellen ist auf den Ort der Tätigkeit als Fahrlehrer. Der Beschäftigungsort Raudorf liegt im Regierungsbezirk Kasfurt. Ein Anspruch würde sich daher gegen das Regierungspräsidium Kasfurt richten.

Gefordert wird durch § 31 (2) Satz 1 Nr. 1 FahrlG, dass B. eine Fahrlehrerlaubnis der Klassen A und BE besitzt. Da B. nach seinem Antrag eine Fahrschule der Klassen A, BE und CE seit fünf Jahren betreibt, ergibt sich über § 11 (1) Nr. 3 FahrlG zwangsläufig, dass er im Besitz der Fahrlehrerlaubnis dieser Klassen ist, denn Maßnahmen nach den §§ 20, 21 FahrlG sind nicht bekannt. Da B. keine angestellten Fahrlehrer hat, muss er selbst den theoretischen und praktischen Unterricht durchführen. Daher hat er innerhalb der letzten fünf Jahre drei Jahre lang Fahrschülern der Klassen A und B hauptberuflich theoretischen und praktischen Unterricht erteilt, wie von § 31 (2) Satz 1 Nr. 2 FahrlG gefordert.

Die letzte Voraussetzung ist, dass B. innerhalb der letzten zwei Jahre vor Antragstellung mit Erfolg an einem Einweisungslehrgang, bestehend aus einem viertägigem Grundkurs und zwei jeweils viertägigen programmspezifischen Kursen, teilgenommen hat (§ 31 (2) Satz 1 Nr. 3 FahrlG). Eine entsprechende Teilnahmebestätigung hat B. seinem Antrag beigefügt. Der Lehrgang entspricht dem gesetzlich vorgegebenen Umfang und ist behördlich anerkannt worden. Die erfolgreiche Teilnahme kann durch die Behörde nicht angezweifelt werden, wenn es für eine fehlerhafte Beurteilung durch die Seminarleiter keinen Anhaltspunkt gibt.

B. hat daher einen Anspruch darauf, dass ihm das Regierungspräsidium Kasfurt die Seminarerlaubnis erteilt.

AUFGABE 2

Die Erteilung der Seminarerlaubnis ist nach § 31 (3) Satz 1 FahrlG an eine besondere Form gebunden. Danach erfolgt die Erlaubniserteilung durch Aushändigung oder Zustellung einer entsprechenden Urkunde.

Außerdem muss der neue Erlaubnisinhaber seinen Fahrlehrerschein zur Eintragung der erteilten Erlaubnis gemäß § 31 (3) Satz 2 FahrlG vorlegen.

Schließlich ist ein Termin zur Wiedervorlage in zwei Jahren zu setzen, da das Regierungspräsidium nach § 33 (1) FahrlG zu überwachen hat, ob der Fahrlehrer seiner Fortbildungsverpflichtung aus § 33a (2) FahrlG nachgekommen ist. In diesem Zusammenhang kann im örtlichen Fahrlehrerregister die Erteilung der Seminarerlaubnis gespeichert werden (§ 39 (3) Nr. 2 FahrlG).

AUFGABE 3

Die Erhebung einer Verwaltungsgebühr greift in die Rechte des Antragstellers ein und bedarf daher einer Rechtsgrundlage. Diese könnte durch die GebOSt gegeben sein. Die Entscheidung über den Antrag stellt eine gebührenpflichtige Amtshandlung dar, wenn der Gebührentarif in Anlage 1 eine entsprechende Gebührenziffer ausweist. Dies ist der Fall bei Gebührenziffer 302.2. Die Gebührenhöhe ist mit 40,90 EUR vorgegeben, sodass keine Ermessensausübung innerhalb eines Gebührenrahmens vorzunehmen ist. Nach § 4 (1) GebOSt ist die Gebühr vom Antragsteller zu erheben.

Prüfungsbereich D

Wirtschaft und Sozialkunde

1 Wahl des Deutschen Bundestags

Aufgabe 1

a) Sitzverteilung nach dem Verfahren d'Hondt:

Partei	A	B	C	D	E
Stimmenzahl	747 036	723 020	125 701	98 933	27 428
: 1 =	747 036 1)	723 020 2)	125 701 11)	98 933 16)	bleiben unberücksichtigt, da unter 5 %
: 2 =	373 518 3)	361 510 4)	62 851 25)	49 467	
: 3 =	249 012 5)	241 006 6)	41 906		
: 4 =	186 759 7)	180 755 8)			
: 5 =	149 407 9)	144 604 10)			
: 6 =	124 506 12)	120 503 13)			
: 7 =	106 719 14)	103 289 15)			
: 8 =	93 380 17)	90 378 18)			
: 9 =	83 004 19)	80 336 20)			
: 10 =	74 704 21)	72 302 22)			
: 11 =	67 912 23)	65 729 24)			
: 12 =	62 253 26)	60 252			
Gesamtzahl	12	11	2	1	

b) Sitzverteilung nach Hare-Niemeyer:

$$\text{Quote} = \frac{\text{Zweitstimmen einer Partei} \cdot \text{Gesamtsitzzahl}}{\text{Zweitstimmen aller Parteien (über 5 \%)}}$$

Partei	A	B	C	D	E
Stimmenzahl	$\frac{747\,036 \cdot 26}{1\,694\,690^{1)}} = 11{,}46$	$\frac{723\,020 \cdot 26}{1\,694\,690} = 11{,}09$	$\frac{125\,701 \cdot 26}{1\,694\,690} = 1{,}93$	$\frac{98\,933 \cdot 26}{1\,694\,690} = 1{,}52$	27 428 bleiben unberücksichtigt[2)]
Sitze nach ganzen Zahlen + 2 Sitze nach höchsten Bruchteilen	11	11	1 1	1 1	
Gesamtzahl der Sitze	11	11	2	2	

[1)] Gesamtzahl der Zweitstimmen ohne E
[2)] Stimmen bleiben nach § 6 (6) BWahlG, alte Fassung, unberücksichtigt, da unter 5 %

c) Sitzverteilung nach Sainte-Laguë/Schepers:

$$\text{Quote} = \frac{\text{Zweitstimmen einer Partei} \cdot \text{Gesamtsitzzahl}}{\text{Zweitstimmen aller Parteien (über 5 \%)}}$$

Partei	A	B	C	D	E
Stimmenzahl	$\frac{747\,036 \cdot 26}{1\,694\,690^{1)}}$ = 11,46	$\frac{723\,020 \cdot 26}{1\,694\,690}$ = 11,09	$\frac{125\,701 \cdot 26}{1\,694\,690}$ = 1,93	$\frac{98\,933 \cdot 26}{1\,694\,690}$ = 1,52	27 428 bleiben unberücksichtigt[2)]
auf- bzw. abgerundet	11	11	2	2	
Gesamtzahl der Sitze	11	11	2	2	

[1)] Gesamtzahl der Zweitstimmen ohne E
[2)] Stimmen bleiben nach § 6 (6) BWahlG, neue Fassung, unberücksichtigt, da unter 5 %

AUFGABE 2

Nach der Änderung des Bundeswahlgesetzes vom 17. März 2008 (BGBl. I S. 394) ist ab der Bundestagswahl 2009 das System nach Sainte-Laguë/Schepers anzuwenden (vgl. § 6 (2) BWahlG).

AUFGABE 3

Partei	A	B	C	D	E
Anteil in % an Stimmen	43,38	41,98	7,30	5,75	1,59
Sitze nach d'Hondt	46,15	42,31	7,69	3,58	–
Sitze nach Hare-Niemeyer	42,31	42,31	7,69	7,69	–
Sitze nach Sainte-Laguë/Schepers	42,31	42,31	7,69	7,69	–

AUFGABE 4

Die prozentuale Auswertung zeigt, dass das Verfahren nach d'Hondt grundsätzlich gegenüber dem Verfahren nach Hare-Niemeyer und nach Sainte-Laguë/Schepers dazu tendiert, die großen Parteien gegenüber den kleineren Parteien zu bevorzugen. Angenommen, es müsste bei dem Verfahren nach Sainte-Laguë/Schepers bei drei Parteien aufgerundet werden, obwohl wie in dem Beispiel nur zwei weitere Sitze zu vergeben sind, käme es zu einem Losentscheid (vgl. § 6 (2) BWahlG). Dadurch könnte mit gleichen Chancen eine größere oder eine kleinere Partei profitieren.

AUFGABE 5

Nach § 5 BWahlG wird in jedem Wahlkreis ein Abgeordneter direkt gewählt. Gewählt ist der Bewerber, der die meisten Stimmen erhält. Die in den Wahlkreisen gewählten Bewerber behalten ihren Sitz auch dann, wenn ihrer Partei nach den auf sie entfallenden Zweitstimmen eine geringere Zahl von Sitzen zusteht. Durch diese „Überhang"-Mandate wird die Gesamtzahl der Abgeordneten über die in § 1 (1) BWahlG vorgesehene Zahl von 598 Abgeordneten hinaus erhöht.

2 Indemnität und Immunität der Bundestagsabgeordneten

AUFGABE 1

Unter „Indemnität“ ist die Rede- und Abstimmungsfreiheit der Abgeordneten im Bundestag und seinen Ausschüssen zu verstehen. Nach Art. 46 (1) GG darf ein Abgeordneter zu keiner Zeit wegen seiner Abstimmung oder wegen einer Äußerung, die er im Bundestag oder in einem seiner Ausschüsse getan hat, gerichtlich oder dienstlich verfolgt werden. Auch außerhalb des Bundestages darf er nicht, z. B. durch Strafverfolgung, zur Verantwortung gezogen werden. Ausgenommen von diesem Privileg ist die verleumderische Beleidigung.

Die Rede- und Abstimmungsfreiheit sichert das in einer parlamentarischen Demokratie unerlässliche Recht der Abgeordneten, durch Reden und Argumente als Vertreter des ganzen Volkes auf die Willensbildung des Bundestages Einfluss zu nehmen und an ihr mitzuwirken. Die auf der Autonomie des Bundestages beruhende Ordnungsgewalt des Bundestagspräsidenten wird durch Art. 46 (1) nicht geschmälert. Er kann Abgeordnete zur Ordnung rufen oder ihnen das Wort entziehen.

Die Äußerungen des Abgeordneten Frech in der Bundestagssitzung bleiben ohne Folgen.

AUFGABE 2

Äußerungen außerhalb des Bundestages, z. B. in Wahlversammlungen und Kundgebungen, werden nicht von Art. 46 (1) GG erfasst; sie fallen unter den im Art. 46 (2) GG garantierten Schutz gegen Strafverfolgung und Beeinträchtigungen der persönlichen Freiheit (Immunität). Sie kann durch eine Genehmigung des Bundestags aufgehoben werden. Diese Verfassungsnorm wird mit der Notwendigkeit begründet, die störungsfreie Arbeit des Bundestages sichern und deren Beeinträchtigung durch Exekutivorgane ausschließen zu müssen.

Die Immunität schützt den Abgeordneten Frech nicht vor einer zivilgerichtlichen Klage des Landrats, da diese die Funktionsfähigkeit des Bundestags und dessen Ansehen nicht beeinträchtigt. Es kommt hinzu, dass Frech sich durch einen Anwalt vertreten lassen kann. Der Landrat kann seinen Anspruch auf Unterlassung der ihn in seiner Stellung schädigenden Äußerung des Abgeordneten auf § 823 (1) und (2) BGB in Verbindung mit § 185 StGB sowie auf § 826 BGB stützen.

Das Gericht wird feststellen, dass das Verhalten des Abgeordneten rechtswidrig war, und die Wiederholung der Behauptung untersagen. Auch eine für den Fall der Wiederholung der Behauptung angedrohte Strafe ist noch keine Freiheitsbeschränkung oder -entziehung, die nach Art. 46 (2) GG der Genehmigung des Bundestags bedarf.

Die Unterlassungsklage ist zulässig und wird Erfolg haben.

3 Fraktionszwang

AUFGABE

Gemäß Art. 38 (1) Satz 2 GG sind die Abgeordneten des Deutschen Bundestages „Vertreter des ganzen Volkes, an Aufträge und Weisungen nicht gebunden und nur ihrem Gewissen unterworfen“.

Indem durch die Leitung der Fraktion den Abgeordneten, die bei einer Abstimmung eine abweichende Haltung von der Fraktionsmeinung einnehmen, mit Sanktionen gedroht wird, werden diese Abgeordneten eingeschränkt und an Weisungen gebunden. Das verstößt gegen Art. 38 (1) Satz 2 GG und ist somit verfassungswidrig.

Für eine sehr gute Bewertung sollte der Prüfling insgesamt die Rechtsstellung der Abgeordneten des Deutschen Bundestages beschreiben und daraus die Rechtsfolge für diesen Fall ableiten (Art. 38, 46–48 GG).

4 Bundesrat – Wahl des Bundespräsidenten – Gliederung des Bundesgebiets

AUFGABE 1

Landtagswahlen haben in mehrfacher Hinsicht Auswirkungen auf den Bund. Die Wahlen in den Ländern entscheiden über die parteipolitische Zusammensetzung des jeweiligen Landesparlamentes. Die sich ergebenden Mehrheitsverhältnisse sind maßgeblich dafür, welche Partei/Parteien die Landesregierung stellt/stellen.

Auswirkungen auf den Bund ergeben sich dadurch, dass der Bundesrat aus den Mitgliedern der Regierungen der Länder besteht (Art. 51 (1) Satz 1 GG) und der Bundesrat bei der Gesetzgebung (Art. 76 sowie Art. 77 GG) und Verwaltung des Bundes mitwirkt (Art. 50 GG). Der Bundesrat wählt auch die Hälfte der Richter des Bundesverfassungsgerichtes (§ 5 (1) Satz 1 BVerfGG).

Eine weitere Auswirkung auf den Bund besteht darin, dass die Länderparlamente die Hälfte der Mitglieder der Bundesversammlung wählen (Art. 54 (3) GG).

AUFGABE 2

Die Bundesversammlung wird vom Präsidenten des Bundestages einberufen (Art. 54 (4) Satz 2 GG).

AUFGABE 3

Eine Änderung des Grundgesetzes ist nur unter den Voraussetzungen des Art. 79 (1–3) GG möglich. Eine Wahl des Bundespräsidenten durch das Volk würde nicht gegen die in Art. 79 (3) GG genannten Bestimmungen verstoßen.

Eine Wahl des Bundespräsidenten auf Lebenszeit würde der in Art. 20 (1) GG verankerten Staatsform der Republik widersprechen. Bei dieser Staatsform steht das Staatsoberhaupt zeitlich begrenzt an der Staatsspitze. Da die in Art. 20 GG niedergelegtem Grundsätze durch Art. 79 (3) GG vor Änderungen geschützt sind, lässt sich eine Wahl des Bundespräsidenten auf Lebenszeit nicht verwirklichen.

AUFGABE 4

Ein Zusammenschluss beider Länder könnte dem in Art. 20 GG verankerten Grundsatz des Bundesstaates widersprechen. In diesem Fall würde die Zusammenlegung nur dazu führen, dass die Zahl der Bundesländer reduziert wird. Es erfolgt jedoch keine Aufhebung der Gliederung Deutschlands in Bund und Länder. Somit ist dieser Zusammenschluss nicht verfassungswidrig.

5 Wahl des Bundeskanzlers

AUFGABE 1

Nach Art. 63 (1) GG wird der Bundeskanzler auf Vorschlag des Bundespräsidenten vom Bundestag ohne Aussprache gewählt. Dem Vorschlag des Bundespräsidenten werden

Gespräche mit den Partei- und Fraktionsvorsitzenden der im Bundestag vertretenen Parteien vorausgehen, um mit diesen die Lage mit dem Ziel zu erörtern, einen Politiker vorzuschlagen, dessen Wahl zum Bundeskanzlers durch die Mehrheit des Bundestages wahrscheinlich ist. Der Bundespräsident kann aber auch abwarten, bis die Fraktion, die über die absolute Mehrheit verfügt, oder eine neu gebildete Koalition ihm eine Persönlichkeit nominiert. Selten erreicht eine Partei die absolute Mehrheit. Deshalb beginnen unmittelbar nach der Wahl die Verhandlungen, in denen sich die Koalitionsfraktionen auf ein gemeinsames Regierungsprogramm einigen müssen, das sie in der beginnenden Legislaturperiode verwirklichen wollen. Nachdem sie sich über die Sachfragen verständigt haben, werden sie klären, wer die Bundesregierung führen soll und welche Politiker als Minister für die einzelnen Ministerien benannt werden sollen.

Da der vom Bundespräsidenten vorgeschlagene Politiker die absolute Mehrheit – nach Art. 121 GG die Mehrheit der gesetzlichen Mitgliederzahl des Bundestages (= 300 von 598 Stimmen) – nicht erreicht, kann der Bundestag nach Art. 63 (3) GG „binnen vierzehn Tagen nach dem Wahlgange mit mehr als der Hälfte seiner Mitglieder einen Bundeskanzler wählen“. Die C-Fraktion, die über 151 Sitze verfügt, kann ihren Vorschlag mit ihren eigenen Mitgliedern ausreichend unterstützen. Der von ihr vorgeschlagene Kandidat erreicht jedoch auch nicht die erforderliche Mehrheit. Das gleiche Schicksal trifft den Kandidaten Herbst, der von den Fraktionen B und C vorgeschlagen worden war.

Für den Fall, dass innerhalb der Frist von 14 Tagen kein ausreichendes Wahlergebnis erzielt wird, ist in Art. 63 (4) GG vorgeschrieben, dass in einem weiteren Wahlgang derjenige gewählt wird, der die meisten Stimmen erhält. Das ist der Abgeordnete Frühling, der in diesem Wahlgang 297 Stimmen erreicht.

AUFGABE 2

Hätte Frühling drei weitere Abgeordnete für sich gewinnen können und damit die absolute Mehrheit erreicht, würde er vom Bundespräsidenten binnen sieben Tagen zu ernennen sein. Da er diese Mehrheit verfehlt hat, ist vom Bundespräsidenten innerhalb der gleichen Frist zu entscheiden, ob er Frühling dennoch ernennt oder ob er den Bundestag auflöst (Art. 63 (4) GG).

Im Interesse stabiler Verhältnisse soll der Bundeskanzler möglichst mit ausreichender politischer Unterstützung regieren. Minderheitsregierungen sind gezwungen, von Fall zu Fall Mehrheiten für ihre Vorhaben zu suchen. Wenn das durch die Wahl geschaffene Stärkeverhältnis keine klare Mehrheit für eine Regierung ergibt, kann es geboten sein, die Wahl zu wiederholen. Die Entscheidung liegt beim Bundespräsidenten.

6 Entlassung eines umstrittenen Bundesministers

AUFGABE 1

Nach Art. 65 GG wird über Meinungsverschiedenheiten der Bundesminister von der Bundesregierung entschieden, die nach Art. 62 GG aus dem Bundeskanzler und den Bundesministern besteht. Nach außen wird die Bundesregierung sich um eine gewisse Einheit bemühen und diese dadurch herstellen, dass sie über alle Angelegenheiten von allgemeiner politischer, wirtschaftlicher, sozialer und finanzieller Bedeutung berät und beschließt. Meinungsverschiedenheiten zwischen Bundesministern, deren Geschäftsbereiche von einer Sache berührt sind, werden diese schon zuvor erörtern und sich um eine Verständigung bemühen. Lassen sich die Meinungsverschiedenheiten nicht überbrücken, hat das Kabinett mehrheitlich zu beschließen, ausgenommen in den Fällen, in denen einem Bundesminister Sonderbefugnisse eingeräumt worden sind, wie dem Bundesminister der Finanzen im Art. 112 GG.

AUFGABE 2

Die Bundesminister werden nach Art. 64 (1) GG auf Vorschlag des Bundeskanzlers vom Bundespräsidenten ernannt und entlassen. Sie leisten bei der Amtsübernahme nach Art. 64 (2) GG zwar vor dem Bundestag den Amtseid, sind aber rechtlich nur vom Vertrauen des Bundeskanzlers abhängig und diesem verantwortlich.

Nach Art. 65 GG leitet jeder Bundesminister im Rahmen der vom Bundeskanzler bestimmten Richtlinien der Politik seinen Geschäftsbereich unter eigener Verantwortung selbstständig. Der von der Oppositionsfraktion zunächst gestellte Antrag mit der Rücktrittsaufforderung geht also ins Leere. Der Bundestag kann zwar in einem formellen Beschluss einem Bundesminister seine Missbilligung aussprechen, diese hat aber keine rechtlichen Folgen.

Durch diese Regelung wird verhindert, dass durch das vom Parlament erzwungene Ausscheiden einzelner Minister die Bundesregierung in Schwierigkeiten gerät; ihre Stabilität soll gesichert sein.

Nachdem die Oppositionsfraktion erkannt hat, dass sie den Rücktritt des Bundesministers auf dem zunächst eingeschlagenen Weg nicht erreichen kann, ändert sie ihren Antrag, der nunmehr der verfassungsrechtlichen Lage entspricht.

AUFGABE 3

Der Bundeskanzler kann dem Ersuchen des Bundestages Rechnung tragen und die Entlassung des Bundesministers X dem Bundespräsidenten vorschlagen, der daraufhin den Bundesminister entlässt (Art. 64 (1) GG). Der Bundeskanzler ist jedoch nicht verpflichtet, dem Ersuchen des Bundestages nachzukommen. Weigert sie sich, dem Ersuchen des Bundestages zu entsprechen und sich vom Bundesminister X zu trennen, liegt es beim Bundestag, sich entweder mit der Entscheidung des Bundeskanzlers abzufinden oder den Bundeskanzler durch ein „konstruktives Misstrauensvotum" zu stürzen, indem er mit der Mehrheit seiner Mitglieder einen anderen Bundeskanzler wählt (Art. 67 GG). In diesem Falle teilen die Bundesminister das Schicksal des Bundeskanzlers (Art. 69 (2) GG).

7 Grundrechte und Privatrecht

AUFGABE 1

Durch die Anordnung der Stadt und die Urteile der Gerichte könnten verletzt sein

- das Grundrecht der freien Meinungsäußerung (Art. 5 (1) GG),
- das Grundrecht auf freie Entfaltung der Persönlichkeit (Art. 2 (1) GG).

Das Grundrecht der Unverletzlichkeit der Wohnung (Art. 13 (1) GG) kann außer Betracht bleiben, weil die Rechte Schreiers als Mieter einer Wohnung (vgl. §§ 535 (1), 549 (1) BGB) nicht beeinträchtigt und Eingriffe in diese Rechte nicht abzuwehren sind.

AUFGABE 2

Schreier behauptet, durch die Urteile der Gerichte in seinen Grundrechten verletzt zu sein. Da nicht nur die Akte der öffentlichen Verwaltung, sondern auch die Urteile der Gerichte Ausfluss öffentlicher Gewalt sind und Schreier den zivilprozessualen Rechtsweg ausgeschöpft hat, ist die Verfassungsbeschwerde zulässig.

Das Grundrecht der freien Meinungsäußerung (Art. 5 (1) GG) kann als Teil des in Art. 2 (1) GG garantierten Rechts auf freie Entfaltung der Persönlichkeit verstanden werden.

Es erlaubt nicht, die eigene Meinung in beliebiger Form und Weise zu äußern. Das Grundrecht ist begrenzt durch die Schranken, die in „den Vorschriften der allgemeinen Gesetze, den gesetzlichen Bestimmungen zum Schutze der Jugend und in dem Recht der persönlichen Ehre“ enthalten sind. Im vorliegenden Fall steht der unbegrenzten Wahrnehmung des Grundrechts auch Art. 14 GG entgegen, der das Eigentum gewährleistet, dessen Inhalt sich u.a. aus § 1004 BGB ergibt. Nach dieser Vorschrift kann bei einer Beeinträchtigung des Eigentums, wie der eigenmächtigen Anbringung des Wahlpropagandaplakats an der Außenwand des Wohnhauses, der Eigentümer deren Beseitigung verlangen und, wenn deren Fortsetzung oder Wiederholung zu befürchten ist, auf Unterlassung klagen. Die Wahlpropaganda an der Außenwand des städtischen Sechs-Familien-Wohnhauses könnte den Hausfrieden stören. Schreier ist nicht gehindert, seine Meinung ohne Verletzung der Rechte des Grundstückseigentümers frei zu äußern.

Das Recht auf die freie Entfaltung der Persönlichkeit (Art. 2 (1) GG) wird begrenzt durch das Gebot, dass es die Rechte anderer nicht verletzen und nicht gegen die verfassungsgemäßige Ordnung verstoßen darf. Die Anbringung des Wahlpropagandaplakats an der Außenwand des Wohnhauses verletzt die Rechte der Stadt als Eigentümer. Zur verfassungsmäßigen Ordnung gehört auch die an Gesetz und Recht gebundene Rechtsprechung (Art. 20 (3) GG). Die Urteile der Gerichte beruhen auf dieser Ordnung.

Eine Verletzung der Grundrechte ist nicht festzustellen und die Verfassungsbeschwerde Schreiers daher unbegründet.

8 Grundrechte und Verkehrsrecht

AUFGABE

Nach § 48 der Straßenverkehrsordnung (StVO) sind Personen, die Verkehrsvorschriften nicht beachten, auf Vorladung der Straßenverkehrsbehörde verpflichtet, am Unterricht über das Verhalten im Straßenverkehr teilzunehmen. Die vom Bundesministerium für Verkehr, Bau- und Wohnungswesen mit Zustimmung des Bundesrats erlassene StVO beruht auf der Ermächtigung in § 6 des Straßenverkehrsgesetzes, die den Erfordernissen des Art. 80 GG entspricht.

Tolles Meinung, dass die Aufforderung zur Teilnahme am Verkehrsunterricht mit dem Grundgesetz nicht vereinbar sei, beruht auf dem missverstandenen Grundrecht der freien Entfaltung der Persönlichkeit (Art. 2 (1) GG). Dieses Grundrecht wird jedoch nicht absolut, sondern im Rahmen der verfassungsrechtlichen Ordnung gewährleistet. Diese umfasst Gesetze und Rechtsverordnungen, die aufgrund gesetzlicher Ermächtigung erlassen worden sind.

Der Verkehrsunterricht soll den Teilnehmern die Beteiligung am Verkehr erleichtern und sie befähigen, sich im Verkehr richtig zu verhalten. Das dient dem Schutz von Leben und Gesundheit aller Verkehrsteilnehmer. Eine Beeinträchtigung der Entfaltung der Persönlichkeit ist entgegen Tolles Auffassung mit der Teilnahme am Verkehrsunterricht nicht verbunden.

Auch die im 2. Absatz des Art. 2 GG garantierte Freiheit der Person wird nicht berührt, weil die Teilnahme an diesem Unterricht im Gesamtumfang von drei Stunden keine Freiheitsentziehung im Sinne von Art. 104 (1) GG darstellt.

Zum Hinweis auf die bezahlten Bußgelder und die bezahlte Geldstrafe könnte Tolle durch die Vorschrift im Art. 103 (3) GG veranlasst worden sein, nach der wegen derselben Tat nicht mehrmals bestraft werden darf. Der Verkehrsunterricht hat jedoch keinen

Strafcharakter, sondern allein das Ziel, Tolle die zur sicheren Teilnahme am Verkehr erforderlichen Kenntnisse zu vermitteln.

Die Aufforderung der Straßenverkehrsabteilung zur Teilnehme am Verkehrsunterricht ist daher rechtmäßig und aufgrund der wiederholten Verstöße Tolles gegen die StVO geboten.

9 Gesetze zum Verkehr mit Futtermitteln und zur Änderung des Grundgesetzes

AUFGABE 1

Nach Art. 70 (1) GG haben die Länder das Recht der Gesetzgebung, soweit das Grundgesetz nicht dem Bund Gesetzgebungsbefugnisse zugestanden hat. Die Grenzen der beiderseitigen Zuständigkeiten ergeben sich aus den Vorschriften über die ausschließliche Gesetzgebung (Art. 71, 73 GG) und die konkurrierende Gesetzgebung (Art. 72, 74, 74a GG).

Die vorgesehene Regelung des Verkehrs mit Futtermitteln fällt unter die in Art. 74 Nr. 19 aufgeführten „Maßnahmen gegen gemeingefährliche und übertragbare Krankheiten bei Menschen und Tieren". Die Zuständigkeit des Bundes ist gegeben, weil die im Gesetz vorgesehenen Maßnahmen nur wirkungsvoll greifen, wenn sie im Bundesgebiet, über Ländergrenzen hinweg, angewendet werden (vgl. Art. 72 (2) GG).

AUFGABE 2

Nach Art. 76 (1) GG können Gesetzesvorlagen beim Bundestag u.a. von der Bundesregierung eingebracht werden. Diese besteht aus dem Bundeskanzler und den Bundesministern (Art. 62 GG). Die Bundesministerin muss daher zunächst einen Kabinettsbeschluss erwirken, die Gesetzesvorlagen beim Bundestag einzubringen.

Die Gesetzesvorlagen der Bundesregierung sind nach Art. 76 (2) GG zunächst dem Bundesrat zuzuleiten, der in der Regel innerhalb von sechs Wochen dazu Stellung nehmen kann; zu der eine Ergänzung des Grundgesetzes betreffenden Vorlage beträgt die Frist neun Wochen.

AUFGABE 3

Nach Art. 42 (2) GG ist zu einem Beschluss des Bundestags die Mehrheit der abgegebenen Stimmen erforderlich. Bei dem Verhältnis von 337 zu 228 Stimmen wurde die Mehrheit bei dem Beschluss zu der Gesetzesvorlage über den Verkehr mit Futtermitteln erzielt.

Nach Art. 79 (1) GG kann das Grundgesetz durch ein Gesetz ausdrücklich geändert oder ergänzt werden. Derartige Gesetze bedürfen nach Art. 79 (2) GG jedoch der Zustimmung von zwei Dritteln der Mitglieder des Bundestages (und zwei Dritteln der Stimmen des Bundesrats). Maßgebend ist hier die gesetzliche Mitgliederzahl des Bundestages (Art. 121 GG). Bei 598 Abgeordneten erfordert der Beschluss 399 Stimmen. Diese Stimmenzahl wurde nicht erreicht.

Nach dem Sachverhalt werden dennoch beide Beschlüsse des Bundestages von dessen Präsident dem Bundesrat zugeleitet (Art. 77 (1) GG).

AUFGABE 4

Der Bundesrat fasst nach Art. 52 (3) GG seine Beschlüsse mit der Mehrheit der Stimmen. Bei 69 Stimmen sind für einen Beschluss mindestens 35 Stimmen erforderlich, bei einem Beschluss nach Art. 79 (2) GG 46 Stimmen. Die Abstimmungsergebnisse hat augenscheinlich die für das Gesetz zum Verkehr mit Futtermitteln erforderliche Stimmenzahl erbracht. Die zur Änderung des Grundgesetzes erforderliche Zwei-Drittel-Mehrheit wurde aber verfehlt.

AUFGABE 5

Nach Art. 82 (1) GG werden die nach den Vorschriften des Grundgesetzes zustande gekommenen Gesetze vom Bundespräsidenten ausgefertigt und im Bundesgesetzblatt verkündet. Nach herrschender Ansicht hat der Bundespräsident das Recht zu prüfen, ob die Gesetze ordnungsmäßig zustande gekommen sind und ob sie nicht gegen das Grundgesetz verstoßen. Die Prüfung wird ergeben, dass

- das Gesetz über den Verkehr mit Futtermitteln mit den erforderlichen Mehrheiten beschlossen worden ist und daher ausgefertigt und verkündet werden kann,
- die Ergänzung des Art. 23 des Grundgesetzes hingegen gescheitert ist, weil der Gesetzentwurf weder im Bundestag noch im Bundesrat die erforderliche Mehrheit erlangt hat.

10 Gesetzesinitiative – Zustimmungsgesetz

AUFGABE 1

Nach Art. 76 (1) GG können Gesetzesvorlagen u.a. „aus der Mitte des Bundestages" eingebracht werden. Die Geschäftsordnung des Bundestages erläutert „aus der Mitte des Bundestages" dahin, dass Fraktionen oder 5 % der Mitglieder des Bundestages tätig werden können. Von den im Sachverhalt erwähnten 598 Mitgliedern müssen somit 30 die Gesetzesvorlage unterzeichnen. Bothe muss daher mindestens 29 weitere Mitglieder für seine Initiative gewinnen.

AUFGABE 2

In Art. 50 GG ist die Mitwirkung der Länder bei der Gesetzgebung und Verwaltung des Bundes und in Angelegenheiten der Europäischen Union vorgeschrieben. Dem entspricht die Verpflichtung der Bundesregierung, den Bundesrat über die Führung der Geschäfte auf dem Laufenden zu halten (Art. 53 GG).

An der Gesetzgebung ist der Bundesrat, der nach Art. 52 GG seine Beschlüsse mit mindestens der Mehrheit seiner Stimmen fasst, zunächst dadurch beteiligt, dass er

- Gesetzesvorlagen beim Bundestag einbringen kann (Art. 76 (1) GG). Sie sind über die Bundesregierung zu leiten, die sie in der Regel innerhalb von sechs Wochen an den Bundestag weiterzuleiten und dabei ihre Auffassung darzulegen hat (Art. 76 (3) GG)
- zu den Gesetzesvorlagen der Bundesregierung innerhalb von sechs Wochen Stellung zu nehmen hat Art. 76 (2) GG);

Alle Gesetzesbeschlüsse des Bundestages sind von dessen Präsident unverzüglich dem Bundesrat zuzuleiten (Art. 77 (1) GG). Der Bundesrat kann dem Gesetzesbeschluss des Bundestages zustimmen. Hat er Bedenken, kann er innerhalb von drei Wochen nach Zugang des Bundestagsbeschlusses mit bestimmten Zielen den Vermittlungsausschuss anrufen (Art. 77 (2) GG). Dieser setzt sich paritätisch aus Mitgliedern des Bundestages und des Bundesrates zusammen. Seine Tätigkeit endet mit einem Einigungsvorschlag, nach dem in der Regel der Gesetzesbeschluss des Bundestages geändert wird oder bestimmte Vorschriften anders formuliert, gestrichen oder hinzugefügt werden. In seltenen Fällen wird der Gesetzesbeschluss des Bundestages bestätigt oder empfohlen, ihn aufzuheben.

Nach dem Einigungsvorschlag muss zunächst der Bundestag, danach der Bundesrat erneut tätig werden. Dabei kann der Bundesrat ohne Rücksicht auf den Einigungsvorschlag und die vorausgegangene Reaktion des Bundestages zwischen verschiedenen Voten wählen. Bei einfachen Gesetzen kann er, falls er nicht zustimmt, binnen zwei Wochen Einspruch einlegen (Art. 77 (3) GG), der allerdings von der Mehrheit der Mitglieder des Bundestages zurückgewiesen werden kann. Maßgebend ist nicht die Zahl der an der Abstimmung mitwirkenden Mitglieder, sondern die gesetzliche Mitgliederzahl (Art. 121 GG). Beruht der Einspruch des Bundesrates auf den Stimmen von zwei Dritteln seiner Mitglieder, bedarf die Zurückweisung durch den Bundestag gleichfalls einer Mehrheit von zwei Dritteln, die mindestens die Mehrheit seiner Mitglieder umfassen muss (Art. 77 (4) GG).

AUFGABE 3

Die Ansicht, den Beschluss des Bundesrates durch einen Beschluss des Bundestages überwinden zu können, wäre richtig, wenn es sich um ein „einfaches" Gesetz handeln würde. In diesem Fall handelt es sich jedoch um ein Gesetz, das die Rechte und Interessen der Länder betrifft und nach Art. 105 (3) GG ausdrücklich der Zustimmung des Bundesrates bedarf. Es kommt nach Art. 78 GG nur zustande, wenn der Bundesrat ihm ausdrücklich zustimmt. Dem Bundestag bleibt nur die Möglichkeit, den Vermittlungsausschuss mit dem Ziel anzurufen, den Bundesrat mehrheitlich umzustimmen (Art. 77 (2) GG). Ersetzen kann er die Zustimmung des Bundesrates nicht; ohne sie kommt das Gesetz nicht zustande.

11 Änderungen des Grundgesetzes?

Vorschlag 1

Dieser Vorschlag wäre mit der in Art. 20 (1) GG verankerten Staatsform der Republik unvereinbar. Merkmal dieser Staatsform ist, dass eine Person zeitlich begrenzt als Staatsoberhaupt an der Staatsspitze steht.

Auch das demokratische Prinzip wäre verletzt, denn ein Merkmal der Demokratie ist auch, dass gewählte Repräsentanten in einem absehbaren Zeitraum auch wieder abgewählt werden können. Als in Art. 20 GG niedergelegte Grundsätze können sowohl die republikanische Staatsform als auch die Prinzipien der Demokratie nicht geändert werden (Art. 79 (3) GG); dieser Vorschlag lässt sich nicht verwirklichen, da er wie beschrieben verfassungswidrig ist.

Vorschlag 2

Bei der Regierungsform der Demokratie unterscheidet man die „unmittelbare Demokratie" – hier übt das Volk die Staatsgewalt selbst aus – und die „mittelbare Demokratie", bei der die Staatsgewalt durch „vom Volk gewählte Vertreter" ausgeübt wird.

Nach der gegenwärtigen Regelung im Grundgesetz (Art. 20 (2) Satz 2 GG) übt das Bundesvolk seine Staatsgewalt unmittelbar „nur" durch (Bundestags-)Wahlen (Art. 38 GG) und Abstimmungen (Art. 29 GG) aus; im Übrigen liegt in der Bundesrepublik eine „mittelbare Demokratie" (Ausübung der Staatsgewalt durch besondere Organe der Gesetzgebung, der vollziehenden Gewalt und der Rechtsprechung) vor.

Wenn Bundesgesetze nicht nur vom Bundestag, sondern auch vom Bundesvolk im Wege des Volksentscheids beschlossen werden könnten, würde dies einen Übergang von der

„mittelbaren" zur „unmittelbaren" Demokratie darstellen. Eine entsprechende Änderung des Grundgesetzes wäre daher möglich.

Vorschlag 3

Den vorhandenen Ländern wird durch den Begriff „Bundesstaat" in Art. 20 (1) GG weder ein „Daseinsrecht" noch der vorhandene Gebietsstand (Art. 29 GG) verbürgt.

Eine Verringerung der Zahl der Länder wäre nach dem Grundgesetz daher möglich, da der bundesstaatliche Aufbau – die Gliederung des Bundes in Länder – erhalten bliebe.

Vorschlag 4

a) Der Vorschlag stünde im Widerspruch zu Art. 50 GG. Diese Vorschrift verankert die Mitwirkung der Länder bei der Gesetzgebung und Verwaltung des Bundes.

   Die vorgeschlagene Änderung ließe sich nicht verwirklichen, da eine Änderung des Grundgesetzes, durch welche die Mitwirkung der Länder bei der Gesetzgebung des Bundes berührt wird, gemäß Art. 79 (3) GG unzulässig ist.

b) Eine Ermächtigung für die Bundesregierung (= Exekutive) zum Erlass von Bundesgesetzen wäre ein Verstoß gegen das in Art. 20 (2) und (3) GG enthaltene Prinzip der Gewaltenteilung.

12 Gesetzgebungskompetenz

AUFGABE 1

Luftreinhaltung ist gemäß Art. 74 (1) Nr. 24 GG Gegenstand der konkurrierenden Gesetzgebung. Der Bund hat im Rahmen der konkurrierenden Gesetzgebung u. a. dann das Recht zur Gesetzgebung, wenn nach Art. 72 (2) GG die Wahrung der Rechts- und Wirtschaftseinheit im gesamtstaatlichen Interesse eine Regelung durch den Bund erforderlich macht.

Diese Vorausetzung ist für den Erlass eines Bundesozonschutzgesetzes gegeben, weil die Gefahr bestünde, dass die Länder unterschiedliche Grenzwerte festsetzen würden. Der Bund kann deshalb die Gesetzgebungszuständigkeit auf dem Gebiet der Luftreinhaltung an sich ziehen und ist somit für den Erlass eines Bundesozonschutzgesetzes zuständig.

AUFGABE 2

Bei einem im Land Brandenburg verhängten Fahrverbot wären die Transportunternehmer im Grundrecht der Berufsfreiheit (Art. 12 GG) beeinträchtigt, da sie während der Dauer des Fahrverbots ihren Beruf nicht ausüben könnten. Grundsätzlich wäre auch Art. 2 (1) GG berührt. Da aber bereits Art. 12 GG einschlägig ist, entfaltet Art. 2 (1) GG als sogenanntes Auffanggrundrecht keine Schutzwirkung.

Die übrigen motorisierten Verkehrsteilnehmer wären im Grundrecht der allgemeinen Handlungsfreiheit (Art. 2 (1) GG) beeinträchtigt, weil sie sich während der Dauer des Fahrverbots nicht mit ihrem Kraftfahrzeug fortbewegen könnten.

AUFGABE 3

Der Bundespräsident fertigt im Rahmen des Gesetzgebungsverfahrens des Bundes gemäß Art. 82 (1) Satz 1 GG die nach den Vorschriften des Grundgesetzes zustande gekommenen Gesetze aus. Diese Vorschrift räumt dem Bundespräsidenten somit ein formelles Prüfungsrecht ein. Er hat daher die Befugnis, die Ausfertigung eines Gesetzes zu verweigern, wenn Bestimmungen verletzt wurden, die das Gesetzgebungsverfahren betreffen.

Strittig ist, ob dem Bundespräsidenten auch ein materielles Prüfungsrecht zusteht. Frage ist also, ob der Bundespräsident ein Gesetz auf inhaltliche Übereinstimmungen mit dem Grundgesetz prüfen darf. Nach herrschender Meinung darf der Bundespräsident die Ausfertigung eines Gesetzes verweigern, wenn das Gesetz offenkundig und zweifelsfrei materielle Vorschriften des Grundgesetzes – insbesondere Grundrechte – verletzt.

AUFGABE 4

Der Bundeskanzler könnte die Vertrauensfrage stellen und, sofern ihm das Vertrauen vom Bundestag nicht ausgesprochen wird, den Bundespräsidenten bitten, den Bundestag aufzulösen (Art. 68 (1) Satz 1 GG).

13 Das verfassungswidrige Kindererziehungssicherungsgesetz

AUFGABE 1

§ 3 Kindererziehungssicherungsgesetz

§ 3 dieses Gesetzes verstößt zum einen gegen Art. 3 (2) GG, da hier ohne sachlichen Differenzierungsgrund Männer gegenüber Frauen benachteiligt werden. Zum anderen wird ohne ausreichendes Interesse des Gemeinwohls die Berufswahl von Männern reglementiert und damit gegen die Berufswahlfreiheit des Art. 12 (1) Satz 1 GG verstoßen. Beschränkungen der Berufswahlfreiheit sind nur zum Schutz besonders wichtiger Gemeinschaftgüter zulässig. Eine Gefährdung dieser Gemeinschaftsgüter durch die generelle Zulassung von Männern zu Berufen der Kindererziehung ist ausgeschlossen.

§ 3 des Gesetzes verstößt somit gegen das rechtsstaatliche Prinzip der Bindung des Staates an die Grundrechte.

§ 4 (1) Kindererziehungssicherungsgesetz

Die Rechtsprechung ist als Ausdruck des rechtsstaatlichen Merkmals der Gewaltenteilung (Art. 20 (2) Satz 2 GG) den Richtern anvertraut (Art. 92 GG). Die Übertragung von Teilen der judikativen Gewalt auf die Exekutive in Form der Bundesregierung und die ihr nachgeordneten Behörden würde gegen das Prinzip der Gewaltenteilung verstoßen.

§ 4 (2) Kindererziehungssicherungsgesetz

Diese Vorschrift verstößt gegen den rechtsstaatlichen Grundsatz der Rechtsweggarantie (Art. 19 (4) GG).

§ 9 Kindererziehungssicherungsgesetz

Diese Bestimmung ist mit dem Rechtsstaatsmerkmal der Verhältnismäßigkeit nicht vereinbar. Demzufolge darf die dem Einzelnen auferlegte Belastung nicht außer Verhältnis zu dem für die Allgemeinheit bezweckten Erfolg stehen, was hier aber der Fall wäre. Ein Verstoß gegen die Straßenverkehrsordnung rechtfertigt in keiner Weise ein lebenslanges Berufsverbot. Dieses Verbot ist für die Betroffenen unzumutbar und zur Erreichung des angestrebten Ziels unverhältnismäßig.

§ 16 Kindererziehungssicherungsgesetz

§ 16 des Gesetzes verstößt gegen das in Art. 97 (1) GG festgelegte rechtsstaatliche Prinzip der richterlichen Unabhängigkeit. Dieser Grundsatz besagt, dass der Richter nur dem Gesetz und seinem Gewissen unterworfen und an Weisungen nicht gebunden ist.

Außerdem verstößt diese Regelung gegen den Grundsatz der Gewaltenteilung nach Art. 20 (2) GG.

§ 23 Kindererziehungssicherungsgesetz

Diese Festlegung widerspricht Art. 103 GG (2) GG – belastende Gesetze dürfen nicht rückwirkend erlassen werden.

AUFGABE 2

Es gibt Bundesgesetze, die der Zustimmung des Bundesrates bedürfen (Art. 77 (2) Satz 4 GG), und Bundesgesetze, zu deren Erlass die Zustimmung nicht zwingend vorgeschrieben ist (Art. 77 (3) Satz 1 GG).

Der Zustimmung des Bundesrates bedürfen in der Regel solche Gesetze, welche die bundesstaatliche Ordnung berühren, sich also auf das Kompetenzgefüge zwischen Bund und Ländern auswirken.

Einspruchsgesetze sind Gesetze ohne Einfluss auf die föderative Ordnung. Die Zustimmungspflicht eines Gesetzes muss im Grundgesetz ausdrücklich festgelegt sein.

Der verfahrensmäßige Unterschied zwischen den Gesetzen besteht darin, dass zwar in beiden Fällen der Bundesrat zu beteiligen ist (Art. 77 (1) Satz 2 GG) und auch nach Abschluss des Vermittlungsverfahrens (Art. 77 (2) GG) seine Ablehnung kundtun kann, dies aber nur bei Zustimmungsgesetzen zwingend zum Scheitern des Gesetzes führt.

Bei Einspruchsgesetzen kann der Einspruch des Bundesrates vom Bundestag mit der erforderlichen Mehrheit überstimmt werden.

AUFGABE 3

Dem Bundespräsidenten obliegt als Abschluss des Gesetzgebungsverfahrens die Ausfertigung des Gesetzes und dessen Verkündung im Bundesgesetzblatt (Art. 82 (1) Satz 1 GG).

Dem Bundespräsidenten obliegt also im Gesetzgebungsverfahren ein formelles und ein materielles Prüfungsrecht. Das bedeutet, dass er überprüfen muss, ob die zur Ausfertigung und Verkündung vorgelegten Gesetze hinsichtlich Verfahren und Inhalt mit dem GG vereinbar sind. Er darf die Ausfertigung und Verkündung nur dann verweigern, wenn das Gesetz zweifelsfrei dem GG widerspricht.

Die Prüfung zur Aufgabe 1 hat zweifelsfrei den Nachweis dazu erbracht. Gemäß Art. 82 (1) GG kann er die Ausfertigung und Verkündung verweigern.

14 Änderung in der Sozialgesetzgebung

AUFGABE 1

Das Gesetz könnte dem Sozialstaatsprinzip widersprechen, dem die Bundesrepublik gemäß Art. 20 GG verpflichtet ist.

Zum Wesen des Sozialstaates gehört u. a. ein System zur sozialen Sicherung. Eine solche Sicherung für den Menschen kann nach dem Versicherungs-, dem Versorgungs- und dem Fürsorgeprinzip erfolgen. Dem Staat ist es grundsätzlich freigestellt zu entscheiden, welches Prinzip er anwenden will. Zu bedenken ist aber, dass beim Versicherungsprinzip die benötigten Geldmittel von den Versicherten selbst aufgebracht werden müssen. Dazu sind eigene finanzielle Mittel erforderlich. Weil nicht alle Menschen ein ausreichendes Einkommen oder Vermögen besitzen, könnten sie nach dem Versicherungsprinzip nicht ausreichend versichert werden.

Beim Versorgungsprinzip werden die erforderlichen Geldmittel aus Steuergeldern erbracht. Das Versorgungsprinzip knüpft an gewisse Vorleistungen der Versorgungsempfänger an, die nicht finanzieller Natur sind. Davon abgesehen, dass die Ausweitung des

Versorgungsprinzips dem Staat keine finanzielle Erleichterung bringen würde, wird durch das Versorgungsprinzip auch nur ein beschränkter Personenkreis erfasst, nämlich der, der Vorleistungen erbracht hat.

Völlig ungesichert bleiben Personen, denen finanzielle Mittel zur Selbsthilfe fehlen oder die keine Vorleistungen erbracht haben. Die Aufhebung des SGB XII würde also bedeuten, dass ein nicht unbeträchtlicher Personenkreis jegliche finanzielle Sicherung verlieren würde. Nach Art. 1 GG hat der Staat die Würde des Menschen zu schützen. Zur Würde des Menschen gehört auch, dass ihm mindestens das Existenzminimum garantiert bleibt. Die völlige Abschaffung der Sozialhilfe würde also gegen das Sozialstaatsprinzip verstoßen.

AUFGABE 2

Das Sozialstaatsprinzip ist auf soziale Sicherheit und soziale Gerechtigkeit gerichtet. Nach dem SGB XII wird jedermann das Existenzminimum garantiert. Insoweit scheint der Vorschlag der B-Fraktion nicht gegen das Sozialstaatsprinzip zu verstoßen. Dieses Prinzip fordert aber auch soziale Gerechtigkeit. Danach hat der Staat jeder Gruppe die ihr zukommenden Rechte einzuräumen und sie auf ein angemessenes Niveau der Lebensqualität zu heben oder ein solches Niveau zu erhalten. Dieser Forderung könnte der Staat bei Aufhebung aller Gesetze zur sozialen Sicherung nicht mehr nachkommen. Der Staat muss verhindern, dass bestimmte Güter nur wenigen zufallen, die breite Masse der Bevölkerung aber von diesen Gütern ausgeschlossen wird. Zur sozialen Gerechtigkeit gehört auch, dass jeder für Notfälle vorsorgen kann. Diese Vorsorge wird für die breite Masse der Arbeitnehmerschaft durch die Sozialversicherung getroffen. Die Leistungen werden gemeinsam von Arbeitnehmern und Arbeitgebern erbracht und durch Zuweisungen allgemeiner Steuermittel ergänzt. Nur wenigen Arbeitnehmern würde es möglich sein, durch Privatversicherungen ausreichend hohe Zahlungen für den Krankheitsfall, für Unfallschäden, Arbeitslosigkeit, Alter und Pflegebedürftigkeit sicherzustellen. Die Masse der Arbeitnehmer würde vielmehr auf Leistungen der Sozialhilfe angewiesen sein und nur noch das Existenzminimum besitzen. Das würde die Lebensqualität erheblich absenken. Nur Reiche und besonders gut Verdienende könnten ihr gewohntes Niveau halten. Das widerspricht dem Gedanken der sozialen Gerechtigkeit.

Das Verlangen der B-Fraktion verstößt daher ebenfalls gegen das Sozialstaatsprinzip.

15 Ein Dienstwagen für den Bürgermeister

Alle Gesetzesangaben beziehen sich auf das BGB.

I. Die Gemeinde K. könnte sich durch Anfechtung der Willenserklärung gemäß § 123 (1) von dem Vertrag lösen, mit der Folge, dass das Rechtsgeschäft nach § 142 (1) als von Anfang an nichtig anzusehen wäre.

   Voraussetzung dafür ist, dass zwischen K. und V. ein wirksamer Kaufvertrag i. S. d. § 433 zustande gekommen ist. Dies ist der Fall, wenn zwei übereinstimmende Willenserklärungen, Angebot und Annahme, vorliegen. K. und V. haben einen Kaufvertrag über einen gebrauchten Pkw durch zwei übereinstimmende Willenserklärungen unter Beachtung der Gemeindeordnung Brandenburg am 23. Juni 2009 geschlossen.

   1. Gemäß § 123 (1) müsste K. zur Abgabe einer Willenserklärung durch arglistige Täuschung bestimmt worden sein. Täuschung ist jede bewusste, das heißt vorsätz-

liche Herbeiführung eines Irrtums durch Vorspiegelung falscher oder Unterdrückung wahrer Tatsachen, um den Getäuschten vorsätzlich zum Vertragsabschluss zu veranlassen. Schweigen ist nur dann eine Täuschung, wenn eine Pflicht zum Offenbaren, zur Aufklärung über die betreffenden Tatsachen besteht.

Der Verkäufer eines Gebrauchtwagens hat eine Offenbarungspflicht, wenn er weiß, dass es sich um einen Unfallwagen handelt. Diese Aufklärungspflicht ist aus dem Grundsatz von Treu und Glauben herzuleiten, und zwar auch dann, wenn der Käufer nicht danach fragt, ob der Wagen unfallfrei ist.

Indem V. trotz entsprechendem Wissen den Unfall der Gemeinde nicht mitteilt, begeht er eine Täuschung i.S.d. § 123 (1).

Die Täuschung muss arglistig sein. Das ist dann der Fall, wenn der Täuschende in Kauf nimmt, dass er durch seine Täuschung die Willensentschließung des Vertragspartners beeinflusst.

Hier verschweigt V. den Unfall mit dem Ziel, bei K. einen Irrtum hervorzurufen. Dieser Irrtum ist kausal für den Vertragsabschluss. Die Gemeinde K. hätte den Wagen nicht gekauft, wenn sie gewusst hätte, dass es sich um einen Unfallwagen handelt. V. handelt vorsätzlich und arglistig i.S.d. § 123 (1).

2. Die Anfechtung muss gemäß § 143 (1) gegenüber dem Anfechtungsgegner erfolgen. K. muss also gegenüber V. die Anfechtung erklären.
3. Dies muss nach § 124 (1) innerhalb der vorgeschriebenen Frist geschehen.
4. Nach § 142 (1) ist das Rechtsgeschäft, das heißt die aufgrund arglistiger Täuschung abgegebene Willenserklärung der Gemeinde K. als von Anfang an nichtig anzusehen. Mit der wirksamen Anfechtung wird eine für den Vertrag erforderliche Willenserklärung beseitigt, sodass der Kaufvertrag damit hinfällig ist.

II. Aufgrund der Anfechtung kann die Gemeinde K. von V. die Rückzahlung der 7 000,00 EUR gemäß § 812 (1) Satz 1 verlangen.

1. Voraussetzung hierfür ist, dass V. von K. etwas erlangt hat. „Etwas" i.S.d. § 812 ist jeder Vermögensvorteil. V. hat durch K. Besitz und Eigentum an den 7 000,00 EUR erlangt.
2. Des Weiteren müsste dies durch Leistung der Gemeinde K. geschehen sein. Unter Leistung versteht man jede gewollte zweckgerichtete Vermehrung fremden Vermögens. K. hat V. das Geld übergeben, um ihre Verpflichtung aus dem Kaufvertrag zu erfüllen.
3. Es dürfte kein rechtlicher Grund vorliegen. Rechtsgrund ist ursprünglich der Kaufvertrag. Wie oben festgestellt, ist dieser aufgrund der Anfechtung nichtig. Somit liegt kein rechtlicher Grund vor.

Folglich kann die Gemeinde K. von V. die Rückzahlung von 7 000,00 EUR gemäß § 812 (1) Satz 1 verlangen.

16 Das Abschiedsgeschenk für den Beigeordneten

Zu prüfen ist, ob Kupfer gegenüber der Stadt G., vertreten durch den Bürgermeister, das Rechtsgeschäft wegen Irrtums gemäß § 119 BGB anfechten kann.

Voraussetzungen:

- ein wirksamer Kaufvertrag gemäß § 433 BGB
- volle Geschäftsfähigkeit der handelnden Personen (§§ 106, 107ff. BGB) oder Vollmacht nach §§ 164, 165 BGB
- kein Verstoß gegen Formvorschriften (§§ 125, 126 BGB)
- Es muss ein Willensmangel vorliegen. Die Ursache muss ein Irrtum gemäß § 119 BGB sein.

Aus dem Sachverhalt ist ersichtlich, dass Kupfer sich bei der Übergabe des Bechers geirrt hat. Er hat versehentlich den falschen Becher übergeben. Hätte er diesen Irrtum vorher bemerkt, würde er diesen Becher nicht übergeben haben. Es ist ein Auseinanderfallen von Wille und Handlung festzustellen. Es handelt sich gemäß § 119 BGB um einen Irrtum.

Kupfer muss nun wegen Irrtums (§ 119 BGB) gegenüber der Stadt G. in der vorgeschriebenen Form (§ 143 BGB) in der vorgeschriebenen Frist (§ 121 BGB) anfechten, was er auch tut. Dadurch wird das Rechtsgeschäft rückwirkend unwirksam (gemäß § 142 BGB).

Kupfer muss jedoch Schadensersatz (§ 122 BGB) leisten, wenn die Stadt G. durch die Rückabwicklung des Rechtsgeschäftes Aufwendungen hat.

17 Erfüllungsgeschäft beim Kaufvertrag

AUFGABE 1

Ein wirksamer Vertrag kommt durch zwei übereinstimmende Willenserklärungen zustande. Dabei müssen die handelnden Personen voll geschäftsfähig sein (§§ 2, 104ff. BGB). Der Handlungswille und der Erklärungswille müssen erkennbar sein. Bei Stellvertretern ist die Vollmacht wichtige Voraussetzung. Formvorschriften sind zu beachten.

AUFGABE 2

Aus einem Kaufvertrag übernehmen die beiden Parteien folgende Pflichten:

- Verkäufer: Eigentum an der Sache verschaffen und einwandfreie Sachen (frei von Rechts- und Sachmängeln) übergeben
- Käufer: Bezahlung und Annahme

Verpflichtungsgeschäft gemäß § 433 BGB:

- Beschaffung der Sache durch den Verkäufer
- Bezahlung der Sache durch den Käufer

Erfüllungsgeschäft gemäß § 929 BGB:

- Übergabe der Sache durch den Verkäufer
- Annahme der Sache durch den Käufer durch Einigung und Übergabe

AUFGABE 3

Zu prüfen ist zunächst, ob V. und somit seine Gemeinde Eigentümer der Statue geworden ist. Hierzu ist es nach § 929 Satz 1 BGB erforderlich, dass der Eigentümer (Inhaber der Galerie) dem Erwerber (V.) die Sache übergibt und sich beide darüber einig sind, dass das Eigentum übergeht. Die Einigung über den Eigentumsübergang erfolgt grundsätzlich zum Zeitpunkt der Übergabe. Die Statue wird vom Inhaber der Galerie nicht an V. übergeben, sodass bereits die erste Voraussetzung für den Eigentumsübergang – die Übergabe der Sache – nicht vorliegt. V. hat daher kein Eigentum an der Statue erworben.

Nunmehr ist zu untersuchen, ob das Eigentum an der Statue vom Inhaber der Galerie auf dessen Bekannten gemäß § 929 Satz 1 BGB übergegangen ist. Der Bekannte erhält vom Inhaber der Galerie die Statue ausgehändigt. Somit ist die erste Voraussetzung für den Eigentumsübergang – die Übergabe der Sache – erfüllt. Durch die Übergabe der Statue gibt der Inhaber der Galerie durch schlüssiges Handeln die Willenserklärung ab, das Eigentum an der Statue auf seinen Bekannten übertragen zu wollen. Der Bekannte gibt durch schlüssiges Handeln – durch die Annahme der Statue – die Willenserklärung ab, das Eigentum erwerben zu wollen. Es liegt somit eine wirksame Einigung zwischen dem Inhaber der Galerie und seinem Bekannten über den Eigentumsübergang an der Statue vor. Der Bekannte ist somit nach § 929 Satz 1 BGB durch Einigung und Übergabe Eigentümer der Statue geworden.

18 Sachenrecht – Eigentumsübertragung

AUFGABE

Eigentumsübergang am Gerät am 2. April 2009 von Adler auf Bär?

Adler und Bär schlossen am 2. April 2009 einen Werkvertrag (§631 BGB) über die Reparatur des Gerätes. Bei der Übergabe des Gerätes will Adler das Eigentum somit nicht auf Bär übertragen und Bär will auch kein Eigentum am Gerät erwerben. Adler ist daher auch nach der Aushändigung des Gerätes an Bär noch Eigentümer.

Eigentumsübertragung am Gerät am 15. April 2009 von Bär auf Dill?

Zu untersuchen ist zunächst, ob Dill das Eigentum am Gerät nach § 929 Satz 1 BGB erworben hat.

Die Übergabe und die Einigung über den Eigentumsübergang liegen vor, das Gerät wird jedoch nicht vom Eigentümer übergeben. Ein Eigentumsübergang nach § 929 Satz 1 BGB kann somit nicht stattfinden.

Dill erwirbt jedoch das Eigentum am Gerät gemäß § 932 (1) Satz 1, (2) i.V.m. § 929 Satz 1 BGB gutgläubig vom Nichteigentümer. Dill kann nicht wissen, dass Bär nicht Eigentümer des Gerätes war. Dill ist daher in gutem Glauben daran, dass er das Gerät vom Eigentümer erwirbt. Ferner erfolgt eine Veräußerung nach § 929 Satz 1 BGB durch Einigung und Übergabe. § 935 BGB ist in diesem Zusammenhang nicht einschlägig, da der Videorekorder von Adler freiwillig aus der Hand gegeben wird.

Dill ist daher ab 15. April 2009 Eigentümer des Gerätes.

Eigentumsübergang am Gerät am 17. April 2009 von Dill auf Fuchs?

Dill übergibt als Eigentümer das Gerät an Fuchs. Beide sind sich auch einig, dass das Eigentum von Dill auf Fuchs übergehen soll.

Fraglich ist jedoch, ob die bei der Einigung über den Eigentumsübergang von Fuchs abgegebene Willenserklärung, das Eigentum am Gerät erwerben zu wollen, wirksam ist.

Fuchs ist 17 Jahre alt und somit minderjährig und beschränkt geschäftsfähig (§§106, 2 BGB), sodass er zur wirksamen Abgabe einer Willenserklärung nach § 107 BGB grundsätzlich die Einwilligung (vorherige Zustimmung § 182 BGB) seines gesetzlichen Vertreters (der Eltern, § 1626 (1), § 1629 (1) BGB) benötigt. Diese liegt nicht vor.

Da Fuchs jedoch durch die Willenserklärung, Eigentum am Gerät erwerben zu wollen, lediglich einen rechtlichen Vorteil erlangt, ist sie ohne Einwilligung seines gesetzlichen Vertreters wirksam.

Fuchs erwirbt somit nach § 929 Satz 1 BGB durch Übergabe und durch wirksame Einigung über den Eigentumsübergang das Eigentum am Gerät.

Fuchs ist seit dem 17. April 2009 Eigentümer des Videorekorders.

19 Einkauf mit Hindernissen

Aufgabe 1

Es ist zu erkennen, dass die Stadt F. in diesem Fall auf privatrechtlicher Grundlage tätig wird. Es handelt sich um Verwaltungshandeln in privatrechtlicher Form = fiskalisches Handeln. Rechtsgrundlage ist das BGB. Es besteht zwischen den Handelnden ein Gleichstellungsverhältnis. Ergebnis ist ein Kaufvertrag.

Abzugrenzen ist es vom Handeln auf öffentlich-rechtlicher Grundlage = hoheitliches Verwaltungshandeln. Hier besteht ein Über- und Unterordnungsverhältnis. Die Rechtsgrundlage kann in diesem Fall nur die Verwaltung berechtigen oder verpflichten.

Aufgabe 2

Zu prüfen ist, ob die Stadt F., vertreten durch den Amtsleiter des Hauptamtes, den geschlossenen Vertrag gemäß § 119 BGB anfechten kann.

Voraussetzung ist,

- dass gemäß § 433 BGB ein wirksamer Kaufvertrag durch zwei übereinstimmende Willenserklärungen geschlossen wurde.
- dass die handelnden Personen voll geschäftsfähig (§§ 104 ff. BGB) oder bevollmächtigt (§ 165 BGB) sind,
- dass keine Formvorschriften verletzt wurden (§§ 125, 126 BGB).

Bei der Abgabe der Willenserklärungen muss hier ein Willensmangel vorliegen (Wille und Erklärung stimmen nicht überein). Die Ursache muss ein Irrtum gemäß § 119 BGB sein.

Aus dem Sachverhalt ist ersichtlich, dass der Amtsleiter sich bei der Abgabe seiner Willenserklärung im Maß irrt. Anstatt 2,85 m gibt er 5,82 m an.

Er verdreht versehentlich die gemessenen Werte in der Zahlenfolge. Auf dieser Grundlage schließt er den Kaufvertrag.

Hätte er diesen Irrtum bemerkt, dann hätte er die diese Willenserklärung nicht abgegeben. Somit ist ein Auseinanderfallen von Wille und Erklärung festzustellen. Es handelt sich um einen Erklärungsirrtum.

Die Stadt F. muss nun wegen Irrtums (119 BGB) gegenüber dem Kunsthändler gemäß § 143 BGB den Vertrag in der vorgeschriebenen Frist nach § 121 BGB anfechten. Dadurch wird das Rechtsgeschäft gemäß § 142 BGB rückwirkend unwirksam.

Die Stadt F. muss jedoch gemäß § 122 BGB i. V. m. § 249 BGB dem Kunsthändler Schadensersatz leisten.

20 Die vergessenen Schreibtischstühle

G. kann gegen M. einen Anspruch auf Kaufpreiszahlung in Höhe von 712,00 EUR (acht Schreibtischstühle à 89,00 EUR) aus § 433 II BGB haben.

AUFGABE

Anspruch des G. gegen die Stadt M. gemäß § 433 II BGB

a) **Der Anspruch muss entstanden sein:**

Zwischen G. und M. muss ein Kaufvertrag geschlossen worden sein. M. hat aber nicht selbst gehandelt, sondern deren für die Büroeinrichtung zuständiger Sachbearbeiter C.

Daher muss C. die Stadt M. wirksam i. S. d. § 164 I BGB vertreten haben. C. hat beim Abschluss des Kaufvertrags hinsichtlich der acht Schreibtischstühle eine eigene Willenserklärung im Namen von M. abgegeben und dabei auch mit Vertretungsmacht von M. gehandelt. Demnach hat C. die M. wirksam gemäß § 164 I BGB vertreten. Die Rechtsfolge einer wirksamen Stellvertretung ist, dass die vom Stellvertreter abgegebenen Willenserklärungen unmittelbar für und gegen den Vertretenen wirken. Die von C. abgegebene Willenserklärung, die Abgabe eines Angebots i. S. d. § 145 BGB hinsichtlich des Kaufs der acht rückenfreundlichen Schreibtischstühle, wirkt damit unmittelbar für und gegen M.

Dieses Angebot hat G. auch gemäß § 147 BGB angenommen, sodass zwischen M. und G. ein Kaufvertrag bezüglich acht rückenfreundlicher Schreibtischstühle wirksam zustande gekommen ist. Ein wirksamer Kaufvertrag i. S. d. § 433 BGB liegt zwischen G. und M. also vor; der Anspruch ist somit entstanden.

b) **Der Anspruch kann aber untergegangen sein:**

Der Anspruch des G. auf Zahlung des Kaufpreises als Gegenleistung entfällt, sofern die Stadt wirksam vom Kaufvertrag gemäß § 323 BGB zurückgetreten ist.

(a) Der Kaufvertrag von G. und M. beinhaltet, dass G. als seine Leistung die Übereignung der acht rückenfreundlichen Schreibtischstühle i. S. d. § 929 Satz 1 BGB schuldet.

(b) Der Anspruch seitens M. auf Übereignung dieser Schreibtischstühle durch G. muss fällig sein.

Fällig ist ein Anspruch ab dem Zeitpunkt, ab dem der Gläubiger die Leistung des Schuldners verlangen kann. Von Gesetzes wegen kann eine Leistung nach § 271 I BGB grundsätzlich sofort verlangt werden; eine von diesem Grundsatz abweichende Fälligkeit kann sich aber aus einer konkreten Parteivereinbarung nach § 271 II BGB ergeben, diese hat dann Vorrang. G. und C. haben vereinbart, dass die Schreibtischstühle am 14. Mai 2009 von G. übereignet werden sollen. Damit liegt eine konkrete Terminabsprache zwischen den beiden vor. Diesen anvisierten Termin hat G. aber verstreichen lassen. Der Anspruch von M. auf Übereignung durch G. ist somit ab diesem Zeitpunkt fällig.

Der fällige Anspruch von M. ist des Weiteren auch einredefrei.

(3) Die aus dem fälligen und einredefreien Anspruch resultierende Leistungspflicht des G. könnte nicht oder nicht vertragsgemäß erfüllt sein. G. hat die Übereignung der Schreibtischstühle noch gar nicht vorgenommen, er ist seiner Leistungspflicht nicht nachgekommen.

(4) Weiterhin muss M. dem G. eine angemessene Frist gesetzt haben, die erfolglos abgelaufen ist. Da G. die acht Schreibtischstühle nicht zum vereinbarten Termin übereignet hatte, hat C. den G. aufgefordert, bis spätestens 5. Juni 2009 gegen Zahlung des Kaufpreises zu leisten und die Schreibtischstühle zu übereignen. Der ursprünglich vereinbarte Termin war der 14. Mai 2009 und die von G. gesetzte Frist endete am 5. Juni 2009, sodass diese Frist etwa drei Wochen betrug. Eine Frist von etwa drei Wochen ist auch als angemessen anzusehen. Eine Ausnahme nach § 323 II BGB ist nicht einschlägig. C. hat aber eine angemessene Frist gesetzt, die erfolglos abgelaufen ist.

(5) Bis zum Ablauf der gesetzten Frist muss die M. selbst auch vertragstreu gehandelt haben. Die eigene Vertragstreue des Gläubigers ist lediglich bei gegenseitigen Verträgen, wie z.B. Kaufverträgen, zu beachten und beinhaltet, dass auch der Gläubiger selbst keine Handlungen vornehmen darf, die den Vertrag oder dessen Erfüllung gefährden können. C. hat namens M. bis zum Ablauf der dem G. gesetzten Frist an dem Vertrag festgehalten und erst nach Ablauf der Frist am 6. Juni 2009 qualitativ gleichwertige, rückenfreundliche Schreibtischstühle bei einem anderen Händler gekauft. Damit liegt seitens M. bis zum Ablauf der Frist Vertragstreue vor.

(6) C. muss den Rücktritt nach § 323 BGB im Namen von M. auch erklärt haben. Da der Rücktritt ein Gestaltungsrecht ist, muss der Rücktrittsberechtigte den Rücktritt gemäß § 349 BGB einseitig erklären, damit er wirksam ausgeübt werden kann. C. zeigt gegenüber G. in seinem Schreiben vom 6. Juni 2009 an, dass er nicht mehr an den Stühlen interessiert ist und erklärt mit diesem Schreiben einseitig den Rücktritt von dem Kaufvertrag. Ein entgegenstehender Wille des Vertragspartners ist dabei unbeachtlich; C. hat namens M. den Rücktritt vom Kaufvertrag mit G. i.S.d. §§ 323, 349 BGB wirksam erklärt.

(7) Im Ergebnis liegen also die Voraussetzungen des § 323 I BGB vor, das Rücktrittsrecht ist nicht ausgeschlossen worden und C. hat namens M. seinen Rücktritt auch wirksam einseitig erklärt.

c) **Ergebnis:**

G. hat gegen M. keinen Anspruch auf Kaufpreiszahlung in Höhe von 712,00 EUR (acht Schreibtischstühle à 89,00 EUR) aus § 433 II BGB.

21 Das gemietete Faxgerät

Die H. kann gegen W. einen Anspruch auf Schadensersatz statt der Leistung nach §§ 280 I, III, 281 I 1. Alt BGB haben.

AUFGABE

Anspruch der H. gegen W. nach §§ 280 I, III, 281 I 1. Alt BGB

a) **Der Anspruch muss entstanden sein:**

(1) Zunächst muss ein wirksames Schuldverhältnis i.S.d. § 280 I 1 BGB bestehen.

Zwischen W. und H. kann ein wirksamer Mietvertrag geschlossen worden sein. W. hat aber nicht selbst gehandelt, sondern deren für die Computerausstattung zuständige Angestellte S. ist tätig geworden.

S. muss W. wirksam i. S. d. § 164 I BGB vertreten haben. Bei Abschluss des Mietvertrags bezüglich des Faxgeräts hat S. eine eigene Willenserklärung im Namen von W. abgegeben und dabei auch mit Vertretungsmacht von W. gehandelt. Demnach hat S. die W. wirksam nach § 164 I BGB vertreten. Die Rechtsfolge einer wirksamen Stellvertretung ist, dass die vom Stellvertreter abgegebenen Willenserklärungen unmittelbar für und gegen den Vertretenen wirken. Die von S. abgegebene Willenserklärung, die Abgabe eines Angebots i. S. d. § 145 BGB hinsichtlich der Miete des Faxgeräts, wirkt damit unmittelbar für und gegen W. Dieses Angebot der S. im Namen von W. hat H. auch angenommen. Folglich haben H. und W. einen wirksamen Mietvertrag nach § 535 BGB geschlossen. Ein wirksames Schuldverhältnis liegt demnach vor.

(2) Des Weiteren muss die aus dem wirksamen Schuldverhältnis resultierende Leistungspflicht fällig und einredefrei sein. Der Mietvertrag von H. und W. beinhaltet, dass W. das gemietete Faxgerät am 30. Juni 2009 zurückzugeben hat. Die Rückgabe der Mietsache nach § 546 I BGB stellt eine Nebenpflicht des Mieters dar, die aus einem wirksamen Mietvertrag resultiert. Ab dem vereinbarten Zeitpunkt kann H. die (Neben-)Leistung, Rückgabe der Mietsache Faxgerät, von W. verlangen. Der avisierte Termin, der 30. Juni 2009, ist verstrichen, sodass nach dessen Ablauf der Anspruch fällig ist. Fälligkeit der Leistungspflicht von W. liegt somit vor.

Der fällige Anspruch der H. ist auch einredefrei.

(3) Seitens W. muss eine Pflichtverletzung erfolgt sein. Der Anspruchsgegner muss i. S. d. § 280 I 1 BGB eine Pflicht aus dem bestehenden wirksamen Schuldverhältnis verletzt haben. Diese Pflichtverletzung ist bei einem Schadensersatzanspruch aus §§ 280 I, III, 281 BGB in einer Nicht- oder Zuspätleistung des Anspruchsgegners zu sehen. Aus dem wirksamen Mietvertrag mit H. resultiert für W. die Nebenpflicht, die Mietsache, das Faxgerät, zum vereinbarten Zeitpunkt am 30. Juni 2009 an H. zurückzugeben. Dieses ist seitens W. aber nicht erfolgt; damit hat W. ihre Rückgabepflicht nicht erfüllt. Somit ist eine Pflichtverletzung von W. i. S. d. § 280 I, III, 281 I 1. Alt. BGB gegeben.

(4) Nach § 281 I 1 BGB muss der Anspruchssteller dem Anspruchsgegner eine angemessene Frist zur Leistungserbringung gesetzt haben, die dann erfolglos abgelaufen ist. H. hat in dem Telefonat mit W. keine derartige Frist zur Leistungserbringung gesetzt. Demnach ist keine Fristsetzung erfolgt.

Eine Fristsetzung i. S. d. § 281 II 1. Alt. BGB seitens H. kann aber entbehrlich sein. Nach § 281 II 1. Alt. BGB muss dann keine Frist gesetzt werden, wenn der Leistungsschuldner die Erbringung seiner Leistung ernsthaft und endgültig verweigert. Im Namen von W. hat S. der H. am Telefon mitgeteilt, das Faxgerät werde bei W. bleiben und ihr nicht zurückgebracht. Darin ist eine ernsthafte und endgültige Leistungsverweigerung seitens W. zu erkennen. Folglich ist eine Fristsetzung seitens H. nach § 281 II 1. Alt. BGB entbehrlich gewesen.

(5) W. als Anspruchsgegnerin muss die erfolgte Nichtleistung auch i. S. v. § 280 I 1 BGB zu vertreten haben. Das Vertretenmüssen bemisst sich nach den §§ 276, 278 BGB. Diesbezüglich wird in § 280 I 1 BGB eine Verschuldensvermutung angenommen und gilt nach § 280 I 2 BGB eine Beweislastumkehr. Das heißt, gemäß § 280 I 1 BGB wird das Vertretenmüssen des Anspruchsgegners grundsätzlich angenommen, es sei denn, der Schuldner kann sich exkulpieren i. S. v. § 280 I 2 BGB; die Beweislast des Nichtvertretenmüssens trägt somit der Anspruchsgegner. W. muss daher beweisen, dass sie die Nichtleistung nicht nach den §§ 276, 278 BGB zu vertreten hat; gelingt ihr das nicht, so hat sie diese zu vertreten. S. hat der H. telefonisch erklärt, das Faxge-

rät werde im Standesamt dringend benötigt und sei zurzeit unverzichtbar. W. hat die Nichtleistung folglich nach § 276 I 1 BGB zu vertreten.

(6) H. hat selbst auch vertragstreu gehandelt und bis zum Ablauf des Mietvertrages an diesem festgehalten und dessen Wirksamkeit gewollt. In dem Verhalten der H. ist Vertragstreue zu erkennen.

(7) H. hat durch die Nichtleistung von W. auch einen Schaden erlitten. Da H. nur einen gewissen Bestand an Faxgeräten hat und sie nach Ablauf der W. gesetzten Frist weiteren Anfragen bezüglich der Vermietung nachkommen will, muss sich H. aufgrund der Nichtrückgabe seitens W. ein qualitativ gleichwertiges Faxgerät beschaffen. Dabei sind der H. Kosten in Höhe von 298,00 EUR entstanden. Wäre das Faxgerät seitens W. zum vereinbarten Termin zurückgegeben worden, so hätte H. die 298,00 EUR für das Ersatzgerät nicht zahlen müssen. Folglich hat H. einen Schaden in Höhe von 298,00 EUR erlitten.

(8) Der Anspruch auf die Leistung ist ausgeschlossen, sobald der Gläubiger statt der Leistung Schadensersatz verlangt (§ 281 IV BGB). Danach kann der Gläubiger nicht zugleich Schadensersatz statt der Leistung und die Leistung selbst verlangen. H. ist aufgrund des Verhaltens von W. ärgerlich gewesen und hat die Rückgabe des Faxgeräts nicht mehr verlangt, die Entgegennahme des Faxgeräts sogar verweigert. Vielmehr fordert H. nur noch die Erstattung des Kaufpreises für das Ersatzfaxgerät und damit ausschließlich Schadensersatz.

(9) Im Ergebnis ist der Anspruch der H. also entstanden.

b) **Der Anspruch ist nicht untergegangen und durchsetzbar.**

c) **Ergebnis:**

Folglich hat H. gegen W. einen Schadensersatzanspruch in Höhe von 298,00 EUR aus §§ 280 I, III, 281 I 1. Alt. BGB.

22 Die zerstörten Espressotassen

Die A. kann gegen L. einen Anspruch auf Übereignung von vier neuen Espressotassen nach § 433 I 1 BGB haben.

AUFGABE

Anspruch der A. gegen L. nach § 433 I 1 BGB

a) **Der Anspruch muss entstanden sein:**

aa) Zwischen A. und L. muss ein wirksamer Kaufvertrag i. S. d. § 433 BGB bestehen. Er ist durch übereinstimmende Willenserklärungen zustande gekommen.

Zwischen A. und L. besteht also ein wirksamer Kaufvertrag gemäß § 433 BGB, sodass der Anspruch entstanden ist.

bb) Der Anspruch vom A. kann jedoch nach § 275 I BGB wieder untergegangen sein.

A. und L. haben einen wirksamen Kaufvertrag geschlossen, sodass ein Schuldverhältnis besteht.

Weiterhin muss die aus dem Vertrag resultierende Leistung unmöglich geworden sein.

(1) Es ist vertraglich vereinbart worden, dass L. der A. nach § 929 Satz 1 BGB die Übereignung der bestellten Espressotassen schuldet.

(2) Diese vertraglich vereinbarte Leistung des L. kann aber nachträglich entfallen oder unmöglich geworden sein.

Unmöglichkeit ist die dauerhafte Nichterbringbarkeit des Leistungserfolges durch eine Leistungshandlung des Schuldners. Abzustellen ist also darauf, ob die Leistungshandlung vom Schuldner noch vorgenommen werden kann.

Anfängliche Unmöglichkeit i. S. d. § 311a II BGB ist gegeben, sofern die Leistung bereits vor oder bei Vertragsabschluss nicht erbracht werden kann, wogegen bei nachträglicher Unmöglichkeit das Leistungshindernis erst nach Vertragsabschluss eintritt. Es ist ein Kaufvertrag zwischen A. und L. geschlossen worden. Es wurde vereinbart, dass L. seiner Übereignungspflicht erst bei Erhalt der bestellten Espressotassen nachkommt. Damit ist A. auch einverstanden. Die Übereignung der Espressotassen ist ab deren Erhalt vom Hersteller, das heißt nach Vertragsschluss, auch noch möglich gewesen, sodass im vorliegenden Fall eine nachträgliche Unmöglichkeit in Betracht kommt.

A. hat eine bestimmte Art der im Prospekt des L. dargestellten Espressotassen ausgewählt und bestellt, also Espressotassen einer bestimmten Gattung. Die Parteien haben damit nicht die Übereignung bestimmter Einzelstücke vereinbart, sodass Gegenstand des Vertrags folglich eine Gattungsschuld im Sinne von § 243 I BGB ist.

Die vereinbarte Gattungsschuld kann aber zu einer Stückschuld werden, sofern die Gattungsschuld gemäß § 243 II BGB konkretisiert worden ist. Konkretisierung bedeutet, dass der Schuldner alles seinerseits Erforderliche getan hat. Mit der Konkretisierung beschränkt sich die Leistungspflicht auf den vom Schuldner ausgewählten Gegenstand, sodass dessen Untergang eine Unmöglichkeit darstellt und die Leistungsgefahr nach § 300 II BGB auf den Gläubiger übergeht.

L. hat die ihm vom Hersteller zugesandten Espressotassen ausgewählt und verpackt; dabei hat er Gegenstände mittlerer Art und Güte nach § 243 II BGB geleistet.

Wann der Schuldner das seinerseits Erforderliche getan hat, ist des Weiteren davon abhängig, welche Art der Schuld (Hol-, Bring- oder Schickschuld) vorliegt. A. hat mit L. vereinbart, dass die Espressotassen ihr zugesandt werden sollen, das heißt die Lieferung der Tassen durch eine dritte Person erfolgen soll. Demnach ist eine Schickschuld vereinbart worden.

Bei der Schickschuld tritt Konkretisierung der Gattungsschuld zur Stückschuld dann ein, wenn der Schuldner die Kaufsache einer sorgfältig ausgesuchten Transportperson übergibt. Dies hat L. getan; er hat das bruchsicher verpackte, an A. adressierte Paket dem V. übergeben. Mangels gegenteiliger Hinweise ist davon auszugehen, dass L. dem V. auch vertraut und von dessen Zuverlässigkeit überzeugt ist. V. ist also auch sorgfältig ausgesucht worden. Mit Übergabe an V. hat L. das Schuldverhältnis auf diese im Paket verpackten Espressotassen beschränkt. Ab Übergabe ist demnach eine Konkretisierung eingetreten, sodass sich das Schuldverhältnis ab der Übergabe an V. nach § 243 II BGB auf diese verpackten Espressotassen beschränkt.

Die Übereignung einer beweglichen Sache setzt nach § 929 Satz 1 BGB eine Einigung über den Eigentumsübergang und die Übergabe der Sache selbst voraus. Die Parteien haben sich bei Vertragsabschluss über den Eigentumsübergang und die Übergabe der Kaufsache an eine sorgfältige dritte Person geeinigt. § 929 Satz 1 BGB ist daher erfüllt. Die Kaufsache, die verpackten Espressotassen, sind auch erst nach erfolgter Übergabe, als eine Stückschuld bereits vorgelegen hat, durch den anschließenden Autounfall des V. zerstört worden. Daher kann nach dem Unfall des V. niemand die verpackten Espressotassen A. mehr übereignen, sie sind irreparabel zerstört.

(3) Folglich liegt im Ergebnis eine objektive Unmöglichkeit vor, sodass die aus dem Kaufvertrag zwischen A. und L. resultierende Leistung des L., Übereignung der Kaufsache, nachträglich entfallen beziehungsweise unmöglich geworden ist.

b) **Ergebnis:** Der Anspruch von A. ist zwar entstanden, nach § 275 I BGB aber wieder untergegangen. A. hat gegen L. somit keinen Anspruch auf Übereignung neuer Espressotassen nach § 433 I 1 BGB.

23 Der gemietete Kleintransporter

D. kann gegen die Stadt R. neben der Zahlung des vereinbarten Mietpreises einen Anspruch auf Schadensersatz wegen Verzögerung der Leistung in Höhe von 330,00 EUR aus §§ 280 I, II, 286 BGB haben.

AUFGABE

Anspruch des D. gegen R. nach §§ 280 I, II, 286 BGB

a) **Der Anspruch muss entstanden sein:**

(1) Dafür muss ein wirksames Schuldverhältnis i. S. d. § 280 I 1 BGB bestehen.

P. hat R. wirksam i. S. d. § 164 I BGB vertreten. Bei Abschluss des Mietvertrags bezüglich des Kleintransporters hat P. eine eigene Willenserklärung im Namen von R. abgegeben und dabei auch mit Vertretungsmacht von R. gehandelt. Die von P. abgegebene Willenserklärung wirkt also unmittelbar für und gegen die vertretene Stadt R. Folglich ist zwischen R. und D. ein Mietvertrag i. S. d. § 535 BGB über den Kleintransporter des D. geschlossen worden, sodass ein Schuldverhältnis i. S. d. § 280 I 1 BGB vorliegt.

(2) Des Weiteren muss seitens R. eine Pflichtverletzung erfolgt sein. Nach § 280 I 1 BGB muss der Anspruchsgegner eine Pflicht aus dem Schuldverhältnis verletzt haben. Die Pflichtverletzung ist bei einem Schadensersatzanspruch aus §§ 280 I, II, 286 BGB eine Nichtleistung des Anspruchsgegners; unter Leistung ist dabei die Vornahme der Leistungshandlung des Anspruchsgegners zu verstehen.

Der R. obliegt nach § 546 I BGB aus dem Mietvertrag die Pflicht, die Mietsache, also den Kleintransporter des D., bei Beendigung der Mietzeit zurückzugeben. Im Namen von R. hat P. mit D. vereinbart, D. werde den Transporter spätestens am Morgen des 27. Juli 2009 um 7:00 Uhr von R. zurückerhalten. Dies hat R. aber nicht eingehalten, sondern den Transporter erst am 29. Juli 2009 gegen 18:00 Uhr dem D. zurückgegeben. Damit ist R. ihrer Rückgabepflicht nicht nachgekommen, sodass im Nichtleisten trotz Fälligkeit eine Verletzung ihrer Pflicht aus dem Mietvertrag zu sehen ist. Folglich hat R. eine Pflicht aus dem Schuldverhältnis mit D. verletzt.

(3) Die Anspruchsgegnerin R. muss diese Pflichtverletzung auch zu vertreten haben. Das Vertretenmüssen bemisst sich nach den §§ 276, 278 BGB. Diesbezüglich beinhaltet § 280 I BGB eine Verschuldensvermutung oder Beweislastumkehr. Nach § 280 I 2 BGB besteht die Vermutung, dass der Schuldner sich nicht exkulpieren (entlasten) kann. Das bedeutet, dass dieser beweisen muss, die Pflichtverletzung nicht vertreten zu müssen. Seitens R. ist der Termin zur Rückgabe der Mietsache, des Kleintransporters, schlichtweg vergessen worden, und es hat sich bei R. diesbezüglich auch niemand nachträglich erkundigt. Folglich hat R. fahrlässig i. S. d. § 276 II BGB gehandelt; eine Exkulpation ist nicht möglich bzw. ersichtlich. Folglich hat R. die Pflichtverletzung auch zu vertreten.

(4) Darüber hinaus müssen nach § 280 II BGB die Voraussetzungen des § 286 BGB vorliegen, das heißt, die R. muss sich im Verzug gemäß § 286 BGB befunden haben.

(a) Dafür muss D. gegen R. einen fälligen, einredefreien Anspruch haben.

Ein Anspruch ist ab dem Zeitpunkt fällig, ab dem der Gläubiger die Leistung des Schuldners verlangen kann. Von Gesetzes wegen kann eine Leistung nach § 271 I BGB grundsätzlich sofort verlangt werden; lediglich durch eine vertragliche Vereinbarung kann davon abgewichen werden. Aus dem zwischen D. und R. geschlossenen Mietvertrag über den Kleintransporter des D. resultiert ein Anspruch des D. gegen R. auf Rückgabe der Mietsache nach Ablauf der Zeit gemäß § 546 I BGB. Der Rückgabeanspruch erfolgt beim Mietvertrag nach § 546 I BGB mit Beendigung des Mietverhältnisses. Zwischen D. und R. ist vereinbart worden, dass die Rückgabe des Kleintransporters spätestens am 27. Juli 2009 um 7:00 Uhr zu erfolgen hat. Damit ist in diesem exakt vereinbarten Termin das Ende des Mietverhältnisses zu sehen und gleichzeitig die konkrete Fälligkeit der Leistung von R. bestimmt worden. Diesen Termin hat R. aber verstreichen lassen, obwohl der Anspruch des D. auf Rückgabe des Kleintransporters ab dem 27. Juli 2009 um 7:00 Uhr morgens fällig war.

Der fällige Anspruch des D. ist auch einredefrei.

(b) Die nach § 286 I BGB erforderliche Mahnung seitens des D. ist nach § 286 II BGB entbehrlich. Danach bedarf es keiner Mahnung, sofern für die Leistung eine Zeit nach dem Kalender bestimmt ist. Als spätestmöglichen Zeitpunkt der Rückgabe des gemieteten Kleintransporters ist zwischen den Parteien der 27. Juli 2009 um 7:00 Uhr morgens festgesetzt worden. Damit haben die beiden für die Rückgabe der Mietsache eine Zeit nach dem Kalender bestimmt. Folglich ist eine Mahnung seitens D. gemäß § 286 II Nr. 1 BGB entbehrlich.

(c) Im Ergebnis befindet sich R. somit im Verzug nach § 286 I 1 BGB.

(5) Schließlich muss D. durch die Pflichtverletzung beziehungsweise Nichtleistung des R. ein Schaden entstanden sein. Hätte R. den Kleintransporter zum vereinbarten Termin, spätestens am 27. Juli 2009 um 7:00 Uhr morgens, dem D. zurückgebracht, so hätte D. für seine Wege keinen Ersatztransporter gebraucht. D. hätte sich dann keinen anderen Kleintransporter mieten müssen, sodass die Mietkosten in Höhe von 330,00 EUR bei D. nicht angefallen wären. Durch die Nichtleistung seitens der Stadt R. hat D. folglich einen Schaden in Höhe von 330,00 EUR erlitten.

(6) Der Anspruch des D. ist somit entstanden.

b) **Der Anspruch ist nicht untergegangen und durchsetzbar.**

c) **Ergebnis:**

Folglich hat D. gegen R. neben der Zahlung des vereinbarten Mietpreises einen Anspruch auf Schadensersatz wegen Verzögerung der Leistung seitens R. in Höhe von 330,00 EUR aus §§ 280 I, II, 286 BGB.

24 Das durchnässte Bauamt

G. kann gegen D. einen Anspruch auf Ersatz ihrer Aufwendungen aus §§ 634 Nr. 2, 633, 637 I BGB haben.

AUFGABE

Anspruch der Stadt G. gegen den D. nach §§ 634 Nr. 2, 633, 637 I BGB

a) **Der Anspruch muss entstanden sein:**

(1) Dafür muss zwischen G. und D. ein Werkvertrag nach § 631 BGB bestehen. Der Werkvertrag ist ein schuldrechtlicher gegenseitiger Vertrag, bei dem sich eine Partei, der Werkunternehmer, dazu verpflichtet, ein Werk zu erstellen, während sich die andere Partei, der Besteller, im Gegenzug zur Zahlung einer Vergütung verpflichtet; entscheidend ist für den Werkvertrag, dass dabei ein zuvor vereinbarter Erfolg geschuldet wird.

R. hat G. wirksam i. S. d. § 164 I BGB vertreten. Bei Abschluss des Werkvertrags mit dem Dachdecker hat R. eine eigene Willenserklärung im Namen der Stadt G. abgegeben und dabei auch mit Vertretungsmacht von G. gehandelt. Die von R. abgegebene Willenserklärung wirkt also unmittelbar für und gegen die vertretene G.

Zwischen G. und D. ist ein Werkvertrag geschlossen worden, der das Erstellen des Daches des alten Gebäudes beinhaltet. D. schuldet G. den Erfolg, das Dach des alten Gebäudes zu decken, und G. schuldet die Entrichtung der Vergütung. Folglich liegt ein Werkvertrag nach § 631 BGB vor.

(2) Des Weiteren muss das Werk einen Sachmangel i. S. d. § 633 BGB aufweisen.

Es kann ein Werkmangel gemäß § 633 II 2 Nr. 2 BGB greifen, wonach ein Werk mangelhaft ist, sofern es sich nicht für die gewöhnliche Verwendung eignet oder die Beschaffenheit nicht aufweist, die bei Werken der gleichen Art üblich ist und die der Besteller nach der Art der Sache erwarten kann. Drei Monate nach Fertigstellung des Daches werden allein schon durch stärkere Winde einige Ziegel vom Dach gerissen, sodass Regen in das Bauamt von G. gelangt. Demnach sind die einzelnen Ziegel von D. viel zu locker gesetzt worden. Dass Ziegel schon allein durch etwas stärkere Winde, die nicht einmal einen Sturm darstellen, vom Dach gerissen werden können, offenbart eine zu geringe Verankerung der Ziegel. Der Besteller, der sich vom Werkunternehmer ein Dach decken lässt, kann grundsätzlich erwarten, dass die Dachziegel so fest montiert werden, dass sie nicht bei jedem stärkerem Wind vom Dach gerissen werden. Somit weist das Werk des D. nicht die übliche Beschaffenheit auf, die ein Besteller nach Art des Werkes gewöhnlich erwarten kann.

Das erstellte Dach als Werkerfolg des D. weist im Ergebnis also einen Werkmangel nach § 633 II 2 Nr. 2 BGB auf.

(3) Es ist auch kein von G. und D. vereinbarter Ausschluss der Gewährleistung ersichtlich. Der Mangel hat bei Abnahme des Werkes gemäß § 640 BGB vorgelegen, sodass der Mangel auch bei Gefahrübergang vorgelegen hat.

(4) Darüber hinaus muss eine angemessene Fristbestimmung seitens des Bestellers erfolgt sein sowie Erfolglosigkeit dieser Frist gemäß § 637 BGB vorliegen.

Nachdem durch das vom Wind vereinzelt abgedeckte Dach Regen in das Bauamt G. eingedrungen ist, hat R. im Namen von G. unverzüglich bei D. angerufen und diesem den Schaden gemeldet. Des Weiteren hat R. namens G. den D. aufgefordert, das Dach innerhalb der nächsten 14 Tage ab dem Tag seines Anrufs zu reparieren, damit nicht noch größere Schäden entstehen. Damit ist seitens G. dem D. eine zweiwöchige Frist gesetzt worden, die durchaus als angemessen anzusehen ist. Eine angemessene Fristsetzung seitens G. als Bestellerin nach § 637 I BGB ist somit erfolgt.

D. hat die folgenden zwei Wochen seit dem Anruf jedoch nichts unternommen, um den Schaden am Dach der G. zu beheben, sodass die Frist erfolglos verstrichen ist. Ein erfolgloser Ablauf der gesetzten angemessenen Frist gemäß § 637 I BGB liegt somit vor.

(5) G. muss auch Aufwendungen nach § 637 I BGB getätigt haben. Nach erfolglosem Ablauf der gesetzten 14-Tage-Frist hat der handwerklich sehr begabte und erfahrene R. das Dach des Bauamtes für G. selbst repariert. Bei dieser Reparatur sind G. dementsprechend erforderliche Kosten entstanden. Folglich sind bei G. für die Mangelbeseitigung erforderliche Aufwendungen i. S. d. § 637 I BGB angefallen.

(6) Schließlich hat der Unternehmer D. auch kein Weigerungsrecht bezüglich der Nacherfüllung. D. hat die von G. gesetzte Frist reaktionslos ablaufen lassen und sich anschließend nicht gemeldet. D. hat sein Nichttätigwerden in keiner Form begründet, und es ist auch nichts ersichtlich.

(7) Der Anspruch von G. ist also entstanden.

b) **Der Anspruch ist nicht untergegangen und durchsetzbar.**

c) **Ergebnis:**

Folglich hat G. gegen D. einen Anspruch auf Ersatz ihrer Aufwendungen aus §§ 634 Nr. 2, 633, 637 I BGB.

25 Ein schmerzhafter Einkauf

T. könnte gegen S. wegen der Verletzung ihres Rückens Schadensersatzansprüche haben.

Aufgabe

a) **Anspruch der T. gegen S. auf Schadensersatz aus §§ 311 II i. V. m. § 241 II, 280 I BGB**

aa) Der Anspruch muss zunächst entstanden sein:

(1) Zwischen S. und T. muss ein Schuldverhältnis i. S. d. § 280 I 1 BGB vorliegen. S. und T. haben aber noch keinen Kaufvertrag nach § 433 BGB abgeschlossen, sondern T. hat lediglich die Absicht gehabt, in naher Zukunft mit S. einen Vertrag zu schließen. Gemäß § 311 II Nr. 1 BGB entsteht ein Schuldverhältnis mit Pflichten nach § 241 II BGB bereits durch die Aufnahme von Vertragsverhandlungen. T. hat sich in den Laden des S. begeben, um dort eine PC-Maus zu kaufen, sodass Vertragsverhandlungen zwischen T. und S. damit aufgenommen worden sind. Folglich liegt ein Schuldverhältnis vor.

(2) Des Weiteren muss eine Pflichtverletzung des S. nach § 280 I 1 BGB erfolgt sein. Dabei muss die Pflichtverletzung aus dem Schuldverhältnis resultieren. Im vorliegenden Fall kommt eine Verletzung der Schutzpflichten aus § 241 II BGB infrage, wonach jeder gegenüber potenziellen Vertragspartnern die Pflicht innehat, auf die Rechte, Rechtsgüter und Interessen des anderen Rücksicht zu nehmen. S. hat u. a. die Pflicht, auf die körperliche Unversehrtheit seiner potenziellen Kundin T. Rücksicht zu neh-

men. Dadurch, dass er T. während des Absetzens den schweren Karton in den Rücken gerammt hat, hat S. seine Pflicht verletzt, auf die körperliche Integrität von T. zu achten. Eine Pflichtverletzung seitens S. liegt also vor.

(3) S. muss die Pflichtverletzung darüber hinaus auch gemäß § 280 I 1 BGB zu vertreten haben. § 280 I 1 BGB beinhaltet die Vermutung, dass der Schuldner sich nicht exkulpieren kann, sodass die Beweislast beim Schuldner liegt, das heißt dieser beweisen muss, dass er die Pflichtverletzung nicht zu vertreten hat. Das Vertretenmüssen bemisst sich nach §§ 276, 278 BGB. S. hat den schweren PC-Karton T. versehentlich in den Rücken gerammt, sodass er fahrlässig i. S. d. § 276 II BGB gehandelt hat; eine Exkulpation ist dabei nicht ersichtlich. Folglich hat S. die Pflichtverletzung auch zu vertreten.

(4) Durch die Pflichtverletzung des S. muss T. einen Schaden erlitten haben. Durch das Absetzen des schweren, den PC-Bildschirm enthaltenden Kartons ist der Rücken der T. gerammt und verletzt worden, woraufhin T. ärztlich behandelt werden und sie diese Heilbehandlung in Höhe von 2 700,00 EUR bezahlen muss. T. hat durch diese Pflichtverletzung des S. einen Schaden in Höhe von 2 700,00 EUR erlitten.

(5) Der Anspruch der T. gegen S. ist im Ergebnis also entstanden.

bb) Der Anspruch ist nicht untergegangen und durchsetzbar.

cc) Ergebnis: Folglich hat T. gegen S. einen Schadensersatzanspruch wegen der Verletzung ihres Rückens aus §§ 311 II i. V. m. § 241 II, 280 I BGB.

b) **Anspruch der T. gegen S. auf Schmerzensgeld aus §§ 311 II i. V. m. 241 II, 280 I, 253 II BGB**

aa) Der Anspruch muss zunächst entstanden sein:
(1) Zwischen S. und T. liegt, wie bereits geprüft, ein Schuldverhältnis i. S. d. § 280 (1) BGB vor.

(2) Des Weiteren liegt auch eine Pflichtverletzung seitens S. vor.

(3) Wie bereits festgestellt, hat S. diese Pflichtverletzung auch zu vertreten (§ 280 I BGB).

(4) Durch die Pflichtverletzung muss T. einen immateriellen Schaden i. S. d. § 253 II BGB erlitten haben.

Die mit der Körperverletzung verbundenen Schmerzen, die die T. erlitten hat, können rückwirkend nicht mehr beseitigt werden, sodass Naturalrestitution nach §§ 249 I BGB nicht infrage kommt. Bei den erlittenen Schmerzen handelt es sich vielmehr um einen Nichtvermögensschaden und damit um einen immateriellen Schaden. Nach der Regel des § 253 I BGB kann grundsätzlich keine Entschädigung in Geld verlangt werden, es sei denn, eine finanzielle Entschädigung ist gesetzlich bestimmt worden.

Demgegenüber kann nach § 253 II BGB aber auch bei Vorliegen eines Nichtvermögensschadens eine billige Entschädigung in Geld gefordert werden.

(a) Voraussetzung des § 253 II BGB ist, dass ein Schaden vorliegt, der durch eine Verletzung des Körpers, der Gesundheit, der Freiheit oder der sexuellen Selbstbestimmung erlitten worden ist und der keinen Vermögensschaden darstellt.

Durch das unsorgsame Absetzen des schweren gefüllten PC-Kartons seitens S. ist der Rücken und damit der Körper beziehungsweise die Gesundheit von T. verletzt worden, wofür die Pflichtverletzung seitens S. ursächlich ist.

Darüber hinaus ist anzunehmen, dass T. durch das Rammen ihres Rückens durch den Karton, sowie während des darauf folgenden Heilungsprozesses einige körperliche

Schmerzen erlitten hat. Die Schmerzen von T. stellen – im Gegensatz zu den gezahlten Arztkosten i. H. v. 2.700,00 EUR (= ein Vermögensschaden) – einen Nichtvermögensschaden beziehungsweise einen immateriellen Schaden dar.

(b) Die Voraussetzungen des § 253 II BGB als Ausnahme sind also erfüllt, sodass T. für ihre erlittenen Schmerzen eine billige Entschädigung in Geld gemäß § 253 II BGB fordern kann; über die Höhe dieses Schmerzensgeldanspruchs entscheidet das Gericht unter freier Würdigung aller Umstände nach freier Überzeugung.

(5) Der Schmerzensgeldanspruch von T. gegen S. ist im Ergebnis also entstanden.

bb) Der Anspruch ist nicht untergegangen und durchsetzbar.

cc) Ergebnis: Folglich hat T. gegen S. einen Anspruch auf Schmerzensgeld nach §§ 311 II i. V. m. 241 II, 280 I, 253 II BGB.

c) **Gesamtergebnis:**

Somit hat T. gegen S. wegen der Verletzung ihres Rückens Schadensersatzansprüche in Höhe von 2 700,00 EUR aus §§ 311 II i. V. m. § 241 II, 280 I BGB, sowie einen Schmerzensgeldanspruch nach §§ 311 II i. V. m. 241 II, 280 I, 253 II BGB.

26 Hürden auf dem Wege zum Ansehen

Nach der Gemeindeordnung ist der Bürgermeister Organ der Stadt; sie wird durch seine Willenserklärungen berechtigt und verpflichtet (vgl. auch §§ 31, 89 BGB). Da es sich um „Geschäfte der laufenden Verwaltung“ handelt, die für die Gemeinde finanziell unerheblich sind (vgl. z. B. § 49 (3) GemO R-P), sind Formvorschriften nicht zu beachten.

AUFGABE 1

Durch zwei übereinstimmende Willenserklärungen (das Angebot der Firma Pauly GmbH und dessen Annahme durch die Stadt) ist ein Kaufvertrag zustande gekommen (§ 433 BGB).

Fraglich ist, ob die Stadt das Rechtsgeschäft gemäß § 119 BGB wegen Irrtums anfechten konnte. Aus dem Sachverhalt ist zu ersehen, dass der Bürgermeister Stühle mit dunkelgrünen Bezügen bestellen wollte und dass er sich bei der Abgabe der Willenserklärung, nämlich bei der Angabe der Farbe der Bezüge, in einem Irrtum befunden hat. Die Annahmeerklärung entsprach daher nicht seinem Willen (Erklärungsirrtum); die Anfechtung war zulässig (§ 119 I BGB). Die Anfechtung ist gegenüber der Firma Pauly GmbH, der Anfechtungsgegnerin (§ 143 BGB), auch unverzüglich, nämlich sogleich nach der Lieferung der Stühle erfolgt (§ 121 I BGB). Die vom Bürgermeister wirksam angefochtene Willenserklärung ist daher von Anfang an als nichtig anzusehen (§ 142 I BGB), der Kaufvertrag somit rückwirkend hinfällig.

Die Stadt muss jedoch gemäß § 122 I BGB in Verbindung mit § 249 BGB der Firma Pauly GmbH den Schaden in Höhe von 90,00 EUR ersetzen, den sie durch den Verlust bei dem durch die Anfechtung bedingten anderweiten Verkauf der Stühle mit dem gelben Bezug erleidet.

AUFGABE 2

Die Firma Schnelldruck KG könnte auf der Abnahme der Lieferung und Zahlung des Kaufpreises bestehen, wenn ein Kaufvertrag zustande gekommen wäre (§ 433 II BGB). Dieser erfordert zwei übereinstimmende Willenserklärungen, Antrag und Annahme. Ein Werbeprospekt richtet sich an eine Vielzahl von Personen. Mangels konkretem Adressat und fehlendem Bindungswillen (der Herausgeber müsste ggf. eine unbestimmte Anzahl von Geschäften abschließen, wozu er nicht in der Lage ist), stellte er deshalb keinen rechtsverbindlichen Antrag im Sinne von § 145 BGB dar. Außerdem wäre er wegen zeitlichem Ablauf längst erloschen (§ 147 (2) BGB). Somit stellte die Bestellung von 300 Abzügen von einer vorjährigen Luftaufnahme einen Antrag der Stadt an die Firma Schnelldruck GmbH dar (§ 145 BGB).

Da die Stadt ihre Bindung an den Antrag zeitlich nicht begrenzt hatte, war sie an ihren Antrag gebunden (§ 145 BGB). Die Bindung ist zeitlich jedoch nicht unbegrenzt. Nach § 147 (2) BGB endet sie zu dem Zeitpunkt, bis zu dem die Stadt eine Antwort (Auftragsbestätigung) oder die Lieferung unter regelmäßigen Umständen erwarten kann. Die Lieferung (als Annahmeerklärung) nach vier Monaten liegt außerhalb dieses Zeitrahmens. Der Antrag der Stadt ist inzwischen erloschen (§ 146 BGB). Die verspätete Lieferung ist daher als (neuer) Antrag der Firma Schnelldruck KG zu werten (§ 150 I BGB), den die Stadt jedoch nicht angenommen hat.

Ergebnis:
Ein Kaufvertrag ist nicht zustande gekommen. Die Firma Schnelldruck KG hat keine Ansprüche.

27 Verzugseintritt aufgrund besonderer Umstände

AUFGABE

Aufgrund dessen, dass I. die Reparatur nicht rechtzeitig vorgenommen hat, verstößt er gegen eine Pflicht aus dem Schuldverhältnis, wobei Vertretenmüssen gemäß § 280 I, 2 BGB vermutet wird und die Voraussetzungen des § 280 I BGB erfüllt sind. Aus § 280 II geht hervor, dass es weiterhin auf die Voraussetzungen des § 286 BGB ankommt; schließlich macht P. einen Vermögensschaden geltend. Gemäß § 286 I BGB ist I. jedoch nicht in Verzug geraten, da weder eine Mahnung noch ein Mahnungsersatz vorliegen. I. ist allerdings gemäß § 286 II, Nr. 4 BGB in Verzug geraten, da diese Norm von besonderen Umständen* spricht, die bei Abwägen der Interessen von P. und I. einen sofortigen Verzugseintritt rechtfertigen. Dieses trifft auf den vorliegenden Fall zu.

Zusätzlich hat P. gegenüber I. auf den drohenden Umsatzausfall hingewiesen.

Gerechtfertigt ist der Vorzugseintritt auch, weil I. erst nach 14:00 Uhr erschienen ist, obwohl er einen Reparaturbeginn innerhalb von 15 Minuten zugesagt hatte. Der Verzug ist eingetreten zu dem Zeitpunkt, an dem der Reparaturbeginn hätte erfolgen sollen, also um 9:25 Uhr. Damit ist I. ab 9:26 Uhr gemäß § 286 II, Nr. 4 BGB in Verzug.
Somit kann der Pächter (P.) von dem Installateur (I.) nach den §§ 280, I, II, 286 BGB Ersatz des eingetretenen Vermögensschadens verlangen.

* Besondere Umstände liegen vor bei einer Selbstmahnung des Schuldners oder bei Pflichten, deren Erfüllung offensichtlich besonders eilig ist.

28 Verjährung von Ansprüchen

AUFGABE

Eine Schuld, in diesem Fall eine vertraglich bedingte, verjährt gemäß den §§ 195, 199 BGB. Für den Beginn der hier zutreffenden dreijährigen Verjährungsfrist nach § 195 BGB ist nach § 199 I notwendig, dass die Ansprüche entstanden sind (Nr. 1) und der Landkreis sowie R. Kenntnis von den Anspruch begründenden Umständen und der Person des Schuldners erlangt haben oder ohne grobe Fahrlässigkeit hätten erlangen müssen (Nr. 2). Die zutreffende sogenannte „Jahresendverjährung“ beginnt dann nach § 199 I BGB mit dem Ende des betreffenden Jahres. Keine Bedeutung kommt im Allgemeinen § 199 I Nr. 2 BGB bei vertraglichen Primärleistungsansprüchen und der Kenntnis von den anspruchsbegründenden Umständen und der Person des Schuldners zu, denn die Vertragsschließenden, der Landkreis und R., kennen ihre Ansprüche. Sie verjähren im vorliegenden Fall am 31. Dezember 2008.

Der Landkreis kann von E. gemäß §§ 437 Nr. 1, 439 BGB die Lieferung einer neuen Spülmaschine verlangen, da gemäß § 438 I Nr. 3 BGB die Mängelgewährleistungsansprüche noch nicht verjährt sind. Derartige Ansprüche verjähren gemäß § 438 I Nr. 3 BGB erst nach zwei Jahren (24 Monaten). Der Anspruch des Landkreises ist folglich nach 19 Monaten noch nicht verjährt. Die Einrede der Verjährung ist von E. zu Unrecht erhoben worden. Die Verjährungsfrist beginnt gemäß § 438 II mit der Ablieferung der Sache.

29 Gleichbehandlung von Männern und Frauen beim Dienst an der Waffe in der Bundeswehr

Lösung unter Berücksichtigung des Urteils des EuGH vom 11. Januar 2000, Rechtssache C-285/98, Tanja Kreil.

AUFGABE 1

Nach Artikel 234 des EG-Vertrages kann ein nationales Gericht, das über die Anwendbarkeit oder Auslegung von europäischem Recht im Unklaren ist, eine sogenannte „Vorabentscheidung“ des Europäischen Gerichtshofes in Luxemburg einholen. Auf diese Weise wird sichergestellt, dass europäisches Recht einheitlich ausgelegt wird. Der EuGH hat das Auslegungsmonopol für europäisches Recht. In obiger Rechtssache hatte das Verwaltungsgericht Hannover dem EuGH die Frage vorgelegt, ob die Gemeinschaftsrichtlinie 76/207/EWG nationalen Bestimmungen entgegensteht, die Frauen vom Dienst mit der Waffe ausschließen und ihnen nur den Zugang zum Sanitäts- und Militärmusikdienst in der Bundeswehr erlauben.

AUFGABE 2

Der EuGH prüfte zunächst die Frage, ob die Richtlinie überhaupt auf Dienstverhältnisse in der Bundeswehr anwendbar sei. Es bejahte diese Frage: Es entspreche seiner ständigen Rechtsprechung, dass der Gleichbehandlungsgrundsatz allgemeine Geltung habe und dass die Richtlinie auf alle öffentlich-rechtlichen Dienstverhältnisse, also auch die der Soldaten, anwendbar sei.

Ferner prüfte das Gericht, ob es sich hier um eine Tätigkeit nach Art. 2 (2) der Richtlinie handele, die aufgrund ihrer Art nur von Männern wahrgenommen werden könne. So hat der Gerichtshof in anderen Entscheidungen festgestellt, dass das männliche Geschlecht für Beschäftigungsverhältnisse wie die eines Aufsehers und Chefaufsehers in Haftanstalten (Urteil vom 30. Juni 1988 in der Rechtssache 318/86, Kommission/Frankreich, Slg. 1988, 3559, Randnrn 11 bis 18), für bestimmte Tätigkeiten wie die der Polizei bei schweren inneren Unruhen (Urteil Johnston, Randnrn 36 und 37) oder auch für den Dienst in speziellen Kampfeinheiten (Urteil Sirdar, Randnrn 29 bis 31) eine unabdingbare Voraussetzung darstellt. In solchen Fällen, das heißt für ganz spezifische Tätigkeiten, könne ein Mitgliedstaat ausnahmsweise vom Grundsatz der Gleichbehandlung abweichen.

Die Weigerung, die Klägerin des Ausgangsverfahrens in den Dienst der Bundeswehr einzustellen, in dem sie beschäftigt werden wollte, stütze sich aber auf Bestimmungen des deutschen Rechts, wonach Frauen generell und vollständig vom Dienst mit der Waffe ausgeschlossen sind und ihnen nur der Zugang zum Sanitäts- und Militärmusikdienst erlaubt ist. In Anbetracht seiner Reichweite könne ein solcher Ausschluss von nahezu allen militärischen Verwendungen in der Bundeswehr nicht als eine von der Richtlinie gestattete Ausnahmemaßnahme angesehen werden. Ausnahmen im Sinne von Artikel 2 Absatz 2 der Richtlinie könne es immer nur für ganz spezifische Tätigkeiten geben und nicht generell für ganze Bereiche mit durchaus unterschiedlichen Tätigkeiten. Im Übrigen gäbe es auch schon jetzt in den Diensten der Bundeswehr, zu denen Frauen Zugang haben, eine Ausbildung an der Waffe, die dem Personal dieser Dienste die Selbstverteidigung und Nothilfe ermöglichen soll.

Auch aufgrund des Artikels 2 Absatz 3 der Richtlinie lasse sich eine Abweichung vom Gleichbehandlungsgrundsatz nicht rechtfertigen. Diese Bestimmung soll zum einen die körperliche Verfassung der Frau und zum anderen die besondere Beziehung zwischen Mutter und Kind schützen. Diese Schutzgründe lägen aber keineswegs immer vor, wenn Frauen Dienst an der Waffe täten. Der vollständige Ausschluss von Frauen vom Dienst mit der Waffe gehöre deshalb nicht zu den Ungleichbehandlungen, die nach Artikel 2 Absatz 3 der Richtlinie zum Schutz der Frau zulässig sind.

Mit diesen Begründungen ist der EuGH dann zu dem Ergebnis gekommen, dass der generelle Ausschluss der Frauen vom Dienst an der Waffe dem Gleichbehandlungsgrundsatz widerspreche. Als Folge dieses Urteils musste das Grundgesetz geändert werden. Die Bundesrepublik fand eine Kompromissformulierung: Art. 12a (4) S. (ursprünglich: „Sie dürfen auf keinen Fall Dienst mit der Waffe leisten“) heißt jetzt: „Sie dürfen auf keinen Fall zum Dienst mit der Waffe verpflichtet werden“. Das heißt, sie dürfen nur auf freiwilliger Basis zum Dienst mit der Waffe herangezogen werden. Natürlich kann auch diese Formulierung als ein Verstoß gegen den Gleichbehandlungsgrundsatz angesehen werden. Allerdings ist es unwahrscheinlich, dass sich Frauen finden, die dies zur Grundlage einer Klage machen werden. Aber wie steht es hier mit den Männern?

Die viel diskutierte Entscheidung zeigt zweierlei: zum einen die dominierende Stellung des europäischen Rechts, selbst deutsches Verfassungsrecht muss sich daran orientieren. Zum anderen zeigt dieses Urteil, wie kompromisslos ernst der Gleichbehandlungsgrundsatz auf europäischer Ebene genommen wird.

30 BAföG für ein Studium in Italien

Lösungshinweise in Anlehnung an die Entscheidung des Europäischen Gerichtshofes vom 13. November 1990, Slg. S. I-4185.

AUFGABE 1

Der „Binnenmarkt“, dieses Kernstück der Europäischen Integration, ist nach Art. 14 (2) des EG-Vertrages ein „Raum ohne Binnengrenzen, in dem der freie Verkehr von Waren, Personen, Dienstleistungen und Kapital ... gewährleistet ist.“ Dies sind die vier sogenannten Marktfreiheiten. Praktisch bedeuten sie, dass auf dem Gebiet der gegenwärtig 27 EU-Staaten die Freiheit des Verkehrs von Waren, Arbeitnehmern, Dienstleistungen und Kapital so geregelt ist, als wenn es sich um das Gebiet nur eines einzigen Staates handeln würde.

Betroffen ist in diesem Fall die Freiheit des Personenverkehrs, die in Art. 39 des EG-Vertrages beschrieben ist. Und zwar ist hier nicht die Bewegungsfreiheit der Carmina gemeint, sondern die ihres Vaters, des Arbeitnehmers di Leo, der seit 25 Jahren als Arbeitnehmer in der Bundesrepublik beschäftigt ist. Art. 39 verbietet im Prinzip jegliche Diskriminierung von EU-Arbeitnehmern, die in einem anderen EU-Staat arbeiten, im Vergleich zu den Arbeitnehmern dieses Staates. Und das gilt auch im Hinblick auf ihre Kinder. Dieses Diskriminierungsverbot ist in der Praxis komplizierter, als man annimmt, und deshalb wird diese Gewährleistung in Verordnung Nr. 1612/68 noch etwas näher bestimmt. (Zur Erinnerung: Verordnungen sind nach Art. 249 des EG-Vertrages unmittelbar geltendende sogenannte sekundäre Rechtsquellen, die in einem komplizierten Zusammenspiel von Rat, Kommission und Europäischem Parlament erlassen werden). Der EG-Vertrag sieht in Art. 40 Abs. I ausdrücklich vor, dass die Freizügigkeit der Arbeitnehmer durch Vorordnungen oder auch Richtlinien näher geregelt werden kann.

Konkret stellt sich hier die Frage, ob das im BAföG vorgesehene Verbot einer Förderung von EU-Gastarbeiter-Kindern für ein Studium in ihrem Heimatstaat ein Verstoß gegen Art. 12 der Verordnung 1612/68 ist, wonach die Kinder eines EG-Arbeitnehmers unter den gleichen Bedingungen wie die Staatsangehörigen des Aufnahmelandes am allgemeinen Unterricht sowie an der Berufsausbildung sollen teilnehmen können, wenn sie im Hoheitsgebiet dieses Mitgliedstaats wohnen. Zur Erinnerung: Grundsätzlich hat das europäische Recht, hier eine Verordnung, Vorrang vor nationalem Recht.

AUFGABE 2

Offenbar wollte das Verwaltungsgericht Darmstadt diese Auslegungsfrage nicht selbst entscheiden. Schließlich lässt sich für die Regelung im BAföG ja ein guter Grund nennen: Wohl jeder Staat dürfte die Förderung des Studiums eines Ausländers in dessen Heimat als etwas problematisch empfinden, weil dann natürlich die Gefahr besteht, dass z. B. der mit deutschem Geld ausgebildete Student auch in seinem Heimatstaat verbleibt.

Unter diesen Umständen hat das nationale Gericht, hier das Verwaltungsgericht Darmstadt, die Möglichkeit, sich an den Europäischen Gerichtshof (EuGH) im Rahmen des sogenannten Vorabentscheidungsverfahrens nach Art 234 EG-Vertrag zu wenden und ihm diejenigen Auslegungsfragen vorzulegen, die für seine Entscheidung wichtig sind. Der EuGH hat nämlich das Auslegungsmonopol für Europäisches Recht.

Diese Möglichkeit hat das Verwaltungsgericht Darmstadt hier genutzt und beim EuGH angefragt, ob das im BAföG enthaltende Verbot einer Auslandsförderung gegen den Art. 12 der Verordnung Nr. 1612/68 verstößt. Konkret lautete die Frage: „Ist Artikel 12 der Verordnung (EWG) Nr. 1612/68 des Rates vom 15. Oktober 1968 so auszulegen, dass die unter den Wortlaut dieser Bestimmungen fallenden Kinder bei der Ausbildungsförderung nicht nur dann Inländern gleichzustellen sind, wenn die Ausbildung im Aufnahmestaat durchgeführt wird, sondern auch für den Fall, dass sie eine Ausbildung in einem Staat erhalten, dessen Staatsangehörigkeit sie besitzen?“

AUFGABE 3

Diese Frage hat der EuGH mit einer ganz kurzen und sehr formalen Begründung bejaht. Er hat ausgeführt, dass in Art. 12 der genannten Verordnung die allgemeine Regel enthalten sei, wonach jeder Mitgliedstaat im Bereich des Unterrichts verpflichtet ist, die Gleichbehandlung der Kinder der in seinem Hoheitsgebiet ansässigen Arbeitnehmer, die Staatsangehörige eines anderen Mitgliedstaats sind, mit seinen eigenen Staatsangehörigen sicherzustellen. Deshalb müsse, wenn ein Mitgliedstaat es seinen Staatsangehörigen ermöglicht, eine Beihilfe für eine Ausbildung im Ausland zu erhalten, das Kind eines EG-Arbeitnehmers dieselbe Vergünstigung erhalten, wenn es beschließt, außerhalb des Aufnahmestaats zu studieren. Diese Auslegung gelte auch, wenn der Auszubildende beschließt, Unterrichtsveranstaltungen in dem Mitgliedstaat zu besuchen, dessen Staatsangehörigkeit er besitzt. Weder das Wohnorterfordernis des Artikels 12 noch das Ziel der Verordnung Nr. 1612/68 rechtfertigten eine solche Begrenzung, die nur zu einer anderen Form der Diskriminierung der Kinder von EG-Arbeitnehmern gegenüber den Staatsangehörigen des Aufnahmemitgliedstaats führen würde.

Carmina di Leo hat also eine Förderung für ein Medizinstudium in Italien erhalten; die entsprechende einschränkende Vorschrift im BAföG musste aufgehoben werden.

Die Entscheidung di Leo steht am Anfang einer Reihe ähnlicher Entscheidungen des EuGH, in denen immer wieder bestätigt wurde, dass zur Freizügigkeitsgarantie der EU-Arbeitnehmer innerhalb der EU und zum Diskriminierungsverbot gegenüber den Arbeitnehmern des Aufnahmestaates auch die Teilhabe an allen Sozialleistungen des Aufnahmestaates gehöre, wenn die Voraussetzungen erfüllt sind, die auch Arbeitnehmer mit der Staatsangehörigkeit des Aufnahmestaates erfüllen müssen. Dies ist für den Aufnahmestaat gewiss nicht immer unproblematisch, lässt sich aber im Grundsatz sicherlich mit der Begründung rechtfertigen, dass derjenige EU-Bürger, der in einem anderen EU-Land arbeitet und dort Steuern zahlt, dann eben auch an den Sozialleistungen dieses Staates teilhaben muss.

31 Die nicht rechtzeitig umgesetzte Richtlinie

Lösungshinweise unter Anlehnung an das Urteil des Europäischen Gerichtshofes vom 8. Oktober 1996 in den verbundenen Rechtssachen C-178/94, C-179/94, C-188/94, C-189/94 und C-190/94, Erich Dillenkofer u.a./Bundesrepublik Deutschland.

AUFGABE 1

Nach Art. 249 des EG-Vertrages gehört eine Richtlinie zu den Rechtsakten der EG, mit deren Hilfe die Organe der EG ihre Aufgaben erfüllen. Im Gegensatz zu einer Verordnung, die unmittelbar alle Bürger betrifft, ist die Richtlinie an die Mitgliedstaaten gerichtet und nur hinsichtlich ihres Ziels verbindlich. Auf diese Weise gelingt es den Mitgliedstaaten leichter, das Anliegen der Richtlinie mit ihren eigenen Rechtssystemen in Einklang zu bringen. Allerdings muss eine Richtlinie immer innerhalb einer bestimmten Zeit ab Erlass umgesetzt werden. Regelmäßig sind das zwei Jahre. Verfehlt ein Mitgliedstaat diese Frist, so ergibt sich die Rechtsfolge aus den Artikeln 226 und 228 des EG-Vertrages: Die Kommission kann den Mitgliedstaat wegen Vertragsverletzung vor dem EuGH verklagen. Folgt der Mitgliedstaat auch einem Urteil des EuGH nicht, kann der EuGH die „Zahlung eines Pauschalbetrages oder Zwangsgelds“ verhängen. Selbstverständlich versuchen alle Mitgliedstaaten in der Praxis, schon eine Verurteilung wegen Vertragsverletzung zu vermeiden.

AUFGABE 2

Auch der Fall Dillenkofer war über Art. 234 EG-Vertrag, das heißt über ein Vorabentscheidungsverfahren, zum EuGH gelangt. Herr Dillenkofer hatte sich vor dem Landgericht Bonn auf ein früheres Urteil des EuGH in einem ähnlichen Fall berufen (Urteil des Gerichtshofes der EG vom 19. November 1991 in den Rechtssachen C-6/90 und C-9/90, Francovich u.a. gegen Republik Italien). Herr Francovich hatte den Mitgliedstaat Italien verklagt, weil Italien eine Richtlinie betreffend Konkursausfallgeld nicht rechtzeitig umgesetzt hatte und Herr Francovich dadurch beim Konkurs seines Arbeitgebers kein Ausfallgeld erhalten hatte. Der EuGH hatte Herrn Francovich Recht gegeben. Im Fall Dillenkofer wollte das Landgericht Bonn u.a. vom EuGH über das Verfahren nach Art. 234 geklärt wissen, ob der Fall Dillenkofer dem Fall Francovich vergleichbar sei.

AUFGABE 3

Der EuGH bejahte im Ergebnis diese Frage. In der für ihn typischen knappen Form stellte er zunächst fest, dass die nicht rechtzeitige Umsetzung der Richtlinie eine Vertragsverletzung durch die Bundesrepublik Deutschland sei, die einen Entschädigungsanspruch auslösen könne. Dieser sei aber an zwei weitere Voraussetzungen geknüpft. Zum einen müsse die Richtlinie die Verleihung eines Rechts an den Pauschalreisenden bezwecken. Und zum anderen müsse die Richtlinie insoweit auch hinreichend bestimmt sein. Der EuGH stellte dann fest, dass durch Art. 7 der Richtlinie 90/314/EWG des Rates vom 13. Juni 1990 über Pauschalreisen dem Reisenden ein Schutzrecht für den Fall des Konkurses (heute: einer Insolvenz) seines Veranstalters verliehen werden sollte und dass der Inhalt auch hinreichend bestimmt sei.

Durch die Rechtsprechung des EuGH in Sachen Francovich und Dillenkofer wurde die Lehre vom „vertikalen Direkteffekt einer Richtlinie“ begründet. Unter Direkteffekt versteht man im Europarecht die unmittelbare Wirkung oder Geltung eines Rechtsaktes auf oder für den Bürger. Diese Wirkung hat eine Richtlinie normalerweise nicht. Sie bindet ja nur den Mitgliedstaat. Unter den genannten drei Voraussetzungen (nicht rechtzeitig umgesetzt, Verleihung eines Rechts bezweckt, hinreichend bestimmt) entfaltet sie ausnahmsweise aber doch einen Direkteffekt. Sie gibt dem Bürger nämlich unmittelbar einen Anspruch gegen den Staat. Zwischen Staat und Bürger besteht nach allgemeinem Verständnis ein hierarchisches Verhältnis; der Staat ist dem Bürger in vielerlei Hinsicht übergeordnet. Deshalb spricht man hier von einem vertikalen Direkteffekt.

32 Kraftstoffkosten – der Markt

AUFGABE 1

Es gibt folgende Marktarten:

Marktarten	Eigenschaften
Faktormärkte (Märkte für Produktionsfaktoren) • Immobilienmarkt • Arbeitsmarkt • Kapitalmarkt/Geldmarkt	• Handel mit unbebauten und bebauten Grundstücken und Gebäuden • Bundesagentur für Arbeit, private Arbeitsvermittler, Stellenanzeigen Vermittlung von Krediten bei Banken und Sparkassen/Börsengeschäfte
Gütermärkte (Märkte für Güter, die den Bedarf decken) • Investitionsgütermarkt • Konsumgütermarkt	• Handel mit Produktions-/Investitionsgütern • Handel mit Konsumgütern des täglichen Bedarfs
Auslandsmärkte • Importmarkt • Exportmarkt	• Beschaffung von Faktoren und Gütern im Ausland • Verkauf von Faktoren und Gütern in das Ausland

AUFGABE 2

Merkmal	Beschreibung
Markttransparenz	Jeder Marktteilnehmer (Anbieter und Nachfrager) ist über alle Gegebenheiten des Marktes (Preis, Qualität, Ort usw.) vollständig informiert.
Homogenität der Güter	Alle Güter sind hinsichtlich Qualität, Ausstattung usw. gleichartig.
Fehlen von Präferenzen	Es bestehen keine sachlichen (Markenartikel), persönlichen (freundliche Bedienung) und örtlichen (Großstadteinkauf) Präferenzen.
Fehlen von Time-Lags	Es gibt keine zeitlichen Verzögerungen des Angebotes auf die Nachfrage oder umgekehrt. Jeder Marktteilnehmer reagiert unmittelbar auf den anderen.
Handeln nach dem Rationalprinzip	Jeder Marktteilnehmer handelt nach dem Maximal- oder Minimalprinzip. Emotionen bleiben außer Betracht.

AUFGABE 3

a) Vollkommener Markt: Homogenität der Güter
b) Vollkommener Markt: Dem Kunden ist es egal, wo er ein bestimmtes Produkt kauft.
c) Unvollkommener Markt: Der Kunde kauft gern in einem bestimmten Geschäft.
d) Vollkommener Markt
e) Unvollkommener Markt: Es gibt sachliche Präferenzen.

AUFGABE 4

Nach der Anzahl der Marktteilnehmer werden folgende Marktformen unterschieden:

Marktform	Merkmal
Monopol	Es gibt nur einen Anbieter oder Nachfrager auf einem Markt. Dieser ist dann marktbeherrschend. Nachfragemonopol: Bundeswehr (Panzer) Angebotsmonopol: innere Sicherheit (Polizei)
Oligopol	Es gibt einige/mehrere Anbieter oder Nachfrager auf einem Markt. Nachfrageoligopol: Bauunternehmen in einem Landkreis (Spezialfahrzeuge) Angebotsoligopol: Automobile
Polypol	Es gibt (sehr) viele Anbieter oder Nachfrager auf einem Markt. Nachfragepolypol: Lebensmittelkunden Angebotspolypol: Kosmetikanbieter

AUFGABE 5

a) Bei einem bilateralen Polypol gibt es viele Anbieter und gleichzeitig viele Nachfrager.
Beispiel: Lebensmittel

b) Bei einem Monopson gibt es viele Anbieter, aber nur einen Nachfrager.
Beispiel: Eine örtliche Molkerei nimmt allen Landwirten aus der Umgebung die Milch zur Weiterverarbeitung ab.

AUFGABE 6

Die Nachfrage von Katharina kann von folgenden Faktoren beeinflusst werden:

- Preis der Güter, die ihren Bedarf decken sollen
- Preis der anderen Güter (Substitutionsgüter), die in die Konsumentscheidung als Alternative mit einbezogen werden
- Preis der zusätzlich benötigten Güter (Komplementärgüter), die für den Konsum erforderlich sind (Armbanduhr kostet 10,00 EUR, eine neue Ersatzbatterie hierfür 9,00 EUR; ein Batterietausch ist relativ zu teuer)
- Kaufkraft des Haushaltes = Einkommen, das zum Konsum zur Verfügung steht (Nettoeinkommen abzüglich fixer Lebenshaltungskosten: Miete, Energie, Versicherungen usw.)
- Bedarfsstruktur: Welche Ansprüche stellt Katharina an ihren Lebensunterhalt, welchen Preis ist sie bereit für bestimmte Güter zu zahlen (subjektive Einschätzung)?
- allgemeine Wirtschaftslage/Stimmung der Wirtschaft; sind die allgemeinen Erwartungen in der Wirtschaft ungünstig, wird Katharina ihr Einkommen eher sparen als konsumieren
- Jahreszeit/Saison

Insgesamt hängt die Nachfrage auch von der Anzahl der Verbraucher und der Bevölkerungsstruktur (Senioren – Jugendliche usw.) ab.

33 Essenszubereitung – der Markt

AUFGABE 1

Folgende Faktoren können das Angebot beeinflussen:

- Kostenhöhe und -struktur (Personalkosten, Steuern, Energie, Abschreibungen, Transportkosten usw.)
- Preis der Güter der Mitbewerber (Konkurrenz)
- Stand der technischen Entwicklung
- kalkulierter Gewinn (siehe Kosten- und Leistungsrechnung)
- Preis von Substitutions- und Komplementärgütern
- allgemeine Wirtschaftslage/Stimmung in der Wirtschaft
- Bedarfshöhe und -struktur
- Jahreszeit/Saison

AUFGABE 2

Preis für 1 T-Shirt in EUR	Angebot	Nachfrage	Möglicher Absatz in Stück	Möglicher Umsatz in EUR	Preistendenz
10,00	20	100	20	200,00	steigend
20,00	40	80	40	800,00	steigend
30,00	60	60	60	1 800,00	stabil
40,00	80	40	40	1 600,00	fallend
50,00	100	20	20	1 000,00	fallend

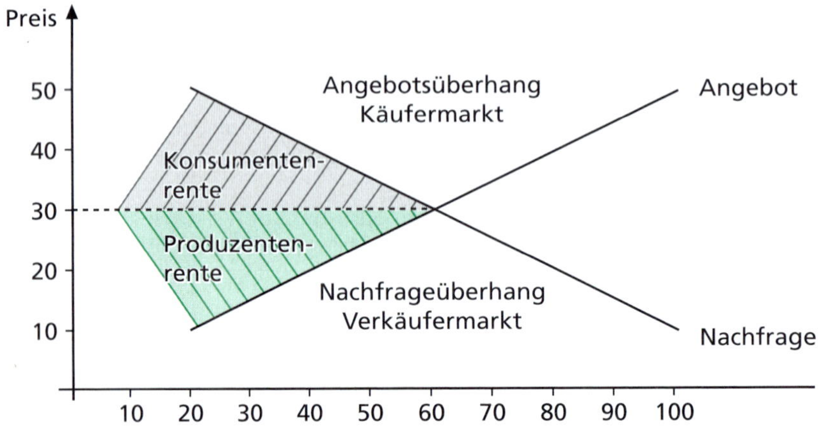

Im Intervall zwischen 10,00 EUR und 30,00 EUR besteht ein Nachfragüberhang. Die Nachfrage ist hier größer als das Angebot. Die Anbieter erhöhen die Preise, weil mehr Nachfrager kaufen wollen, als Produkte auf dem Markt sind. Man spricht deshalb auch von einem Verkäufermarkt.

Beim Preis von 30,00 EUR ist das Angebot genauso groß wie die Nachfrage. Es liegt der Gleichgewichtspreis (30,00 EUR) bei der Gleichgewichtsmenge (60 Stück). Ganz allgemein spricht man hier vom Marktgleichgewicht. Alle Nachfrager kaufen sich das Gut und es bleiben keine Lagerbestände übrig. Der Preis räumt den Markt.

Liegt der Preis über 30,00 EUR, ist das Angebot größer als die Nachfrage und es liegt ein Angebotsüberhang vor. Der Preis fällt, damit die Anbieter ihre angebotenen Güter absetzen können. Daher spricht man auch von einem Käufermarkt.

Die Anbieter werden versuchen, die Güter durch Preissenkung abzusetzen, damit sie nicht auf Lager bleiben (Lagerkosten) und nicht „Opfer" des technischen Wandels oder der Entwicklung der Mode werden (Sommer-, Winterschlussverkauf, Sonderverkäufe usw.)

Konsumentenrente:

Alle Nachfrager, die bereit sind, einen höheren als den Gleichgewichtspreis (Marktpreis) zu bezahlen, erzielen eine Konsumentenrente.

20 Nachfrager sind beispielsweise bereit, das Produkt zu einem Preis von 50,00 EUR zu kaufen, sie müssen aufgrund der Marktsituation nur 30,00 EUR bezahlen. Jeder Nachfrager erzielt somit eine Konsumentenrente (Preisersparnis) von 20,00 EUR. Die gesamte Konsumentenrente beträgt für diese 20 Nachfrager also 20 × 20,00 EUR = 400,00 EUR.

Produzentenrente:

Alle Anbieter, die aufgrund des Marktpreises einen höheren Preis erzielen als den beabsichtigten (kalkulierten), erzielen eine Produzentenrente.

40 Anbieter wollen das Produkt beispielsweise für 20,00 EUR verkaufen, erzielen am Markt aber 30,00 EUR. Jeder Anbieter erzielt somit die Produzentenrente von 10,00 EUR/Stück. Die gesamte Produzentenrente für diese 40 Anbieter beträgt also 40 × 10,00 EUR = 400,00 EUR.

AUFGABE 3

Der Marktpreis hat folgende Funktionen:

- Signal- und Informationsfunktion
  Der Preis informiert die Nachfrager darüber, auf welches Gut sie verzichten müssen. Außerdem ist der Marktpreis ein Indikator für die Knappheit eines Gutes. Steigende Preise zeigen den Anbietern, dass der (subjektive oder objektive) Wert eines Gutes zunimmt und dass sich die Gewinnerwartungen der Unternehmungen erhöhen. Der Unternehmer wird dadurch angeregt, in den Markt einzutreten oder die vorhandene Kapazität auszubauen.
- Ausgleichsfunktion
  Eliminierung von Anbietern: Nicht konkurrenzfähige Anbieter werden so lange vom Markt verdrängt, bis das Gleichgewicht wieder erreicht ist. Die Anbieter werden gezwungen, ihre Kosten ständig zu überwachen und gegebenenfalls Kostensenkungen durchzuführen. Außerdem müssen sie sich ständig den sich verändernden Marktsituationen anpassen (technischer Fortschritt, Bedarfsstruktur usw.) (Leistungswettbewerb).
  Eliminierung von Nachfragern: Nachfrager mit nicht ausreichender Kaufkraft werden so lange vom Markt verdrängt, bis sie das „notwendige Kleingeld" wieder zur Verfügung haben. Sie werden daher zur Erhöhung ihres Einkommens angeregt (z. B. durch Tarifverhandlungen).
- Lenkungsfunktion
  Durch schrumpfende Wirtschaftsbereiche werden Produktionsfaktoren freigesetzt, die auf wirtschaftlich arbeitende Unternehmen gelenkt werden, wie es die Knappheitsverhältnisse der Güter erfordern.
  Werden unwirtschaftlich arbeitende Unternehmen durch staatliche Eingriffe (z. B. Subventionen) künstlich am Leben erhalten, wird diese Lenkungsfunktion unterlaufen.
- Einkommensverteilung
  Die Einkommensbezieher werden zu Leistungsanreizen angeregt, damit sie ein höheres Einkommen erzielen, mit dem sie ihren Bedarf decken können (Anreizsystem).

AUFGABE 4

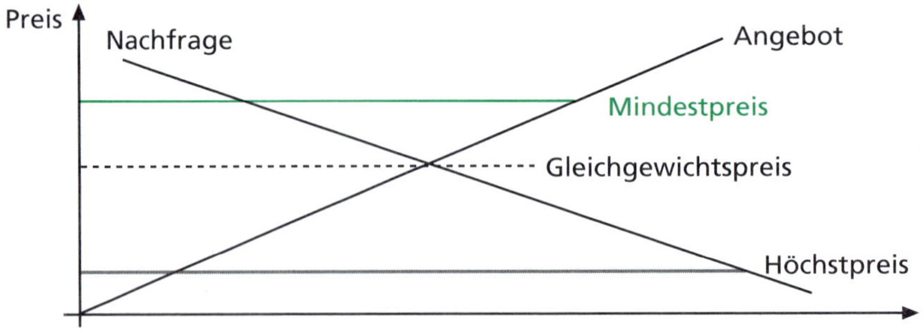

- Ein staatlich verordneter Mindestpreis liegt über dem Gleichgewichtspreis. Dieser Preis soll die Anbieter schützen, die ein Produkt zum Gleichgewichtspreis nicht anbieten können (Kostendruck) oder wollen.
  Es entsteht ein Angebotsüberhang, sodass nicht alle Anbieter all ihre Produkte auf dem Markt absetzen können. So werden einige – unentdeckte – Anbieter zu einem niedrigeren Preis als den Mindestpreis anbieten und verkaufen. Es entstehen sogenannte graue Märkte: Nachfrager können Produkte teilweise billiger erwerben, als der Mindestpreis es vorsieht.
- Ein staatlich verordneter Höchstpreis liegt unter dem Gleichgewichtspreis. Dieser Preis soll die Nachfrager schützen, die nicht willens oder in der Lage sind, den Gleichgewichtspreis zu bezahlen.
  Es entsteht ein Nachfrageüberhang, sodass nicht alle Nachfrager das Produkt erwerben können. Da aber viele Nachfrager das Produkt auf jeden Fall erwerben wollen, sind sie bereit, einen höheren Preis als den staatlich vorgesehenen Höchstpreis zu bezahlen. Dies geschieht auf sogenannten schwarzen Märkten (z. B. Eintrittskarten).

Es zeigt sich also, dass sich weder ein staatlich verordneter Mindestpreis noch ein Höchstpreis – vom Standpunkt des Marktgeschehens aus gesehen – positiv auf das Marktgeschehen auswirkt. Es ist bei den Produkt- und Leistungsangeboten zu bedenken, dass hier auch soziale und politisch gewollte Preise/Gebühren im Rahmen der sozialen Marktwirtschaft erhoben werden müssen.

(Art. 20 GG: Die Bundesrepublik Deutschland ist ein demokratischer und sozialer Bundesstaat.)

34 Der Wirtschaftskreislauf

AUFGABE 1

a) Grundprinzip: Der Kreislauf besteht aus verschiedenen Sektoren, die durch Ströme miteinander verbunden sind. Es gibt den Güterstrom und den Geldstrom, die gegeneinanderlaufen.

b)

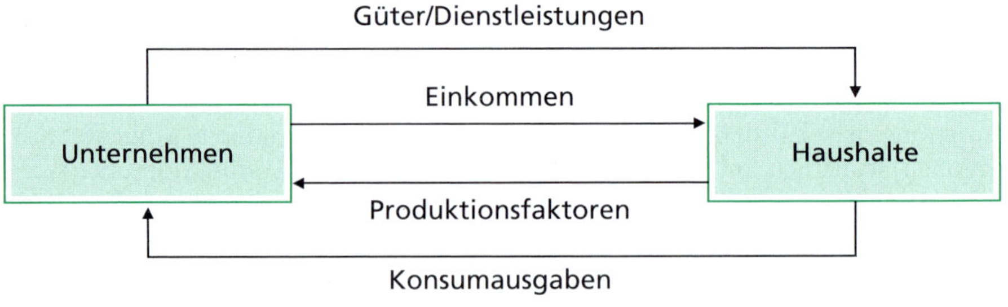

AUFGABE 2

Im einfachen Wirtschaftskreislauf werden folgende Punkte vorausgesetzt:

- Die (privaten) Haushalte geben ihr gesamtes Einkommen für den Konsum aus.
- Es werden keine Ersparnisse, weder von den Haushalten noch von den Unternehmen, getätigt.
- Es finden zwischen Konsum (Nachfrage) und Produktion (Angebot) einerseits und Produktion (Angebot) und Konsum (Nachfrage) andererseits keine zeitlichen Verzögerungen (Time-Lags) statt; Zustand des vollkommenen Marktes.
- Der Staat als eigenständiger Sektor existiert nicht und kann deshalb in das Wirtschaftsgeschehen nicht eingreifen.
- Es finden keine Importe und Exporte statt.

AUFGABE 3

1	Vermögenssammelstellen	8	Steuern
2	Unternehmenssteuern	9	Konsumausgaben/Produktionsfaktoren
3	Einkommen/Güter	10	Transferzahlungen
4	Auslandskredite	11	Zinsen
5	Importe	12	Staatskredite
6	Subventionen	13	Unternehmen
7	Exporte	14	Transferzahlungen, z. B. Entwicklungshilfe

AUFGABE 4

Wirtschaftsstufe	Verkaufserlös = Bruttoproduktionswert	Vorleistungen	Wertschöpfung = Nettoproduktionswert
CD-Hersteller	20 000,00	0,00	20 000,00
Großhändler	50 000,00	20 000,00	30 000,00
Einzelhändler	90 000,00	50 000,00	40 000,00
	160 000,00	70 000,00	90 000,00

Das Bruttonationaleinkommen ist die Summe aller Nettoproduktionswerte und beträgt hier 90 000,00 EUR. Dieser Wert entspricht gleichzeitig dem letzten Verkaufserlös.

Das Bruttonationaleinkommen ist also die Summe aller in EUR bewerteten Güter und Dienstleistungen, die in einem Jahr von einer Volkswirtschaft hergestellt werden.

Leistungen in privaten Haushalten sowie Schwarzarbeit sind im Bruttonationaleinkommen nicht enthalten, da sie nicht erfasst werden.

AUFGABE 5

Nationales Produktionskonto

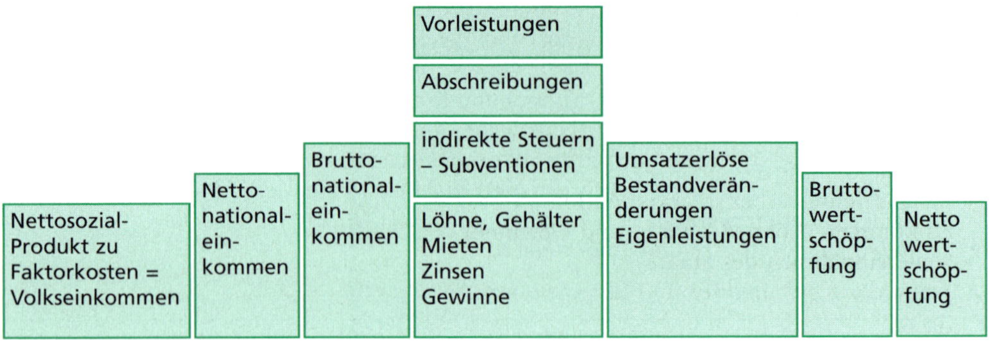

AUFGABE 6

Das Bruttonationaleinkommen enthält die Leistung aller Deutschen in einem Jahr, unabhängig davon, wo sie die Leistung erbracht haben.

Das Bruttoinlandsprodukt enthält die Leistung aller in Deutschland lebenden Personen, unabhängig davon, welcher Nationalität sie angehören.

  Bruttonationaleinkommen (Inländerkonzept)
\+ Leistung/Einkommen von Ausländern, die in Deutschland arbeiten
− Leistung/Einkommen von Deutschen, die im Ausland arbeiten

  Bruttoinlandprodukt (Inlandskonzept)

AUFGABE 7

Das nominale Bruttoinlandsprodukt wird zu den Preisen, die im entsprechenden Jahr erzielt werden (hier: 2008) bewertet.

Das reale Bruttoinlandsprodukt bewertet die im Jahr 2008 abgesetzten Güter/Dienstleistungen zu den Preisen, die im Jahr 1997 galten (= Basisjahr).

Das BIP von 2008 enthält also alle Preissteigerungen von 1997 bis 2008.

Insofern gibt das reale BIP einen realistischeren Wert für die Entwicklung der gesamten Leistungskraft einer Volkswirtschaft als das nominale BIP.

AUFGABE 8

Folgende Kritikpunkte können vorgebracht werden:

- Welcher Arbeitseinsatz ist für steigende BIP aufzubringen?
- Welche Arbeitsbedingungen sind gegeben?
- Ist das Volkseinkommen gerecht verteilt? (Tarifpolitik)
- Wie werden die Güter und Dienstleistungen verteilt?
- Entwickelt sich der Bildungsstand mit dem materiellen Wohlstand?
- Wie ist die physische und psychische Gesundheit der Bürger?
- Zu welchem Preis ökologischer Schäden wird das wachsende BIP erstellt?
- Wie ist die Lage der inneren und äußeren Sicherheit (Kriminalität)?
- Wie ist die allgemeine Lebensqualität der Bevölkerung? (Lebenserwartung, allgemeine wirtschaftliche Grundstimmung usw.)

35 Wirtschaftspolitik

AUFGABE 1

Unter Konjunktur versteht man die Veränderung des realen Bruttoinlandproduktes.

AUFGABE 2

Indikatoren zur Bestimmung der Konjunktur können sein:

- Auftragseingang (Konsumgüter und Investitionsgüter)
- Produktion (BIP)
- Beschäftigung/Arbeitsmarktsituation
- Einkommen (Löhne/Gehälter und Gewinne)
- Steuereinnahmen des Staates
- Preise der Konsumgüter und Investitionsgüter
- Zinsen
- Exporte/Importe
- Staatsverschuldung

AUFGABE 3

a) Der Abstand, in dem sich die allgemeine Wirtschaft verändert, wird als Phase bezeichnet.

b) Die Konjunkturphase untergliedert sich in
   1 Aufschwung (Recovery)
   2 Höchststand (Boom)
   3 Abschwung (Rezession)
   4 Tiefstand (Depression)

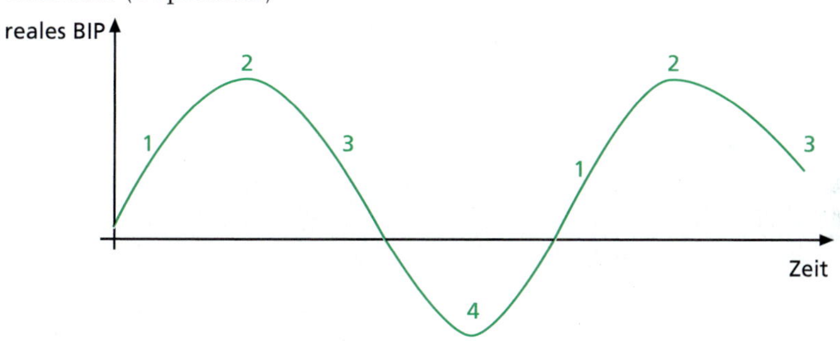

AUFGABE 4

Die vier Indikatoren des gesamtwirtschaftlichen Gleichgewichts, die Bestandteile des magischen Vierecks sind, sind folgende:

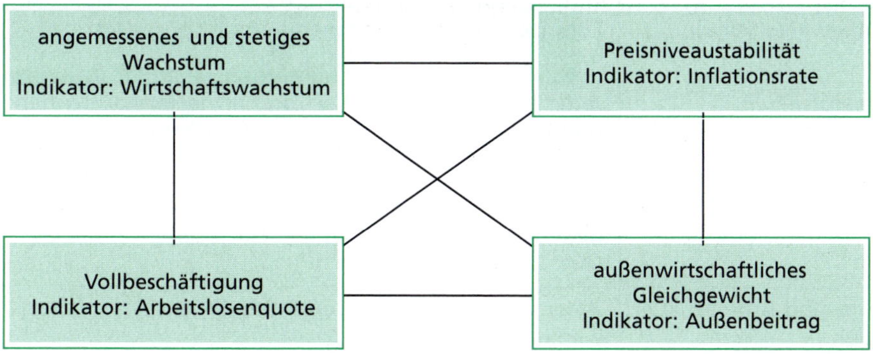

AUFGABE 5

Einnahmen aus	Ausgaben für
Steuern	Staatsmitarbeiter
Gebühren	Sachmittel
Beiträgen	Arbeit und Soziales
Gewinnbeteiligungen an Unternehmen	Verteidigung
Verkäufen aus Staatseigentum	Entwicklungshilfe
Kreditaufnahme	Kreditrückzahlungen und -zinsen

AUFGABE 6

Position	Anteil in % von 283,2 Mrd. EUR
Arbeit und Soziales	43,79
Bundesschuld	15,15
Verteidigung	10,41
Verkehr, Bau	8,62

AUFGABE 7

a) Der Schaffer der sozialen Marktwirtschaft war Ludwig Erhard (1897–1977). Er war der erste deutsche Bundeswirtschaftsminister (unter Konrad Adenauer) und wurde später selbst Bundeskanzler.

b)

Merkmal	Erläuterung
Recht auf Eigentum	Jeder hat das Recht, Eigentum an Konsumgütern und Produktionsmitteln zu haben. Eigentum soll dem Wohl der Allgemeinheit dienen (Art. 14 GG).
Konsumfreiheit	Jeder darf das im Rahmen der Gesetze konsumieren, was seinen Bedürfnissen entspricht. Niemand darf zu einem bestimmten Konsum gezwungen werden.
Wettbewerbsfreiheit	Zwischen den Unternehmen herrscht grundsätzlich Wettbewerbsfreiheit (Art. 2 GG).
Vertragsfreiheit	Jeder kann sich seinen Vertragspartner frei aussuchen und Inhalt und Form der Verträge selbst gestalten (Art. 2, 3, 9 GG).
Preisfreiheit	Die Preise können sich im Rahmen der Gesetze nach dem Gesetz von Angebot und Nachfrage frei bilden (Art. 2, 3 GG).
Berufs- und Arbeitsplatz-freiheit	Jeder kann sich seinen Beruf und Arbeitsplatz frei aus-wählen (Art. 3, 11, 12 GG).

AUFGABE 8

Wirtschaftspolitik

Konjunkturpolitik

- Konjunkturausgleichsrücklagen
- Staatsaufträge an die Wirtschaft
- Staatskredite an die Wirtschaft
- Außenwirtschaftsregulierung
- Zollpolitik
- Sparförderung
- Förderung von Baumaßnahmen
- Strukturpolitik

Fiskalpolitik

- Steuerpolitik
- Einnahmen- und Ausgabenpolitik
- öffentliche Zuschüsse
- Kreditaufnahme (Haushaltsdefizit)

AUFGABE 9

Offenmarktpolitik	Kauf und Verkauf von Wertpapieren
Mindestreservenpolitik	Kreditinstitute müssen einen festgelegten Teil ihrer Gelder zinslos bei der EZB hinterlegen.
Festlegung von Spitzenrefinanzierungsfazilitäten	Bei den Kreditinstituten soll „Übernachtliquidität" bereitgestellt werden; die Kreditinstitute beschaffen sich Zentralbankgeld gegen refinanzierungsfähige Sicherheiten.
Einlagefazilität	Geschäftsbanken können einen Teil ihrer liquiden Mittel bei der Deutschen Bundesbank anlegen.
Zinsen	Die EZB gibt den nationalen Zentralbanken den Leitzins (Basiszinssatz) vor.

36 Produktionsfaktoren

AUFGABE 1

Produktion umfasst alle Arten betrieblicher Leistungserstellung und ist auf die sinnvolle Kombination der eingesetzten Produktionsfaktoren gerichtet.

AUFGABE 2

Heizöl = Werkstoff (Betriebsstoff)
Küchenmaschine = Betriebsmittel
Rührschüssel = Betriebsmittel
Pfeffer = Werkstoff (Hilfsstoff)
Fleisch = Werkstoff (Rohstoff)

AUFGABE 3

Nicht der Auszubildende ist ein Produktionsfaktor, sondern seine Arbeitskraft.

AUFGABE 4

Dem Produktionsfaktor Arbeit sind die Tätigkeiten der Hauswirtschafterinnen, der Köche und der Hilfskraft zuzuordnen. Dabei ist anzumerken, dass neben der ausführenden Tätigkeit auch geistige Arbeit zu bewältigen ist, wobei hier der dispositive Faktor gemeint ist (z.B. Organisation des Geschäftsablaufs). Dem Faktor Natur sind der Standort der Kantine, Wasser und Licht zuzuordnen. Der Faktor Kapital umfasst die Einrichtungsgegenstände der Kantine (Küchenmaschinen, Stühle usw.).

AUFGABE 5

In der Kantine werden bei der Herstellung von Speisen die Faktoren Arbeit, Betriebsmittel und Werkstoffe kombiniert.

In der Behörde (im Verwaltungsbereich) steht die menschliche Arbeitsleistung im Vordergrund, die durch Betriebsmittel unterstützt wird.

Weiterhin findet in beiden Bereichen eine Kombination der genannten Produktionsfaktoren mit dem abgeleiteten Faktor „menschliches Kapital" statt.

AUFGABE 6

a) Nur das Geld läuft tatsächlich „im Kreis". Mehrere Male fließt das Geld durch die Kassen der Zentralbank, sodass der Geldkreislauf am stärksten den Kreislaufgedanken verkörpert. Demgegenüber werden die Güter immer aufs Neue produziert und anschließend verbraucht.
b) Der Geldstrom läuft dem Güterstrom ständig entgegen, weil beim Kauf von Sachgütern oder Dienstleistungen diese mit Geld zu bezahlen sind und somit in umgekehrter Richtung in den Wirtschaftskreislauf eingehen.

37 Allgemeine Wirtschaftslehre

AUFGABE 1

Faktormärkte nennt man Märkte, auf denen Produktionsfaktoren gehandelt werden. Das sind

a) Arbeitsmarkt,
b) Immobilienmarkt,
c) Geld- und Gütermarkt.

AUFGABE 2

Ansätze z.B.:

- Höhere Löhne verteuern die Arbeitskraft und können die Nachfrage nach Arbeitskräften verringern.

oder auch:

- Lohnsteigerungen unterhalb der Produktivitätszunahme erhöhen nicht die Lohn-Stückkosten.

AUFGABE 3

Die Suche von Reinigungshilfen bezieht sich auf den Arbeitsmarkt. Aus der Sicht, dass Arbeit ein wichtiger Produktionsfaktor ist, kann hier auch von einem Faktormarkt gesprochen werden.

Autoteile betreffen den Gütermarkt. Da es um Sachgüter geht, kann vom Sachgütermarkt gesprochen werden. Soweit die Autoteile, was hier wahrscheinlich ist, an Haushalte abgegeben werden, kann von einem Konsumgütermarkt gesprochen werden.

Die Suche eines stillen Teilhabers mit einer Geldsumme betrifft den Kapitalmarkt. Baureife Grundstücke oder Abrissgrundstücke betreffen den Immobilienmarkt.

EXKURS

DIE FACHPRAKTISCHE PRÜFUNG FÜR VERWALTUNGSFACHANGESTELLTE

1 Rechtliche Grundlagen

Mit der Neuordnung des Ausbildungsberufes Verwaltungsfachangestellte(r) am 01. 08. 1999 durch die „Verordnung über die Berufsausbildung zum Verwaltungsfachangestellten/zur Verwaltungsfachangestellten“ vom 19. 05. 1999 (BGBl. I S. 1029) wurde im Prüfungsbereich Fallbezogene Rechtsanwendung als neue Prüfungsform die praktische Prüfung eingeführt.

Dieser Prüfungsbereich ersetzt die bisherige mündliche Prüfung und folgt damit der neueren Entwicklung in beruflichen Prüfungen. Während sich die bisherige mündliche Prüfung häufig auf die Abfrage von theoretischem Detailwissen beschränkte, sollen die Prüflinge nunmehr ihre berufliche Handlungsfähigkeit in einer praktischen Prüfung unter Beweis stellen.

§ 8 (3) Nr. 5 der Verordnung hat folgenden Wortlaut:

„5. Prüfungsbereich Fallbezogene Rechtsanwendung:

Der Prüfling soll eine praktische Aufgabe bearbeiten und dabei Sachverhalte aus seiner Fachrichtung beurteilen und Lösungen aufzeigen. Die Aufgabe soll Ausgangspunkt für das folgende Prüfungsgespräch sein. Hierbei soll der Prüfling zeigen, dass er Arbeitsergebnisse bürgerorientiert darstellen sowie in berufstypischen Situationen kommunizieren und kooperieren kann. Das Prüfungsgespräch einschließlich der Bearbeitungszeit für die Aufgabe soll für den einzelnen Prüfling nicht länger als 45 Minuten dauern“.

Aus der Bezeichnung „Fallbezogene Rechtsanwendung“ ergeben sich gewisse Einschränkungen in der Auswahl der Prüfungsgegenstände. Unter „Fallbezogener Rechtsanwendung“ sind die grundlegenden methodischen Fertigkeiten bei der Bearbeitung juristischer Sachverhalte unter Heranziehung von Rechtsnormen zu verstehen. Die wesentlichen Teilfertigkeiten fallbezogener Rechtsanwendung sind in den Ausbildungsrahmenplänen aufgeführt. Hierbei geht es darum, Tatbestandsmerkmale zu subsumieren, Rechtsfolgen festzustellen. Gegenstand der praktischen Prüfung können daher nur Aufgaben sein, die im weiteren Sinne auf Rechtsnormen basieren. Wirtschaftliche Aufgabenstellungen sind nur zulässig, soweit sie sich auf eine Rechtsnorm zurückführen lassen und Anforderungen zur Rechtsanwendung enthalten.

(Vgl. Gerhard Ropeter: Die praktische Prüfung der Verwaltungsfachangestellten, S. 29)

Gemäß § 8 (5) der Verordnung haben bei der Ermittlung des Gesamtergebnisses alle Prüfungsbereiche das gleiche Gewicht, d.h., die praktische Übung geht mit 20 % in das Gesamtergebnis der Prüfung mit ein. Wird ein Prüfungsbereich – also auch die praktische Prüfung) mit ungenügend bewertet, so ist die Prüfung nicht bestanden (§ 8 (6) Satz 2 der Verordnung).

Im Unterschied zur ehemaligen mündlichen Prüfung gibt es für die praktische Prüfung keine besonderen Zulassungsvoraussetzungen. Sie ist ein Prüfungsbereich neben vier anderen.

2 Inhalt der praktischen Prüfung

Ausgangspunkt für den 5. Prüfungsbereich ist eine „praktische“ Aufgabe. Das heißt, der Prüfling erhält einen Sachverhalt oder einen Ausschnitt aus der praktischen Tätigkeit, wie er/sie für sein/ihr Berufsbild typisch ist. Dieser Sachverhalt muss aus der Fachrichtung stammen. Für die Auszubildenden in der Fachrichtung Kommunalverwaltung bedeutet dies, dass unter dieser Fachrichtung folgende Ausbildungsgegenstände gemäß der Ausbildungsordnung zu verstehen sind:

Fallbezogene Rechtsanwendung:
- Sachverhalte ermitteln, unter Tatbestandsmerkmale subsumieren und Rechtsfolgen ableiten
- bestimmte und unbestimmte Rechtsbegriffe unterscheiden
- Ermessensentscheidungen unter Berücksichtigung von Ermessenspielräumen vorbereiten
- Entscheidungen begründen

Handeln in Gebieten des besonderen Verwaltungsrechts:
- örtliche und sachliche Zuständigkeit prüfen
- Anträge aufnehmen
- Bescheide erlassen
- sofortige Vollziehung von Verwaltungsakten anordnen und begründen
- Rechtmäßigkeit von Verwaltungsakten und Möglichkeiten der Fehlerbeseitigung prüfen
- Vollstreckungsarten unterscheiden
- Rechtsbehelfe prüfen

Kommunalrecht:
- Bedeutung der kommunalen Selbstverwaltung sowie Formen und Aufgaben der kommunalen Gebietskörperschaften erläutern
- Rechte und Pflichten von Bürgern und Einwohnern bei der Sachbearbeitung berücksichtigen
- rechtliche Stellung der Organe der kommunalen Gebietskörperschaften erläutern
- bei der Vorbereitung von Sitzungen und dem Vollzug der Beschlüsse kommunaler Gremien mitwirken
- Rechts- und Fachaufsicht über die kommunalen Gebietskörperschaften erläutern
- Grundsätze der kommunalen Einnahmebeschaffung anwenden
- Rechtsformen gemeindlicher Unternehmen abgrenzen
- Wirtschaftsgrundsätze gemeindlicher Unternehmen beschreiben

3 Die Prüfungsaufgabe

Gemäß § 8 (3) Nr. 5 Satz 1 der Verordnung soll der Prüfling „eine praktische Aufgabe bearbeiten". Als praktische Aufgabe dient ein für das Berufsbild der Verwaltungsfachangestellten typischer Sachverhalt. Die praktische Aufgabe sollte einen konkreten Aktenvorgang enthalten. Zum Beispiel:

- Vermerk
- Eingabe eines Bürgers
- Antrag eines Bürgers
- Beratungsgespräch mit einem Bürger
- Sprechstunde eines Personalvertreters

Aus der Praxis der ersten Prüfungen wurde die Erfahrung gewonnen, dass besonders kleine Fälle der gewährenden Verwaltung oder aus dem Recht der Gefahrenabwehr sich gut eignen. Nach Ropeter sollte eine gute praktische Aufgabe durch folgende Merkmale gekennzeichnet sein:

1 Es sollte ein berufstypisches Problem gestellt werden
2 Es soll sich um einen Realvorgang handeln, mit echten Zahlen und wenn möglich echten Verwaltungsunterlagen
3 Ein einfacher überschaubarer Sachverhalt
4 Angemessener Schwierigkeitsgrad
5 Eindeutige Aufgabenstellung
6 Aufgabenstellung soll selbstständiges Planen und Durchführen fördern
7 Offenheit für alternative Lösungen

4 Ablauf der praktischen Prüfung

4.1 Organisation

Die Gesamtdauer der Prüfung beträgt 45 Minuten. Viele Prüfungsausschüsse haben auf der Grundlage eigener Beschlüsse diese Zeit wie folgt gegliedert:

- Vorbereitungszeit: 20–25 Minuten
- möglicherweise Kontaktaufnahme und Vorstellen der Ergebnisse: 10 Minuten
- Prüfungsgespräch: 10–20 Minuten

Viele Prüfungsausschüsse verzichten auf das Vorstellen der Ergebnisse. In diesen Fällen dauert das Prüfungsgespräch 20 Minuten.

Während der Vorbereitungszeit hat der Prüfling Gelegenheit, sich mit der Aufgabe oder dem Fall gedanklich auseinanderzusetzen. Dabei soll er keine Arbeit schreiben, sondern sich Notizen für das Prüfungsgespräch machen. Die Vorbereitungszeit verbringt der Prüfling in einem Vorbereitungsraum. Dort erhält er den Sachverhalt, um sich mit den zugelassenen Hilfsmitteln vorbereiten zu können

Nach Ablauf der Vorbereitungszeit wird der Prüfling in den Prüfungsraum geholt. Anschließend wird das Gespräch geführt, in dessen Verlauf ein Mitglied des Prüfungsausschusses den Bürger, Ratsuchenden oder auch Vorgesetzten verkörpert.

4.2 Besonderheiten der praktischen Prüfung

Wie oben schon ausgeführt, ist die praktische Prüfung ein eigenständiger und neben den Bereichen der schriftlichen Prüfung ein gleichwertiger Bereich, der zu 20 % in die Gesamtbenotung einfließt. Daraus folgt einerseits, dass keine Zulassungsvoraussetzungen bestehen, und andererseits, dass die Prüfung bei einer ungenügenden Leistung nicht bestanden ist.

Eine zweite Besonderheit stellt die Bewertung der Leistung in der praktischen Prüfung dar. Sie setzt sich aus mehreren Komponenten zusammen:

- fachliche Bearbeitung: Segment 2
- bürgerorientierte Darstellung: Segment 1
- Kommunikation und Kooperation: Segment 3

Weil in den Bereichen der schriftlichen Prüfung bereits der Nachweis über vorhandene Kenntnisse und Fertigkeiten erbracht wurde, geht der Teil der fachlichen Bearbeitung nur zu 40 % in die Bewertung ein. Dagegen wird die bürgerorientierte Darstellung sowie Kommunikation und Kooperation mit jeweils 30 %, also zusammen mit 60 %, bewertet. Deswegen ist der Schwerpunkt auf diese Bereiche zu lenken.

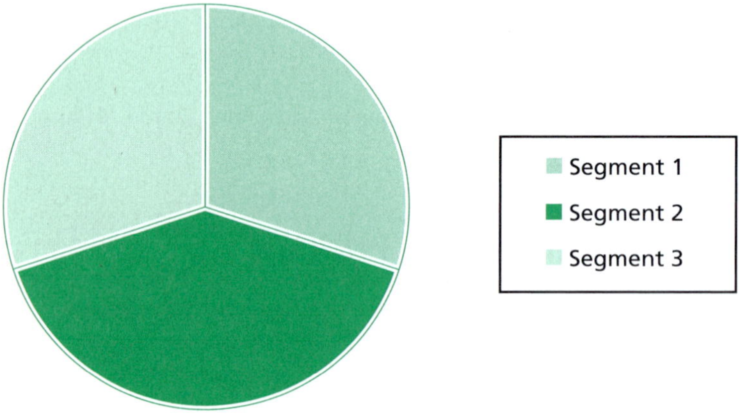

5 Vorbereitung der praktischen Übungen durch den Prüfling

Die gezielte Vorbereitung auf diesen Prüfungsbereich beginnt bereits im ersten Ausbildungsjahr. Dabei sollte der Auszubildende sich auf folgende Schwerpunkte konzentrieren:

1 Die ständige Aktualisierung seiner Vorschriftensammlung

Hierbei kommt es besonders darauf an, dass die benötigten Gesetze auf dem neuesten Stand sind.

Darüber hinaus ist es sehr wichtig, dass der Prüfling sich in seiner Sammlung zurechtfindet. Als Hilfsmittel können hier farbliche Kennzeichnungen dienen, mit denen die Gesetze markiert werden. Dabei kann es hilfreich sein, wenn die einzelnen Sachbereiche, z.B. Kommunalrecht – Ordnungsrecht – Sozialrecht, mit einer Farbe gekennzeichnet sind. Gut eignen sich farbige Klebestreifen, deren Breite nach der Bedeutung der Vorschriften variiert werden kann. Soweit es erlaubt ist, sollte auf Quervermerke nicht verzichtet werden.

2 Die fortlaufende Entwicklung seiner Kommunikationsfähigkeit

Bereits im ersten Ausbildungsjahr wird im Rahmen der dienstbegleitenden Unterweisung ein Unterrichtsabschnitt zur Kommunikation und Kooperation durchgeführt. Dabei werden Grundlagen zu diesen Themen vermittelt. Auf dieser Grundlage wird im Unterricht der Berufsschule in den verschiedenen Lernfeldern die Kommunikationsfähigkeit gefestigt. Dabei wird der Auszubildende im Rahmen von Rollenspielen in den verschiedensten Situationen angehalten, Gespräche zu führen, in denen er anderen Personen Entscheidungen mitzuteilen hat. Hierbei muss der Auszubildende besonders darauf achten, ob er sich eindeutig mitteilen kann, ob er in einem Gespräch ein Konzept einhalten kann und ob er sich in die Situation des Gesprächspartners versetzen kann.

Besonders sollte er bei der Auswertung durch den Leiter der Rollenspiele darauf achten, welche Hinweise ihm gegeben werden, damit er sie in der Zukunft berücksichtigen kann.

Im Rahmen der praktischen Ausbildung gibt es besonders in den weiteren Ausbildungsjahren viele Gelegenheiten, um sich bei der Ausbildung in dieser Frage zu vervollkommnen. Hilfreich ist dabei immer der Rat der Kollegen.

3 Beurteilung der eigenen Persönlichkeit

Im Ergebnis der praktischen Übungen wird auch das Erscheinungsbild des Prüflings mit bewertet. Um hier den Anforderungen gut zu entsprechen muss sich der Auszubildende im Verlauf der Ausbildung in die Lage versetzen, sein Erscheinungsbild zu beurteilen. Dabei muss er lernen, seine Stärken zu erfassen (Beispiel: sicheres Auftreten, freundliches Wesen, gute Ausdrucksweise usw.). Diese gilt es bis zur Prüfung weiter auszubauen und zu festigen. Ebenso muss er aber auch seine Schwächen erfassen (Unsicherheit, stockende Rede, Schweißausbrüche, Rotwerden usw.), um sie abzubauen und in der Prüfung zu unterdrücken.

Nicht unwichtig ist, darauf zu achten, dass man immer den Blickkontakt zum Gesprächspartner und einen freundlichen Gesichtsausdruck hat. Die Körperhaltung sollte nicht verkrampft, sondern offen sein. Für die praktischen Übungen muss auch die entsprechende Kleidung ausgewählt werden. Es handelt sich um eine Echtsituation in der Verwaltungstätigkeit. Deshalb sollte bei der Auswahl der Bekleidung der Maßstab der eigenen Verwaltung die Entscheidung bestimmen.

6 Gestaltung der Vorbereitungszeit

Nach Empfang der Aufgabe beginnen die 25 Minuten Vorbereitungszeit zu laufen. Folgende Arbeitsschritte sollten erfolgen:

1 Bereitlegen der Hilfsmittel – Vorschriftensammlung, Papier, Schreibzeug, Rechner, Uhr
2 Durcharbeiten des Sachverhaltes
wichtige Fakten anstreichen, unklare Begriffe deuten (5 Minuten)
3 Auswahl der erforderlichen Rechtsvorschriften – notwendige Paragrafen festlegen und ihren Sinngehalt erfassen (5 Minuten)

4 Erarbeitung eines Konzeptes zur Umsetzung der gestellten Aufgabe
- Stichpunkte reichen, es geht nicht um eine schriftliche Arbeit!
- Überlegen, wie das Gespräch eröffnet werden soll
- Spielt vielleicht das Telefon eine Rolle?
- Wie sollte man zeigen, dass man sich in die Lage des Gesprächspartners versetzen kann?
- Könnte es Besonderheiten geben?
- Darauf achten, dass mein Vorhaben auch verstanden wird (12 Minuten)

5 Zurechtlegen der Unterlagen – nichts vergessen – Konzept gedanklich durchgehen (3 Minuten)

7 Verhalten während des Prüfungsgesprächs

Vor Betreten des Raumes Kleidung und die Vollständigkeit der Unterlagen überprüfen.

Bei Betreten des Raumes auf Körperhaltung achten, ein freundliches Gesicht, bei der Begrüßung deutlich sprechen.

Das Gespräch wird in der Regel an einem Arbeitsplatz mit einem Mitglied des Prüfungsausschusses durchgeführt. Die volle Konzentration gilt jetzt dem Gesprächspartner. Hierbei können folgende Arbeitsschritte vorgeschlagen werden:

1 Freundliche Begrüßung – Platz anbieten
2 Sich als Mitarbeiter der jeweiligen Verwaltung vorstellen
3 Den Gesprächspartner bitten, sein Anliegen vorzutragen. Aufmerksam zuhören!
4 Erste Überlegungen äußern, wie das Problem zu lösen ist
5 Gegebenenfalls das Gesetz nehmen und gemeinsam mit dem Gesprächspartner durchgehen – nicht vorlesen
6 Sonst mit eigenen Worten erklären
7 Deutlich den Werdegang des Verfahrens erklären
8 Durch Zwischenfragen feststellen, ob das Anliegen verstanden wird
9 Eventuell Zwischenergebnisse hervorheben
10 Lösungsvorschlag unterbreiten
11 Auf mögliche weitere Schritte aufmerksam machen
12 Gespräch beenden und ordentliche Verabschiedung

8 Beispielfälle für die praktische Prüfung

Dieser Gliederungspunkt enthält einige exemplarische Aufgaben aus dem Prüfungsbereich „Fallbezogene Rechtsanwendung“, die sich unmittelbar auf rechtliche Lerninhalte der Prüfungsbereiche A bis D beziehen:
- Vertragsrecht (Fall 8.1)
- Verwaltungsbetriebswirtschaft (Fälle 8.2–8.4)
- Personalwesen (Fälle 8.5–8.7)
- Verwaltungsrecht und Verwaltungsverfahren (Fälle 8.8–8.10)

Sie als Prüfling müssen hier grundlegende methodische Fertigkeiten bei der Bearbeitung dieser Fälle unter Heranziehung von Rechtsnormen vorweisen.

Die Lösung des Falls 8.1 zeigt am Beispiel ausführlich die Vorgehensweise (Methodik), die ein grundlegender Bestandteil ist, um den Erwartungshorizont des fachlichen Aspekts erfüllen zu können.
Zum Erwartungshorizont bezüglich des kommunikativen Aspekts im Rahmen einer praktischen Prüfung wird in den Beispielfällen 8.2 bis 8.10 jeweils Stellung genommen.

8.1 Vertragsrecht

HILFSMITTEL BGB

Sachverhalt:

Da die Möbel in den Klassenräumen der Grund- und Hauptschule der niedersächsischen Gemeinde Bornhausen veraltet, teilweise beschädigt und ersatzbedürftig sind, wurden von der Gemeindevertretung mit dem diesjährigen Haushaltsplan 14 000,00 EUR zum Ersatz der Möbel in zunächst zwei Klassenräumen bewilligt. Nach der vorausgegangenen beschränkten Ausschreibung nahm die Gemeinde das mit 12 730,00 EUR abschließende Angebot der Firma Holzmann & Co. in Bachstedt an. Um den Unterricht nicht zu beeinträchtigen, wurde unter Hinweis auf die Ferienzeit mit der Firma vereinbart, dass die Möbel am 21. Juli, nach Beginn der Sommerferien und Aussonderung der alten Möbel, angeliefert werden.

Außerdem wurde – wegen des Zuschnitts der beiden Klassenräume – mit dem ortsansässigen Tischlermeister Georg Zwinge vereinbart, dass er zwei Schränke zum Preis von je 380,00 EUR anfertigt und in den Klassenräumen aufstellt.

Da die Lieferung der Möbel am 21. Juli ausblieb, drängte der vom Bürgermeister mit der Beschaffung beauftragte Verwaltungsfachangestellte Franz Richter auf Erledigung. Die Lieferung müsse nach vorheriger Ankündigung bis spätestens 31. Juli erfolgen. Der Prokurist der Firma Holzmann & Co. erklärte, dass der Auftrag leider versehentlich verlegt und verspätet bearbeitet worden sei. Die Möbel könnten erst Anfang August geliefert werden. Da wegen des Schulbeginns am 21. August die Verzögerung nicht akzeptiert werden kann, regt der Schulleiter an, die Möbel von der Möbel-GmbH in Stromhafen zu beziehen. Dadurch entstehen Mehrkosten in Höhe von 380,00 EUR.

Tischlermeister Zwinge lieferte die beiden Schränke fristgemäß am 21. Juli und baute sie nach den Angaben des Schulleiters auf. Es stellte sich jedoch heraus, dass sich die Türen der Schränke, vermutlich wegen der Verwendung noch feuchten Holzes, verziehen und nicht verschlossen werden können. Vom Schulleiter auf den Mangel angesprochen, erwidert Zwinge, dass ihn keine Schuld treffe; er habe seinen Gesellen Schnell mit der Anfertigung der Schränke beauftragt.

Der Schulleiter bittet Sie um Hilfe.

AUFGABEN

1 Untersuchen Sie, ob die Gemeinde vom Vertrag mit der Firma Holzmann & Co. zurücktreten und Ersatz der Mehrkosten (= 380,00 EUR) beanspruchen kann.

2 Prüfen Sie, welche Ansprüche die Gemeinde gegen Zwinge hat.

LÖSUNGEN

AUFGABE 1

1 Wer will was von wem, wer sind die Vertragspartner?
Die Gemeinde will den Vertrag mit der Firma Holzmann & Co. lösen und die Mehraufwendungen nach anderweitiger Bedarfsdeckung (= 380,00 EUR) ersetzt haben.

2 Liegen rechtshindernde Tatsachen vor?
Zweifel an der Rechts- und Geschäftsfähigkeit ergeben sich aus dem Sachverhalt nicht. Es liegt weder ein Formmangel (§ 125 BGB) noch ein Verstoß gegen ein gesetzliches Verbot (§ 134 BGB) oder Sittenwidrigkeit (§ 138 BGB) vor.

3 Welcher Vertragstyp kommt in Betracht?
Es handelt sich um einen Kaufvertrag (§ 433 BGB), der durch das Angebot der Firma Holzmann & Co. (§ 145 BGB) und dessen Annahme durch die Gemeinde (§§ 147 ff. BGB) zustande gekommen ist.

4 Welche Anspruchsgrundlage kommt in Betracht?
(Die Vorschrift muss als Rechtsfolge den Anspruch begründen.)
§ 323 BGB: Rücktritt vom Vertrag wegen nicht erbrachter Leistung
§ 280 BGB: Schadenersatz wegen nicht erbrachter Leistung

5 Prüfung, ob die Tatbestandsmerkmale der Anspruchsgrundlagen erfüllt sind:
Der Schuldner (Firma Holzmann & Co.) hat die am 21. Juli fällige Leistung nicht erbracht. Es wurde ihr eine Nachfrist bis 31. Juli eingeräumt, obwohl nach § 323 (2) BGB eine Fristsetzung u. a. dann entbehrlich ist, wenn der Schuldner die Leistung zu dem vereinbarten Termin nicht erbringt und der Gläubiger von vornherein den Fortbestand des Vertragsverhältnisses an die rechtzeitige Leistung gebunden hat. Da der Liefertermin mit der Firma ausdrücklich unter Berücksichtigung der Sommerferien vereinbart worden war, hätte von einer Fristsetzung mit der Androhung, vom Vertrag zurückzutreten, abgesehen werden dürfen. Die Firma hat die Nichterbringung der fälligen Leistung (§ 271 BGB) zu vertreten (§ 276 BGB). Die Gemeinde kann nach § 323 (1) BGB durch Erklärung gegenüber der Firma Holzmann & Co. vom Vertrag zurücktreten (§ 349 BGB).
Da die Firma Holzmann & Co. (Schuldner) die am 21. Juli fällige Leistung nicht erbrachte, hat sie ihre Pflicht aus dem Schuldverhältnis verletzt; die Gemeinde (Gläubiger) kann daher Ersatz des ihr dadurch entstandenen Schadens verlangen (§ 280 (1) Satz 1 BGB). Nach § 280 (3) BGB in Verbindung mit § 281 (1) BGB ist Schadensersatz statt der Leistung davon abhängig, dass dem Schuldner eine angemessene Frist zur Leistung oder Nacherfüllung erfolglos eingeräumt worden ist. Die Gemeinde hat eine Nachfrist bis 31. Juli eingeräumt. Vorausgesetzt wird, dass der Schuldner die Pflichtverletzung zu vertreten hat (§ 280 (1) Satz 2 BGB). Die Firma hat den Auftrag der Gemeinde „versehentlich verlegt"; ihre Fahrlässigkeit (§ 276 (2) BGB) ist ursächlich für die Verletzung ihrer Pflichten aus dem Kaufvertrag. Der Rücktritt der Gemeinde vom Kaufvertrag, der ein gegenseitiger Vertrag ist, schließt ihren Anspruch auf Schadenersatz nicht aus (§ 325 BGB). Dabei ist sie so zu stellen, wie sie stünde, wenn der Kaufvertrag von der Firma Holzmann & Co. fristgemäß erfüllt worden wäre (§ 249 BGB). Die Mehrkosten wären dann nicht entstanden. In Höhe des der Gemeinde dadurch verursachten Mehraufwandes (= 380,00 EUR) kann sie Schadensersatz von der Firma Holzmann & Co. beanspruchen.

6 Stehen dem Anspruch – außer den seine Durchsetzung hemmenden Tatsachen zu 7 – Einwendungen entgegen?

Aus dem Sachverhalt sind Einwendungen der Firma Holzmann & Co. nicht ersichtlich.

7 Ist die Durchsetzung des Anspruchs gehemmt durch Verjährung, Stundung, Zurückbehaltungs- oder Leistungsverweigerungsrecht?
Hemmnisse sind dem Sachverhalt nicht zu entnehmen.

8 Ergebnis: Die Gemeinde kann vom Kaufvertrag mit der Firma Holzmann & Co. zurücktreten und 380,00 EUR Schadensersatz beanspruchen.

AUFGABE 2

1 Wer will was von wem, wer sind die Vertragspartner?
Die Gemeinde Bornhausen will ihre Rechte wahrnehmen, die sich aufgrund der Mängel an den Schränken ergeben, die von Tischlermeister Zwinge geliefert worden sind.

2 Liegen rechtshindernde Tatsachen vor?
Zweifel an der Rechts- und Geschäftsfähigkeit ergeben sich aus dem Sachverhalt nicht. Es liegt weder ein Formmangel (§ 125 BGB) noch ein Verstoß gegen ein gesetzliches Verbot (§ 134 BGB) oder Sittenwidrigkeit (§ 138 BGB) vor.

3 Welcher Vertragstyp kommt in Betracht?
Die „Vereinbarung“ der Gemeinde mit Zwinge stellt einen durch übereinstimmende Willenserklärungen (§§ 145 ff. BGB) zustande gekommenen Vertrag dar. Herr Zwinge verpflichtete sich zur Herstellung von zwei Schränken, also von zwei Werken. Folglich handelt es hier um einen Werkvertrag (§ 631 BGB). Da es sich bei den herzustellenden Schränken um bewegliche Sachen handelt, ist nach § 651 BGB trotz vorliegendem Werkvertrag das Kaufvertragsrecht anzuwenden.

4 Welche Anspruchsgrundlage kommt in Betracht?
(Die Vorschrift muss als Rechtsfolge den Anspruch begründen.)
§ 437 BGB: Rechte des Käufers bei Mängeln der Kaufsache.

5 Prüfung, ob die Tatbestandsmerkmale der Anspruchsgrundlagen erfüllt sind.
Der Verkäufer ist verpflichtet, dem Käufer die Sache frei von Sachmängeln zu übergeben und ihm das Eigentum an der Sache zu verschaffen (§ 433 (1) BGB). Zwinge hat die Schränke zwar fristgerecht geliefert (§ 271 BGB) und sie dem Schulleiter mit dem Willen übergeben, sie in das Eigentum der Gemeinde zu überführen (§ 929 BGB); die Schränke haben sich jedoch nicht als „frei von Sachmängeln“ erwiesen.
Eine Sache ist frei von Sachmängeln, wenn sie bei der Übergabe (§ 446 BGB) die vereinbarte oder die nach dem Vertrag vorausgesetzte oder bei Sachen der gleichen Art übliche und vom Käufer erwartete Beschaffenheit hat. Die verzogenen Türen beruhen auf einem Fertigungsfehler, der die Gebrauchsfähigkeit zumindest mindert (vgl. § 434 (1) BGB).
Nach § 437 BGB kann die Gemeinde (Käufer)

- Nacherfüllung verlangen,
- vom Vertrag zurücktreten **oder** den Kaufpreis mindern,
- Ersatz eines evtl. entstandenen Schadens oder vergeblicher Aufwendungen verlangen.

Als **„Nacherfüllung“**, deren Kosten Zwinge zu tragen hat (§ 439 BGB), kann die Gemeinde die Beseitigung des Mangels **oder** die Lieferung mangelfreier Schränke verlangen. Zwinge kann die andere Art der Nacherfüllung wählen, wenn die von der Gemeinde geforderte unverhältnismäßige Kosten erfordert und die von ihm gewählte zu keinen erheblichen Nachteilen für die Gemeinde führt.
(Die Gemeinde und Zwinge könnten sich dahin verständigen, dass Zwinge die Türen auf seine Kosten ersetzt, wenn dadurch die Gebrauchsfähigkeit der Schränke erreicht wird.)

Weigert sich Zwinge, den Mangel zu beseitigen **oder** mangelfreie Schränke zu liefern **oder** hat die Nachbesserung (Ersatz der Türen) auch beim zweiten Versuch keinen Erfolg gehabt, kann die Gemeinde wegen der nicht vertragsgemäßen Leistung **vom Vertrag zurücktreten** (§ 323 (1) BGB). Mit Rücksicht auf die vorausgegangenen Bemühungen um Nacherfüllung bedarf es keiner vorherigen Fristsetzung (§ 440 BGB).
Schließlich hat die Gemeinde die Möglichkeit, statt des Rücktritts vom Vertrag den **Kaufpreis** wegen des Mangels in dem Verhältnis zu mindern, das sich aus dem Vergleich des Wertes mangelfreier Schränke und dem Wert der gelieferten Schränke ergibt. Falls erforderlich, ist die Minderung zu schätzen (§ 441 BGB).

6 Stehen dem Anspruch – außer den seine Durchsetzung hemmenden Tatsachen zu 7 – Einwendungen entgegen?
Zwinge verneint sein Verschulden mit der Begründung, dass er die Anfertigung der Schränke seinem Gesellen Schnell übertragen habe. Dieser Einwand entlastet ihn nicht, weil für die Sachmängelhaftung ein Verschulden nicht erforderlich ist.

7 Ist die Durchsetzung des Anspruchs gehemmt durch Verjährung, Stundung, Zurückbehaltungs- oder Leistungsverweigerungsrecht?
Hemmnisse sind dem Sachverhalt nicht zu entnehmen.

8 Ergebnis: Die Gemeinde kann von Zwinge die Beseitigung des Mangels oder die Lieferung mangelfreier Schränke fordern **oder**
– nach erfolglosem Bemühen um diese Regelung – vom Vertrag zurücktreten **oder** den Kaufpreis mindern.

8.2 Verwaltungsbetriebswirtschaft – praktische Übung 1

HILFSMITTEL **Gemeindeordnung**

Sachverhalt:

Die Stadtverwaltung Südhorn hat bei der Aufstellung des Haushaltsplans, um den Fehlbedarf zu verringern, u.a. um 20 v.H. geringere Mittel für Zuschüsse an Vereine und Vereinigungen vorgesehen. Der Vorsitzende der Konzertvereinigung, Studiendirektor Wille, hat vor einigen Tagen den Bericht über die Einbringung des Haushaltsentwurfs in der jüngsten Ratssitzung in der Tageszeitung gelesen. Bei seinem Besuch im Rathaus kritisiert er die vorgesehene Kürzung des städtischen Zuschusses. Sie schließe aus, Konzerte in der bisherigen Zahl zu veranstalten und Künstler zu verpflichten. Die Mitglieder der Konzertvereinigung und alle Musikliebhaber der Stadt seien sehr enttäuscht. Er bittet, die Konzertvereinigung von der vorgesehenen Kürzung auszunehmen, und um Auskunft, wann mit der Auszahlung des Zuschusses zu rechnen ist.

AUFGABE

Werben Sie (als Sachbearbeiter/in im Kulturamt) um Verständnis für die Mittelkürzung und beantworten Sie die Frage nach dem Zeitpunkt der Auszahlung des Zuschusses.

LÖSUNG

Erwartungshorizont

1 Kommunikativer Aspekt

- freundliche Begrüßung, Platz anbieten
- einleitend Gegenstand des Gesprächs benennen/erfragen
- Bedeutung der Konzertvereinigung für das kulturelle Leben in Südhorn anerkennen
- Verständnis für die Besorgnisse des ehrenamtlich wirkenden Vorsitzenden zeigen
- Hinweis, dass Entscheidung der Stadt nicht leicht gefallen ist, aber durch finanzielle Zwänge unvermeidlich war
- Sinn der Vorschriften erläutern
- Hoffnung, nach Besserung der Finanzsituation Kürzungen mildern zu können

2 Fachlicher Aspekt

Gebot des Haushaltsausgleichs, § 82 (4) Nieders. Gemeindeordnung (NGO): Ausgaben müssen – wie in einem Privathaushalt – prinzipiell im Rahmen der Einnahmen gehalten werden.

Ausgleich nicht erreicht als Folge gesetzlich übertragener Aufgaben (Beispiel Kindertagesstätten, Sozialhilfe) und/oder rückläufiger Einnahmen (Beispiel Gewerbesteuer).

Stadt hat deshalb ein Konsolidierungskonzept aufstellen müssen (§ 84 (6) NGO).

Unerlässliche Minderung des Fehlbedarfs durch

Erhöhung der Abgaben	**und/ oder**	Kürzung der Ausgaben.
Grenze in § 3 (1) NGO: pflegliche Behandlung der Steuerkraft (Gefahr der Abwanderung von Unternehmen).		Dabei Rangfolge beachten: Auf Gesetzen und Verträgen beruhende Verpflichtungen und Ausgaben zur Aufrechterhaltung der Dienste der Fachbereiche (z.B. Schulwesen) und zur Unterhaltung des Gemeindevermögens (vgl. § 96 (2) NGO) haben Vorrang vor freiwilligen Ausgaben, zu denen die Zuschüsse an Vereine gehören.

Die Stadt stellt (u. a.) die kulturellen öffentlichen Einrichtungen innerhalb der Grenzen ihrer Leistungsfähigkeit zur Verfügung, § 2 (1) NGO. Dieser Grundsatz ist auch auf die Bezuschussung kultureller Aktivitäten anderer Akteure in der Stadt anwendbar.

Ergebnis: Einsparungen sind nur bei freiwilligen Leistungen der Stadt möglich.

Vorschlag: Verzicht auf einige Konzerte erwägen; Eintrittsgelder anheben; Sponsorensuche.

Der Haushaltsplan, in dem die Zuschüsse vorgesehen sind, wird erst nach dem Beschluss des Rates über die Haushaltssatzung, nach der Genehmigung der Haushaltssatzung durch die Aufsichtsbehörde, der öffentlichen Bekanntmachung der Satzung und nach Ablauf der Auslegungsfrist für den Haushaltsplan wirksam (§ 84 (3) NGO). Der Haushaltsplan hat keine Außenwirkung (§ 85 (3) NGO). Er begründet auch keine Förderungsansprüche Dritter, wie hier der Konzertvereinigung. Nach Erlangung der Rechtskraft der Satzung kann über die Zuschuss-Anträge entschieden und können Bewilligungsbescheide erteilt werden. Wahrscheinlich wird das im März d.J. möglich sein.

Bitte, sich zu gedulden.

8.3 Verwaltungsbetriebswirtschaft – praktische Übung 2

HILFSMITTEL **Gemeindeordnung, Gemeindehaushalts- und -kassenverordnung**

Sachverhalt:

Die Architektin Jutta Stein ist bei der letzten Kommunalwahl in den Rat gewählt worden und als Mitglied des Bauausschusses benannt werden. Bei ihrem Besuch in der Kämmerei erwähnt sie einleitend, dass sie von ihrer Fraktion aufgrund ihres Berufs in den Bauausschuss entsandt worden ist. Mit Finanzierungsfragen habe sie sich bisher selbst nicht beschäftigen müssen. Wegen der bevorstehenden Haushaltsberatungen müsse sie wohl doch „in den sauren Apfel beißen“ und sich deshalb bei einem Fachmann Rat holen.
Bei der Durchsicht der ihr zugegangenen umfangreichen Unterlagen sei ihr aufgefallen:
a) Für den geplanten Ausbau der Schillerstraße sind Anliegerbeiträge veranschlagt worden. Ist es nicht einfacher, die Anlieger zu bitten, die auf sie entfallenden Beträge sogleich an das Unternehmen zu zahlen, das sie dann von der Schlussrechnung für die Stadt absetzt?
b) Das Bauamt benötigt zur Aufbewahrung von Plänen einen feuersicheren Schrank, der 2 400,00 EUR kosten soll. Da es sich um Geschäftsbedarf handele, leuchte ihr die Veranschlagung des Betrages im Finanzhaushalt nicht ein.
c) Für den Einbau eines Aufzugs im Rathaus sollen 120 000,00 EUR in den Haushaltsplan eingestellt werden. Ihr sei bekannt, dass bei derartigen Vorhaben häufig Mittelüberschreitungen vorkommen. Frau Stein will deshalb anregen, die Haushaltsstelle für die Baukosten mit der Haushaltsstelle für die bauliche Unterhaltung des Rathauses deckungsfähig zu erklären.

AUFGABE

Erläutern Sie (als Mitarbeiter/in in der Stadtkämmerei) die einschlägigen haushaltsrechtlichen Vorschriften.

LÖSUNG

Erwartungshorizont

1 Kommunikativer Aspekt

- höfliche Begrüßung – Platz anbieten
- Gratulation zur neuen Funktion im Rat
- Freude über Besuch der von den Bürgern gewählten Ratsfrau bekunden
- Beratung kein Einzelfall, sondern kommt – besonders bei erstmalig gewählten Ratsmitgliedern – häufiger vor
- Die ehrenamtlich wirkenden Ratsmitglieder haben ihren Beruf auszufüllen; das zudem nicht leicht verständliche Haushaltsrecht kann ihnen nicht vertraut sein.
- Die Mitarbeiter der Kämmerei verfügen aufgrund ihrer Ausbildung und beruflichen Tätigkeit über Sachkunde und geben gern Auskünfte.
- Sinn der Vorschriften erläutern
- bei Verabschiedung Bereitschaft betonen, bei künftigen Zweifeln und erwogenen Vorschlägen sowie für Rückfragen gern zur Verfügung zu stehen

2 Fachlicher Aspekt

a) Der Auftrag zum Ausbau der Schillerstraße wird (nach Erlangung der Rechtskraft der Haushaltssatzung) von der Stadt erteilt. Sie vereinbart mit dem auftragnehmenden Unternehmen einen Werkvertrag, § 631 BGB. Dadurch entstehen ausschließlich vertragliche Rechtsbeziehungen zwischen der Stadt und dem Unternehmen, nicht jedoch zwischen den Anwohnern der Schillerstraße und dem Unternehmen. Im Vertrag verpflichtet sich die Stadt zur Bezahlung der erbrachten Leistungen des ausführenden Unternehmens.
Die Anlieger werden von der Stadt aufgrund des Kommunalabgabengesetzes und der von der Stadt erlassenen Satzung zu Beiträgen herangezogen. Gläubiger der Abgabeschuld ist die Stadt.
Die Stadt ist nach § 85 (1) NGO verpflichtet, die voraussichtlich anfallenden Erträge aus der Beitragspflicht der Anlieger in den Haushaltsplan aufzunehmen und die veranlagten Beiträge einzuziehen, § 25 Gemeindehaushalts- und -kassenverordnung – GemHKVO.

b) Entscheidend für die Zuordnung von Auszahlungen für den Erwerb von beweglichen Sachen, zu denen der feuersichere Schrank gehört, ist die Höhe des Anschaffungswertes. Nach § 45 (7) in Verbindung mit § 3 Ziffer 5 Lit. c) GemHKVO sind Auszahlungen für die Anschaffung beweglicher Vermögensgegenstände, deren Anschaffungswert 150,00 EUR ohne Umsatzsteuer übersteigen, im Finanzhaushalt zu veranschlagen und zu buchen.
Da der Anschaffungswert für den feuersicheren Schrank diese Wertgrenze deutlich übersteigt, ist die Auszahlung im Finanzhaushalt zu veranschlagen.

c) Nach § 3 Ziffer 5 Lit. b) GemHKVO ist die Auszahlung für den Einbau des Aufzugs im Rathaus im Finanzhaushalt zu veranschlagen. Der Aufwand für die bauliche Unterhaltung des Rathauses ist hingegen, da er keinen über den ursprünglichen Zustand des Rathauses hinausgehende wesentliche Verbesserung bewirkt, als Aufwand im Ergebnishaushalt zu veranschlagen, vgl. § 2 (3) Ziffer 3 in Verbindung mit § 45 (3) GemHKVO.
§ 19 (2) GemHKVO lässt zu, Ansätze für Aufwand für gegenseitig deckungsfähig zu erklären, wenn sie in einem sachlichen Zusammenhang stehen. Für Ansätze eines Budgets gilt dies gemäß § 19 (1) GemHKVO ohne Prüfung weiterer Tatbestandsmerkmale.
Entsprechendes gilt auch für Auszahlungsansätze im Finanzhaushalt, § 19 (3) GemHKVO. Aufgrund der unterschiedlichen Deckung dieser beiden Teile des Haushaltsplans, insbesondere wegen der nachrangig möglichen Inanspruchnahme von Krediten zur Finanzierung von Auszahlungen, ist eine Querfinanzierung zwischen Ergebnishaushalt und Finanzhaushalt und damit auch die Anbringung eines Vermerkes der gegenseitigen Deckung zwischen Positionen dieser beiden Haushaltsteile unzulässig.
§ 19 (4) GemHKVO lässt jedoch bei den einem Budget zugeordneten Haushaltsstellen einen Vermerk desjenigen Inhalts zu, dass Ansätze für zahlungswirksame Aufwendungen aus laufender Verwaltungstätigkeit in einem Budget zugunsten von *unerheblichen* Auszahlungen für Investitions- oder Finanzierungstätigkeit innerhalb desselben Budgets als einseitig deckungsfähig erklärt werden können. Selbst wenn die Voraussetzungen für die Einrichtung eines Budgets erfüllt wären, vgl. § 4 (3) GemHKVO, so dürfte im vorliegenden Fall bei einer Investitionsauszahlung von 120 000,00 EUR nicht von einer unerheblichen Auszahlung ausgegangen werden. Mithin wäre die Anbringung eines gleichwohl ggf. zulässigen Vermerks für die praktische Umsetzung obsolet.

8.4 Verwaltungsbetriebswirtschaft – praktische Übung 3

HILFSMITTEL **Gemeindeordnung,**
Gemeindehaushalts- und -kassenverordnung

Sachverhalt:

Der bisher im Ordnungsamt der Stadt Allerbrück beschäftigte Verwaltungsangestellte Petermann ist in das Liegenschaftsamt umgesetzt worden und hat dort die städtischen Mietwohngrundstücke zu betreuen. Er schildert, dass ihm die neue Arbeit zusagt, sich aber gelegentlich Fragen haushaltsrechtlichen Einschlags ergeben, die er nicht oder nicht sicher beantworten kann. Da der Besuch des Kommunalen Studieninstituts drei Jahrzehnte zurückliegt und im Ordnungsamt solche Probleme nicht aufgetreten sind, hofft er, sich bei Ihnen Rat holen zu können. Es stehen jetzt zwei Probleme an:

a) Im Grundstück Hasselberg 3 ist eine Wohnung frei geworden, die zügig renoviert werden muss, da sie ab 1. Januar nächsten Jahres wieder vermietet werden kann. Nach sorgfältiger Schätzung werden die Elektroarbeiten 600,00 EUR und die Malerarbeiten 500,00 EUR erfordern. Nach der Haushaltsüberwachungsliste stehen jedoch nur noch 930,72 EUR zur Verfügung. (Wie) kann die Ausführung der Instandsetzungsarbeiten ermöglicht werden?

b) Das zweite Problem ergibt sich daraus, dass in diesem Mietshaus die Ölheizung durch den Einbau einer Gaszentralheizung ersetzt werden soll. Dafür sind im diesjährigen Haushaltsplan 23 000,00 EUR bewilligt worden. Herrn Petermanns Vorgänger hat – wahrscheinlich wegen seines bevorstehenden Ausscheidens – nichts unternommen und Herr Petermann kann in den wenigen verbleibenden Wochen bis zum Jahresende die Maßnahme nicht mehr „durchziehen". Deshalb fragt er, ob diese Mittel in das Nachjahr übertragen werden können.

AUFGABE

Helfen Sie dem Kollegen Petermann.

LÖSUNG

Erwartungshorizont

1 Kommunikativer Aspekt
- freundliche Begrüßung des Kollegen
- seine Frage nach Zeit bejahen und Platz anbieten
- Hoffnung aussprechen, ihm sachdienliche Auskünfte geben zu können
- erklären, dass Sie später in eine ähnliche Lage kommen können
- Herrn Petermann ermutigen, seine Zweifel darzulegen
- bei der Verabschiedung weitere Unterstützung zusagen

2 Fachlicher Aspekt

a) Waren die Bauunterhaltungsmittel im Vorjahr für übertragbar erklärt (§ 20 (2) Satz 2 GemHKVO) und ist ein Haushaltsrest übertragen worden (§ 20 (5) Satz 1 GemHKVO)?

Ist die Haushaltsstelle „Bauunterhaltungsmittel" gegenüber einer anderen Haushaltsstelle aufgrund eines Haushaltsvermerks nach § 19 (2) GemHKVO deckungsberechtigt und können bei der deckungspflichtigen Haushaltsstelle Einsparungen erzielt wer-

den, die nach Sollübertragung den Bauunterhaltungsmitteln zuwachsen (§ 19 (5) GemHKVO)?
b) Falls diese Möglichkeiten nicht in Betracht kommen, kann eine überplanmäßige Ausgabe die Ausführung der Instandsetzungsarbeiten ermöglichen.
Voraussetzungen:
ba) Überplanmäßige Ausgabe ist zeitlich unabweisbar (§ 89 (1) NGO):
Erneute kurzfristige Vermietung der Wohnung ist vertraglich vereinbart.
bb) Überplanmäßige Ausgabe ist sachlich unabweisbar (§ 89 (1) NGO):
Vertragliche Ansprüche liegen vor, Einnahmeausfall droht, Haftung wegen Mängeln des Mietobjektes droht.
bc) Deckung muss gewährleistet sein (§ 89 (1) NGO):
Einsparung bei einer anderen Haushaltsstelle oder nicht zweckgebundene Mehreinnahmen oder Deckungsreserve (§ 13 (2) GemHKVO).
c) Der Einbau der Heizanlage führt zu einer Veränderung des Anlagevermögens im Sinne von § 45 (7) GemHKVO. Die Mittel für den Einbau der Heizungsanlage waren daher im Finanzhaushalt zu veranschlagen (§ 3 Ziffer 5 Lit. b) GemHKVO). Auszahlungsermächtigungen des Finanzhaushalts bleiben nach § 20 (1) GemHKVO über das Bewilligungsjahr hinaus verfügbar.
Die Vergabe des Auftrags braucht daher nicht übereilt zu werden.

8.5 Personalwesen – praktische Übung 1

HILFSMITTEL Tarifvertragsgesetz

Sachverhalt:

Die Stadtwerke GmbH der Stadt F. stellt Herrn Kurt Heinze ein. Laut geltendem Tarifvertrag sind ein monatliches Gehalt von 2 100,00 EUR und 30 Tage Urlaub vereinbart.

Die Öffnungsklausel im Tarifvertrag lässt ausdrücklich zu, dass andere Vereinbarungen getroffen werden können, wenn sie für den Arbeitnehmer günstiger sind. Herr Heinze, der Mitglied der am Tarifvertrag beteiligten Gewerkschaft ist, erklärt, dass es für ihn wichtig sei, mehr Urlaub und dafür weniger Gehalt zu bekommen. Deshalb wird vereinbart, dass Herr Heinze 35 Tage Urlaub bekommen soll und das Bruttogehalt jeweils 100,00 EUR unter dem Tarifgehalt liegt.

Nach acht Monaten Tätigkeit erfährt Herr Heinze von seinem Freund, der Rechtsanwalt ist, dass sein Verzicht auf Gehalt zugunsten von Urlaub wohl nichtig sei. Da Herr Heinze bereits 32 Tage Urlaub genommen hat, geht er jetzt zum Personalamt, in dem auch die Personalangelegenheiten der Stadtwerke GmbH bearbeitet werden, und beantragt aufgebracht die Nachzahlung des zu wenig erhaltenen Gehaltes.

AUFGABE

Gehen Sie davon aus, dass Sie Sachbearbeiter im Personalamt sind und der aufgebrachte Herr Heinze zu Ihnen kommt.
Setzen Sie sich mit ihm auseinander. Prüfen Sie sein Anliegen und erklären Sie ihm Ihre Entscheidung.

LÖSUNG

Erwartungshorizont:

1 Kommunikativer Aspekt
- beruhigend auf Herrn Heinze einwirken
- Gesprächsatmosphäre schaffen, Platz anbieten
- freundliches Gesicht, offene Körperhaltung
- Herrn Heinze zum Sprechen auffordern, damit er sein Problem vortragen kann
- Bereitschaft signalisieren, dass genügend Zeit vorhanden ist
- Sachverhalt mit einfachen Worten erklären
- Zwischenergebnisse festhalten, nachfragen, ob Verständnis besteht
- keine Gesetzesstellen vorlesen, mit eigenen Worten erklären
- Ergebnis festhalten
- falls kein Einverständnis besteht, auf Rechtsmittel aufmerksam machen

2 Fachlicher Aspekt

Weil die Stadtwerke GmbH und Herr Heinze tarifgebunden sind, gilt zunächst der Tarifvertrag als Mindestarbeitsbedingung. Das wären ein monatliches Gehalt von 2 100,00 EUR und 30 Tage Urlaub jährlich.
Abweichende Vereinbarungen im Einzelarbeitsvertrag sind zulässig, soweit sie durch den Tarifvertrag gestattet sind (§ 4 (3) Tarifvertragsgesetz).
Laut Sachverhalt enthält der Tarifvertrag eine Öffnungsklausel. Das bedeutet hier, dass abweichende Vereinbarungen getroffen werden können, sofern sie dem Günstigkeitsprinzip entsprechen.
Welche einzelvertragliche Regelung günstig ist, kann nur durch Günstigkeitsvergleich festgestellt werden.
Dafür bestehen drei Möglichkeiten:

a) Man könnte die Regelungen bezüglich jedes Punktes streng isoliert betrachten (Einzelvergleich). Dann wäre hier bezüglich des Gehalts die tarifvertragliche Regelung günstiger, bezüglich des Urlaubs die einzelvertragliche Regelung.

Bei dieser Methode würde sich der Arbeitnehmer jeweils die „Rosinen herauspicken“. Die „Rosinen-Theorie“ gilt im Arbeitsrecht nicht.

b) Man könnte sämtliche Regelungen des Tarifvertrages zusammenrechnen, ebenso sämtliche Regelungen des Einzelvertrages, und dann den Günstigkeitsvergleich durchführen (Gesamtvergleich). Danach müsste man 100,00 EUR weniger Gehalt und fünf Tage mehr Urlaub vergleichen. Was hiervon günstiger ist, kann objektiv nicht festgestellt werden.

c) Deshalb sind nach herrschender Meinung nur diejenigen Regelungen zusammen zu betrachten, die in einem sachlichen Zusammenhang stehen (Gruppenvergleich).

Gehalt und Urlaub dienen verschiedenen Zwecken und stehen deshalb nicht in einem sachlichen Zusammenhang. Deshalb ist der getrennte Einzelvergleich zwischen einzelvertraglicher und tariflicher Festlegung durchzuführen. Bei dem Aspekt Gehalt führt das dazu, dass die tarifliche Regelung für Herrn Heinze günstiger ist. Deshalb hat Herr Heinze Anspruch auf ein Monatsgehalt von 2 100,00 EUR aufgrund tarifvertraglicher Regelung.
Beim Aspekt Urlaub ist der Arbeitsvertrag günstiger. Dies führt dazu, dass Herr Heinze Anspruch auf 35 Tage Urlaub aufgrund einzelvertraglicher Regelung hat.

Herrn Heinze ist die Differenz von 100,00 EUR monatlich nachzuzahlen, soweit eine Ausschlussfrist bemäß Tarifvertrag nicht greift, die sonst zu beachten ist. Für das laufende Jahr hat Herr Heinze noch Anspruch auf drei Tage Urlaub und weiterhin auf 35 Tage Urlaub pro Jahr.

8.6 Personalwesen – praktische Übung 2

HILFSMITTEL Bundesbesoldungsgesetz, Beamtenrechtsrahmengesetz, Verwaltungsgerichtsordnung

Sachverhalt:
Gehen Sie davon aus, dass Sie Mitglied des Personalrates in Ihrer Verwaltung sind. Zu Ihnen in die Sprechstunde kommt Herr Bertram. Er wurde aus dem Angestelltenverhältnis zum Beamten des gehobenen Dienstes ernannt. Dazu erfüllte er alle sachlichen und persönlichen Voraussetzungen.
Inzwischen bekam Herr Bertram vom Personalamt einen Bescheid, in dem ihm sein Besoldungsdienstalter mitgeteilt wurde. Verglichen mit seiner bisherigen Einstufung als Angestellter hat er nun Bedenken, ob die Einstufung in seine Dienstaltersstufe korrekt ist. Er fragt Sie um Rat, was er unternehmen kann, wenn seine Einstufung nicht korrekt ist.

AUFGABEN

1 Erläutern Sie Herrn Betram, wie das Besoldungsdienstalter festgesetzt wird und worin Zweck und Bedeutung des BDA bestehen.
2 Beraten Sie Herrn Betram über sein Vorgehen, falls sich seine Vermutung bestätigen sollte und das BDA nicht korrekt ermittelt wurde.

LÖSUNGEN

Erwartungshorizont:
1 Kommunikativer Aspekt
- offene Körperhaltung
- Blickkontakt
- freundliche Zuwendung zu Herrn Bertram
- Platz anbieten
- zum Ausdruck bringen, dass Sie Zeit für ihn haben
- signalisieren, dass Sie seine Bedenken verstehen, denn das Beamtenrecht ist sehr schwierig
- Hoffnung machen, dass das angesprochene Problem zu lösen ist
- offene Fragen stellen, um noch mehr Informationen zu erlangen
- Zwischenergebnisse festhalten und nachfragen, ob das Problem richtig erfasst wurde
- Gesprächsergebnis zusammenfassen

2 Fachlicher Aspekt
- Das Besoldungsdienstalter ist beim erstmaligen Anspruch auf Dienstbezüge, das ist in der Regel die Ernennung zum Beamten auf Probe nach bestandener Anstellungsprüfung gemäß § 28 BBesG zu berechnen, durch förmlichen Verwaltungsakt festzu-

setzen und dem Beamten schriftlich mitzuteilen. Es beginnt grundsätzlich am Ersten des Monats, in dem das 21. Lebensjahr vollendet wurde, wird jedoch um die außerhalb des öffentlichen Dienstes nach vollendetem 31. Lebensjahr verbrachte Zeit hinausgeschoben.

- Das BDA dient ausschließlich der Feststellung, nach welcher Dienstaltersstufe seiner Besoldungsgruppe der Beamte Grundgehalt erhält.
- Das BDA ist also nur besoldungsrechtlich für die Ermittlung des Grundgehalts bei aufsteigenden Gehältern bedeutsam.
- Eine beamtenrechtliche Bedeutung wie z. B. für die Berechnung der ruhegehaltfähigen Dienstzeit hat das BDA nicht.
- Es bleibt auch dann unverändert, wenn der Beamte befördert wird.
- Wenn der Beamte mit dem festgesetzten Besoldungsdienstalter nicht einverstanden ist, kann er Widerspruch und, wenn diesem nicht abgeholfen wird, Klage beim Verwaltungsgericht erheben § 55 BeamtSth (Beamtenstatusgesetz) und § 126 BRRh i. V. m. §§ 68 ff. VwGO).

8.7 Personalwesen – praktische Übung 3

HILFSMITTEL BGB, Kündigungsschutzgesetz, Tarifvertrag für den öffentlichen Dienst (TVöD)

Sachverhalt:
Rolf Schulze, geboren am 8. Februar 1980, ist seit 1. Mai 2003 als Bademeister bei der Stadtbad-GmbH beschäftigt. Die Stadtbad-GmbH hat mit Schulze die Anwendung des Bundesangestelltentarifvertrags vereinbart, an dessen Stelle vereinbarungsgemäß am 1. Oktober 2005 der TVöD getreten ist. Außer Schulze sind bei der Stadtbad-GmbH neun Arbeitnehmer und eine Auszubildende tätig. Von den Arbeitnehmern sind sechs in Vollzeit, zwei mit einer wöchentlichen Arbeitszeit von 20 Stunden und ein Arbeitnehmer mit einer wöchentlichen Arbeitszeit von 25 Stunden beschäftigt.
Am 6. Juni 2008 hat Schulze seinen Dienst um ca. zwei Stunden verspätet aufgenommen. Vom Geschäftsführer gerügt, gibt er an, am Vorabend anlässlich der Silberhochzeit seiner Schwiegereltern ausgiebig gefeiert zu haben. Er verspricht, seinen Dienst künftig wieder pünktlich aufzunehmen. Wegen der weittragenden Folgen fehlender Aufsicht bei einem Badeunfall hält der Geschäftsführer das Versäumnis für so schwerwiegend, dass er das Arbeitsverhältnis zum 30. September 2008 kündigt.
Herr Schulze kommt zu Ihnen, dem Betriebsrat bei der Stadtbad-GmbH, und erbittet Ihre Hilfe. Er möchte wissen, ob

1. die Kündigungsfrist richtig bemessen ist,
2. die Kündigung überhaupt wirksam ist,
3. er gegen die Kündigung gerichtlich vorgehen kann.

AUFGABE

Geben Sie (als Betriebsrat bei der Stadtbad-GmbH) Herrn Schulze die erbetenen Auskünfte.

LÖSUNG

Erwartungshorizont:

1 Kommunikativer Aspekt
- Empfangen Sie Herrn Schulze freundlich und bitten Sie ihn, Platz zu nehmen.
- Blickkontakt
- Hören Sie Herrn Schulze aufmerksam zu und stellen Sie evtl. zur Klärung noch notwendige Fragen.
- Zeigen Sie, dass Sie sich in die Situation des Kollegen hineinversetzen können.
- Gehen Sie auf seine Fragen einzeln ein.
- Erläutern Sie die einschlägigen Rechtsvorschriften und ziehen Sie, für Herrn Schulze verständlich, die in seinem Fall in Betracht kommenden Folgerungen.
- Gesprächsergebnisse zusammenfassen und Hoffnung auf Erfolg ausdrücken

2 Fachlicher Aspekt

Zu 1.: Nach § 622 (2) BGB beträgt die Frist für eine Kündigung durch den Arbeitgeber nach einem Arbeitsverhältnis, das
- zwei Jahre bestanden hat, einen Monat zum Ende eines Kalendermonats,
- fünf Jahre bestanden hat, zwei Monate zum Ende eines Kalendermonats.

Da bei der Feststellung der Beschäftigungsdauer vor der Vollendung des 25. Lebensjahres liegende Zeiten unberücksichtigt bleiben, ist die Zeit ab 8. Februar 2005 zu berücksichtigen und von einer zweijährigen Dauer des Arbeitsverhältnisses auszugehen. Die Kündigungsfrist beträgt einen Monat zum Ende des Kalendermonats.

Nach § 622 (4) BGB können tarifvertraglich abweichende Regelungen getroffen werden. Eine solche Regelung enthält der TVöD, dessen Anwendung die Stadtbad-GmbH und Schulze vereinbart haben:

Nach § 34 (1) TVöD beträgt die Kündigungsfrist bei einer Beschäftigungszeit von mehr als einem Jahr sechs Wochen, von mehr als fünf Jahren drei Monate zum Ende eines Kalendervierteljahres. Beschäftigungszeit ist die bei dem gleichen Arbeitgeber in einem Arbeitsverhältnis zurückgelegte Zeit, auch wenn sie unterbrochen worden ist (§ 34 (3) TVöD). Schulze ist bei der Stadtbad-GmbH seit 1. Mai 2003 ununterbrochen beschäftigt und hat am 30. April 2008 eine Beschäftigungszeit von fünf Jahren vollendet. Die ihm am 6. Juni 2008 zugegangene Kündigung wir daher erst zum 31. Dezember 2008 wirksam.

Zu 2.: Zur Beurteilung der Wirksamkeit der Kündigung kommt es darauf an, ob das KSchG, das Kündigungen nur bei personen-, verhaltens- oder betrieblich bedingten Gründen zulässt, anzuwenden ist.

Schulze ist seit fünf Jahren bei der Stadtbad-GmbH beschäftigt; die persönliche Voraussetzung (§ 1 (1) KSchG), eine sechs Monate umfassende ununterbrochene Beschäftigung, ist erfüllt.

Nach dem Sachverhalt sind außer Schulze neun Arbeitnehmer, insgesamt somit zehn Arbeitnehmer, beschäftigt. Die Auszubildende ist nicht mitzuzählen. Da jedoch drei Arbeitnehmer mit wöchentlichen Arbeitszeiten von 20 bzw. 25 Stunden beschäftigt sind und diese Arbeitnehmer nach § 23 (1) KSchG nur als 1,75 Arbeitnehmer berücksichtigt werden, muss von einer Gesamtzahl von 8,75 Arbeitnehmern ausgegangen und die Beurteilung der Wirksamkeit der Kündigung nach § 1 KSchG verneint werden.

Schulzes Arbeitsverhältnis hat am 31. Dezember 2003 bereits bestanden. Damals griff § 1 des KSchG bereits bei mehr als fünf Arbeitnehmern. Nach der im § 23 (1) KSchG normierten Rückwirkung ist das KSchG in diesem Falle dennoch anzuwenden.

Nach dem im Sachverhalt geschilderten Anlass handelt es sich um eine verhaltensbedingte Kündigung. Sie setzt einen schuldhaften Pflichtverstoß des Arbeitnehmers voraus; auch unentschuldigtes Fehlen und Verstöße gegen die betriebliche Ordnung stellen einen Pflichtverstoß dar. Eine Kündigung ist gerechtfertigt, wenn ihr Grund so gewichtig ist, dass die Fortsetzung des Arbeitsverhältnisses auf Dauer dem Arbeitgeber nicht zuzumuten ist. In diesem Fall ist zu berücksichtigen, dass Schulze fünf Jahre beschäftigt ist, sein Verhalten bisher zu keinen Beanstandungen Anlass gegeben hat und es sich um ein einmaliges Vorkommnis handelt. Da die Kündigung die letzte Reaktionsmöglichkeit des Arbeitsgebers ist, soll ihr regelmäßig eine Abmahnung vorausgehen, in der das beanstandete vertragswidrige Verhalten geschildert, zum vertragsgemäßen Verhalten aufgefordert wird und arbeitsrechtliche Folgen bei weiteren Pflichtverstößen angekündigt werden. Nach Schulzes eindeutiger Erklärung ist eine Wiederholung des Fehlverhaltens unwahrscheinlich und eine Abmahnung daher ausreichend.
Zu 3.: Schulze ist zu empfehlen, binnen einer Woche nach Zugang der Kündigung zunächst bei Ihnen, dem Betriebsrat, Einspruch gegen die Kündigung einzulegen. Sie werden versuchen, den Geschäftsführer davon zu überzeugen, dass die – zudem ohne vorgeschriebene Mitbestimmung des Betriebsrats – ausgesprochene Kündigung keinen Bestand haben wird, und empfehlen, sie durch eine Abmahnung zu ersetzen. Sollte das Bemühen (des Betriebsratsrats) um eine Verständigung erfolglos bleiben, kann Schulze innerhalb von drei Wochen nach Zugang des Kündigungsschreibens beim Arbeitsgericht auf Feststellung klagen, dass das Arbeitsverhältnis durch eine Kündigung nicht aufgelöst ist (§ 4 KSchG).

8.8 Verwaltungsrecht und -verfahren (Ordnungsrecht) – praktische Übung 1

HILFSMITTEL Gesetz über öffentliche Sicherheit und Ordnung

Sachverhalt:

Im Stadtteil S. der Stadt C. fährt die Straßenbahnlinie 4. Laut Fahrplan beginnt die Fahrtätigkeit früh um 5:30 Uhr. Fahrgäste sind vor allem junge Leute, die zur Arbeit fahren, junge Mütter, die ihre Kinder in eine Kindereinrichtung bringen, und Kinder und Jugendliche, die zur Schule fahren.

Die Bahn fährt in einem Abstand von 15 Minuten.

In der Nähe der Endhaltestelle, wo die meisten Fahrgäste einsteigen, fährt die Bahn um eine Kurve, was mit einem lauten Quietschen verbunden ist.

Dadurch fühlen sich besonders ältere Leute, die keinen Arbeitsverpflichtungen mehr nachkommen müssen, in ihrer Ruhe erheblich gestört. Sie schließen sich in einer Interessengemeinschaft zusammen, wählen zwei Vertreter und machen einen Vorschlag zur Veränderung des Fahrbetriebes der Straßenbahn. Darin fordern sie einen Beginn der Fahrtätigkeit erst ab 9:00 Uhr und die Verlegung der Endhaltestelle. Bei den Verkehrsbetrieben haben sie keinen Erfolg. Deshalb wenden sie sich an das Ordnungsamt, weil sie die öffentliche Ordnung verletzt sehen.

AUFGABE

Gehen Sie davon aus, dass Sie als Sachbearbeiter im Ordnungsamt tätig sind und die beiden Vertreter der Interessengemeinschaft mit ihren Vorstellungen bei Ihnen vorsprechen.
Prüfen Sie ihr Anliegen, treffen Sie eine notwendige Entscheidung und erläutern Sie diese den Vertretern der Interessengemeinschaft.

LÖSUNG

Erwartungshorizont:

1 Kommunikativer Aspekt
- offene Körperhaltung
- freundlicher Empfang, namentliche Vorstellung
- Platz anbieten
- Gesprächsbereitschaft signalisieren
- für das Vertrauen bedanken, das der Verwaltung entgegengebracht wird
- offene Fragen stellen, um Sachverhalt zu erfassen
- Verständnis für die Situation zeigen
- Bereitschaft zeigen, den Fall zu bearbeiten
- Ergebnisse erfassen und den Bürgern erklären
- auf rechtliche Möglichkeiten hinweisen

2 Fachlicher Aspekt
- Ausgangspunkt: Prüfung der Zuständigkeit – Problem befindet sich im Einflussbereich der Behörde
- Rechtsgrundlage Gesetz über öffentliche Sicherheit und Ordnung
- Gefahr für öffentliche Sicherheit – Ruhestörung
- Eingreifen erforderlich, da in diesem Fall durch die Bürger ein Antrag gestellt wird
- kein Ermessen
- Ableitung geeigneter Maßnahmen, hierbei besonders auf den Grundsatz der Verhältnismäßigkeit eingehen
- Interessen der älteren Bürger und die der Berufstätigen und Schüler gegeneinander abwägen
- dabei die Interessen der Allgemeinheit hervorheben
- Entscheidung: keine Veränderung der Fahrzeiten und Verlegung der Haltestelle
- In einer großen Stadt muss man auch den damit verbundenen Lärm dulden, dazu zählt auch das Geräusch von Straßenbahnen.

8.9 Verwaltungsrecht und -verfahren (Kommunalrecht) – praktische Übung 2

HILFSMITTEL Kommunalverfassung Brandenburg

Sachverhalt:

Gehen Sie davon aus, dass Sie im Hauptamt der kreisfreien Stadt Cottbus als Sachbearbeiter tätig sind. Zu Ihren Aufgaben gehört es, Satzungen zur Beschlussfassung für die Stadtverordnetenversammlung vorzubereiten.

Zu Ihnen kommt in die Sprechstunde der ehrenamtliche Bürgermeister des Ortsteils S. und erklärt, dass in seinem Ortsteil eine Satzung zum Kanalanschluss in einem Wohngebiet beschlossen wurde. Er ist sich nicht sicher, ob alle Verfahrensschritte ordnungsgemäß eingehalten wurden. So habe er nicht geprüft, ob alle Gemeindevertreter unbefangen sind. Um möglichst schnell zu sein, wurde die Satzung nicht veröffentlicht und bei der Abstimmung habe man versäumt, die Beschlussfähigkeit festzustellen. Außerdem bittet er Sie, ihm noch einmal die wichtigsten Schritte bei Erarbeitung von Satzungen zu erklären.

AUFGABE

Erteilen Sie dem Bürgermeister unter Einbeziehung der erforderlichen Rechtsquellen Auskunft auf sein Anliegen.

LÖSUNG

Erwartungshorizont:

1 Kommunikativer Aspekt
- den Bürgermeister kollegial empfangen
- Verständnis für seine Situation zeigen, Platz anbieten
- nach seiner Arbeit als Bürgermeister fragen
- Gelegenheit geben, seine Sorgen loszuwerden
- signalisieren, dass Sie zur Hilfe bereit sind
- keine Überheblichkeit
- sachlich und freundlich auf seine Probleme eingehen
- auf Literatur hinweisen
- eventuell Fortbildungsbedarf erfassen
- Gesprächsergebnis zusammenfassen
- weitere Hilfe anbieten

2 Fachlicher Aspekt

Fragen des Bürgermeisters
- Befangenheit
- Feststellung der Beschlussfähigkeit
- Unterrichtung der Öffentlichkeit
- § 5 (4) Kommunalverfassung Brandenburg regelt Verfahrens- oder Formvorschriften bei erlassenen Satzungen.
- Für die Frage der Befangenheit sowie der unterlassenen Prüfung der Beschlussfähigkeit gilt, dass diese Fehler unbeachtlich sind, wenn nicht innerhalb eines Jahres nach Bekanntmachung der Fehler schriftlich geltend gemacht wurde.
- Die fehlende Unterrichtung der Öffentlichkeit kann nicht geheilt werden, Fehler bei der öffentlichen Bekanntmachung haben die Unwirksamkeit zur Folge.

Zustandekommen von Satzungen

Satzungsinitiative
Nur der Bürgermeister hat das Recht, einen Satzungsentwurf einzubringen.

Die Initiative kann erfolgen:
- auf Anregung von Vereinen
- auf Vorschlag politischer Parteien
- auf Antrag von Fraktionen

- nach Beschluss der Gemeindevertreter
- aufgrund eines Gerichtsurteils
- aufgrund eines Gesetzes

Erarbeitung eines Entwurfs
- zuständiges Fachamt auf Anordnung des Bürgermeisters
- Vorlage beim Rechtsamt
- Abstimmung unter den Ämtern
- Vorlage bei der Verwaltungsleitung

Ausschussberatung
- Beratung im zuständigen Ausschuss
- Erarbeitung von Empfehlungen

Beschlussfassung
- im öffentlichen Teil der Sitzung der Gemeindevertretung
- Mehrheitsentscheidung

Veröffentlichung
Laut Bekanntmachungsverordnung

8.10 Verwaltungsrecht und -verfahren (Sozialrecht) – praktische Übung 3

HILFSMITTEL Sozialgesetzbuch, Zwölftes Buch – Sozialhilfe

Sie sind im Sozialamt der Stadt G. als Sachbearbeiter tätig. In Ihre Sprechstunde kommt Frau Anna F. in Begleitung ihrer Nachbarin. Frau F. ist 88 Jahre alt und lebt allein in einer Zweiraumwohnung, für die sie monatlich 220,00 EUR Warmmiete zahlt. Sie erhält eine Altersrente in Höhe von 360,00 EUR. Frau F. ist gehbehindert und inkontinent. Sie erhält kostenlos Einlagen.

Frau F. erklärt, dass sie mit ihren Einkünften gerade so leben kann. Monatlich spart sie 30,00 EUR für ihre Bestattung und hat so schon 1 000,00 EUR gespart.

Die Kinder von Frau F. leben in Süddeutschland. Sie sind beide arbeitslos und haben keine Möglichkeiten, ihre Mutter zu unterstützen.

Frau F. möchte an ihrem Lebensabend ihre Kinder noch einmal besuchen. Ihre Mittel reichen aber nicht aus, um die Reise zu bezahlen. Deshalb erbittet sie Auskunft darüber, ob durch das Sozialamt für diese Reise eine Unterstützung gegeben werden kann.

AUFGABE

Erteilen Sie Frau F. unter Anwendung der entsprechenden Rechtsgrundlagen Auskunft.

LÖSUNG

Erwartungshorizont:

1 Kommunikativer Aspekt
- Berücksichtigung des Alters, laut und deutlich sprechen
- Bedanken für das Vertrauen

- Platz anbieten, freundliches Gesicht
- sich an die alte Dame wenden
- offene Fragen stellen, Frau F. zum Reden bewegen
- volle Aufmerksamkeit
- eventuell Getränk anbieten
- Mut machen, Lösungsweg vorstellbar
- zeigen, dass ungeteilte Aufmerksamkeit besteht
- bei Bedarf Gesprächspausen einlegen
- Teilergebnisse zusammenfassen
- Gesprächsergebnis zusammenfassend vortragen

2 Fachlicher Aspekt

- Zuständigkeit prüfen
- Frau F. das System der Sozialhilfe erläutern
- prüfen, ob Mehrbedarfsansprüche bestehen (§ 30 SGB XII)
- prüfen, ob Anspruch auf Grundsicherung besteht (§§ 19 (2), 41 SGB XII)
- Voraussetzungen feststellen
- Leistungen der Grundsicherung im Alter feststellen
- Einsatz des Vermögens und Unterhaltsansprüche prüfen
- Ergebnis feststellen
- Frau F. mitteilen, dass sie Anspruch auf Leistungen hat
- prüfen, ob möglicherweise ergänzender Anspruch auf Hilfe zum Lebensunterhalt besteht (Drittes Kapitel des Gesetzes)
- auf eventuelle Fragen eingehen
- behilflich sein bei der Antragstellung

Sachwortverzeichnis

A

B

D

E

F

G

M

N

O

P

R

S

T

U

V

W

Z